Ulrich Hampicke

Ökologische Ökonomie

Ulrich Hampicke

Ökologische Ökonomie

Individuum und Natur in der Neoklassik ·
Natur in der ökonomischen Theorie: Teil 4

Westdeutscher Verlag

Der Westdeutsche Verlag ist ein Unternehmen der Verlagsgruppe Bertelsmann International.

Umschlaggestaltung: Horst Dieter Bürkle, Darmstadt
Umschlagfoto: Ulrich Hampicke, Kassel
Druck und buchbinderische Verarbeitung: Langelüddecke, Braunschweig
Gedruckt auf säurefreiem Papier
Printed in Germany

ISBN 3-531-12196-0

Vorwort

Der wichtigste Zweck dieses Vorwortes ist, allen, die es betrifft, für die erwiesene Geduld zu danken - voran meinem Freund Hans Immler, dann dem Westdeutschen Verlag und den Leserinnen und Lesern, welche seit Jahren von einer Ankündigung zur nächsten vertröstet worden sind. Die Dinge, die dazwischen kamen, waren nie wichtiger, aber sie waren stets eiliger, weil sie Aktuelles betrafen, was sich nicht aufschieben ließ. Spuren haben die Verzögerungen insofern hinterlassen, als nicht alle Literatur auf dem neuesten Stand ist. Ist es auch schade, wenn manche wichtigen neueren Veröffentlichungen nicht mehr berücksichtigt werden konnten, so hoffe ich doch, daß dies bei der relativ "zeitlosen" Themenstellung kein allzugroßes Manko darstellt.

Für mich dominierten die Vorteile der langen Bearbeitungszeit bei weitem. Mehrmals wurden Pläne umgestellt, und was ursprünglich unter dem Titel veröffentlicht werden sollte, kann ich heute kaum noch interessant finden. Auch die Möglichkeiten der Kommunikation konnten viel besser genutzt werden; stellvertretend für alle anderen richtet sich mein Dank für kritische Diskussionen außer an H. Immler vor allem an D. Birnbacher und H.G. Nutzinger.

Der übliche Dank für die technischen Hilfen bei der Fertigstellung muß im vorliegenden Fall vollständig anders ausgedrückt werden. Hannelore Ullrich hat das Kunststück vollbracht, fast den gesamten Text, alle Formeln und Abbildungen in den Computer einzugeben und ein sehenswertes Layout von mehreren hundert Seiten zu zaubern. Ich muß gestehen, daß mir die graphische Herstellung, solange diese Arbeit vor uns lag, mehr Schlaf raubte als alle Rechnungen und Formulierungen. Gewiß trug die moderne Technik zum Gelingen bei, dennoch muß ich mich für die Leistung auf das Herzlichste bedanken. Weiterer Dank richtet sich an M. Krause, I. Laudien-Gasch und A. Lerch.

Ohne die vom Verlag ermöglichte und unterstützte Herstellung in der geschilderten Weise wäre das Buch für unvermögende Leserinnen und Leser unerschwinglich teuer geworden. Es wäre mit anderen Worten gar nicht entstanden, da sich die Mühen für einen sehr kleinen Leserkreis kaum gelohnt hätten. Dies ist mein Dank an den Westdeutschen Verlag, insbesondere an Herrn Müller, was nun wieder zum Inhalt überleitet: Das Buch soll eine Kombination von Lehrbuch und Thesenpapier sein, welche die Lehr- und Forschungslandschaft vielleicht beleben kann. Es wendet sich an alle, die sich Sorgen um die Natur machen, wenn auch Personen mit einer gewissen Grundausbildung in der Mikroökonomie mehr von der Lektüre haben werden. Einige Passagen, wie der Abschnitt 2, dürften halbwegs "gediegenes" Wissen vermitteln, während andere inhaltlich und methodisch eigenwilliger sind, keineswegs das letzte Wort zu sein beanspruchen und vor allem die Diskussion anregen möchten.

Dieses Buch ist der vierte Teil in der Reihe "Natur in der ökonomischen Theorie". Die ersten beiden Teile sind dogmenhistorische Auseinandersetzungen mit Vorklassik, Klassik, Marx und den Physiokraten (IMMLER 1985), während im dritten Teil eine eigene Sicht der Dinge entworfen wird (IMMLER 1989), welche die gemeinsamen Mängel der dargestellten Theorien hinter sich lassen will und schon viele Leserinnen und Leser zum Nachdenken gebracht hat. Die eine Hälfte der Thesen von 1989, daß der herkömmliche Sozialismus unter anderem auch an seiner Unfähigkeit zugrundegehen wird, mit der Natur richtig umzugehen, hat sich schneller als erwartet bewahrheitet. Wir beobachten nun mit Sorge, wie sich die zweite Hälfte der Welt von gestern, der Kapitalismus, durchschlagen wird. Er wird sich damit schmücken, die Elbe und die Luft in Bitterfeld in Rekordzeit zu sanieren, was wirklich keine Kunst ist. Wenn er (hoffentlich nicht) in derselben Rekordzeit durch Angleichung an Westverhältnisse die Schmetterlinge und Orchideen von den Thüringer Schaftriften, die Großtrappen aus dem Havelland und die Fischadler aus der Lausitz vertreibt, dann verschiebt sich die "Ökobilanz" des Systemwechsels wiederum erheblich. Und weltweit blickt inzwischen alles auf Dinge, die 20 km höher liegen, wie z.B. das "Ozonloch".

Nun platzt mit großer Verspätung der Teil 4 über die Neoklassik in die Szene. Auch dieser Teil ist zunächst einmal dogmenkritisch und schließt damit direkt an 1985 an. Es gehört zum Auftrag an die vorliegende Arbeit, nicht nur selbst Ökonomie zu treiben, sondern auf der Metaebene Betrachtungen *über* sie anzustellen. Welche Beiträge kann die neoklassische Theorie zum Erhalt der Natur leisten? Bekanntlich haben hier zahlreiche, insbesondere nicht-ökonomische Beobachter keine sehr hohe Meinung. Bei den Ausführungen *über* die ökonomische Theorie habe ich alles vermieden, was so interpretiert werden könnte, als hätte ich Zensuren verteilen wollen, und hoffe, daß dies gelungen ist.

Ich möchte hier im Vorwort eindringlich darauf hinweisen, daß die Beschäftigung mit neoklassischer ökonomischer Theorie und ihren ideengeschichtlichen Wurzeln *nicht* identisch ist mit der Analyse der Triebkräfte, welche die praktische westliche Ökonomie wirklich lenken. Zwischen diesen beiden Dingen liegen Welten. Daher ist aus Urteilen über Stärken und Schwächen der neoklassischen Theorie (in unterschiedlichen Varianten) sowie des individualistischen Weltbildes keine Prognose über die Zukunft des praktischen Wirtschaftssystems abzuleiten, welches sich in seinen akademischen Zirkeln auf diese Theorie und dieses Weltbild *beruft*. Es wird sich sogar zeigen, daß sich die Praxis auf weiten Strecken zu Unrecht auf diese Leitbilder beruft.

Die Themenstellung verlangte Ausflüge in die Gebiete der Ökologie, der Ökonomie und der Gesellschaftsphilosophie. Es ist riskant, wenn nicht anmaßend, sich auf drei verschiedene Felder vorzuwagen. Wenn ich gefragt werde, auf welchen von ihnen ich ein mehr oder weniger "gutes Gefühl" habe, vor dem Urteil der jeweiligen Fachleute halbwegs zu bestehen, so meine ich, daß die ökologischen Teile (von im Zusammenhang unwesentlichen Detailfehlern abgesehen) hieb- und stichfest sein dürften - nicht weil ich mich hier für unfehlbar kenntnisreich halten würde, sondern weil die dargestellten Zusammenhänge so elementar sind, daß kaum jemand widersprechen dürfte. Vom Olymp der Philosophie habe ich nur die ersten kleinen, vorgelagerten Hügel erklommen, um das Geschehen auf dem Gipfel etwas besser verfolgen zu können. Ich erhebe keinen Anspruch, hier etwas Neues zu sagen, mein Bestreben war allein, interessante Aspekte für die ökonomische Diskussion aufzunehmen und möglichst keine gravierenden Fehler zu machen. Hinsichtlich der spezifisch ökonomischen Ergebnisse liegt der Anspruch etwas höher. Dies ist vielleicht deshalb nicht vermessen, weil aus der Fülle der ökonomischen Fragestellungen im Grunde nur ein Detail, nämlich der Komplex der individuellen Rationalität eines Subjekts, analysiert wird - ein Detail, welches man nach längerer, gründlicher Betrachtung beurteilen können sollte.

Meine eigene Schlußfolgerung aus der jahrelangen Beschäftigung mit dem Thema ist, daß die Natur gewiß nicht deshalb zugrundegerichtet wird, weil sich das Handeln der Menschen zu stark an individualistischen Prinzipien und an den Postulaten der neoklassischen Ökonomie orientierte. Der bei weitem größte Anteil der gegenwärtigen Naturvernichtung geht nicht auf ökonomisches, sondern auf *unökonomi-*

sches Verhalten zurück. "Irrationalität" ist noch ein viel zu vornehmer Ausdruck für das, was wir beobachten müssen - es ist pure Dummheit, was Pflanzen und Tiere ausrotten, die Systemstabilität der Erde untergraben und die Atmosphäre außer Kontrolle geraten läßt. Es ist dieselbe gräßliche Dummheit, aus der sich die Menschen seit Beginn ihrer Geschichte gegenseitig umbringen.

Alles, was etwas klares Denken unter die Leute bringt, ist von Segen. Dies gilt sogar für gezügelten und langfristig orientierten Egoismus. Jedes klare ökonomische Denken fördert die *Vernunft*. Vernunft heißt, ein Gleichgewicht zwischen den eigenen Wünschen und den Rechten der anderen zu finden, an alle denken zu können: an die anderen Menschen, die Nachkommen, die Natur und auch an sich selbst. Wenn die Menschen die noch bestehenden Chancen nutzen wollen, um die Erde zu erhalten, so sollten sie sich mit dem Teil 3 der vorliegenden Reihe (IMMLER 1989) die Natur von nahem ansehen und die Frage klären, wer eigentlich "produziert" - die Menschen oder die Natur? In Ergänzung dazu schlägt der vorliegende Beitrag vor, sich auf die lichten Augenblicke der Gesellschaftslehre seit dem 18. Jahrhundert zu besinnen. Würden wir uns stärker an KANT, J.St.MILL, PIGOU und RAMSEY orientieren, so könnte es auch für die Natur Hoffnung geben.

Kassel, Juni 1992 Ulrich Hampicke

Inhalt

Verzeichnis der verwendeten Symbole

Hilfsgrößen mit unterschiedlicher, jeweils ad hoc definierter Bedeutung:

$a, A, b, B, F, G, k, m, w, x, X, y, Y, z, \varepsilon$

Indices:

h, g, i, j

Alle anderen Zeichen werden überwiegend wie folgt gebraucht. Andere Verwendungen (vor allem außerhalb der mathematisch orientierten Abschnitte 2, 3 und 4) sind gekennzeichnet oder gehen eindeutig aus dem Zusammenhang hervor.

C	Kosten oder Konsum
e	EULERsche Zahl
GE	Grenzerlös
h	Periodischer Fang in der Fischerei
H	HAMILTON-Funktion
i	Zins
I	Kumulierte Zinszahlungen
K	Kapitaleinsatz in der Produktionsfunktion
L	Arbeitseinsatz in der Produktionsfunktion oder Summe aller Vermögen und Schulden in der Zinstheorie oder LAGRANGE-Funktion
M	Maximalpopulation einer unbewirtschafteten Art in der Fischerei
N	Aktuelle Populationsgröße in der Fischerei (nur in Abschnitt 6: NASH-Gleichgewicht)
$\dot{N}$	Natürliche Reproduktion pro Periode in der Fischerei (punktierte Größe generell: Ableitung nach der Zeit)

p	Preis
PV	Present Value, Barwert
q	Periodischer Mengeneinsatz oder Konsum eines Gutes (Flußgröße)
Q	Bestand eines Gutes
Q_o	Anfangsbestand
r	Myopische Zeitdiskontrate eines Individuums
R	Periodischer Einsatz einer erschöpflichen natürlichen Ressource in der Produktionsfunktion oder Bestand eines Gutes (zur Unterscheidung von Q)
s	Physische Wachstumsrate oder biologischer Wachstumsparameter
S	Bestand einer erschöpflichen natürlichen Ressource
t	Laufende Zeit
T	Zeitpunkt, meist Ende einer Periode
u	Periodischer Nutzen aus dem Konsum eines Gutes (Flußgröße)
U	Summe aller Nutzen einer Periode
v	Gesellschaftliche Zeitpräferenzrate (unspezifisch)
V	Periodischer Gewinn (Flußgröße)
W	Summe aller periodischen Konsume q, falls von Q abweichend
Z	Periodische Zinszahlungen (Flußgröße)
α, β, γ	Winkel oder Produktionselastizitäten in der COBB-DOUGLAS- Produktionsfunktion
Θ	Zeitpunkt (zur Unterscheidung von T)
λ	LAGRANGE-Multiplikator
$\lambda(t)$	Adjoint-Variable in der Kontrolltheorie
π	Zeitdiskontrate eines Individuums auf Grund von Zukunftsungewißheit
ρ	Marginale Zeitpräferenzrate eines Individuums
σ	Substitutionselastizität in der Produktionsfunktion
τ	Laufende Zeit (zur Unterscheidung von t)
$\forall$	Für alle ...
$\in$	Element einer Menge
ln	Natürlicher Logarithmus
tan	Tangens

It is in treating the simple
elements that we require the
most care and precision, since
the least error of conception
must vitiate all our deductions.

W. STANLEY JEVONS[1]

1 Einleitung: Erste Reise durch die Problemlandschaft

1.1 Die Kernfrage

Im Kreise ökologisch bewußter und um die Zukunft der Natur auf diesem Planeten besorgter Menschen gehört es zum guten Ton, gegenüber der "Ökonomie", verstärkt gegenüber der "Marktökonomie" und, sofern man sich etwas darunter vorstellen kann, gegenüber der "neoklassischen Ökonomie" skeptisch bis ablehnend zu sein. Im allgemeinen erfährt das bürgerlich-individualistische Weltbild[2] als philosophischer Hintergrund der neoklassischen Ökonomie auch keine besonders sympathische Aufnahme, wenn das Thema der Umweltzerstörung angeschnitten wird - sind nicht Individualismus, Egoismus, Isolation usw. mitverantwortlich für den Marsch in den ökologischen Abgrund, brauchen wir nicht mehr Solidarität, Gemeinschaftlichkeit, Ganzheitlichkeit im Denken usw.?

Zwar sind Ökonomie und Gesellschaftsphilosophie für die meisten naturwissenschaftlich kompetenten Akteure der heutigen Alternativ- oder Ökoszene fremde Gebiete - dies ist verständlich und in keiner Weise kritikwürdig. Eine eigenartige Spannung entsteht jedoch dadurch, daß diese Personen durch ihr Engagement gezwungen sind, ständig - zumindest implizit - Urteile auf diesen ihnen wissenschaftlich fremden Gebieten zu fällen. Die ökologische Bewegung hat, oftmals sogar in individuellen Biographien verkörpert, auf dem ideologischen Parkett teilweise die

[1] JEVONS (1965, p. 1).

[2] "Bürger" steht in dieser Studie für das unbevormundete, selbstbewußte souveräne Subjekt , den "Citoyen", nicht den "Bourgeois". Daher wird "bürgerlich" auch im Zusammenhang mit ökonomischer Theorie nie abwertend gebraucht.

Nachfolge der traditionellen Linken angetreten.[3] Hat sich auch (mit wenigen persönlichen Ausnahmen) der soziale Impuls gegenüber früher erheblich abgeschwächt und ist die wissenschaftliche Orientierung an MARX so gut wie ganz verlorengegangen, so hat sich doch ein Rest von linkem Bewußtsein insoweit gehalten, als man meint, sich vor offiziellem ökonomischen Gedankengut in acht nehmen zu müssen. In der Sicht der traditionellen Linken war das die Klassenwissenschaft derjenigen, die andere Menschen ausbeuteten - was liegt näher als der Verdacht, daß es sich dann auch um das gespiegelte Bewußtsein derjenigen handeln muß, welche die Natur ausbeuten und zugrunderichten?

Wenn die Wirtschaftswissenschaft nach verbreiteter Auffassung nur dazu da ist, das naturzerstörende industrielle System unter Dampf zu halten, so braucht sie sich über diesen Ruf nicht zu wundern. Sie hat an der Entwicklung ihres anti-ökologischen Images kräftig mitgearbeitet. Wenn in der Vergangenheit in einer Umweltfrage ein Greenpeace-Aktivist A und ein Herr vom Chemiekonzern im schwarzen Anzug B sagte, dann war für den durchschnittlichen Ökonomen immer klar, wer recht hatte. Bis vor wenigen Jahren fand jeder als Festredner unter Ökonomen Gehör, der sich darin erging, wie sicher die Atomenergie sei, daß die Luft früher viel schlechter gewesen wäre, daß die Vorräte an Rohstoffen noch 1000 Jahre ausreichten und daß alles Unken über den Klimakollaps nur subversive Panikmache derjenigen sei, die "ganz andere" gesellschaftliche Ziele im Schilde führten. Aber das ist nur die eine Seite der Medaille. Weil die Ökonomie in so schlechtem ökologischen Ruf stand, wurde ihr auch alles negativ ausgelegt, was sie äußerte, vor allem wurde sie stets nur selektiv zur Kenntnis genommen. Der erwähnte Herr vom Chemiekonzern war und ist fast nie ein *wissenschaftlicher* Ökonom, wenn er auch so tut, als wäre er einer. In Wirklichkeit haben sich die klassischen Ökonomen des 18. und 19. Jahrhunderts ausgiebig mit der Knappheit natürlicher Ressourcen befaßt und stets vor ihr gewarnt. Äußern sich heute Ökonomen kritisch zu in den Medien vermarkteten Öko-Pamphleten, so haben sie in der Sache oft recht, wenn die traurige intellektuelle Qualität der letzteren betrachtet wird.[4] Nicht wenige Öko-Schreiber fühlen sich, da sie im Prinzip auf der "richtigen Seite" stehen, von der Pflicht entbunden, im Detail auf die Qualität ihrer Ausführungen zu achten. Innerhalb der Ökonomie ist die Stimmung in der zweiten Hälfte der 80er Jahre radikal umgekippt. Forschungsanträge

[3] TREPL (1987, p. 20).

[4] Dieser Vorwurf trifft auch Bestseller, wie die "Grenzen des Wachstums", vgl. MEADOWS et al. (1973).

und Stellenbewerbungen mit einem Öko-Touch werden nicht mehr mit spitzen Fingern abgelegt, sondern mit Wohlwollen behandelt. Die Betriebswirtschaftslehre überschlägt sich mit Veröffentlichungen über Recycling, Öko-Marketing, Öko-Management usw. Auf volkswirtschaftlichem Gebiet sind wir Zeugen der Entstehung einer sich von der Neoklassik teilweise abhebenden *"Ökologischen Ökonomie"*, der wir uns (Kapitel 5.3) eingehender zu widmen haben werden.

Ist auch manches an der Frontstellung zwischen "Ökologie" und "Ökonomie" verständlich, so ist sie insgesamt doch sehr zu bedauern und unnötig. Die unter Umweltaktivisten verbreitete Totalablehnung jeder auch nur ansatzweise ökonomischen Argumentation, die Zurückweisung schon des Versuches, innerhalb ökonomischer Äußerungen zu differenzieren, kann keine Rechtfertigung erhalten. Nicht nur macht man sich selbst argumentationsunfähig gegenüber naturvereinnahmenden Interessen, welche meist das ökonomische Vokabular (weniger den Inhalt) beherrschen und damit den durchschnittlichen Unkraut-, Vogel- und Robbenschützer genußvoll aufs Kreuz legen können. Viel schlimmer ist noch, daß man den (von MARX nie geleugneten) *rationalen* und *ursprünglich emanzipatorischen Kern* des bürgerlich-ökonomischen Denkens gar nicht erst begreift. Der Geist der Aufklärung ist so wertvoll, daß er überall Hege verdient, auch wenn er unter einer Schicht ideologischen Ballastes verschüttet liegt, wie es in der ökonomischen Routinewissenschaft oft der Fall ist. Da sich die vorliegende Studie überwiegend an ein etwas stärker an analytischen Dingen orientiertes "Fachpublikum" wendet, kann sie vielleicht weniger als die beiden in dieser Reihe schon vorgelegten Bände von IMMLER[5] dazu beitragen, dem rationalen, vernünftigen und bei allem Engagement beherrscht-distanzierten Denken in der politischen Öffentlichkeit wieder mehr Anhänger zu gewinnen - sie versucht es dennoch.

In den folgenden Abschnitten soll die neoklassische Ökonomie, wie sie im Wissenschaftsalltag betrieben wird, zwar keineswegs rehabilitiert werden, jedoch geht es auch nicht darum, lediglich bekannte Vorbehalte gegen dieselbe zu wiederholen. Die Leserin und der Leser sind vielmehr eingeladen, einige Fragen des ökonomischen Umgangs des Menschen mit der Natur von Grund auf zu beleuchten. Wir wollen uns einmal den Luxus leisten, "rein theoretisch" zu denken und dabei den erwähnten ideologischen Ballast hinter uns zu lassen. Die persönlichen Vorurteile der Ökonomen gegen Greenpeace et al. sollen uns gleichgültig sein. Wir werden auch nicht in den von eifrigen Anti-Neoklassikern gern begangenen Fehler verfallen,

[5] IMMLER (1985, 1989).

uns in der Diskussion nur die leichten Gegner aufs Korn zu nehmen, um uns selbst auf die Schultern zu klopfen, wie tief wir dagegen denken. Man findet in der Literatur erwartungsgemäß nicht nur unterschiedliche Meinungen, sondern auch ein qualitativ sehr heterogenes Niveau der Argumentation. Gerade auf den Gebieten, wo wir bei der Neoklassik Schwächen im Naturverständnis vermuten, werden wir uns nur an die besten Autoren halten. Wenn BÖHM-BAWERK irrte, so ist das von Belang, was Dr. Meier und Dr. Müller auf dem Sparkassentag sagen, interessiert uns nicht.

Die Kernfrage der vorliegenden Studie besteht darin, wie eine Modellgesellschaft nach dem Bild der bürgerlich-individualistischen Sozialphilosophie, die den Spielregeln der neoklassischen Ökonomie folgt, mit der Biosphäre des Planeten Erde umgeht. Muß sie auf Grund ihrer Triebkräfte die Elemente, Strukturen, Funktionen und Interdependenzen der Natur gefährden oder gar zerstören oder besitzt sie Tendenzen, die auf den Erhalt der ökologischen Lebensgrundlagen hinwirken? Von welchen Bedingungen hängt es ab, ob die zerstörerischen oder die erhaltenden Tendenzen die Oberhand gewinnen?

Diese Fragestellung darf nicht mißverstanden werden. Sie bedeutet nicht, daß für eine *reale* Gesellschaft, die sich zur "Marktwirtschaft" bekennt, die entsprechenden Probleme ebenfalls geklärt wären, da sich deren wirkliche Triebkräfte von denen einer neoklassisch-individualistischen Modellgesellschaft, eingestandenermaßen oder nicht, stark unterscheiden können. Von der Antwort auf die Frage hängt jedoch ab, ob das neoklassische Modell in einer Zeit der Naturgefährdung als *Leitbild* taugt. Wie wichtig eine solche Antwort ist, mag die Leserin und der Leser selbst beurteilen; ich schließe aus der weithin akzeptierten Tatsache, daß jede Wirtschaftstheorie auch ideologische Funktionen erfüllt, und aus der Beobachtung, daß man sich um das Thema immerhin erbittert streitet, daß die Antwort, gleichgültig wie sie ausfällt, nicht uninteressant sein wird.

Vielleicht erübrigt es sich festzustellen, daß die vorliegende Studie von sogenannten makroökonomischen Fragestellungen und vom volkswirtschaftlichen Rechnungswesen nicht handelt. Die hier relevanten Probleme sind u.a. von LEIPERT umfassend dargestellt worden.[6] Zum Nutzen des volkswirtschaftlichen Rechnungswesens folge ich DALY: "Indeed, it could be reasonably argued that we might be better off to abandon GNP as a criterion even if we had nothing better to put in its

[6] LEIPERT (1989).

place. ...It is admittedly an exaggeration to say that GNP is worse than nothing; but I suspect that the world could get along well without it, as it did before 1940".[7]

Die vorliegende Fragestellung erfordert eine Methodik, welche auf den ersten Blick durch eine sonderbare Asymmetrie gekennzeichnet ist, zu der es jedoch in näherer Betrachtung keine Alternative gibt. Mit Ausnahme des letzten Abschnittes, wo wir mit den gewonnenen Ergebnissen zur Realität zurückkehren, argumentieren wir, was alle ökonomischen und gesellschaftlichen Dinge angeht, in extremer Weise *theoretisch* . Wir "basteln" eine abstrakte Modellgesellschaft, wie es sie stets nur in den Köpfen von Sozialphilosophen, nie aber in der Realität gab. Was ökologische Aussagen anbetrifft, argumentieren wir hingegen rein *empirisch*. Es wird hoffentlich ein Bild der Natur gezeichnet, so wie sie wirklich ist, d.h. wie wir sie nach bestem ökologischen Wissensstand kennen. Dann werden beide einander gegenübergestellt; das Gesellschaftsmodell wird in die reale Natur hineingepflanzt, ihm wird sozusagen der Strom angestellt, und wir lassen es sich auf Grund seiner inneren Dynamik "austoben". Wir beobachten in Gedanken und warten ab, was passiert. Werden in einem neoklassischen Modell, das nur seinen Gesetzen gehorcht, die Wale ausgerottet oder nicht? Werden sie es unter bestimmten Bedingungen? Selbstverständlich kann beim Versuch, derartige Fragen zu beantworten, auf viele schon längst erarbeitete Ergebnisse zurückgegriffen werden. Auf manchen Gebieten werden jedoch, so hoffe ich, einige neuere Aspekte beigesteuert.

In den folgenden drei Unterabschnitten betrachten wir in einem ersten Durchgang die Grundfragen der neoklassischen ökonomischen Theorie, des individualistischen Gesellschaftsbildes und der ökologischen Struktur der Biosphäre. Je nach persönlichen Erwartungen können diese Unterabschnitte zu knapp oder zu breit wirken. Es ergeben sich sogar kleinere Wiederholungen in späteren, ausführlichen Abschnitten. Hier war ein Kompromiß zwischen Systematik und spontanem Informationsbedürfnis des Lesers und der Leserin gefordert, hoffentlich ist er halbwegs gelungen. Auf der einen Seite erwartet er/sie, daß die Einleitung nicht der längste Teil des Buches ist, auf der anderen Seite werden wir uns durch längere Passagen trockener Materie hindurcharbeiten müssen, und es erscheint kaum zumutbar, die Probleme, welche für die interessantesten gehalten werden können, erstmalig "ganz hinten" (etwa in Abschnitt 5) anzusprechen. Daher begeben wir uns zunächst (Abschnitte 1.2 bis 1.5) auf eine Kurzreise durch die Problemlandschaft mit einigen Vorwegnahmen des Späteren. Die restlichen Teile der Einleitung (1.6 und 1.7) die-

[7] DALY (1988, p. 55).

nen dazu, den Untersuchungsplan systematisch darzulegen und einige Möglichkeiten sprachlicher Mißverständnisse auszuräumen.

1.2 Was ist die "neoklassische Ökonomie"?

1.2.1 Postulate und die Routinewissenschaft

Die Definitionsfrage dieses Abschnittes erweist sich nicht nur, wie so oft, als schwierig zu beantworten, sie führt uns darüber hinaus sogar in eine etwas heikle Lage. Daß bekanntlich mehrere, mehr oder weniger präzise Auffassungen vom Wesen der neoklassischen Ökonomie im Umlauf sind, ist noch das geringste Problem: Manchmal werden in der wirtschaftspolitischen Tagesdiskussion die Vertreter eines angebotsorientierten Kurses bis hin zu den sogenannten Monetaristen den nachfrageorientierten Keynesianern als "Neoklassiker" gegenübergestellt. Damit ist im vorliegenden nicht viel anzufangen. Interessanter sind dogmenhistorische Definitionen, in denen zuweilen alles als "Neoklassik" bezeichnet wird, was nach 1870 oder was innerhalb der bürgerlichen Ökonomie nach J.ST. MILL kam, zuweilen der Begriff jedoch auf die Grenznutzenschulen und ihre Nachfolger bis zum Aufkommen der New Welfare Economics der 30er und 40er Jahre eingeengt wird, also auf die Zeit, in der Nutzen im Sinne des klassischen Utilitarismus kardinal zu messen unterstellt und für intersubjektiv vergleichbar gehalten wurde.

Abgrenzungsfragen dieser Art können durch willkürliche, aber sinnvolle Definitionen stets bewältigt werden, die wirklichen Schwierigkeiten liegen auf anderer Ebene. Angenommen, wir entschließen uns, die "Mainstream"-Ökonomie der letzten Jahrzehnte unter Einschluß der ökonomischen Theorie natürlicher Ressourcen unter die Neoklassik zu subsumieren. Wenn wir dann feststellen, daß im Forschungsalltag dieses "Mainstream" mit gewissen Dingen, die für unsere Zwecke sehr präzise definiert werden müßten, notorisch vage oder in gar nicht akzeptabler Weise umgegangen wird, so gerät die vorliegende Studie leicht in ein Licht, in dem sie nicht gern erscheinen möchte. Es droht ein Ergebnis etwa des Inhalts, daß neoklassische Ökonomie, wie sie bei korrekter Deduktion aus ihren eigenen Grundannahmen betrieben werden müßte, das Ziel des Naturerhalts möglicherweise nicht verfehlen würde. Dies hieße in anderer Formulierung, daß die neoklassische Ökonomie, wie wir sie in der Forschung und in Lehrbüchern vorfinden, eine "falsche" Neoklassik wäre, und ließe sich leicht zu der Behauptung steigern, daß eine Untersuchung wie die vorliegende sich anmaßte, die Neoklassik endlich auf den richtigen Weg zu bringen oder zurückzuführen.

Als Illustration möge hier ein wichtiges Problem dienen, dem wir uns ausführlich zu widmen haben werden: Zu den Annahmen der neoklassischen Ökonomie gehört, daß sich die eigenverantwortlichen und weitgehend unbevormundeten Akteure, die "Subjekte" oder "Individuen" in einer Modellgesellschaft, *rational* verhalten - das heißt, daß sie ihren Vorteil oder ein anderes Ziel, welches sie sich setzen, im Rahmen ihrer Möglichkeiten widerspruchsfrei anstreben.[8] Wir stellen aber fest, daß neoklassische Modelle einschließlich der mathematisch überaus anspruchsvollen unter ihnen den Subjekten in dem sehr wichtigen Kontext der intertemporalen Entscheidungen (wie teile ich mir eine Ressource optimal über einen längeren Zeitraum ein?) allen Bekenntnissen zum Trotz ein Verhalten unterstellen, an dessen Rationalität schon immer mit Recht gezweifelt wurde. Zu den Standardannahmen neoklassischer Ökonomie gehört, daß die Subjekte "myopisch" (kurzsichtig) oder "impatient" (ungeduldig) seien, daß sie von zwei identischen Nutzenstiftungen diejenige, welche ferner in der Zukunft liegt, geringer gewichten als die sofortige, und zwar allein wegen der zeitlichen Distanz. Ist das nicht ein Widerspruch? Was gilt denn nun - das neoklassische *Postulat* des rationalen oder die neoklassische *Routineannahme* des myopischen (wie wir sehen werden: irrationalen) Verhaltens? Wenn dann die nähere Betrachtung auch noch zeigen sollte, daß neoklassische Ökonomie auf der Basis ihrer Rationalitätspostulate dem Ziel des Naturerhalts dienlich wäre, eine solche auf der Basis der Routineannahmen hingegen weniger, dann führte an wertenden Definitionen ("richtiger" versus "falscher" Neoklassik) kaum noch ein Weg vorbei.

Es sei darauf vorbereitet, daß die folgenden Abschnitte unvermeidlich in die Richtung eines solchen Ergebnisses führen werden. Der Lehr- und Forschungsroutine des "Mainstream" zu bescheinigen, stets auf dem Pfad der ökologischen Tugend zu wandern, hieße, beide Augen vor der Realität zuzudrücken. Ob aber die sozialphilosophischen Grundannahmen des bürgerlichen Gesellschaftsmodells dem Ziel des Naturerhalts geopfert werden müßten (wie es oft behauptet wird), ist eine andere Frage. Diese Frage ist aber unser Hauptthema: Muß eine individualistisch-neoklassische Modellgesellschaft auf Grund ihrer gesamten Triebkräfte, Struktur und Dynamik sehenden Auges und ohne viel dagegen tun zu können, dem ökologischen Abgrund entgegenstolpern oder auf der schiefen Ebene einer schleichenden ökologi-

[8] Dies ist eine vorläufige und unvollständige Definition von Rationalität, zu den Schwierigkeiten vgl. z.B. SEN (1987, pp. 10ff.).

schen Auszehrung entlangrutschen, weil sie einfach eine falsche und unnatürliche Gesellschaft ist, weil sie das Werk von Menschen ist, deren analytisches, zerstückeltes, individualistisches Denken sich hoffnungslos von den Naturgrundlagen entfernt hat? So lauten doch ständig wiederholte Behauptungen, denen stirnrunzelndes Kopfnicken als Antwort im allgemeinen sicher ist.[9]

Das gestellte Thema zwingt zu einer Doppelbetrachtung: Zum einen untersuchen wir die neoklassische Routineforschung auf ihre Naturkonformität, nicht immer mit positivem Ergebnis. Zum anderen widmen wir uns der metaökonomischen Basis dieser Theorie, dem individualistischen Gesellschaftsmodell der Aufklärung. Gelingt diese zweite Beschäftigung auch nur auf einer sehr elementaren Ebene und wird sie professionellen Philosophen manche Einwände entlocken, so besteht der große Vorteil dieser Doppelbetrachtung jedoch darin, daß der Attitüde des Besserwissens, der Beurteilung der neoklassischen Ökonomie an eigenen Maßstäben, entgangen werden kann. Wenn im folgenden die Neoklassik kritisiert wird, so stets mit Berufung auf ihre metaökonomische Grundlage, der sie sich vielen Äußerungen ihrer namhaften Vertreter zufolge nicht anders als in früheren Zeiten verpflichtet fühlt. In der Tat besitzt die Neoklassik in ihrem eigenen philosophischen Umfeld ihre schärfsten und von ihr selbst akzeptierten Kritiker. Es ist immer ein Glück für die bürgerliche Ökonomie gewesen, unter moralphilosophischer und erkenntnistheoretischer Aufsicht gestanden zu haben, die zwar oft an einer sehr langen Leine ausgeübt wurde, sich um die Kapricen der Vulgärökonomie nie gekümmert, aber die anspruchsvollere Theorie doch von Zeit zu Zeit eingeholt hat.

[9] Die in gebildeten Kreisen Deutschlands noch lebendige Aversion gegen Rationalismus, Individualismus und vor allem gegen analytische Naturwissenschaften verdankt ihre (durch die Öko-Welle sogar wieder gestärkte) Penetranz zweifellos der Berufung auf GOETHE und seine, u.a. von der Anthroposophie gepflegte Naturwissenschaft, insbesondere Farbenlehre. Zwar kann von keinem(r) heutigen antirationalistischen Mitläufer(in) erwartet werden, auch nur ein Prozent von dem, was GOETHE der analytischen Forschung schöpferisch entgegenstellen konnte, zu leisten, man würde sich jedoch über bescheidene konstruktive Beiträge anstatt holistisch-organizistischer Phrasen freuen. Viel zu wenig bekannt ist, daß GOETHEs NEWTON-Haß nach Meinung eines so profunden GOETHE-Kenners und -Verehrers wie K.R. EISSLER eine Psychopathologie darstellte (EISSLER 1987, Bd. 2, pp. 1239ff.: Die Geschichte einer partiellen Psychose).

1.2.2 Kleiner dogmenhistorischer Exkurs

Wie die Musik und andere Künste und Wissenschaften hatte auch die Ökonomie ihre "klassische" Phase, die Namen bedürfen keines Kommentars: SMITH, QUESNAY, MALTHUS, RICARDO. Diese Blütezeit lebte vom Kontakt mit der bürgerlichen Moralphilosophie (ADAM SMITH selbst, MANDEVILLE, HUME, später BENTHAM und andere Utilitaristen) und der allgemeinen kontrakttheoretischen Staatstheorie (HOBBES, LOCKE, ROUSSEAU, KANT). Alle diese Denker artikulierten den Zeitgeist des materiell besitzenden, wirtschaftlich tätigen und sich gegen die alten Autoritäten auflehnenden Dritten Standes, des Bürgertums. Die weitere Entwicklung ist bekannt: Bei RICARDO zeigte sich, daß die Überwindung der merkantilistischen Planwirtschaft keineswegs in ein Goldenes Zeitalter führen mußte, seine Prognosen für die Realität waren vielmehr pessimistisch. Gerade wegen seiner für die Zeit außergewöhnlichen Rigidität des Denkens spitzten sich bei ihm methodische Widersprüche zu, die SMITH noch durch vage Formulierungen übergehen konnte, es begann die Krise der Arbeitswertlehre. MARX zog aus ihr die für den Vierten Stand naheliegenden Konsequenzen, und bürgerliche Realwelt wie auch Wissenschaft schienen das Schicksal einer kurzen Blütezeit gehabt zu haben. Fast als einziger großer bürgerlicher Ökonom behauptete sich in der Krisenzeit Mitte des 19. Jahrhunderts J.ST. MILL.

Etwa um 1870 schien die Zeit reif für einen Neubeginn, es entwickelte sich die bürgerlich-ökonomische *Neoklassik* . Die proletarische Revolution hatte, von Episoden abgesehen, nicht stattgefunden und war auch nicht in Sicht. Trotzdem mußte dem Marxismus entgegengetreten werden, und dafür wurde die Arbeitswertlehre, bei LOCKE, SMITH und RICARDO noch der Ausgangspunkt der Preisbestimmung, geopfert. Welches Glück für die neue Richtung, daß jene Lehre wirklich logische Widersprüche besaß - was hätte man eigentlich getan, wenn sie sowohl MARX genützt hätte als auch hieb- und stichfest gewesen wäre? Sie wurde ersetzt durch eine konsequent subjektivistische Wertlehre, deren Überzeugungskraft nicht nur aus der logischen Stimmigkeit und der mathematischen Ästhetik der aus ihr abgeleiteten Modelle herrührte, sondern auch daher, daß man sich am individualistischen Ideal in keiner Weise versündigte, es im Gegenteil auf die Spitze trieb. Der Subjektivismus, die Freiheit des Individuums wurde gegenüber SMITH und vielleicht mit seiner posthumen Zustimmung noch einmal gestärkt. Formal war die neue Theorie noch bürgerlicher als das Bürgertum in seiner heroischen Phase von HOBBES bis RICARDO - vielleicht beruhigte dies etwas die Gewissensbisse, die man gegenüber SMITH durch das Fallenlassen der Arbeitswertlehre eigentlich hätte haben müssen. Das Gefühl der neoklassischen Autoren, zwar eine neue Seite in der Theorie aufgeschlagen, nicht aber mit der großen Tradition gebrochen zu haben, nährte sich vielleicht aus der hypothetischen Hoffnung, daß SMITH, wenn er Gelegenheit dazu gehabt hätte, auch "Grenznutzentheoretiker" geworden wäre.

Das zweite Standbein der Neuerung um 1870 war die gegenüber der Klassik, selbst gegenüber RICARDO, entschieden vorangetriebene Formalisierung. Das Vorbild der Physik verfehlte seine Wirkung nicht, man forschte von Anfang an überwiegend mathematisch. Dies entsprach dem Zeitgeist, vermittelte ästhetische Befriedigung und verlieh nicht zuletzt ein Überlegenheitsgefühl gegenüber den auf diesem Gebiet meist unbedarften Nachfolgern von MARX. Die Arbeiten von EDGEWORTH, JEVONS, MENGER, BÖHM-BAWERK, später dann auch von WALRAS, WICKSELL, MARSHALL, FISHER u.a. entwarfen ein harmonistisches Weltbild, in dem, ganz wie in der NEWTONschen Physik, die Dynamik eines Systems aus einem Minimum von Annahmen über Kräfte und Interdependenzen heraus erklärt werden konnte. Die Überzeugung von der Harmonie des bürgerlichen ökonomischen Gesellschaftsmodells hatte es zwar, mit Zweifeln von Seiten RICARDOs, MALTHUS' und J.ST. MILLs, schon immer gegeben, am meisten bei SMITH selbst, nun endlich wurde sie aber erst mit Hilfe der Mathematik, insbesondere des Marginalkalküls, "bewiesen".

Die Kehrseite bestand in einer zu Zeiten SMITHs wohl kaum akzeptierten Weltferne der Theorie. Als die Welt mit Industriegiganten überzogen wurde, als sich die Nationalstaaten, überwiegend aus militärischen Gründen, anschickten, sich selbst zu einflußreichen "Wirtschaftssubjekten" zu entwickeln, hatten die Ökonomen (darunter einige, die keineswegs nur das Studierstübchen kannten, sondern ebenso wie RICARDO und MILL eine große Rolle in der Öffentlichkeit spielten) nichts anderes zu tun, als über den Tausch von Äpfel und Birnen zwischen zwei Individuen zu spekulieren. Einwände dieser Art treffen im übrigen, wie die Leserin und der Leser feststellen werden, auch die vorliegende Studie. Die Folgen des an Gleichgewichtsidealen orientierten Theoretisierens bestanden zum einen darin, daß die Wirtschaftswissenschaft für praktische Zwecke, z.B. für die Bewältigung von Krisen, völlig unbrauchbar wurde; der durch KEYNES entfachte Gegenwind war vorauszusehen. Die zweite Folge war, daß in der ausschließlichen Fixierung auf den Tausch die Probleme der Produktion - in der es natürlich keine harmonischen Gleichgewichte gab, sondern die hierarchische Koordination der Individuen vielmehr immer ausgeprägter wurde - vollkommen aus den Augen verloren wurden. Dieses Gebiet wurde ganz dem Marxismus überlassen.

Im 20. Jahrhundert haben weder politische und ökonomische Katastrophen noch radikal gegnerische Wirtschaftstheorien noch bürgerlich-immanente methodologische Dissidenten von KEYNES bis zu JOAN ROBINSON bewirken können, daß sich der "Mainstream" der Theorie vor allem im englischsprachigen Teil der Welt und in Skandinavien fundamental von der neoklassischen Linie entfernt hätte. Der Mainstream bleibt sich treu und bezeichnet sich selbst als "Neoklassik", man wehrt sich zumindest nicht gegen diese Bezeichnung. Alles was seit JEVONS dazugekommen ist, erscheint als Nuancierung, Bereicherung, Korrektur früherer Detailfehler und vor allem als sich nie erschöpfendes Herausarbeiten der Implikate und Konsequenzen, die das neoklassische Modell von 1870 besitzt, welches seinerseits im wesentlichen die Präzisierung des SMITHschen Modells von 1776 sein wollte. Diese Einheitlichkeit des ideologischen Kerns über Jahrhunderte hinweg spielt für die vorliegende Studie eine entscheidende Rolle.[10] Viele Detailentwicklungen in der Theorie der letzten Jahrzehnte sind für unsere Zwecke nebensächlich. Auf die wenigen wichtigen werden wir eingehen. Werfen wir jetzt nur einen Blick auf drei generelle Aspekte der Theorieentwicklung, zwei negative und einen positiven:

- Alle Fragestellungen, bei denen Wertungen, Introspektion, ja sogar schon stärkere empirische Annahmen verlangt sind, wurden aus dem theoretischen Kernbereich - unter dem Vorwand, diesen logisch unangreifbar und so allgemein wie möglich zu gestalten - eliminiert. Es herrscht bis heute "Anti-ethicalism".[11] "If one examines the balance of emphases in the publications in modern economics, it is hard not to notice the eschewal of deep normative analysis, and the neglect of the influence of ethical considerations in the characterization of actual human behaviour."[12] Ein typisches Beispiel ist die Verdrängung des kardinalen Nutzenkonzepts erst durch ein ordinales und dann durch das der reinen Präferenzordnungen; ein anderes ist die Weigerung, intersubjektive Nutzenvergleiche anzustellen oder auch nur gelten zu lassen. So klug der Rückzug auf die Ordinalität und der Verzicht auf interpersonale Nutzenvergleiche bei speziellen Fragestellungen auch sein können, als generelles Dogma sind beide fragwürdig. Ihre ideologische Folge ist, daß die Neoklassik zu Verteilungsproblemen schweigt. Besser gesagt, sie schwieg - sie erreichte, daß drastische intratemporale Verteilungsungerechtigkeiten im weltweiten Maßstab als Pro-

[10] KEYNES (1973) unterstreicht diese Kontinuität dergestalt, daß er alle Ökonomen vor ihm selbst bis zu PIGOU als "klassische Ökonomen" bezeichnet.

[11] SEN (1987, p. 31).

[12] Ibid., p. 7.

bleme angesehen wurden, die keiner wissenschaftlich-ökonomischen Analyse zugänglich oder würdig wären. Die gerechte Strafe dafür ereilte sie in ihrem Bemühen, im Rahmen der Wachstumstheorie und der Theorie natürlicher Ressourcen Fragen intergenerationeller Allokation zu klären, bei denen dem Verteilungsaspekt schlechthin nicht ausgewichen werden kann (hierzu mehr im Abschnitt 5).

- In Verbindung mit der normativen Sinnentleerung wurde die mathematische Formalisierung immer weiter vorangetrieben. Sie hat heute einen Grad erreicht, welcher die theoretische Spitzenforschung keineswegs allein für Laien, sondern auch für den gebildeten praxisorientierten Ökonomen unverständlich macht. Gewiß mag dies in anderen Wissenschaften auch der Fall sein. Hier sei nicht gegen Mathematik an sich polemisiert, wir werden sie in einfacher Weise in den folgenden Abschnitten auch benutzen. Unverzichtbar sind hochentwickelte Methoden im Rahmen der empirischen Forschung, und auch manche theoretischen Glanzlichter erregen mit Recht unsere Bewunderung, wie der Beweis der Existenz eines allgemeinen Gleichgewichts durch ARROW und DEBREU und zahlreiche Arbeiten von KOOPMANS. Zu kritisieren ist jedoch die zwanghafte Verabsolutierung dieses Ideals, die Tendenz, nichts anderes als Formales mehr gelten zu lassen. Wer heute in renommierten Fachzeitschriften publizieren will, muß "Methoden zeigen", er/sie muß erfolgreich absolvierte Initiationsriten nachweisen (vergleichbar den Mut- und Schmerzerduldungsproben bei Naturvölkern). Hierzu sich die Voraussetzungen zu erarbeiten, erfordert jahrelange Energie und läßt kaum noch Zeit für die Beschäftigung mit realen Problemen übrig, was dann an den inhaltlich häufig dürftigen Ergebnissen zu erkennen ist. Dies ist die typische Situation einer manieristisch erstarrten Spätphase, die einen Bruch ankündigt. Die Neoklassik befindet sich in einer ähnlichen Lage wie etliche Sportarten (z.B. der Eiskunstlauf), bei denen die Grenze vom ausdrucksvollen künstlerischen Inhalt zur reinen Akrobatik überschritten wird, die den Betrachter wiederum kalt läßt. Theoretische ökonomische Fachzeitschriften sind heute nicht Bühnen für wirkliche Künstler, sondern überwiegend Varietés für mathematische Akrobaten. Der Sinn für das Einfache, Treffende und Wahre ist verlorengegangen; so wie man lieber acht leichte Takte von SCHUBERT hört als eine Etüde, die nur fünf Personen auf der Welt spielen können, sehnt man sich auch in der Ökonomie nach Aussagen anstatt Trillern.

- Die dritte und einzige positive Entwicklung der letzten Jahrzehnte (natürlich von den wenigen "Künstlern" herbeigeführt, denen wir uns im folgenden widmen werden), ist fast ein Paradox zu nennen. Es wurde im Laufe der Zeit deutlich, daß dem Harmoniebild der individualistischen, dezentral gelenkten Wirtschaft so blind, wie es viele nach SMITH taten, keineswegs zu trauen ist. Die "Unsichtbare Hand" wirkt nicht unbedingt, vielmehr ist ihr Wirken an Voraussetzungen geknüpft, welche sorgfältig zu spezifizieren sind. Sind sie nicht erfüllt, so wirkt die "Kehrseite der Unsichtbaren Hand" ("The Back of the Invisible Hand")[13] und führt die Akteure, die egoistisch ihrem Vorteil nachgehen, nicht in den Zustand des allgemeinen Besten, sondern zum Gegenteil. Ein einfaches und sehr bekanntes Beispiel ist das Prisoner's Dilemma. Wie als einer der ersten KOOPMANS[14] systematisch darstellte, ist der Weg einer dezentral entscheidenden Wirtschaft zum goldenen Harmoniezustand (zum PARETO-Optimum) mit so vielen Wenns und Abers gepflastert, daß man in jenen auch die Auflistung aller Umstände sehen kann, die dafür sorgen, daß der effiziente Gleichgewichtszustand nicht nur in der Realität, sondern auch in halbwegs realistischen Modellen nie erreicht wird. SMITHs Behauptung, daß die "Unsichtbare Hand" zum effizienten Gleichgewicht führt, ist richtig, wenn Präferenzen und Technologien konvex, d.h. Indifferenz- und Transformationskurven "richtig" gekrümmt sind, wenn vollkommene Konkurrenz herrscht und wenn es keine öffentlichen oder teilweise öffentlichen Güter gibt. In jedem nicht-trivialen Modell gibt es aber Nichtkonvexitäten, unvollkommenen Wettbewerb und Güter mit einem mehr oder minder großen "Öffentlichkeitsgrad"[15], vor allem auf dem Gebiet der Bewirtschaftung von Naturressourcen. Dem von MARX mit Recht attackierten platten Harmonieglauben kann also wissenschaftlich heute noch weniger als früher gefrönt werden. Wie im nächsten Unterabschnitt deutlicher erkannt werden kann, hat jedoch auch die neoklassische Ökonomie das Ungleichgewicht und den Konflikt wiederentdeckt.

Der kleine dogmenhistorische Ausflug bis hierher wurde unternommen, um eine Behauptung zu stützen, die, wenn sie akzeptiert wird, die folgende Untersuchung stark erleichtert. Die Behauptung lautet, daß die bürgerliche ökonomische Theorie seit den Zeiten SMITHs und davor trotz mancher Methodenbrüche (Lösung von der Arbeitswerttheorie und dann vom kardinalen Nutzenkonzept) über die Neoklassik sensu stricto bis zum heutigen Mainstream einen so hohen Grad an Kontinuität in den Grundannahmen aufweist, daß, wenn es uns vordringlich auf diese ankommt, es nicht erforderlich ist, die hier vertretene Auffassung von "Neoklassik" besonders stark historisch oder gar personell zu spezifizieren. Die starke Gemeinsamkeit ist

[13] R. HARDIN (1982, p. 6ff.).

[14] KOOPMANS (1957), vgl. auch BAUMOL (1965) und MISHAN (1960).

[15] BONUS (1980).

natürlich das individualistische Weltbild. Da es uns nicht darauf ankommt, Unterschiede im Naturverständnis der bürgerlichen Ökonomie zwischen z.B. 1810 und 1870 herauszuarbeiten (die es gewiß gegeben hat), sondern da das Gemeinsame im Vordergrund stehen soll, können wir es uns sogar leisten, den Begriff "Neoklassik" in einem historisch sehr weiten Sinne zu verwenden; wir können, ohne Widersprüche zu erzeugen, in verschiedenen Kontexten zwischen 1770, 1870 und 1970 springen. Historisch großzügig zu interpretieren (d.h. zu betonen, was die Generationen gemeinsam dachten), heißt natürlich nicht, inhaltlich vage zu sein; unsere Modellgesellschaft wird sehr präzise definiert werden, und wir werden uns stets an sie halten. Das bürgerliche Gesellschaftsmodell besaß vor 200 Jahren dieselben Grundlagen wie heute, geändert haben sich die Formen und manche inhaltlichen Betonungen. Geht es um die normativen Grundlagen *"Liberté Egalité Fraternité"*, so finden wir um so Gehaltvolleres, je weiter wir in Zeiten zurückblicken, als das bürgerliche Gesellschaftsmodell noch zu kämpfen hatte. Hinsichtlich der psychologischen Annahmen über das Verhalten des "Homo oeconomicus" waren die Neoklassiker sensu stricto am klarsten, unter anderem JEVONS, EDGEWORTH und BÖHM-BAWERK. Die konkreten Fragestellungen aus den Gebieten der Ressourcenerschöpfung und Naturzerstörung sowie die hier verwendeten analytischen Methoden entnehmen wir natürlich der Gegenwart. Es hätte nahegelegen, den Terminus "Neoklassik" im vorliegenden überhaupt nicht zu verwenden, zumal er Nicht-Ökonomen ohnehin erklärt werden muß. Alle Alternativen ("Bürgerliche Ökonomie", "Wirtschaftstheorie", "Marktwirtschaft" u.a.) erweisen sich jedoch bei näherem Hinsehen als noch problematischer, so daß ich mich entschlossen habe, den Ausdruck beizubehalten.

An dieser Stelle sei eine persönliche Anmerkung gestattet, von der nicht erwartet wird, daß sie bei jeder Leserin und jedem Leser auf unmittelbare Zustimmung stößt: Das Prinzip, welches die Einheit des neuzeitlich-bürgerlichen Gesellschaftsdenkens seit DESCARTES, HOBBES, BACON und anderen ausmacht, ist oft genug in borniertes Klassenbewußtsein, Ethnozentrismus, "Es-ist-erreicht"-Attitüde und ähnliches umgeschlagen und tut es auch heute noch. Auch in seinem Namen wurden und werden Untaten gerechtfertigt und wird subtil unterdrückt. Ich meine, daß diese Folgen nicht zwangsläufig, sondern zu vermeiden sind. Wenn hiermit MARX widersprochen wird, so ist das vorliegende doch kein antimarxistisches Buch. Ganz im Gegenteil ist zu hoffen, daß die Bilder- und Statuenstürmerei der jüngeren politischen Entwicklung den wissenschaftlichen Kern des Marxismus verschonen wird. Nach meiner Auffassung wird das Bild einer Gesellschaft als eines Systems interdependenter Subjekte, welche die Gesetzmäßigkeiten ihrer Interdependenz nur teilweise durchschauen, sich derer im Fortgang der Geschichte jedoch bewußter werden und sich bei vielen Rückschlägen bemühen, zu einem letztendlich vernünftigen, undespotischen Zusammenleben zu kommen, im Marxismus ebenso deutlich wie in der bürgerlichen Ökonomie. Die Wurzeln sind ohnehin dieselben, nur die Formen sind radikal verschieden. Oftmals ist mit Formulierungen, welche unvereinbar erscheinen, etwas Ähnliches gemeint. Bürgerliche Ökonomie und Marxismus differieren darin, ob sich notwendige historische Veränderungen auf evolutionärem Wege oder mit lautem revolutionären Knall vollziehen und wer vorübergehend die Verfügungsgewalt über die Produktionsmittel besitzt. Es ist nicht zu leugnen, daß diese Fragen speziell für die jeweils betroffenen Menschen von großer Bedeutung sind. In nicht minder wichtigen Fragen nähern sich beide Richtungen jedoch einander an, z.B. hinsichtlich der Stellenwerte der Prinzipien Zentralität-Dezentralität und Individualität-Kollektivität; hierauf werden wir ausführlich zurückkommen. Die gemeinsamen Wurzeln sind stärker, als es die ideologischen Eiferer auf beiden Seiten wahrhaben wollen, deren Seelenleben anscheinend die beständige Existenz von Bösewichtern auf der anderen Seite erfordert (welche nach den jüngsten Veränderungen der Welt auf anderen Gebieten gesucht werden müssen und auch prompt gefunden werden). Jene Wurzeln liegen in der europäischen Aufklärung, als Diesseitigkeit, Rationalität, gezügelter Egoismus, rationale Begründung von Pflichten und relative Herrschaftsfreiheit, als schlicht die *Vernunft* als Werte erkannt wurden. Die vorliegende Studie ist (unter Hintanstellung wichtiger praktischer Aufgaben) nicht zuletzt durchgeführt worden, um für mehr Vernunft beim Umgang mit natürlichen Reichtümern zu werben.

Nicht auf dem Boden der Vernunft stehen heutige ("typisch deutsche"?) antirationale Strömungen besonders in der Öko-Szene, denen schon die Aussage "2 x 2 = 4" zu technokratisch ist. Wer nicht weiß, was Ökonomie ist, kann noch dazulernen, wenn er das aber nicht wissen will, muß er politisch bekämpft werden. Ökonomie zu treiben heißt, beherrscht und distanziert zu beobachten, zu durchschauen und abzuwägen, es heißt nicht, das Denken zu zerstückeln, Ganzheiten zu zerreißen oder gar alles käuflich zu machen. Wer Ökonomie und Rationalität ablehnt, mühsames Analysieren und vernünftiges Abwägen haßt und sich lieber Karten legen läßt, hat aus den vergangenen 300 Jahren nichts gelernt und steigert die Gefahr, daß sich die schlimmen Erfahrungen aus dieser Zeit und der Zeit davor wiederholen.

1.2.3 Bausteine der heutigen neoklassischen "Mainstream"-Ökonomie

Die heutige Neoklassik läßt sich am besten durch "große Namen" umreißen: ARROW, KOOPMANS, SAMUELSON, HICKS, BUCHANAN und andere. Sie stellt eine, keineswegs immer widerspruchsfreie, Synthese aus modifizierter subjektiver Wertlehre (Neoklassik sensu stricto: MENGER, JEVONS, EDGEWORTH u.a.), allgemeiner Gleichgewichtstheorie (von WALRAS bis ARROW/DEBREU) und Welfare Economics (HICKS, SAMUELSON, PIGOU, MISHAN u.a.) dar. Es ist sinnvoll und für unsere Zwecke entscheidend wichtig, inhaltlich einen engen und einen weiten Kreis zu ziehen. Nennen wir zunächst einmal in Anlehnung an FRITSCH[16] fünf konstitutive Merkmale der Neoklassik, über die kaum Dissens bestehen dürfte:

1. Der sowohl methodologische als auch normativ-politische *Individualismus* : "...individuals' preferences are to 'count'".[17] Unterschiedliche Auffassungen bestehen darüber, inwieweit dies normativ oder empirisch gemeint ist, ob man meint: "Jedes Individuum *soll* über seine Belange selbst entscheiden" (auch wenn es Fehler machen sollte), oder: "Jedes Individuum weiß über seine Belange selbst am besten Bescheid".

2. Der *Utilitarismus* . Wir werden uns mit dieser Lehre, ihren modernen Verästelungen und ihren Beziehungen zu anderen gesellschaftsphilosophischen Doktrinen noch näher zu befassen haben.[18] Das Verhältnis zwischen Utilitarismus und heutiger neoklassischer Ökonomie ist keineswegs geradlinig; in wichtigen Punkten gibt es erhebliche Differenzen. Denken wir nur an die heutige Ablehnung intersubjektiver Nutzenvergleiche, was den Klassikern, wie BENTHAM, JAMES und JOHN STUART MILL sowie SIDGWICK nicht in den Sinn gekommen wäre. Was die ganz elementaren Grundlagen anbetrifft, so sind aber Utilitarismus und Neoklassik eines Geistes Kind. Beide sind teleologisch, trennen mit HUME Werturteile und Instrumente, sehen in der Nutzenstiftung den Sinn des Wirtschaftens und zeichnen sich im Gegensatz zu holi-

[16] FRITSCH (1983). Die folgenden Punkte 1 bis 4 finden sich beim zitierten Autor, pp. 16-33; Punkt 5 ist hinzugefügt. Die Diskussion dieses Unterabschnitts habe ich in ähnlicher Form in einem Aufsatz vorgelegt (HAMPICKE 1987).

[17] SAMUELSON (1975, p. 223).

[18] MILL (1976), aktuelle Darstellung: SMART (1973).

stisch-gefühlsmäßigen Weltanschauungen durch die Rechenhaftigkeit, das abwägende Kalkulieren aus.

3. Die Annahme *rationalen individuellen Verhaltens* , wobei "rational" nicht mit ausschließlich egoistisch gleichzusetzen ist. Auch altruistische Motive werden nicht ausgeschlossen.[19] Ein Subjekt muß z.B. stets angeben können, ob es die Alternative A oder die Alternative B vorzieht oder indifferent ist. Einige andere Voraussetzungen, wie z.B. Transitivität, müssen ebenfalls erfüllt sein,[20] sonst wäre das Verhalten so regellos, daß überhaupt keine ökonomische Theorie, die stets zu Prognosen kommen möchte, möglich wäre.

4. Das *Tauschparadigma*: Einseitige Werttransfers zwischen Subjekten, wie Stehlen und Schenken, bleiben normalerweise außer Betracht, die normale Form der Interaktion ist vielmehr die des Äquivalententausches. Dies setzt zum einen die Aufteilung der Welt in Eigentumsparzellen voraus, denn damit etwas getauscht werden kann, muß es zunächst einmal besessen werden - ein Gesichtspunkt, den die moderne Theorie der "Property Rights" ausdifferenziert.[21] Zum zweiten führt das Paradigma zu einem konsequenten *Opportunitätskostendenken.* Jede(r) kann konsumieren oder besitzen, was er/sie will, wenn er/sie es bezahlen kann. Ein oben schon erwähnter, für unser Thema wichtiger Aspekt der einseitigen Fixierung der Aufmerksamkeit auf den Tausch (die "Zirkulationssphäre") ist die Vernachlässigung der Aspekte der *Produktion.* Dieses, schon von den klassischen bürgerlichen Ökonomen (anders als von MARX) vernachlässigte Thema geriet nun vollständig aus dem Blickfeld.

5. Die Annahme, daß SMITHs *"Unsichtbare Hand"* hinreichend wirksam ist, um zentrale Allokationsentscheidungen überflüssig zu machen, daß bereits inkrementelle Entscheidungen, d.h. dezentrale Tauschakte auf Güter- und Faktormärkten eine optimale Allokation hinreichend annähern können. Es wird in Analogie zu physikalischen Systemen angenommen, daß der Markt eine selbstregelnde Maschine und daß

[19] vgl. hierzu COLLARD (1978).

[20] Ausführlich QUIRK & SAPOSNIK (1968, pp. 9ff.).

[21] Standardtexte sind DEMSETZ (1967) und FURUBOTN & PEJOVICH (1974), im deutschen Sprachbereich SCHÜLLER (1983), BACKHAUS & NUTZINGER (1982) und, kurz und prägnant, EGER in NAGEL (1989, pp. 18-35).

seine Mechanik immer "gut geölt" sei.[22] Wie wir heute wissen,[23] setzt diese Annahme oder Hoffnung voraus, daß die *Transaktionskosten* des dezentralen Tauschbetriebs entweder grundsätzlich gering sind oder wegrationalisiert werden können, daß das System der Eigentumsrechte lückenlos ist, es keine öffentlichen Güter und externen Effekte gibt, und daß alle Transformations- und Indifferenzkurven die "richtige" Krümmung besitzen, die Technologien und Präferenzen also mindestens konvex sind. In engem Zusammenhang mit diesem Optimismus steht das von der Neoklassik kultivierte *Substitutionsparadigma.* In viel stärkerem Maße als bei den klassischen Ökonomen (und ihnen methodisch verwandten modernen Autoren, wie LEONTIEF und VON NEUMANN) wird unterstellt, daß sich alles und jedes auf der Welt gegenseitig substituieren könne. Fehlt im Produktionsprozeß ein Faktor, so nimmt man einen anderen, fehlt ein Konsumgut, so tröstet man sich mit einem anderen, erschöpft sich das Öl, so wird es eine andere Energiequelle geben usw. Das Substitutionsparadigma ist ein entscheidendes Element des von der Neoklassik gepflegten *Inkrementalismus* - der Automat der Gesellschaft funktioniere nicht auf der Basis fundamentaler "Einmal-Entscheidungen", sondern durch fortwährende kleine Korrekturen, durch beständige *Anpassung.* Obwohl zweifellos auch dieses Bild aus der Naturwissenschaft, ja teils direkt aus der Ökologie geliehen ist, ergeben sich hier, wie das Beispiel der erschöpfbaren Energiequellen oben andeutet, besonders leicht erkennbare Reibungspunkte mit den Forderungen nach Naturerhalt, denen wir nachgehen werden.

Diese fünf Axiome umschreiben etwa das, was man als "Lehrbuch-" oder "naive" Neoklassik bezeichnen könnte, wie sie mehr oder weniger differenziert zum heutigen Standard der Mikroökonomie gehört. Insbesondere im Punkt 5 wird die Fixierung auf die *Gleichgewichtsidee* deutlich; die Wirtschaft wird wie die Sternenwelt oder wie ein ökologisches System als ein selbstregulierender Automat gedacht, der einem Optimalzustand zustrebt. Trotz des hundertjährigen Bestrebens der Theorie, sich von Werturteilen und empirischen Annahmen zurückzuziehen und sich auf die reine Logik zu reduzieren, ist dieses Ziel natürlich nicht erreicht worden. Alle fünf Punkte beruhen entweder auf Werturteilen (z.B. politischem Individualismus, Utilitarismus, Pflicht zur Respektierung des Eigentums) oder auf empirischen Annahmen,

[22] Das Bild der bürgerlichen Gesellschaft als eines *Automaten* findet sich auch bei KANT (1985, p. 31).

[23] Vgl. KOOPMANS (1957), SOHMEN (1976) sowie Anmerkung 14.

die sich als zutreffend erweisen können oder auch nicht, wie die des rationalen individuellen Verhaltens, die der niedrigen Transaktionskosten, der individuellen Appropriierbarkeit aller zu tauschenden Güter und der richtigen Kurvenkrümmungen.

Die "naive" oder "Lehrbuch"-Neoklassik wird heute noch vielfach als die Neoklassik schlechthin angesehen. Insbesondere dann, wenn diese Theorie zur Zielscheibe von Angriffen bezüglich ihrer unterstellten Unfähigkeit zum nachhaltigen Naturerhalt wird, ist regelmäßig eine solche, rein marktideologische Theorie, wenn nicht gar ein noch primitiveres Zerrbild derselben gemeint. Ist dies, wie gleich deutlich werden wird, auch mit Blick auf den heutigen theoretischen Gesamtstand ungerechtfertigt, so ist es andererseits auch wieder zu verstehen - nicht nur wegen der schon in Abschnitt 1.1 erwähnten persönlichen antiökologischen Attitüde zahlreicher Ökonomen, sondern auch deshalb, weil ein großer Teil der modernen ökonomischen Theorie natürlicher Ressourcen als der für die Natur zuständigen Subdisziplin sich in den fünf Punkten durchaus wiedererkennen würde und von den gleich anzusprechenden Erweiterungen nur wenig berührt ist. Insofern ist die Kritik berechtigt, denn eine allein auf den fünf genannten Grundgedanken beruhende Ökonomie kann die Natur, wie wir insbesondere im Abschnitt 5.4 analysieren werden, unter keinen Umständen erhalten.

Seit einigen Jahrzehnten ist allerdings die skizzierte "naive" Neoklassik, in der die Subjekte wie dissoziierte Ionen vor sich hintreiben und nur ab und zu im Kraftfeld der Preise Ladungen tauschen, in bestimmte Richtungen weiterentwickelt worden. Dies ist eine Entwicklung, die man auch als das *"Anerkenntnis der Notwendigkeit von Kollektivität"* bezeichnen könnte. Die Erweiterungen setzen an den offenkundig unhaltbaren empirischen Annahmen an: Es ist unmöglich, die physische Welt (z.B. die Lufthülle der Erde) mit einem lückenlosen Netz von Eigentumsrechten zu überziehen, auf vielen Gebieten ergeben sich bei dezentralen Regelungsversuchen untragbar hohe Transaktionskosten. Daß alle Transformationskurven konvexe Opportunity Sets einschlössen, kann auch kaum angenommen werden. Die Theorie kann nicht vor der Erfahrung die Augen verschließen, daß koordiniertes, geplantes Vorgehen den spontanen, punktuellen Tausch zwischen Individuen in immer stärkerem Maße ersetzt, offenbar ist eine industrielle Zivilisation gar nicht anders denkbar. Schließlich erinnert man sich, daß selbst ein hypothetisches ultra-liberales Marktmodell gewisse Kollektivsetzungen, wie z.B. eine Verfassung, verlangt. Für die fortgeschrittene neoklassische Gesellschaftstheorie (auch: "Theory of Social Choice" bzw. "Ökonomische Sozialtheorie")[24] sind daher zusätzlich zu den genannten Punkten 1 bis 5 folgende drei Aspekte von Belang:

6. Der seit den Anfängen das bürgerliche Denken durchziehende Gedanke des *Kontraktes* (berühmtestes Beispiel ist HOBBES' Leviathan) ist wieder in den Vordergrund gerückt, namhafte heutige Autoren sind RAWLS[25] und BUCHANAN[26]. Der BUCHANANschen Verfassungstheorie, dem "konstitutionellen" Kontrakt, widmen wir uns im folgenden Unterabschnitt ausführlicher; für den ökonomischen Alltagsbetrieb stehen die "postkonstitutionellen" Vereinbarungen, steht die "produktive Kollektivität"[27] im Vordergrund. Subjekte unterwerfen sich freiwillig und zum gegenseitigen Vorteil bindenden Vereinbarungen unter Verzicht auf jederzeitige Tauschautonomie. Anlässe sind die Befreiung aus Dilemma-Situationen (Punkt 8, unten) sowie die Senkung von Transaktionskosten bei Handlungen mit hohem Koordinationsbedarf, speziell bei der *Produktion.* Kein Haus würde je gebaut, wenn sich die Handwerker beim Reichen jedes Ziegelsteins marktmäßig abstimmen müßten.

7. Einerseits lassen sich viele Ziele nur kollektiv verwirklichen, andererseits enthält die Kollektivität stets die Gefahr, Individuen nicht legitimierbarem Zwang zu unterwerfen. Als Ausweg ist in der Welfare Economics seit PIGOU das Prinzip der *"Government-Assisted Invisible Hand"*[28] anerkannt. Auch hier haben individuelle Wertschätzungen das letzte Wort, kein Subjekt wird bei Bewertungen und Entscheidungen bevormundet. Es ist jedoch erlaubt und nötig, daß der faktischen Einstellung einer Allokation entsprechend den individuellen Wertschätzungen, die aus verschiedenen Gründen behindert sein kann, durch zentrale Maßnahmen nachgeholfen wird. Die Präferenzen der Individuen zeigen sich nicht wie beim Tausch von selbst, son-

[24] FRITSCH (1982, p. 15). Zu theoretischen Grundfragen vgl. SEN (1970).

[25] RAWLS (1971).

[26] BUCHANAN (1975).

[27] FRITSCH (1983, pp. 105ff.), im Anschluß an BUCHANAN (1975, pp. 68ff.) ("The protective state and the productive state") sowie pp. 97ff.

[28] Ich muß gestehen, trotz intensiver Literaturdurchsicht nicht in der Lage zu sein, den Autor dieses Bonmots zu nennen - ich habe ihn schlicht vergessen. Da ich den Lesern/Leserinnen die Formulierung nicht vorenthalten möchte, erscheint es mir als das kleinere Übel, meine Vergeßlichkeit einzugestehen, als den Eindruck zu erwecken, das Bonmot stamme von mir selbst.

dern werden durch Befragung oder auf eine andere Weise ermittelt und bilden die Grundlage zentraler, aber nicht-despotischer Entscheidungen. Dies ist das Prinzip der *Cost-Benefit-Analysis* (Kosten-Nutzen-Analyse), letztlich einem Instrument zur Wegrationalisierung prohibitiv hoher Transaktionskosten. Es überwindet die Vereinzelung der individuellen Subjekte und ermöglicht die Realisierung von Allokationen, insbesondere von größeren Projekten, die sich "naturwüchsig" oder auf dem Wege bilateraler Tausche niemals eingestellt hätten.

8. Soweit haben wir die "nützliche" Seite der Kollektivität betrachtet, die "schädliche" ist aber keineswegs nur eine Legende von Seiten ultraliberaler Ideologie. Durch Kollektivität entsteht Macht, sei es über ein anderes Individuum, sei es über die gesamte Gesellschaft. Die sich der individuellen Appropriation widersetzenden Werte fordern eine Analyse der externen Effekte und der Kollektiv- oder öffentlichen Güter sowie der Interaktionen der Subjekte unter Einschluß *strategischen Verhaltens* . Die bekanntesten Beispiele sind das Prisoner's Dilemma bei zwei oder wenigen Teilnehmern und das Free Rider-Problem, im typischen Fall in Situationen, bei denen viele Subjekte einem Kollektivgut gegenüberstehen. In derartigen Situationen übervorteilt nicht nur das sich strategisch verhaltende Individuum das sich nicht strategisch verhaltende, die besondere Pointe liegt vielmehr darin, daß wenn sich alle strategisch verhalten, sich alle schädigen müssen. Die Möglichkeit oder gar Zwangsläufigkeit einer Selbstschädigung der Subjekte bei eng-rationalem Verhalten mußte eine kritische Diskussion des bis dahin unverfänglich scheinenden Begriffs der "Rationalität" zur Folge haben. Was ist das für eine Rationalität, die einem schadet, wenn man nach ihr handelt, die einem aber auch schadet, wenn man nicht nach ihr handelt, sofern es dann die anderen tun? *"The Back of the Invisible Hand"*[29] - die nicht mehr so harmonische Kehrseite der Unsichtbaren Hand ist fortgeschrittenen neoklassischen Entscheidungstheoretikern seit langem ein Begriff. Ein weiteres Thema im Zusammenhang mit der Kollektivität ist die Gefahr des Machtmißbrauchs einer "protektiven" oder "produktiven" Zentralinstanz, was wieder in den Bereich der Kontrakttheorie (Punkt 6) zurückführt.

Die neoklassische Ökonomie hat also die Kollektivität, den vergesellschafteten Menschen, die assoziierten Produzenten, die ihren Stoffwechsel mit der Natur ratio-

[29] Vgl. oben, Anmerkung 13.

nal regeln,[30] inzwischen auch entdeckt - reichlich spät, könnte man einwenden. Bei den meisten Autoren löst die Entdeckung keine Begeisterung aus. Einige suchen Zuflucht zu den verstiegensten Konstruktionen, um die Welt doch total zu privatisieren oder um anreizkompatible Allokationsverfahren für öffentliche Güter zu erfinden. Man wird nicht müde, die im Zusammenhang mit Kollektivbeschlüssen theoretisch zweifellos bestehenden Probleme zu evozieren, den beständigen Anreiz zum Kontraktbruch, die Gefangenschaft im Prisoner's Dilemma, den Verlust an Motivation und die Legitimation und Kontrolle derjenigen Subjekte, an welche die Handlungsautonomie abgetreten wird. Allerdings werden derartige Diskussionen von Theoretikern häufig ohne Analyse der tatsächlichen Motivationslage der Individuen geführt; man unterstellt auf Grund von Plausibilitätsargumenten und unter Beibringung selektierter Erfahrungen in der Regel ein vollkommen unkooperatives Verhalten ("Starke Free Rider-These"). Auch das ist wieder eine empirische Hypothese, die durch eine Reihe neuerer Prüfungen nicht gestützt wird. Weit brisanter als das Problem unkooperativen Verhaltens auf der Mikro-Ebene scheint das der Kontrolle des potentiell immer anti-individualistischen Staates zu sein. BUCHANAN geißelt den staatlichen Kollektivismus keineswegs nur in früheren sozialistischen Staaten, sondern auch in den USA und empfiehlt möglichst dezentrale, freiwillige Kontrakte.[31] Aber auch das sind *Bindungen*, welche die jederzeitige spontane Tauschautonomie eingrenzen - im Extremfall auf nur noch triviale Wahlhandlungen, wie die Auswahl zwischen Kaffee und Tee. Das Prinzip der kontraktuellen Bindung, das wenn auch meist nur temporäre Anerkenntnis von Pflichten über den gegenseitigen Respekt des Privateigentums und der Persönlichkeitsrechte hinaus, die Abkehr von enger Rationalität, werden in der fortgeschrittenen bürgerlichen Gesellschaftstheorie - jenseits des marktwirtschaftlichen Gebetsmühlendrehens - anerkannt, wenn auch zuweilen widerstrebend. Die naive Neoklassik unterstellt die Gesellschaft noch als strukturloses Konglomerat dissoziierter Individuen, der um die kontraktuelle Komponente ergänzten Neoklassik kann dies jedoch nicht mehr vorgeworfen werden. Wir werden allerdings zu prüfen

[30] Der ganze Inhalt des berühmten Zitats von MARX (1971, p. 828) ist von der neoklassischen Ökonomie natürlich nicht übernommen worden: "Die Freiheit in diesem Gebiet kann nur darin bestehn, daß der vergesellschaftete Mensch, die assoziierten Produzenten, diesen ihren Stoffwechsel mit der Natur rationell regeln, unter ihre gemeinschaftliche Kontrolle bringen, statt von ihm als einer blinden Macht beherrscht zu werden; ihn mit dem geringsten Kraftaufwand und unter den ihrer menschlichen Natur würdigsten und adäquatesten Bedingungen vollziehn."

[31] BUCHANAN (1975, Kapitel 10, pp. 166ff.).

haben, inwieweit der bisherige Umgang der Neoklassik mit der Kollektivität befriedigt (vor allem im Abschnitt 6.2).

Möglicherweise wird die Frage eingewandt, ob die bürgerliche Gesellschaftstheorie unter Einschluß aller acht genannten Punkte noch sinnvollerweise "Neoklassik" genannt werden sollte. Selbst wenn man sich hier nicht einigen könnte, wäre allerdings ein rein terminologischer Streit unfruchtbar. Die vorliegende Studie soll sich auf jeden Fall einem Gesellschaftsmodell unter Einschluß aller acht Punkte widmen. Ich selbst würde mich lieber dem Vorwurf aussetzen, den Terminus "Neoklassik" überdehnt zu haben, als mit dem Trivialmodell der naiven Neoklassik zu operieren (Punkte 1 bis 5), bei dem die Antwort bezüglich der Naturverträglichkeit von vornherein negativ ausfällt. Aus zwei Gründen scheint mir aber der Einwand, daß hier die Neoklassik verlassen würde, nicht zuzutreffen:

Zum einen ist in der Literatur kaum irgendwo zu erkennen, daß zwischen Lehrbuch-Neoklassik auf der einen und Welfare Economics, Theory of Social Choice und Contractarianism scharfe Grenzen gezogen werden oder gar Differenzen und eine Konkurrenz im Erklärungsanspruch bestünden. Personell gibt es zwar gewisse pragmatische Arbeitsteilungen und Spezialisierungen, besonders namhafte Autoren, wie ARROW, BAUMOL und BUCHANAN bearbeiten jedoch sowohl die ökonomische (sensu stricto) als auch die stärker "politologische" Entscheidungstheorie in Personalunion und nennen sich dabei "Neoklassiker". Wichtiger noch erscheint jedoch als zweites, daß kein Autor aus der betrachteten Scientific Community, auch wenn er überwiegend dem kontrakt- bzw. staatstheoretischen oder allgemein sozialphilosophischen Flügel angehört, den Boden des *methodologischen Individualismus* jemals verläßt. Dies gilt für ältere und zeitgenössische Autoren gleichermaßen, bei allen leitet sich alles vom souveränen, rationalen Subjekt der Aufklärung ab, und das ist das Entscheidende. Kollektivität wird nirgendwo mit ontologischen oder metaphysischen Begründungen akzeptiert, sondern logisch abgeleitet. Kontraktuell muß vorgegangen werden, nicht weil eine Heilslehre dies fordert oder um dem Kaiser zu gefallen - letztlich immer im Interesse irgendwelcher Macht -, sondern dann, wenn weitsichtige, vernünftige Subjekte erkennen müssen, daß dies in ihrem eigenen Interesse oder aus einem anderen vernünftigen Grund notwendig ist, und wenn Vorsorge getroffen ist, daß der Kontrakt nicht zur Machtausübung mißbraucht wird. Hieraus folgt, daß Kollektivität an sich dem Individualismus nicht widerspricht; dies gilt nur für erzwungenene Kollektivität, die wir anders bezeichnen müssen (vgl. im folgenden). Zusammengefaßt führt ein direkter methodischer Weg von den einfachsten Fragestellungen individueller Rationalität aus dem Lehrbuch der Mikroökonomie bis zu den komplexesten spiel- oder kontraktheoretischen Staatsmodellen, und jede Grenze, welche irgendwo in der Mitte den Geltungsbereich der neoklassischen Ökonomie streng abstecken würde, wäre willkürlich.

1.3 Was ist "Individualismus"?

1.3.1 Begriff

"Der einzige Zweck, der die Menschen, individuell oder kollektiv, berechtigt, in die Handlungsfreiheit eines anderen der ihren einzugreifen, ist Selbstschutz. Die einzige Absicht, um derentwillen Macht rechtmäßig über irgendein Mitglied einer zivilisierten Gemeinschaft gegen seinen Willen ausgeübt werden kann, ist die, eine Schädigung anderer zu verhindern. ... Der einzige Teil seines Verhaltens, für den ein Mensch der Gesellschaft verantwortlich ist, ist der, der andere berührt."[32] Besser als in diesen Worten J.St. MILLS kann man Individualismus nicht definieren. Im Einklang mit wohl den meisten Autoren verstehen wir darunter eine Gesellschaft, in welcher es jedem einzelnen Menschen grundsätzlich freisteht, seinen Neigungen zu folgen. "A situation is judged 'good' to the extent that it allows individuals to get what they want to get, whatever this might be, limited only by the principle of mutual agreement".[33] Es ist in dieser Gesellschaft nicht zulässig, daß ein Individuum oder eine Gruppe von ihnen einem anderen oder einer anderen Gruppe seinen Willen aufzwingt, speziell darf auch nicht ein Individuum allen anderen seinen Willen aufzwingen. Jede nicht-individualistische Gesellschaft wird im folgenden als "*despotische*" Gesellschaft bezeichnet, nicht zu verwechseln mit dem schon verwendeten Begriff "Kollektivismus". Wir schließen unter die despotischen Gesellschaften auch solche ein, bei denen der ausgeübte Zwang angeblich oder tatsächlich nicht auf egoistischen Motiven der Machthaber beruht, sondern mit Aufträgen aus transzendenten Quellen legitimiert wird, also z.B. theokratische Gesellschaften. Kennzeichen der individualistischen Gesellschaft ist, daß die gegenseitige Machtausübung minimiert ist, im Grenzfall überhaupt nicht existiert. Der verbleibende Rest bedarf der diesseitigen Legitimation.

[32] J. ST. MILL (1969, pp. 16-17).

[33] BUCHANAN (1975, p. 2).

Eine ideale individualistische Gesellschaft hat es nie gegeben und wird es nie geben; um aber im folgenden so theoretisch-rigide wie möglich argumentieren zu können, fingieren wir eine individualistische *Modellgesellschaft*. Die aus ihr gezogenen Schlußfolgerungen sind auf die Realität insoweit übertragbar, als die letztere der Modellgesellschaft wenigstens in gewissen Teilen entspricht. Der Begriff "individualistische Gesellschaft" erhebt im vorliegenden Kontext nicht den Anspruch, sämtliche beobachtbaren Erscheinungen auf der Makro-Ebene aus den individuellen Handlungen erklären zu können. Hier handelt es sich eher um eine erkenntnistheoretische als um eine ökonomisch-philosophische Frage, die wir offenlassen können.[34] Wir beanspruchen den Erklärungswert des methodologischen Individualismus nur insoweit als wir fragen, ob Individualismus und Naturerhalt vereinbar sein können, oder ob es dazu, wie vielfach behauptet, einer Art "Öko-Despotie" bedarf.

Bekanntlich erwachsen die Schwierigkeiten des individualistischen Weltbildes aus dem letzten Halbsatz aus BUCHANANs oben wiedergegebenem Ausspruch: "... limited only by the principle of mutual agreement." Unterstellen wir egoistische Individuen in einer Welt der Knappheit an materiellen und immateriellen Ressourcen, so ist eine regellose individualistische Gesellschaft, in der jedes Individuum seinen Neigungen nachgeht, ohne anderen zu schaden, logisch unmöglich. Jeder Nutzen, den ich mir durch Konsumtion eines knappen Gutes erlaube, *muß* Nutzen bei anderen verhindern, muß andere schädigen, denn ich nehme anderen etwas weg. Über das Wesen dieses hypothetischen anarchischen Urzustandes haben Philosophen unterschiedlichster Richtung ihre Phantasien befragt - bei ROUSSEAU war er ursprünglich eine Heimstatt guter Menschen, die trotz der Knappheit in Harmonie lebten, bei HOBBES war das Gegenteil der Fall; offensichtlich durch die Erfahrungen des englischen Bürgerkrieges seiner Zeit inspiriert,[35] stellte er sich den Urzustand als die Hölle auf Erden vor, in der jeder jeden bestiehlt und umbringt, das Leben "...solitary, poore, nasty, brutish and short."[36] ist. NOZICK[37] postuliert die Herausbildung nach außen aggres-

[34] Eine Position, welche nach dem Motto "Das Ganze ist mehr als die Summe seiner Teile" die Erklärung aller beliebigen Erscheinungen aus den Interaktionen der gesellschaftlichen Atome, der Individuen, leugnet, heißt traditionell "Holismus". Weitere Ansätze finden sich in der modernen Systemtheorie. Auf diese Probleme braucht hier nicht eingegangen zu werden.

[35] MACPHERSON (1973, pp. 21ff.).

[36] HOBBES (1968, p. 186).

[37] NOZICK (1974, pp. 12ff.).

siver und nach innen befriedeter Selbstschutzbanden, während BUCHANAN[38] sich sogar den anarchischen Urzustand noch als ein System wenn auch labiler Gleichgewichte vorstellen kann, in welchem die Individuen die Ressourcen, derer sie jeweils habhaft werden können (nicht zu verwechseln mit kodifiziertem Eigentum) in optimaler Weise entweder einem Konsum- und Investitionsfonds zuführen oder zur Verteidigung gegen Aggressoren verwenden. Man beachte sowohl bei NOZICK als auch bei BUCHANAN die Parallelen zu Beziehungen zwischen heutigen Staaten. Bei BUCHANAN scheint sich der Wunsch, die regellose Anarchie zu überwinden, weniger aus einer moralischen Verurteilung dieses Zustandes (etwa wegen seiner Gewalttätigkeit) zu speisen, als daraus, daß er einen sinnlosen, sich gegenseitig kompensierenden Verteidigungsaufwand erfordert und damit ineffizient ist. Der Übergang zur Zivilisation ist bei ihm ein Schritt der Abrüstung, wiederum mit heutigen Parallelen.

Der Begriff der "*Anarchie*" besitzt für individualistische Gesellschaftstheoretiker durchaus keinen pejorativen Beiklang, BUCHANAN wird sogar nicht müde, heutigen "Anarchisten" vorzuwerfen, daß sie gar keine solchen seien, da sie offenbar stark dazu neigten, anderen ihren Willen aufzuzwingen und damit Herrschaft auszuüben, und bestehe diese nur darin, daß sie lautstark mißliebige Wortmeldungen unterdrückten.[39] Die Anarchie wird im individualistischen Gesellschaftsmodell nur soweit zurückgedrängt, wie dies notwendig ist, um die gegenseitige Schädigung der Individuen zu verhindern. Sie geben sich gegenseitig ein Recht auf Nicht-Schädigung und müssen dies bei ihren nach wie vor freien Tätigkeiten in bezug auf ihre jeweiligen Gegenüber respektieren. Zu den Rechten gehört der Schutz vor körperlicher Gewaltanwendung und, insbesondere mit Berufung auf LOCKE, der Schutz des Eigentums. In der modernen Theorie der Property Rights werden nicht ohne Konsequenz alle diese Rechte - Persönlichkeitsrechte, manifestes Privateigentum sowie Ansprüche auf Kollektivgüter, wie etwa auf bestimmte Zustände der Umwelt (saubere Luft) - als eigentumsanaloge Rechte zusammengefaßt und Wesensunterschiede zwischen ihnen fallengelassen. Der entscheidende Schritt von der Anarchie zur geregelten individualistischen Gesellschaft ist, daß nicht mehr gestohlen, sondern nur noch *getauscht* wird.

Ein großer, wenn nicht der größte Teil der bürgerlichen Gesellschaftsphilosophie (auch wenn sie, wie z.B. bei HOBBES, nur mit großen Einschränkungen "individualistisch" genannt werden kann) kreist seit 300 Jahren um die drei Fragen, wie sich der

[38] BUCHANAN (1975, pp. 35ff.).

[39] Ibid., p. 5.

Übergang vom anarchischen Urzustand zur geregelten Gesellschaft gedanklich-abstrakt oder gar historisch-konkret vollzogen hat, mit welchen Begründungen den egoistischen Individuen die Respektierung der Rechte anderer abverlangt werden kann und wie hohe Erwartungen an sie bei der Respektierung der Rechte anderer gerichtet werden können oder sollen, sofern sie nicht gewaltsam dazu gezwungen werden. Diese Fragen sind in keiner Weise gelöst, sondern werden auch in Zukunft stets aufs neue gestellt werden. Daher seien die Leserin und der Leser gebeten, an die vorliegende Studie keine Erwartungen bezüglich von Antworten zu hegen, welche kompetentere Autoren auch nicht geben konnten. Weniger leicht fällt die Bitte um Verständnis dafür, daß die vorliegende Studie hinsichtlich ihres philosophischen Tiefgangs, insbesondere was die Verarbeitung älterer Autoren von SPINOZA über HOBBES, HUME, MANDEVILLE, LOCKE, KANT bis zu BENTHAM, den MILLs und ihre Zeitgenossen anbelangt, sicherlich an der unteren Grenze dessen liegt, was man bei dieser Themenstellung erwarten darf. Es kann nur angeführt werden, daß der spezifisch ökonomische Aspekt im vorliegenden überwiegt, daß dort hoffentlich geringere Lücken klaffen und daß man nicht alles auf einmal bearbeiten kann. Wenden wir uns nun näher der zweiten genannten Frage zu, der nach der Begründung von Pflichten.

1.3.2 Begründungen für die Achtung der Rechte anderer

Der Übergang vom anarchischen Urzustand zur geregelten individualistischen Gesellschaft wird entweder als ein dem menschlichen Willen nur teilweise unterworfener Evolutionsprozeß (etwa bei HUME, HAYEK und NOZICK) oder als Ergebnis eines *Kontraktes* aufgefaßt, letzteres in sehr unterschiedlicher Weise bei HOBBES, ROUSSEAU und KANT, unter den neueren Autoren bei RAWLS und BUCHANAN. Dieser Kontrakt liefert den Stoff für einen der oben angedeuteten, bis heute ungeklärten Dispute innerhalb der Gesellschaftsphilosophie. Mag dieser Disput auch teilweise auf Mißverständnissen beruhen, so gilt dies doch nicht ausschließlich, und wir können nicht über ihn hinweggehen. Aus heutiger Sicht weniger überzeugend erscheint HUMEs Einwand gegen den Gesellschaftsvertrag, wonach dieser, von einer Generation und stets unter kontingenten Zeitumständen beschlossen, nicht automatisch verbindlich für die Nachfahren sein kann, die an seiner Verabschiedung nicht mitgewirkt haben.[40] Auch BUCHANAN widmet der Frage der Verbindlichkeit eines Vertrages bei den Nichtunter-

[40] Vgl. RYAN (1987, p. 17).

zeichnern breiten Raum.[41] Dieses Problem wird mit KANT gelöst, indem im Vertrag kein konkret-historisches Faktum, sondern eine Fiktion, ein gedanklicher Rückhalt gesehen wird, aus dem sich die konkreteren Verhaltensregeln ableiten lassen.[42] So faßt ihn auch RAWLS auf.[43] Unter den verschiedenen Ansichten zum Kontrakt schwelt aber bis heute der Gegensatz zwischen Utilitarismus und Anti-Utilitarismus, zwischen konsequentialistischer (teleologischer) und deontologischer Ethik. Der Begründer des Utilitarismus, BENTHAM, lehnte die Kontrakttheorie schroff ab,[44] während frühere und heutige Kontraktarier, wie KANT und RAWLS, Anti-Utilitaristen sind. Wenn Kontrakttheorie und Utilitarismus unvereinbar sind, so beruht die Assimilation sowohl utilitaristischer als auch kontraktueller Elemente in der heutigen neoklassischen Ökonomie auf einem der schärferen Analyse vielleicht nicht standhaltenden Synkretismus. Dieser Vorwurf träfe auch die vorliegende Studie.

Wir werden in der Tat bei manchen Gelegenheiten eine gewisse Orientierungslosigkeit der Neoklassik entdecken (z.B. in Abschnitt 6.2.1) - zuweilen frönt sie dem geradlinigsten Benthamismus, ein andermal unterstellt sie Verhaltensweisen, wie sie SMART treffend als "rule worship" bezeichnet.[45] Dennoch ist, wer zwischen Kontrakttheorie und Utilitarismus zu vermitteln sucht, nicht unbedingt ein prinzipienloser Eklektiker, wenn selbst RAWLS, dem im allgemeinen eher vorgeworfen werden könnte, die Kluft zwischen beiden unnötigerweise zu vertiefen, schreibt: "It is perfectly possible ... that contract theory leads eventually to a deeper and more roundabout justification of utilitarianism."[46] Wir werden, vielleicht im Sinne des von RAWLS so genannten (und respektierten) "Intuitionismus"[47], versuchen, uns im Spannungsfeld von Konsequentialismus und Regelbewußtsein sinnvoll zu orientieren.

[41] BUCHANAN (1975, pp. 74ff.).

[42] "Allein dieser Vertrag ... ist keineswegs als ein *Factum* vorauszusetzen nötig (ja als ein solcher gar nicht möglich) ... Sondern es ist die *bloße Idee* der Vernunft, die aber ihre unbezweifelte (praktische) Realität hat ..." KANT (1985a, p. 145).

[43] RAWLS (1971, p. 12).

[44] Vgl. Anmerkung 40.

[45] SMART (1973, p. 10 et passim). Seine Polemik wendet sich zwar gegen den Regelutilitarismus, gilt aber a fortiori gegen deontologische Forderungen.

[46] RAWLS (1971, p. 29).

[47] Ibid., pp. 34ff.

Wie kommen egoistische Individuen, welche definitorisch nur ihren eigenen Vorteil kennen, dazu, die Rechte der anderen Individuen zu achten - warum stiehlt ein Egoist nicht?

Eine *erste* Antwort liegt auf der Hand, kann aber nicht befriedigen: Das von der Gesellschaft errichtete Sanktionensystem kann so effektiv sein, daß er Grund hat, es zu fürchten. Die Regelbefolgung beruht auf Zwang. Wenn es BENTHAM möglich war, einerseits einem geradlinigen Utilitarismus anzuhängen und sich andererseits einen starken, sanktionsfähigen Staat vorzustellen (wenn auch einen bedeutend vernünftigeren, als er ihn kannte), so kam hier wohl mehr der praktisch denkende Jurist in ihm als der Philosoph zum Zuge. Die prinzipiellen Schwierigkeiten erscheinen nämlich unüberwindlich: Vollständige Regelbefolgung von Seiten egoistischer und die Regeln innerlich ablehnender Individuen gibt es nur, wenn sich die Regelmißachtung nicht lohnt: Man rechnet z.B. damit, jedes vierte Mal beim Stehlen erwischt zu werden und daß der Schaden aus der Strafe den Nutzen aus allen vier Diebstählen überwiegt. Die Gewißheit, ein schlechtes Geschäft zu machen, zwingt zwar auch den Gewissenlosesten zur Regel- oder Normeneinhaltung, diese ist jedoch äußerlich, und eine echte Normen*treue* wird nur vorgetäuscht. Ein solches System erfordert einen hohen Überwachungs- und Strafaufwand (vielleicht einen ebenso hohen wie im anarchischen Urzustand, womit die Zivilisation gar keinen Fortschritt darstellte), bricht bei nachlassender Verfolgung der Regelübertreter zusammen und setzt darüber hinaus einen Staat der erforderlichen Stärke permanent der Versuchung aus, sich seinerseits an den individuellen Rechten zu versündigen oder gar den Individualismus abzuschaffen. Wenn die Träger der staatlichen Macht, wie man es erwarten sollte, demselben regellosen Egoismus folgen wie die übrigen Bürger, so muß es sogar logisch zur Selbstabschaffung des Systems kommen.

Die *zweite* Antwort ist für den vorliegenden Kontext ebenfalls nicht maßgeblich, obgleich sie historisch erhebliches Gewicht besaß. Die Individuen können zwar reine Egoisten, müssen aber deshalb nicht ausschließlich diesseitsorientiert sein. Sie können eine Pflicht zur Ehrlichkeit aus transzendenten Gründen empfinden. Hier spielt die Furcht vor Strafe nach dem Tode die disziplinierende Rolle, welche bei BENTHAM die effektive und vernünftige Polizei und Gerichtsbarkeit besaßen. Die vorliegende Studie verzichtet auf jeglichen Rekurs auf das Transzendente nicht aus kategorischer Ablehnung eines solchen Denkens, sondern allein aus methodologischen Gründen: Weil dann die gesamte Fragestellung theoretisch trivialisiert würde; man brauchte nur davon auszugehen, daß die Individuen eben fromm sein müssen, wenn die Natur erhalten werden soll, und die Untersuchung wäre schon beendet. Wir fragen dagegen, unter welchen Umständen auch ausschließlich diesseitsorientierte Mitglieder einer individualistischen Gesellschaft die Natur erhalten würden.

Drittens können Individuen aus rein subjektiven, gefühlsmäßigen Motiven auf die Schädigung anderer durch Diebstahl und sonstige Regelverletzung verzichten, aus "Nächstenliebe" oder "privatem Altruismus". So nobel dieses Motiv ist und sowenig eine Gesellschaft jemals ein angenehmer Ort zum Leben sein könnte, wenn es dergleichen überhaupt nicht gäbe, so ist es doch unmöglich, einen gesellschaftlichen Zusammenhalt *allein* aus diesem Grunde zu erwarten. Dies würde voraussetzen, daß gefühlsmäßiger Altruismus oder Nächstenliebe zu Pflichten erhoben würden. Es ist aber ein Widerspruch in sich selbst, etwas Gefühlsmäßiges zur Pflicht zu machen, letztere muß vielmehr auf rationaler Einsicht beruhen (vgl. auch die Begriffsklärungen in Abschnitt 1.6).

In empirisch-soziologischen Kontexten wird die Regelbefolgung *viertens* oft als ein Ergebnis reiner Gewohnheit, d.h. einer traditionellen Orientierung angesehen. "Man" stiehlt eben nicht. Diesen Punkt können wir im vorliegenden ebenfalls schnell wieder verlassen, weil er keine Antwort darauf gibt, wie die Gewohnheit einmal entstanden ist. Er erklärt nicht, warum die Regel befolgt wurde, als sie noch keine Tradition war.

Alle bisherigen Punkte müssen als durchaus gewichtige akzessorische Begründungen der Regelbefolgung gelten; dennoch ist die eigentlich ergiebige Antwort auf die Frage, warum Individuen die Rechte anderer Individuen achten, die folgende *fünfte*: Weil sie sich rational die Entwicklung vorstellen, die einträte, wenn sich alle anderen Individuen ebenso verhalten würden. Es winkt nicht die Strafe in Gestalt staatlicher Sanktion oder ewiger Verdammnis nach dem Tode, sondern in Gestalt des Rückfalls in die Anarchie, in den HOBBESschen Dschungel. Mit HUME könnte man auf den ersten Blick meinen, den gordischen Knoten gelöst und eine sowohl egoistische als auch utilitaristische Begründung für die Normenbefolgung gefunden zu haben, die das Funktionieren einer geregelten individualistischen Gesellschaft ermöglichen sollte. Nach HUME sind Regelbefolgung, Recht und Gerechtigkeit Tugenden, welche sich vernünftige Subjekte aus Eigennutz zulegen sollten: "Es würde überflüssig sein, den Nachweis zu führen, daß die Gerechtigkeit der Gesellschaft Nutzen bringt, und daß demzufolge wenigstens ein Teil ihrer Schätzbarkeit auf dieser Erwägung beruhen muß."[48]

[48] HUME (1972, p. 19).

Ein zweiter Blick zeigt jedoch die Schwierigkeiten mit diesem Konzept auf. HUME hat solange recht, wie die von ihm definierten "Circumstances of Justice" gelten, die auch RAWLS (kritikwürdigerweise) übernimmt. Sie lauten vereinfacht, daß alle Individuen ungefähr gleich stark sind: " ... no one among them can dominate the rest"[49]. Es lohnt sich nicht, Unrecht zu begehen, weil dies in Form der Vergeltung durch die anderen, gleich Starken wieder auf einen selbst zurückschlägt. HUMEs definierte Bedingungen treffen jedoch nicht zu, wenn es *Schwache* gibt, die sich nicht wehren können. Diese Schwachen gibt es aber, außer in belanglosen Sonderfällen, immer; wir müssen zwei Formen unterscheiden:

- *Situationell schwach* sind diejenigen Subjekte, welche, aus welchen Gründen auch immer, auf ihr Eigentum oder ihre eigentumsanalogen Rechte nicht jederzeit achten können und sich daher situationsbedingt bestehlen, übervorteilen, betrügen usw. lassen müssen. Jedes auch noch so gut angeschlossene Fahrrad ist für einen Profi zu knacken; arbeitet er unbeobachtet und professionell genug, so gibt es für ihn keine Vergeltung. Solange die Fahrraddiebe jedoch selbst situationelle Schwächen besitzen und diese erkennen, d.h. damit rechnen müssen, daß ihnen das gestohlene Fahrrad wieder gestohlen wird, ist es für sie zumindest erwägenswert, die "eng-rationale" Mentalität[50] der sofortigen Ausnutzung einer situationellen Schwäche anderer zu überwinden. Ob sie es schaffen oder nicht, ist eine andere Frage - jedenfalls gibt es Gründe dafür, sich aus dem "N-Personen-Prisoner's Dilemma"[51] zu befreien und sich der Ehrlichkeit zuzuwenden. Diesen interessanten Problemen, welche in Gegenwart von Kollektivgütern noch an Brisanz zunehmen, werden wir uns in Abschnitt 6 noch zuzuwenden haben. Die Brisanz ergibt sich nicht zuletzt daraus, daß einzelne Normenübertritte, wenn es bei ihnen bleibt, handlungsutilitaristisch sogar gutzuheißen sein können, wenn sie nämlich den Gesamtnutzen erhöhen.
- Unterstellen wir, daß weitblickend-egoistische Individuen der Versuchung, situationelle Schwäche anderer auszunutzen, widerstehen, so müßte eine Gesellschaft aus einer klugen Spezies dieser Art mit HUME geregelt existieren können. Eine fundamentalere Gefährdung der individualistischen Gesellschaft ergibt sich jedoch aus der Existenz nicht situationell, sondern *prinzipiell Schwacher* und komplementär zu ihnen prinzipiell Starker, die keinem Sanktionsdruck unterliegen. U.a. weist BARRY

[49] RAWLS (1971, p. 127).

[50] "Narrow Rationality", R. HARDIN (1982, pp. 9ff.).

[51] HAMBURGER (1973).

darauf hin, daß starke Individuen, auch wenn sie weitblickend-egoistisch sind, die Rechte der prinzipiell Schwachen nicht achten.[52] Solche Individuen, die sich gegen Diebstahl effektiv wehren können, selbst aber erfolgreich in dieser Disziplin sind, verschlechtern sich bei der Rückwärtsentwicklung von der geregelten individualistischen Gesellschaft zum anarchischen Gleichgewicht (bei jeweils nur individuellem Schutz gegen Diebstahl) nicht. Sie würden zwar den Zustand der Normenfolgsamkeit der anderen bei eigener Nichtfolgsamkeit allen anderen Arrangements vorziehen, ziehen aber auf Grund ihrer relativen Stärke im anarchischen Gleichgewicht den totalen Zusammenbruch der Ordnung deren allgemeiner Respektierung (auch durch sie selbst) immer noch vor. Die Drohung: "wie ginge es dir, wenn jeder so handelte?" wirkt bei ihnen nicht. Sie antworten, daß ihrer Meinung nach jeder so handeln könnte.

Inwieweit die Starken, welche keine schützende Ordnung nötig haben, bereits in zeitloser, intragenerationeller Sicht ein Problem darstellen, werden wir zusammen mit verwandten Fragestellungen noch einmal im Abschnitt 6.1.1 ansprechen. An dieser Stelle muß der Hinweis darauf genügen, daß es mit Sicherheit eine Art ganz Schwacher gibt, die sich nicht wehren können, nämlich die *Späteren*. Die Angst vor Gegengewalt ist kein Motiv dafür, mögliche Rechte der Späteren zu achten, denn sie können sich gegen heutige Übergriffe (etwa derart, daß ihnen auf der Erde nichts mehr übrig gelassen wird) überhaupt nicht wehren.

HUME ist also nicht nur um ein Argument gegen den "sensible knave" (den schlauen Dieb, welcher sich nicht erwischen läßt) verlegen,[53] aus seiner Lehre läßt sich auch anscheinend keine systematische Pflicht zur Achtung der Rechte Späterer ableiten - ein Problem, welches auch RAWLS zu schaffen macht.[54] Die hier vorlie-

[52] BARRY (1978).

[53] Ibid., p. 222, passim.

[54] "Wäre den Menschen eine Gattung von Geschöpfen zugesellt, die zwar Vernunft besäßen, aber körperlich und geistig so geringe Kräfte hätten, daß sie zu jedem Widerstand unfähig wären und auch auf die stärkste Herausforderung hin uns nie die Wirkungen ihres Zornes fühlen lassen könnten, so wäre meines Erachtens die notwendige Folge, daß wir zwar durch die Gesetze der Menschlichkeit verpflichtet sein würden, diese Geschöpfe mit Milde zu behandeln, daß aber für uns streng genommen ihnen gegenüber keine Schranke der Gerechtigkeit gelten würde, sie auch keinerlei von so eigenmächtigen Herren unabhängiges Recht oder Eigentum haben könnten. Unser Umgang mit ihnen könnte nicht Gemeinschaft heißen, da diese ja einen gewissen Grad von Gleichheit zur Voraussetzung hat ..." (HUME 1972, pp. 27-28). ATTFIELD (1983, p. 96) ist hier nichts hinzuzufügen: "Now granted the asymmetry of

gende Betrachtung scheint mir trotz ihrer Einfachheit den Schluß zu erlauben, daß der Versuch, Normenfolgsamkeit aus reinem, auch weitsichtig-aufgeklärtem Egoismus abzuleiten, zum Scheitern verurteilt ist. Irgend etwas anderes muß noch hinzukommen. Möchten wir uns nicht auf Naturrecht, Religion, gefühlsmäßigen Altruismus, Tradition und staatliche Sanktionen verlassen, so besteht der einzige Ausweg in einer Annäherung an KANT, wenn auch nicht in seiner vollen Übernahme. Mit letzterer würde nach heutiger überwiegender Interpretation der Boden des Utilitarismus und damit der Teleologie verlassen und die Grenze zur Deontologie überschritten. KANT braucht beim vorliegenden Problem z.B. nicht darin gefolgt zu werden, schadenstiftende Auswirkungen einer im allgemeinen richtigen Regel im Einzelfall unbedingt hinzunehmen, weil die Regelbefolgung vor der Folgenabschätzung das absolute Primat besitzt. Wohl aber scheint ihm in seiner Forderung nach der Hochschätzung von Normen und Regeln in anderer, weniger drastischer Beziehung weitgehend zu folgen zu sein, wenn Pflichten zur Respektierung der Rechte anderer rational begründet werden sollen.

Die individualistische Gesellschaft fällt nur dann nicht in regellose Urzustände zurück, wenn sich ihre Mitglieder KANTs "Kategorischen Imperativ"[55] insoweit zu eigen machen, als sie sich die allgemeinen Folgen ihrer eigenen Regelverletzung nicht nur für sich selbst in ihren jeweiligen speziellen (möglicherweise vorteilhaften oder gar unangreifbaren) Lebensumständen vergegenwärtigen, sondern sie auf beliebige, auch weniger günstige Umstände *verallgemeinern*. Wer nur Angst vor der unmittelbaren, wenn auch erst längerfristig eintretenden Gegenreaktion auf sich selbst hat, respektiert nicht die Rechte schwacher oder gar zukünftiger Menschen, von denen er nichts zu fürchten hat, er fürchtet vielmehr nur die Gegenwehr der Starken. Wer sich aber in die Schwachen hineinversetzt und sich sagt, daß er auch als einer der ihren hätte geboren werden können, respektiert die Rechte anderer (mit der im folgenden zu besprechenden Einschränkung) absolut. Man muß sich aber mit KANT in die Situation der Schwachen hineinversetzen, weil dies die einzige Art von Verhalten ist, die in einer nichtanarchischen Gesellschaft verallgemeinerbar ist. RAWLS' "veil of ignorance" ist tatsächlich eine Konstruktion, die die Subjekte zwingt, sich bei ihren Entscheidungen in die Situation der Schwachen hineinzuversetzen, denn sie

power between present and future generations, the latter must be regarded by a Humean as in the same position as such a weaker species, and so obligations to them (or even in their regard) would have to be denied."

[55] KANT (1961, insbes. p. 68).

müssen damit rechnen, sich nach Lüftung des Schleiers als diese Schwachen wiederzufinden: "In justice as fairness men agree to share one another's fate".[56] Mit der Ablösung der Rechte und Pflichten von den unmittelbaren eigenen Interessen wird der Übergang von der egoistisch motivierten Klugheitsregel zur moralischen Pflicht vollzogen. Ohne diesen Übergang ist eine individualistische Gesellschaft nicht lebensfähig, sie bedarf einer Art von Regelbefolgung, die zwar nicht Selbstzweck ist ("rule worship"), aber über die eigenen Interessen hinausgeht.

Dieses Zwischenergebnis ist noch nicht hinreichend konsolidiert und wird uns noch einiges Kopfzerbrechen bereiten, welches wir uns, wie schon erwähnt, für den Abschnitt 6.1.1 aufheben. Zu seiner Einbettung in das Spannungsfeld von Konsequentialismus und Deontologie sollte die Meinung kompetenterer Autoren gehört werden.[57] Nach meiner persönlichen Ansicht besteht kaum eine Notwendigkeit, das

[56] RAWLS (1971, p. 102).

[57] In einfachen praktischen Fällen leuchtet mir der Unterschied zwischen teleologischer und deontologischer Ethik ein, etwa ob Notlügen oder die Nichteinhaltung von Versprechen erlaubt sein dürfen usw. Mir ist aber nicht ganz klar, wie weit der Anti-Konsequentialismus selbst bei radikalen Deontologen wie KANT geht. Ist es wirklich so: "In other words, morality was a matter of doing our duty just because it was our duty and for no other reason whatever."? (RYAN 1987, p. 23, sehr ähnlich BIRNBACHER 1976, pp. 230 ff.). Zwar sind bei KANT die Motive des von ihm so hochgeschätzten "Guten Willens" (vgl. das Motto zu Abschnitt 6.2) abstrakt: "Allerdings muß der Wille *Motive* haben; aber diese sind nicht gewisse vorgesetzte, aufs *physische Gefühlt* bezogene Objekte als Zwecke, sondern nichts als das unbedingte *Gesetz* selbst ..." (KANT 1985a, p. 128, auch zahlreiche Passagen in KANT (1961) im Zusammenhang mit der Autonomie des Willens). Auf der anderen Seite beziehen sich KANTs Beispiele, mit denen er gegen Notlügen u.ä. polemisiert, auf metaethische Realziele und sind dem Utilitarismus gar nicht so fern. "Yet it would be a mistake to suppose that there has ever been an ethics of duty which did not include a recognition of intrinsic goods, or an ethics of ends which did not include a recognition of duties. KANT's ethics has been perhaps the nearest approach to a pure ethics of duty; and he claims to evolve the whole duty of man by an analysis of the implications of the notion of duty, without introducing the thought of goods to be aimed at. But it has often been shown that when it comes to the point, he has to argue for the wrongness of certain acts on the ground of the badness of the results they bring." (ROSS 1939, pp. 4-5). Ich habe nicht nur (wenig maßgebliche) Zweifel daran, ob KANT wirklich der Anti-Konsequentialist war, für den er oft gehalten wird, sondern auch daran, ob es einen sinnvollen Anti-Konsequentialismus überhaupt geben kann. Vielleicht hilft die konziliantere Definition der Deontologie von RAWLS weiter. Er betont unter Berufung auf ROSS und FRANKENA, daß Deontologie *nicht* von den Konsequenzen einer Handlung absieht (RAWLS 1971, p. 30), vielmehr definiert er sie negativ als das Gegenteil von Teleologie, in welcher "the good is defined independently from the right, and the right ist defined as that which maximizes the good." (Ibid., p. 24). Nach RAWLS ist nur entscheidend, daß das Richtige und das Gute nicht

Ergebnis dieser Überlegungen als nicht-teleologisch zu bezeichnen, sie erscheinen mir nicht einmal antiutilitaristisch. Nicht nur wegen der Abschaffung gegenseitiger Gewalt, sondern auch wegen der Überflüssigkeit des individuellen Verteidigungsaufwandes besteht aller Grund anzunehmen, daß die geregelte individualistische Gesellschaft ein höheres Maß an Gesamtnutzen zu erzielen verspricht als gleichgewichtig-anarchische oder gar chaotische Urzustände.

1.3.3 Kontrakt und Gerechtigkeit

Durch den Kontrakt zur gegenseitigen Respektierung des Eigentums werden alle Individuen formal gleich, z.B. spielt die unterschiedliche physische Stärke keine Rolle mehr. Wenn sie aber unterschiedlich viel Eigentum zugesprochen bekommen, werden sie materiell u.U. sehr ungleich. Im "postkonstitutionellen" privaten Tauschgeschäft wird ihnen zwar bei allgemeiner Regelbefolgung nie Unrecht widerfahren, da nicht gestohlen wird; Ungerechtigkeit, ja blankes Unrecht kann ihnen aber beim (gedanklichen) "konstitutionellen" Akt der Primärverteilung zugefügt werden. Das bürgerlich-kontraktuelle Gesellschaftsbild ist dahingehend zu kritisieren, daß es alle verteilungsethischen Fragen aus dem postkonstitutionellen ökonomischen Alltagsbetrieb hinausdefiniert und in den (ohnehin nur fiktiven) konstitutionellen Akt verlagert, wo sie, gegen jede ökonomische Kritik abgeschirmt, eine permanente Ruhestätte besitzen.

Nahezu alle heutigen individualistischen Gesellschaftstheoretiker vermeiden, Gerechtigkeit mit irgendeiner Form von Gleichheit zu identifizieren. Es ist wohl nicht unfair, dieses Bemühen auch durch die Erfahrungen mit egalitären, aber zumindest in der Praxis sehr despotischen Ideen gespeist zu sehen. Sogar RAWLS, dessen Theorie zumindest klare egalitaristische Implikate enthält (auf die wir, soweit

unabhängig voneinander sind. Zumindest heutige Anhänger einer dogmatisch erstarrten Art von "wertneutraler Wissenschaft" könnten sich mit RAWLS'/ROSS'/FRANKENAs Deontologie mit Gewinn befassen. Die letztgenannten messen der wertneutralen Zweckmäßigkeit ebenso wie KANT nur einen niederen Rang zu. Letzerer zu dem, wie er ihn nannte, "Imperativ der Geschicklichkeit": "Ob der Zweck vernünftig oder gut sei, davon ist hier gar nicht die Frage, sondern nur was man tun müsse, um ihn zu erreichen. Die Vorschriften für den Arzt, um einen Mann auf gründliche Art gesund zu machen, und für einen Giftmischer, um ihn sicher zu töten, sind insofern von gleichem Wert, als eine jede dazu dient, ihre Absicht vollkommen zu bewirken." (KANT 1961, p. 59).

sie die intergenerationelle Verteilung betreffen, zurückkommen), wird nicht müde, seine Distanz zu Gleichheitsforderungen als Selbstzweck zu betonen.[58] BUCHANAN läßt jede Art präkonstitutioneller Ungleichheit zu und hindert sie bei seiner Rekonstruktion des Abrüstungskontraktes in keiner Weise daran, sich in die postkonstitutionelle Phase hinüberzupflanzen, um methodologisch so offen wie möglich zu bleiben, d.h. die herrschenden Umstände so wenig wie möglich spezifizieren zu müssen.[59] BIRNBACHER argumentiert, daß Gleichheit an sich eine abstrakte, willkürliche Norm sei, die allein das subjektive Gerechtigkeitsgefühl dessen befriedige, der sie fordert, nicht aber unbedingt die Interessen der Betroffenen.[60]

Gleichheit als Selbstzweck ist gewiß abzulehnen. Gegen die methodologische Toleranz beliebig starker Besitz-Ungleichheit im Rahmen einer individualistischen Gesellschaft müssen jedoch sowohl auf utilitaristischem als auch auf kontrakttheoretischem Boden Einwände erhoben werden. Ein Punkt ist fast trivial: Wenn es gar keine Regeln für Gerechtigkeit gibt, d.h. wenn jede Verteilung ebenso wie jede andere zu akzeptieren ist, so muß dies auch intergenerationell gelten. Dann können wir das vorliegende Buch zuklappen, weil ein Verteilungsergebnis, bei dem die

[58] Z.B. § 11, p. 61 (Two Principles of Justice): "While the distribution of wealth and income need not be equal, it must be to everyone's advantage ...". p. 62: "Injustice, then, is simply inequalities that are not to the benefit of all." Ferner § 17, pp. 100ff. (The Tendency to Equality) und zahlreiche Aspekte in Chapter V (Distributive Shares), pp. 258ff. Alles in RAWLS (1971).

[59] "I have tried (im Gegensatz zu RAWLS, U.H.) to examine the prospects for genuine contractual renegotiation among persons who are not equals at the stage of deliberation and who are not artificially made to behave as if they are, either through general adherence to internal ethical norms or through the introduction of uncertainty about postcontractual positions" (BUCHANAN 1975, pp. 175-176, auch p. 54, p. 58). BUCHANAN erlaubt sogar, die Sklaverei als Ergebnis eines Vertrages "zum gegenseitigen Vorteil" zu interpretieren (pp. 59-60), sie bringe den Schwachen den Vorteil, von den Starken nicht umgebracht zu werden. Der harschen Kritik KLEYs an BUCHANAN, ist m.E. nach zu folgen (KLEY 1989, passim, insbes. Kapitel 4, pp. 161ff.). BUCHANAN empört sich darüber, daß andere Autoren "Gott spielten", d.h. über Gut und Böse nach ihrem subjektiven Empfinden urteilten und dies anderen, wie er meint, aufzwängen. Er selbst leitet jedoch normative Urteile über die richtige oder falsche Gesellschaft aus bloßen Fakten ab: Wenn der konstitutionelle Kontrakt in der faktischen Zustimmung der Schwachen zu Knebelverträgen bestand, weil sie keine andere Wahl hatten, dann ist das Ergebnis "richtig". Diese Sichtweise taugt allenfalls dazu, um quasi-empirisch das Zustandekommen bestimmter Gesellschaften zu erklären, kann jedoch zum Thema "Gerechtigkeit" sowie allgemein zu Fragen über "richtig" oder "falsch" nichts beitragen.

[60] BIRNBACHER (1988, pp. 124-125, 130-131).

Künftigen auf Grund der Zerstörung der Natur nichts oder fast nichts erhalten, nach keinem Kriterium als schlechter einzustufen wäre als eines, bei dem die Künftigen leben können. Wer sich überhaupt über künftige Generationen Gedanken macht, denkt also implizit (wenn auch oft vage) über Gerechtigkeit nach.

Der zweite Punkt betrifft intragenerationelle Probleme und ist etwas komplizierter. Denken wir *utilitaristisch*: Psychologisch ist die Annahme intersubjektiver Nutzenvergleichbarkeit in Extremsituationen ohne Zweifel gerechtfertigt; unterstellen wir, daß ein Brot dem Hungernden größeren Nutzen stiftet als dem Übersättigten. Dann ist extreme Ungleichheit eindeutig ein Übel wegen ihrer Folgen, der Gesamtnutzen steigt durch einen Ressourcentransfer vom reichen zum armen Subjekt. Werden nur minimale plausible Annahmen über die Eigenschaften der Nutzenfunktionen gemacht (Rechtskrümmung), so fordert sowohl der klassische (Nutzensummen-) wie auch der Durchschnittsnutzen-Utilitarist eine Umverteilung zugunsten des Armen. Nicht freilich, um der Herstellung oder Annäherung von Gleichheit als Selbstzweck zu dienen, es braucht nicht einmal das Wort "Gerechtigkeit" bemüht zu werden. Einziges Motiv ist, die Nutzensumme zu erhöhen - was wissenschaftlich-philosophisch oder auch nur intuitiv als Gerechtigkeit empfunden wird, ergibt sich im Ergebnis nebenbei. Die "Anzapfung" des Vermögens des Reichen ist allein ein *Mittel* zur Überwindung eines Übelstandes. Noch besser wäre es aus utilitaristischer Sicht, die Not zu beseitigen, ohne individuellen Reichtum eines anderen zu reduzieren - eine Überlegung, die zur paretianischen Wohlfahrtsökonomie hinführt.

Es ist unmöglich, dem Hungernden die Unantastbarkeit des Eigentums rational zu begründen. Zu stehlen ist sogar regelutilitaristisch richtig, sofern es zur Notlinderung als ein besonderes Stehlen betrachtet wird, seine Verallgemeinerung also darin besteht, daß alle anderen Notleidenden auch stehlen, nicht aber im Umsichgreifen des Stehlens schlechthin (einschließlich: Reich bestiehlt Arm). Dasselbe Ergebnis gilt auch *kontrakttheoretisch*, solange sinnvolle Unterschiede in der Art des Stehlens zugelassen werden. Hier muß sich der Stehlende die Frage stellen lassen: "Was wäre, wenn alle so handelten?" Solange das Stehlen nur der Notlinderung dient und keine andere Not erzeugt, *können* ruhig alle, die es müssen, so handeln; es gibt keinen Rückfall in den HOBBESschen Dschungel. Wer aus Hunger bei nicht Hungernden stiehlt, fürchtet *nicht* seinesgleichen. Er würde diesen Rückfall, selbst wenn es ihn gäbe, nicht fürchten, weil es ihm dann nicht noch schlechter gehen könnte, als es schon der Fall ist. Auch das KANT/RAWLSsche Verallgemeinerungsargument "Stell dir vor, alle handelten so, und du wärst der Schwächste" hält ihn nicht ab, denn er ist ja schon der Schwächste.

Meiner Auffassung nach kann von extrem Benachteiligten nicht nur wegen ihrer subjektiven psychologischen Überforderung keine Regelfolgsamkeit verlangt werden (dem sicherlich viele zustimmen und was auch juristisch beachtet wird), dies ist vielmehr auch logisch-gesellschaftsstrukturell eine absurde Forderung. Solange die regelhafte, zivilisierte Gesellschaft der Anarchie auch nur im weitesten Sinne konsequentialistisch vorgezogen wird (etwas anderes scheint mit nicht "rational" genannt werden zu können), müssen alle Regeln zumindest einen Rest konsequentialistischer Legitimation enthalten, sie dürfen nicht in die extreme Deontologie als "rule worship" entarten. Wie oben deutlich wurde, müssen sie keineswegs jedem Subjekt Vorteile bieten, um ihre Befolgung verlangen zu können. Diejenigen, welche den Schutz der Verfassung nicht nötig haben, weil sie wegen ihrer Stärke auch in einer präkonstitutionellen Welt zurechtkämen, werden mit dem Argument zur Normenrespektierung gezwungen, daß sie auch als schwache Individuen auf die Welt hätten kommen können, die diesen Schutz nötig haben. Diese Verallgemeinerung zu leisten, kann aber von den extrem Benachteiligten nicht verlangt werden. Daß ihnen die Zivilisationsregeln keinen aktuellen Vorteil gegenüber der Anarchie bieten, haben sie mit den Starken gemeinsam. Der Unterschied besteht darin, daß sie sich keine andere Lebenslage vorstellen können, in der die Zivilisation ihnen bei ihrer Ressourcenausstattung von Null oder fast Null Vorteile bieten könnte. Die Regeln sind nicht einmal hypothetisch von Vorteil, so daß der Zwang zu ihrer Befolgung formal "rule worship" und inhaltlich eine Versklavung darstellt. In einer individualistischen Gesellschaft darf es diese nicht geben.

Die Menschen dürfen nicht in die Lage kommen, resignieren zu müssen, d.h. den HOBBESschen Dschungel oder das BUCHANANsche anarchische Gleichgewicht für zumindest nicht schlechter zu halten als ihre zivilisierte Welt. Wenn sich eine individualistische Gesellschaft keine Kaste von Unterprivilegierten, denen das Stehlen schlechthin erlaubt werden muß, leisten will, so muß sie dafür sorgen, daß ein Minimum an Verteilungsgerechtigkeit und soweit möglich die Abwesenheit materieller Not herrscht. Es sei nochmals betont, daß dies keine "philanthropische" ad-hoc-Forderung ist, sondern, entgegen BUCHANAN, wenn ich ihn nicht mißverstehe, eine strukturelle Kernforderung an die individualistische Gesellschaft darstellt. Zivilisation ohne Gerechtigkeit ist keine Zivilisation. Es ist auch wichtig hervorzuheben, daß in diesem Verständnis die Frage, ob Gerechtigkeit ein intrinsischer Wert ist, dem für sich selbst gedient werden muß, offen bleiben kann. Es kommt nur auf das Ergebnis an: die Regelbefolgung muß für die Betroffenen einen Sinn ergeben.

Das notwendige Minimum an Gerechtigkeit konkret zu definieren, ist natürlich ein eigenes und schwieriges Problem, jedoch braucht es für die Zwecke dieser Untersuchung nicht gelöst zu werden. Ich möchte nur zu bedenken geben, daß das Gedankengut des Bürgertums in seiner heroischen Phase durchaus egalitäre Elemente besaß, welche bei heutigen Kontraktariern zuweilen Verlegenheit auslösen. BUCHANANS Korrektur an JEFFERSON, er habe anstatt "All men are created equal", wie es in der Amerikanischen Verfassung heißt, wohl "To their creator, all men are equal" sagen wollen, ist ein Beispiel.[61] Die früheren bürgerlichen Gesellschaftstheoretiker waren gewiß sehr unbefangen in der Akzeptanz von Ungleichheit zwischen Besitzbürgern und Nicht-Bürgern (Frauen, Proletariern, Wilden), ist aber nicht LOCKEs Theorie der Eigentumsbildung als Vermischung von Teilen der Natur mit *Arbeit* insofern relativ egalitaristisch, als bei Anerkennung aller Unterschiede in Kraft, Geschicklichkeit und Geist das Ergebnis dieser Aneignung zumindest hinsichtlich der Größenordnung bei allen Subjekten in ähnlicher Höhe erwartet werden kann? Man akzeptiert gern, daß ein Subjekt fünf- oder zehnmal mehr Natur durch Arbeit als ein anderes aneignen kann, nicht aber eine Million mal so viel. Außerdem verlangte LOCKE, daß immer soviel übrig bliebe, daß sich auch die anderen mit ihrer Arbeit verwirklichen können[62] - ein Aspekt, auf den wir im intergenerationellen Kontext zurückkommen werden müssen. Solange die menschlichen Fähigkeiten die Grundlage der Reichtumsbildung sind, bleibt auch das Ergebnis maßvoll, Maßlosigkeit ist erst zu beobachten, wenn es abstrakte Reichtumsanhäufungsprozesse gibt, wie die Verwertung von Kapital. Mich würde auch wundern, wenn nachgewiesen werden könnte, daß der Wahlspruch der Französischen Revolution "Liberté Egalité Fraternité" die Gleichheit in der abstrakten Weise auffaßte, wie sie BUCHANAN JEFFERSON in den Mund zu legen versucht, oder, wie es zynisch heißt, daß wir einst im Sarg alle gleich sein werden. Das 18. Jahrhundert träumte von konkreter Gleichheit, den antiegalitaristischen Grundvorbehalt gibt es erst, seit es den Kommunismus gibt.

Es wäre ein großes Mißverständnis, diesen Unterabschnitt, weil dem mittellosen Dieb Verständnis entgegengebracht wird, als Plädoyer für allgemeine Permissivität und Normenlaschheit zu interpretieren. Das Gegenteil ist der Fall. Es gehört zu den Thesen dieser Studie, daß eine individualistische Gesellschaft schon im allgemeinen, erst recht aber mit Bezug auf unser eigentliches Thema, den Naturerhalt, eine durchaus KANT-ähnliche Normenrigidität aufweisen muß. Nur wenn diese Normen

[61] BUCHANAN (1975, p. 12).

[62] Zu LOCKE ausführlich IMMLER (1985, pp. 73ff.).

sehr ernst genommen werden, gelingt der Erhalt der Natur. Die konkreten Anforderungen werden sich im Laufe unserer Untersuchung beständig verschärfen. Es wird verlangt, Rechte künftiger Generationen zu respektieren. Normentreue heißt ferner (zumindest indirekt, wie in den Abschnitten 6.2 und 6.3 deutlich werden wird), nicht nur Persönlichkeitsrechte und manifestes Privateigentum zu achten, sondern auch, sich bei der gemeinsamen Nutzung von Kollektivgütern kooperativ zu verhalten, d.h. von Free Rider-Tum und eng-rationalem Verhalten in Prisoner's Dilemmata Abstand zu halten, postkonstitutionelle Umverteilungen im Zusammenhang mit "produktiver Staatstätigkeit"[63] nicht machtpolitisch zu mißbrauchen und sich in produktionsorientierte kollektive Arrangements einzufügen. Wie wir sehen werden, besitzt der Erhalt der Natur über die fast triviale Forderung nach Mäßigung bei der Nutzung natürlicher Ressourcen hinaus einen ausgesprochenen *produktiven* Aspekt und ist dem oben schon erwähnten Bau eines Hauses analog. *Die Gesellschaft muß mit dem Phänomen der Kollektivität umgehen können*, und dies erfordert Ehrlichkeit, Fairness, Kooperativität und Pflichtbewußtsein über jederzeitige Sofortbelohnungen hinaus - all die Eigenschaften, die der in der Alltagssprache fälschlicherweise "individualistisch" genannte Ellenbogenmensch weniger besitzt. Der von der bürgerlichen Ökonomie in ihrer an sich gesunden Skepsis bezüglich der menschlichen Natur traditionell gewählte Weg, die Kollektivität möglichst abzuschaffen, indem u.a. mittels Privatisierung der Natur direkte, kindgemäße Lohn-Strafe-Mechanismen in ökonomische Entscheidungsprozesse eingebaut werden, ist, wie in dieser Studie gezeigt werden soll, der Natur nicht gemäß und daher zum Scheitern verurteilt. Da die Perfektionierung des Sanktionsapparates für eine individualistische Gesellschaft zweifellos auch keine Alternative sein kann, bleibt nur, auf Normentreue, Fairness, Kooperativität usw. zu hoffen. Sofern dieser Weg nicht ohnehin eine Utopie ist, besitzt er nur Chancen, wenn die Normen, deren Einhaltung verlangt werden muß, auch befolgbar, einsichtig und menschlich sind. Dies ist der Grund, weshalb eine individualistische Gesellschaft gerecht sein muß.

[63] FRITSCH (1983, pp. 105ff.), aufbauend auf BUCHANAN, vgl. Anmerkung 27.

1.4 Erhalt der Natur

1.4.1 Warum überhaupt?

Zur Frage des richtigen Naturverständnisses finden die Leserin und der Leser im dritten Teil der vorgelegten Reihe bei IMMLER weitergehende Gedanken,[64] wir dagegen behandeln das Thema sehr einfach und pragmatisch. Wir verlassen nie den Boden der Anthropozentrik, d.h. diskutieren nicht darüber, ob die Natur intrinsisch wertvoll ist, ein Eigenrecht besitzt, erhalten zu werden, oder ob ihr Erhalt ein Auftrag aus einer transzendenten Quelle sein könnte, wie im Fall theologischer Naturschutzbegründungen. Dies bedeutet selbstverständlich nicht, biozentrische und theologische Naturschutzbegründungen zu leugnen. Jedoch: Wenn sie auch noch so überzeugend wären, wäre dies kein Grund dagegen, sich in einer ökonomisch orientierten Studie zunächst einmal völlig auf den anthropozentrischen Standpunkt zurückzuziehen und zu fragen, ob aus ihm bereits Forderungen nach Naturerhalt abzuleiten wären, die, wenn sie sich nur besser Gehör verschaffen könnten, bereits hinreichten, um den größten Teil der heute drohenden Gefährdungen abzubauen. Wenn letzteres aus göttlichen Geboten oder aus einem plausibel abzuleitenden Eigenrecht der Natur ebenfalls folgte - um so besser für die Natur, aber die anthropozentrischen Gründe wären bereits hinreichend für ihren Erhalt.[65] Einen inhärenten Wert besitzt die Na-

[64] IMMLER (1989).

[65] Diese, leider unpopuläre Ansicht wird auch vom Philosophen FRANKENA (1979) und den Ökonomen TURNER (1988) und PEARCE (1987) geteilt. "The position advocated in this essay indicates that conventional ethics, contrary to many of the ecocentric arguments, can provide a basis for an adequate and ongoing environmental protection strategy. With suitable modifications, both utilitarianism and contractualist egalitarianism can offer a rational ethical basis for economic resource conservation policies and protect the rights of future generations to an adequate resource endowment. It is not necessary to adopt any of the more radical "deep ecology" viewpoints in order to be able to offer sufficient protection to exhaustible resources such as wetlands" (TURNER 1988, pp. 123-124). "The reason that we do not need such a ("deep ecology" - U.H.) theory is as follows. We have seen that justice implies sustainability. We shall argue shortly that sustainability implies observation of biophysical constraints; and observing biophysical constraints implies the general (not universal) non-elimination of species. Thus, the justice principle will tend to conserve resources" (PEARCE 1987, p. 13). Eine etwas ausführlichere Diskussion als im vorliegenden möglich findet sich in meinem Buch HAMPICKE (1991a, Kapitel 5.3, pp. 94ff.).

tur *vielleicht*, einen instrumentellen Wert für den Menschen besitzt sie aber auf jeden Fall, und an diesem orientieren wir uns im vorliegenden.

Einige Randbemerkungen zu den nicht-anthropozentrischen Naturschutzbegründungen erscheinen allerdings sinnvoll: Gründen sie sich auf religiöse Überzeugung, so drücken sie in einer säkularisierten Kultur ein privates Bekenntnis aus, welches man teilen kann, aber nicht muß. Es widerspricht dem heutigen westlichen (bürgerlichen und marxistischen) Menschenbild total, jemanden zum Glauben zu zwingen. Wenn man dies aber nicht kann, so kann auch kein Mensch gezwungen werden, aus Glaubensgründen etwas für den Naturerhalt zu tun oder zu unterlassen.[66]

Die biozentrischen Argumente erfreuen sich unter naturverbundenen Menschen (besonders in der Öko-Szene) einer hohen Popularität, sie rangieren oft weit vor den als prosaisch und egoistisch empfundenen anthropozentrischen Gründen. Man konfrontiert hier "Deep" und "Shallow Ecology".[67] Leider bewegt sich ein großer Teil der populären biozentrischen Argumentation auf einem weniger differenzierten Niveau, während subtilere und weit interessantere Ausführungen weniger bekannt sind.[68] Eine eingehende Diskussion hätte sich hier mehreren Problemen zuzuwenden: Es besteht unter Philosophen Uneinigkeit darüber, ob Kollektive rudimentär bewußter Tiere, ob bewußtlose Lebewesen, wie Pflanzen, ob schließlich gar unbelebte Dinge, wie Steine, und ob komplexe Systeme, wie die Atmosphäre, intrinsischen Wert, Interessen oder gar Rechte besitzen können. Bei Tieren ist zwischen dem Recht eines Individuums (auch einer häufigen oder gar "schädlichen" Art), vor Quälerei verschont zu werden, und dem Recht einer (insbesondere gefährdeten) Art, als Art fortzubestehen, zu unterscheiden. Auch ist zu fragen, ob die als intrinsisch empfundenen Werte der Natur nicht letztlich doch anthropozentrischen Ursprungs sind, was die besonders naturverbundenen Menschen veranlaßt, bestimmte Rechte willentlich zu postulieren. Hier wäre die psychologische These zu prüfen, ob hinter einer Rechtsverleihung dieser Art möglicherweise die Verbalisierung bzw. Rationali-

[66] Hierzu und zu den folgenden Fragen BIRNBACHER (1980a).

[67] NAESS (1973).

[68] Eine biozentrische Ethik auf der Basis des intrinsichen Wertes der Natur entwirft TAYLOR (1986), teils ähnliche Argumentation in CALLICOTT (1986). Ein bekannter Anwalt der Rechte nichtmenschlicher Wesen ist SINGER (1979). PASSMORE (1980) gilt hingegen als führender Anti-Biozentriker. Weitere interessante Arbeiten pro und contra in GOODPASTER & SAYRE (1979), BIRNBACHER (1980), MANNISON et al. (1980), ELLIOT & GARE (1983) und NORTON (1986). Vgl. ferner ATTFIELD (1983), GREEN (1977) sowie zahlreiche Aufsätze in der Zeitschrift "Environmental Ethics". Neu erschienen ist die Zeitschrift "Environmental Values".

sierung emotionell-ästhetischer Empfindungen stünde, die vielleicht besser als das, was sie wirklich sind, ausgedrückt werden sollten, nämlich als Gefühle. Sollte sich dies bestätigen, so bestünde dasselbe Problem wie bei den religiösen Naturschutzbegründungen; es wäre ohne eine aus individualistischer Sicht illegitime Bevormundung unmöglich, Menschen, welche solche Gefühle nicht teilen, zum Naturschutz zu zwingen.

Die knappen Bemerkungen dürften den Entschluß, sich zunächst einmal auf den Anthropozentrismus zu beschränken, eher erleichtern als erschweren. Unterstellen wir, daß die Natur dem Menschen zuliebe erhalten werden soll. Insoweit es sich hier um künftige Menschen handelt, könnte man dieses Motiv zwar "Gattungsegoismus" nennen, es entspricht jedoch nicht dem in individualistischer Sicht üblichen Wortsinn von "Egoismus", wenn ein Mensch A heute auf einen Nutzen verzichtet, damit ein anderer Mensch B in 100 Jahren einen Nutzen aus der Natur zieht. A könnte, intuitiv gesprochen, *altruistisch* handeln. Hier ergibt sich jedoch dasselbe Problem wie oben: Ist Altruismus ("Nächsten-" oder mit NIETZSCHE "Fernstenliebe") ein subjektives Gefühl, welches man teilen kann oder auch nicht, wie den Glauben an Gott oder die Liebe zu Gorillas, dann hängt in einer Zeit, in der die Naturzerstörung in großem Umfang technisch möglich ist und kurzfristigen Nutzen schafft, der Erhalt der Natur und damit das Schicksal der späteren Menschen von heutigen subjektiven Gefühlen ab. Abgesehen davon, daß man sich bei einer solch unsicheren Basis für die Zukunftsvorsorge ungern in die Lage der Späteren hineinversetzt, wäre die Fragestellung dieser Studie einmal mehr völlig trivialisiert: "Gute" Menschen würden die Natur erhalten, "schlechte" Menschen würden sie zerstören, und zwar in jedem Gesellschaftssystem. Sich selbst zu loben, einer "guten" Generation anzugehören und aus freiem Entschluß etwas für die Späteren zu tun (so wie man aus freiem Entschluß Almosen gibt), impliziert, daß man auch anders könnte, wenn man wollte, und daß einem die Späteren dankbar sein müßten.

Die entscheidende Frage ist, ob eine individualistische Gesellschaft über subjektiven Altruismus hinaus (der gewiß auch eine Rolle spielt) *systematische* Gründe dafür kennt, die Natur auch für spätere Menschen zu bewahren. Sie leiten sich aus dem im voranstehenden Unterabschnitt angesprochenen Normensystem, den Pflichten zur Respektierung der Rechte anderer, ab. Wir müssen prüfen, ob sich eine *Pflicht* ableiten läßt, späteren Menschen die Natur integer zu hinterlassen. Am Rande sei noch darauf hingewiesen, daß die Pflichterfüllung gegenüber Späteren zwar der wichtigste, nicht aber der einzige Grund für den Naturerhalt in einer individualistischen Gesellschaft ist. Für Menschen, die im Durchschnitt noch mehrere Jahrzehnte zu leben beabsichtigen, kann er auch aus egoistischen Gründen geboten sein. In den folgenden Abschnitten werden wir uns daher auch den rational-egoistischen Zukunftskalkülen einzelner Individuen eingehend widmen.

1.4.2 Was heißt "Naturerhalt"?

Diese Frage ist durch die Festlegung auf den Anthropozentrismus, wenn auch nicht im Detail, so doch im Prinzip, beantwortet. Es geht um den Menschen, die Natur ist Mittel zum Zweck, also kann es nicht um die "Natur an sich" gehen. In einem von menschlichen Interessen abgehobenen Kontext wäre die Behauptung diskutabel, daß der Mensch die Natur "an sich" nicht zerstören, sondern daß er nur ihre Gestalt ändern könnte, wobei Wertungen über "besser" oder "schlechter" unmöglich wären. Wenn der Mensch sich und den Rest des Lebens vernichten und die Erde in zwei Hälften sprengen würde, so würde er in dieser Sicht auch nur Materie und Energie umformen, die Folgen für den Kosmos wären geringfügig. Ebenso irrelevant für uns ist die andere Extremposition, welche "Natur" mit den biogeochemischen Verhältnissen identifiziert, wie sie vor der Ankunft des Menschen bzw. vor der Zeit, als er seine rein tierische Existenz aufgab, auf der Erde herrschten. Nach dieser Sicht ist die meiste Natur bereits zerstört, weil sie vom Menschen - in der Tat vielfach in Richtung auf Verarmung, Labilität und Unschönheit - verändert worden ist. Eine Wiederherstellung der "Natur" in diesem Sinne gelänge nur durch die Eliminierung des Menschen - dies kann natürlich keine anthropozentrische Position sein.

Zu unserer modelltheoretischen Diskussion gehört, einen Zustand der Natur vorauszusetzen, der einerseits Merkmale menschlicher Beeinflussung zeigt, und zwar nicht nur in Spuren und durchaus auch destruktiver Art. Auf der anderen Seite muß unterstellt werden, daß "noch etwas zu retten" ist, daß es für die Menschheit bei pfleglicher Behandlung der Natur eine Zukunft gibt, sonst brauchten die vorliegenden Betrachtungen nicht angestellt zu werden. Es ist zwar nicht unbedingt erforderlich, den derzeitigen empirisch vorfindlichen Zustand der Natur in Industrieländern und darüber hinaus vor Augen zu haben, aber wenn man eine plastische Anschauung wünscht, kann dies durchaus getan werden. "Naturerhalt" heißt, die natürliche Umwelt in einem Zustand zu bewahren, gegebenenfalls in diesen zurückzuführen, daß existentielle und auch subtilere menschliche Bedürfnisse auf die Dauer erfüllt werden.

Für diese Studie ist das Problem des Naturerhalts (von den egoistischen Motiven abgesehen) in erster Linie ein Problem intergenerationeller Gerechtigkeit. Verteilungskonflikte dürfen nicht zu Lasten der Schwächeren, nicht Wehrhaften, in diesem Fall der Zukünftigen entschieden werden. Wenn wir nach Vertiefung der in dieser Einleitung schon vorgelegten Gedanken zu der Überzeugung kommen, daß eine individualistische Gesellschaft eine Pflicht zur Wahrung der Interessen künftiger Generationen kennt, so ist dies eine Grundlage dafür, daß den Späteren kein Unrecht geschieht. Ein Unrecht wäre es aber, die Natur vollständig oder erheblich zu zerstören.

Die detaillierte Konkretisierung des Begriffs "Naturerhalt", so wie hier verwendet, erfolgt im Abschnitt 5.4. Um eine erste Neugierde (falls vorhanden) zu stillen, sei kurz angekündigt, worum es sich handeln wird:

- *Teilziel **E**:* Alle den Reichtum der Biosphäre ausmachenden, klar zu identifizierenden *Elemente* sind zu erhalten. In erster Linie sind dies Tier- und Pflanzenarten, genutzte und (derzeit) ungenutzte. Es können aber auch einzelne Populationen von Arten sein (z.B. gefährdete Pflanzen in der Bundesrepublik, die anderwärts häufig sind) oder gar herausragende Individuen (alte Bäume) oder markante unbelebte Naturschöpfungen, wie Felswände.
- *Teilziel **S***: Die Integrität der Biosphäre beruht im großen wie im kleinen weithin auf dem Prinzip der *Selbstregulation*. Durch diese werden lebensnotwendige biogeochemische Kreisläufe des Wassers und zahlreicher Mineralstoffe im "Gleichgewicht" gehalten und behalten ebenso notwendige Subsysteme mit teils produktivem, teils protektivem Charakter ihre Struktur und Funktion, wie insbesondere der Boden. Die Selbstregulierungsfähigkeit ist womöglich in Einzelfällen, keineswegs jedoch grundsätzlich und überall durch technische Aufwendungen zu substituieren.
- *Teilziel **H***: Das Wohlergehen des Menschen erfordert, daß einige große biogeochemische Systeme nicht allein ihre Selbstregulierungsfähigkeit behalten, sondern darüber hinaus in *Homöostase* verbleiben, sie dürfen nicht ihren Zustand ändern. Dies betrifft z.B. das globale Klima. Wie die geologische Geschichte zeigt, wäre die Erde mit einem wesentlich wärmeren Klima auch selbstregulierungsfähig, aber es ist mehr als zweifelhaft, daß sich die heutige Menschheit hieran konfliktfrei anpassen könnte.

Die drei Teilziele schließen die meisten der in der Literatur aufgestellten Umweltziele begrifflich ein, z.B. das allgemeine der "Sustainability"[69] oder das

[69] PEARCE (1988) und in anderen Veröffentlichungen dieses Autors.

speziellere, wonach die Assimilationskapazität der Natur für die unvermeidlichen menschlichen Abfälle nicht überbeansprucht werde.[70]

Es bedarf kaum der Erwähnung, daß alle drei Teilziele in der heutigen Realwelt massiv bedroht sind, so daß diese Studie trotz ihres modelltheoretischen Charakters nicht im luftleeren Raum argumentiert. Die Teilziele sind besonders vorsichtig und "redundant" formuliert; es ist gewiß schwer zu beweisen, daß für das Wohlergehen künftiger Generationen *überhaupt keine* Art aussterben darf, daß das Klima absolut konstant bleiben muß usw. Derart rigide lassen sich die Ziele nicht implementieren, z.B. verändert sich das Klima in Zeiträumen von Jahrzehnten immer in meßbarer Weise, wobei ein möglicher anthropogener Einfluß von natürlichen Fluktuationen außerordentlich schwer zu trennen ist. Die Ziele werden jedoch in der Absicht, sich von Risiken fernzuhalten, zunächst einmal so rigide formuliert - modifizieren und abschwächen kann man immer noch.

Ein Problemgebiet, welches sowohl in der Realität eine große Rolle spielt als auch bevorzugtes Forschungsobjekt der neoklassischen Ökonomie ist, läßt sich in der Systematik mit den Teilzielen ***E***, ***S*** und ***H*** nicht unterbringen; es handelt sich um den Verzehr der durch die Natur in menschlichen Zeiträumen nicht regenerierbaren Ressourcen, wie Kohle, Erdgas, Erdöl und Mineralien. Dieser Punkt gehört ungeachtet seiner großen praktischen Bedeutung nicht zum ökologischen Problemkreis im engeren Sinne, sieht man von den prinzipiell weitgehend vermeidbaren Nebenwirkungen der Nutzung dieser Ressourcen ab, wie der Landschaftszerstörung durch Tagebau, der Luft- und Wasserverschmutzung u.a.m. Wenn auch Mineralienvorräte durch das Prinzip der Wiederverwendung ("Recycling") gestreckt werden können, ist es doch prinzipiell unmöglich, Ressourcen dieser Art absolut nachhaltig und "zerstörungsfrei" zu nutzen, da jede Tonne Öl, welche heute verbraucht wird, in Zukunft nicht noch einmal verbraucht werden kann. Den Interessen künftiger Generationen ist hier natürlich nur in der Weise zu entsprechen, daß rechtzeitig Substitute geschaffen werden. Nach dieser Studie spitzt sich dagegen die Problematik des spezifisch ökologischen Zielbündels ***ESH*** darauf zu, daß es zu den in ihm verkörperten Werten *keine* Substitute gibt, daher die Forderung nach prinzipieller Unantastbarkeit dieser Werte. Zumal aber das Problem der erschöpflichen Mineral- und Energieressourcen von der neoklassischen Theorie ausführlich behandelt wird und sich an ihm intertemporale und intergenerationelle Allokationsfragen sehr gut erörtern lassen, werden

[70] Diesen Punkt hebt SIEBERT hervor, z.B. (1978).

wir es selbstverständlich nicht vernachlässigen. Es bleibt jedoch nichts anderes übrig, als es parallel zur eigentlichen ökologischen Problematik ***ESH*** zu behandeln.

1.5 Weiteres Vorgehen in dieser Studie

Nach der Einleitung verschaffen wir uns im folgenden 2. *Abschnitt* einen Überblick über die Fragestellungen und Ergebnisse der neoklassischen Theorie natürlicher Ressourcen. Wir müssen schließlich wissen, worüber wir diskutieren und zum Teil auch urteilen. Das Material in diesem Abschnitt kann als eine kommentierte kritische Vorlesungsskripte aufgefaßt werden und ist in dieser Form schon mehrfach am Fachbereich Wirtschaftswissenschaften der Gesamthochschule Kassel verwendet worden. Zur Sprache kommen u.a. die elementaren Theorien der Nutzung forstlicher Ressourcen, der Nutzung von Meerestieren und, am Beispiel des Erdöls, der Nutzung nichtregenerierbarer Ressourcen. Anschließend wenden wir uns einem Top-Thema der 70er Jahre zu, ob nämlich die Nutzung erschöpfbarer Ressourcen im heutigen Umfang nach Meinung populärer nicht-ökonomischer Autoren unvermeidlicherweise in den Weltuntergang führen müsse, oder ob hier auch weniger pessimistischen Erwartungen gefolgt werden kann.[71] Der Abschnitt schließt mit einem ersten, später zu ergänzenden Blick darauf, wie sich die neoklassische Theorie den Problemen intergenerationeller Ethik nähert.

Um Nachsicht muß dafür gebeten werden, daß die zweite der Natur gewidmete Subdisziplin der neoklassischen Theorie, die mehr statisch orientierte (den Zeitfaktor ausklammernde) Umweltökonomie, nicht einer ähnlich ausführlichen Betrachtung unterzogen wird. Eine solche Aufarbeitung war ursprünglich vorgesehen, hätte aber selbst bei erheblicher Straffung das Buch zu dick gemacht. Wenn auch schweren Herzens, so rechtfertigt sich der Verzicht doch deshalb, weil ein größerer Teil der umweltökonomischen Standardprobleme (z.B. die relative Vorzugswürdigkeit von Auflagen-, Abgaben- und Lizenzenlösungen beim Immissionsschutz) inzwischen als weitgehend abgeklärt erscheint und verschiedene, auch kritische Darstellungen ge-

[71] Z.B. SOLOW (1974, 1974a) in Antwort auf die "Doomsday-Propheten" MEADOWS et al. (1973).

funden hat.[72] Die nach wie vor kontroversen Probleme vor allem aus dem Spannungsfeld individueller versus kollektiver Entscheidungen sind dagegen von so allgemeiner Art, daß sie auch außerhalb der spezifisch umweltökonomischen Literatur diskutiert werden.

Die Botschaft des Abschnitts 2 besteht darin, daß die Behandlung intertemporaler Effizienz- und Gerechtigkeitsprobleme durch die neoklassische Ökonomie zwar durchaus nicht so unzureichend ist, wie dies von nicht-ökonomischer Seite vielfach (in der Regel, ohne Einzelheiten zu kennen) unterstellt wird, daß aber ein spezielles, Ökonomen wie Nicht-Ökonomen gleichermaßen quälendes Unbehagen ("queasiness")[73] in der Tat nicht ausgeräumt, sondern eher verstärkt wird, je intensiver man sich mit der Theorie beschäftigt. Dieses Unbehagen markiert genau den Punkt, an dem die folgenden Abschnitte den Bohrer ansetzen werden, es ist die intertemporale Bewertung oder auch die *Diskontierung*. Daß Ökonomen Kosten in Höhe von 1 000 000 DM, wenn sie erst in 100 Jahren anfallen, bei 4% Zins p.a. heute nur mit ca. 18 000 DM bewerten, erzeugt mit Recht intuitiven Widerspruch. Entweder stimmt hier etwas nicht, oder es muß genauer erklärt werden, was hier vor sich geht. Neben den in dieser Einleitung schon recht ausführlich angesprochenen Fragen zu Individualismus, Kollektivität und Gerechtigkeit besteht also der *zweite* - und spezifisch "fachökonomische" - Problemkomplex dieser Arbeit in der Diskontierung. Selbstverständlich wird nicht ein so simples Ergebnis folgen, daß die Diskontierung entweder "richtig" oder "falsch" sei, statt dessen werden wir vor allem feststellen, daß Diskontieren nicht gleich Diskontieren ist und daß die auch in hochkarätigen Abhandlungen oft zu findende nebulöse "gesellschaftliche Zeitpräferenzrate" zunächst einmal je nach Fragestellung durch präzise definierte Raten mit sehr unterschiedlicher Bedeutung zu ersetzen ist.

Die *Abschnitte 3 und 4* besitzen den Status umfangreicher Exkurse, welche auch für sich gelesen werden können. Die Leserin und der Leser, welche(r) sie als quälende Umwege empfindet, möge es nachsehen, wenn sie hier und da eine Ausschmükkung enthalten, die zur Untermauerung der Kernthesen der vorliegenden Studie

[72] Grundlegend im Rahmen der allgemeinen Gleichgewichtstheorie ist nach wie vor MÄLER (1974). Auf gleicher theoretischer Ebene und aktueller: JOHANSSON (1987), daneben in Neuauflage BAUMOL & OATES (1988). Systematisch-kritisch: HELLER (1989). Die deutschsprachigen einführenden Standardtexte sind ENDRES (1985, theoretisch) und WICKE (1991, stärker empirisch). Als breit angelegtes und teilweise unkonventionelles Einführungslehrbuch ist darüber hinaus stark zu empfehlen PEARCE & TURNER (1990).

[73] PAGE (1977a, p. 377).

vielleicht nicht unbedingt erforderlich gewesen wäre. Grundsätzlich rechtfertigt sich die umfangreiche, und, wie ich hoffe, manchen Problemen auf den Grund gehende Behandlung deshalb, weil die hier angesprochenen Probleme in der Literatur, zumal in der für die Lehre verwendbaren, stark vernachlässigt werden. Vielleicht erfüllen die beiden Abschnitte daher gewisse didaktische Funktionen.

Der *Abschnitt 3* widmet sich den intertemporalen Entscheidungen eines einzelnen rationalen oder irrationalen Subjektes. Wie teilt sich z.B. ein solches Subjekt eine Ressource optimal über einen längeren Zeitraum ein? Was ist von der Routineannahme in der neoklassischen Ökonomie zu halten, wonach Subjekte sowohl rational als auch "ungeduldig" ("impatient") oder "kurzsichtig" ("myopic") seien, also dasselbe Stück Schokolade höher bewerten, wenn sie es heute genießen, als wenn sie bis morgen warten müssen? Sind Rationalität und Myopie vielleicht Widersprüche? Man kann sich vorstellen, daß zwei sonst gleiche Subjekte, welche sich nur im Grad ihrer Kurzsichtigkeit unterscheiden, mit der Natur schon in ihrem eigenen egoistischen Interesse unterschiedlich umgehen, so daß die Fragestellung, ob Myopie rational oder irrational ist, zweifellos nicht an den Haaren herbeigezogen ist. Es ist mir nicht gelungen, auch nur ein Dutzend interessanter Literaturbeiträge zu diesem Thema zu finden.[74] Während die Literatur zur Analyse individueller Rationalität unter Ausschluß des Zeitfaktors seit den Pionierarbeiten der 30er und 40er Jahre[75] unübersehbare Ausmaße angenommen hat, liegt das Feld der intertemporalen Rationalität trotz vergleichbarer Anstöße durch RAMSEY, KOOPMANS u.a. weitgehend brach. Wenn die Ausführungen des Abschnitts 3 auf Kritik stoßen oder bald als "überholt" gelten sollten, aber wenigstens eine Diskussion über das Thema in Gang setzen, so haben sie ihren Zweck erfüllt.

Gleiches gilt für den die Zinstheorie behandelnden *Abschnitt 4*. Bekanntlich ist der Zins für die einzelwirtschaftlichen Akteure, welche natürliche Ressourcen im Interesse der Gewinnmaximierung bewirtschaften, ein zentraler Lenkungsimpuls; er diktiert die Länge einer Rotation in der Forstwirtschaft, die Höhe der Restpopulation genutzter Fischbestände und Wale sowie die Mengen- und Preisdynamik bei der

[74] Die maßgeblichen älteren Quellen sind RAMSEY (1928), BÖHM-BAWERK (1961), JEVONS (1965), I. FISHER (1965) und KNIGHT (1944) (jeweils neueste Auflage oder Nachdruck, vgl. Literaturverzeichnis). Wichtige Anstöße geben CHAKRAVARTY (1962), STROTZ (1955/56), KOOPMANS (1960), HIRSHLEIFER (1974) und OLSON & BAILEY (1981). Weitere Quellen in Abschnitt 3.

[75] z.B. GEORGESCU-ROEGEN (1936), HICKS (1978, Kapitel I und II) und SAMUELSON (1975).

Förderung erschöpflicher Ressourcen, wie erstmals systematisch in der berühmten Arbeit von HOTELLING[76] dargelegt wurde. Hohe Zinsen bedeuten im allgemeinen intensiven und schnellen Verzehr natürlicher Ressourcen, weil es sich wegen der hohen Diskontierung künftiger Werte nicht lohnt, viel für später übrigzulassen. Daß dieser Aspekt bei einer ressourcenökonomischen Arbeit im Zentrum stehen muß, versteht sich von selbst. Damit sind die Probleme jedoch nicht erschöpft. Aus Modellen der Wachstumstheorie sind enge Beziehungen zwischen Zins und gesamtwirtschaftlicher Wachstumsrate bekannt, in den einfachsten Modellen sind beide sogar identisch. Könnte es sein, daß eine stationäre, nicht wachsende Wirtschaft - nur eine solche dürften viele ökologisch bewußte Menschen als mit natürlichen Begrenzungen verträglich ansehen - gar keinen von Null abweichenden Zins besitzen darf? Soviel kann vorausgeschickt werden, daß unsere Ergebnisse diese intuitiven Annahmen nur teilweise bestätigen werden, um hier aber überhaupt zu Aussagen zu kommen, muß dem Wesen des Zinses auf den Grund gegangen werden. Es muß festgestellt werden, daß sich die neoklassische Routine auch hierüber selten tiefschürfenden Gedanken hingibt; eine Mikrofundierung des Zinses, daß heißt eine logische Herleitung aus den Interaktionen der (rationalen und irrationalen) Individuen, erscheint kaum einem neueren Autor der Mühe wert. Man wird wieder einmal auf die Altvorderen verwiesen, wobei man im übrigen feststellt, daß sie nicht immer genau das schrieben, was ihnen in der neueren Literatur in Randbemerkungen nachgesagt wird.

Im *Abschnitt 5* kehren wir zu unserer zentralen Fragestellung, dem Naturerhalt als einer Frage intergenerationeller Moral, zurück. Zunächst wird der in Abschnitt 2 bereitgelegte Faden wieder aufgenommen und referiert, wie dieses Thema in heutigen neoklassischen Modellen behandelt wird. Insbesondere geht es um die Konkurrenz zwischen sogenannten "utilitaristischen" und "Maximin"-Entwicklungspfaden sowie um die Rechtfertigung und die Folgen intergenerationeller Nutzendiskontierung (nicht zu verwechseln mit der Diskontierung mit dem Zins). Anschließend wenden wir uns den relevanteren neueren, qualitativen Konzepten der Zukunftsvorsorge zu, auf welche die Stichworte "Safe Minimum Standard", "Sustainability", "Ecological Economics" u.a. hinweisen. Dort ist auch der richtige Ort, die oben schon kurz angesprochenen Ideen bezüglich des langfristigen Naturerhalts ausführlicher darzulegen und einige Beispiele zu geben. Schließlich werden die Anforderungen an das individuelle Verhalten herausgearbeitet, welche zur Gewährleistung des Vorsorgeziels der "Sustainability", dem Integritätserhalt ökologischer Systeme, erfor-

[76] HOTELLING (1931).

derlich erscheinen. Wie schon angedeutet, spielen hier Kollektiventscheidungen, spielt die Respektierung derselben durch die Individuen sowie die Aufgabe deren unumschränkter individueller Entscheidungssouveränität zugunsten koordinierten Vorgehens wesentliche Rollen.

Insgesamt besitzen die Abschnitte 3 (Individuelle Rationalität), 4 (Zinstheorie) und 5 (Intergenerationelle Gerechtigkeit) die Funktionen, Vorarbeit zu leisten und Material für die endgültige Verarbeitung im *Abschnitt 6* zu strukturieren. Dort geht es um die Fragen:

1. Entwickelt eine individualistische Gesellschaft ein systematisches, über subjektiven Altruismus hinausgehendes Zukunftsbewußtsein, empfinden ihre Mitglieder die Pflicht, künftigen Menschen eine lebenswerte Natur zu hinterlassen?

2. Wie weit gehen die Anforderungen an die Individuen bezüglich ihrer Respektierung kollektiver Optionen?

3. Ist eine in ihren Fundamenten individualistische Gesellschaft in der Lage, den für einen qualitativen Naturerhalt erforderlichen Grad kollektiver Entscheidungen zu ertragen, ohne das Prinzip "Individuals' preferences are to 'count'"[77] zu verlassen und despotisch zu werden? Ist das Ergebnis noch "individualistisch" zu nennen?

4. Besitzt die Gesellschaft dem Naturerhalt dienliche oder zumindest nicht widersprechende intertemporale Bewertungsmaßstäbe, ist das Problem der Diskontierung gelöst? Wenn es in dieser Gesellschaft überhaupt noch eine Diskontierung gibt, ist diese dann ökologisch verträglich?

Unsere bis hierher erfolgte, erste Expedition durch das Thema hat bezüglich der vier Fragen schon manche vorläufige Antwort erbracht, so ist etwa bezüglich der Frage 1 den Ausführungen aus 1.3 nicht mehr allzuviel hinzuzufügen. Sind auch die anderen drei Fragen weniger vorstrukturiert und liegen dort sicherlich noch einige Überraschungen bereit, so ist doch die Vorahnung nicht unberechtigt, daß die Ergebnisse auf eine Vereinbarkeit von Individualismus und Naturerhalt hinauslaufen, allerdings nur unter genau spezifizierten (möglicherweise sehr unrealistischen) Bedingungen. Selbstverständlich bedeutet dieses Ergebnis nicht, daß *nur* eine individua-

[77] Vgl. Anmerkung 17, oben.

listische Gesellschaft die Natur erhalten könnte. Daß eine despotische Gesellschaft dies, wenn sie den "richtigen" Despoten besäße, möglicherweise auch könnte, ist nicht zu bestreiten. Die hiermit verbundenen Fragen - etwa, ob es Selektionsmechanismen in Richtung auf ökologisch "gute" oder "schlechte" Despoten gibt - gehören jedoch nicht zum vorliegenden Thema. Wir setzen uns ausschließlich mit der populären These auseinander, daß das individualistische Gesellschaftsmodell wegen seines Individualismus' *nicht* in der Lage sei, die Natur zu erhalten, daß schon der gesamte Komplex aus Aufklärung, Rationalismus, Marktwirtschaft und neoklassischer Theorie eine schiefe Ebene darstelle, auf der es nur abwärts gehen könne.

Der letzte *Abschnitt 7* faßt alle theoretischen Ergebnisse zusammen und blickt auf deren Folgen für die heutige Praxis. Dieser Blick soll nicht, wie so oft, ein kleines empirisches Anhängsel sein ("Anwendungen"). Das Gegenteil ist der Fall; er soll zeigen, *wie* theoretisch die gesamten Ausführungen sind und wie weit der Weg ist, etwas von den Ergebnissen in die Realität umzusetzen. Es wäre allerdings zu bequem, gänzlich im theoretischen Elfenbeinturm zu verbleiben und der Konfrontation mit der Realität auszuweichen.

BIRNBACHER zeigt in seiner philosophischen Studie zur Verantwortung für künftige Generationen den wichtigen Unterschied zwischen idealen Normen und Praxisnormen auf.[78] Ideale Normen, so unabdingbar sie für theoretische Betrachtungen sind, können nicht Grundlage des praktischen Lebens sein, da sie die Akteure überfordern. Wie die Erfahrungen mit Weltverbesserern zeigen, kann starrsinniges Festhalten an ihnen sogar zu schlimmen Konsequenzen führen. Die Ableitung von Praxisnormen ist eine schwierige Aufgabe, da diese natürlich nicht in abgemilderten, sozusagen verwässerten Varianten der idealen Normen bestehen dürfen, ebensowenig darf es sich hier jedoch allein um ad hoc aufgestellte "Lebenshilfen" handeln. Praxisnormen sollen die Substanz der idealen Normen so weitgehend wie möglich erhalten, dabei jedoch die kognitiven und motivationellen Unvollkommenheiten der Akteure ebenso wie die historischen und institutionellen Umstände berücksichtigen. Dieses sinnvolle Konzept sollte auch im ökonomischen Kontext zu nutzen versucht werden; im Abschnitt 7.2 soll daher gefragt werden, welche Elemente aus unseren Modellbetrachtungen unter den herrschenden Bedingungen im Interesse des Naturerhaltes zu übernehmen empfohlen werden können und bei welchen dies trotz ihrer theoretischen Attraktivität weniger der Fall ist. Die Ergebnisse werden Intuition und Erwartungen nicht immer entsprechen. Im Laufe dieser Einleitung dürfte klar geworden

[78] BIRNBACHER (1988, insbes. pp. 197ff.).

sein, daß diese Studie das Gegenteil eines Plädoyers für "Freiheit" oder "Wirtschaftsliberalismus" im landläufigen Sinne ist. Individualismus heißt ökonomisch-philosophisch bekanntlich nicht, daß alles erlaubt ist, was gefällt, sondern alles, was gefällt *und* anderen (gegenwärtigen und zukünftigen) Menschen nicht schadet. Nimmt man das Wort "und" ernst, so schrumpft die Teilmenge der erlaubten innerhalb der möglichen und gefallenen Handlungen sehr erheblich zusammen. In der individualistischen Modellgesellschaft sind, scheinbar paradoxerweise, viele Dinge verboten, die heute erlaubt sind.

Eine Frage ist, in welchem Maße rigide, theoretisch unbedingt zu vertretene Schlußfolgerungen dieser Art in die Realität übertragen werden dürfen, ohne ungewollt nicht doch despotischen Tendenzen Vorschub zu leisten. Vor allem betrifft dies zentralisiert-kollektives Handeln. Wie ich schon verschiedentlich an Beispielen zu zeigen versuchte,[79] sind die Erfahrungen mit zentralen naturbezogenen Handlungen, mit der "Staatstätigkeit" oft so niederschmetternd, daß die theoretisch zwingende Forderung nach einem Ausbau derselben den konkreten Entscheidungsträgern besser gar nicht zu Ohren kommen sollte. In der Praxis muß man sich, besseren theoretischen Einsichten zum Trotz, sogar gelegentlich den naiv-neoklassischen Forderungen nach "mehr Markt" anschließen.

Die Abbildung 1 gibt noch einmal eine Übersicht über den Aufbau der Studie. Ich gestehe, daß er auf Anhieb nicht in jeder Hinsicht attraktiv ist, aber dies scheint an der Schwierigkeit der Themenstellung zu liegen. Ich habe mit verschiedenen Varianten experimentiert, die sich aber nicht als besser erwiesen. Offenbar kommt man nur auf Serpentinen, über Umwege und teilweise Wiederholungen voran, wir sollten uns damit abfinden. Jedem Nicht-Kenner der neoklassischen Ressourcenökonomie sei empfohlen, sich zur Lektüre des Abschnitts 2 rein aus Informationsgründen zu zwingen. Wem die (durchweg elementare) Mathematik nicht liegt, kann sich bei den Abschnitten 3 und 4 mit den extra für diesen Leserkreis eingefügten Zusammenfassungen begnügen. Ich weiß, daß ich bezüglich der formal-mathematischen Teile dieser Studie zwischen den Stühlen sitze: Bei den mathematisch Versierten muß ich für ihre Primitivität, bei den Nicht-Mathematikern für ihre Unverständlichkeit um Nachsicht bitten. Der Teil 5 dürfte keine Probleme bereiten, allenfalls war zu erwägen, den dogmenkritischen Teil 5.2 ("Herkömmliche Fragestellungen") dem Teil 2 anzuschließen. Ich habe dies nicht getan, weil zum Verständnis der m.E. hier

[79] Vgl. Abschnitt 7.2.4, Anmerkung 8.

gravierenden Mängel routinemäßig-neoklassischer Behandlungen die Ergebnisse der Teile 3 und 4 bekannt sein müssen.

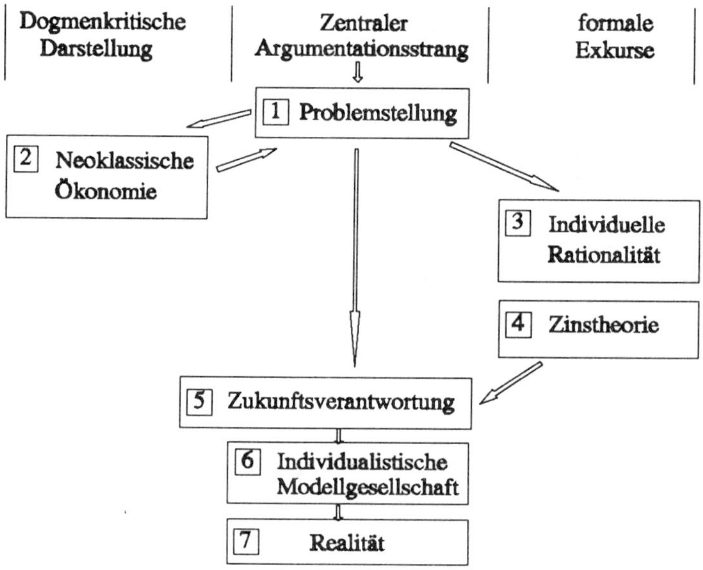

Abbildung 1: Aufbau der Studie

1.6 Einige Begriffsklärungen

In dieser Studie soll terminologische Genauigkeit nicht zur Pedanterie ausarten. Wo es nicht schadet, werden im Interesse der Lesbarkeit Synonyme oder Fast-Synonyme gebraucht. Z.B. werden die Terme "Norm" und "Regel" sowie "Subjekt" und "Individuum" im allgemeinen austauschbar verwendet. Sind Wirtschaftssubjekte in bestimmten Fällen keine leiblichen Menschen, sondern ihrerseits Kollektive (Firmen oder Familien), so geht dies aus dem Zusammenhang hervor. Einige, teils in der Literatur allgemein verwendete, teils eigens erfundene Begriffe müssen jedoch zur Vermeidung von Mißverständnissen noch einmal zusammenfassend präzisiert werden, die meisten sind im Laufe dieser Einleitung schon aufgetaucht.

Wie schon begründet, fassen wir unter *neoklassischer Ökonomie* (ohne nähere Eingrenzung) das aus den acht im Abschnitt 1.2.3 ausgeführten Essentials bestehende Theoriegebäude zusammen. Die heutige *Mainstream*-Ökonomie ist mehr oder weniger neoklassisch. Die *"naive"* oder *Lehrbuch-Neoklassik* enthält nur die Essentials eins bis fünf, ignoriert also nicht-marktliche Interaktionen zwischen Individuen, wie postkonstitutionelle Kontrakte und Dilemma-Situationen. Die Eingrenzung entspricht etwa der "Mikroökonomie" oder der elementaren Allokationstheorie. Wird in bestimmten Kontexten Wert auf die Betonung gelegt, daß nicht die "naive" Neoklassik gemeint ist, so wird auch von *kontraktueller Neoklassik* gesprochen. Die Abgrenzung der "naiven" Neoklassik bedeutet trotz der Wortwahl nicht notwendigerweise eine Abwertung, nämlich dann nicht, wenn diese in Problemen Anwendung findet, welche durch die Essentials eins bis fünf tatsächlich erschöpfend analysiert werden können. Diese nehmen zwar an Bedeutung ab, es kann aber nicht behauptet werden, daß es sie gar nicht gäbe. Eine eher wertende Bezeichnung ist die der *Neoklassischen Routine* oder *Orthodoxie*, sie umschreibt die Methodenkombination, mit welcher Probleme natürlicher Ressourcen heute noch überwiegend analysiert werden. Im typischen Falle handelt es sich um eine Kombination aus naiver Neoklassik (auch wenn das jeweilige Problem kollektive Aspekte besitzt), sehr anspruchsvoller Mathematisierung (ob erforderlich oder nicht), Gläubigkeit an das Substitutionsparadigma, wenig umfängliche und differenzierte Verarbeitung empirischen Materials - vor allem aber fehlt nie die routinemäßige Diskontierung.

Eine Gesellschaft folgt dem Prinzip des *Individualismus*, wenn allein der Wille jedes einzelnen Subjekts für seine Handlungen maßgeblich ist ("Individual's preferences are to 'count'").[80] Jedes Individuum ist frei in seinen Entscheidungen, sofern keine *Regeln* oder *Normen* verletzt werden, welche für alle Individuen in gleicher Weise gelten und dazu da sind, ihre *Rechte* zu schützen. Regeln/Normen sind durch ihre Allgemeingültigkeit charakterisiert, ihre Wirksamkeit für den Zusammenhalt der Gesellschaft ist nur bei weitestgehender (allerdings begründete Ausnahmen zulassender) Befolgung durch die Individuen gewährleistet, auch wenn dies im Einzelfall deren Interessen widerspricht. Als einzige wesentliche Handlungen, welche an Individuen entgegen deren Zustimmung vorgenommen werden können, kennt die individualistische Gesellschaft *Sanktionen*, Strafen für die Regelmißachtung.[81] Jede nicht-individualistische Gesellschaft bezeichnen wir als *despotisch.*

[80] Vgl. Anmerkung 17.

[81] MILL (1969) erwähnt weitere Pflichten, welche in einer individualistischen Gesellschaft u.U. entgegen dem eigenen Willen erfüllt werden müssen, wie z.B. Zeugenaussagen vor Gericht (p. 18). Dies ist für den vorliegenden Zusammenhang nebensächlich.

Sprechen wir von *Utilitarismus*, so ist allgemein eine Position gemeint, die in der Stiftung von Nutzen den Zweck individueller und gesellschaftlicher Handlungen sieht und sich zu - zumindest vorsichtigen - Urteilen, ob eine Alternative mehr oder weniger Nutzen als eine andere stiftet, in der Lage sieht. Meist können wir mit dem Begriff "Utilitarismus" flexibel umgehen und den durch harte Versionen provozierten Streitfragen ausweichen. "It is BENTHAM's brutally clear statement of the "greatest happiness theory" and MILL's anxious reflections upon that theory which between them define utilitarianism"[82] - in diesem Kontinuum tendiert die vorliegende Studie, sofern nicht spezielle Aspekte dies im Einzelfall verbieten, mehr in Richtung MILL. Entscheidend ist die *teleologische* bzw. *konsequentialistische*, nicht aber *deontologische* Ausrichtung - gut ist, was zu anerkannten metamoralischen Zielen führt, nicht aber allein (wenn auch noblen) Motiven dient oder gar ein Selbstzweck ist. Da die individualistische Gesellschaft eine weitgehende Normenbefolgung - auch unter Hintanstellung der Nutzenmaximierung im Einzelfall - voraussetzen muß, ist sie nur *regelutilitaristisch*, nicht aber *handlungsutilitaristisch* denkbar.[83] Ob es in einer Gesellschaft mehr oder weniger Nutzen gibt, wird utilitaristisch immer aus der Sicht eines unbeteiligten Beobachters entschieden, der nicht Partei für einzelne Subjekte nimmt.[84] Insofern ist eine gewisse, wenn auch nicht rechnerisch-strikte intersubjektive Vergleichbarkeit und Addierbarkeit des Nutzens vorausgesetzt - entgegen der

[82] RYAN (1987, p. 8).

[83] Nach Ansicht von SMART (1973, p. 43ff.) kann es streng genommen keinen Regelutilitarismus geben. Wer eine Regel im Einzelfall befolgt, in welchem feststeht, daß dies, wenn auch erst langfristig, indirekt und/oder wahrscheinlich, schädlich ist, darf sich nicht Utilitarist nennen, denn wer anders als diese Person wäre sonst *Nicht*-Utilitarist? Hier wird nach SMART "Rule worship" betrieben. Liegt hingegen der Fall vor, daß die Regelverletzung kurzfristig nützlich, langfristig und verallgemeinert (immer und von allen begangen) jedoch schädlich ist, während sich die Regelbefolgung langfristig auszahlt, so ist die letztere auch *handlungs*utilitaristisch richtig; wir benötigen also den Begriff "Regelutilitarismus" nicht. Regeln haben nach SMART ähnlich Straßenverkehrsregeln nur eine Hilfsfunktion ("rules of thumb"), sie erlauben eine rationelle Orientierung im fast immer unübersichtlichen Alltag (Erläuterungen auch in BIRNBACHER 1989a). Bei vollkommener Information brauchten sie nicht eingehalten zu werden, so wie man auch auf der linken Straßenseite fahren könnte, wenn ganz sicher wäre, daß kein Auto entgegenkommt. Gegen SMART kann m.E. eingewandt werden, daß das Verallgemeinerungsproblem nicht allein ein Informationsproblem ist, hierauf braucht jedoch im vorliegenden nicht eingegangen zu werden. Für unsere Zwecke können wir mit der gebotenen Vorsicht und undogmatisch am Begriff "Regelutilitarismus" festhalten.

[84] Der "Impartial Spectator" aus SMITHs erstem berühmten Buch (1976).

Methodologie der New Welfare Economics. Setzen wir hingegen, insbesondere in mathematischen Modellbetrachtungen, eine uneingeschränkte Addierbarkeit des Nutzens verschiedener Individuen mit dem Ziel der formalen Maximierung voraus, so sprechen wir von *Klassischem* (auch BENTHAMite) oder *Nutzensummen-Utilitarismus.*

Die größte Präzision müssen wir beim Umgang mit den Begriffen "Kollektivität" und "Rationalität" walten lassen. *Kollektive* Handlungen und Entscheidungen sind solche, bei denen Individuen in zeitlich und sachlich spezifizierter Form ihre Entscheidungsautonomie ablegen, um sich an gemeinsamen Vorhaben zu beteiligen, z.B. an arbeitsteiligen Produktionsprozessen. Derartiges ist auch in einer individualistischen Gesellschaft möglich und unabdinglich, erfolgt jedoch entweder grundsätzlich freiwillig (auf Grund direkter Zustimmung oder als Folge einer vorher freiwillig eingegangenen Verpflichtung) oder - dies ist für die Zukunftsvorsorge besonders wichtig -, weil verbindlichen Normen nicht anders als auf diesem Wege genügt werden kann. Der Beschluß zur kollektiven Option ist ein Kontrakt, wobei wir mit BUCHANAN zwischen dem *konstitutionellen Kontrakt*, bei dem die Grenzen des individuellen Privateigentums abgesteckt und weitere Grundsatzvereinbarungen getroffen werden, und dem *postkonstitutionellen Kontrakt*, bei dem es um die Realisierung einzelner Vorgaben geht, unterscheiden,[85] Kollektivismus ist also in dieser Arbeit *nicht*, wie sprachlich oft üblich, das Gegenteil von Individualismus. Eine Position, welche - nach historischer Erfahrung durchaus nicht grundlos, aber in der Sache vielfach nicht zu vertreten - kollektiven Optionen prinzipiell mißtraut und der jederzeitigen Entscheidungsautonomie der Individuen einen so hohen Rang beimißt, daß auch produktive Kollektivität abgelehnt wird, bezeichnen wir als *Liberalismus.* Ist die so definierte Idee zwar sachlich abzulehnen, aber dennoch einer ernsthaften Diskussion würdig, weil ihre Motive achtbar sind, so gilt dies für ihre Degenerationsform, den *Wirtschaftsliberalismus* nicht. Dieser steht dem philosophisch fundierten Individualismus fast ebenso diametral entgegen wie die Despotie, weil er dem individualistischen Essential, dem Rechtsschutz insbesondere der Schwachen einen geringen Rang einräumt und statt dessen den Ellenbogengebrauch der Starken akzeptiert oder gar dazu ermuntert.[86] Es ließ sich nicht vermeiden, in der vorliegen-

[85] BUCHANAN (1975, Kapitel 3 und 4, pp. 35ff.).

[86] Zum "Wirtschaftsliberalismus" gehören Kräfte, welche, sobald es politische Konstellaionen zulassen, regelmäßig dafür eintreten, Schutzrechte Schwacher abzubauen. Beispiele insesondere aus den Bereichen des Miet-, Arbeits- und Sozialrechts sind Legion. Ferner wird ür die Reduktion sozial motivierter Transferzahlungen an Bedürftige der verschiedensten Art ei gleichzeitiger Forderung nach Entlastung Besserverdienender von der Besteuerung plädiert

den Arbeit die Begriffe "Kollektivismus" und "Liberalismus" in einer Weise zu definieren, wie sie dem Alltagsverständnis und teilweise auch dem historischen Hintergrund nicht voll entspricht. Jede andere Sprachregelung hätte jedoch zu ähnlichen Problemen geführt - schließlich geht es nur darum, sich klar zu verständigen. Wie schon einmal festgestellt, vertritt die vorliegende Studie keinen rigorosen *methodologischen Individualismus* (Gegenteil: *Holismus*) in dem Sinne, daß sämtliche Erscheinungen auf der Makro-Ebene aus dem individuellen Verhalten zu erklären seien. Es geht ausschließlich darum, die wesentlichen Aspekte des Naturerhalts soweit möglich zu "mikrofundieren".

Die Handlungsweise eines Subjekts ist *rational*, wenn sie in konsequenter und widerspruchsfreier Weise der Realisierung eines vorgegebenen Ziels dient. Entscheidend ist das Kriterium der *Widerspruchsfreiheit*; das Individuum handelt so, daß es nichts zu *bereuen* hat. Der Inhalt der Tätigkeit ist häufig *egoistisch* bestimmt, jedoch ist dies nicht zwingend. Vielmehr kann auch *Altruismus* ein Handlungsmotiv sein, der Wunsch, anderen Nutzen zu stiften oder von ihnen Schaden abzuwenden. Wir reservieren den Begriff "Altruismus" strikt auf die Fälle, in denen dem Motiv, anderen zu dienen, subjektiv und freiwillig (aus "Nächstenliebe" oder mit RAWLS im Sinne von "Supererogation"[87]) nachgegangen wird, *nicht* aber pflichtgemäß. Soweit andere, auch Spätere, einen Anspruch darauf haben, daß ihnen gegenüber uneigennützig gehandelt wird, nennen wir solche Handlungen nicht "altruistisch". Es sei unterstellt, daß eine scharfe Grenze zwischen pflichtmäßigem und freiwilligem Handeln zugunsten anderer gezogen werden kann.[88]

(Umverteilung von unten nach oben), wird, sobald Sparmaßnahmen unvermeidlich werden, bei denen begonnen, die ohnehin schon am wenigsten haben (Beispiel "Gesundheitsreform") und wird die Kritik an derlei Handlungen als bloßer Neid oder Aufstachelung dazu verunglimpft. Schließlich wird verlangt, ordnungs-, insbesondere wettbewerbspolitische Prinzipien großzügig zu interpretieren, wie Fusionen zu erlauben usw.

[87] RAWLS (1973, pp. 116-117, passim).

[88] HUME und seine Interpreten ATTFIELD und BARRY sind hier nicht ganz klar (vgl. Anmerkung 54, oben). Nach HUME hätte eine schwache Spezies keinerlei Ansprüche auf Gerechtigkeit, also kein *Recht*. Dennoch konzediert er "Gesetze der Menschlichkeit", die uns eine Pflicht auferlegen, solche Geschöpfe "mit Milde" zu behandeln. Diese "Gesetze der Menschlichkeit" stehen in ihrer Verbindlichkeit offenbar zwischen formellem Recht und bloßer subjektiver Nächstenliebe. Gewiß wird hier in der Philosophie differenzierter als in Ökonomie und Recht argumentiert. Auch ist klar, daß es Prioritäten zwischen starken und schwächeren Pflichten gibt. Ich muß aber gestehen, zwischen einer selbst schwachen Pflicht und vollständiger Freiwilligkeit einen grundsätzlichen Unterschied zu sehen und mir so etwas wie eine "halbe" Pflicht nicht vorstellen zu können. Ähnliche Probleme wirft KANT auf, wenn er von

Mit R. HARDIN sprechen wir von *enger Rationalität* ("narrow rationality"),[89] wenn ein Subjekt in zwar zweckrationaler, jedoch nicht verallgemeinerungsfähiger Weise handelt. Im typischen Fall wird ihm selbst, wenn alle anderen auch so handeln, wiederum Schaden zugefügt, wie im Prisoner's Dilemma oder beim Free Rider-Tum im Zusammenhang mit öffentlichen Gütern. Der genannte Begriff ist nützlich, vielfach jedoch zu ungenau, weil er offen läßt, inwieweit eng-rationales Handeln erlaubt oder pflichtwidrig ist. Enge Rationalität kann manifest normenverletzend sein, wenn etwa fremdes Privateigentum mißachtet wird; ein solcher Normenschutz kann jedoch auch abwesend sein, wie bei der "Tragik der Allmende"[90], der oft durchaus nicht verbotenen Übernutzung einer allgemein zugänglichen Ressource. In der Praxis wird enge Rationalität oft nur als "unfair" oder "rücksichtslos" angesehen (etwa beim Wegwerfen von Unrat in einem Park), nicht jedoch als "kriminell". Hinzukommt, daß das Gegenteil von enger Rationalität, nämlich *weitsichtig-* oder *aufgeklärt-rationales Handeln*, so unabdingbar es für das Funktionieren einer individualistischen Gesellschaft ist, oftmals nicht belohnt, sondern, wie etwa in Dilemma-Situationen, bestraft wird und damit, solange das Dilemma nicht aufzulösen ist, kaum als pflichtgemäß bezeichnet werden kann.

In dieser Studie wird wie folgt präzisiert: Grundsätzlich unterscheiden wir *pflichtgemäßes*, *-bewußtes* oder *normenfolgsames* Handeln von *pflichtwidrigem*.[91] Wieweit Pflichten im Interesse des Naturerhalts für Spätere im einzelnen gehen, muß im Laufe der Untersuchung klar werden. Der Begriff *Fairness* wird mit RAWLS ausschließlich für das Gebiet grundsätzlicher Verteilungs- und Gerechtigkeitsfragen reserviert, vor allem auch intergenerationeller Art. Fair ist, wer einer universellen Verteilungsregel zustimmt und sich in der Realität an die im hypothetischen "Original State" beschlossenen Regeln auch dann hält, wenn er auf Grund seiner Stärke Korrekturen zu seinen Gunsten durchsetzen könnte - analog einem "fairen" Sportler,

"Liebespflichten gegen andere" spricht (1961, p. 37 und 80-81). Er schränkt zwar ein, daß Liebe aus Neigung nicht geboten werden könne, wertet diese aber ohnehin als "pathologische" ab. Das Grundproblem ist wohl, daß KANT (anders als MILL) ein schlechter Psychologe war und den Bereich emotioneller, pflichtloser und damit wirklich freier Entscheidungen nicht nur gegenüber anderen, sondern schon gegenüber sich selbst, in unerträglicher Weise auf fast Null reduzierte.

[89] R. HARDIN (1982, pp. 9ff.).

[90] G. HARDIN (1968).

[91] Der feine Unterschied zwischen pflichtgemäßem (dennoch eigennützigen) und -bewußtem (dem Eigennutz nicht dienenden) Handeln wird, wenn es darauf ankommt, nicht vergessen, vgl. KANT (1961, pp. 34ff.).

welcher den Sieg seines Gegenüber, etwa im Tennis, akzeptiert, obwohl er jenen auf Grund seiner Stärke im Boxen besiegen und um die Früchte des Tennis-Sieges bringen könnte, wenn er wollte. Mit *Ehrlichkeit* sei der Wille bezeichnet, manifestes Privateigentum und (auch implizite) Verträge zu respektieren, also nicht zu stehlen und nicht zu betrügen, unabhängig davon, ob die Verteilung grundsätzlich akzeptiert wird. In Abschnitt 1.3.3 ist schon ausgeführt worden, daß Ehrlichkeit zwar nicht in allen Lebenslagen pflichtgemäß erwartet werden kann, wenn nämlich die Primärverteilung in unzumutbarer Weise ungerecht ist. Wir werden jedoch sehen, daß, wenn diese Entschuldigung nicht greift, Ehrlichkeit zur zentralen, unabdinglichen Voraussetzung für das Funktionieren der individualistischen Gesellschaft wird. Den Begriff *Kooperativität* reservieren wir für den Umgang mit öffentlichen Gütern; kooperativ ist, wer sich nicht als Free Rider oder Easy Rider verhält, sondern bereit ist, mit den anderen vom NASH- zum LINDAHL-Gleichgewicht zu reisen.[92] Nicht zuletzt wegen der in der Ökonomie nahezu generell zu findenden Vagheit bezüglich der normativen Beurteilung des Free Riders werden wir zu diskutieren haben, inwieweit Kooperativität eine Pflicht darstellt. Verwandt, aber nicht identisch mit der Kooperation ist der Begriff der *Koordination* - hiermit bezeichnen wir die Einordnung der Individuen in produktiv-kollektive Arrangements. Man handelt koordiniert, wenn man in einer arbeitsteiligen Produktionskette die Handgriffe ausführt, welche im Interesse des Ganzen notwendig sind, wenn man also, soweit das produktive Arrangement zeitlich und sachlich reicht, auf seine (in der individuellen Gesellschaft grundsätzlich garantierte) Entscheidungsautonomie verzichtet. Kooperativität und Koordination sind zwei nicht identische Konkretisierungen des Prinzips der Kollektivität. Wir bezeichnen abschließend ein Verhalten, welches aus einer Synthese aus Fairness, Ehrlichkeit, der Bereitschaft zur Einordnung in sinnvolle kollektive Arrangements, dem bedachten Umgang mit Risiken und Ungewißheiten sowie einem gewissen Maß auch an emotionellem Altruismus besteht, ohne daß damit auf zweckrationalen Egoismus verzichtet würde (er wird vielmehr gezügelt), als *Vernunft*. Nun verlassen wir die mit Hilfe der definierten Begriffe zu führende qualitativ-gesellschaftstheoretische Diskussion für längere Zeit, um uns, wie angekündigt, in den folgenden drei Abschnitten der neoklassischen Ökonomie sowie quantitativen intertemporalen Kalkülen zu widmen.

[92] Für diese, nicht einmal allen Ökonomen verständliche Definition muß ich bei Nicht-Fachleuten um Nachsicht bitten. Wegen der Kompliziertheit des Problems haben sich sämtliche verständlichen Kurzdefinitionen, die ich an dieser Stelle zu geben versucht habe, als im Lichte der Klärungen in Abschnitt 6.2 mangelhaft und irreführend erwiesen.

2. Fragestellungen und Ergebnisse der neoklassischen Theorie natürlicher Ressourcen - ausgewählte Beispiele

Im folgenden werden im Telegrammstil einige wichtige Anwendungsfälle neoklassischer Ressourcenökonomie vorgestellt. Die Beispiele sind teils eigens für diese Studie in Anlehnung an Vorbilder aus der Literatur entwickelt (z.B. Abschnitt 2.2), teils direkt den zuweilen berühmten Quellen entnommen (z.B. 2.5).[1] Sie sind in ihrer Einfachheit auch didaktisch nützlich, jedoch sei ausdrücklich hervorgehoben, daß sie kein ausführliches Studium der Materie ersetzen.

2.1 Optimale Umtriebszeit in der Försterei: Die FAUSTMANN-Formel

Die Forstökonomie gehört nicht nur zu den historisch frühesten Anwendungsfeldern der Theorie natürlicher Ressourcen, sondern interessanterweise auch zu den wenigen, auf denen die deutschsprachige Wirtschaftswissenschaft wesentliche Beiträge liefern konnte. Dies hing zweifellos mit der raschen Entwicklung der Forstwirtschaft im Deutschland des 19. Jahrhunderts zusammen. Der nordhessische Oberförster FAUSTMANN beschäftigte sich mit der Frage der betriebswirtschaftlich optimalen Umtriebszeit eines Waldes: Wie lange soll eine Baumgeneration wachsen, wann soll sie gefällt werden, um eine neue Rotation zu beginnen, wenn der langfristige Gewinn aus

[1] Wegen der didaktischen Zielsetzung mag eine solche Übernahme (z.B. DASGUPTA & HEAL 1979, pp. 193ff.) erlaubt sein. Einige Literaturvorschläge zum Gesamtproblem seien hier vorweg unterbreitet, detailliertere Angaben finden sich bei den einzelnen Unterabschnitten. Als anspruchsvolle, jedoch nicht übermäßig formalisierte Referenz gilt heute weithin DASGUPTA & HEAL (1979); sehr empfehlenswert sind auch DASGUPTA (1982) und PEARCE & TURNER (1990). PETERSON & FISHER (1977) referieren in ihrem Survey die Literatur bis zum Erscheinungsjahr ihres Beitrags. Grundlegende und vielzitierte Aufsätze finden sich im "SYMPOSIUM SUPPLEMENT" der Zeitschrift "Review of Economic Studies" *41* (1974). Überblicksartikel zu zahlreichen Themen in KNEESE & SWEENEY (1985). Ein "typisch" neoklassisches Lehrbuch für Anfänger ist HARTWICK & OLEWILER (1986), etwas schwieriger NEHER (1990), ähnlich die entsprechenden Teile aus HOWE (1979) und A.C. FISCHER (1981). Besonders anregend ist LECOMBER (1979), Einstiege in deutscher Sprache sind ENDRES (1985, hinterer Teil), STRÖBELE (1987), SIEBERT (1983) und einige Beiträge in SIEBERT (1980). Eine Sammlung wichtiger älterer Artikel, teils deutsch übersetzt, ist SIEBERT (1979).

der Försterei maximiert werden soll? Wir sehen im folgenden Beispiel von der Frage ab, ob der Kahlschlagbetrieb ökologisch vertretbar ist, oder ob statt dessen eine naturnähere Plenterwaldbewirtschaftung (selektive Entnahme einzelner Bäume bei Naturverjüngung) vorzuziehen sei. Die ökonomische Analyse des Plenterwaldbetriebes ist ebenso wie die der optimalen Durchforstung weitaus schwieriger.[2]

FAUSTMANN gehörte wie GOSSEN und THÜNEN zu den Autodidakten des 19. Jahrhunderts, deren Arbeiten lange Zeit unbeachtet blieben. Sein Ergebnis ist insofern bemerkenswert, als bis in die heutige Zeit mehrere falsche Analysen des Problems verbreitet sind. Ebenso wie in der Fischerei (vgl. die folgenden Abschnitte) hält sich auch unter den Praktikern des Forstbetriebs bis heute die Ansicht, daß dasjenige Management betriebswirtschaftlich optimal sei, welches den langfristigen physischen Ertrag maximiert. Dieser Ansatz ist als *Maximum Sustainable Yield Management (MSY)* bekannt. Wie in Abbildung 2 erkennbar, liegt bei der angenommenen Wachstumsfunktion der optimale Fällungszeitpunkt t^* nach dieser Regel dort, wo der Grenzzuwachs des Holzes $Q'(t)$ gleich dem Durchschnittszuwachs Q/t ist, sofern der Grenzzuwachs fällt. Dieses Ergebnis ist betriebswirtschaftlich schon deshalb fragwürdig, weil keine ökonomischen Parameter, wie Preise, Kosten und Zinssätze in die Rechnung eingehen.

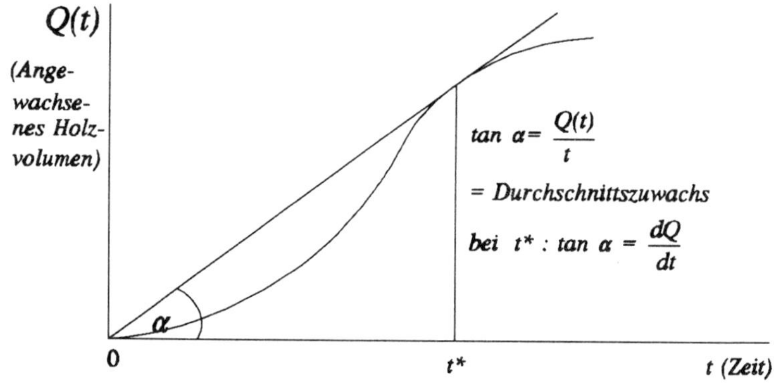

Abbildung 2: Optimaler Fällungszeitpunkt nach MSY-Management in der Försterei

[2] FAUSTMANNs Originalarbeit erschien 1849. Ältere Ökonomen ignorierten das Forstproblem nicht und lieferten zumindest kurze Beiträge, z.B. I. FISHER (1965, pp. 161ff.). Als neuere, z.T. ausführliche Literatur vgl. CLARK (1976, pp. 256ff.), DASGUPTA (1982, pp. 178ff.), BOWES & KRUTILLA (1985) und besonders JOHANSSON & LÖFGREN (1985).

Als zweite inkorrekte Lösung wird vielfach diejenige vorgeschlagen, welche WICKSELL für das sogenannte "Wine Aging Problem" fand, für welches sie korrekt ist. Sie ist intuitiv ähnlich einleuchtend wie die MSY-Lösung, kommt jedoch zu einem anderen Ergebnis. Ist $V(t)$ der Gewinn aus der Holzerzeugung, also Holzmenge mal -preis abzüglich Kosten, so lasse man bei konkavem $V(t)$ den Wald solange wachsen, wie der prozentuale Zuwachs $\dot{V}(t)/V(t)$ noch größer als der Zinssatz i ist, denn dann sei der wachsende Wald eine bessere Anlage als ein Bankkonto. Der optimale Fällungszeitpunkt liegt bei Erfüllung der Bedingungen zweiter Ordnung bei $\dot{V}(t)/V(t) = i$.

Die Wiederentdeckung der korrekten FAUSTMANNschen Lösung wird OHLIN und GAFFNEY zugeschrieben.[3] Wir setzen in Abbildung 3 zunächst voraus, daß, sofern alle Randbedingungen in der Zeit konstant bleiben, die optimale Rotationszeit T^* stets dieselbe Länge besitzt. Ausgehend vom Zeitpunkt $t = 0$, bei dem die erste Baumgeneration zu wachsen beginnt, bilden wir den Gegenwartswert (*Present Value*) PV aller zukünftigen Gewinne:

$$PV = Ve^{-iT} + Ve^{-2iT} + \ldots = V(e^{-iT} + (e^{-iT})^2 + (e^{-iT})^3 + \ldots) \tag{1}$$

Da der Ausdruck $q=e^{-iT}$ stets kleiner als eins ist, darf die Formel für die unendliche geometrische Reihe

$$y = \frac{1}{1-x} = 1 + x + x^2 + \ldots \quad \textit{für } |x| < 1 \tag{2}$$

verwendet werden, woraus sich der Gegenwartswert mit

$$PV = V\left(\frac{1}{1-e^{-iT}} - 1\right) = V\frac{1}{e^{iT}-1} \tag{3}$$

ergibt. Im zweiten Schritt wird dieser Gegenwartswert nach dem üblichen Procedere in Abhängigkeit von T maximiert. Wir bilden

$$PV'(T^*) = 0 = V'(T^*)(e^{iT^*}-1)^{-1} - V(T^*)(e^{iT^*}-1)^{-2} i e^{iT^*} \tag{4}$$

woraus sich nach wenigen Umformungen die FAUSTMANNsche Formel ergibt:

$$\frac{V'(T^*)}{V(T^*)} = \frac{i}{1-e^{-iT^*}} \tag{5}$$

[3] Vgl. JOHANSSON & LÖFGREN (1985, pp. 73ff.), HIRSHLEIFER (1974, p. 96).

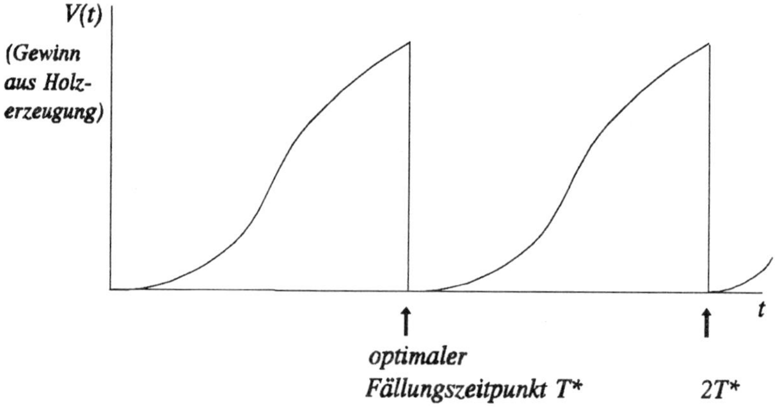

Abbildung 3: Optimale Rotation nach FAUSTMANN

Die Wachstumsrate des Gewinns darf zum Zeitpunkt des optimalen Fällens *nicht* gleich dem Zinssatz sein, wie beim "Wine Aging Problem", sie muß diese vielmehr übertreffen - der Nenner in Formel (5) ist stets kleiner als eins. Bei konkavem $V(t)$ ist also auch nach FAUSTMANN die optimale Rotation *kürzer*, als sie es wäre, wenn es sich um das "Wine Aging Problem" handelte. Der Verkürzungsfaktor $1/1-e^{-iT^*}$ berücksichtigt den Bodenwert, die Knappheit des Bodens als Standort für die Bäume. Eine zu lange wachsende Baumgeneration nimmt der nächsten den Standort weg.

Je höher in einer Wirtschaft der Zinssatz ist, um so kürzer wird für den gewinnmaximierenden Forstwirt die optimale Umtriebszeit. Schon dieses erste einfache Beispiel zeigt die im folgenden noch mehrmals deutlich werdende Eigenschaft des Zinses, das Nutzungstempo natürlicher Ressourcen zu steigern. Für jede(n) der/die sich um eine mögliche Übernutzung natürlicher Ressourcen sorgt, ist dies ein Alarmsignal; die betriebswirtschaftliche Rationalität nach Maßgabe des Kapitalverwertungskalküls verdient aus ökologischen Gründen zweifellos Mißtrauen.

Der Spezialfall einer zinslosen Wirtschaft ($i=0$) berechnet sich nach der l'HOSPITALschen Regel. Wir bilden mit der rechten Seite von (5):

$$\lim_{i \to 0} \frac{i}{1-e^{-iT^*}} = \lim_{i \to 0} \frac{1}{T^* e^{-iT^*}} = \frac{1}{T^*} \qquad (6)$$

Eingesetzt in (5) und umgeformt ergibt sich:

$$V'(T^*) = \frac{V(T^*)}{T^*} \tag{7}$$

Der Grenzgewinn in Abhängigkeit von T muß gleich dem Durchschnittsgewinn sein. Sehen wir vom Preis des Holzes ab (d.h. normieren wir ihn mit eins), so kommen wir bei kostenloser Nutzung auf die Regel "Grenzzuwachs gleich Durchschnittszuwachs" aus Abbildung 2 zurück.[4] Wird von der Kostenseite abgesehen, so ist die MSY-Regel offenbar gültig für eine zinslose Wirtschaft. Es ist schon abzusehen, daß uns dieser Zusammenhang noch intensiv beschäftigen wird. Es lassen sich z.B. ökologische Forderungen denken, wonach die Nutzung natürlicher Ressourcen vom Zinssatz abzukoppeln sei, oder gar, daß eine ökologisch bewußte Wirtschaft eine zinslose Wirtschaft sei.

2.2 Fischereiökonomie: Ein einfaches lineares Modell

Die Bewirtschaftung von Meerestieren - insbesondere Fischen und Walen - ist ein zweites traditionelles Standbein der neoklassischen Ökonomie natürlicher Ressourcen. Anders als bei der in Industrieländern (zumindest vor Eintreten des Waldsterbens) recht geruhsamen Forstökonomie existiert bei der Meeresnutzung seit langem ein gewaltiger Problemdruck, der sich in einer umfangreichen theoretischen und angewandten Literatur widerspiegelt. Die Probleme reichen von darniederliegender und unterbeschäftigter Fischerei in vielen Küstenregionen über (zuweilen kriegerische) Streitigkeiten um Fangrechte und notorische Überfischung bis zur akuten Artengefährdung, letztere vor allem bei großen und sich langsam reproduzierenden Säugetieren, wie den Walen. Für die Übernutzungserscheinungen werden in starkem Maße, wenn auch nicht ausschließlich, Defizite bei eigentumsrechtlichen Regelun-

[4] Verursacht die Nutzung Kosten, so muß der die Durchschnittsproduktivität feststellende, den Winkel α in Abbildung 2 markierende Strahl nicht im Koordinatenursprung, sondern oben irgendwo an der Ordinate ansetzen, vgl. JOHANSSON & LÖFGREN (1985, p. 94). Je höher die Kosten sind, um so mehr wird der optimale Fällungszeitpunkt über den MSY-Punkt hinaus verschoben, Kosten bewirken eine Verlängerung der optimalen Rotation. H. NUTZINGER verdanke ich den Hinweis darauf, daß man das Ergebnis (7) auch einfacher haben kann. Mit $PV=nV(T)$, $n=\tau/T$, $\tau > T$, const. folgt $PV(T)=\tau V(T)/T$. Ableitung nach T und Nullsetzung führt auf (7).

gen, d.h. die Existenz von "Open Access", "Common Pool" und damit von Allmenderessourcen, verantwortlich gemacht.[5]

Es handelt sich hier um eines der wenigen Felder, auf denen seit langem eine fruchtbare interdisziplinäre Zusammenarbeit zwischen Ökonomen und Biologen zu beobachten ist, treffend dokumentiert in dem Begriff "Bioeconomics".[6] Der Grund liegt darin, daß ohne explizite Annahmen über die biologische Reproduktionsdynamik der Populationen schlichtweg keine Ökonomie zu treiben ist. Im folgenden wird ein stark vereinfachtes Beispiel für ein bioökonomisches Modell vorgeführt, wobei ausdrücklich darauf hinzuweisen ist, daß die biologischen Annahmen für jede empirische Fragestellung - etwa die Analyse eines Fischgrundes im Nordatlantik - bei weitem zu primitiv wären. Wie deutlich werden wird, sind die Vereinfachungen auf ökonomischem Gebiet ebenfalls einschneidend, dennoch läßt das Modell die wesentlichen bioökonomischen Zusammenhänge ebensogut hervortreten wie weitaus schwierigere Darstellungen.

Gegeben sei eine Meerestierpopulation mit den beiden zentralen Parametern N (Bestand, gemessen in Individuenzahl oder Masse) und $\dot{N}(N)$, dem Nettozuwachs pro Zeiteinheit in Abhängigkeit von N. Ferner gebe es eine zeitlich konstante Abfischungsrate $\boldsymbol{h}$, einen konstanten, zu eins normierten Preis für die Fische und bestimmte Annahmen über die Fangkosten. Wir fragen, wie sich bei einer gegebenen Reproduktionsfunktion $\dot{N}(N)$ die Kosten und der Zinssatz auf die betriebswirtschaftlich optimale Restpopulation unter dauernder, konstanter Befischung auswirken. Ist es z.B. am profitabelsten, die ursprüngliche Population (vor der Nutzung) auf 70%, auf 30 % oder gar auf 0% (Ausrottung) zu reduzieren? Die wesentliche Beschränkung des Modells, die es einerseits zu einem Spezialfall macht, andererseits aber die elementare mathematische Behandlung ermöglicht, liegt in der *zeitlichen Konstanz*

[5] Grundlegende frühere Beiträge sind GORDON (1954), SCOTT (1969), PLOURDE (1970), übersetzt in SIEBERT (1979), CHRISTY & SCOTT (1972) und PLOURDE (1975). Das heute maßgebliche Werk, mathematisch teilweise anspruchsvoll, ist CLARK (1976), vgl. auch CLARK (1973). Elementarere Lehrbücher sind CUNNINGHAM, DUNN & WHITMARSH (1985) und ANDERSON (1986). Zu empfehlen sind zahlreiche kürzere, aber zusammenfassende Abhandlungen: A.C. FISCHER (1981, pp. 75ff.), DASGUPTA & HEAL (1979, pp. 113ff.), DASGUPTA (1982, pp. 120ff.), JOHANSSON & LÖFGREN (1985, pp. 46ff.), MUNRO & SCOTT (1985), CONRAD (1986), MUNRO (1981), CLARK & MUNRO (1982), WACKER (1986), Teile aus STRÖBELE (1987), PEARCE & TURNER (1990, Chapters 16 und 17). Ausführlich zu politischen und empirischen Problemen: HARTJE (1983).

[6] CLARK 1976, vgl. auch WILEN 1985.

der Fangrate. Analog zu bekannten Golden-Age-Modellen in der Wachstumstheorie untersuchen wir komparativ-statisch nur die Gleichgewichtszustände, der Weg dorthin mit variablem ***h(t)*** wird im nächsten Unterabschnitt behandelt.

Die elementarste unter den hier anwendbaren Wachstumsfunktionen ist die "Logistische Funktion"

$$\dot{N}(N) = \frac{s}{M} N(M-N) \tag{8}$$

mit $\dot{N}$ als der Wachstumsgeschwindigkeit, N als der aktuellen und M als der maximal möglichen Populationsgröße und s als einem Wachstumsparameter. Das Wachstum der Population beträgt Null für $N=M$ (Gleichgewicht ohne Fang) und für $N=0$, es ist am stärksten bei $N=M/2$. Die Integration der Differentialgleichung (8) liefert:[7]

$$N(t) = \frac{M}{1 + be^{-st}} \tag{9}$$

wobei sich b aus der Integrationskonstanten ableitet. Die Abbildung 4 zeigt den direkten, quadratischen Zusammenhang zwischen $\dot{N}$ und N, während in der Abbildung 5a-c die logistische Funktion und ihre erste und zweite Ableitung nach der Zeit in Abhängigkeit vom Parameter t erscheinen. Aus der Abbildung 4 läßt sich unmittelbar ablesen:

- Eine zeitlich konstante Fangrate $h>Ms/4$ muß die gesamte Population in einem endlichen Zeitraum ausrotten, da die Abfischung pro Zeiteinheit stets größer ist als der Nachwuchs.
- Eine konstante Rate $h=Ms/4$, angewandt auf eine zuvor ungestörte Population M, reduziert diese auf $M/2$. Wenn sich nichts ändert, bleibt die Population auf diesem Niveau stabil; dies ist das *MSY-Management.*
- Jede konstante Rate $0<h<Ms/4$ ist mit zwei Gleichgewichtspopulationen A und B verträglich, an beiden Stellen ist der Fang gleich dem Nachwuchs. Ausgehend von M wird B erreicht; wie die Pfeile andeuten, handelt es sich hier um ein stabiles Gleichgewicht; etwas links oder rechts von B begonnen, würde eine konstante Rate

[7] Mit Trennung der Variablen ergibt sich $\left(\frac{M}{N(M-N)}\right)dN = \left(\frac{1}{N} + \frac{1}{M-N}\right)dN = s\,dt$, integriert: $\ln N - \ln(M-N) = st + Z$. Entlogarithmierung und Umrechnung führt auf Formel (9) im Text.

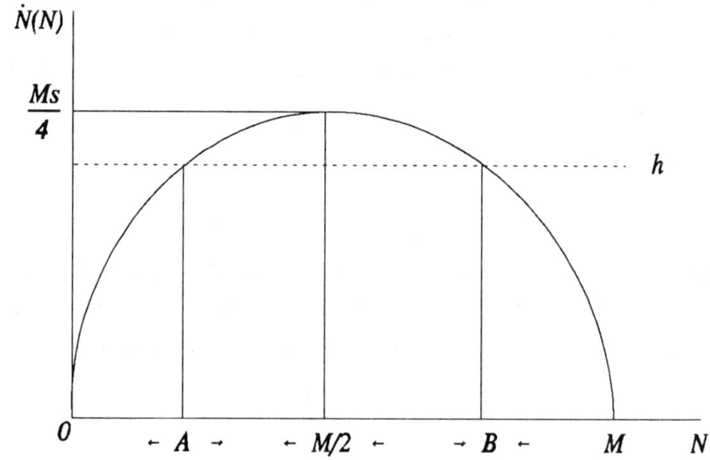

Abbildung 4: Logistische Wachstumsfunktion, Darstellung der Differentialgleichung

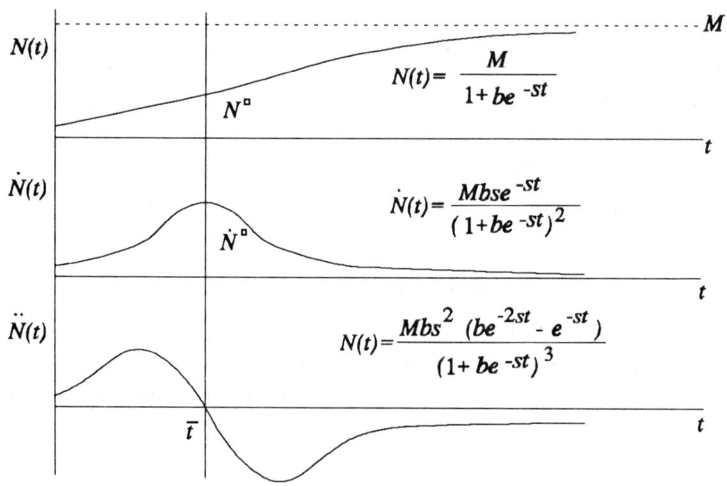

$M,s>0$, *constant*, $t>0$

$N^{\square}=M/2$, $\dot{N}^{\square}=Ms/4$, $\ddot{N}^{\square}=0$, $\bar{t}=\ln b/s$

Abbildung 5: Logistische Wachstumsfunktion, Parameterdarstellung nach *t*

zu dieser Population zurückführen. Das Gleichgewicht *A* ist dagegen labil - bei einer etwas kleineren Population würde *h* zum Aussterben, bei einer etwas größeren hingegen zum Anwachsen der Population auf *B* führen. Die Frage ist, zu welchem Punkt, ob zu *A* oder zu *B*, betriebswirtschaftliche Kalküle die Fischer hinführen werden. Aus ökologischer Sicht erscheint der Punkt *A* bedenklich: zum einen, wenn einem möglichst großen Bestand *N*, aus welchen Gründen auch immer, ein Eigenwert zuzusprechen ist, zum anderen wegen der Labilität des Gleichgewichts bei *A*. Eine auch nur kurzzeitige Überfischung kann sich, unkorrigiert, katastrophal für den Restbestand auswirken. Auch ökonomisch scheint der Punkt *B* überlegen zu sein, da derselbe Fang *h* bei einer höheren Populationsdichte und damit aller Plausibilität nach kostengünstiger zu erhalten ist.

Wie verhalten sich die Fischer wirklich? Die ganze Fischerei gehöre einem einzigen Eigentümer, womit vom Problem der Allmende zunächst abgesehen werden kann. Er sei allerdings auf dem Markt für Fische kein Monopolist, sondern Mengenanpasser (Preis der Fische von eins). Wenn dem Eigentümer die bisher ungenutzte Fischerei *(N=M)* zugesprochen wird, so wird er den Gegenwartswert (Present Value) dieser Ressource maximieren. Jener beträgt:

$$PV = F + W - K_1 - K_2 \qquad (10)$$

Darin sind

F: Der Wert aller Fische, die zu Beginn auf einmal gefangen werden, um die Population von *M* auf das ökonomisch optimale Niveau *N* zu reduzieren.[8] Da im Modell weder die Fangkosten noch der Preis der Fische von *h* abhängen (keine steigenden Grenzkosten und kein Preisfall infolge "Überschwemmen des Marktes"), erfolgt die gesamte Erstabfischung auf einmal oder so schnell wie möglich ("Most Rapid Approach Path", näheres im folgenden Unterabschnitt). Mit einem Preis der Fische von eins beträgt *F=M-N*.

W: Der Gegenwartswert aller künftigen Fänge *h*. Mit derselben Preisnormierung wie bei *F* folgt wegen $h = \dot{N}$:

$$W = \int_0^\infty \dot{N} e^{-i\tau} d\tau = \dot{N}/i \qquad (11)$$

[8] Aus darstellungstechnischen Gründen sei auf die besondere Apostrophierung des optimalen Wertes für *N* verzichtet; man denke sich, wenn es der Sinn ergibt, stets N^*.

Es ist wichtig, die "wirkliche" Zeit, in dieser Rechnung mit τ bezeichnet, von dem Parameter t in der logistischen Funktion zu unterscheiden.

K_1: Der Gegenwartswert aller künftigen Kosten zur jährlichen Erwerbung von h. Wir unterstellen eine Abhängigkeit der Stückkosten (pro Fisch) von N - es sei billiger, bei einer hohen Population zu fischen, weil dann das Netz schneller voll ist. Wie schon erwähnt, hängen die Stückkosten aber nicht von $h=\dot{N}$ ab. Mit der einfachen Funktion $C(N)=k/N$ (C: Stückkosten, k constant) ergibt sich bei derselben Integration wie oben:

$$K_1 = k\dot{N}/iN \tag{12}$$

K_2: Die Kosten der einmaligen Erstabfischung. Wenn t^* PV maximiert, so betragen sie bei den soeben definierten Annahmen:

$$K_2 = \int_{t^*}^{\infty} k\frac{\dot{N}}{N}\,dt = k\,[\ln N]_{t^*}^{\infty} = k(\ln M - \ln N) \tag{13}$$

Die Abbildung 6 zeigt den Zusammenhang noch einmal in der Parameterdarstellung $N(t)$. Dort ist $F=M-N$ das Integral aller $\dot{N}$ von "unendlich" bis t^*. Der Wert t^* determiniert wiederum die optimale Population $N(t^*)$. Entscheidend ist, daß wegen der Gleichgewichtsbetrachtung stets h und $\dot{N}$ identisch sind.

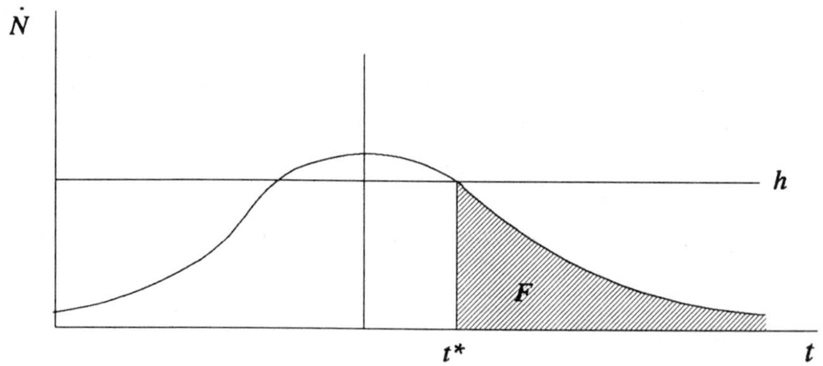

Abbildung 6: Logistische Wachstumsfunktion

Unter den getroffenen Annahmen beträgt

$$PV = M - N - k(\ln M - \ln N) + \frac{1}{i}\left(\dot{N} - k\frac{\dot{N}}{N}\right) \tag{14}$$

Analog wie beim Forstproblem wird dieser Ausdruck nun in Abhängigkeit von t maximiert, die Bedingungen zweiter Ordnung seien erfüllt:

$$P\dot{V} = 0 = -\dot{N} + k\frac{\dot{N}}{N} + \frac{\ddot{N}}{i} - \frac{k}{i}\left(\frac{\ddot{N}}{N} - \frac{\dot{N}^2}{N^2}\right) \tag{15}$$

Nach kurzer Umrechnung ergibt sich als notwendige Bedingung für die betriebswirtschaftlich optimale Population N:

$$\dot{N}\left(\frac{k}{N} - 1\right) = \frac{1}{i}\left\{k\left(\frac{\ddot{N}}{N} - \frac{\dot{N}^2}{N^2}\right) - \ddot{N}\right\} \tag{16}$$

Wir untersuchen als erstes den Spezialfall $k=0$, d.h. die Fischerei arbeite kostenlos. Völlig kostenlos wird zwar kaum eine Fischerei arbeiten, wir werden jedoch auf Umstände zurückkommen, die diesem Fall recht ähnlich sein können. Auch zeigen die Betrachtungen, in welche Richtung das Gleichgewicht treibt, wenn die Kosten gering werden. Der Ausdruck (16) reduziert sich zu

$$\frac{\ddot{N}}{\dot{N}} = i \tag{17}$$

Ein Rückblick auf die Abbildung 5 überzeugt davon, daß dieses Gleichgewicht *links* von $\bar{t}$ liegen muß, denn nur dort besitzen $\dot{N}$ und $\ddot{N}$, wie in (17) für positiven Zins gefordert (negativen schließen wir aus) ein gleiches Vorzeichen, Damit liegt es auch in Abbildung 4 links von $M/2$, die Population wird auf weniger als die Hälfte ihres ungestörten Umfangs reduziert, wir erreichen das *labile* Gleichgewicht A. In der Tat kann das profitmaximierende Gleichgewicht in Abwesenheit von Kosten nicht rechts von $M/2$ liegen, denn mit jeder Verringerung von N steigen dort sowohl die Erstabfischung M-N als auch der konstante jährliche Fang $h = \dot{N}$. Erst links von $M/2$ verhalten sich beide gegenläufig, so daß ein Kompromiß zwischen einer möglichst hohen Erstabfischung und einem möglichst hohen Dauerertrag und damit ein Optimum gefunden werden muß.

Werden in (17) die expliziten Ausdrücke für $\dot{N}$ und $\ddot{N}$ in Abhängigkeit vom Parameter t eingesetzt (vgl. die Formeln in Abbildung 5), so resultieren nach etwas umständlicher Umformung:

$$t^* = \frac{1}{s} \ln \left\{ b \frac{s-i}{s+i} \right\} \tag{18}$$

und

$$N = \frac{M}{2}\left(1 - \frac{i}{s}\right) \tag{19}$$

Der Ausdruck (19) ist besonders interessant, weil er die beiden kritischen Größen i und s, den Zinssatz und damit die Wachstumsrate des Kapitals und die der betreffenden biologischen Ressource direkt in Beziehung setzt; der Quotient i/s ist die *Bionomic Growth Ratio*[9]. In der praktischen Fischereiwirtschaft ist ebenso wie in der Försterei die Forderung verbreitet, ein MSY-Management zu betreiben, was bei der einfachen logistischen Wachstumsfunktion auf eine Halbierung der ursprünglichen Population hinausläuft. So plausibel diese Forderung ökologisch und naturalwirtschaftlich klingen mag, ist sie doch analytisch-ökonomisch hier ebenso fragwürdig wie bei der Forstwirtschaft. Es sind jedoch leicht Spezialfälle zu bilden, bei denen sie tatsächlich in Frage kommt. Aus (19) folgt völlig analog wie beim Forst, daß ein MSY-Management optimal ist, wenn die Kosten und der Zinssatz Null betragen, dann ist $N = M/2$ für beliebige s.

Je größer die Bionomic Growth Ratio, d.h. je höher der Zinssatz im Vergleich zur Wachstumsrate der Population s ist, um so stärker verschiebt sich die einzelwirtschaftlich optimale Populationsgröße in der Abbildung 3 nach links, um so kleiner wird die Population, welche übriggelassen wird, wobei die immer kleiner werdenden Erträge $h = \dot{N}$ in Kauf genommen werden. Wie in der Forstwirtschaft drängt ein hoher Zinssatz auf eine intensive Ausnutzung natürlicher Ressourcen. Der Grund ist klar: Hohe Zinsen bedeuten, daß künftige Erträge einen geringen Gegenwartswert besitzen, es lohnt weniger, etwas für die Zukunft aufzuheben. Der Anreiz steigt, die Erstabfischung, deren Ertrag *jetzt* anfällt, auf Kosten der regelmäßigen künftigen Erträge zu forcieren. Bei einer Bionomic Growth Ratio von eins (Zinssatz gleich Populations-Wachstumsrate) beträgt die "optimale" Population *Null*; es ist offensichtlich lohnender für den Eigentümer, die Fischerei auf einmal zu liquidieren und den Ertrag in Zinsen anzulegen, als überhaupt etwas am Leben zu lassen. Die Problemstruktur ist identisch wie bei WICKSELLS "Wine Aging Problem" (vgl. oben, 2.1), da anders als beim Forst die Fläche keine Rolle spielt. Nach diesem Kalkül scheinen

[9] CLARK (1976). Auf die Zinstheorie wird ausführlich in Abschnitt 4 eingegangen. Die Rate s ist ein Wachstums*parameter* der logistischen Funktion $N(M,b,t,s)$, ist jedoch nicht, wie bei der Exponentialfunktion, jederzeit ein einfaches Maß für $\dot{N}$.

nutzbare Tierarten, die langsamer wachsen als ein Kapital auf der Bank, kein "ökonomisches Lebensrecht" zu besitzen, sie würden, wenn sich das Kalkül konsequent durchsetzte, darwinistisch eliminiert werden, sie können nicht mithalten.

Erst recht gilt dieser Schluß bei einer Bionomic Growth Ratio von über eins, was in der Formel (19) das rein mathematische Konstrukt einer negativen Population ergibt. Es ist möglich, daß auch ein eigenverantwortlicher Eigentümer einer Fischerei diese zu seinem Vorteil liquidiert - der Fall tritt nicht, wie oft behauptet, allein bei regelloser Übernutzung eines "Common Pools", einer Allmende auf. Gefährdet sind offensichtlich große Tierarten mit langsamer Reproduktion, besonders wenn das zu ihrem Fang investierte Kapital einem hohen Kalkulationszinssatz unterliegt. Bei großen Walarten liegt z.B. s bei 8% p.a., während riskante Investitionen, wie der Walfang, früher "schnelles" Kapital mit Renditeerwartungen von weit über 10% p.a. anzogen. Die in diesem Jahrhundert erfolgte Reduktion der Blauwalpopulation im Südpolarmeer von ca. 250 000 auf wenige Tausend Stück kann als eine drastische Illustration zu den dargelegten theoretischen Zusammenhängen aufgefaßt werden.[10]

Auf der anderen Seite ist vor einer undifferenzierten Sicht des gezeigten Konfliktes zwischen "Ökonomie" und "Ökologie" zu warnen. Ein Eigentümer der Wale[11] rottet sie möglicherweise aus, weil er keine Preissignale empfängt, die ihn zum Schutz einer Restpopulation anreizen. Bezahlt werden ihm nur die toten Wale. Wenn es in der Gesellschaft aber aus egoistischen oder altruistischen Gründen eine Zahlungsbereitschaft für den Erhalt von Walen geben sollte, ohne daß dies auf dem Markt zu erkennen wäre, dann ist die Gefährdung derselben eher als Ergebnis dieses Lenkungsdefizites denn als des Kapitalverwertungskalküls als solchem zu interpretieren. Wir kommen hierauf später (Abschnitt 6.4.3) zurück. Auch ist darauf hinzuweisen, daß die vielfach zu findende Erhebung des MSY-Managements zu einem ökonomisch-ökologischen Desiderat willkürlich ist; es kann Gründe dafür geben, eine andere Populationshöhe für eine genutzte Art zu fordern als die von $\boldsymbol{N=M/2}$; u.U. auch eine noch höhere, wenn die *lebenden* Individuen der Art eine erwünschte Funktion im Ökosystem erfüllen.

[10] Vgl. CLARK (1976, p. 49), Bericht über den Status gefährdeter Walarten in BRAHAM (1984), noch pessimistischere Zahlen in WWF-News 60 (1989).

[11] Ob Wale und andere Lebewesen oder wesentliche Teile der Elementarausstattung der Biosphäre ESH (vgl. Abschnitt 1.4.2) überhaupt menschliche "Eigentümer" mit ausschließlichem Nutzungsrecht besitzen können oder sollen, sei an dieser Stelle nicht diskutiert, vgl. Abschnitt 5, insbesondere 5.4.3.

Der zweite Einfluß, welcher der Existenzgefährdung der Arten, in diesem Fall auch in der Praxis, entgegenwirkt, besteht analog wie beim Forst in den Kosten. Wir untersuchen nun den Spezialfall $i=0$ und $k\neq 0$. Die Gleichung (16) reduziert sich zu

$$k\left(\frac{\ddot{N}}{N}-\frac{\dot{N}^2}{N^2}\right)-\ddot{N}=0 \tag{20}$$

woraus nach Übertragung in die Parameterdarstellung und Umformung folgt:

$$N=\frac{M}{2}\left(1+\frac{k}{M}\right) \tag{21}$$

Der Kosteneffekt drängt die optimale Population auf die rechte Seite in Abbildung 4; bei einem Zinssatz von Null muß sie größer als $M/2$ sein, weil eine höhere Population annahmegemäß geringere Fangkosten pro Stück resultieren läßt. Beträgt in (21) $k=M$, d.h. liegen die Kosten des "ersten" gefangenen Fisches wegen $C(N)=k/N$ schon bei eins und sind sie damit ebenso hoch wie der in dieser Höhe normierte Verkaufspreis der Fische, so wird der Fischgrund überhaupt nicht genutzt, und die optimale Population beträgt M.

Wie nicht anders zu erwarten, sind also Fangkosten ein Schutz, u.U. ein Überlebensschutz für die durch Nutzung potentiell gefährdeten Arten. Ein aus ökologischer Sicht erwünschter Effekt ergibt sich daraus, daß die für das Überleben u.U. gefährlichen hohen Zinssätze auch wichtige Kostenbestandteile sind, so daß sich ihre Wirkung abschwächt oder gar aufhebt. Allzu stark kann dieser Umstand jedoch nicht beruhigen, denn das oben schon erwähnte Phänomen der niedrigen Fangkosten tritt häufiger auf, als auf den ersten Blick vermutet werden könnte. Die marginalen Opportunitätskosten sind sehr niedrig oder gleich Null, wenn alternativ unbeschäftigbare Arbeitskraft zur Verfügung steht, die oft schon aus politischen Gründen zu beschäftigen versucht wird, wie etwa in strukturschwachen Küstenregionen.[12] Sie sind ebenfalls gering, wenn schon vorhandene technische Kapazitäten beschäftigt werden sollen - bei einer schon bestehenden Fangflotte sind nur die variablen Kosten zu kalkulieren -, sowie wenn bestimmte existenzgefährdete Arten als Beifang vorkommen, dem keine Kosten zugerechnet werden. Niemand würde heute ein Fabrikschiff in die Antarktis wegen der Blauwale schicken, auch wenn dies erlaubt wäre, weil es

[12] Vgl. CHARLES (1988).

nur noch viel zu wenige gibt. Aber die Jagd nach Seiwalen würde sich lohnen, und ist man erst einmal dort, so wird ein zufällig angetroffener Blauwal mitgefangen.[13]

Die Erkenntnisse zur Kostendynamik werden in Theorie und Praxis zur Konzipierung von Fischereiregulierungen verwendet. Solche Regulierungen sollen in erster Linie die Überfischung im Allmende-Fall bekämpfen und bedienen sich häufig Instrumenten, die als künstliche Kostenerhöhungen zu interpretieren sind, wie das Verbot effizienten Fanggeräts, zeitliche Begrenzungen der Fangsaison u.a.m. Diese Maßnahmen können zwar den gewünschten Erfolg erzielen, sind jedoch ökonomisch oft als ineffizient zu bezeichnen.

Ein dritter interessanter Spezialfall ergibt sich, wenn der Zins i über alle Grenzen wächst. Gibt es auch in keiner Wirtschaft, wörtlich genommen, einen "unendlich hohen" Zinssatz, so ist diese Vorstellung doch einer sehr wichtigen betriebswirtschaftlichen Entscheidungssituation äquivalent. Sind für einen Fischer sämtliche in der Zukunft liegenden Werte heute vollkommen wertlos, weil sie "unendlich" hoch abdiskontiert werden, so befindet sich dieser Fischer exakt in der *Allmende*-Situation. Er kann nicht für die Zukunft planen, nicht an morgen denken, keine intertemporale Profitsumme maximieren, weil jeder Fisch, den er für morgen übriglassen wollte, von einem Nachbarn weggefangen wird. Wird eine erschöpfliche oder zumindest beschädigbare Ressource in Gemeineigentum bei *vollkommen unkooperativem Verhalten* der Subjekte genutzt, so ist dies formal äquivalent einer Situation mit unendlich hohem Zinssatz.

Wächst der Zins über alle Grenzen, so nähert sich die rechte Seite in Gleichung (16) Null. Damit muß auch

$$\dot{N}\left(\frac{k}{N}-1\right)\to 0 \tag{22}$$

womit

$$\lim_{i\to\infty} N = K \qquad \text{wird.} \tag{23}$$

Die Kosten pro gefangenem Fisch $C(N)=k/N$ nähern sich eins, d.h. dem normierten Preis pro Fisch. Dies ist das bekannte Ergebnis der Allmende-Wirtschaft: Es

[13] Diese Studie sieht von individualethischen Problemen des Walfangs ab, es sei jedoch auf sie hingewiesen. Nach eingehenden Studien ist der Walfang auch deshalb abzulehnen, weil den gefühlsmäßig außerordentlich hochentwickelten Tieren Leid in einem Ausmaß zugefügt wird, welches mit dem beim Quälen und Töten von Menschen durchaus vergleichbar sein kann. Vgl. GOVERNMENT OF AUSTRALIA (1978), zum Walfangproblem allgemein SMALL (1971) und SCHEVILL (1974).

wird solange gefangen, bis die Grenzkosten dem Preis gleichen; niemand hebt einen Fisch, dessen Fangkosten noch darunter liegen, für morgen auf, es werden keine intertemporalen Opportunitätskosten kalkuliert. Bei niedrigem k ist die Gleichgewichtspopulation N niedrig; ist der Fang auch noch kostenfrei, so wird in der Allmende die Population ausgerottet.

So korrekt die dargelegte Interpretation der Allmende-Situation formal auch ist, so ist doch große Vorsicht bei ihrer Übertragung in reale Problemlagen erforderlich. Wie schon erwähnt, gilt das Ergebnis nur für den Grenzfall des vollkommen unkooperativen Verhaltens der Subjekte, was von Ökonomen mit geringer empirischer Ausrichtung oft vorschnell als das überwiegende oder gar einzig mögliche Verhalten aufgefaßt wird. Die Ausweglosigkeit, die "Tragik" der Allmende-Situation ist zu einem unausrottbaren Mythos geworden.[14] Auch die simple Identifizierung der Allmende mit dem Prisoner's Dilemma ist eine Inkorrektheit.[15] In der Realität gibt es in Allmende-Situationen auf Grund einer Vielzahl von Motiven eine kontinuierliche Abstufung von kooperativem bis zu vollkommen unkooperativem Verhalten in Gegenwart von Kollektivgütern, teils sanktionsbewehrt, teils weniger, so daß vor der ökonomischen Platitüde, eine Allmende könne nicht funktionieren, "weil nicht sein kann, was nicht sein darf", nur zu warnen ist. Empirische Erörterungen einschließlich von Beispielen praktisch funktionierender Allmenden finden sich in größerer Zahl.[16]

Die Gleichung (24) beschreibt abschließend und zusammenfassend die Gleichgewichtspopulation für alle denkbaren Werte von i, s und k, d.h. bei der Überlagerung unterschiedlicher Bionomic Growth Ratios und Kosten. Einen guten Überblick erlaubt anstatt der langen Formel die aus ihr entwickelte Abbildung 7.

$$N=\frac{M}{2}\left\{\frac{4ik}{M(i-s)-sk+\sqrt{M^2(i-s)^2+Msk(6i+2s)+s^2k^2}}\right\} \tag{24}$$

[14] DASGUPTA (1982, pp. 13ff.) und DASGUPTA & HEAL (1979, p. 93) beklagen mit Recht die suggestiv-publikumswirksame und daher überall zitierte, jedoch analytisch äußerst unsaubere Darstellung von G. HARDIN (1968) ("The Tragedy of the Commons").

[15] Hierzu ausführlich Abschnitt 6.2.

[16] Vgl. CIRIACY-WANTRUP & BISHOP (1975), DASGUPTA (1982), BERKES (1985), WADE (1987), CHARLES (1988) und SMITH & BERKES (1991).

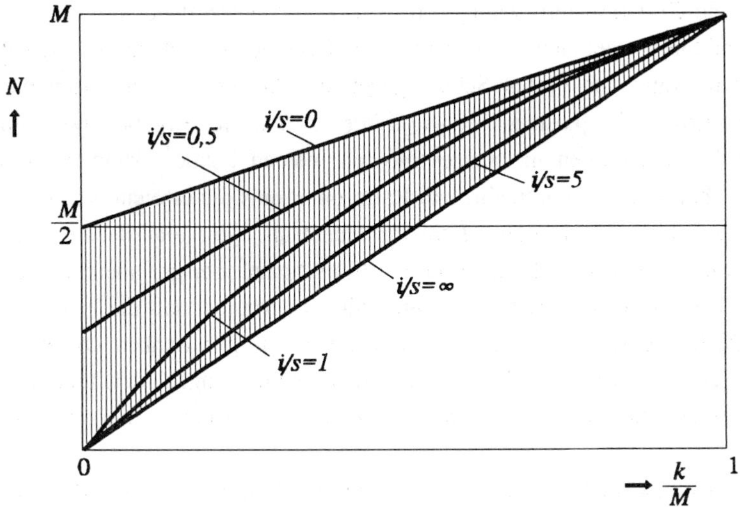

Abbildung 7: Zusammenspiel von Bionomic Growth Ratio und Kosten in der Fischerei

Die Abszisse enthält die Stückkosten des "ersten" gefangenen Fisches, d.h. bei der ungestörten Population ***M***, in Relation mit dem zu eins normierten Verkaufspreis der Fische. Bewegt man sich nach "rechts", so wird der Fang teurer; am linken Rand der Graphik ist das Fangen kostenlos, am rechten lohnt es sich nicht, auch nur einen einzigen Fisch zu fangen. Auf der Ordinate kann die zugehörige Gleichgewichtspopulation *N* in Abhängigkeit von der Bionomic Growth Ratio ***i/s*** abgelesen werden. Die "linke untere" Ecke des Rechtecks steht für Ausrottung ***(N=0)***, die "rechte obere" Ecke bedeutet, daß sich das Fischen nicht lohnt. Sämtliche möglichen Gleichgewichtspopulationen befinden sich in dem schattierten Dreieck und auf seinen Rändern. Eine Bionomic Growth Ratio von Null (d.h. ***i=0***) hat zur Folge, daß die Population bei Fangkosten von Null auf ***M/2*** reduziert wird; sind die Fangkosten nicht null, so folgt ein Wert zwischen ***M/2*** und ***M*** (vgl. auch Formel (19)). Die untere Begrenzungsgerade des schattierten Dreiecks beschreibt den Fall einer "unendlich hohen" Bionomic Growth Ratio; Kostenfreiheit impliziert hier Ausrottung, während z.B. ein Wert von ***k/M*=0,5** ein MSY-Management zur Folge hätte. Bleibt die Bionomic Growth Ratio unter eins, so kann in diesem Modell keine Ausrottung erfolgen, denn der Punkt links unten wird nie erreicht. Die Kurve für ***i/s*=1** verläuft in einem

Bogen von der linken unteren zur rechten oberen Ecke, während sich die Kurven für hohe Bionomic Growth Ratios wenig vom Fall "$i \rightarrow \infty$" unterscheiden.

Die Abbildung 7 läßt sich so interpretieren, daß eine hinreichend niedrige Bionomic Growth Ratio den besten Schutz gegen die Ausrottung von Arten bietet. Selbst bei niedrigen Fangkosten, die, wie schon erwähnt, als Ergebnis bestimmter empirischer Konstellationen nie ausgeschlossen werden können, kann der Punkt "links unten" bei einer Bionomic Growth Ratio unter eins nie erreicht werden. Das bedeutet umgekehrt, daß ein hoher Realzins erneut als naturgefährdender Einfluß gedeutet werden muß, erst recht natürlich ein fiktiv hoher oder gar unendlich hoher Zinssatz in einer Allmendesituation. Naturerhalt setzt voraus, daß die Nutzer zum einen infolge kooperativen Verhaltens überhaupt an morgen denken können (der heute nicht gefangene Fisch wird nicht von jemand anders angeeignet) und daß sie nicht durch einen hohen Realzins gezwungen werden, zu wenig an morgen zu denken.

Abschließend ist nochmals auf die allzu simplen biologischen Grundlagen des Modells hinzuweisen. Zwar gibt es unter dem empirisch aussagekräftigen biologischen Reproduktionsfunktionen solche, die unempfindlicher gegen vorübergehende Übernutzung sein können als die logistische Funktion.[17] Im allgemeinen bedeuten aber die in der vorliegenden Betrachtung ausgeblendeten Erscheinungen des Zeitverzugs ("delayed response") eine weitere Verschärfung der Problematik; es kann leicht vorkommen, daß man zu spät merkt, eine Ressource übernutzt zu haben. Auch das in der "RICKER-Kurve" der Abbildung 8 sichtbare Phänomen der "Kritischen Depensation" ist von Bedeutung. Der Populationsumfang $A>0$ stellt die Untergrenze der Lebensfähigkeit einer Population dar; gibt es weniger Individuen, so stirbt sie aus. Streng genommen gilt dies natürlich für jede Population, der Punkt A liegt jedoch unterschiedlich weit von $N=0$ entfernt. Auch wenn eine Kombination von Fangkosten und Bionomic Growth Rate noch nicht ausreichte, um die Population direkt auf Null zu reduzieren, so kann jedoch die ökonomisch "optimale" Population im Bereich von A und darunter liegen, womit die Population selbst dann zum Untergang verurteilt wäre, wenn der Fang plötzlich eingestellt würde. Nicht wenige empirische Beobachtungen über Populationszusammenbrüche lassen sich mit Hilfe der Abbildung 8 verstehen.

[17] Etwa das Modell von BEVERTON & HOLT, vgl. CLARK (1976, pp. 210ff.).

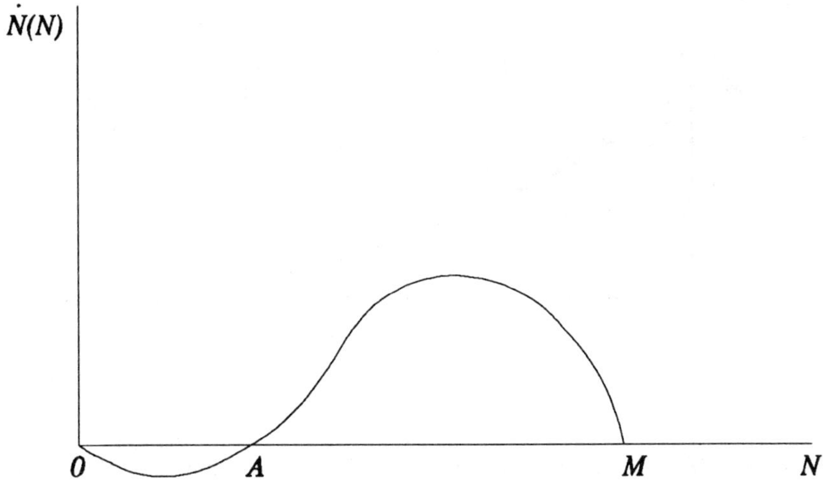

Abbildung 8: RICKER-Kurve mit kritischer Depensation

2.3 Nichtlineare Fischereiökonomie: Anpassungsvorgänge

Das nun präsentierte Modell[18] dient uns nicht nur zur Überwindung einiger zu starker Vereinfachungen im voranstehenden Modell, sondern auch dazu, zwei wichtige analytische Instrumente vorzustellen, von denen besonders das erste im weiteren Verlauf dieser Untersuchung ausgiebig benutzt werden wird. Es handelt sich um die mathematische "Kontrolltheorie" zur Optimierung dynamischer Prozesse[19] und um das graphische Instrument des "Phasendiagramms".

[18] Es ist aus CLARK (1976, pp. 96ff.) entnommen.

[19] Didaktisch sehr gute kurze Erläuterungen in DORFMANN (1969) und V.L. SMITH (1977). Ausführlich: INTRILIGATOR (1971), TAKAYAMA (1974), CLARK (1976) und KAMIEN & SCHWARTZ (1981).

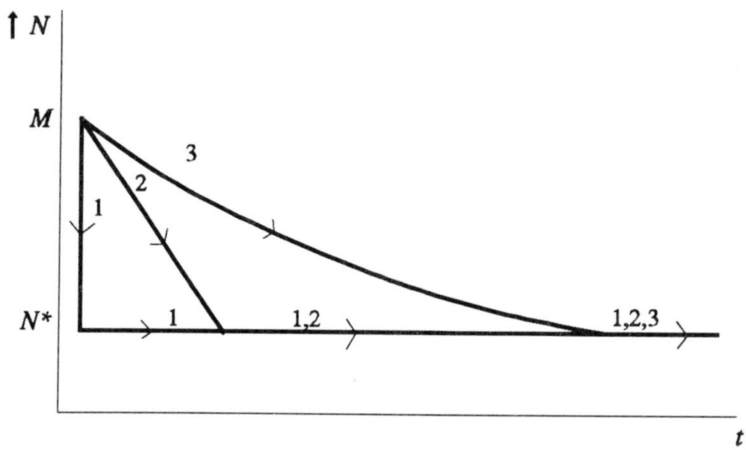

Abbildung 9: Most Rapid Approach Pfade (1, 2) und nichtlineare Anpassung (3)

Das voranstehende Modell konnte nur konstante Fangraten ***h*** untersuchen. Dies war insofern zu verschmerzen, als wir auf Grund unserer Annahmen berechtigt waren, eine "unendlich schnelle" Anpassung an die optimale und zeitlich invariante Fangrate ***h*** zu unterstellen. Die Differenz zwischen der Maximalpopulation ***M*** und der optimalen Population *N** wurde auf einmal abgefangen (Pfad 1 in Abbildung 9). Die Fangkapazität kann aber schon technisch so beschränkt sein, daß keine einmalige Abfischung gelingt; in diesem Falle würde man unter den oben getroffenen Annahmen innerhalb der Beschränkung so schnell wie möglich die optimale Population *N* zu erreichen versuchen, wie durch den Pfad 2 in Abbildung 9 dargestellt. Beide Pfade 1 und 2 werden in der Literatur als "Most Rapid Approach Path" bezeichnet. Ein Vorgehen in dieser Weise kann jedoch unökonomisch sein, weil die Grenzkosten beim einmaligen Abfischen großer Populationsteile steigen und/oder weil die Preise durch ein so hohes Angebot verdorben werden können. Im allgemeinen ist daher geboten, die optimale Population *N** graduell anzustreben, wie beim Pfad 3 in Abbildung 9.

V(h) bezeichne den Gewinn aus dem Fischfang in Abhängigkeit von variablen Preisen und Kosten: ***V(h)=hp(h)-C(h)***. Plausiblerweise sei $V'(h)$ positiv (hoher Fang = höherer Gewinn), $V''(h)$ jedoch wegen des Zusammenwirkens nicht vollkommen elastischer Nachfrage nach Fisch und steigender Grenzkosten negativ. Die Zielfunktion des Fischers lautet:

Maximiere: $$PV = \int_0^T V(h(t))e^{-it}dt \qquad (25)$$

und unterliegt der Nebenbedingung:

$$NB: \quad \frac{dN}{dt} = \dot{N}(N(t)) - h(t) \qquad (26)$$

Die tatsächliche Änderung der Population in der Zeit besteht in der Differenz zwischen dem biologischen Wachstum $\dot{N}$ in Abhängigkeit von N und der Fangrate h. Beide können sich ändern, nur wenn beide von identischer Höhe sind, ändert sich die Populationsgröße nicht. Der Zeithorizont T in der Zielfunktion ist offen, er kann endlich oder unendlich sein.

Das zur Lösung derartiger Probleme geeignete "Maximum Prinzip" der Kontrolltheorie fordert die Bildung einer "Hamiltonian", die dynamische Analoge zur LAGRANGE-Funktion

$$H = V(h(t))e^{-it} + \lambda(t)\{\dot{N}(N(t)) - h(t)\} \qquad (27)$$

$\lambda(t)$ ist hier im allgemeinen selbst eine Funktion der Zeit und gibt den marginalen Wert des noch vorhandenen Ressourcenbestandes und damit die intertemporalen Opportunitätskosten an. Für einen optimalen Zeitpfad der Nutzung müssen zwei notwendige Bedingungen erfüllt sein:

$$H'(h)=0$$
$$H'(N)=-\dot{\lambda}(t) \qquad (28)$$

Die Ableitung der Hamiltonian nach der "Kontrollvariablen" h (welche der Fischer kontrolliert) muß zu jedem Zeitpunkt identisch Null sein, da stets das h gewählt werden muß, welches H maximiert. Die Ableitung der Hamiltonian nach der "Zustandsvariablen" (State Variable) N - dem noch vorhandenen Ressourcenbestand - muß stets der negativen zeitlichen Änderung der "Adjoint Variablen" λ entsprechen. Zur vollständigen Lösung des Problems gehören in der Regel noch Berechnungen von Randwerten und Transversalitätsbedingungen, die uns später bei anderen Problemen beschäftigen werden.

Führen wir die Ableitungen aus:

$$H'(h) = 0 = V'(h(t))e^{-it} - \lambda(t) \qquad (29)$$

$$H'(N) = -\dot{\lambda}(t) = \lambda(t)\dot{N}'(N(t)) \qquad (30)$$

Die erste Gleichung nochmals nach t differenziert liefert

$$-\dot{\lambda}(t) = -V''(h(t))\dot{h}(t)e^{-it} + V'(h(t))ie^{-it} \qquad (31)$$

Dieser Ausdruck muß der rechten Seite von (30) gleichen; nach kurzer Umrechnung folgt:

$$\dot{h}(t) = \frac{V'(h(t))}{V''(h(t))}\,(i - \dot{N}'(N(t))) \tag{32}$$

Das Ergebnis (32) entspricht völlig der Gleichung (17) im linearen Modell des vorigen Abschnitts. Es genügt nachzuprüfen, daß $\dot{N}'(N) = \ddot{N}/\dot{N}$, womit sich (32) im Spezialfall des linearen Modells wegen $V'(h)=1$ und $V''(h)=0$ auf $i=\ddot{N}/\dot{N}$ reduziert.

Eine Differentialgleichung wie (32) läßt sich selten durchschauen, geschweige denn lösen. Ein hervorragendes Instrument zur Analyse ihrer qualitativen Eigenschaften ist das "Phasendiagramm" in Abbildung 10.[20] Die beiden Koordinatenachsen messen die Variablen N (Abszisse) und h (Ordinate), so daß jedem Punkt in der Fläche ein Wertepaar N/h entspricht. Zu jedem Punkt läßt sich mit Hilfe der Gleichung (32) angeben, in welche Richtung sich N und h entwickeln, ob sie jeweils größer oder kleiner werden, d.h. wo sich das Wertepaar N/h "im nächsten Augenblick" befinden wird. Durch jeden Punkt läßt sich also ein Pfeil zeichnen; werden diese Pfeile verbunden, so ergeben sich die *Trajektorien*, von denen einige typische in der Abbildung 10 ausgezogen sind. Die Konstruktion der Trajektorien erfordert zunächst die Feststellung der *Isoklinen*. Diese sind die Punktmengen in der Phasenebene, für die die zeitliche Veränderung einer der beiden Variablen N und h gleich Null ist. Für N ist dies auf der gestrichelt gezeichneten Parabel (der RICKER-Kurve aus Abbildung 4) der Fall, denn dort sind $\dot{N}(N)$ und h identisch. dh/dt verschwindet entlang einer senkrechten Geraden bei $\bar{N}$, dem Wert für die Population, bei welchem $\dot{N}(N)=i$ (Gleichung 32). Alle Trajektorien müssen die Isokline dN/dt senkrecht und die Isokline dh/dt waagerecht passieren. Die Isoklinen teilen das Phasendiagramm im vorliegenden Fall in vier *Isosektoren* I bis IV ein, innerhalb derer sich die Pfeilrichtung der Trajektoren nicht über Quadrantengrenzen hinaus ändern kann: Im Isosektor III ist beispielsweise h stets kleiner als N, so daß N wachsen muß, alle Trajektorien müssen nach rechts weisen. Außerdem besitzt die Änderung von h rechts von $dh/dt=0$ ein negatives Vorzeichen, die Trajektoren weisen nach unten. Zusammengenommen ergibt sich damit die notwendige Richtung der Pfeile, sie müssen nach rechts unten (Im Zifferblatt zwischen 3 und 6 Uhr) weisen. Für die anderen Isosektoren gelten analoge Überlegungen.

[20] Eine größere Zahl einfacher Phasendiagramme ist in LECOMBER (1979, Kapitel 3 und 4), erläutert.

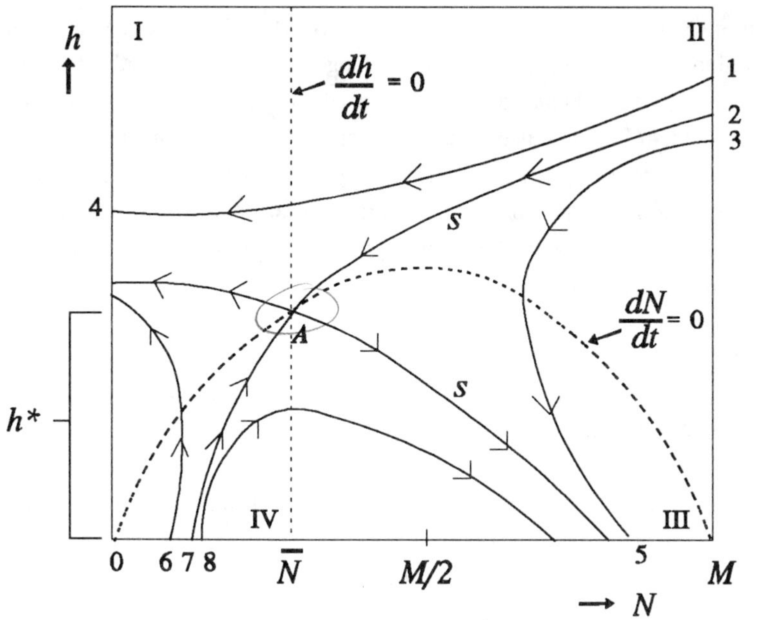

Abbildung 10: Phasendiagramm der nichtlinearen Fischerei

Im Schnittpunkt der beiden Isoklinen *A* verschwindet sowohl die Änderung von *N* als auch die von ***h***, dies ist der *Gleichgewichtspunkt* des Systems. Der Punkt wird von vier Klassen von Trajektorien erreicht, zwei davon führen zu ihm, zwei von ihm weg. Es handelt sich bei diesem Gleichgewicht folglich um einen *Sattelpunkt*, die ihn schneidenden Trajektorien werden als *Separatrix* ***S*** bezeichnet.

Verfolgt ein Fischer den Anpassungspfad 3 aus Abbildung 9, so beginnt er im Phasendiagramm beim Punkt 2 (rechts oben). Die Population besitzt noch den Ursprungsumfang ***M***, und die Fangrate paßt sich graduell von dem auf die Dauer zu hohen Ausgangsniveau dem Gleichgewichtswert h^* an, um dann unbegrenzt lange in dieser Höhe zu bleiben. Wie lange die Reise vom Punkt 2 bis zu *A* dauert, ist dem Phasendiagramm nicht abzulesen, im allgemeinen ist jedoch die Fahrgeschwindigkeit umso höher, je weiter man vom Gleichgewicht *A* entfernt ist. Es hängt von den Eigenschaften der Funktion ***V(h)*** und dem Zinssatz ab, ob der soeben gezeigte Weg zum Gleichgewicht *A* ökonomisch optimal ist. Ist es der Fall, so ist die zeitliche Obergrenze der Funktionalen (25) unbeschränkt, die Nutzung währt für immer. Andere Koeffizienten können es optimal machen, die Ressource in endlicher Zeit zu verzehren (Reise von 1 nach 4) oder sie unvollständig zu nutzen und dabei den Periodenfang h in endlich oder unendlich langer Zeit "einschlafen" zu lassen (Reise von 3 nach 5). Auch kann bei einer schon zuvor genutzten oder übernutzten Ressource mit einem Populationsumfang von weniger als M begonnen werden, hier wird bei 6,7 oder 8 gestartet. All dies sind die oben schon erwähnten "Randwertprobleme". Insgesamt dürfte der vorliegende Unterabschnitt einen Eindruck von der Komplexität vermittelt haben, welche schon einfache dynamische Systeme in näherer Betrachtung erkennen lassen.

2.4 Nichtregenerierbare natürliche Ressourcen: Polypol und Monopol beim Erdölmarkt

Wir wenden nun das Instrument der Kontrolltheorie auf einen in den letzten 20 Jahren intensiv analysierten Problembereich an: Wie teilt sich der Eigentümer einer (in menschlichen Zeiträumen) nicht regenerierbaren und in endlichem Umfang vorhandenen natürlichen Ressource den Verkauf oder Verzehr über die Zeit ein?[21] Zwischen den Alternativen, alles auf einmal zu verzehren oder alles für später aufzuheben, muß es einen Kompromiß, einen optimalen Zeitpfad oder ein optimales "Programm" geben. Wie nicht anders zu erwarten, steht der Zins auch bei dem Problem, dem wir uns nun widmen, im Zentrum des Interesses; da die Dynamik der biologischen Wachstumsfunktionen entfällt, konzentriert es sich sogar noch stärker auf ihn.

Betrachten wir als erstes einen Preisnehmer (Polypolisten) am Ölmarkt. Ihm gehöre eine Ölquelle, und er verhalte sich beim Verkauf als Mengenanpasser. Er fördere mit Kosten von Null - die Förderkosten lassen sich problemlos in das Modell einfügen, lenken jedoch zunächst vom wichtigsten ab. Mit $p(t)$ als dem Ölpreis zum Zeitpunkt t und $q(t)$ als der dann verkauften Menge maximiert der Ölbaron den Gegenwartswert aller jemals verkauften Mengen:

[21] Zum Begründer der Theorie, HOTELLING, vgl. folgende Anmerkung. Neuere Übersichten finden sich neben zahlreichen anderen in DASGUPTA & HEAL (1979, pp. 153ff., Kapitel 6), ENDRES (1985, pp. 117ff.), A.C. FISHER (1981, pp. 10ff.), HOWE (1979, pp. 153ff.), KROMPHARDT & SPELTHAHN (1988), PETERSON & FISHER (1977), SIEBERT (1983), CLARK (1976, pp. 135ff.), LECOMBER (1979, pp. 47ff.), SOLOW (1974a) und STRÖBELE (1987).

$$\textit{Max!}\quad PV = \int_0^T p(t)q(t)e^{-it}dt \tag{33}$$

unter den beiden Nebenbedingungen

$$\int_0^T q(t)dt = Q_0 \tag{34}$$

$$\dot{Q}(t) = -q(t) \tag{35}$$

Die erste Nebenbedingung besagt, daß alle verkauften Mengen zusammen so groß sind wie der ursprüngliche Vorrat Q_o. Dies setzt voraus, daß es rational ist, das Öl restlos zu fördern, eine Bedingung, die in den hier verwendeten Modellen erfüllt ist. Die zweite stellt fest, daß die Änderung des Vorrats zu einem beliebigen Zeitpunkt gleich der Entnahme ist. Der Zeithorizont T kann endlich oder unendlich sein. Die HAMILTON-Funktion

$$H = p(t)q(t)e^{-it} - \lambda q(t) \tag{36}$$

nach der Kontrollvariablen q differenziert und gleich Null gesetzt liefert

$$p(t)e^{-it} = \lambda \tag{37}$$

während die Ableitung nach der Zustandsvariablen Q in diesem Fall Null beträgt, weil diese Variable in der Hamiltonian nicht vorkommt. Das letztere besagt, daß λ eine Konstante ist. Aus (37) folgt unmittelbar die berühmte Regel von HOTELLING,[22] wonach der Ölpreis in dem einfachen Beispiel ohne Förderkosten mit dem Zinssatz exponentiell steigen muß, um den Gegenwartswert aller Verkäufe zu maximieren:

$$p(t) = \lambda e^{it},\ \lambda = p_o,\ \text{constant} \tag{38}$$

Eine äquivalente Formulierung ist, daß die auf heute abdiskontierten Verkaufspreise zu allen Zeiten gleich sein müssen. Wäre dies nicht der Fall, so wäre es vorteilhaft, das zeitliche Verkaufsprofil zu ändern, zu Zeiten hoher Preise mehr zu verkaufen. Eine Eigentümlichkeit der Lösung (38) besteht darin, daß die Kontrollvariable $q(t)$ im Ergebnis nicht mehr erscheint. In diesem, als *singuläre Lösung* bekannten Fall ist es für das einzelne Unternehmen tatsächlich gleichgültig, wann das Öl verkauft wird, wenn nur der Ölpreis exponentiell steigt, denn der auf heute abdiskontierte Preis ist dann immer derselbe.

Das Ergebnis (38) kann noch eine Spur formaler hergeleitet werden, indem die Transversalitätsbedingung $H(T)=0$ herangezogen wird. Sie dient dazu, Randbedin-

[22] HOTELLINGs klassischer Artikel (1931) ist deutsch übersetzt in SIEBERT (1979, pp. 39ff.). Als berühmter Vorläufer HOTELLINGs gilt GRAY (1914). Zur neueren Sekundärliteratur über HOTELLING vgl. LEVHARI & LIVIATAN (1977) und DEVARAJAN & A.C. FISHER (1981).

gungen zu finden, wenn der Zeithorizont T, wie hier, offen ist. Eingesetzt in (36) folgt

$\lambda = p_0 = p(T)e^{-iT}$ und

$$p(t) = p(T)e^{i(t-T)} \tag{39}$$

Entscheidend für den gesamten Zeitpfad ist der höchste jemals zu erzielende Preis $p(T)$, zu dem die "letzte" Tonne Öl verkauft wird. Von ihm leiten sich sozusagen "rückwärts" der Preis zu Beginn des Pfades und die Preise zu beliebigen Zeitpunkten $0<t<T$ ab. Der höchste jemals für Öl zu erzielende Preis ist bei gegebenen Präferenzen eine Funktion der Alternativen, welche zur Substitution für Öl zur Verfügung stehen, deren Preise bzw. deren Verfügbarkeitsdatum. In Abbildung 11a sei stets eine alternative Energiequelle - dies kann auch ein höhere Förderkosten erforderndes Ölfeld sein - zum Preis p^* verfügbar. In diesem Fall wird von p^* "rückwärts" nach Maßgabe von i (entscheidend für die Krümmung der Kurve $p(t)$) auf p_o geschlossen. T^* wird so gewählt, daß der gesamte Vorrat verbraucht wird. In Abbildung 11b gibt es bis zum Zeitpunkt $T^{\#}$ keine Alternative zum Öl, es kann beliebig teuer werden; dann jedoch wird ein billiges und ausreichendes Substitut gefunden, eine "*Backstop*-Technologie."[23] Bei festliegendem $T^{\#}$ müssen $p(T)$ und ("rückwärts" gerechnet) p_o so gewählt werden, daß der Vorrat verbraucht wird. Während also die Wachstumsrate des Ölpreises in diesem einfachen Modell allein vom Zins bestimmt wird, hängt seine absolute Höhe von Kenntnissen über Preis und/oder Einführungszeitpunkt des Substituts ab.

Ein reiner Monopolist auf dem Ölmarkt maximiert ebenfalls die Zielfunktion (33) unter den Nebenbedingungen (34) und (35), allerdings mit dem Unterschied, daß er den Preis nicht vom Markt nimmt, sondern ihn durch die jeweils angebotene Menge bestimmt:

$$\textit{Max:}\quad PV = \int_0^T p(q(t))q(t)e^{-it}dt \tag{40}$$

Die Ableitung der Hamiltonian nach q und Nullsetzung ergibt

$$H'(q) = 0 = \left(\frac{\partial p}{\partial q}q + p\right)e^{it} - \lambda \tag{41}$$

wobei der Ausdruck in der Klammer den Grenzerlös des Monopolisten darstellt. Die anderen Bedingungen sind dieselben wie oben, und es folgt, daß der Monopolist zur Maximierung seines Gesamtprofils einen Preis- und Mengenpfad wählt, bei dem der

[23] Vgl. ENDRES (1987).

Grenzerlös exponentiell mit dem Zinssatz steigt bzw. bei dem alle auf heute abdiskontierten Grenzerlöse identisch sind:

$$GE(t) = GE(T)e^{i(t-T)} \qquad (42)$$

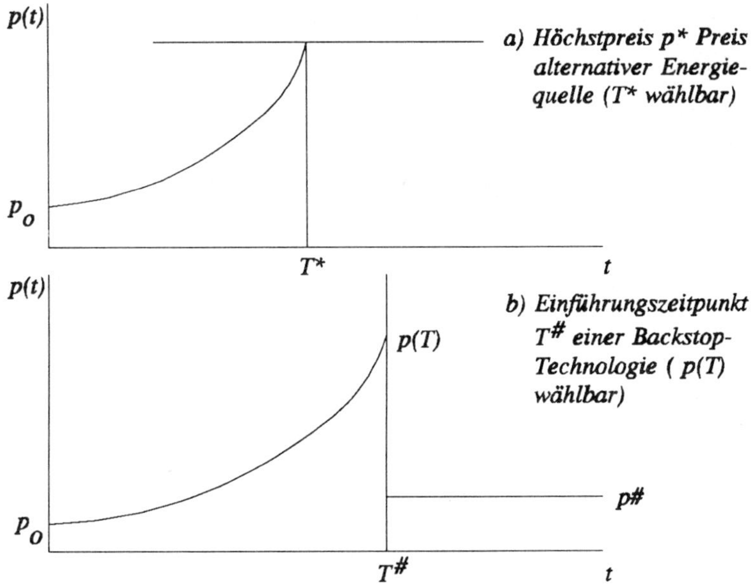

Abbildung 11: Ölpreisbildung beim Polypol in Abhängigkeit von Preis und Einführungszeitpunkt einer Alternative

Polypol- und Monopolfall lassen sich in einem expliziten Modell mit Zahlenbeispiel anschaulich vergleichen, ein ähnliches, etwas komplizierteres wurde m.W. in der deutschsprachigen Literatur erstmals im Jahre 1976 erarbeitet.[24] In der Abbildung 12 ist eine zeitlich invariante lineare Nachfragekurve nach Öl sowie die dazugehörige Grenzerlöskurve aufgetragen. Der maximal erzielbare Preis ist *p***, zu ihm wird "der letzte Tropfen" verkauft, der Grenzerlös des "letzten Tropfens" besitzt dieselbe Höhe.[25] Der Zeitraum bis zur Erschöpfung ist nicht festgelegt, sondern ergibt sich

[24] Vgl. SCHNEIDER & SCHULZ (1976).

[25] Das Modell gibt die Verhältnisse in Abbildung 11a (oben) wieder. In Abbildung 11b muß der Preis für den "letzten Tropfen" beliebig hoch steigen können.

endogen im Modell. Rein geometrisch und unabhängig von allen intertemporalen Problemen gilt in Abbildung 12:

$$\begin{aligned} -\tan\alpha &= m \\ p(q) &= p^* - mq \\ q(p) &= \frac{1}{m}(p^* - p) \\ GE &= 2p - p^* \end{aligned} \tag{43}$$

Für das Polypol gilt nach (39)

$$p(t) = p^* e^{i(t-T)} \tag{44}$$

und in Verbindung mit den geometrischen Beziehungen (43)

$$q(t) = \frac{p^*}{m}(1 - e^{i(t-T)}) \tag{45}$$

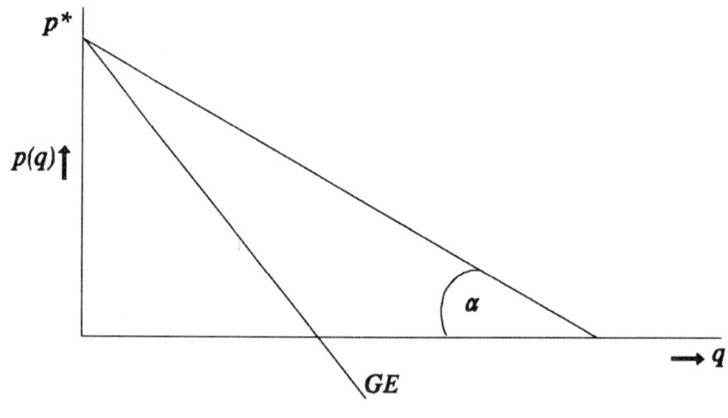

Abbildung 12: Hypothetische lineare Nachfragekurve nach Erdöl

Damit läßt sich der Gegenwartswert des Ölvorrats durch einfache Integration berechnen:

$$PV = \int_0^T p(t)q(t)e^{-it}dt = \frac{p^{*2}}{m}\{Te^{-iT} + \frac{1}{i}(e^{-2iT} - e^{-iT})\} \tag{46}$$

Hier ist allerdings der Erschöpfungszeitraum T noch unbestimmt, er ergibt sich aus der Integration der Nebenbedingung, woraus er, da eine transzendente Gleichung resultiert, numerisch errechnet werden muß:

$$Q_o = \int_o^T q(t)dt = \frac{p^*}{m}\left\{T + \frac{1}{i}(e^{-iT} - 1)\right\} \quad (47)$$

Die entsprechenden Ergebnisse für das Monopol lauten:

$$\begin{aligned} GE(t) &= p^* e^{i(t-T)} \\ p(t) &= \frac{p^*}{2}(e^{i(t-T)} + 1) \\ q(t) &= \frac{p^*}{2m}(1 - e^{i(t-T)}) \\ PV &= \frac{p^{*2}}{4mi}\{1 + e^{-2iT} - 2e^{-iT}\} \\ Q_o &= \frac{p^*}{2m}\left\{T + \frac{1}{i}(e^{-iT} - 1)\right\} \end{aligned} \quad (48)$$

In der Abbildung 13 sind für hypothetische Parameter Q_o**=1000**, ***p**=10** und ***m*=0,5** die Preis- und Mengenpfade bei vier verschiedenen Zinsannahmen von **1%** bis **10%** p.a. (***i*=0,01** bis **0,1**) für den Polypol- und Monopolfall aufgetragen. Die Werte für die jeweiligen Erschöpfungszeiträume ***T*** und die Gegenwartswerte aller Ölverkäufe ***PV*** (identisch dem Anfangswert der Ölquelle) sind der Tabelle zu entnehmen. Beim Polypol beziehen sich die Werte für ***q(t)*** und ***PV*** selbstverständlich auf den gesamten Markt, auf alle Anbieter zusammen. Wieviele dies sind, ist gleichgültig, wenn sie sich nur entsprechend unseren Ergebnissen (33) bis (39) polypolistisch verhalten, d.h. den Preis (bei Abwesenheit von Förderkosten) exponentiell steigen lassen.

Die Abbildung zeigt den beim Polypol enormen Einfluß des Realzinses. Bei einem Zins von 1% p.a. reicht der Vorrat beim Polypol für fast 120 Jahre, bei einem Zinssatz von 10 % nur halb so lange. Am extremsten ist der Wertverlust des Ölvorrates für die Polypolisten bei hohem Zins: Der Gegenwartswert beträgt bei 1% p.a. über 3 000 Einheiten, bei 10% p.a. nur noch 25 Einheiten, weniger als ein Hundertstel! Die Entwertung ergibt sich durch das Zusammenwirken zweier Umstände: Es lohnt nicht, Öl lange aufzuheben, da spätere Erlöse wegen der hohen Diskontierung heute wenig wert sind. Der daraus resultierende Zwang, schnell und viel zu verkaufen, überschwemmt aber den Markt und läßt nur Schleuderpreise erzielen.[26]

[26] Es gibt auch eine Parallele zur Bewirtschaftung regenerierbarer Ressourcen (Fischereiökonomie) mit über alle Grenzen wachsendem Zinssatz ($i \to \infty$, Allmende-Fall). Sie liegt bei gemeinsamer Nutzung eines Ölfeldes vor, mehr jedoch noch bei unfreiwilliger gemeinsamer Nutzung, wenn sich nämlich die Nutzer den unterirdischen Vorrat von den jeweiligen Grenzen her gegenseitig abgraben. Dies soll in den USA jahrzehntelang praktiziert worden sein und zu

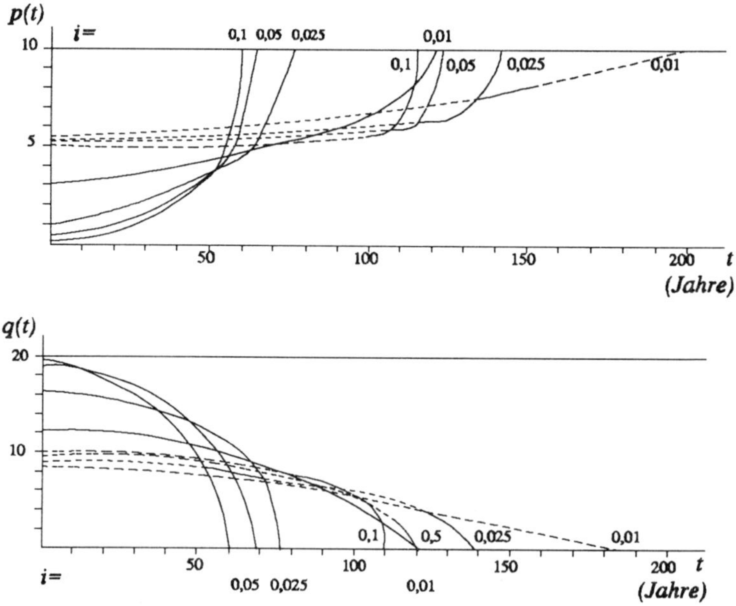

—— *Polypol*
- - - - - *Monopol*
$Q_0 = 1000$
$p^* = 10$
$m = 1/2$

i	Polypol T	Polypol PV	Monopol T	Monopol PV
0.01	119,8	3017	184,1	3540
0.025	85,3	1187	138,1	1877
0.05	69,4	312	120,0	995
0.1	60,0	25	110,0	500

Tabelle 1: Erschöpfungszeiträume (in Jahren) und Wert des Ölvorrats bei unterschiedlichen Zinssätzen

Abbildung 13: Preis- und Mengenpfade im Polypol und Monopol bei der Ölförderung

einer ineffizienten zeitlichen Allokation des inländischen Öls geführt haben (relativ zur HOTELLING-Regel zu hoher Verbrauch und zu niedrige Preise). Auch die Lage der Bohrinseln in der Nordsee zeigt die Tendenz, möglichst an den Grenzen des Fördergebiets zu bohren.

Der Monopolist erweist sich im vorliegenden Modell als ein effektiver Ressourcenschoner. Da für ihn nur positive Grenzerlöse in Frage kommen, verkauft er bei linearer Nachfragekurve nie zu einem Preis von weniger als der Hälfte des Maximalpreises (im Beispiel $p^*/2=5$). Entsprechend geringer sind die Mengen, die er auf den Markt wirft, und entsprechend länger reicht das Öl, zwischen 110 und etwa 184 Jahren. Der Effekt hoher Zinsen auf die Beschleunigung der Ausbeutung und auf die Entwertung des Vorrats (etwa auf ein Siebtel beim Zinsanstieg von 1 % auf 10% p.a.) ist bei weitem nicht so extrem wie im Polypolfall.

Nun betrachten wir kurz den realistischeren Fall, daß die Ölförderung Kosten hervorruft, die Förderkosten pro Einheit q mögen plausiblerweise vom noch im Boden vorhandenen Vorrat $Q(t)$ abhängen. Es werde immer teurer, Öl zu fördern, je weniger noch vorhanden ist. Der Polypolist wirtschaftet nach:

$$\textit{Max:} \quad \int_0^T q(t)\,(p(t) - C(Q(t)))\,e^{-it}dt \tag{49}$$

Die Nebenbedingung ist dieselbe wie (35). Da die Zustandsvariable in der Hamiltonian vorkommt und demzufolge $H'(Q)$ ungleich Null ist, ist λ keine Konstante, so daß eine analoge Rechnung wie bei der nichtlinearen Fischerei ((29) bis (32)) durchgeführt werden muß, an deren Ende die Ergebnisse stehen:

$$i = \frac{\dot{p}(t)}{p(t) - C(Q(t))} \tag{50}$$

$$\frac{\dot{p}(t)}{p(t)} = i\left(1 - \frac{C(Q(t))}{p(t)}\right) \tag{51}$$

Wie der/die Leser(in) unschwer nachprüft, sind die Ergebnisse für das Monopol völlig analog, hier wird im Ergebnis der Preis durch den Grenzerlös ersetzt. Die Ausdrücke (50) und (51) besagen, daß bei einer betriebswirtschaftlich optimalen intertemporalen Allokation der Preis (im Monopol der Grenzerlös) des Öls bei Förderkosten ungleich Null nicht exponentiell mit dem Zinssatz steigen muß, sondern langsamer. Der Ölpreis besteht aus zwei Komponenten, der eigentlichen Knappheitsrente oder den intertemporalen Opportunitätskosten oder der *Royalty*, welche wie im obigen Modell exponentiell wächst, und den diese Royalty überlagernden Förderkosten. Letztere wachsen annahmegemäß mit sich verringerndem Vorrat auch, aber nicht exponentiell. Sind in (50) zu Beginn einer Förderung die Kosten noch sehr niedrig, so besteht der Ölpreis fast nur aus der Royalty und wächst annähernd exponentiell, je weiter die Erschöpfung voranschreitet, um so stärker machen sich die Förderkosten bemerkbar.

Kehren wir zu unserem einfachen Modell mit linearer, zeitlich invarianter Nachfragekurve zurück und setzen wir den zweiten Ausdruck von (43) in (51) ein, so erhalten wir mit $C(Q)=C^*-nQ$ (n const.):

$$\frac{-m\dot{q}}{p^*-mq} = i\left(1-\frac{C^*-nQ}{p^*-mq}\right) \tag{52}$$

woraus sich nach Umformung und erneuter Differentiation nach der Zeit die homogene lineare Differentialgleichung zweiter Ordnung

$$\ddot{q}-i\dot{q}-\frac{in}{m}q=0 \tag{53}$$

ergibt, welche nach Standardverfahren gelöst wird. Wir setzen $z=\dot{q}$, ermitteln die Eigenwerte l_1 und l_2 der Matrix in

$$\begin{pmatrix} 0 & 1 \\ \frac{in}{m} & i \end{pmatrix}\begin{pmatrix} q \\ z \end{pmatrix}=\begin{pmatrix} \dot{q} \\ \dot{z} \end{pmatrix} \tag{54}$$

und erhalten als Lösung

$$q(t)=K_1e^{l_1t}+K_2e^{l_2t}$$

$$l_{1,2}=\frac{i}{2}\pm\frac{1}{2}\sqrt{i^2+\frac{4in}{m}} \tag{55}$$

Wird das Problem bezüglich der Nachfrage- und Kostenfunktion linear formuliert, so ergeben sich die Mengen- und Preispfade als Überlagerungen mehrerer Exponentialfunktionen. Die Koeffizienten K_1 und K_2 folgen aus den Randbedingungen.

Unser bisher erarbeitetes formales Gerüst läßt sich in sehr verschiedenartiger Weise variieren, ausdifferenzieren und empirischen Verhältnissen annähern, die Literatur der vergangenen 15 Jahre hierzu ist kaum noch zu überblicken. Die vorliegende Studie kann dem nicht weiter nachgehen, versuchen wir stattdessen, die wichtigsten qualitativen Gesichtspunkte zusammenzufassen und vor allem, die ungelösten Probleme zu benennen.

Wir haben keinen Beweise dafür geliefert, daß auf einem polypolistischen Markt einer erschöpfbaren Ressource, auf dem die Anbieter einen Anstieg des Preises nach der HOTELLING-Regel realisiert wissen *wollen*, tatsächlich Anpassungsmechanismen wirken, die einen solchen Pfad für den Gesamtmarkt erzeugen. Intuitiv erscheint klar, daß die Erwartung, der Ölpreis werde zu langsam steigen, heutige Verkäufe und einen heutigen Preisfall auslöst, womit, sofern die künftigen Preise nicht ebenfalls fallen, die Preissteigerungsrate erhöht wird. Das Umgekehrte dürfte die Erwartung künftig stark steigender Preise auslösen. Die Wirkung derartiger spekulativer Ausgleichsmechanismen ist in der Tat nachgewiesen worden, nicht ohne jedoch auf wichtige Instabilitätsmomente in intertemporalen Gleichgewichten hinzuweisen.[27] Wir können davon ausgehen, daß ein ideales polypolistisches System die HOTELLING-Regel befolgen würde, die Royalties aus erschöpfbaren Ressourcen würden exponentiell mit dem (konstanten) Realzins steigen. Zeitlich variable Zinssätze verkomplizieren das Bild natürlich weiter.

Die Theorie erschöpflicher Ressourcen verdeutlicht noch klarer als die anderen Zweige der Ressourcenökonomie den grundsätzlichen "Standpunkt", welchen die neoklassische Ökonomie zur Natur einnimmt. Die natürlichen Ressourcen werden voll in die Kapitaltheorie integriert: "A pool of oil or vein of iron or deposit of copper in the ground is a capital asset to society and to its owner ... The only difference ist that the natural resource is not reproducible, so the size of the existing stock can never increase through time"[28]. Die fundamentale ökonomische Frage für die Neoklassik ist die des optimalen zeitlichen Verkaufsprofils, der wir oben, für unsere Zwecke hinreichend, nachgegangen sind. Die Betrachtung der Natur durch die Brille des Profits, ihre Interpretation als Bündel von Kapital-"Assets" läßt gewiß jeden Naturphilosophen aufhorchen, und das Urteil, wonach die Neoklassik einer primitiven Naturauffassung huldige, ist schnell bei der Hand. Hier sei zwar nicht widersprochen, es ist jedoch auch legitim, nach den Folgen zu fragen, die das Naturbild - primitiv oder nicht - nach sich zieht. Am Beispiel der in ihrer Existenz bedrohten Wale aus dem vorigen Unterabschnitt erwies sich die Schuldzuweisung für diesen Zustand an das Profitmotiv als durchaus anfechtbar, es ließ sich entgegnen, daß es keine oder nur eine geringere Gefährdung der Wale geben würde, wenn aus ihrem Erhalt Profit zu ziehen wäre, was durchaus nicht unvorstellbar ist. Daß die ökonomische Ausnutzung einer Ölquelle in profitmaximierender Weise *an sich* zur langfristigen Untergrabung der Existenzgrundlage des Menschen führen müsse, ist zunächst einmal eine Behauptung ohne Begründung.

Für den neoklassischen Ökonomen ist die Nutzung der Ölquelle nach der HOTELLING-Regel gesamtwirtschaftlich optimal, weil sich zeigen läßt, daß auch im intertemporalen Kontext das Polypol mit seiner Tendenz, Preise den Grenzkosten (in diesem Falle intertemporalen Grenz-Opportunitätskosten oder mit KEYNES "User

[27] Z.B. STIGLITZ (1974).

[28] SOLOW (1974 a, p. 2).

Costs") anzugleichen, zu einem effizienten Ergebnis führt. Der Ökonom hält im Modell der Abbildung 13 die schnellere Erschöpfung des Öls durch die Polypolisten im allgemeinen für richtig. Den Hinweis auf die unübersehbare Ressourcenschonung durch den Monopolisten kontert er mit dem theoretisch nicht zu widerlegenden Argument, daß die Schonung eines Vorrats nie ein Selbstzweck sein könne. Man spare auch nicht mit Sand in der Sahara. Der Vorrat müsse *knapp* sein, der Monopolist setze aber, wie stets, falsche Knappheitssignale, er täusche zur Maximierung seines (gesellschaftlich ineffizienten) Monopolprofites eine zu große Knappheit des Öls vor, die Gesellschaft verbrauche nicht zu viel, sondern zu wenig. Es verwundert nicht, wenn derartige Argumente zu Zeiten einer starken OPEC und hoher Ölpreise von Autofahrern gern gehört wurden.

Dem Argument müßte in einer Welt mit hinreichender oder gar vollkommener Zukunftsvoraussicht gefolgt werden.[29] Blicken wir jedoch auf die Abbildung 11 zurück: Zins und Marktform determinieren zwar die Wachstums*rate* des Ölpreises, seine Höhe hängt jedoch in entscheidendem Maße von den Kosten und dem Einführungszeitpunkt der Substitutionstechnologie ab. Es ist im übrigen selbstverständlich, daß eine solche Substitutionstechnologie für erschöpfliche Ressourcen, auf die nicht verzichtet werden kann, irgendwann erfunden werden *muß*; kommt sie nie, so kann auch Sparen den "Weltuntergang" nur verschieben, nicht aber ganz verhindern. Sind die Kenntnisse über Kosten und Zeitpunkt der Substitution sehr unsicher, führt heutige Ressourceneinsparung zu tragbaren Nutzenverzichten, während die Erschöpfung *vor* der (u.U. zu optimistisch erwarteten) Ausreifung der Substitute katastrophale Folgen hätte, so besteht selbstverständlich aller Anlaß, aus Sicherheitsgründen von dem oben entwickelten polypolistischen Nutzungspfad in Richtung auf größere Sparsamkeit abzuweichen. Dies muß nicht über den Umweg des monopolistischen Marktes geschehen, sondern kann auf ökonomisch rationalere Weise herbeigeführt werden, hierauf kommen wir in Abschnitt 6.4 noch einmal zurück.

Die Ergebnisse dieses Unterabschnittes belegen erneut, wie unfair es wäre, die neoklassische Ökonomie grundsätzlich der "Aufwiegelung" zum Ressourcen-Schnellverzehr zu zeihen. Derartige Aufwiegelungen lassen sich in der Literatur zwar finden, und durchaus nicht nur in sehr seltenen Einzelfällen, sie reflektieren jedoch

[29] Die Einschränkung besteht darin, daß in intergenerationellen Zeiträumen Effizienzüberlegungen wie die vorliegende nicht allein ausschlaggebend sein können. Vielmehr sind intergenerationelle Nutzenvergleiche und damit Verteilungs- bzw. Gerechtigkeitserwägungen unvermeidlich, vgl. Abschnitt 5.

persönliche Ansichten und sind nicht das Ergebnis bedachter und sensibler Anwendung der Methodik. Das wichtigste und heilsame Ergebnis der neoklassischen Analyse ist vielmehr, wie wenig ökonomisch Fundiertes zu den empirischen Daten - Mengen und Preisen - ausgesagt werden kann. Einflüsse aus Kosten, Marktform, Nachfrage, Spekulation, Lagerhaltung und anderem überlagern den HOTELLING-Pfad zur Unkenntlichkeit.[30] Niemand ist in der Lage, längerfristige Preistrends beim Öl als Ausdruck seiner realen Knappheit zu interpretieren. Um so weniger gelingt dies bezüglich der absoluten Höhe des Preises. Wie hoch sind die intertemporalen Opportunitätskosten des Verzehrs einer Tonne Erdöls heute? Die neoklassische Analyse zeigt, wie Unrecht alle die haben, die alles ganz genau zu wissen meinen - daß das Öl zu teuer sei (die Autofahrer), oder daß es viel zu billig sei (die "Conservationists"), wenn auch das oben kurz angerissene Vorsichtsargument die zweite Position stützt. "... it seems that those who make the most strident statements about depletion policies being 'too fast' or 'too slow' are quite remarkably successful at hiding the criteria according to which they make such strong judgements ... The attractions of being a prophet, be it of economic doom or of economic redemption, are clearly great; but the social value of prophecy, as opposed to careful and depassionate analysis of the logic and facts of the situation, has never been notable"[31]

2.5 Produktion mit erschöpfbaren natürlichen Ressourcen: Ist der Weltuntergang vermeidbar?

Wir vertiefen nun die soeben angeschnittene Frage, inwieweit ökonomisch-analytische Argumente die längerfristige Verfügbarkeit nichtregenerierbarer Ressourcen auf der Erde *optimistischer* oder *pessimistischer* einschätzen lassen. Wie auch das Ergebnis der Betrachtung sein wird - eine *Besorgnis* über den derzeitigen Umgang mit erschöpflichen Ressourcen ist ohne Zweifel verständlich; mit BIRNBACHER: "Wer einmal versucht hat, die gesamte Zukunft der Menschheit mit einem einzigen allumspannenden Blick zu umfassen, kennt das Gefühl panischen Schreckens, das einen bei dem Gedanken befällt, daß die in Hunderten von Jahrmillionen aufgebauten chemischen Stoffe Erdöl, Erdgas, Kohle in nur wenigen Jahrhunderten, teils in einem

[30] Knappe, aber sehr informative Darstellung empirischer Fragen auf dem Welt-Erdölmarkt in STRÖBELE (1987, pp. 75ff.).

[31] HEAL (1981, pp. 69, 72).

einzigen Jahrhundert, wortwörtlich verfeuert werden".[32] Bekanntlich hegte nicht nur MALTHUS, sondern auch JEVONS derartige Befürchtungen; von ihm geht die Sage, er habe in Erwartung eines (auf die Kohleerschöpfung folgenden) Holzmangels Papiervorräte angelegt, von denen seine Erben noch heute zehren.[33]

Bei aller Besorgnis muß aber die Analyse des Problems in methodisch einwandfreier Weise erfolgen. Anfang der 70er Jahre gerieten zukunftsbesorgte "Ökologen" und professionelle Ökonomen in schroffen Gegensatz zueinander, nachdem in dem Bestseller "Die Grenzen des Wachstums"[34] Simulationsrechnungen über eine äußerst düstere Zukunft der Menschheit veröffentlicht wurden. Ein Grund für zu erwartende Zusammenbrüche war danach die Erschöpfung natürlicher Ressourcen - der Energieträger ***A*** werde in 25 Jahren, das Metall ***B*** in 40 Jahren erschöpft usw. Hat diese Schrift die Bewußtseinsbildung über Umweltschutz und Ressourcenschonung in weiten Kreisen gewiß gefördert und kann auch kaum behauptet werden, daß die dort errechneten Zukunftsperspektiven unmöglich seien, so stieß doch die Unbedingtheit, mit der die Ergebnisse präsentiert wurden, verbunden mit einem (damals noch beeindruckenden) etwas prahlerischen Computereinsatz, bei Ökonomen auf Reserve und veranlaßte sie zunächst, die Berechnungen auf ihre Annahmen zu überprüfen. Das Ergebnis war wenig schmeichelhaft. Sodann entwickelte die neoklassische Ökonomie methodisch differenziertere Modelle, deren Ergebnisse oft bedeutend optimistischer waren. Ob dies rechtfertigt, die Ökonomie der Verharmlosung möglicher Ressourcenknappheiten zu zeihen, mögen die folgenden Betrachtungen kurz erhellen.

Wir diskutieren nun eine vereinfachte Version des ökonomischen "Weltmodells" des Nobelpreisträgers SOLOW[35] und folgen dabei im wesentlichen der Darstellung von DASGUPTA & HEAL[36]. SOLOW wandte sich in seiner Veröffentlichung nicht direkt an die Autoren der "Grenzen des Wachstums", sie erscheinen nicht einmal im Literaturverzeichnis. Dennoch ist das Modell eine der ersten und bis heute elegantesten Zurückweisungen primitiver Zukunftsprognosen aller Art. Nach den voranstehenden, mehr einzelwirtschaftlich orientierten Ansätzen betrachten wir nunmehr

[32] BIRNBACHER (1988, p. 250).

[33] Die Sage wurde von KEYNES erzählt, vgl. HOWE (1979, p. 46).

[34] MEADOWS et al. (1973).

[35] SOLOW (1974).

[36] DASGUPTA & HEAL (1979, pp. 193ff.).

erstmals Ressourcenprobleme ausdrücklich aus der Sicht der Gesamtwirtschaft, darüber hinaus wird ein ethisches Problem, das der intergenerationellen Gerechtigkeit angeschnitten. Letzteres wird uns in anderen Abschnitten (vor allem 5) noch eingehender beschäftigen.

SOLOW untersucht, unter welchen Bedingungen es möglich oder nicht möglich ist, in Gegenwart einer sich erschöpfenden natürlichen Ressource ein bestimmtes, insbesondere ein konstantes Sozialprodukt zu erzeugen. Die Frage entscheidet sich positiv, wenn es gelingt, die natürliche Ressource rechtzeitig durch das akkumulierte Kapital zu ersetzen (z.B. Kohle durch Solartechnologie). Dreh- und Angelpunkt der Argumentation - implizit auch bei den Pessimisten, den "Doomsday"-Propheten -, ist also das Problem der *Substitution.* Mit $K(t)$ als dem Bestand des produzierten Produktionsmittels ("Durable commodity", "Kapital") zum Zeitpunkt t, $R(t)$ als dem Input einer natürlichen Ressource in die Produktion zum Zeitpunkt t und $L(t)$ als dem Arbeitsinput werde ein jährliches Sozialprodukt F erzeugt:[37]

$$F(t) = F(K(t),\ R(t),\ L(t),\ t) \tag{56}$$

Die Formulierung läßt technischen Fortschritt zu. Ferner gelte:

$$\begin{aligned} &K(0) = K_0 > 0 \\ &K(t) > 0,\ R(t) \geq 0 \\ &C(t) + \dot{K}(t) = F(t) \\ &S(t) = S_o - \int_o^t R(\tau)d\tau \end{aligned} \tag{57}$$

Hierin sind $C(t)$ der jährliche Konsum und $S(t)$ der noch vorhandene Bestand der natürlichen Ressource. Es fragt sich, unter welchen Bedingungen es möglich ist, ein *Programm*

$$[K(t),\ S(t),\ R(t),\ C(t)]_{t=o}^{\infty} \tag{58}$$

[37] Mit Bedenken sei der üblichen Sprachregelung gefolgt, produzierte Produktionsmittel, wie Maschinen, Gebäude, andere Investitionen, Vorräte usw. in Modellrechnungen als "Kapital" zu bezeichnen. Nicht nur widerspricht hier mit überzeugender Begründung MARX (1972, pp. 822-823): "... das Kapital ist kein Ding, sondern ein bestimmtes, gesellschaftliches, einer bestimmten historischen Gesellschaftsformation angehöriges Produktionsverhältnis ... Das Kapital ist nicht die Summe der materiellen und produzierten Produktionsmittel. Das Kapital, das sind die in Kapital verwandelten Produktionsmittel, die an sich so wenig Kapital sind, wie Gold oder Silber an sich Geld ist." Auch die neoklassische Ökonomie beharrt darauf, daß die natürlichen Ressourcen (im Modell hier R) dieselbe Rolle des "Kapitals" spielen, wie es Maschinen und Gebäude tun. Sofern dies nie vergessen wird, sei erlaubt, mit dem Buchstaben *"K"* zu rechnen. (Vgl. SOLOW, Anmerkung 28 dieses Abschnitts).

durchzuführen, bei dem $C(t)$ für alle Zeiten nicht kleiner als ein gewählter Mindest-Lebensstandard C_o ist. Ist ein solches Programm möglich, so folgt aus der bloßen Erschöpfbarkeit der natürlichen Ressource nicht zwingend ein Zusammenbruch der Wirtschaft (er kann natürlich trotzdem eintreten, wenn das mögliche Programm durch unkluges Wirtschaften verfehlt wird). Ist das Programm nicht möglich, so ist es nur eine Frage der Zeit, bis Wirtschaft und menschliche Zivilisation zusammenbrechen. Gilt

$$F(K,\ R=0,\ L,\ t)>0 \quad \text{für } K>0 \tag{59}$$

und ist F stets groß genug, um unter Abzug von Ersatz- und ggf. Nettoinvestitionen C_o zu ermöglichen, so besteht kein Problem. Die Ressource ist für die Produktion *unnötig*, es geht ganz ohne sie. Gilt hingegen

$$F(K,\ R=0,\ L,\ t)=0 \tag{60}$$

so geht es nicht ganz ohne die Ressource, ein wenn auch noch so geringer Input muß immer vorhanden sein. Hier sind zwei Fälle denkbar: Die Ressource ist zwar für die Produktion nötig, aber *inessentiell*, wenn es gelingt, ihren Verbrauch so über die Zeit zu strecken, daß sie trotz des endlichen Gesamtvorrats S_o nie ganz versiegt, und wenn mit diesem immer geringeren Input der Mindestkonsum C_o für unbegrenzt lange Zeit gewährleistet werden kann. Der Weltuntergang wird vermieden, weil R durch das akkumulierte Kapital K hinreichend substituiert werden kann. Es ist sehr wichtig, den Unterschied zwischen "unnötig" und "inessentiell" zu beachten. Die Ressource ist *essentiell*, wenn die genannte Substitution nicht in der Weise gelingt, daß C_o nicht unterschritten wird. In diesem Fall gibt es keinen Ausweg. Ob eine Ressource im hier definierten Sinn essentiell, inessentiell oder unnötig ist, läßt sich nur durch eine nähere Analyse der Produktionsfunktionen klären. Wir unterstellen zunächst die CES-Funktion

$$F=\left(aK^{\frac{\sigma-1}{\sigma}}+bR^{\frac{\sigma-1}{\sigma}}\right)^{\frac{\sigma}{\sigma-1}} \qquad a,b>0,\ a+b<1,\ \sigma>0,\ \sigma\neq 1 \tag{61}$$

ohne technischen Fortschritt. Vom Beitrag des als konstant angenommenen Produktionsfaktors Arbeitskraft kann beim vorliegenden Problem abgesehen werden, die sich daraus ergebenden Konsequenzen für die Homogenität der Produktionsfunktion spielen auch keine Rolle. Statt (61) schreiben wir zur Vereinfachung

$$aK^{\frac{\sigma-1}{\sigma}}+bR^{\frac{\sigma-1}{\sigma}}=Z \quad \text{mit } Z=F^{\frac{\sigma-1}{\sigma}} \tag{62}$$

$$\begin{aligned} &X+Y=Z \\ &X,Y \geq 0 \\ &X,Y \leq Z \end{aligned} \tag{63}$$

Entlang einer Isoquante ist definitionsgemäß mit F auch Z konstant. Die beiden Summanden links in (62), abgekürzt X und Y, müssen je positiv oder gleich Null sein, so daß keine von ihnen allein Z übertreffen kann. Unterstellen wir nun σ>1, zum Beispiel σ=2, so wird aus (62):

$$aK^{\frac{1}{2}} + bR^{\frac{1}{2}} = Z \tag{64}$$

Strebt nun R gegen Null, so strebt auch der gesamte rechte Summand Y gegen Null, womit X zur Aufrechterhaltung der Gleichung gegen Z streben muß. In Abbildung 14 a ist zu erkennen, daß das der Isoquante Z entsprechende Produkt F mit der Faktorkombination $(R=0, K=(Z/a)^2)$ erzeugt werden kann. Ist die Substitutionselastizität größer als eins, so berühren die Isoquanten die Koordinatenachsen, und die natürliche Ressource ist für die Produktion unnötig.

Liegt dagegen σ zwischen Null und eins, z.B. bei 1/2, so wird aus (62):

$$\frac{a}{K} + \frac{b}{R} = Z \tag{65}$$

Wächst nun K über alle Grenzen, so strebt X gegen Null, und $Y=b/R$ muß gegen Z streben, womit R nicht gegen Null streben kann. Wie in Abbildung 14 b verdeutlicht, kann selbst bei beliebig hohem Kapitaleinsatz der Einsatz der natürlichen Ressource entlang der Isoquante Z nicht unter $R=b/Z$ sinken. Die Ressource ist zur Produktion nötig.

Ist sie aber auch essentiell? Man muß dies schon wegen der Tatsache vermuten, daß sich die Isoquanten der K-Achse in Abbildung 14 b nicht beliebig nähern können, sondern einen "Mindestabstand" halten. Setzen wir in (62) wieder $F^{\sigma-1/\sigma}$ für Z ein und teilen durch $R^{\sigma-1/\sigma}$, so erhalten wir:

$$\left(\frac{F}{R}\right)^{\frac{\sigma-1}{\sigma}} = a\left(\frac{R}{K}\right)^{\frac{1-\sigma}{\sigma}} + b \tag{66}$$

bzw. für die Durchschnittsproduktivität der natürlichen Ressource:

$$\frac{F}{R} = \left\{a\left(\frac{R}{K}\right)^{\frac{1-\sigma}{\rho}} + b\right\}^{\frac{\sigma}{\sigma-1}} \tag{67}$$

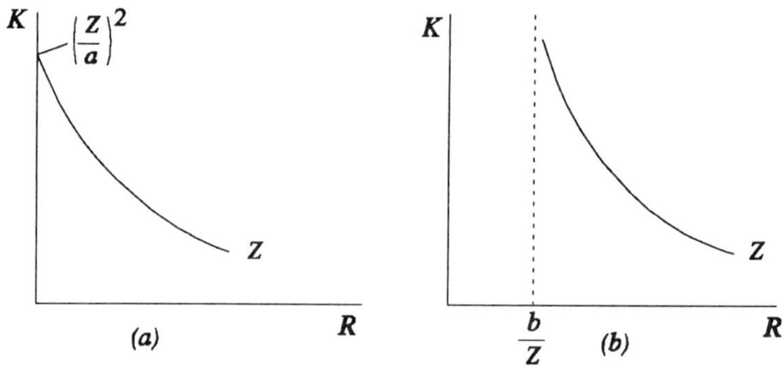

Abbildung 14: Unnötige (a) und essentielle (b) natürliche Ressource R in der CES-Funktion

Lassen wir R beliebig klein werden, so strebt für $0<\sigma<1$ der Limes der Durchschnittsproduktivität gegen einen endlichen Wert:

$$\lim_{\substack{R\to 0\\ 0<\sigma<1}} \left(\frac{F}{R}\right) = b^{\sigma/\sigma-1} \tag{68}$$

Nur bei $\sigma>1$ wächst die Durchschnittsproduktivität für $R\to 0$ über alle Grenzen. Damit ist klar, daß für $0<\sigma<1$ die natürliche Ressource essentiell ist. Wenn die Durchschnittsproduktivität bei beliebiger Verringerung von R nicht beliebig groß werden kann, ist es unmöglich, auf die Dauer ein festes Sozialprodukt F und damit das Mindest-Konsumniveau C_o aufrechtzuerhalten. Wegen der Begrenztheit von S_o muß aber R mit fortschreitender Zeit beliebig klein werden können.

Das Zwischenergebnis für eine CES-Funktion und $\sigma \neq 1$ steht damit fest: Ist die Substitutionselastizität größer als eins, so ist die natürliche Ressource für die Produktion unnötig, ist die Substitutionselastizität dagegen kleiner als eins, so ist die Ressource essentiell, und der Zusammenbruch ist unvermeidlich.

Am interessantesten ist der Fall $\sigma=1$. Hier wird aus der CES-Funktion die COBB-DOUGLAS-Funktion

$$F = \dot{K} + C = K^{\alpha} R^{\beta} L^{\gamma}, \quad \alpha, \beta, \gamma > 0, \; \alpha + \beta + \gamma = 1 \tag{69}$$

Wir normieren wieder L(konstant)=1, ferner mögen F, $\dot{K}$ und $C \geq C_o$ im Zeitverlauf ebenfalls konstant sein, womit der Kapitalstock linear wächst:

$$K(t) = K_o + \dot{K}t \tag{70}$$

Dann gilt:

$$\dot{F} = 0 = \alpha K^{(\alpha-1)}\dot{K}R^{\beta} + \beta R^{(\beta-1)}K^{\alpha}\dot{R}$$

woraus sich nach wenigen Umformungen ergibt:

$$\frac{\dot{R}}{R} = -\frac{\alpha}{\beta}\frac{\dot{K}}{K} \tag{71}$$

In dieser Gleichung liegt der Schlüssel zur Lösung des Problems, sie vergleicht die Wachstumsrate des Kapitals $\dot{K}/K$ mit der Verkleinerungsrate des Ressourceneinsatzes $\dot{R}/R$. Ist die Produktionselastizität des Kapitals α z.B. genauso groß wie die der natürlichen Ressource β, so entspricht einem Anwachsen des Kapitals von z.B. 5% eine Minderung des Ressourceneinsatzes von ebenfalls 5%. Ist $\alpha > \beta$, so verringert sich der Ressourceneinsatz prozentual schneller, als das Kapital wächst, bei $\alpha < \beta$ ist es umgekehrt. Das Kapital muß schnell genug wachsen, um den notwendigerweise immer kleiner werdenden Ressourceneinsatz zu substituieren. Bei der COBB-DOUGLAS-Funktion (σ=1) entscheiden offenbar die Produktionselastizitäten darüber, ob die natürliche Ressource essentiell oder inessentiell ist. Die Gleichung (71) läßt sich integrieren:

$$\ln R = -\frac{\alpha}{\beta}\ln K + Z \quad (Z = \text{const.}) \tag{72}$$

$$R(t) = e^{-\frac{\alpha}{\beta}\ln K(t) + Z} \tag{73}$$

woraus unter Verwendung von (70) folgt:

$$R(t) = e^{Z}(K_o + \dot{K}t)^{-\frac{\alpha}{\beta}} \tag{74}$$

Somit haben wir geklärt, wie sich $R(t)$ im Laufe der Zeit entwickelt. $R(t)$ wird auch in beliebig ferner Zukunft nie Null (in der COBB-DOUGLAS-Funktion ist kein Faktor unnötig). Eine notwendige Voraussetzung dafür, daß R inessentiell ist und damit der Zusammenbruch vermieden wird, ist aber, daß das uneigentliche Integral

$$\int_0^{\infty} R(t)\,dt = \int_0^{\infty} e^{Z}(K_o + \dot{K}t)^{-\frac{\alpha}{\beta}}\,dt = S_o \tag{75}$$

konvergiert, es muß gleich dem Anfangsbestand der Ressource S_o sein. Wir prüfen die Konvergenz in einer Nebenrechnung:

$$\int_A^\infty x^m dx = \left[\frac{1}{m+1}x^{m+1}\right]_A^\infty \qquad (76)$$

***m*>0:**	divergent	
***m*=0:**	divergent	
***m*=-1:**	divergent	(Lösung: ***lnx***) (77)
0>*m*>-1:	divergent	
***m*<-1:**	konvergent	

A*>0** sei eine beliebige feste Untergrenze, da uns eventuelle Komplikationen bei ***x*=0** hier nicht interessieren. Man kann sich durch Zahlenbeispiele leicht davon überzeugen, daß das uneigentliche Integral von x^m nur dann konvergiert, wenn ***m*<-1**, nur dann ist **(*m*+1)<0**, womit die Obergrenze des Integrals gegen Null strebt. Dies Ergebnis gilt auch für die Integration von ***R(t). (75) konvergiert nur, wenn $-\alpha/\beta$ kleiner als **-1** ist, das heißt, α muß größer als β sein. Damit ist SOLOWs Ergebnis erreicht: Wird nach einer COBB-DOUGLAS-Funktion produziert, so ist die natürliche Ressource inessentiell und damit der Zusammenbruch vermeidbar, wenn die Produktionselastizität des Kapitals α größer ist als die der natürlichen Ressource β.

Das Integral (75) läßt sich für $\alpha>\beta$ leicht durch Substitution berechnen:

$$S_o = \int_0^\infty e^z(K_o+\dot{K}t)^{-\frac{\alpha}{\beta}}dt = \frac{e^z\beta}{(\beta-\alpha)\dot{K}}\left[(K_o+\dot{K}t)^{\frac{\beta-\alpha}{\beta}}\right]_0^\infty = \frac{e^z\beta K_o^{\frac{\beta-\alpha}{\beta}}}{\dot{K}(\alpha-\beta)} \qquad (78)$$

Aus (69) und (74) folgt ferner:

$$F = K^\alpha\left(e^z K^{-\frac{\alpha}{\beta}}\right)^\beta \qquad (79)$$

vereinfacht

$$e^z = F^{\frac{1}{\beta}} \qquad (80)$$

was in (78) eingesetzt und umgeformt einen Ausdruck für F in Abhängigkeit vom Anfangsbestand des Kapitals K_o, vom Ressourcenanfangsbestand S_o und von der konstanten jährlichen Kapitalakkumulation $\dot{K}$ ergibt:

$$F = \left(\frac{\alpha-\beta}{\beta}\right)^\beta K_o^{\alpha-\beta}S_o^\beta\dot{K}^\beta = G\dot{K}^\beta \qquad (81)$$

Als letztes stellen wir die aus den "Golden Age-Modellen" der Wachstumstheorie geläufige Frage, welcher Wert für die jährlich konstante Akkumulation den ebenfalls konstanten Konsum maximiert. Wird zuwenig akkumuliert, so wird die schrumpfende natürliche Ressource unvollständig substituiert, wird aber zuviel akkumuliert, so wächst der Kapitalstock "als Selbstzweck", womit der Konsumtion unnötigerweise Ressourcen entzogen werden. Als Antwort braucht nur $\boldsymbol{C}$ in bezug auf $\dot{\boldsymbol{K}}$ maximiert zu werden:

$$\begin{aligned} C(\dot{K}) &= F(\dot{K}) - \dot{K} \\ C'(\dot{K}) &= 0 = F'(\dot{K}) - 1 \end{aligned} \tag{82}$$

Aus (81) folgt aber

$$\begin{aligned} F'(\dot{K}) &= G\beta\dot{K}^{\beta-1} \\ &= \beta F\dot{K}^{-1} \quad \text{, also} \end{aligned} \tag{83}$$

$$\dot{K} = \beta F \tag{84}$$

Dieser wichtige Zusatz zu SOLOWs Resultaten ist als HARTWICKsche Regel bekannt.[38] Eine Wirtschaft mit einer erschöpfbaren Ressource, mit Kapitalakkumulation, COBB-DOUGLAS-Funktion, Produktionselastizitäten in der erforderlichen Höhe und Folgsamkeit gegenüber der Grenzproduktivitätstheorie der Verteilung lebt mit einem für alle Zeiten konstanten Konsum, wenn sie den "Factor Share" der natürlichen Ressource akkumuliert (vgl. Abbildung 15). Die im vorangehenden Abschnitt analysierten Royalties müssen investiert, der Rest (auch die Kapitalrenditen) kann konsumiert werden.

Soviel möge zur Theorie genügen. Die Ergebnisse können mit SOLOW selbstverständlich auch eleganter und allgemeiner hergeleitet werden, z.B. unter Berücksichtigung eines variablen Faktors Arbeit, wachsender Bevölkerung, nichtlinearer Kapitalakkumulation u.a.m. Die Tabelle 2 faßt noch einmal die Ergebnisse zusammen.

Zugunsten einer relativ optimistischen Deutung des vorgeführten Modells kann manches geltend gemacht werden. Können Volkswirtschaften auf hochaggregierter Ebene angenähert als COBB-DOUGLAS-Ökonomien modelliert werden und sind die aus den Faktoranteilen abgeleiteten Produktionselastizitäten nicht grob irreführend, so gibt es Anlaß zur Beruhigung, denn die Kapitalprofite auf der Welt sind mehrfach so groß wie alle Royalties aus dem Verkauf natürlicher Ressourcen. Hiernach müßte

[38] HARTWICK (1977), SOLOW (1986).

der Fall $\alpha > \beta$ vorliegen. Optimisten können ferner darauf hinweisen, daß sämtliche obenstehenden Rechnungen vom Recycling und vor allem vom technischen Fortschritt absehen; letzerer kann noch Abhilfe schaffen, selbst wenn die Fälle 3 oder 4 in Tabelle 2 gegeben sein sollten.

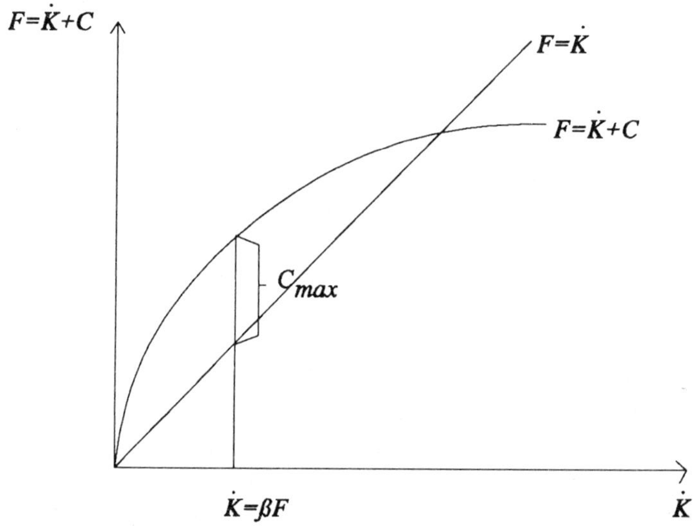

Abbildung 15: HARTWICKsche Regel

	Substitutions- bzw. Produktionselastizitäten	Produktionsfunktion	die natürliche Ressource ist
1	**$\sigma > 1$**	CES	unnötig
2	**$\sigma = 1$, $\alpha > \beta$**	CD	inessentiell
3	**$\sigma = 1$, $\alpha < \beta$**	CD	essentiell (Doom)
4	**$\sigma < 1$**	CES	essentiell (Doom)

Tabelle 2: Unnötige, inessentielle und essentielle natürliche Ressourcen in SOLOWs Modell

Auf der anderen Seite weist insbesondere GEORGESCU-ROEGEN[39] nachdrücklich auf einen Mangel der Modellstruktur hin, der die neoklassische Kapital- und Wachstumstheorie generell betrifft, nämlich die Nichtberücksichtigung der Ersatzinvestitionen. Es wird so gerechnet, als würde akkumuliertes Kapital unendlich lange "leben", allenfalls läßt sich im Modell noch eine Abschreibungsdynamik analog dem radioaktiven Zerfall unterbringen. Wie stark GEORGESCU-ROEGENs Einwand die Ergebnisse entwertet, kann hier nicht beurteilt werden, sein Einwand muß jedoch methodologisch als berechtigt gelten.

Selbst wenn die Fälle 1 oder 2 in Tabelle 2 gegeben sein sollten, so ist ein empirischer Einwand gegen allzu großen Optimismus dahingehend zu erheben, daß zwar ein konstantes C_o für unbegrenzte Zeit produzierbar sein mag, dieses aber zu klein sein kann, um die Weltbevölkerung angemessen zu versorgen. Das theoretische Modell allein kann einen derartigen empirischen Einwand selbstverständlich nicht entkräften, hier helfen nur empirische Forschungen weiter. Der m.E. schwerwiegendste Einwand, sowohl theoretisch als auch empirisch, gegen eine optimistische Deutung des SOLOW-Modells lautet, daß die Kapitalakkumulation in diesem Modell auf keine Grenzen stoßen darf. Zur Substitution der immer knapper werdenden natürlichen Ressource sind hohe Aufwendungen der "künstlichen" Ressource, hohe Investitionen erforderlich. Es ist kaum vorstellbar, daß diese auf die Dauer nicht negative externe Effekte erzeugen mit dem Ergebnis, daß zwar, wie gefordert, ein konstanter *Konsum* C_o an produzierten Gütern (z.B. Nahrung, Energie-Dienstleistungen, wie Wärme, Licht u.a.) gewährleistet ist, nicht aber gleichzeitig ein konstanter *Nutzen*. Irgendwann muß in dem Modell die gesamte Erde mit Investitionen zugebaut sein, welche die zur Neige gehenden natürlichen Ressourcen substituieren, womit erstere zumindest unschön, wenn nicht lebensunwert werden kann. Das Überziehen der gesamten Landschaft mit Windkraftwerken zur Ölsubstitution wäre vielleicht noch nicht einmal die drastischste Illustration. Eine Abhilfe gegen die Überakkumulation kann nur aus technischem Fortschritt kommen, der zwar nicht ausgeschlossen werden kann, auf dessen Eintreffen jedoch auch nicht blindlings vertraut werden kann.

Trotz dieser und anderer möglicher Einwände kommen dem SOLOW-Modell und der HARTWICKschen Regel ein hoher heuristischer Wert zu. Vor allem dient es dazu, apodiktischen Behauptungen optimistischer wie auch pessimistischer Art - Beglükkungs- wie auch Weltuntergangsprophezeihungen - entgegenzutreten. Gar nichts ist sicher in der Zukunft, es kommt auf die Umstände an. Wie gut wir ohne Erdöl,

[39] GEORGESCU-ROEGEN (1979, p. 98).

Zink, Molybdän usw. auskommen werden, ist eine empirische Frage; das neoklassische theoretische Instrumentarium dient allein dazu, Gedanken zu ordnen und logische Fehlschlüsse zu vermeiden bzw. solchen auf die Spur zu kommen. Bezüglich elementarer Ressourcen, wie fossiler Energiequellen und Metallen, kann nur gehofft werden, daß die zukünftige Entwicklung etwa nach der HARTWICKschen Regel verläuft - nach dem Öl muß selbstverständlich etwas anderes kommen. An seiner Substituierbarkeit als Energieträger bestehen auch keine Zweifel, da hier nicht das Öl selbst, sondern die aus ihm abgeleiteten Leistungen - Wärme, Licht und Kraft - zählen. Der Kreis solcher im Prinzip vollständig substituierbarer Ressourcen ist jedoch nicht allzu groß, und es könnte nur als folgenschwerer Fehler angesehen werden, wenn SOLOWs Modell das in der neoklassischen Ökonomie tiefverwurzelte *Substitutionsparadigma* weiter bestärken sollte. Nichts ist abwegiger als die offen geäußerte oder - häufiger - durch bestimmte Modellstrukturen unterschwellig suggerierte empirische Behauptung, daß sich alles und jedes auf der Welt substituieren ließe. Wie schon in der Einleitung (Abschnitt 1.4.2) angemerkt, sind die entscheidenden natürlichen Ressourcen - Arten, Biotope, Selbstregulierungsfähigkeit, Klima usw. - nicht substituierbar, sondern stellen ein System *komplementärer* Werte dar. Die dort relevanten ökonomischen und ethischen Fragen lassen sich mit SOLOWs Modell nicht analysieren.

2.6 "Natural Environments" in der Kosten-Nutzen-Analyse

Wir machen nun einen großen Sprung: Im Jahre 1967 wurde in einem inzwischen als "Klassiker" betrachteten, berühmten Artikel festgestellt: "The central issue seems to be the problem of providing for the present and future the amenities associated with unspoiled natural environments, for which the market fails to make adequate provision".[40] Wenn wir uns im folgenden kurz dieser Richtung zuwenden, so verlassen wir zwar die neoklassische Routine, jedoch kann nicht davon gesprochen werden, daß der methodologische Rahmen der Neoklassik gesprengt würde; wir bewegen uns voll innerhalb der acht "Essentials" aus Abschnitt 1.2.3.

Die Kosten-Nutzen-Analyse (Cost-Benefit Analysis) entwickelte sich nach dem zweiten Weltkrieg in den USA und darauf auch in Großbritannien und anderen Ländern als ein Instrument zur Bewertung staatlicher Infrastrukturprojekte auf den

[40] KRUTILLA (1967, p. 778).

Gebieten des Wasserbaus, des Verkehrswesens usw.[41] Es ist unumwunden festzustellen, daß sie im deutschsprachigen Bereich nicht nur unter Laien, sondern auch in Teilen der Wirtschaftswissenschaft und vor allem in planerischen Disziplinen, denen rationale Bewertungen ein Anliegen sein müßten, nach wie vor unverstanden ist. Auf Grund von Kenntnislosigkeit und Vorurteilen werden ihr unakzeptable Eigenschaften nachgesagt, die sie nicht besitzt, und werden Alternativen, die bei sorgfältiger Betrachtung in keiner Beziehung besser abschneiden (etwa die "Nutzwertanalyse") präferiert. Die Kritik an der Kosten-Nutzen-Analyse ist oft so fundamental, daß sie nicht mit kontingenten Umständen erklärt werden kann: Selbstverständlich sind zahlreiche schlechte Kosten-Nutzen-Analysen erstellt worden, insbesondere solche, bei denen ein bestimmtes Ergebnis herauskommen sollte, behufs dessen methodisch nachgeholfen wurde. Die Fundamentalkritik geht jedoch darüber hinaus, sie akzeptiert fachlich einwandfreie Ergebnisse ebensowenig, weil alles eine "falsche Sicht" darstelle, insbesondere werde der Geldmaßstab angelegt, wo dies unzulässig sei.

Der Grundgedanke der Kosten-Nutzen-Analyse besteht darin, sämtliche volkswirtschaftlichen Opportunitätskosten eines Projektes, einer einmaligen oder regelmäßig wiederkehrenden Aktivität, allgemein einer ökonomischen Entscheidung, ihren sämtlichen Nutzen gegenüberzustellen. Die Nutzenermittlung folgt SAMUELSONS "Individual's choices are to 'count'", d.h. gefragt ist nach den Bewertungen, der Zahlungsbereitschaft der unabhängigen, souveränen Subjekte. Manifestiert sich letztere nicht auf Märkten, so muß sie durch Befragungen, durch Schlüsse aus dem Verhalten der Subjekte oder auf andere Weise ermittelt werden, wobei neben methodischer Sorgfalt viel praktische Phantasie gefragt ist. Gewonnen wird mit allem eine Entscheidungs*hilfe*: Den Bewertungen der Individuen kann, aber muß nicht gefolgt werden, z.B. dann nicht, wenn sie für ethisch fragwürdig zu halten sind. Wie schon in Abschnitt 1.2.3 erläutert, dient die Kosten-Nutzen-Analyse dazu, ökonomische Entscheidungen auf Basis der Konsumentensouveränität (also prinzipiell "marktmäßig") vorzubereiten und zu ermöglichen, welche durch einen Spontanmarkt nicht realisierbar sind, weil insbesondere durch die regelmäßige Anwesenheit von Kollektivgütern (vgl. ausführlich Abschnitt 6.2) weder der erforderliche Informationsfluß noch die Herstellung hinreichender individueller Anreizkompatibilität noch die (dem funktionierenden Markt eigene) Wegrationalisierung der Transaktionskosten gewähr-

[41] Die Literatur ist sehr umfangreich, besonders zu empfehlen sind LAYARD (1972), MISHAN (1976), DASGUPTA & PEARCE (1978) und PEARCE & NASH (1981), OECD (1989), deutsch HANUSCH (1987).

leistet sind. Die Gesellschaft kann mit Hilfe der Kosten-Nutzen-Analyse alle auf Grund der vorherrschenden Präferenzen gewünschten Entscheidungen treffen, die in einem Spontanmarktsystem wegen der Unmöglichkeit, kollektive Einstimmigkeit festzustellen, "hängenbleiben", und ist damit ein integrales Element der "kontraktuellen Neoklassik" (vgl. Abschnitt 1.6).

Nachdem die Kosten-Nutzen-Analyse jahrzehntelang u.a. dazu gedient hatte, in bezug auf den Erhalt von Natur und Umwelt problematische Großprojekte zu legitimieren (oft mit dem erwähnten methodologischen "Bias"), begann die Arbeitsgruppe um J.V. KRUTILLA Ende der 60er Jahre, dasselbe Instrument für Fragen des Naturerhaltes einzusetzen. Wissenschaftshistorisch liegt hier ein Beispiel seltener Deutlichkeit dafür vor, in welchem Maße "vorwissenschaftliche" Einstellungen und Privatansichten die Forschung allein durch die Themenauswahl beeinflussen. Selbstverständlich kommt der/diejenige, welche(r) sich an der Natur erfreut, eher auf die Idee, die Kosten-Nutzen-Analyse für den Naturschutz einzusetzen. Sofern dieses Vorverständnis nicht die Qualität der Untersuchung in Mitleidenschaft zieht, ist hiergegen nicht das geringste einzuwenden. Die Autoren meinen bescheiden: "Our purpose has been to bring the amenity resources of natural environments into an analytical valuation framework comparable to that for the extractive resources. We sought to do this by applying tools and concepts of conventional economic theory in somewhat unconventional situations."[42]

KRUTILLA forderte schon in seinem bahnbrechenden Artikel,[43] die Präferenzen, welche Individuen für Teile der Natur - Tier- und Pflanzenarten, Biotope, Landschaften - hegen, differenziert zu betrachten. Diese Präferenzen können über die üblicherweise allein betrachtete egoistische Komponente hinaus durch Motivationen wie Altruismus und Pflichtbewußtsein beeinflußt sein. Im Anschluß an den Autor unterscheidet man heute neben dem egoistischen "Erlebniswert", welcher für die Natur empfunden werden kann, einen "Existenzwert" (Zahlungsbereitschaft dafür, daß etwas überhaupt vorhanden ist, ohne daß man es persönlich wahrnimmt, etwa für das Überleben bestimmter Tierarten), einen "Vermächtniswert" (Zahlungsbereitschaft dafür, ein u.U. selbst nicht präferiertes Gut an die Nachwelt zu vererben) und

[42] KRUTILLA & FISHER (1975, p. vi.). Überblicke über Methoden und Ergebnisse dieser Forschungsrichtung geben neben dem zitierten Werk FREEMAN (1979), KRUTILLA (1972), FISHER et. al. (1972), FISHER (1981), PORTER (1982) und (am aktuellsten) FISHER & KRUTILLA (1985).

[43] KRUTILLA (1967, pp. 779ff.).

einen "Optionswert" (Zahlungsbereitschaft dafür, die Möglichkeit eines künftigen Erlebnisses zu gewährleisten, d.h. insbesondere, irreversiblen Verlusten zuvorzukommen). Die bis heute nicht abgeschlossene Diskussion um diese Begriffe förderte eine Vielzahl von theoretischen und empirischen Schwierigkeiten, Überlappungen und auch Inkonsistenzen zutage und muß als Musterbeispiel eines mühsamen, subtilen, zuweilen auch etwas pedantischen Begriffsklärungsprozesses gelten.[44] Die Diskussion war und ist nie losgelöst von den Problemen der empirischen Anwendungen.[45]

Das zweite Standbein der "Economics of Natural Environments" ist die konsequente Anwendung des Opportunitätskostenprinzips. In einem Nutzungskonflikt um ein Stück Natur (etwa, ob ein Fluß wild fließen oder für Zwecke der Stromerzeugung gezähmt werden soll) bestehen die Opportunitätskosten des Naturerhaltes im Nettonutzen der naturzerstörenden Aktivität, auf welchen im Falle, daß die Natur erhalten bleibt, verzichtet werden muß. In nicht wenigen Fällen besitzen die naturzerstörenden Aktivitäten infolge ihrer offenkundigen Unrentabilität keine ökonomische Rechtfertigung, womit sie nicht nur selbst dann abzulehnen wären, wenn mit ihnen gar keine Natur zerstört würde, sondern womit auch die volkswirtschaftlichen Kosten des Naturerhaltes Null betragen. Am Schluß von Abschnitt 1.5 (Anmerkung 79) wurde schon auf dieses Problem hingewiesen. Es wird berichtet von Staudämmen,[46] die ihre Baukosten nie wiedergewinnen lassen, der Rhein-Main-Donau-Ka-

[44] Der "Optionswert" wurde als qualitatives Konzept eingeführt von WEISBROD 1964. CICCHETTI & FREEMAN (1971) sowie ARROW & FISHER (1974) zeigten, daß sich hierunter zwei verschiedene Begriffe verbergen, die sich jeweils auf Risikoscheu oder auf die Chance, durch zeitlichen Aufschub einer irreversiblen Entscheidung bessere Informationen zu gewinnen, beziehen. Unter sehr zahlreichen Arbeiten zur weiteren Begriffsschärfung seien nur herausgegriffen BISHOP (1982 und 1986), SMITH (1983) und FREEMAN (1984). Zu Existenz- und sonstigen Wertkategorien vgl. TALHELM (1983) und SMITH (1987).

[45] Programmatische "Klassiker" der Ermittlung von Bewertungen und Präferenzen auf dem Gebiet der Erholungsplanung sind CLAWSON & KNETSCH (1963) sowie DAVIS (1963). Zahlreiche Arbeiten finden sich in den Zeitschriften "Land Economics", "Natural Ressources Journal", "American Journal of Agricultural Economics", "Journal of Environmental Economics and Management" sowie in den regelmäßig erscheinenden "Advances in Applied Micro-Economics", hrsg. von V.K. SMITH. Zusammenfassende Darstellungen in CUMMINGS et al. (1986), MITCHELL & CARSON (1989) (Methodenhandbücher), FREEMAN (1985) und POMMEREHNE (1987). Jüngste kritische Abhandlungen: RÖMER (1991), STEVENS (1991), KAHNEMANN & KNETSCH (1992).

[46] Vgl. RANDALL (1987, pp. 395ff.) und BISHOP (1980). Die Tellico-Staudamm-Affäre erlangte hohe Publizität, weil das Bauwerk das geltende Artenschutzrecht verletzte; eine Fischart wurde gefährdet. Man argumentierte, daß wegen eines unbedeutenden Fisches nicht

nal erwirtschaftet Presseberichten zufolge 6% seiner jährlichen Betriebskosten durch Einnahmen aus dem Schiffsverkehr (!!), womit die Baukosten einer Deckung noch ferner sind,[47] in Berlin (West) sollte für fast eine Milliarde DM ein Güterbahnhof gebaut werden (sein Bau wurde allein durch juristische Einsprüche von Naturschützern verhindert, welche durch ungeschicktes Verhalten der Planer ermöglicht wurden), bis im letzten Augenblick seine katastrophale betriebswirtschaftliche Unrentabilität überhaupt erst bekannt wurde[48] - Beispiele dieser Art sind Legion.

In anderen Fällen wird die ökonomische Zweifelhaftigkeit der naturzerstörenden Großprojekte erst bei genauerem Hinsehen deutlich, weil zwischen Geldströmen an der Oberfläche, die intuitiv als "Kosten" gedeutet werden können, und echten Opportunitätskosten große Unterschiede bestehen. Die in der Bundesrepublik und in anderen Industrieländern inner- und außerhalb der Europäischen Gemeinschaft seit Jahrzehnten getätigten Milliardenaufwendungen für die landwirtschaftliche Flurbereinigung, einer Hauptursache für die Verdrängung unzähliger Tier- und Pflanzenarten aus der Landschaft, zahlt sich, wenn überhaupt, nur einzelwirtschaftlich für die begünstigten Betriebe, seit langem jedoch nicht mehr volkswirtschaftlich aus.[49] Würden die von der Allgemeinheit getragenen Kosten den landwirtschaftlichen Mehrerlösen gegenübergestellt, so ergäbe sich eine hinreichende Rendite nicht einmal bei (unzulässiger) Verwendung der administrierten, von tatsächlichen realen Knappheiten weit entfernten Agrarpreisen, um so weniger in einer korrekten Opportunitätskostenrechnung. Ferner kann der Nettonutzen naturzerstörender Projekte in herkömmlichen Kalkulationen nach oben verzerrt und damit eine ökonomische Konkurrenzfähigkeit mit der Alternative "Naturerhalt" vorgetäuscht werden, wenn negative externe Effekte aus Emissionen oder sonstigen Gründen unberücksichtigt bleiben. Schließlich wird in aller Regel über die ökonomische Rechtfertigung naturzerstörender Projekte (so-

hohe ökonomische Verluste (Verzicht auf Stromerzeugung) hingenommen werden könnten. Wegen der Unrentabilität des Staudammes betrugen die Erhaltungskosten des Fisches tatsächlich Null.

[47] Süddeutsche Zeitung vom 24.6.1988: Noch Riesen-Defizit am Kanal.

[48] HAMPICKE (1985, pp. 397-401.).

[49] Eine umfassende ökonomische Evaluation dieses Zusammenhangs ist mir nur aus Großbritannien bekannt, vgl. BOWERS & CHESHIRE (1983), TURNER et al. (1983), TURNER (1988). Sehr viel mehr Forschung hierüber wäre auch in der Bundesrepublik wünschenswert. Mir scheinen allerdings schon einfache Überlegungen beweiskräftig für die enorme Unwirtschaftlichkeit der heutigen Agrarstruktur zu sein, vgl. HAMPICKE (1987a, 1991a).

fern dies überhaupt zu belegen für nötig erachtet wird) entschieden, ohne den ökonomischen Nutzen der unzerstörten Natur - die potentielle Zahlungsbereitschaft nach ihr - als Kostenbestandteil dieser Projekte zu veranschlagen. Hier ist es unerheblich, daß diese Zahlungsbereitschaft den "Wert der Natur" nicht in vollem Umfang widerspiegeln kann, es ist schon unerheblich, ob dieser volle Wert monetär ausdrückbar ist oder nicht (er ist es nicht, vgl. Abschnitt 5.4). Entscheidend ist allein: Wenn souveräne Nachfrager eine bestimmte Zahlungsbereitschaft nach Natur äußern, so ist diese Nachfrage in der neoklassischen Ökonomie ebenso zu berücksichtigen wie jede andere Nachfrage, d.h. sie muß im Falle ihrer Nichterfüllung als Kostenfaktor (entgangener Nutzen) berücksichtigt werden. "Thus, a substantial class of environmentally disruptive activities can be shown to be unjustified by the faithful application of economic analysis, within a cost benefit framework used initially to "justify" such projects."[50]

Die Bewertungsschwierigkeiten sind hiermit noch nicht erschöpfend dargestellt. Die Frage, ob z.B. eine einmalige Landschaft "entwickelt" (zerstört) oder ursprünglich erhalten bleiben soll, beinhaltet eine Asymmetrie.[51] Jedes dort zu errichtende Wasserkraftwerk besitzt eine begrenzte Lebensdauer - die Entscheidung, Strom zu erzeugen, gilt prinzipiell auf Zeit, ein Kraftwerk kann jederzeit wieder abgebaut werden. Demgegenüber sind die Folgen des Staudamms für die betreffenden Biotope in menschlich-historischen Zeiträumen irreversibel, sie werden praktisch nie wieder so entstehen, wie sie einmal waren. Das Problem kann auch so formuliert werden, daß die Entscheidung, keinen Staudamm zu bauen, jederzeit reversibel ist, denn er kann auch morgen noch gebaut werden. Ist er aber einmal gebaut worden, so ist der ursprüngliche Zustand der Landschaft nicht wiederherzustellen. Kann zwar die Forderung, daß der Mensch irreversible Veränderungen der Natur überhaupt nicht vornehmen soll, wegen ihrer Unerfüllbarkeit nicht erhoben werden, so sind solche Wirkungen jedoch weitaus gründlicher auf ihre Notwendigkeit zu prüfen und im Zweifelsfall eher zu unterlassen als leicht widerrufbare Entscheidungen. Diese nicht zuletzt konkrete Alltagsvernunft wiedergebenden Grundsätze sind in der ökonomischen Theorie irreversibler (insbesondere Investitions-) Entscheidungen auf das ausführlich-

[50] KRUTILLA & FISHER (1975, p. 142). Das von den Autoren untersuchte, berühmt gewordene Beispiel (Staudammprojekt im Hells Canyon, vgl. Anmerkung 54) zeichnete sich dadurch aus, daß es ohne Berücksichtigung der Nutzungskosten der Natur ökonomisch schien, mit deren Berücksichtigung jedoch unökonomisch war.

[51] Ibid., insbes. pp. 39-75

ste erörtert worden und stellen wichtige Punkte in der Diskussion um den "Optionswert" dar.[52]

Irreversible Naturzerstörungen werden allerdings selten im Zustand völliger Informationslosigkeit über die langfristigen Folgen unternommen (was ein Unterlassen aus Vorsichtsgründen in zahlreichen Fällen schon rechtfertigte). Vielmehr sind oft plausible Vorabinformationen verfügbar, welche in die Richtung weisen, daß das Kosten-Nutzen-Verhältnis einer naturzerstörenden Investition tendenziell ungünstiger ist, als es die Gegenüberstellung aktueller und kurzfristig korrekter Daten anzeigt, daß m.a.W. eine irreversible Entscheidung zuungunsten der Natur oft selbst dann nicht zu verantworten ist, wenn die aktuelle Datenlage eine ökonomische Überlegenheit der naturzerstörenden Investition anzeigt. Es sind nämlich die sich in Zukunft wahrscheinlich verändernden Knappheiten zu antizipieren. Besteht in einem konkreten Fall jetzt nur eine geringe Zahlungsbereitschaft für den Naturerhalt und sind die Opportunitätskosten der Investition aus diesem Grunde gering, so kann sich dieser Zustand ändern. Auf Grund höherer Knappheit an Natur morgen sowie auf Grund veränderter, der Natur stärker zugewandter Präferenzen können die Opportunitätskosten in Zukunft stark ansteigen, ohne daß dies nach einmal erfolgter Investition und irreversibler Naturzerstörung noch berücksichtigt werden könnte. Das Entscheidungskriterium ist nicht, ob der heutige Nutzen des Naturerhalts $\boldsymbol{B}$ größer oder kleiner ist als die heutigen Opportunitätskosten $\boldsymbol{C}$, vielmehr muß versucht werden, die gesamte Zukunft zu überblicken:

$$V=\int_0^\infty (B(t)-C(t))\,e^{-it} \tag{85}$$

Auch wenn heute $\boldsymbol{B<C}$ ist, kann bei künftig stärker steigendem $\boldsymbol{B}$ der Wert $\boldsymbol{V}$ leicht positiv werden, womit es ökonomisch ist, die Natur nicht zu zerstören. Das hier ebenfalls zu erkennende Problem der Diskontierung bearbeiten wir in späteren Abschnitten.

Ob die Veränderung der Knappheitsrelationen in der hier angezeigten Richtung tatsächlich Platz greift, ist eine empirische Frage; dies kann, muß sich jedoch nicht bewahrheiten. Allerdings führen die Autoren der Arbeitsgruppe um KRUTILLA einen Umstand an, der eine derartige Veränderung wahrscheinlich macht.[53] Der Nutzen, welcher aus der naturzerstörenden Investition folgt, ist in aller Regel auch auf ande-

[52] Vgl. Anmerkung 44. Weitere wichtige Arbeiten zur Beurteilung irreversibler Effekte sind ARROW & KURZ (1970), FISHER & KRUTILLA (1974), HENRY (1974, 1974a).

[53] Vgl. Anmerkung 51.

ren Wegen zu stiften, es bestehen m.a.W. Substitutionsmöglichkeiten, welche durch fortschreitende Technik tendenziell sogar erweitert werden. Demgegenüber sind Naturerlebnisse als spezifische "Konsumgüter" schwer zu substituieren - bei fortschreitender Verknappung der Möglichkeiten für solche Erlebnisse werden sogar die Aussichten immer geringer, wenigstens ein Naturerlebnis durch ein anderes zu substituieren.

Die ersten Anwendungen der "Economics of Natural Environments" bezogen sich auf spektakuläre Konfliktfälle, insbesondere auf die Beurteilung umstrittener Staudammprojekte in ästhetisch und ökologisch herausragenden Landschaften - am bekanntesten auch außerhalb der Fachkreise wurde die Untersuchung über den "Hells Canyon" des Snake River im Nordwesten der USA.[54] In der Folgezeit verbreiterte sich jedoch das Untersuchungsspektrum erheblich, da sich die Elemente dieses Ansatzes flexibel und auch unabhängig voneinander anwenden lassen. Eine intensive, noch keineswegs abgeschlossene Fortentwicklung erlebte und erlebt das Instrument der Zahlungsbereitschaftsanalyse ("Willingness-to-Pay"). Die subjektive Zahlungsbereitschaft der Individuen für unterschiedliche naturbezogene Leistungen oder Unterlassungen wurde erforscht, oft mit dem Ergebnis, daß sie von vorher nicht erwarteter Höhe war: Was ist Entenjägern der Erhalt großer Feuchtgebiete wert, in denen sie ihren lebenden Zielscheiben nachstellen können - m.a.W., wieviel sind sie bereit zu zahlen für die Vermeidung der Alternative, infolge der Trockenlegung der Feuchtgebiete nicht mehr jagen zu können?[55] Wieviel würden West-Berliner Bürger für eine Verbesserung der Luftqualität maximal zu zahlen bereit sein[56] oder für den Erhalt von Spazierwegen auf landwirtschaftlichen Feldern in ihrer Nähe?[57] Auch der Opportunitätskostenansatz wurde auf verschiedene Problemstellungen angewandt.[58]

[54] KRUTILLA & FISHER (1975, pp. 84-150) (Kapitel 5 und 6).

[55] Ibid., (pp. 219-233), GOLDSTEIN (1971), HAMMACK & BROWN (1974).

[56] SCHULZ (1985).

[57] SCHWEPPE-KRAFT et al. (1989).

[58] In meiner Studie zu den Naturschutzkosten in Berlin (HAMPICKE 1985) habe ich mich konzeptionell am Ansatz von KRUTILLA et al. orientiert, auch wenn die Nutzenseite nicht berechnet wurde (es wurde ein festes Ziel vorgegeben). Neuere Arbeiten sowohl über die Kosten der *Vermeidung* von Umwelt- und Naturschäden als auch über die Kosten *unterbliebenen* Umweltschutzes sind u.a. WICKE (1986), HOLM-MÜLLER et al. (1991), WEINBERGER et al. (1991), HAMPICKE et al. (1991) und zusammenfassend SCHULZ & SCHULZ (1991), sowie

Die mit den genannten Untersuchungen verbundenen methodologischen Reflexionen erwiesen sich als weiterführend auch auf heiklen Gebieten, nämlich beim Bemühen, die Grenze zum ökonomisch Unbewertbaren nicht nur rhetorisch, sondern analytisch und möglichst präzise abzustecken. In zahlreichen Veröffentlichungen kamen Ökonomen der hier betrachteten Richtung regelmäßig zum Ergebnis, daß die Ausrottung von Tier- und Pflanzenarten ebenso wie die Zulassung sonstiger irreversibler ökologischer Substanzverluste, von genau zu spezifizierenden Ausnahmen abgesehen, nicht zu verantworten ist.[59] Wohlgemerkt: Dies ist nicht das gefühlsmäßige Votum passionierter Orchideenliebhaber, sondern folgt kühl-analytisch aus rationalen ökonomischen Vorgaben. Dies Ergebnis schließt natürlich ein, daß die Zahlungsbereitschaft nach ökologischem Substanzerhalt bei aller ihrer Bedeutung nicht immer das letzte Wort in Entscheidungen sein darf. Sollte sie einmal nicht ausreichen, um einen bedeutenden ökologischen Verlust abzuwenden, so muß es möglich sein, dies mit politischen Mitteln und ethischer Begründung zu korrigieren. Ist jedoch die Zahlungsbereitschaft bereits groß genug, um einen ökologischen Wert entgegen destruktiven Nutzungsansprüchen zu erhalten, ist mit anderen Worten der Naturerhalt bereits auf Grund der individuellen (egoistisch und/oder altruistisch motivierten) Präferenzen die effiziente Lösung eines Allokationsproblems, so bedarf es keiner ethisch begründeten Zurückdrängung der Konsumentensouveränität. Der Markt sorgte bereits für den Naturerhalt, wenn er sich nur gegenüber (meist lautstarken und "öffentliches Interesse" usurpierenden) Sonderinteressen durchsetzen könnte.

Zusammenfassend besteht kein Zweifel daran, daß der Zustand der Natur überall auf der Erde ein anderer und bedeutend besserer wäre, wenn die neoklassische "Economics of Natural Environments" in den vergangenen Jahrzehnten konsequent angewandt worden und entscheidungsrelevant gewesen wären, wenn sich alle naturzerstörenden Interessen in neoklassisch-ökonomischer Weise hätten legitimieren müssen. Ein großer Teil von ihnen hätte den Effizienztest nicht bestanden. Die "Economics of Natural Environments" stellt nicht nur aus subjektiv-naturfreundlichem Blickwinkel einen interessanten Ansatz dar - dies allein machte ihn zwar von seinen Ergebnissen her begrüßenswert, verlieh ihm jedoch noch keine besondere methodolo-

ENDRES et al. (1991).

[59] Die wichtigste Literatur hierzu ist in meinem Buch HAMPICKE (1991a, Kapitel 5, insbes. pp. 105-106) zusammengestellt; exemplarisch seien hier nur genannt: BISHOP (1978, 1980), RANDALL (1986, 1988, 1991) und TISDELL (1989, 1990).

gische Qualität. Mit seinem Insistieren auf dem Aufdecken wirklicher (nicht nur aus kontingenten Gründen marktwirksamer) Präferenzen, seinem konsequenten Opportunitätskostendenken sowie seiner entscheidungstheoretischen Ausrichtung muß er darüber hinaus als einer der fortgeschrittensten Zweige neoklassischer Ökonomie gelten. Er markiert die "Frontier" des neoklassischen Denkens und leitet über zu qualitativ neuen Richtungen der "Ecological Economics", die wir erst im Abschnitt 5.3 besprechen werden.

2.7 Neoklassische Zukunftsmodelle und erster Blick auf das Diskontierungsproblem

Den Rundblick über die neoklassische Ressourcenökonomie mit der soeben diskutierten "Economics of Natural Environments" zu beschließen, würde insofern ein verzerrtes Gesamtbild erzeugen, als diese Forschungsrichtung zum einen quantitativ nur ein geringes Segment ausmacht und zum anderen hinsichtlich ihrer Ziele und Methoden weit von der Routine abweicht. Wir müssen noch einmal zur Routine zurück. Auch SOLOW formulierte sein im vorletzten Abschnitt dargestelltes Modell in einer unorthodoxen Weise. Er wollte nicht nur auf den neomalthusianischen "Doomsday"-Pessimismus Anfang der 70er Jahre antworten, sondern sich gleichzeitig einer zweiten, intellektuell bedeutend anspruchsvolleren Herausforderung stellen in Gestalt der durch RAWLS vertretenen Theorie der Gerechtigkeit.[60] Ob zutreffend oder nicht - man interpretiert in der Ökonomie RAWLS als jemand, der intergenerationell egalitär denkt. Wie wir gesehen haben, leitete SOLOW Bedingungen ab, unter denen ein solcher intergenerationeller Egalitarismus im Beisein erschöpflicher natürlicher Ressourcen langfristige Chancen besitzt. Er urteilte nicht darüber, ob ein solcher Pfad "optimal" genannt werden kann.

Üblicherweise setzt jedoch die Neoklassik keineswegs voraus, daß eine volkswirtschaftliche Entwicklung zu einem gleichen Konsumniveau für alle aufeinanderfolgenden Generationen führen soll. Man war jahrzehntelang gewohnt, anzunehmen, daß es späteren Generationen stets besser gehe als den früheren. In der der Ressourcenökonomie zeitlich vorangehenden Paradedisziplin, der Wachstumstheorie, wurde intergenerationelle Gerechtigkeit ganz klein geschrieben, man verwendete die meiste Mühe darauf, *effiziente* Wachstumspfade zu entwickeln, also solche, die für alle

[60] RAWLS (1971). Ausführliches hierzu im Abschnitt 5.2.1.

Generationen zusammen den höchsten Nutzen versprachen, indem weder zuwenig noch zuviel akkumuliert wurde. Die neoklassische Theorie natürlicher Ressourcen schloß sich hier an und setzte allein neue Akzente. Ihre Standardformulierung für ein Entwicklungsproblem mit Kapitalakkumulation und erschöpflicher natürlicher Ressource lautet:[61]

$$Max\ :\ U = \int_0^\infty \Sigma u\,(q\,(K(t),\ \dot{K}(t),\ R(t)))\,e^{-\nu t} dt \tag{86}$$

unter einer Reihe von Nebenbedingungen und Qualifikationen:

$$\begin{aligned} NB:\quad & S_o \geq \int_0^\infty R(t)dt \\ & K(t) = K_o + \int_0^t \dot{K}(\tau)d\tau \\ & F(t) = q(t) + \dot{K}(t) \\ & u, q, K, R, K_o, S_o, \nu > 0 \qquad \nu\ const. \\ & u'(q) > 0, u''(q) < 0,\ q'(K),\ q'(R) > 0,\ q'(\dot{K}),\ q''(K),\ q''(R) < 0 \end{aligned} \tag{87}$$

Wir wollen dieses Problem hier nicht lösen, sondern nur seine Struktur betrachten. U ist die zu maximierende Größe, u ist der Zeitpunktnutzen eines Individuums; im Integranden (86) werden alle u_i intratemporal summiert. $q(t)$ ist der Konsum eines Individuums zum Zeitpunkt (oder im beliebig kleinen Intervall) t, alle anderen Symbole sind dieselben wie in (56/57).[62]

Das Modell berücksichtigt die Tatsache, daß die Zukunft der Menschheit eine Zukunft *verschiedener* Menschen (Generationen) ist, überhaupt nicht. Die Gesellschaft erscheint hier als ein unendlich lange lebendes Super-Individuum. Nach (86) würde ein einzelnes Subjekt für seine individuelle Zukunft planen; endlich lange lebende Subjekte würden nur am Integralzeichen die Obergrenze "∞" in T umwandeln. Näheres werden wir im Abschnitt 5.2 zu erörtern haben, hier schon ist jedoch kritisch zu fragen, ob die Modellstruktur dem neoklassischen Selbstverständnis entsprechend methodologisch-individualistisch genannt werden kann. Es erstaunt, wie eine Theorie, die es vehement ablehnt, den Nutzen gleichzeitig lebender Menschen

[61] Zum neoklassischen Wachstumsmodell vgl. v. WEIZSÄCKER (1965), KOOPMANS (1965), INTRILIGATOR (1971, pp. 398-448).

[62] Als "Hardline"-Vertreter des neoklassischen Grundmodells in Verbindung mit dem Glauben an hinreichende Wirksamkeit der Marktkräfte kann STIGLITZ gelten (1974, 1979). Vgl. zum Markt auch v. WEIZSÄCKER (1980). Skeptischer DASGUPTA & HEAL (1974, 1979); einen systematischen Einwand gegen die Marktwirksamkeit entwickelt HEAL (1980).

zu vergleichen, geschweige denn zu summieren, anscheinend keine Schwierigkeiten damit hat, dies bei nacheinander lebenden Menschen zu tun.

Eine einfache Summation der zu verschiedenen Zeiten und notwendigerweise bei verschiedenen Generationen anfallenden Nutzen findet freilich nicht statt, deshalb ist das Modell auch nicht nutzensummen-utilitaristisch. Es wird mit der Rate ν diskontiert, spätere Nutzen werden abgewertet und gehen in den Ausdruck U mit geringerem Gewicht ein als frühere. Die Hauptfrage, ob die Diskontierung des Nutzens späterer Generationen ethisch vertretbar ist, werden wir ebenfalls im Abschnitt 5.2 zu klären versuchen. Eine Vorfrage ist aber schon jetzt zu stellen: Was ist die, wie sie genannt wird, "gesellschaftliche Zeitpräferenzrate" ν? In (86) diskontiert sie zum einen den Nutzen künftiger Generationen, also anderer Menschen, etwa wenn es um den in 100 Jahren anfallenden Nutzen geht. Die Rate ν gilt aber ebenso für das Jahr Eins oder Zwei (von jetzt an gerechnet), wenn noch dieselben Personen wie im Jahre Null leben. Hier müßte in einer individualistischen Theorie selbstverständlich ein Unterschied gemacht werden. Ferner: Warum wird diskontiert? Wegen der bloßen Zukünftigkeit der Ereignisse im Jahre Zwei oder im Jahre Hundert? Weil später andere Menschen betroffen sind? (dann müßte eine Kurzfrist-Diskontrate unterschieden werden, die den eigenen Nutzen abwertet). Wird wegen der Ungewißheit der Zukunft diskontiert? Fragen über Fragen. Erinnern wir uns auch an die Diskontrate, mit der in den vorderen Teilen dieses Abschnittes stets operiert wurde, an den Zins i - ob er im Modell (86) auch eine Rolle spielt? Eines ist jetzt schon klar: Zur berechtigten Unzufriedenheit philosophischer Beobachter werden diese Fragen innerhalb der neoklassischen Routine kaum gestellt; man diskontiert eben mit der "Social Time Preference Rate", man fragt nicht danach, was sie zu bedeuten hat, so wie es in fast jeder Familie Dinge gibt, nach denen man besser nicht fragt. "So soll die Zukunftsdiskontierung je nach Kontext einmal die Minderschätzung zukünftigen Nutzens aus Gründen der reinen Zeitpräferenz repräsentieren, ein andermal die Minderschätzung zukünftigen Geldes aus Gründen des Zinses, ein andermal die Unsicherheit über das Eintreten zukünftiger Ereignisse ... Zeitpräferenz, Zins und Unsicherheit sind allerdings drei so verschiedene Dinge, daß es eher nur Verwirrung stiftet, sie durch dasselbe formale Instrument zu repräsentieren."[63] Selbst wenn die Neoklassik zeigen könnte, daß alle genannten, inhaltlich zu unterscheidenden Diskontraten unter bestimmten Gleichgewichtsannahmen zu ein und derselben numerischen Größe zusammenfallen, wäre dies kein Grund, die qualitativen Unterschiede

[63] BIRNBACHER (1988, p. 90).

der Raten unberücksichtigt zu lassen - dann müßte eben dieses Zusammenfallen verdeutlicht werden, und es müßte stets klar bleiben, daß es sich hier um einen Spezialfall handelt, welcher keineswegs immer gegeben sein muß.

Alles in allem ist Skepsis angebracht, ob die neoklassische Standardformulierung (86) überzeugen kann. Unsere erste Konsequenz ist, die "gesellschaftliche Zeitpräferenzrate" ν im Fortgang dieser Untersuchung fallenzulassen, sie wird keine weitere Erwähnung finden. Statt dessen werden wir die unterschiedlichen Diskontraten i (Zins), r (individuelle Nutzendiskontierung aus reiner Zeitpräferenz), π (individuelle Nutzendiskontierung wegen Zukunftsungewißheit) und w (intergenerationelle Nutzendiskontierung) stets sorgfältig trennen.

2.8 Zwischenbilanz

Das in diesem Abschnitt vorgeführte Potpourri neoklassischer Themenstellungen, Methoden und Ergebnisse hat bei aller Vereinfachung hoffentlich einen ersten treffenden Überblick verschafft. Fassen wir zusammen:

1. Die neoklassische Theorie huldigt erwartungsgemäß einem konsequenten *Anthropozentrismus*. Mag dies auch für Befürworter nicht-possessiver Haltungen des Menschen zur Natur eine Barriere bilden, sich mit dieser Theorie überhaupt näher zu beschäftigen, so wäre es allerdings ungewöhnlich, von einer ökonomischen Disziplin etwas anderes als Anthropozentrismus zu erwarten. Wie schon in Abschnitt 1.4 ausgeführt, hat die vorliegende Studie mit diesem Aspekt keine Probleme.

2. Natürliche Ressourcen werden lapidar als ein *Spezialfall des Kapitals* aufgefaßt; aus diesem Grunde ist die neoklassische Theorie natürlicher Ressourcen wenig anderes als eine angewandte Kapitaltheorie und hat sich aus jener, ebenso wie andere und frühere Verzweigungen, wie insbesondere die Wachstumstheorie, relativ problemlos entwickeln können. Die ökonomische Gleichsetzung von natürlichen Ressourcen mit Kapital geht auf dem Wege der Instrumentalisierung der Natur für den Menschen noch einen Schritt weiter als bloßer Anthropozentrismus.

3. Die Ressourcenökonomie trifft insbesondere auf mikroökonomischem Gebiet *empirische Aussagen*. Sie prognostizieren das Verhalten der im Forst-, Fischerei-, Walfang-, Ölfördergeschäft und in vergleichbaren Wirtschaftszweigen engagierten

Subjekte. In zahlreichen Fällen kann sie plausibel erklären, warum sich bestimmte Nutzungsprofile entwickelt haben, die gesellschaftlich und ökologisch erwünscht oder auch sehr unerwünscht sein können. Sie klärt die Rolle des Zinses und die Bedeutung klarer Eigentumszuweisungen, auf Grund derer die Bewirtschafter zur nachhaltigen Nutzungsweise in ihrem eigenen Interesse angehalten werden können. Ressourcenpolitische Eingriffe, wie Besteuerungen, Vorschriften über die Beschaffenheit von Nutzungstechnologien (Fangzeiten, Fanggeräte u.a.m.) werden auf ihre Eignung untersucht, und es können Empfehlungen gegeben werden. Der geläufige Vorwurf an die Ökonomie, der Verharmlosung ökologischer Gefahren zu dienen, ist auf diesen Gebieten unberechtigt.

4. Die Theorie ist ebenfalls überzeugend in der Lage, Umstände zu benennen, welche nicht oder nur sehr unvollkommen erklärt werden können. Sie leistet hier eine *kritische Aufklärungsfunktion* gegenüber Behauptungen, über derartige Dinge auch ohne nähere Analyse genau Bescheid zu wissen. Auch zeigt sie die Gründe auf, aus denen gewisse Erkenntnisse, welche für eine rationale Politikberatung von großem Wert wären (z.B.: Wie hoch wäre heute ein effizienter und intergenerationell gerechter Ölpreis?), nicht zu erlangen sind. Meist liegt es an der Ungewißheit der Zukunft.

5. Nicht obwohl, sondern weil die Theorie einen inhaltlich offenen, abstrakt-gedanklichen Rahmen bietet, ist sie in der Lage, auf die außerordentliche Bedeutung künftiger *empirischer Umstände und Entwicklungen* hinzuweisen. Ob die Welt an Energiemangel zugrundegeht, entscheidet sich nicht ökonomisch-theoretisch, sondern letztlich technisch: Ist die Produktionselastizität der Energierohstoffe größer als die der geschaffenen Produktionsmittel, so sieht die Zukunft ohne technischen Fortschritt kritisch aus, ist sie kleiner, so ist die Zukunft zwar noch nicht gesichert, aber das Problem erscheint prinzipiell lösbar.

6. Einige spezielle Zweige der neoklassischen Ressourcenökonomie arbeiten äußerst verdienstvoll an der korrekten Bewertung der Natur und der Vorbereitung rationaler Entscheidungen, wir betrachteten hier die "*Economics of Natural Environments*". Sie zeichnen sich durch Einfühlsamkeit in ökologische Probleme und methodologische Phantasie aus. Ohne den methodischen Rahmen der Neoklassik zu sprengen, nutzen sie diesen jedoch bis an seine Grenzen problemorientiert aus.

7. Nach den bisherigen überwiegend lobenden und gegen ungerechtfertigte Kritik vindizierenden Erwähnungen folgen nun die kritischeren Aspekte, sie gelten ausnahmslos der "Routine", der "Orthodoxie" bzw. dem "Mainstream". Wenn die folgenden Punkte durch die voranstehenden, ausführlicheren Erörterungen hier und da nur unzureichend belegt erscheinen mögen, so liegt der Grund darin, daß dieser Abschnitt natürlich eine größere Befriedigung darin fand, sich den positiven Aspekten zu widmen, anstatt Negativbeispiele anzusammeln. Wer die Literatur kennt, weiß, daß die folgenden Punkte nicht aus der Luft gegriffen sind. Der Mainstream widmet sich den natürlichen Ressourcen in sehr *selektiver Weise*. Die Bedeutung von Ölquellen und Fischgründen ist zwar nicht zu leugnen, in ihnen erschöpft sich die Naturproblematik jedoch nicht. Die Bewirtschaftung räumlich ausgedehnter, komplexer und fragiler Ressourcen mehr qualitativen Charakters, welche nicht unmittelbar "vermarktet" werden können und deren schleichende Auszehrung oftmals lange Zeit ökonomisch unbemerkt bleibt, findet ebenso wie die Bedrängung von Tier- und Pflanzenarten, der Böden, globalen Stoffkreisläufe und des Klimas nur das Interesse der relativ wenigen Ökonomen, die im Abschnitt 2.6 genannt wurden. Dies liegt gewiß daran, daß sich diese Probleme einer überwiegend markt-, preis- und gleichgewichtsorientierten "naiv-neoklassischen" Behandlung methodisch widersetzen. Die Fixierung auf eingeübte Methoden ist wie in anderen (auch Natur-) Wissenschaften nach wie vor zu beklagen.

8. Eine zentrale Rolle spielt in diesem Zusammenhang das *Substitutionsparadigma*. Eine ökonomische Welt, in der Gleichgewichte unter der Anreizwirkung von Preisen approximiert werden, ist eine Welt der Mobilität der Ressourcen auch in physischer Hinsicht. Alles Relevante muß im Prinzip austauschbar (substituierbar) sein. Wie im Abschnitt 5 noch ausführlich erläutert werden wird, läßt sich beim heutigen, wenn auch noch so unvollkommenen ökologischen Kenntnisstand mit Sicherheit sagen, daß diese ökonomische Scheinwelt *nicht* die Realwelt ist. Die Begriffe der Komplementarität, der systemaren Zusammengehörigkeit, der Unentbehrlichkeit haben in der neoklassischen Routine keinen Platz. Sie spielen nicht einmal am Rande eine Rolle, geschweige denn im Zentrum, wo sie stehen müßten. Überall dort, wo die neoklassische Theorie begründeterweise der Verharmlosung ökologischer Zukunftsgefahren geziehen werden kann, zeigt ein näheres Hinsehen, daß dies auf "substitution worship" zurückzuführen ist.

9. Gewisse Ansätze zur Analyse *intergenerationeller Gerechtigkeitsprobleme* sind zwar auch in der neoklassischen Ökonomie zu erkennen, jedoch überzeugt die Behandlung des Problems durch die Routine in keiner Weise. Es scheint, als würden derartige Fragen, wenn sie nicht völlig zu ignorieren sind, von den meisten als lästige Pflichtübungen empfunden, man widmet sich nun einmal viel lieber der "Effizienz".

10. Der Umgang mit zeitlichen Ratenparametern, mit dem Problem der *Diskontierung*, kann meist ebensowenig überzeugen und wirft zahlreiche Fragen auf. Kann bei der Analyse des Verhaltens gewinnmaximierender Fischer und Ölförderer mit dem Zins als einem aus einzelwirtschaftlicher Sicht "harten" Datum noch relativ unbefangen umgegangen werden, so befällt den Leser überall dort, wo Nutzen - der eigene, spätere oder gar der anderer Individuen, insbesondere zukünftiger Generationen - diskontiert wird, ein so starkes und berechtigtes Unbehagen, daß man sich fragen muß, wie professionelle Ökonomen jahrzehntelang mit "Social Rates of Discount" und ähnlichem operieren konnten, ohne zumindest den Wunsch zu verspüren, diese mehrdeutigen Begriffe einer kritischen Analyse zu unterziehen.

Ich hoffe, daß die - überwiegend immanente - Kritik an der neoklassischen Ressourcenökonomie, wie sie in den voranstehenden zehn Punkten zusammengefaßt ist, nicht als unfair empfunden wird, zumal sie mit deren Rechtfertigung gegenüber unqualifizierter Kritik und Herabsetzung einherging. Auch die folgenden Abschnitte möchten sich nicht in Kritik erschöpfen, sondern konstruktive Aufbauarbeit leisten, die oft in der Erinnerung an Ansätze und ihrer Aufarbeitung besteht, welche schon in der älteren Literatur zu finden sind, ohne daß sie die ihnen gebührende Aufmerksamkeit erhalten haben.

3 Intertemporale Entscheidungen eines Individuums

3.1 Problem und offene Fragen

"We are taught early in life about the necessity to plan ahead."[1] Wenn ich drei Tafeln Schokolade besitze - soll ich sie dann am besten alle heute auf einmal essen, soll ich zunächst gar keine essen und sie mir alle drei für den kommenden Sonntag aufheben oder soll ich gleichmäßig jeden Tag eine halbe Tafel essen? Es ist nicht einfach, die "richtige" Einteilung über die Zeit zu finden; gänzlich nicht-neoklassisch wäre es z.B., dem Subjekt die richtige Einteilung von außen vorzuschreiben (wie es allerdings Kindern gegenüber üblich ist). SAMUELSONs Prinzip "Individual's choices are to count" muß auch hier gelten. Die Individuen haben nicht nur das Recht, selbst zu entscheiden, sie haben sogar das Recht, Fehler zu machen, aus denen sie lernen können - ja, sofern die Folgen nur sie selbst betreffen, dürfen sie sogar Fehlentscheidungen, die sie bereuen, beliebig oft wiederholen, wenn sie nicht lernfähig genug sind. Allerdings verdiente eine Ökonomiewissenschaft diesen Namen kaum, wenn sie nicht das Bedürfnis verspürte, die intertemporalen Entscheidungen der Subjekte empirisch zu erforschen, normative Grundlagen zu entwickeln, wie ein Subjekt entscheiden würde, *wenn* es rational in einem präzise definierten Sinne wäre, sowie zu prognostizieren, welche gesamtwirtschaftlichen Folgen rationale oder auch irrationale intertemporale Kalküle der Subjekte nach sich ziehen, wenn sie mehrheitlich oder gar universell verfolgt werden.

Die neoklassische Ökonomie unterstellt mit wenigen Ausnahmen, daß ein Individuum bei intertemporalen Entscheidungen etwa die folgende Aufgabe löse:

$$\boldsymbol{Max}:\quad U = \int_0^T u(q(t))\,e^{-rt}\,dt \qquad (88)$$

mit $T>0$, $r>0$ und constant, sowie unter bestimmten, insbesondere $q(t)$ qualifizierenden Nebenbedingungen. Dann wird gerechnet, über $r>0$ wird nicht weiter nachgedacht. Den Individuen wird ein in ihrer Seele eingebauter Ungedulds-("impatience")

[1] KAMIEN & SCHWARTZ (1981, p. 3). Die Probleme dieses Abschnitts sind gemeinsam mit einigen aus Abschnitt 5 in knapperer Weise auch in meinem Aufsatz HAMPICKE (1991) angesprochen.

oder Kurzsichtigkeitsfaktor ("myopia")[2] zugeschrieben, der sie veranlasse, ein Stück Schokolade heute höher zu bewerten als das selbe Stück morgen, und zwar nur aus dem Grunde, weil ein bestimmtes Quantum Zeit zwischen beiden Genüssen liegt. Wie schon am Schluß des vorigen Abschnitts erwähnt, werden wir die Ungedulds- oder Kurzsichtigkeitsrate r, mit der künftiger *eigener* Nutzen nur wegen seiner Zukünftigkeit abgewertet wird, von Raten, welche Ungewißheit berücksichtigen wollen oder den Nutzen *anderer*, insbesondere späterer Menschen diskontieren, streng unterscheiden.

Man kann nun fragen, ob die Welt *empirisch* überwiegend aus Individuen besteht, welche (88) mit $r>0$ maximieren, oder ob ein solches Verhalten im normativen Sinne *rational* genannt werden kann:

Empirische Sicht: Die älteren neoklassischen Autoren nahmen an, daß nicht an morgen denken zu wollen und heutigen Genuß vorzuziehen (oder Unannehmlichkeiten auf morgen zu verschieben), eine verbreitete menschliche Haltung wäre. Eindeutig sahen sie diese Haltung jedoch als eine *Untugend* oder Schwäche an, mit der sich die Individuen selbst schädigten. So BÖHM-BAWERK: "Die Tatsache besteht, daran ist kein Zweifel ... Ganz kraß tritt sie uns bei Kindern und Wilden entgegen ... Wie mancher Indianerstamm hat in sinnloser Genußsucht für ein paar Fässer "Feuerwasser" das Land seiner Väter, die Quelle seines Unterhalts, den Bleichgesichtern verkauft! Leider läßt sich ganz ähnliches auch mitten in unseren hochkultivierten Ländern beobachten. Der Arbeiter, der den Samstags empfangenen Wochenlohn Sonntags durch die Gurgel jagt, um die Woche über mit Weib und Kind zu darben, ist jenen Indianern leider nur zu ebenbürtig! In geringerem Grade und in verfeinerter Form ist aber dieselbe Erscheinung, wie ich zu behaupten wage, Keinem fremd, auch dem vorsorglichsten, charakterfestesten und überlegtesten Manne nicht. Wer von uns hat sich noch nie dabei ertappt, daß er sich im Drang der augenblicklichen Lust eine vom Arzt verbotene Lieblingsspeise oder Zigarre nicht versagen mochte, obwohl er genau wußte, sich dadurch eine Verschlimmerung seines Zustands zuzu-

[2] Der Begriff "impatience" erscheint wohl erstmals bei I. FISHER (1965, Original 1930, pp. 99ff.). In seinem Buch von 1907 taucht er noch nicht auf, dort heißt es nur "time preference" (pp. 87ff.). An der zitierten Stelle heißt es: "... the rate oft time preference, or impatience for present over future goods, is, in the last analysis, a preference for present over future enjoyment income, or, let us say, real income." Da FISHER (vgl. unten, Anmerkung 6) begrifflich nicht vollkommen eindeutig ist, drückt das Wort "myopia" (Kurzsichtigkeit) den im vorliegenden untersuchten Sachverhalt noch besser aus. Wer ihn prägte, weiß ich nicht, mein frühester Fund ist bei ROBERTSON (1952, pp. 99ff.).

ziehen ...? Wer sich und Andere unbefangen beobachtet, wird die Tatsache der parteiischen Unterschätzung künftiger Leiden und Freuden mitten in unserer zivilisierten Gesellschaft in tausenderlei Formen ausgeübt finden."[3] Als hätte einer vom anderen abgeschrieben, JEVONS: "The untutored savage, like the child, is wholly occupied with the pleasure and the troubles of the moment; the morrow is dimly felt; the limit of the horizon ist but a few days off. The wants of the future year, or of a lifetime, are wholly unforeseen. But in a state of civilisation, a vague though powerful feeling of the future is the main incentive to industry and saving. The cares of the moment are but ripples of the tide of achievement and hope. We may safely call that man happy who, however lowly his position and limited his possessions, can always hope for more that he has, and can feel that every moment of exertion tends to realize his aspirations. He, on the contrary, who seizes the enjoyment of the passing moment without regard to coming times, must discover sooner or later that his stock of pleasure ist on the wane, and that even hope begins to fail".[4]

I. FISHER, welcher der heutigen neoklassischen Kapital- und Zinstheorie in entscheidendem Maße Form verlieh, drückt sich insofern mißverständlich aus, als er unter "impatience" auch die Gründe für eine stärkere Bewertung des Heute faßt, welche sich nicht auf die zeitliche Distanz als solche beziehen, wie Ungewißheit und möglicher größerer Reichtum in der Zukunft (d.h. "abnehmender Grenznutzen" des Einkommens). Die rein psychologischen Gründe der Zukunftsabwertung, die auch er bei "primitive races"[5] besonders stark zu erkennen meint, sieht er jedoch ebenso kritisch wie BÖHM-BAWERK und JEVONS: "Impatience for income, therefore, depends for each individual on his income, on its size, time shape and probability; but the particular *form* of his dependence differs according to the various characteristics of the individual. The characteristics which will tend to make his impatience great are: (1) short-sightedness, (2) a week will, (3) the habit of spending freely, (4) emphasis upon the shortness and uncertainty of his life, (5) selfishness or the absence of any desire to provide for his survivors, (6) slavish following of the whims of fashion."[6]

Wer wollte BÖHM-BAWERKs Beschreibung der "charakterfesten Männer" widersprechen! Kurzsichtigkeit als empirisches Faktum ist kaum zu bestreiten. Aber ob sie

[3] BÖHM-BAWERK (1961, Original 1888, pp. 332ff.).

[4] JEVONS (1965, Original 1871, p. 35).

[5] I. FISHER (1907, pp. 103ff.).

[6] I. FISHER (1965, p. 89).

ökonomisch relevant ist, den Gang der Entwicklung prägt, und vor allem, ob sie *meßbar* ist, sind andere Probleme. Allgemeine Äußerungen hierzu finden sich in der neueren Literatur nur hier und da. Nach STIGLER & BECKER ist reine Zeitpräferenz more fiction than fact: "The taste in say 1984 ist alleged to continue to shift upward as 1984 gets closer to the present. In spite of the importance frequently attached to time preference we do not know of any significant behavior that has been illuminated by this assumption."[7] OLSON & BAILEY hingegen präsentieren einen "Beweis" für reine Zeitpräferenz als empirisches Phänomen, den wir uns später (Abschnitt 5) noch einmal näher ansehen müssen.[8] Reine Zeitpräferenz in einer Weise zu messen, die heutigen Anforderungen an empirische Methodik befriedigen kann, dürfte ein außerordentlich schwieriges Unterfangen sein.[9]

Normative Sicht: Nicht nur BÖHM-BAWERK und die anderen älteren Autoren beklagten den von ihnen beschriebenen Mangel an Weitsicht bei den ökonomischen Subjekten, auch bei zahlreichen Philosophen finden sich Äußerungen gegen die Minderschätzung der Zukunft. EPIKUR, SPINOZA, aber auch KANT, SCHOPENHAUER[10] und unter heutigen Autoren u.a. KAVKA[11] lassen sich so verstehen, als *definierten* sie rationales Denken und Handeln als solches, welches sich über die Schwäche der Kurzsichtigkeit hinwegsetzen und alle Ereignisse unabhängig von ihrem zeitlichen Eintreffen nach gleichem Maßstab beurteilen kann. Soweit von ihnen

[7] STIGLER & BECKER (1977, p. 89).

[8] OLSON & BAILEY (1981).

[9] Vgl. DYCKHOFF (1987). Sehr wenige Autoren befassen sich mit empirischen Aspekten der Zeitpräferenz, vgl. THALER (1980); im deutschen Sprachbereich wohl nur ZIMMERMANN (z.B. 1988). Experimente bei Tieren, welche das Verhalten bei zeitlich verzögerten Belohnungen und Bestrafungen untersuchten, ermittelten, in ökonomische Sprache übertragen, sehr starke implizite Zeitdiskontierungen (L. GREEN 1982). Gleiches zeigen psychologische Experimente bei Menschen (Kindern, Geisteskranken und gesunden Erwachsenen), vgl. LEA et al. (1987, pp. 123ff.). Von unglaublich hohen impliziten Diskontraten selbst bei ölfördernden Unternehmen und Ländern berichtet McDONALD (1991, p. 164).

[10] Zu SCHOPENHAUER und SPINOZA vgl. BIRNBACHER (1988, p. 56, p. 87 und pp. 179ff.). KANT schreibt (1985, p. 34, Original 1784): "Indessen bringt es die menschliche Natur so mit sich: selbst in Ansehung der allerentferntesten Epoche, die unsere Gattung treffen soll, nicht gleichgültig zu sein, wenn sie nur mit Sicherheit erwartet werden kann."

[11] Vgl. KAVKA (1978, p. 190), wo er es für selbstverständlich richtig ansieht, daß ein junger Mensch sein Leben so führt, daß er als alter Mensch nichts zu bereuen hat. Der Autor zieht hier eine Parallele zu intergenerationellen Fragen, hierzu Abschnitt 5.2.2.

allerdings eine Universalisierung dieses Prinzips über den Zeitraum des eigenen Erlebens hinaus gefordert wird, wird auch der Horizont des egoistisch-rationalen Handelns überschritten - wir diskutieren diese Probleme besser im Zusammenhang der intergenerationellen Gerechtigkeit (Abschnitt 5). Dies betrifft auch die vielzitierten Äußerungen von PIGOU, RAMSEY und HARROD, welche die Diskontierung nicht nur als irrational, sondern auch als unmoralisch kritisieren und damit nicht allein auf die mögliche Selbstschädigung, sondern auch die Schädigung anderer Menschen abzielen.[12] Eindeutig ist hier unter neueren Autoren GEORGESCU-ROEGEN: "When tomorrow comes we will be as hungry and thirsty as we are today".[13]

Die Neoklassik läßt ihre Leser(innen) fast durchweg darüber im unklaren, ob ihre Standardannahme $r>0$ empirisch oder normativ gemeint ist. Wäre das erste der Fall und ließen sich die oben erwähnten methodischen Schwierigkeiten meistern, so wären Modelle mit $r>0$ ohne Zweifel als wertvolle deskriptive Erkenntnisse aufzufassen. Sie würden aufzeigen, wie das ökonomische Getriebe tatsächlich abläuft, mehr aber auch nicht. Die Modelle dürften nicht als Entscheidungshilfen für politische Planungen mit dem Anspruch, rational zu sein, mißverstanden werden. Nun ist aber wenig kontrovers, daß sich die neoklassische Ökonomie zahlreichen Implikaten zufolge als normative Wissenschaft versteht, welche Aussagen darüber trifft, welche Konsequenzen folgen, *wenn* die ökonomischen Akteure Ziel-Mittel-rational handeln. Jeder Mikroökonom würde es weit von sich weisen, im *intra*temporalen Kontext (unter Ausklammerung des Zeitfaktors) Theorien über Preise und andere Makrophänomene zu erarbeiten und gegebenenfalls wirtschaftspolitisch zu vertreten, die auf irrationalem, chaotischem, selbstschädigendem Verhalten der Individuen aufbauen. Der Motor, welcher alles antreibt, ist der "homo oeconomicus". Auch ist schwer zu glauben, daß die Ergebnisse neoklassischer Modellrechnungen, wenn sie als "Optima" formuliert werden (optimales Wachstum, optimale Ressourcenerschöpfung usw.), sich als "optimal" unter der Voraussetzung irrationaler Triebkräfte verstehen. Zumindest müßte ein derartiges, dem intuitiven Verständnis völlig zuwiderlaufendes Ergebnis als solches gekennzeichnet sein, was nie der Fall ist.

Es bleibt also kaum eine andere Wahl als anzunehmen, daß die Neoklassik myopisches Verhalten ($r>0$) für rational, jedenfalls nicht für manifest irrational hält.

[12] PIGOU verurteilte die Diskontierung aus beiden Gründen. Zum ersteren: "It follows that the aggregate amount of economic satisfaction which people in fact enjoy is much less than it would be if their telescopic faculty were not perverted" (1978, p. 26).

[13] GEORGESCU-ROEGEN (1979, p. 101).

Wäre letzteres der Fall, so bestünde im übrigen ein Bruch zwischen der stets getroffenen Annahme für rationales Verhalten im *intra*-, hingegen irrationales im *inter*temporalen Kontext. Mit sehr vereinzelten Ausnahmen wird nicht einmal die Möglichkeit eines solchen inkonsistenten Annahmesets diskutiert.[14] In der Tat: Nur weil Philosophen von SPINOZA bis KAVKA Myopie als irrational deklarieren, und das oft auch noch vage, ist das Problem nicht gelöst. Auch die Äußerungen von BÖHM-BAWERK bis GEORGESCU-ROEGEN sind nicht mehr als common sense. Vielleicht ist Myopie gar nichts Irrationales? Immerhin stellt sie kein regelloses, chaotisches Verhalten dar, vergleichbar etwa dem bei intransitiven Präferenzen im intratemporalen Kontext. Die Stetigkeit und Berechenbarkeit der Myopie mag manchen bewogen haben, ihre Rationalität nicht in Frage zu stellen - hätte man sich nicht aber sagen müssen, daß Scheinrationalität der echten Rationalität ein schlimmerer Feind ist als offenes Chaos? Eine große Rolle dürften Befürchtungen gespielt haben und noch spielen, nichtmyopisches Verhalten könnte definitorisch zu Rationalität erhoben und mit einer Bevormundung der Subjekte verbunden werden. Wenn sie gern myopisch sind, warum sollen sie es nicht sein dürfen? "It is hard to see why the revealed preference of individuals should be disregarded in the realm of time, where it is accepted, broadly speaking, in evaluating current commodity flows"[15]. Wird das Individuum als "Black Box"[16] betrachtet, so kann dessen Verhalten als rational definiert werden, solange sich nicht offene Widersprüche zeigen. Diese wegen ihrer Bequemlichkeit zwar verdächtige, aber deshalb nicht manifest "falsch" erscheinende Sicht bietet der myopischen Verhaltensannahme einen soliden Schutz, solange nicht analytisch gezeigt werden kann, daß Myopie die eigenen Interessen derjenigen, die sich ihr hingeben, verletzt, daß sie sie *bereuen*. Nur dann ist im methodologisch-

[14] Vor allem STROTZ (1955/56), vgl. unten.

[15] ARROW & KURZ (1970, p. 12). Die Autoren halten Myopie für empirisch so evident, daß ihr Vorherrschen keines Beweises bedarf, vgl. hierzu STIGLER & BECKER (1977, Anmerkung 7).

[16] PAGE (1983, p. 45). Dies gilt, wie der Autor zu Recht schreibt, im inter- wie schon im intratemporalen Kontext: "... the rejection of unobservable utilities leads toward a behaviorist or black-box theory of the mind. The only evidence allowed for inferences about happiness or satisfaction is observable behavior: for example, actual purchases in markets. Evidence from introspection is looked upon with suspicion, as are surveys of stated preferences. The situation is a little like trying to infer the structure of a car's motor by observing the car's operation. With this black-box approach it is not surprising that we might be limited to simple concepts of the motor."

individualistischen Sinne ihre Einstufung als irrational gerechtfertigt und beruht nicht auf Bevormundung.[17] Dies wollen wir im folgenden herzuleiten versuchen.

Auch bei weitestgehenden methodologischen Zugeständnissen muß die Behandlung der Probleme durch die Neoklassik kritisiert werden. Zumindest steht die geringe Befassung in keinem angemessenen Verhältnis zur Wichtigkeit, ja Brisanz des Themas. Zwar ist im Anschluß an die Pionierarbeit von KOOPMANS[18] eine formal sehr hochstehende Diskussion über das Wesen der Myopie geführt worden, die Ergebnisse laufen jedoch überwiegend allein darauf hinaus, dieselbe unter sehr schwachen Bedingungen zu *definieren*, womit für die zentralen Fragen wenig gewonnen ist. Die Diskussion litt und leidet ferner darunter, daß intra- und interindividuelle Entscheidungsprobleme und damit Fragen egoistischer Klugheit von solchen der (insbesondere intergenerationellen) Moral nicht sorgfältig unterschieden werden, sowie darunter, daß die Diskussion um Zeit-, Risiko- und Egopräferenzraten von Anfang an im Kontext der Kapital- und Zinstheorie erörtert wurden, obwohl sie von den spezifischen Problemen dieser Gebiete unabhängig sind. An der daraus resultierenden und bis heute nicht überwundenen babylonischen Sprachverwirrung (etwa um die Begriffe "Zeitpräferenzrate", "Minderschätzung künftiger Güter") sind die Alten, insbesondere BÖHM-BAWERK und FISHER nicht ganz unschuldig, hierauf gehen wir im Abschnitt 4 ein.

Konsequenzen: Angenommen, Myopie ließe sich eindeutig als etwas Irrationales erkennen, was folgte daraus? Gewiß dürften nicht ohne weiteres alle Kurzsichtigen zu Normalsichtigkeit und damit zu "ihrem Glück" gezwungen werden. "In die Präferenzen informierter, aber irrational handelnder Konsumenten ist niemand befugt einzugreifen, weil er seine Vorstellungen von Rationalität zum Maßstab machen würde. Dazu fehlt die Legitimation."[19] Dem Zitat ist mit einem Zusatz zuzustim-

[17] In diese Richtung weisen auch Ansätze der "Regret Theory", vgl. z.B. LOOMES & SUDGEN (1982) und BELL (1982), jedoch mehr in Situationen von Risiko und Ungewißheit. Wie BÖHM-BAWERK feststellte, muß man sein Verhalten gelegentlich auch bedauern, obwohl man vorher von den Folgen wußte, vgl. Anmerkung 3.

[18] KOOPMANS (1960). Vgl. Anmerkung 33, unten.

[19] MACKSCHEIDT (1974, p. 239). Der zitierte Autor meint offenbar nicht den Eingriff in die Präferenzen, sondern in die daraus folgenden Handlungen.

men: Von Ausnahmen abgesehen[20] darf man nicht eingreifen, solange die Folgen nur den Irrationalen selbst betreffen. Was aber, wenn die Myopie Folgen für andere hat? In einer Gesellschaft, in der myopische Individuen vorkommen, herrscht eine andere Allokation als in einer ohne Myopie. Von der durch Myopie verursachten Allokationsverzerrung wird der Zustand der Natur, werden die Interessen der Zeitgenossen und u.U. die späterer Generationen betroffen. Ein bestimmter Myopiegrad in der Gesellschaft wird sich vor allem auf den *Zins* auswirken, dessen Höhe, wie an zahlreichen Beispielen im Abschnitt 2 klar wurde, die Intensität der Naturnutzung bestimmt. Allerdings läßt sich nicht ad hoc sagen, wie schwerwiegend die Zins- und Allokationsverzerrung in einem System mit verbreiteter Myopie wäre und wie stark die Natur darunter in einer individualistischen Modellgesellschaft, auch unter Einrechnung möglicher Korrektive, litte.

Abgesehen von den praktischen Folgen sind die Rückwirkungen der Myopie auf das neoklassisch-individualistische Weltbild unabsehbar. Die Überzeugungskraft der bürgerlich-marktwirtschaftlichen Ideen der vergangenen 300 Jahre gründet sich letztlich auf den Glauben, daß die Motoren der ökonomischen Tätigkeit, die einzelnen Individuen, bei allen ihren Unvollkommenheiten im Detail durch hinreichende Rationalität charakterisiert sind, so daß das Gesamtergebnis (was, womit und für wen wird produziert?) auf rationale "Ur-Kräfte" zurückgeht. Wie kann man die Konsumentensouveränität gegen Merkantilismus, Kommunismus, Bürokratie und was sonst noch verteidigen, wenn man insgeheim eingesteht, daß die souveränen Individuen von irrationalen Triebkräften beherrscht sind, daß sie sich in intertemporalen Entscheidungen selbst und, vor allem über den durch den Zins hergestellten Zusammenhang, auch gegenseitig schädigen, daß sie eine Allokation erzeugen, die sie gar nicht wollen? Wenn alle Lenkungssignale von den Individuen ausgehen und es sich bei diesen um Kurzsichtige, Irrationale und letztlich Unzurechnungsfähige handelt - wie kann dann die Welt in Ordnung sein, wie kann man das Ergebnis eines solchen Allokationssystems (außer in einem zynischen Sinne, daß die Irren eben das erhalten, was sie auch verdienen) akzeptieren? Die geradezu tödliche ideologische Gefahr für den Individualismus im Falle erwiesener und nicht zu behebender Irrationalität der Subjekte mit der Konsequenz, daß in intertemporalen Entscheidungen die Konsumentensouveränität nicht gelten kann und durch irgendeine (hoffentlich rationalere)

[20] Vermutlich mit MILLs Zustimmung (vgl. Abschnitt 1.3.1, Anmerkung 32) darf eingegriffen werden, wenn die Sicherheit besteht, daß der Betreffende später dafür dankbar sein wird, z.B. bei der Suizidverhütung.

autoritäre Entscheidung ersetzt werden müsse, wird kaum irgendwo thematisiert - und wenn, dann beiläufig. Neben dem schon erwähnten STROTZ[21] wurde meine Literaturrecherche allein bei DOBB fündig: "Es gibt jedoch einen noch schwerwiegenderen Einwand gegen ein derartiges individualistisches Kriterium: nämlich die Tatsache, daß die Entscheidungen des einzelnen notorisch irrational sind (vielleicht nicht immer, aber doch im allgemeinen) und zwar in einem Ausmaß, daß die Nationalökonomen dies als einen "natürlichen" Bestandteil jener Daten betrachten, die im Problem von Zins und Investition zu berücksichtigen sind. Das liefert beileibe keine Rechtfertigung dafür, daß der Staat - quasi als Hüter der Interessen künftiger wie gegenwärtiger Generationen - sich diese Irrationalität zu eigen machen sollte. ... In unseren rationalen Stunden würden wir gewiß nicht dafür eintreten, daß die Planungsbehörde diesen Mangel übernimmt."[22]

Die aufgeworfenen Fragen rechtfertigen, die intertemporalen Kalküle eines rationalen oder weniger rationalen Individuums einmal von nahem zu betrachten. Wir benötigen dazu keine besonders esoterische mathematische Formalisierung, die im voranstehenden Abschnitt entwickelten Instrumente reichen voll hin. Wir fragen, wie sich ein Individuum eine im Umfang konstante und eine wachsende Ressource optimal über die Zeit einteilt, prüfen sodann, wie es sich in einer Umwelt verhält, in welcher gegen Zins ge- und verliehen werden kann und stellen einige einfache Überlegungen zum Problem ungewisser Zukunft an. Die Zusammenfassung dieses Abschnitts wird einige intuitiv-praktische Anwendungsfälle enthalten.

3.2 Modellbetrachtungen

3.2.1 Robinsons "Hardtack-Ökonomie"

Robinson Crusoe wird auf seine Insel geworfen und weiß, anders als in der Originalfassung der Geschichte, daß er in T Jahren (oder beliebigen anderen Zeitmaßen) wieder abgeholt werden wird. Er rettet aus seinem untergegangenen Schiff einen Vorrat unverderblichen, aber auch unvermehrbaren Schiffszwiebacks ("Hardtack"), von dem er sich während der T Jahre ernähren muß. Wie teilt er sich die Ressource

[21] Vgl. Anmerkung 14.

[22] DOBB (1968, p. 26).

optimal über die Zeit ein? Diese Hardtack-Story ist uralt - PAGE[23] verweist auf KOOPMANS[24], aber bereits I. FISHER[25] benutzt die Methapher, ebenso wie KNIGHT[26]. Die folgenden Ausführungen beanspruchen daher keinerlei Originalität, bemühen sich aber um eine möglichst klare Darstellung.[27]

Der Schiffszwieback q möge Robinson zu jedem Zeitpunkt gleich gut (oder gleich schlecht) schmecken, das heißt der Perioden- bzw. (in infinitesimaler Betrachtung) der Zeitpunktnutzen beträgt $u=u(q(t))$[28] und *nicht* $u(q(t),t)$ (Stationaritätspostulat oder Postulat 4 bei KOOPMANS.[29]) Die Nutzenfunktion sei ferner kardinal und separabel, d.h. der Gesamtnutzen der Periode T sei (abgesehen von eventueller Diskontierung) $U=u(t_1)+u(t_2)+...$ bzw.

$$U = \int_0^T u(q(t))\,dt \tag{89}$$

Mit der Separabilität ist auch die Unabhängigkeit von periodenfremdem Konsum impliziert (Aggregationspostulat bzw. Postulat 3 bei KOOPMANS[30]); es gilt nicht $u(t)=u(q(t),\ q(\tau));\ t\neq\tau$. Schließlich gelte $u'(q)>0$ und $u''(q)<0$ (Erstes GOSSENsches "Gesetz"). Um die Anschaulichkeit zu erhöhen und illustrative Zahlenbeispiele berechnen zu können, verwenden wir eine explizite Nutzenfunktion $u=\sqrt{q}$ d.h. $u'(q)=1/2\sqrt{q}$. Diese etwas "ingenieursmäßig" anmutende Methode genügt sicherlich heutigen neoklassischen Ansprüchen an Eleganz nicht, gemessen am erreichten Stand der Präferenzanalyse ist sie primitiv. Es ist jedoch nicht zu erkennen, weshalb dies nachteilig sein sollte. Bedeutende ältere Autoren scheuten sich nicht, mit expliziten Nutzenfunktionen zu rechnen, so verwendete D. BERNOULLI eine logarithmische, CRAMER wie hier eine Wurzelfunktion,[31] noch TINBERGEN verwen-

[23] PAGE (1977, pp. 145ff.).

[24] KOOPMANS (1973), wo u.a. mit variablem T experimentiert wird.

[25] I. FISHER (1965, pp. 186ff.).

[26] KNIGHT (1944).

[27] Weitere interessante Quellen sind der schon genannte STROTZ (1955/56), ferner HIRSHLEIFER (1974, pp. 93ff.) und BECKMANN (1987).

[28] "Immediate utility" bei KOOPMANS (1960, p. 292).

[29] Ibid., pp. 293ff.

[30] Ibid., p. 292.

[31] Zu beiden vgl. SINN (1980, pp. 78ff.).

det eine isoelastische Funktion vom Typ $u=1/f(q)$.[32] Die durch KOOPMANS initiierten Verfeinerungen der Analyse haben u.a. zum Ergebnis, die Vorschrift für das Aggregationsverfahren der Zeitpunktnutzen (hier: Addition) abzuschwächen, so daß mit ordinalem $u(q(t))$ operiert und im Ergebnis unterschiedliche Gesamtnutzen U ordinal verglichen werden können. War auch KOOPMANS' Grundidee sehr wichtig, so haben die weiteren Verfeinerungen bis heute jedoch kaum zu relevanten Erkenntnissen geführt und mit dazu beigetragen, daß die Neoklassik, dort wo es darauf ankommt, den Wald vor lauter Bäumen nicht mehr sieht.[33]

Robinsons Problem lautet:

$$\mathbf{Max}: \int_0^T u(q(t))e^{-rt}\,dt \tag{90}$$

mit r als der konstanten Rate reiner Myopie oder Ungeduld (keine Ungewißheit).

[32] TINBERGEN (1960, p. 482). Seine Funktion lautet genau $u=1/(q(t)-q^*)^a$ mit q^* als dem Existenzminimum und a einem Elastizitätskoeffizienten.

[33] Einen instruktiven Überblick über die Diskussion vermittelt STEPHAN 1988. KOOPMANS' (1960) Ergebnisse dürften im Falle eines endlichen Zeithorizonts kaum Widersprüche zu denen der vorliegenden Arbeit erzeugen, auf den Fall mit unendlichem Zeithorizont gehen wir ausführlich in Abschnitt 5.2.2 ein. Zu fragen ist allerdings nach der Notwendigkeit, bei der Bestimmung des "Lebensnutzens" einer Person (T natürlich endlich) auf die Kardinalität der "immediate utilities" und damit auf ihre Summierung zu verzichten. Intuitiv wird jeder Mensch, gegen Ende seines Lebens nach dessen Erfolg gefragt, eine Quasi-Summation des Glücks in verschiedenen Lebensabschnitten vornehmen und dabei sogar Perioden gegeneinander aufrechnen ("Ich habe es als Kind schwer gehabt, bin dafür später entschädigt worden ..."). In der Myopie-Debatte im Anschluß an KOOPMANS ging und geht es darum, immer schwächere Postulate zu verwenden, d.h. immer allgemeiner zu werden: ohne Separabilität auszukommen, die Stationarität der Präferenzen fallenzulassen, eine variable Diskontrate zuzulassen, aus notwendigen Bedingungen hinreichende zu machen, Zukunftsungewißheit zu berücksichtigen u.a.m. Die Folgediskussion begann mit KOOPMANS et al. (1964) und DIAMOND (1965); aus der umfangreichen neueren Literatur (weitere Titel in STEPHAN 1988) seien nur beispielhaft erwähnt BROWN & LEWIS (1981) und FISHBURN & RUBINSTEIN (1982). Weder sind für Studien dieser Art empirische Anwendungsmöglichkeiten im entferntesten zu sehen, noch scheinen sie Beiträge zur Begriffspräzisierung in ökonomischen Grundfragen leisten zu können. Gewiß soll man nicht vorschnell von "Irrelevanz" sprechen, ich sehe in ihnen dennoch Beispiele für die eingangs dieser Arbeit im Abschnitt 1.2.2 beklagte mathematische Akrobatik als Selbstzweck.

Die Nebenbedingungen lauten:

$$Q(0) = Q_o$$
$$Q(T) = 0 \tag{91}$$
$$\dot{Q}(t) = -q(t)$$

Die erste kennzeichnet die Ausgangssituation, die zweite besagt, daß nach T Jahren nichts mehr übrigbleiben muß und wegen $u'(q)>0$ und der Abwesenheit jeder Art von Altruismus gegenüber Robinsons (in diesem Modell nicht vorhandenen) Nachfolgern auch nichts übrigbleibt, während die letzte ausdrückt, daß die Änderung des Vorrats zu jedem Zeitpunkt gleich der Entnahme für den Konsum ist. Wir bezeichnen mit "Programm" oder "Konsumpfad" $q(t)$ jede Einteilung von Q_o über die Zeit, welche (91) genügt. Eine davon maximiert (90) und ist damit optimal. Als erstes sei der Fall $r=0$ untersucht; Robinson diskontiert künftigen Nutzen nicht, sondern bewertet alle $u(t_i)$ zu jedem beliebigen anderen Zeitpunkt $t_j (i \neq j)$ und damit auch zu Anfang der Planungsperiode bei $t=0$ gleich. Es gilt also:

$$Max: \quad U = \int_o^T u(q(t))\, dt \tag{92}$$

Bei der zugehörigen Hamiltonian

$$H(t) = u(q(t)) - \lambda(t) q(t) \tag{93}$$

und den beiden Forderungen des Maximum-Prinzips $H'(q) = 0$ und $H'(Q) = -\dot{\lambda}$, im vorliegenden Falle

$$H'(q) = 0 = u'(q) - \lambda$$
$$H'(Q) = -\dot{\lambda} = 0 \tag{94}$$

folgt, daß λ und damit auch $u'(q)$ Konstanten sind. Wegen der angenommenen streng konkaven Nutzenfunktion muß es sich zum einen um ein Maximum (kein Minimum) handeln, zum zweiten ist klar, daß auch q konstant ist, denn $u'(q) \neq u'(aq)$ für $a \neq 1$. Robinson teilt sich seinen Schiffszwieback in T gleiche Teile ein, die er pro Jahr verzehrt. Der Periodenkonsum ist $q = Q_o/T$, der Periodennutzen $u = \sqrt{Q_o/T}$ und der Gesamtnutzen $U = \int_o^T \sqrt{Q_o/T}\, dt = \sqrt{Q_o T}$. Ein nutzenmaximierendes Subjekt, welches seine Präferenzen lebenslang nicht ändert und künftigen Nutzen nicht diskontiert, folgt der banalen Lebensweisheit, daß man sich einen von allein weder wachsenden noch schrumpfenden Ressourcenbestand möglichst gleichmäßig über ein Zeitintervall bekannter Länge einteilen soll, anstatt einen größeren Teil davon auf einmal zu verspeisen.

Vergleichen wir hiermit den Konsumpfad eines Robinson, welcher die verschiedenen Periodennutzen nicht gleich bewertet, sondern mit einer konstanten Rate $r>0$

wichtet. Dieses Subjekt löst die Aufgabe (90) unter den Nebenbedingungen (91), ohne daß, wie in (92), der Ausdruck e^{-rt} ignoriert werden kann. Der entscheidende Punkt ist, daß $u(q)$ in Wirklichkeit *nicht* zeitabhängig ist, es scheint nur so. "When tomorrow comes, we will be as hungry and thirsty as we are today."[34] Das Subjekt erlebt den Nutzen aus einem Quantum q^* zu zwei verschiedenen Zeitpunkten t_1 und t_2 in Wirklichkeit völlig identisch, es bewertet ihn nur zu einem dritten Zeitpunkt t_3 und damit auch bei der Planung des Konsumpfades bei $t_o=0$ unterschiedlich, und zwar um so geringer, je größer die zeitliche Distanz zwischen t_3 und t_i ist. Das Problem darf also nicht mit der Aufgabe verwechselt werden:

$$Max: \quad U = \int_o^T u(q(t), t)\, dt \quad \text{mit} \quad u = u(ze^{-rt}q(t)), \quad z = const., \tag{95}$$

wobei sich der Nutzen aus dem Konsum ein und desselben Quantums q *tatsächlich* mit der Zeit ändert. Ebenso wie im Fall ohne Diskontierung ist auch jetzt λ eine Konstante, jedoch folgt aus $H'(q) = 0$, daß stets

$$u'(q(t)) = \frac{1}{2\sqrt{q}} = \lambda e^{rt} \tag{96}$$

sein muß. Der Grenznutzen muß mit r exponentiell steigen, woraus bei der unterstellten expliziten Nutzenfunktion folgt, daß der Periodenkonsum $q(t)$ mit der doppelten Rate $2r$ fällt.[35] Das Subjekt geht seinem Wunsch nach, lieber heute als morgen zu konsumieren, es verlegt den Konsum in frühere Perioden vor und hebt sich weniger für später auf. Die Abbildung 16 zeigt ein hypothetisches Zahlenbeispiel, wobei sich die Werte für $q(t)$ aus der Nebenbedingung

$$\int_o^T q(t)\, dt = Q_o \tag{97}$$

ergeben, welche besagt, daß der gesamte Konsum gleich der Anfangsausstattung ist.

Kann das Verhalten des nutzendiskontierenden Robinson Crusoe, der zu Anfang seines Aufenthalts auf der Insel viel und später immer weniger Schiffszwieback pro Zeiteinheit konsumiert, *obwohl* sein tatsächlicher Appetit in jedem Jahr derselbe ist, rational genannt werden? Wir wollen uns die Antwort nicht zu leicht machen und nähern uns ihr auf zwei Wegen:

[34] Vgl. Anmerkung 13, oben.

[35] Die Verdopplung von r folgt selbstverständlich aus der Quadratwurzel bei der Nutzenfunktion. Für $u=q^{1/3}$ erhielte man $3r$ usw.

a) Robinson vergleicht die aus verschiedenen Werten von ***r*** *ex ante* zu kalkulierenden Gesamtnutzen ***U***, um sich den höchsten von ihnen auszusuchen.

b) Robinson prüft alternative Konsumpfade *ex post* auf ihre zeitliche Konsistenz. Speziell fragt er sich am Tag seiner Abreise zum Zeitpunkt ***T***, ob er ein bestimmtes gewähltes Programm im Nachhinein *bereut*, oder ob er bei einem erneuten Inselaufenthalt dasselbe wählen würde.

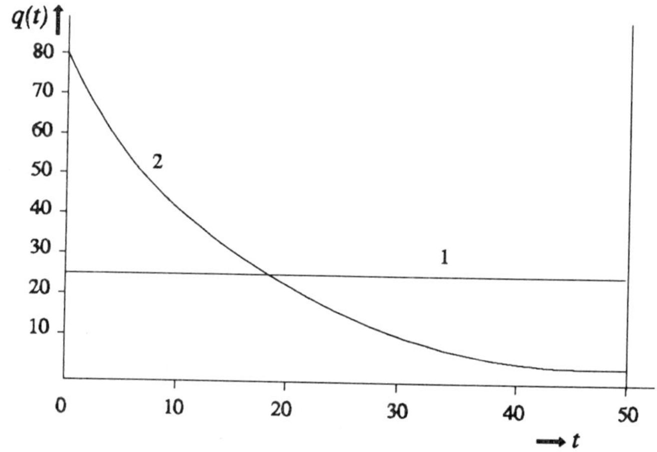

T=50, Q_o=1250

Pfad 1: *Max*: $U = \int_o^T u(q(t))dt$ (keine Diskontierung)

$$u = \sqrt{q} = 5,\ q = Q_o/T = 25,\ U_1 = \sqrt{Q_o T} = 250$$

Pfad 2: *Max*: $U = \int_o^T u(q(t)e^{-rt}dt$ (mit Diskontierung)

$$r = 0{,}03$$

$$q(t) = \frac{2rQ_o}{1 - e^{-2rT}} e^{-2rt}$$

zu U_2 vgl. folgenden Text.

Abbildung 16: Robinsons Hardtack-Ökonomie. Konsumpfade ohne und mit Diskontierung

zu a: Für $r=0$ beträgt $U_1 = \sqrt{Q_o T}$. Für $r \neq 0$ beträgt dagegen ex ante:

$$U_2 = \int_o^T \sqrt{q(t)}\, e^{-rt} dt = \sqrt{\frac{2rQ_o}{1-e^{-2rT}}} \int_o^T \sqrt{e^{-2rt}}\, e^{-rt} dt = \sqrt{\frac{Q_o}{2r}\left(1-e^{-2rT}\right)} \qquad (98)$$

Es sei behauptet, daß $U_1 > U_2$ für alle $T, r > 0$. Also:

$$\sqrt{Q_o T} > \sqrt{\frac{Q_o}{2r}\left(1-e^{-2rT}\right)} \qquad \forall T, r > 0 \qquad (99)$$

Nach quadrieren und kürzen um Q_o vereinfacht sich der Ausdruck zu

$$2rT > 1 - e^{-2rT} \qquad (100)$$

worin wiederum $2rT=x$ und $(1-e^{-x})=y$ gesetzt werden kann. Die Behauptung reduziert sich auf $x>y$. Ihr Zutreffen wird in Abbildung 17 geometrisch bewiesen. Für $x>1$ gilt sie wegen $y<1$ in diesem Bereich offensichtlich, sie gilt aber auch für $0<x<1$. Wegen $y'(x)=1$ bei $x=0$ und der Konkavität von y liegt diese Kurve für $x>0$ unterhalb der 45°-Diagonale, welche x in den y-Raum spiegelt, also $y < x \; \forall x > 0$. q.e.d.

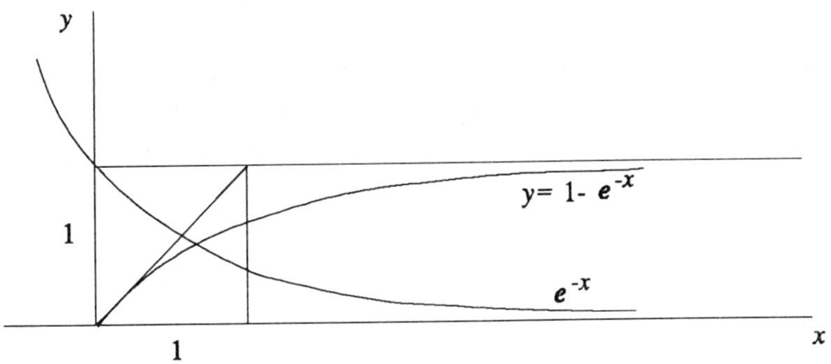

Abbildung 17: Geometrischer Beweis für (99)

Dasselbe Ergebnis wird auch durch Anwendung der L'HOSPITALschen Regel erzielt. Da der mittlere Ausdruck in (101) für alle $r>0$ stets kleiner als der rechte ist, diesem jedoch im Grenzfall zustrebt, gilt $U_2 < U_1 \; \forall r > 0$.

$$\lim_{r \to o} \sqrt{\frac{Q_o(1-e^{-2rT})}{2r}} = \sqrt{\lim_{r \to o} \frac{2Q_o T e^{-2rT}}{2}} = \sqrt{Q_o T} \qquad (101)$$

Kann sich Robinson r ex ante aussuchen, so wählt er zur Maximierung von U den Wert r=0. Dieses Ergebnis dürfte allerdings für sich genommen noch zu schwach sein, als daß ein radikal-individualistischer Beobachter die myopische Verhaltensannahme verwerfen müßte. Er kann einwenden, daß es eben zum Charakter (zur "Präferenzstruktur") der Leute gehöre, ein bestimmtes r>0 zu besitzen, daß sie sich diesen Wert nicht aussuchen könnten. Das Ergebnis besage nichts weiter, als daß von zwei, sonst identischen Robinsons der Kurzsichtige einen geringeren Gesamtnutzen aus dem Schiffszwieback ziehen könne als der nicht Kurzsichtige, so wie es auch der Fall wäre, wenn dem einen Robinson der Schiffszwieback besser schmeckte als dem anderen. Dem Kurzsichtigen Normalsichtigkeit zum eigenen Wohl aufzuzwingen, kann als eine ebensolche Bevormundung angesehen werden, wie wenn ihm bestimmte Güterbündel, die er von allein nicht wählen würde, aufgezwungen würden. Nach den bisherigen Betrachtungen ist es womöglich fragwürdig geworden, aber noch keineswegs völlig auszuschließen, auch kurzsichtiges individuelles Planungsverhalten als "rational" zu bezeichnen.

zu b: Robinson kann zum Zeitpunkt T, bei der Abreise von der Insel, den Nutzen, welchen er aus dem Schiffszwieback zog, erneut berechnen und feststellen, ob er aus seiner jetzigen Perspektive gesehen den richtigen Konsumpfad gewählt hat. Wie soll er dies aber tun? Es gibt zwei Möglichkeiten:

"Rückwärts diskontieren": Wenn er den in der Zukunft liegenden Nutzen mit der Rate r>0 auf heute abdiskontiert, so ist es nicht ohne Konsequenz, auch den in der Vergangenheit in zeitlicher Distanz liegenden (schon halb "vergessenen") Nutzen mit derselben Rate aufzudiskontieren.[36] In diesem Fall berechnet er:

$$U_3 = \int_{-T}^{0} u(\hat{q}(t))e^{rt}dt \tag{102}$$

wobei wegen der erforderlichen Koordinatentransformation (der ursprüngliche Zeitpunkt T wird in der rückblickenden Betrachtung zum Nullpunkt) q mit

$$\hat{q} = \frac{2rQ_0}{1-e^{-2rT}}e^{2r(t+T)} \tag{103}$$

angesetzt wird. Die Lösung von (102) beträgt:

[36] Vgl. PAGE (1977, pp. 195ff.).

$$U_3 = \sqrt{\frac{2rT^2Q_o e^{-2rT}}{1-e^{-2rT}}} \tag{104}$$

Rückblickend und "rückwärts diskontierend" konstatiert Robinson, während der T Jahre auf der Insel einen Gesamtnutzen wie in (104) aus dem Schiffszwieback gezogen zu haben, während es ihm bei der Strandung und der Abfassung des Konsumprofils so erschienen war, als werde der Gesamtnutzen nach Ende des Aufenthalts die Größe wie in (98) erreichen. Für alle $r>0$ ist der ex post-Nutzen U_3 kleiner als der ex ante-Nutzen U_2. Behauptung:

$$U_2 = \sqrt{\frac{Q_o(1-e^{-2rT})}{2r}} \quad > \quad U_3 = \sqrt{\frac{2rT^2Q_o e^{-2rT}}{1-e^{-2rT}}} \tag{105}$$

Der Beweis erfolgt ähnlich wie in Abbildung 17. Durch Quadrieren und Umformen läßt sich die Ungleichung (105) auf die Form bringen:

$$\frac{(1-e^{2rT})^2}{e^{-2rT}} > 4r^2T^2. \qquad \text{Mit } 2rT=x \text{ folgt:}$$

$$\frac{1-e^{x}}{e^{-x/2}} > x \qquad \text{oder} \tag{106}$$

$$y = e^{x/2} - e^{-x/2} > x$$

Ein Blick auf die Abbildung 18 und die dazugehörigen Ableitungen (107) überzeugt davon, daß y für $x>0$ stets größer als x sein muß. Dann muß in Ungleichung (105) für $r>0$ und $T>0$ stets $U_2>U_3$ sein. q.e.d.

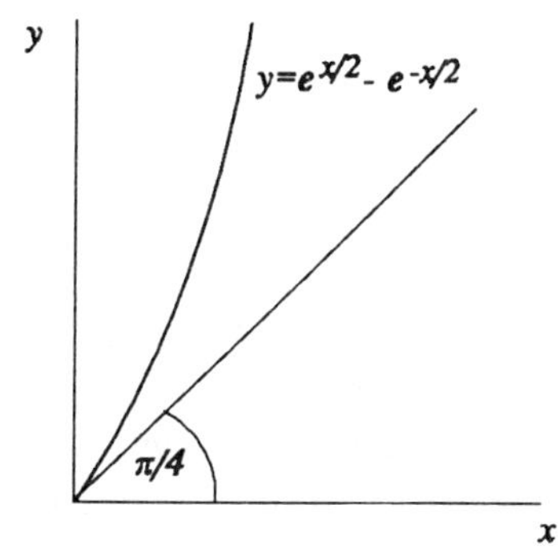

$$\begin{aligned} y|_{x=0} &= 0 \\ y'(x) &= \frac{1}{2}(e^{x/2}+e^{-x/2}) \\ y'(x)|_{x=0} &= 1 \\ y''(x) &= \frac{1}{4}(e^{x/2}+e^{-x/2}) \\ y''(x) &> 0 \quad \textit{für } x>0 \end{aligned} \tag{107}$$

Abbildung 18: Geometrischer Beweis für (105)

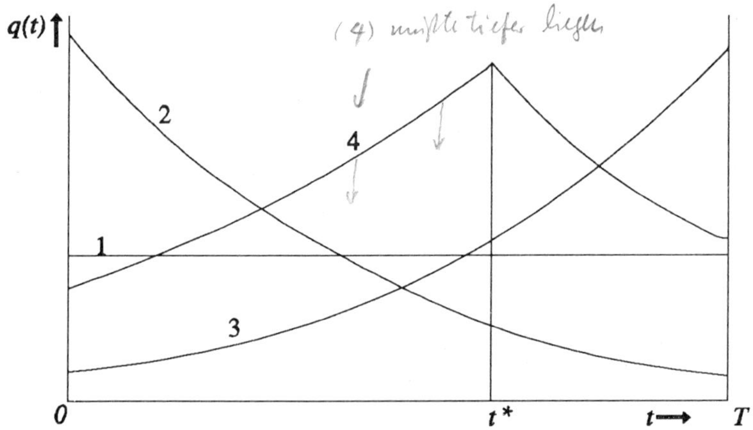

Abbildung 19: Hardtack-Ökonomie mit Nutzendiskontierung, optimal erscheinende Konsumpfade in Abhängigkeit vom Betrachtungszeitpunkt

Der nachdenkliche nutzenmaximierende Robinson Crusoe muß sich sagen, daß etwas an seinen Berechnungen nicht stimmen kann. Trotz gegebener Verteilung q in der Zeit ist der Gesamtnutzen U von jedem Zeitpunkt aus, an dem die Rechnung vorgenommen wird, verschieden groß. Auch erscheint je nach Betrachtungszeitpunkt stets ein anderer Konsumpfad als optimal. Wenn sich der vorwärts- und rückwärts diskontierende Robinson zum Abreisezeitpunkt T fragt, welchen Pfad er aus seiner jetzigen Sicht gewählt hätte, so kommt er zu der Überzeugung, daß, rückwärts betrachtet, der Pfad 3 in Abbildung 19 der richtige gewesen wäre, nicht aber der tatsächlich gewählte Pfad 2. Beurteilt er die Lage zu einem beliebigen Zeitpunkt $0<t^*<T$, so ist der Pfad 4 optimal.[37] Selbstverständlich kann nach Festlegung des Programms 2 zu Beginn und seiner folgenden Durchführung weder auf Pfad 3 noch auf Pfad 4 übergegangen werden.

Paradox ist für den vorwärts- wie rückwärts diskontierenden Robinson schließlich die Erkenntnis am letzten Tage seines Inselaufenthalts, daß es immer noch besser gewesen wäre, wenn er das Programm 1 (Gleichverteilung) gewählt hätte, *obwohl* er diskontiert. Dieses Programm liefert ex post und mit Rückwärtsdiskontierung zwar nicht den maximalen (wie Programm 3), aber immer noch einen höheren Nut-

[37] PAGE (1977, pp. 195ff.).

zen als das tatsächlich gewählte Programm 2. Welches Programm auch nach der myopischen Regel gewählt wird, es erscheint stets nur zum Zeitpunkt der Wahl optimal, von allen anderen Zeitpunkten aus betrachtet erscheint es suboptimal. Eine über den gesamten Planungszeitraum konsistent erscheinende Planungsentscheidung zu treffen, die nicht zu einem späteren Zeitpunkt revidiert zu werden gewünscht wird, ist unter myopischen Regeln unmöglich. Wir befinden uns in einem von STROTZ so genannten "*intertemporal tussle*".[38] Allerdings ist STROTZ' tussle harmlos im Vergleich zu unserem hier, man darf beide auf keinen Fall verwechseln. STROTZ fand, wie sich leicht nachrechnen läßt, daß jede nicht-exponentielle Diskontierung (formal: jedes variable $r(t)$) zu Konflikten wie in Abbildung 20 führt. Faßt ein Individuum einen myopischen Plan zum Zeitpunkt t_o=**0**, führt ihn bis t_1 aus, hält dann aber inne, um zu überlegen, ob es nach der unveränderten, bei t_o angewandten Maxime nun, bei t_1, richtig wäre, auf dem ursprünglich gewählten Konsumpfad 1 fortzufahren, so stellt er fest, daß es sich eigentlich nicht bei q_1, sondern bei q_2 befinden müßte. Derselbe Plan wie bei t_o abgefaßt, fordert bei t_1, den Pfad **2**, nicht aber den Pfad **1** zu wählen, was natürlich nach dem schon getätigten Konsum nicht mehr möglich ist. Dasselbe passiert bei t_2 oder zu jedem beliebigen Zeitpunkt; das Individuum kann seinen eigenen Plan nicht konsistent befolgen, sondern macht notwendigerweise "alles falsch". Der mit konstantem r abgefaßte, exponentiell diskontierende Pfad (den wir hier untersucht haben), ist der einzige, bei dem dies nicht passiert, er ist konsistent durchlaufbar. Der Fall ohne Myopie ist dabei wiederum nur ein Spezialfall, denn r=**0** impliziert, daß r= constant.

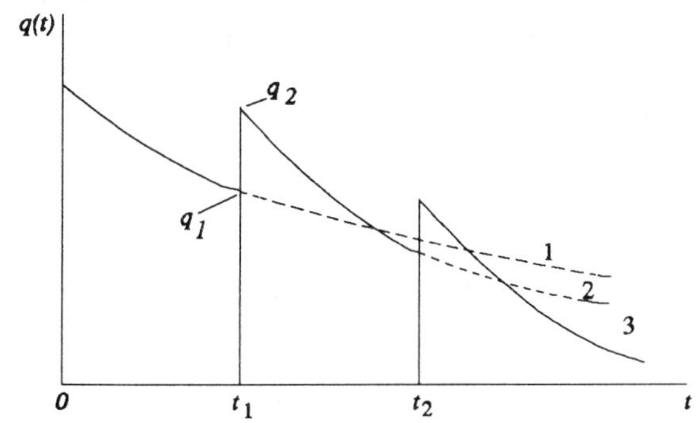

Abbildung 20: STROTZ' "Intertemporal tussle"

[38] STROTZ (1955/56, p. 171).

STROTZ bezeichnete den Fall mit exponentieller Diskontierung als "harmony case" und hielt ein Individuum, welches ihn verfolgt, für *rational.*[39] Dabei übersah er, daß der Pfad, welcher nach der myopischen Regel den Gesamtnutzen über eine Periode maximiert, auch im "harmony case" zu jedem Zeitpunkt ein anderer ist, man also auch hier stets "alles falsch" macht.

Rückblick ohne Diskontierung: Robinson kann schließlich seinen intertemporalen Nutzen so beurteilen, daß er zwar "vorwärts" diskontiert (er "kann halt nicht warten"), "rückwärts" jedoch nicht. Er ist sozusagen am Ende der Periode zur Vernunft gekommen und hat ein gutes Gedächtnis, so daß er ex post alle Periodennutzen gleich beurteilt, unabhängig davon, wie weit sie zurückliegen. In diesem Falle sind aus Symmetriegründen die ex post-Gesamtnutzen von Pfad 2 und 3 in Abbildung 19 identisch, nämlich

[39] Ibid., p. 172. Der Autor teilt die Subjekte in "spendthrifts" und "thrifty" Personen ein (p. 178). Die ersteren besitzen irrationale intertemporale Präferenzen, welche in das tussle wie in Abbildung 20 führen; die zweiten sind harmonisch-myopisch (r= const.) und damit seiner Meinung nach rational. Den "spendthrifts" steht offen, sich entweder durch "precommitment", d.h. ex ante-Festlegung zur Rationalität zu zwingen (wie sich Odysseus am Mast festbinden ließ, weil er wußte, daß er dem Sirenengesang, wenn er ihn hörte, nicht widerstehen können würde), oder durch Erziehung und Einsicht klug zu werden. STROTZ hält den Gedanken, die Zukunft überhaupt nicht zu diskontieren (was nach der in vorliegender Arbeit vertretenen These allein rational ist), für so abwegig, daß er ihm nur eine Fußnote (p. 178) würdigt: "To one who would say that to discount the future for remoteness at all seems to him foolish and irrational, I should reply that he is one who received very strong training as a child which went beyond simply teaching him the strategy of consistent planning and effected such a change in his tastes that he now finds it unnatural to discount the future on this account. Moralizing against discounting the future in this way has, of course, found its way into the prominent literature on this subject." - wobei er die Äußerungen BÖHM-BAWERKs meint, die oben (vgl. Anmerkung 3) zitiert wurden. Auch PIGOU und RAMSEY werden in dieser Hinsicht kritisiert (p. 179), bezeichnenderweise mit dem Argument, daß im Falle eines unendlich langen Zeithorizonts bei gegebenem Vorrat einer Ressource unlösbare Probleme aufträten. Auf derselben Seite äußert sich STROTZ zum oben erwähnten (vgl. Anmerkungen 14 und 21) Problem der Konsumentensouveränität im intertemporalen Kontext: "To the extent that consumer sovereignty is one of our values, ought we to allow people to behave imprudently? ... My view is that these questions are difficult to answer because consumer sovereignty has no meaning in the context of the dynamic decision-making problem." Er rekurriert hier auf common sense, indem er (gegen PIGOU) dem Staat die Fähigkeit zu konsistenter Planung noch stärker abspricht als dem Individuum. OLSON & BAILEY (1981, p. 21) kritisieren STROTZ' Ansichten zur Konsumentensouveränität im intertemporalen Kontext als "nihilistic".

$$U_4 = \int_o^T \sqrt{q}\, dt = \sqrt{\frac{2rQ_o}{1-e^{-2rT}}} \int_o^T \sqrt{e^{-2rt}}\, dt = (1-e^{-rT}) \sqrt{\frac{2Q_o}{r(1-e^{-2rT})}} \qquad (108)$$

Durch zweimalige Anwendung der L'HOSPITALschen Regel kann man sich wiederum davon überzeugen, daß dieser Ausdruck für $r \rightarrow 0$ gegen $U_1 = \sqrt{Q_o T}$ konvergiert, aber für alle $r>0$ kleiner als U_1 ist. Wenn Robinson ex post nicht diskontiert, muß er alle Konsumpfade *außer Pfad 1* (Gleichverteilung) bereuen, bei allen hat er Nutzen verschenkt. Diskontiert er ex post rückwärts, so bereut er nur Pfad 3 nicht, den er aber ex ante nie gewählt hätte. Er bereut Pfad 2 ex post nur dann nicht, wenn er rückwärts mit derselben Rate wie vorwärts, jedoch mit umgekehrten Vorzeichen diskontiert, also die weiter in der Vergangenheit liegenden Nutzen höher wichtet als die jüngeren. Dies entspricht aber genau dem Fall (95), bei dem die früheren Periodennutzen *tatsächlich* höher als die späteren waren und nicht nur aus der Anfangsperspektive so erschienen. Hier hängt u von $q(t)$ und von t ab. Diskontiert Robinson vorwärts wie rückwärts mit identischer Rate und errechnet er die entsprechenden ex ante- und ex post-Gesamtnutzen U_2 und U_3, so ist deren Differenz untereinander ebenso wie ihr jeweiliger Verlustbetrag gegenüber dem (mit $r=0$ zu erreichenden) Maximalnutzen U_1 um so geringer, je kleiner $r>0$ ist, im Grenzfall $r=0$ wird U_1 erreicht. *Dies ist das einzige Programm, welches zu keinem Zeitpunkt bereut wird.*

Nach diesem Ergebnis müßte es auch einem die Entscheidungsautonomie des Individuums unbedingt achtenden Beobachter möglich sein, zwischen rationalen und irrationalen Entscheidungen dieses Individuums bei der intertemporalen Einteilung seines Ressourcenbündels zu unterscheiden.[40] Dies deshalb, weil kein Rationalitätsmaßstab von außen aufgezwungen wird (nach dem Motto: "du sollst nicht kurzsichtig sein!"), sondern weil das Subjekt bei gewissen Verhaltensweisen *selbst* Widersprüche in seinem Tun erkennen muß. Wenn das Subjekt konsequent denkt, muß es eine bestimmte Klasse von Programmen, die mit $r>0$, ex post bereuen. Nur bei einem einzigen, bei $r=0$, besteht hierzu kein Anlaß. Die daraus abzuleitende Regel, sich wertvolle Dinge möglichst gleichmäßig einzuteilen, entspricht natürlich auch dem vernünftigen Alltagsverständnis.

[40] Dies gilt zumindest, wenn die Periodennutzen $u(t)$ zu einem Gesamtnutzen der Periode U summierbar sind, vielleicht genügt auch schon eine schwächere Form der Aggregation. Ist überhaupt keine Aggregation über die Zeit möglich, so ist das Individuum unfähig, seine "Personal Identity" zu wahren (R. HARDIN 1988, pp. 125ff.). In diesem Falle besteht m.E. keine Möglichkeit mehr, Fragen der intra-individuellen Rationalität zu diskutieren.

Die Weigerung von Teilen der neoklassischen Ökonomie, in ein Individuum "hineinzuleuchten" mit dem Ziel, intertemporal rationales von irrationalem Verhalten unterscheiden zu können, ist nicht zu rechtfertigen. Die hier vorgenommene Art der Introspektion ist nicht bevormundend. Wer sich in der Furcht, sich an der Konsumentensouveränität zu versündigen, auf die Black-Box-Methode zurückzieht und damit Rationalität nur noch tautologisch definiert, begibt sich wesentlicher Erkenntnismöglichkeiten. Gewiß wird mit dem hier vorgeschlagenen Vorgehen Rationalität *definiert*, dies ist aber unvermeidlich, und zur Debatte kann nur die Zweckmäßigkeit einer Definition stehen. Als eine rationale Entscheidung diejenige anzusehen, welche bei identischem Informationsstand zu einem späteren Zeitpunkt nicht bereut wird, erscheint als die zweckmäßigste Definition. Folgt man ihr, so ist die "Abdiskontierung zukünftigen Nutzens mit einer rationalen Lebensplanung unvereinbar".[41]

3.2.2 Robinsons "Corn-Ökonomie"

Wenn Robinson statt des Schiffszwiebacks einen Sack Mais aus dem Wrack birgt, also eine Ressource, die sich, soweit sie nicht konsumiert wird, durch Aussaat *vermehrt*, ändert sich an den Maximen bezüglich seiner Rationalität nichts, auch dann ist Myopie irrational. Die Dynamik des Modells bietet jedoch eine sehr anschauliche Illustration zu BÖHM-BAWERKs "Erstem Grund" für die, wie er sich ausdrückte, "Verschiedenheit im Wert gegenwärtiger und künftiger Güter", nämlich der "Verschiedenheit des Verhältnisses von Bedarf und Deckung in den verschiedenen Zeiträumen".[42] Robinson möge eine Ressource besitzen, die beim Nicht-Konsum mit der konstanten Rate s wächst. Auch dieses Problem ist in der Literatur unter verschiedenen Metaphern bekannt - bei FISHER waren es die Schafe, welche sich vermehrten[43], bei KNIGHT das "Crusoe-Gewächs"[44], ein sich ständig vermehrender,

[41] BIRNBACHER (1988, pp. 38ff.). Der Autor kommt mit einfachen numerischen Beispielen zum selben Ergebnis wie hier.

[42] BÖHM-BAWERK (1961, p. 328). Sein "Zweiter Grund", die Myopie, ist im voranstehenden diskutiert worden.

[43] I. FISHER (1965, pp. 192ff.).

[44] KNIGHT (1944, p. 30). Er selbst nennt es "some perennial".

"großer eßbarer Pilz", wie HIRSHLEIFER[45] anschaulich erklärt. Wir folgen mit dem Mais erneut PAGE.[46]

Hier wie auch im folgenden Abschnitt 4 zur Zinstheorie übersehen wir vollständig Robinsons Dazutun bei der Vermehrung der Ressource, vom *Arbeitseinsatz* wird abgesehen. Es gibt daher in den Modellrechnungen *keine Produktion* als Kombination mehrerer Faktoren, wie etwa bei RAMSEY,[47] dessen Ergebnisse hier trotz unserer bescheideneren Methodik teilweise reproduziert werden können. Unsere zentralen Fragestellungen erlauben eine derartige Abstraktion; der Einbezug einer Produktionsfunktion würde vom wesentlichen nur ablenken. Robinsons Problem bei der "Corn-Ökonomie" lautet:

$$\begin{aligned} &\textbf{Max:} \quad U = \int_0^T u(q(t))e^{-rt}\,dt \\ &\textbf{NB:} \quad \dot{Q}(t) = Q(t)s - q(t) \qquad s\ const. \\ &\qquad\quad Q(0) = Q_0 \\ &\qquad\quad Q(T) = 0 \end{aligned} \tag{109}$$

Die Zielfunktion ist identisch wie beim vorigen Problem, den auch hier allein rationalen Fall **r=0** berechnen wir als Spezialfall. Verändert hat sich nur die erste Nebenbedingung. Zuerst wird die Hamiltonian gebildet und differenziert:

$$\begin{aligned} &H = u(q(t))e^{-rt} + \lambda(t)\{Q(t)s - q(t)\} \\ &H'(q) = 0 = u'(q(t))e^{-rt} - \lambda(t) \\ &H'(Q) = -\dot{\lambda}(t) = \lambda(t)s \end{aligned} \tag{110}$$

Die wichtigste Neuerung ist, daß $\lambda(t)$ nun eine Funktion der Zeit ist, die intertemporalen Opportunitätskosten verändern sich. Infolge der dritten Gleichung in (110) muß gelten:

$$\lambda(t) = \lambda_0 e^{-st} \tag{111}$$

Da aber infolge der zweiten auch

$$\lambda(t) = u'(q(t))e^{-rt} \tag{112}$$

45 HIRSHLEIFER (1970, p. 158).

46 PAGE (1977, p. 178ff.).

47 RAMSEY (1928). Diese Arbeit war ihrer Zeit am weitesten voraus, sie nimmt wesentliche Teile der gesamten Wachstumsökonomie, der Theorie natürlicher Ressourcen und auch der Behandlung in dieser Arbeit vorweg.

gilt und wir durch Integration des Grenznutzens $u'(q) = 1/2\sqrt{q}$ auf das zeitliche Profil des Konsums zurückschließen können, finden wir:

$$q(t) = ze^{2(s-r)t} \quad \text{mit} \quad z = \frac{1}{4\lambda_o^2} \tag{113}$$

Der jährliche Konsum von Mais verändert sich exponentiell mit der doppelten Differenz zwischen der Wachstumsrate des Maises und der subjektiven Nutzendiskontierungsrate. Sind beide Raten identisch, so ergibt sich ein jährlich konstanter Konsum. Ist die Wachstumsrate der Ressource größer als die Nutzendiskontierungsrate, so steigt der Konsum im Laufe der Zeit exponentiell, ist sie kleiner, so sinkt er. Zur weiteren Analyse des Problems setzen wir (113) in die erste Nebenbedingung von (109) ein und lösen die Differentialgleichung

$$\dot{Q}(t) = Q(t)s - ze^{2(s-r)t} \, . \tag{114}$$

Die allgemeine Lösung lautet

$$Q(t) = \frac{z}{2r-s} e^{2(s-r)t} \tag{115}$$

wobei allerdings die Anfangs- und Endbedingungen $Q(0)=Q_o$ und $Q(T)=0$ nicht erfüllt sind. Den richtigen Anfangswert erhalten wir durch Transformation in

$$Q(t) = \left(Q_o + \frac{z}{s-2r} \right) e^{st} - \frac{z}{s-2r} e^{2(s-r)t} \tag{116}$$

während die Anpassung der Formel an den geforderten Endwert durch die bisherige Unbestimmtheit von z ermöglicht wird. Setzen wir in (116) $t=T$ und $Q(T)=0$ ein, so erhalten wir

$$z = \frac{Q_o(s-2r)}{e^{(s-2r)T} - 1} \tag{117}$$

und nach einer weiteren Umformung den endgültigen Ausdruck:

$$Q(t) = Q_o \left\{ \frac{e^{(s-2r)T+st} - e^{2(s-r)t}}{e^{(s-2r)T} - 1} \right\} \tag{118}$$

Hieraus lassen sich sofort alle weiteren Resultate gewinnen, insbesondere betragen der Konsum pro Zeiteinheit

$$q(t) = \frac{Q_o(s-2r)}{e^{(s-2r)T} - 1} e^{2(s-r)t} \tag{119}$$

die intertemporalen Opportunitätskosten pro Periode

$$\lambda(t) = \frac{1}{2}\sqrt{\frac{e^{(s-2r)T}-1}{Q_o(s-2r)}}\, e^{-st} \tag{120}$$

der Periodennutzen

$$u(t) = \sqrt{\frac{Q_o(s-2r)}{e^{(s-2r)T}-1}}\, e^{(s-r)t} \tag{121}$$

der Gesamtnutzen

$$U = \sqrt{\frac{Q_o(e^{(s-2r)T}-1)}{s-2r}} \tag{122}$$

die Änderung des Ressourcenbestandes zu jedem Zeitpunkt

$$\dot{Q}(t) = \frac{se^{(s-2r)T+st} - 2(s-r)e^{2(s-r)t}}{e^{(s-2r)T}-1} \tag{123}$$

und die insgesamt konsumierte Ressourcenmenge

$$W = \int_o^T q(t)dt = \frac{Q_o(s-2r)(e^{2(s-r)T}-1)}{2(s-r)(e^{(s-2r)T}-1)} \tag{124}$$

Die Abbildung 21 zeigt einige Verläufe für *q(t)* und *Q(t)* in einem hypothetischen Modell mit Q_0**=1250**, *T*=**50** und der Wachstumsrate *s*=**0,03**. Wählt Robinson ein Programm, bei welchem er künftigen Nutzen mit der Rate *r*=**0,04** abdiskontiert, also mit einer höheren Rate als *s*, so muß er den Periodenkonsum jährlich um 2% reduzieren. Er beginnt bei den angenommenen Daten bei *q*(**0**)=**68** und endet bei *q(T)*=**25**. Der Ressourcenvorrat nimmt nahezu linear von Q_0**=1250** auf Null ab. Während der 50 Jahre konsumiert er nach Tabelle 3 insgesamt 2152 Einheiten, weil sich die jeweils nicht konsumierten mit der Rate *s* vermehrt haben. Sein Gesamtnutzen beträgt 151,5 Einheiten.

Diskontiert Robinson den Nutzen mit *r*=**0,03**, so ergibt sich die schon oben festgestellte Gleichverteilung des Konsums in der Zeit, ihm stehen jährlich etwa 48 Einheiten Mais zur Verfügung. Der Ressourcenvorrat sinkt auch monoton, jedoch zuerst weniger und zuletzt mehr, so daß die Kurve *Q(t)* etwas konkav verläuft. Obwohl er mehr Einheiten *q(t)* konsumiert und auch einen höheren Gesamtnutzen als bei *r*=**0,04** erzielt, ist diese Einteilung *nicht*, wie es scheinen könnte, optimal. Robinson steigert seinen Gesamtnutzen bei niedrigeren Diskontraten weiter, der höchstmögliche Nutzen ergibt sich bei ***r*=0**. In kardinalen Einheiten ist er über doppelt so groß wie bei ***r*=0,04**, die insgesamt konsumierte Menge an Mais ist **1,6** mal so groß wie bei ***r*=0,04**, sie entspricht auch dem **2,7**-fachen von Q_o.

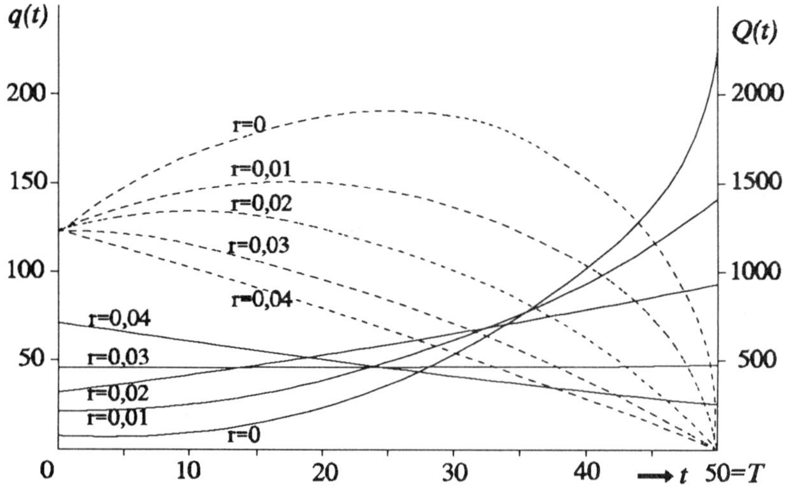

———— *q(t)* alle Verläufe mit ***T=50***, Q_o**=1250**, ***Q(T)*=0**, ***s*=0,03**

- - - - - - - *Q(t)* *q(t)* nach (119), *Q(t)* nach (118)

Abbildung 21: Corn-Ökonomie, Verläufe von ***q(t)*** und ***Q(t)*** für ***Q(T)*=0**

	r=0	0,01	0,02	0,03	0,04
$W=\int_o^T q(t)\,dt$	3426	3078	2729	2414	2152
$U=\int_o^T \sqrt{q(t)}\,dt$	380,9	284,8	221,8	179,9	151,5

Tabelle 3: Werte für ***U*** und ***W*** zu Abbildung 21

Der Periodenkonsum steigt bei ***r*=0** von bescheidenen 11 Einheiten zu Beginn mit 8% Wachstum pro Jahr auf astronomische 216 Einheiten im Jahre ***T***. Der Ressourcenvorrat wird wegen der geringen Anfangsverbräuche bis etwa zum Jahre 30 auf das fast 1,5-fache von Q_o vermehrt, um danach schnell abzusinken; in den letzten Jahren lebt Robinson hauptsächlich vom angesparten Vermögen: "He will for a time accumulate capital, and then spend it before he dies."[48]

Anders als beim "Hardtack" darf bei der wachsenden Ressource nicht ein Programm gewählt werden, bei dem der undiskontierte Grenznutzen in jeder Periode gleich ist. Die ökonomische Erklärung ist, daß die Verzichte (die Opportunitätskosten oder mit KEYNES "User Costs"), welche Robinson entstehen, wenn er heute eine Einheit Δq mehr konsumiert, nicht exakt im Minderkonsum dieser Einheit zu einem späteren Zeitpunkt bestehen, sondern in *mehr* als in diesem Verzicht, weil sich die Ressource in der Zwischenzeit vermehrt haben würde. Jede Einheit, auf die ich heute verzichte, gibt mir später mehr als nur diesen Verzicht zurück. Die daraus resultierende Tendenz zur zeitlichen Verschiebung des Konsums wird allein durch den fallenden Grenznutzen gebremst. Hätten wir eine stärker konkave Nutzenfunktion als $u=q^{1/2}$ gewählt, z.B. $u=q^{1/10}$, so wäre der Anstieg des Periodenkonsums auch im Fall $r=0$ nicht so extrem wie in Abbildung 21.

Eine interessante Variante des Problems, auf welche wir noch mehrfach zurückkommen müssen, ist die, bei welcher gefordert wird, daß $Q(T)$ nicht Null, sondern Q_o betragen soll. Das Subjekt darf den Vorrat nicht verzehren, sondern muß den vorgefundenen Anfangsbestand nach Ende des Programms wieder "abliefern", etwa im Interesse eines Nachfolgers. Das Subjekt darf nur die Erträge des Vermögens konsumieren. Die Formeln für die Verläufe von $q(t)$ und $Q(t)$ errechnen sich analog zum Fall $Q(T)=0$ und lauten mit

$$z = \frac{Q_o(1-e^{sT})(s-2r)}{e^{sT}-e^{2(s-r)T}} \tag{125}$$

$$q(t) = \frac{Q_o(1-e^{sT})(s-2r)}{e^{sT}-e^{2(s-r)T}}\, e^{2(s-r)t} \tag{126}$$

und

$$Q(t) = Q_o\left\{\frac{(1-e^{2(s-r)T})e^{st}-(1-e^{sT})e^{2(s-r)t}}{e^{sT}-e^{2(s-r)T}}\right\} \tag{127}$$

[48] RAMSEY 1928, p. 558. Das Problem, auf welches TINBERGEN (1960) stieß, daß nämlich schon bei endlichem Zeithorizont ein unplausibler Konsumaufschub auf den "letzten Tag" folgt (weit stärker als in unserem Modell), könnte mit der von ihm verwendeten isoelastischen Nutzenfunktion zusammenhängen (vgl. Anmerkung 32).

Da sich an der Hamiltonian des Problems gegenüber dem Fall ***Q(T)*=0** nichts geändert hat, unterscheidet sich ***q(t)*** von jenem Verlauf nur durch einen konstanten Faktor, der es erwartungsgemäß etwas kleiner macht. Das Subjekt mit fallendem ***q(t)*** wegen ***r>s*** zehrt zu Anfang von der Ressource, vermindert ihren Bestand zwischendurch (bei ***r*=0,05** z.B. um 28%), füllt sie aber in der zweiten Hälfte der Periode auf Grund der dann geringeren Entnahmen pflichtgemäß wieder auf.

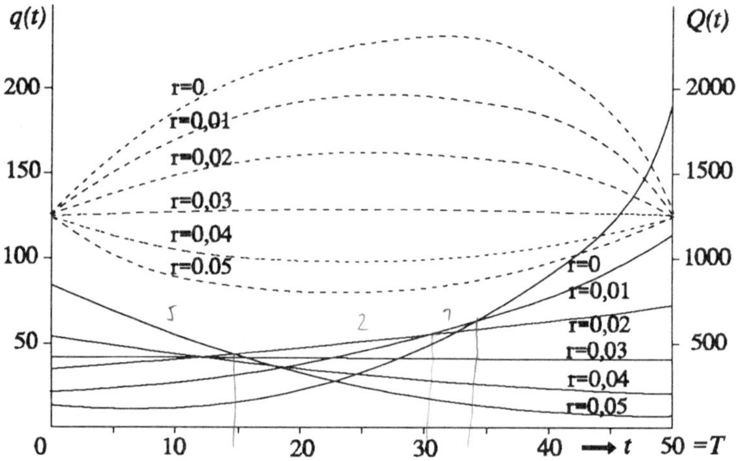

———— ***q(t)*** alle Verläufe mit ***T=50, Q_o=1250, Q(T)=Q_o, s*=0,03**

- - - - - - - ***Q(t)*** ***q(t)*** nach (126), ***Q(t)*** nach (127)

Abbildung 22: Corn-Ökonomie. Verläufe von ***q(t)*** und ***Q(t)*** für ***Q(T)=Q_o***

Ist die Diskontrate ***r*** kleiner als die Wachstumsrate ***s*** oder ist sie gleich Null, so übersteigt ***Q(t)*** den Anfangs- und Endwert ***Q_o*** für alle **0<*t*<*T***; es wird ein Vorrat angelegt, welcher wegen der wachsenden Periodenentnahme zum Schluß wieder bis auf ***Q_o*** abgetragen wird. der Fall ***r=s*** düfte vielen Beobachtern intuitiv als die "richtige" Bewältigung des Problems durch Robinson erscheinen. Hier wird der Vorrat nicht angetastet, ***Q(t)=Q_o*** während der gesamten Periode, und es wird nur von den konstanten Zinsen gelebt. Im Kontext individueller Rationalität ist dies jedoch *nicht* die richtige Lösung, da bei diesem Verlauf die Funktionale (109) für ***r=0*** nicht maximiert wird. Ein rationaler, seinen Nutzen nicht diskontierender Robinson konsumiert vielmehr zu Anfang weniger, um einmal ein hohes, später zu konsumierendes Vermögen aufzubauen.

Das soeben diskutierte Modell mit $Q(T)=Q_o$ ist ein wichtiger Anknüpfungspunkt für spätere Überlegungen in dieser Studie. Wir werden es in vier, z.T. sehr unterschiedlichen Zusammenhängen erneut aufzugreifen haben: (a) Im Abschnitt 4.3.3 widmen wir uns dem Phänomen des Produktivzinses. In einer Welt miteinander kommunizierender Subjekte liegt es, anders als beim isolierten Robinson, unter gewissen Umständen nahe, das bei $r<s$ zwischenzeitlich akkumulierte Vermögen $Q(t)>Q_o$ teilweise zu verleihen, sofern sein Wachstum dadurch noch beschleunigt werden kann. (b) Der darauf folgende Abschnitt 4.3.4 wird der Frage nachgehen, wie sich viele Individuen mit jeweils ansteigendem Konsumprofil $q(t)=q_o e^{2it}$ verhalten, wenn die Möglichkeit zum Tausch besteht. Dieses Konsumprofil ist zwar in Isolation optimal, nicht aber in einer Gesellschaft. (c) Im Abschnitt 5.2 werden dann Zeithorizonte angesprochen, die, auch wenn sie endlich sind, die Lebensspanne eines Menschen übersteigen, eine ganze Kette von Generationen wird sich an der Nutzung der Ressource beteiligen. Da es dann nicht mehr darum geht, den Nutzen eines *einzelnen* Subjektes zu maximieren, treten zu den Effizienz- die intergenerationellen Verteilungsprobleme hinzu. Der individuell rationale Verlauf mit $r=0$ in Abbildung 22 würde dann dazu führen, daß frühe Generationen sehr wenig, späte aber exzessiv viel konsumierten. In diesem Kontext müssen weitere Überlegungen angestellt werden. Dies gilt erst recht, wenn (d) der Zeithorizont T nicht nur die Lebensdauer einer Generation übersteigt, sondern über alle Grenzen wächst. Die simple Anwendung der bisher erarbeiteten Rationalitätsmaximen führt bei $T \to \infty$ dazu, daß nie etwas (zumindest nichts über das Existenzminimum hinaus) konsumiert und statt dessen in sinnloser Weise für den "St.-Nimmerleinstag" gespart wird. Dies hat bei verschiedenen Autoren Irritationen hervorgerufen.[49]

3.2.3 Dynamik von Einnahmen und Ausgaben: Ist Schulden zu machen rational?

Im folgenden lösen wir uns vorübergehend von unserem Robinson-Modell und betrachten Individuen, die in ökonomischem Austausch mit ihrer Umwelt stehen. Das Thema greift schon etwas in das des folgenden Abschnitts 4, in die Zinstheorie, vor,

[49] TINBERGEN (1960, p. 485), und besonders OLSON & BAYLEY (1981), vgl. Abschnitt 5.2.

dennoch erscheint es an der vorliegenden Stelle besser placiert, weil wir ausschließlich individuelles Verhalten - rational oder auch nicht - unter bestimmten Zinsannahmen analysieren, nicht jedoch die Zins*entstehung*.

Es gebe wie im vorausgegangenen Beispiel eine sich von allein vermehrende Ressource Q; ihre konstante Wachstumsrate bezeichnen wir mit i. Ein Subjekt besitze *keine* Anfangsausstattung (Q_o=0) und brauche nach Ablauf der Planungsperiode T nichts aufzuheben, $Q(T)$ betrage ebenfalls Null. Neu ist gegenüber den früheren Fällen, daß das Subjekt über positive wie auch negative Ressourcen- ("Vermögens-") bestände verfügen kann. Besitzt es etwas, so vermehrt sich das Besessene exponentiell mit i, liegen aber Schulden vor, so vermehren diese sich ebenfalls exponentiell mit i. Offensichtlich ist i der *Zins*. Woher er kommt, interessiert im vorliegenden nicht, wir fragen allein, wie ein Individuum mit ihm umgeht. Zur Vereinfachung nehmen wir Haben- wie auch Sollzins in identischer Höhe an.

Statt des Anfangsvermögens erhalte das Individuum ein laufendes Einkommen, dessen Quelle hier unwesentlich ist. Es lassen sich unterschiedliche Einkommensströme modellieren; wir wählen aus bestimmten Gründen ein bei Null beginnendes, linear ansteigendes Einkommen. Beträgt es zum Zeitpunkt T, also am Schluß der Periode, m, so beläuft es sich für alle $0<t<T$ auf $at=mt/T$. Das Problem lautet also:

$$\textit{Max}: \quad U=\int_0^T u(q(t))e^{-rt}\,dt \qquad r\geq 0 \quad const. \tag{128}$$

$$\begin{aligned} \textit{NB}: \quad & \dot{Q}(t)=Q(t)i-q(t)+at\,, && a=m/T,\ m\ const. \\ & Q(0)=0 && i\geq 0\ \ const. \\ & Q(T)=0 && \\ & Q(t)\geq 0 \quad oder \quad Q(t)<0 && f\ddot{u}r\ 0<t<T \end{aligned} \tag{129}$$

Die erste Zeile von (129) heißt, daß die Vermögensänderung in einer infinitesimalen Periode gleich der Summe aus der Wachstumsrate des Vermögens (bzw. bei $Q(t)<0$ der Schulden), aus der Entnahme für den Konsum $q(t)$ und aus dem vom Vermögen unabhängigen Einkommen besteht. Eine Frage an das Modell besteht darin, unter welchen Umständen ein Individuum negative Vermögenswerte und damit Zinszahlungen einkalkuliert. Insbesondere ist zu fragen, ob eine derartige Verhaltensweise auf die ungeduldigen Subjekte mit $r>0$ beschränkt ist, oder ob sich unter bestimmten Bedingungen auch rationale, nicht-myopische Subjekte ($r=0$) Schulden erlauben. Die Frage kann qualitativ durch einen Blick auf die Modellstruktur beantwortet, und zwar bejaht werden. Bei $u=\sqrt{q}$ steigt der Grenznutzen $u'(q)$ für $q\to 0$ über alle Grenzen an, wie es etwa bei einem unverzichtbaren Grundnahrungsmittel der Fall ist. Zum Zeitpunkt $t=0$ hat das Subjekt weder Vermögen noch Einkommen, muß aber etwas zum Leben haben und sich folglich leihen. Dies wäre allerdings bei einer Nutzenfunktion mit endlichem $u'(q)$ bei q=0 nicht notwendigerweise der Fall. Der zweite, allgemeinere Grund dafür, daß $q(0)>0$ sein muß, liegt darin, daß sich an den Ableitungen der Hamiltonian nach q und Q gegenüber dem oben diskutierten Modell von Robinsons Maisökonomie nichts geändert hat (vgl. 109 und 110), so daß der optimale Konsumpfad nach wie vor

$$q(t) = ze^{2(s-r)t} \qquad mit\ z = \frac{1}{4\lambda_o^2} \tag{130}$$

lautet. Jedes Individuum besitzt also unabhängig vom Verlauf des Grenznutzens in der Nähe von q=0 einen positiven Anfangskonsum $q(0)=z$.

Die erste Nebenbedingung aus (129) lautet nach Einsetzen von (130):

$$\dot{Q}(t) = Q(t)i - ze^{2(i-r)t} + at \tag{131}$$

Dies ist die zentrale Differentialgleichung des Problems; ihre allgemeine Lösung lautet, wie durch Differentiation leicht nachzuprüfen

$$Q(t) = \frac{z}{2r-i}e^{2(i-r)t} - \frac{a}{i}t - \frac{a}{i^2} \tag{132}$$

Gesucht ist aber wiederum eine Funktion, die nicht nur die Differentialgleichung (131) erfüllt, vielmehr muß sie auch zwei Randwerten (Anfang und Ende) genügen, was im allgemeinen Schwierigkeiten bereiten kann. Die Erfüllung der Anfangsbedingung $Q(0)=0$ gelingt durch Hinzufügung zweier geeigneter Terme

$$Q(t) = \frac{z}{2r-i}(e^{2(i-r)t} - e^{it}) - \frac{a}{i}t - \frac{a}{i^2}(1 - e^{it}) \tag{133}$$

so daß der zweite Randwert $Q(T)=0$ durch Wahl des noch unbestimmten Parameters z eingehalten werden kann. Mit

$$z = \frac{(2r-i)(aT + \frac{a}{i}(1 - e^{iT}))}{i(e^{2(i-r)T} - e^{iT})} \tag{134}$$

findet man

$$q(t) = \frac{(2r-i)(aT + \frac{a}{i}(1 - e^{iT}))}{i(e^{2(i-r)T} - e^{iT})} e^{2(i-r)t} \tag{135}$$

und schließlich den endgültigen Wert für das (positive oder negative) Vermögen

$$Q(t) = \frac{(aT + \frac{a}{i}(1 - e^{iT}))(e^{2(i-r)t} - e^{it})}{i(e^{2(i-r)T} - e^{iT})} - \frac{a}{i}t - \frac{a}{i^2}(1 - e^{it}) \qquad (136)$$

Die Formeln für W (insgesamt konsumierter Ressourcenumfang) und U (über die Periode integrierter Nutzen) finden sich in der Legende zu den Tabellen 4 und 5.

Wir berechnen nun wieder ein anschauliches Beispiel, bei dem das während der betrachteten Periode **0...*T*=50** erzielte Einkommen R einen Umfang von **1 250** Einheiten besitze. Dies entspricht der Anfangsausstattung Q_o in den obigen Beispielen und erlaubt, gewisse Vergleiche zu ziehen. Wegen $R=aT^2/2$ können wir mit dieser Annahme a**=1** wählen und die Rechnung vereinfachen. Es werden die Kombinationen i**=0; 0,01; 0,02; 0,03; 0,04** und **0,05** sowie r**=0...0,05** betrachtet, woraus sich 36 Fälle ergeben. Für die graphische Darstellung in den Abbildungen 23 und 24 wählen wir die Fälle r**=0** (rationales Verhalten) und r**=0,03** (Kurzsichtigkeit) aus.

Die beiden Abbildungen zeigen in den jeweils oberen Teilen (a) die optimale Entwicklung von $q(t)$ bei verschiedenen Werten für i; Abbildung 23 beschreibt das rationale Subjekt (r**=0**), Abbildung 24 das kurzsichtige (r**=0,03**). Die jeweils unteren Teile (b) zeigen die dazugehörigen Entwicklungen des Vermögens $Q(t)$, wobei positive Werte nach oben und negative Werte nach unten und jeweils schraffiert aufgetragen sind. Die Tabelle 4 zeigt die Werte für W, den Gesamtumfang der jeweils konsumierten Ressource (nicht identisch dem kumulierten Einkommen R!) für alle Wertekombinationen für i und r, während der jeweils erzielte Gesamtnutzen U in der Tabelle 5 angegeben ist.

Betrachten wir zunächst den Fall des rationalen, seinen künftigen Nutzen nicht diskontierenden Individuums. Beträgt i**=0**, das heißt, gibt es weder bei positivem Vermögen ("Haben") eine Vermehrung noch bei negativem ("Soll") eine Verringerung infolge der Zinseinkünfte bzw. -zahlungen, so müssen in der gesamten 50-Jahres-Periode natürlich R**=1250** Einheiten von q verzehrt werden. Bei der geforderten Gleichverteilung des Konsums in der Zeit ergibt sich ein jährlicher Verzehr von 25 Einheiten, nicht anders als beim rational handelnden Robinson mit der Anfangsausstattung Q_o**=1250**. Unser betrachtetes Subjekt kann jedoch die Gleichverteilung des Konsums in der Zeit nur dann wählen, wenn es leiht, da es zu Anfang zu wenig besitzt. Die Graphik 23(b) überzeugt davon, daß das Subjekt bei r**=0** die gesamte 50-Jahres-Periode über Schulden hat, mit einem Maximum von über 300 Einheiten etwa in der Mitte der Periode. Für diese Schulden brauchen allerdings keine Zinsen gezahlt zu werden.

Bei ***i*=0,01** und ***r*=0** maximiert das Subjekt seinen Nutzen nach (135), wenn sein Periodenkonsum um 2% pro Periode steigt. Der Vergleich der jeweiligen Pfade von *q(t)* und *Q(t)* in Abbildung 23(a) und (b) überzeugt davon, daß dieser langsame Anstieg des Verbrauchs ebenfalls dazu führt, daß während der gesamten Periode Schulden bestehen. Da für diese nun, wenn auch geringe, Zinsen bezahlt werden müssen, kann das Subjekt während der Gesamtperiode nicht sein gesamtes Einkommen in Höhe von 1250 Einheiten verzehren, sondern nur 1195 Einheiten (Tabelle 4). Der Rest, oder 4,4% der Gesamtsumme, müssen als Leihzinsen gezahlt werden. Es würde diesem Subjekt nichts nützen, für sich "persönlich" sozusagen eine Wachstumsrate des Konsums von Null zu dekretieren, was bei seiner Ablehnung der Nutzendiskontierung naheliegen würde. Die hieraus folgende Gleichverteilung des Konsums in der Zeit zwänge dazu, zu Anfang noch mehr Schulden zu machen und damit einen noch größeren Teil als Zinsen wegzugeben.

$$W = \int_0^T q(t) = \frac{(2r-i)(aT+\frac{a}{i}(1-e^{iT}))(e^{2(i-r)T}-1)}{2i(i-r)(e^{2(i-r)T}-e^{iT})} \tag{137}$$

r \ i	0	0.01	0.02	0.03	0.04	0.05
0	1250	1195	1228	1347	1557	1879
0.01	1250	1146	1135	1210	1375	1646
0.02	1250	1101	1045	1073	1186	1398
0.03	1250	1062	966	949	1009	1157
0.04	1250	1031	902	846	858	946
0.05	1250	1007	853	767	741	776

Tabelle 4: Werte für ***W*** zu Abbildung 23 und 24

In Abbildung 23(b) ist zu erkennen, daß bei ***i*=0,02** erstmals ein kleines Guthaben erwirtschaftet wird, und zwar in den letzten 15 Jahren. Dies liegt daran, daß der hierzu

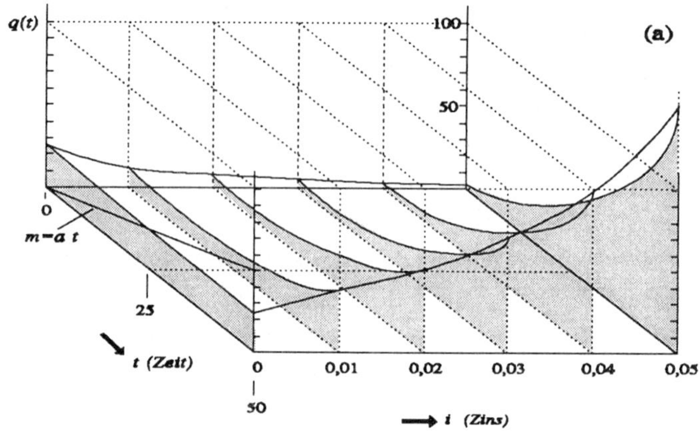

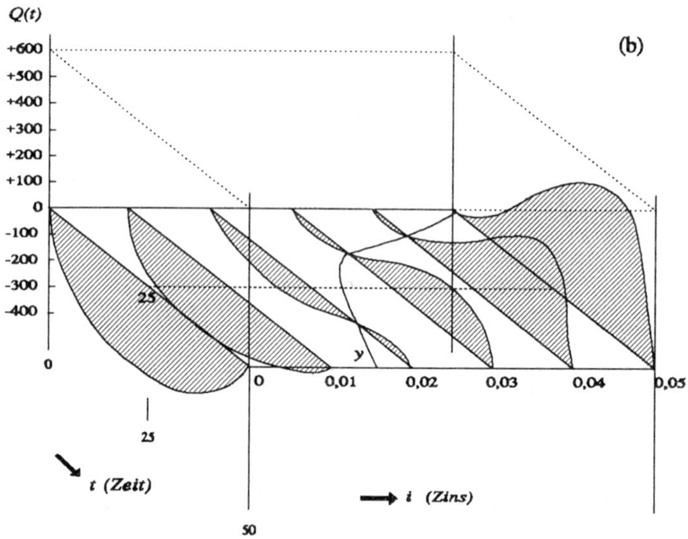

Abbildung 23: Entwicklung von Konsum und Vermögen eines rationalen Subjekts (***r*=0**) bei linear steigendem, mit Null beginnendem Einkommen

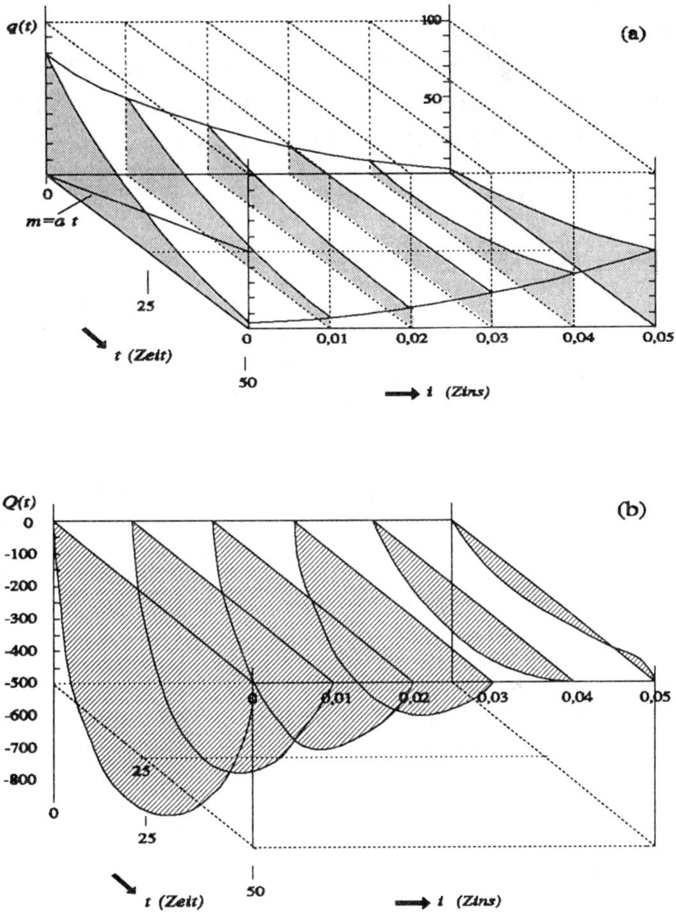

Abbildung 24: wie (23), myopisches Subjekt, ***r*=0,03**

passende optimale Konsumpfad mit einer jährlichen Rate von 4% schneller als in den beiden zuvor betrachteten Fällen wächst, was zu einem niedrigeren Anfangswert des Konsums zwingt, so daß zu Anfang weniger geliehen werden muß. Bei höheren Wachstumsraten der Ressource dehnt sich die Zone der Vermögensbildung schnell nach vorn aus (umrissen durch die Kurve ***y*** in der Abbildung 23(b)), und wächst das Vermögen stark an. Bei ***i*=0,05** gibt es nur ganz zu Anfang eine winzige Zeitspanne, in der das Subjekt Schulden macht, diese sind schnell zurückgezahlt. Der Konsum wächst mit 10% pro Periode; wie schon im Beispiel aus Abschnitt 3.2.2, Abbildung 21, wird gegen Schluß das gesamte angesammelte Vermögen schnell verbraucht. Der Gesamtkonsum beträgt 1879 Einheiten (Tabelle 4), von denen 629 nicht dem Einkommensstrom ***at*** entstammen, sondern durch Ansparen gegen Zins gebildet wurden. Das sind etwa 50% bezogen auf ***R*** bzw. 33,5% bezogen auf ***W***.

$$U = \sqrt{\frac{(aT + \frac{a}{i}(1 - e^{iT}))(e^{(i-2r)T} - 1)^2}{i(i-2r)(e^{iT} - e^{2(i-r)T})}} \tag{138}$$

r \ i	0	0.01	0.02	0.03	0.04	0.05	0.1
0	250	242	238	239	244	253	376
0.01	199	188	182	179	179	182	253
0.02	164	153	145	139	136	136	175
0.03	141	129	120	113	108	106	124
0.04	124	112	102	95	90	86	91
0.05	111	100	90	83	77	72	69

in allen Fällen: $R = \int_0^T at\,dt = \frac{T^2}{2} = 1250$

Tabelle 5: Werte für ***U*** zu Abbildungen 23 und 24

Beim mit ***r*=0,03** diskontierenden myopischen Subjekt in Abbildung 24 liegt der Pfad der zeitlichen Gleichverteilung des Konsums in der Mitte des Diagramms bei ***i*=0,03**. Diese Gleichverteilung ist nur durch Verschuldung über die gesamte Periode zu gewährleisten; 301 Einheiten oder 24% des kumulierten Einkommens ***R*** (1250 Einheiten) müssen als Zinsen gezahlt werden. Die verbleibenden 949 Einheiten gestatten einen konstanten Periodenkonsum von 19 Einheiten (gegenüber 25 bei ***i*=*r*=0**). Ist ***i*<*r*** (links von der Gleichverteilung in Abbildung 24(a)), so fällt der Periodenkonsum exponentiell, infolge der hohen Anfangswerte für ***q(t)*** müssen noch mehr Schulden gemacht werden. Allerdings sind die kumulierten Zinszahlungen geringer, weil der Zinssatz niedriger ist. Bei ***i*>*r*** (rechts von der Gleichverteilung) steigt der

Periodenkonsum in ähnlicher Weise wie bei niedrigen Zinssätzen in Abbildung 23(a). Die Verschuldung ist daher geringer; eine positive Vermögensbildung gibt es jedoch bei der angenommenen Diskontrate von ***r*=0,03** nur bei ***i*=0,05** in den letzten 10 Jahren und auch dort nur in geringem Umfang.

Wie man sich leicht vorstellen kann (nicht dargestellt), läge im Falle ***i*=*r*=0,05** der zeitlich gleichverteilte Konsumpfad am rechten Rand der Graphik in Höhe von **776/50=15,5** Einheiten (Tabelle 4), bei allen anderen Verläufen fällt der Konsumpfad, und die entsprechenden Kreditaufnahmen müssen noch wesentlich umfangreicher sein als bei ***r*=0,03**.

Die Tabellen 4 und 5 zeigen noch einige, teils überraschende Details aus der Dynamik des betrachteten Modells. Gewiß sind sie rein zahlenmäßig immer ein Ergebnis der speziellen Modellparameter, mit der nötigen Vorsicht können jedoch zumindest qualitative allgemeine Schlüsse gezogen werden. Der umrandete Teil der Tabelle 4 kennzeichnet den Bereich, in dem die Zinszahlungen die Vermögensbildung übersteigen, ***W*** liegt unter ***R***. Das schlechteste Ergebnis folgt bei ***i*=0,04** und ***r*=0,05** mit 741 verbleibenden Einheiten, etwa 40% von ***R*** müssen als Zinsen gezahlt werden. Das rationale Subjekte mit ***r*=0** erleidet Einbußen bei ***i*=0,01** und ***i*=0,02**, bei höheren Zinssätzen sammelt es dagegen Vermögen an. Wie schon erwähnt, besteht der Hauptgrund dafür in den niedrigen, das niedrige "Anfangsgehalt" nur geringfügig übersteigenden Anfangsverbräuchen, die dafür sorgen, daß höhere, bei den hohen Zinsen schnell anwachsende Schulden gar nicht erst entstehen. Man beobachtet in Tabelle 4, daß mit Ausnahme von ***i*=0** die Werte, spaltenweise gelesen, monoton fallen, während sie, zeilenweise gelesen, ein Minimum durchlaufen, um bei höheren Werten für ***i*** wieder anzusteigen.

Aus der obersten Zeile von Tabelle 5 ist die zunächst überraschende Tatsache abzulesen, daß ein rationales Subjekt (***r*=0**) aus dem Anstieg des Zinses ***i*** von Null auf **0,05** hinsichtlich seines kumulierten Gesamtnutzens ***U*** so gut wie keinen Vorteil zieht. Für ***i*=0,01** bis ***i*=0,04** liegt ***U*** sogar niedriger als bei ***i*=0**. Dabei zeigt doch die Abbildung 23(a), daß das Subjekt bei ***i*=0,05** nahezu die gesamte Betrachtungsperiode über keine Schulden, sondern ein erhebliches Vermögen besitzt. Erst bei einem (zusätzlich in die Tabelle aufgenommenen) Wert von ***i*=0,1** kann es seinen Gesamtnutzen von 250 auf 376 Einheiten steigern.

Des Rätsels Lösung liegt darin, daß das Gesamteinkommen $\boldsymbol{R}$ von (undiskontiert) 1250 Einheiten bei hohem Zins entwertet wird, weil es nicht als Anfangsausstattung ("Present Value") vorliegt. Wer den Einkommensstrom $\boldsymbol{at}$ mit kumulierten Zahlungen von 1250 Einheiten erhält, ist weniger vermögend, als wenn er denselben Betrag als Anfangsausstattung erhält, oder auch, wenn er denselben Einkommensstrom bei $\boldsymbol{i=0}$ bezieht, Kapitalisieren wir den Einkommensstrom zu einem Gegenwartswert bei $\boldsymbol{t=0}$, so finden wir:

$$Q_o = \int_o^T te^{-it}\,dt = \frac{1}{i^2}\left(1-(1+Ti)\,e^{-iT}\right) \qquad (139)$$

mit folgenden Werten

i	0	0.01	0.02	0.03	0.04	0.05
Q_o	1250	902	661	491	371	285

Tabelle 6: Kapitalisierte Werte nach (139)

Der Einkommensstrom von undiskontiert 1 250 Einheiten entspricht bei $\boldsymbol{i=0{,}05}$ nur einem Barwert von 285 Einheiten; das betreffende Subjekt ist nur so vermögend, wie es Robinson im Modell des Abschnittes 3.2.2 mit einer Anfangsausstattung Q_o von 285 Einheiten wäre.

Das wichtigste Ergebnis des vorliegenden Modells besteht darin, daß auch *ein rationales, künftigen eigenen Nutzen nicht diskontierendes Individuum zum eigenen Vorteil und aus vernünftigen Gründen Schulden machen kann.* Das Subjekt leiht gegen Zinsen, wenn das Verhältnis zwischen seinen Einnahmen und nutzenstiftenden Ausgaben gegenwärtig ungünstig ist, später aber besser sein wird. Es ist weder kurzsichtig noch in anderer Weise irrational, in einer solchen Situation auf Grund der Zinszahlungen eine Reduktion des über alle Perioden kumulierten Gesamteinkommens in Kauf zu nehmen, wenn dafür die zeitliche Verteilung des Einkommensstroms günstiger wird.[50]

[50] Wir sind wieder bei BÖHM-BAWERKs "erstem Grund" der Zinsentstehung, vgl. auch Anmerkung 42. "Hat nun eine Person in der Gegenwart an gewissen Gütern oder an Gütern überhaupt einen empfindlichen Mangel, während sie hoffen kann, in einer künftigen Periode reichlicher versorgt zu sein, so wird sie eine gegebene Menge sofort verfügbarer Güter allemal höher schätzen als dieselbe Menge künftiger Güter. ... Erstens in allen Fällen momentaner Bedrängnisse und Notlagen, und zweitens bei Personen, die mit Zuversicht einem wirtschaft-

Das Ergebnis ist natürlich alles andere als neu. Es ist hier vor allem deshalb noch einmal präsentiert worden, um einige Mißverständnisse in der Diskussion um den Zins präventiv auszuräumen. Wenn auch rationale, nicht-myopische Individuen eine Nachfrage nach Kredit entwickeln können, so kann es in einer Wirtschaft einen positiven Zins auch ohne Myopie geben. Wird das letztere auch selten explizit und unter Beibringung analytischer Beweismittel bestritten, so wird noch in vagen Formulierungen oft der Eindruck erweckt, als sei Myopie eine notwendige Zinsursache. "Since BÖHM-BAWERK's time, if not before, some economists have assumed that positive interest rates indicate that most people have positive time preference. ... this finding by no means follows from the existence of interest." "Therefore, the fact that interest rates are positive does not by itself tell us which causes are operative."[51]

Dem Zitat ist nichts hinzuzufügen. Was die Urheberschaft BÖHM-BAWERKs an der Legende anbelangt, ein positiver Zins setze die Anwesenheit von Myopie voraus, so zeigt der Text (1961, pp. 319ff.), daß ihm diese zu Unrecht zugeschoben wird. Man mag ihm mit Recht ungenaue Formulierungen an anderen Stellen vorwerfen,[52] bezüglich dieses Punktes läßt er jedoch nur die Interpretation zu, daß er Myopie als eine Zinsursache unter mehreren betrachtete - möglicherweise als eine empirisch mehr oder weniger universell festzustellende (und zwar bedauerlicherweise, wie er deutlich macht), nicht aber als eine zwingend notwendige, bei deren Abwesenheit der Zins nicht von Null abweichen könnte. I. FISHER ist in ähnlicher Weise zu interpretieren. Unser Modell zeigt im übrigen, sicherlich im Geiste beider Autoren, daß Myopie unter sonst gleichen Umständen die Nachfrage nach Kredit und damit den Zins *erhöht*.

Wir werden diese Gesichtspunkte im Abschnitt 4 eingehender behandeln und dabei noch einige vielleicht unerwartete Entdeckungen machen. Wir verlassen das Thema vorübergehend mit einer möglichst unzweideutigen Formulierung des Ergebnisses: Der Reichtum eines Individuums bemißt sich an *zwei* Größen, am Umfang an

lich aufsteigenden Lebenslauf entgegensehen. ... (Es) werden sich unbemittelte Anfänger aller Art, Jünger der Kunst oder der Themis, angehende Mediziner oder Beamte oder Geschäftsleute leicht und gern dazu verstehen, für eine Summe gegenwärtiger Güter, die ihnen zur Ausbildung im erwählten Beruf oder zur Begründung ihrer wirtschaftlichen Existenz verhilft, auch eine erheblich größere Summe zu versprechen, falls sie diese erst nach Erlangung eines reichlichen Einkommens zurückzuerstatten brauchen." BÖHM-BAWERK (1961, pp. 328-329).

[51] OLSON & BAILEY (1981, pp. 7-8).

[52] Vgl. Anmerkungen dieses Kapitel und Abschnitt 4.

Ressourcen, über die es gebietet und am zeitlichen Profil ihrer Verfügbarkeit. Ist das zeitliche Profil ungünstig, herrscht insbesondere heute Not und morgen Überfluß, so ist es völlig rational und hat nichts mit Kurzsichtigkeit zu tun, das vorgefundene Ressourcenbündel in ein anderes umzutauschen, welches an Umfang geringer ist, aber ein besseres zeitliches Verfügbarkeitsprofil besitzt. Aus diesem Grunde zahlt ein rationales Individuum Zinsen. Ein myopisches Individuum ist bereit, höhere Zinsen zu zahlen - das Ganze ist dann als Überlagerung eines rationalen durch ein irrationales Kalkül zu interpretieren.

3.2.4 Ungewißheit der Zukunft

Verschiedene der Nutzendiskontierung sonst z.T. überaus skeptisch gegenüberstehende Autoren erkennen an, daß die Risiken bzw. Ungewißheiten der Zukunft ihr allerdings eine Rechtfertigung verleihen können. "As we see, the saying 'let's eat, drink and be merry today because tomorrow we may die' makes sense, but only because humans are mortal."[53]

Das wissenschaftliche Feld "Risiken und Ungewißheit" ist so außerordentlich weit, anspruchsvoll und streckenweise unerforscht, daß im vorliegenden Rahmen nur ein äußerst bescheidener Beitrag geleistet werden kann.[54] Dabei wäre es nicht einmal richtig zu sagen, daß die Themenstellung für die vorliegende Arbeit nur am Rande läge, im Gegenteil. Das Fehlen einer umfangreicheren Analyse ist also nur mit Zeit- und Platzknappheit zu rechtfertigen; immerhin werden wir nicht ganz ohne Ergebnisse verbleiben. Eines ist vorweg klar: Wenn sich eine Minderschätzung künf-

[53] GEORGESCU-ROEGEN (1979, p. 101). Eindeutig ist auch JEVONS: "To secure a maximum of benefit in life, all future events, all future pleasures or pains, should act upon us with the same force as if they were present, allowance being made for their uncertainty. The factor expressing the effect of remoteness should, in short, always be unity, so that time should have no influence." (1965, p. 72). Als Nachtrag zur obigen Diskussion (vgl. Anmerkung 4 und Text) ist zu erwähnen, daß JEVONS Myopie ebenso wie BÖHM-BAWERK als bedauerliches empirisches Faktum betrachtet: "But no human mind is constituted in this perfect way: a future feeling is always less influential than a present one." (Ibid.). MARSHALL (1961, Chapter V, pp. 117-123 sowie pp. 224ff. und 351ff.) äußerte sich ähnlich. TINBERGENs Feststellung, "... such a time discount should not govern a nation's decisions - in contrast with an individual's decisions, where it should" (1960, p. 488-489) ist ebenso zu interpretieren wie der zitierte Ausspruch von GEORGESCU-ROEGEN.

[54] Als ausführliche Darstellung vgl. SINN (1980).

tigen eigenen Nutzens auf Grund der Zukunftsunsicherheit als eine rationale Planungsentscheidung erweisen sollte, so hat dies mit irrationaler Myopie, wie sie in den voranstehenden Abschnitten analysiert worden ist, nichts zu tun. Mit Recht wird beklagt, daß diese beiden so unterschiedlichen Anlässe der Nutzendiskontierung in der Literatur selten voneinander getrennt werden,[55] hier ist auch BÖHM-BAWERK unklar.[56] Wir betonen die notwendige Unterscheidung schon terminologisch und bezeichnen die Diskontrate auf Grund der Zukunftsunsicherheit mit π, um sie von der reinen Kurzsichtigkeitsrate r zu unterscheiden.

Ein Individuum hat mehrere Arten der Zukunftsunsicherheit zu gewärtigen: Sein Ressourcenvorrat Q_0 kann durch Verderb, Diebstahl oder sonstige Ereignisse reduziert oder in einem Modell mit mehreren substituierbaren Gütern durch Preisfälle entwertet werden. Auch können sich die Präferenzen in unvorhergesehener Weise ändern, so daß die Ressource nur in geringerem als erwarteten Maß nützlich ist, und schließlich besteht eine Ungewißheit hinsichtlich der Länge des Lebens. Jemand kann früher oder später sterben als gedacht, so daß er sich, ex post betrachtet, seine Ressourcen falsch über die Zeit eingeteilt hat. Wir behandeln von allen diesen Problemen nur das der *unbekannten Länge der Planungsperiode*. Auch dieses ist in der Literatur seit langem in Form einprägsamer Metapher im Gespräch; JEVONS z.B.

[55] Zu BIRNBACHER vgl. Abschnitt 2, Anmerkung 63. Vgl. auch OLSON & BAILEY (1981, insbes. pp. 10ff.).

[56] BÖHM-BAWERK führt den "Zweiten Grund" für die Minderschätzung künftiger Güter auf das Zusammenwirken von wiederum drei Kräften zurück (1961, pp. 333 ff.): Erstens mangelnde Vorstellungskraft, also ein kognitives Defizit, zweitens einen Willensfehler (man weiß, daß man sich schädigt, kann aber nicht davon lassen, vgl. oben, Anmerkung 3), und drittens auf die "Kürze und Unsicherheit unseres Lebens". (p. 334). "Ich bin überzeugt, daß jeder von uns, dem heute für seinen 100. Geburtstag ein Geburtstagsgeschenk von 100.000 fl. versprochen würde, dieses große, aber etwas unsichere Geschenk gerne gegen einen sehr viel kleineren Bruchteil desselben in gegenwärtigen Gütern auszutauschen bereit wäre." (Ibid.). Während die Ursachen eins und zwei, vor allem im Zusammenwirken, selbstschädigend und irrational sind, ist dies für die dritte Ursache keineswegs der Fall; wer sein Geschenk zum 100. Geburtstag heute verkleinert sieht, ist in gar keiner Weise mit dem Arbeiter zu vergleichen, der Samstags " den Wochenlohn durch die Gurgel jagt" (Anmerkung 3). BÖHM-BAWERK rettet die Konsistenz des "Zweiten Grundes" halbwegs, indem er (wie es auch meine Ansicht ist), die dritte Ursache für relativ unbedeutend hält: "Jedenfalls nehmen die beiden an erster Stelle besprochenen Teilmotive einen erheblich stärkeren Anteil an der Minderschätzung des künftigen Nutzens als der dritte" (pp. 335-336).

versetzt sich in die Rolle des Kapitäns eines Schiffes, der einen gegebenen Proviantvorrat für eine Reise einteilen soll, deren Dauer nicht genau bekannt ist.[57]

Ungewisse Lebenslänge: Betrachten wir als erstes ein Individuum, welches nur weiß, daß es höchstens T Jahre alt wird, sein Alter $0<\tau\leq T$ jedoch nicht kennt. Es erhalte eine Anfangsausstattung Q_o von der es nichts für die Nachwelt hinterlassen möchte. Wäre ihm die Länge seines Lebens τ bekannt und handelte es nicht kurzsichtig, so würde es seine Anfangsausstattung Q_o in τ gleiche Teile teilen, jährlich $q=Q_o/\tau$ konsumieren und mit $u(q)=\sqrt{q}$ einen Lebensnutzen von $U_g(\tau)=\sqrt{Q_o\tau}$ genießen. In der Abbildung 25 ist $U_g(\tau)$ für $Q_o=1250$ und $T=50$ als Kurve g aufgetragen. Die Kurve gibt den *bereits summierten* Lebensnutzen U für jedes Lebensalter τ wieder, wenn das Subjekt infolge seiner hier angenommenen vollkommenen Voraussicht den Vorrat Q_o voll ausschöpft und während der Lebenszeit optimal, d.h. gleichmäßig alloziert. Für andere $0<a<1$ als $a=0{,}5$ in $u(q)=q^a$ wird die Kurve anders gekrümmt, aber stets konkav sein.

$$U(\tau)=\int_o^\tau \sqrt{q(t)}\,dt \tag{140}$$

$$g:\; U_g(\tau)=\int_o^\tau \sqrt{\frac{Q_o}{\tau}}\,dt=\sqrt{Q_o\tau} \tag{141}$$

$$f:\; U_f(\tau)=\int_o^\tau \sqrt{\frac{Q_o}{T}}\,dt=\tau\sqrt{\frac{Q_o}{T}} \tag{142}$$

$$h:\; U_h(\tau)=(1-e^{\pi\tau})\sqrt{\frac{2Q_o}{\pi(1-e^{-2\pi T})}} \tag{143}$$

Die Gerade f zeigt hingegen den Lebensnutzen eines Subjektes, welches von seiner Lebenszeit nur weiß, daß sie höchstens T betragen wird und welches sich Q_o gleichmäßig in $q=Q_o/T$ einteilt. $U_f(\tau)$ beträgt hier $\tau\sqrt{Q_o/T}$ und ist für $0<\tau<T$ stets geringer als U_g, weil das Subjekt, sofern es das Alter T nicht erreicht, einen Teil von Q_o ungenutzt lassen muß. Der notgedrungen verschenkte Teil des Nutzens beträgt $g-f(\tau)$; bei den in der Abbildung 25 angenommenen Parametern besitzt diese Differenz ihr Maximum bei $\tau_1=T/4$.

[57] JEVONS (1965, pp. 73-74).

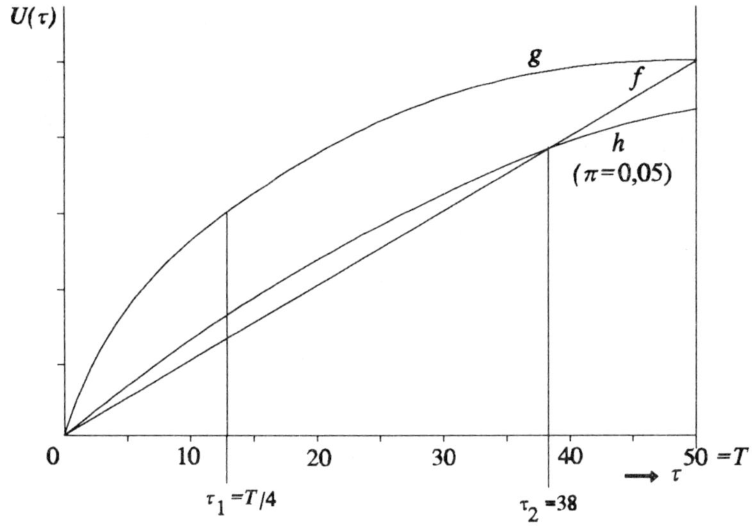

Abbildung 25: Lebensnutzen bei verschiedenen Lebensaltern und Zeitprofilen des Ressourcenverbrauchs

In der Abbildung 26 ist die Information aus Abbildung 25 anders dargestellt. Die Kurve $\varepsilon_{f/g}$ zeigt, welchen Teil (oder, mit 100 multipliziert, welchen Prozentsatz) ein *f* befolgendes Subjekt vom jeweils höchstmöglichen Lebensnutzen $U(\tau)$ erhält, das heißt von dem, den es erzielt hätte, wenn es von Anfang an gewußt hätte, nur das Alter τ zu erreichen. Für $\tau=T$ ist $\varepsilon=1$ und sinkt für $\tau\to 0$ monoton gegen Null, bei $\tau=T/4$ beträgt $\varepsilon=0{,}5$. Erreicht das *f* folgende Subjekt nur das Alter $T/4$, so erzielt es zwar nur ein Viertel des Lebensnutzens U, der ihm beim gesegneten Alter T beschieden worden wäre, aber immerhin die Hälfte von dem, was ihm vergönnt gewesen wäre, wenn es gleich gewußt hätte, nur so alt zu werden und sich Q_o dementsprechend eingeteilt hätte. Lebt es noch kürzer, so wird der Auszahlungswert natürlich noch schlechter. Die Zahlenwerte hängen auch hier stark von der Konkavität der Nutzenfunktion ab; je größer m in $u=q^m$ ist, um so geringer ist die Nutzeneinbuße bei kurzer Lebenszeit.

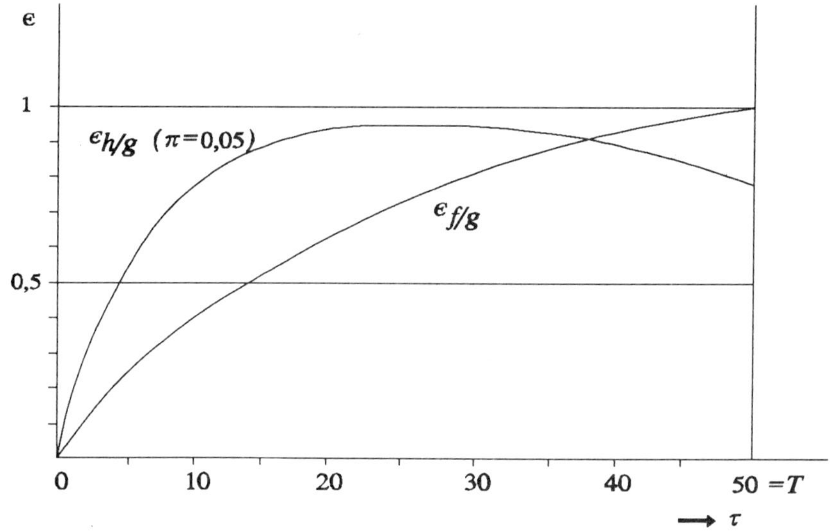

$$\epsilon_{f/g} = \sqrt{\frac{\tau}{T}} \qquad \epsilon_{h/g} = \sqrt{\frac{2}{\pi(1-e^{-2\pi T})}}\;\frac{1-e^{-\pi\tau}}{\sqrt{\tau}} \tag{144/145}$$

Abbildung 26: Relativer Lebensnutzen bei unterschiedlichen Lebensaltern

Diskontierung bei konstanter Rate π *und Ungewißheit*: Hält ein Individuum die Erreichung der Maximallebenslänge T nicht für gewiß, so sucht es nach einem Programm $q(t)$, bei dem die Auszahlung ε für kleinere τ günstiger ist als beim Programm f. Untersuchen wir hieraufhin das Programm

$$\textbf{Max}: \quad U_h = \int_o^T e^{-\pi t}\, u(q(t))\, dt \tag{146}$$

mit $u(q) = \sqrt{q}$ und dem Konsumpfad

$$q(t) = \frac{2\pi Q_o e^{-2\pi t}}{1-e^{-2\pi t}} \tag{147}$$

Dies ist *formal identisch* dem Programm des kurzsichtigen Robinson aus Abschnitt 3.2.1 (Abbildung 16). Inhaltlich besteht jedoch der wesentliche Unterschied, daß nun der in zeitlicher Ferne liegende Nutzen nicht deshalb geringer bewertet wird, weil das Individuum in den Tag hineinlebt, ohne an morgen zu denken, sondern weil es annimmt, den späteren Nutzen mit einer bekannten oder unbekannten Wahrscheinlichkeit nicht mehr zu erleben. Das Individuum ist keineswegs kurzsichtig, sondern würde, *wenn* es wüßte, wie alt es wird, durchaus das Programm g in Abbildung 25 (bzw. (92) in Abschnitt 3.2.1) wählen. Die Mindergewichtung des späteren Nutzens mit der konstanten Rate π stellt seine Antwort auf die Herausforderung der ungewissen Zukunft dar. Ob es eine sinnvolle Antwort ist, wollen wir im folgenden prüfen. Als Kriterium für die Sinnhaftigkeit eines Programms dient das mit dem Namen SAVAGE verbundene Prinzip des "minimalen Bedauerns" - das Individuum ist bestrebt, angesichts ungewisser Zukunft möglichst wenig falsch zu machen.[58]

Da das nicht kurzsichtige Individuum ex post alle $u(q)$ gleich bewertet, mißt es seinen Lebensnutzen beim Zurückblicken mit (108) aus Abschnitt 3.2.1 wie:

$$U_h(\tau) = \int_o^\tau \sqrt{q(t)}\,dt = (1 - e^{-\pi\tau})\sqrt{\frac{2Q_o}{\pi(1 - e^{-2\pi T})}} \tag{148}$$

Dieses Programm ist für ein willkürliches π=**0,05** durch die Kurve h in Abbildung 25 und seine Auszahlung $\varepsilon_{h/g}$ in Abbildung 26 wiedergegeben. h ist konkav, liegt bei $\tau = T$ natürlich unter f und g und schneidet bei den angenommenen Parametern f bei τ_2=**38**. Alle Individuen, welche 38 Einheiten oder weniger alt werden, haben mit h, alle diejenigen, welche älter werden, haben hingegen mit f besser gewählt. In Abbildung 26 ist für kleine τ die Auszahlung ε bei h erheblich günstiger als bei f. Das Maximum von $\varepsilon_{h/g}$ liegt im Bereich von $\tau = T/2$ und beträgt hier etwa 90%, auch liegt es im gesamten Intervall von τ=**11** bis T stets über 80%.

Ob das Diskontieren der Zukunft mit einer konstanten Rate die "optimale" Antwort auf das Problem der Zukunftsungewißheit ist, ist nach diesem Ergebnis zwar noch nicht festzustellen, aber es könnte sich um eine sinnvolle Strategie handeln. Wer sich für sie entscheidet, steht allerdings vor der Frage, welche Diskontrate er/sie wählen soll. Die Abbildung 27 gibt die Auszahlung ε für h bei Werten für π zwischen Null ($\varepsilon_{f,g}$) und 0,1 (10% p.a.) wieder. Ab π=**0,04** zeigen die Kurven ein immer deutlicher ausgeprägtes und zu immer kleineren Werten von τ verschobenes Maximum. Je pessimistischer ein Individuum seine Lebenserwartung einschätzt (ohne allerdings ein längeres Leben auszuschließen, denn sonst könnte g gewählt werden), um so höher muß seine Diskontrate π sein.

[58] Vgl. PEARCE & NASH (1981, pp. 86ff.). Zur "Regret Theory" vgl. Anmerkung 17. Nun wenden wir diese Theorie im Sinne ihrer Erfinder bei Ungewißheit und Risiko an.

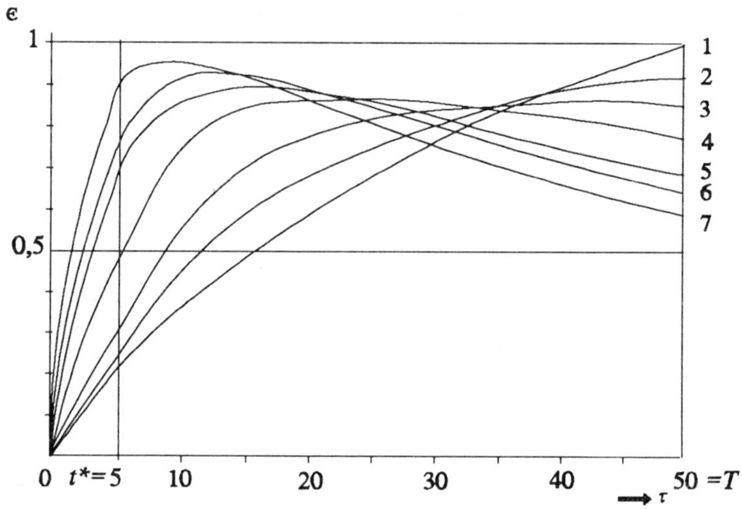

1 $\varepsilon_{f,g}$ **2** $\varepsilon_{h,g}$ **π=0,01 3 π=0,02 4 π=0,04 5 π=0,06 6 π=0,08 7 π=0.1**

Abbildung 27: Auszahlungen für $\varepsilon_{h,g}$ für unterschiedliche Diskontraten π

Wer optimistisch oder pessimistisch über seine Lebenserwartung denkt, muß, sofern die Annahmen nicht aus der Luft gegriffen sind, bereits Informationen wahrscheinlichkeitstheoretischer Art besitzen. Wir werden anschließend der Frage nachgehen, ob es, sofern solche Informationen vorliegen, möglicherweise noch sinnvollere Strategien als die der Zukunftsdiskontierung mit einer konstanten Rate π gibt. Zuvor versetzen wir uns in ein Individuum, welches keinerlei objektive oder subjektive Wahrscheinlichkeiten über seine Lebenslänge annehmen kann, es kenne nur seine maximale (**T=50**) und seine minimale Lebenslänge, sie betrage **t^*=5** (Abbildung 27). Wenn das Individuum entsprechend dem SAVAGE-Kriterium möglichst wenig falsch machen möchte, so wird es zuerst die ihm offenstehenden Programme daraufhin vergleichen, wie breit jeweils das Intervall günstiger Auszahlungen ist. Wie die Abbildung 27 zeigt, besitzen Programme mit sehr kleinem π (einschließlich **π=0**) diesen Vorteil nicht, Programme mit hohem π besitzen ihn jedoch ebensowenig. So beschränken sich z.B bei **π=0,1** die Auszahlungen von über 80% auf das Intervall **5< τ <27**, während bei **π=0,04** dies für das wesentlich breitere Intervall **13< τ <T** gilt. Wer also wegen völliger Ignoranz über die Zukunft zur Nutzendiskontierung schreitet, ist, zumindest bei den Parametern des vorgelegten Modells, gut beraten, mittlere Raten π zu wählen, hier etwa zwischen π=**0,03** und **0,06**.

Ein ignorantes und zudem risikoscheues Individuum wird nach Feststellung der Intervallbreiten günstiger Auszahlung zweitens die Programme daraufhin sortieren, wie schlecht ihr jeweils schlechtestes Ergebnis ist; verfolgt es die *Minimax*-Strategie, so wird es das Programm mit dem am wenigsten schlechten "schlechtestmöglichen Fall" wählen. Das Subjekt wird in Abbildung 27 als erstes das Programm ***f*** (ohne Diskontierung) ablehnen, welches bei t^*=**5**, der als sicher unterstellten Mindest-Lebensdauer, zur schlechtesten Auszahlung führt (Kurve 1). Das zweitschlechteste Programm ist ***h*** mit π=**0,01** (Kurve 2), ebenfalls wegen schlechter Auszahlungen bei t^*=**5**. Es folgen die Kurven 3 und 4 aus demselben Grund. Daraufhin muß die Kurve 7 mit π=**0,1** ausgeschlossen werden, weil die Auszahlung bei ***T*** (nicht bei t^*=**5**!) schlecht ist. Bei den angenommenen Parametern bleiben die beiden Kurven 5 und 6 (Programme ***h***) übrig. Beide sind aus der Sicht der Minimax-Strategie fast gleich günstig; das schlechteste, was bei π=**0,06** passieren kann, ist die Auszahlung ε=**0,67** bei t^*, das schlechteste Ergebnis bei π=**0,08** ist ε=**0,69** bei ***T***. Soweit die Minimax-Strategie in der geschilderten Weise angewandt werden kann, läßt sie offenbar etwas höhere Diskontraten sinnvoll erscheinen als das Kriterium der Intervallbreite günstiger Auszahlungen. Nach beiden Kriterien ist jedoch eine Diskontierung mit konstantem π nicht sinnlos. Vergessen wir jedoch nicht das "Oberkriterium" frei nach SAVAGE, welches wir angelegt haben: Für jedes erreichbare Lebensalter wird der nach einem Programm erreichte Nutzen verglichen mit dem, der sich ergeben hätte, wenn man gleich gewußt hätte, exakt so alt zu werden und sich die Anfangsausstattung optimal (gleichmäßig) eingeteilt hätte. Dieser Vergleich soll möglichst günstig ausfallen.

Bekannte Wahrscheinlichkeiten der Lebenslänge: Wir tauschen nun das Ungewißheits- gegen ein Risikokalkül und wenden uns Subjekten zu, die einige Informationen über ihre voraussichtliche Lebenslänge besitzen. Eine empirisch sinnvolle, wenn auch immer noch sehr einfache Annahme ist, daß die Wahrscheinlichkeit für ein Durchschnittssubjekt zu sterben im Laufe des Lebens auf Grund des Zusammenwirkens vieler voneinander unabhängiger kleiner Ursachen exponentiell mit der Rate z steigt. In Abbildung 28 ist die Sterbewahrscheinlichkeit durch die Kurve ***M(t)*** gegeben. Die dazugehörige Kurve ***S(t)*** gibt die Überlebenswahrscheinlichkeit für die Mitglieder der Population an. Normieren wir die Ausgangspopulation mit ***S*(0)=1**, ist ***T*** der Zeitpunkt, an dem kein Individuum mehr übrigbleibt, so muß

$$S(t) = 1 - \int_0^t M(\tau)\, d\tau \tag{149}$$

sein. Der Wert **1-*S(t)*** gibt an, welcher Anteil (mit 100 multipliziert, welcher Prozentsatz) der Ausgangspopulation zu einem Zeitpunkt ***t*** schon gestorben ist. Die bei

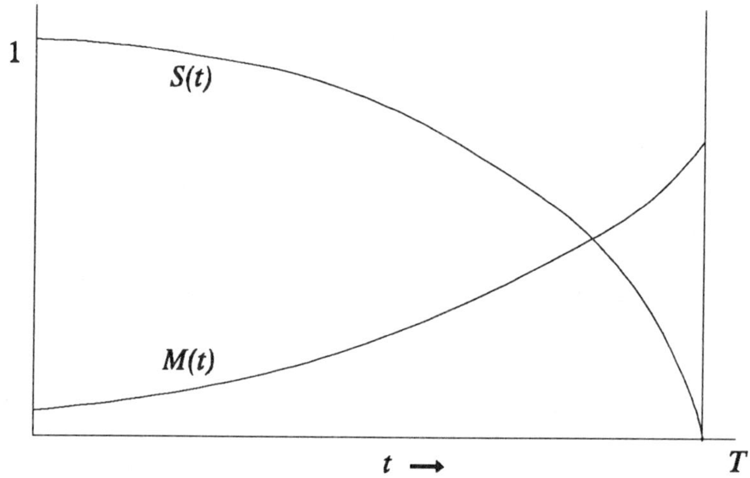

$$M(t) = \frac{z}{e^{zT} - 1}\, e^{zt} \tag{150}$$

$$S(t) = \frac{e^{zT} - e^{zt}}{e^{zT} - 1} \tag{151}$$

Abbildung 28: Sterbe- und Überlebenswahrscheinlichkeit in einer Modellgesellschaft

der Abbildung 28 wiedergegebenen speziellen Formeln für ***M(t)*** und ***S(t)*** ergeben sich aus der Normierung. Die Kurven ***S(t)*** und ***M(t)*** entsprechen den realen Verhältnissen in Gesellschaften ohne Krieg und Not nur unvollkommen, etwa indem sie als wahrscheinlichstes Lebensalter (häufigsten Sterbezeitpunkt oder Modus) ***T*** unterstellen.[59] Dies ist jedoch im vorliegenden Zusammenhang nebensächlich; entscheidend

[59] Korrekter: ***M(t)*** ist die Wahrscheinlichkeitsdichte, d.h. die Wahrscheinlichkeit, in einem beliebig kleinen Zeitintervall in der Nähe von ***T*** zu sterben, ist höher als in jedem gleich-

für die Argumentation ist, daß es wahrscheinlicher ist, ein mittleres oder höheres Alter zu erreichen als früh zu sterben. Die Kurve *M(t)* ist auf der ganzen Länge konvex, *S(t)* ist hingegen konkav.

Wichtung des Zeitpunktnutzens ***u(q(t))*** *mit der Erlebenswahrscheinlichkeit:* Für ein Durchschnittssubjekt mit der Anfangsausstattung Q_o, die über das gesamte Leben ausreichen muß, wäre zu Beginn der Planung zu überlegen, die Zeitpunktnutzen *u(q(t))* mit der Wahrscheinlichkeit, sie zu erleben, das heißt mit *S(t)* zu wichten. Dies scheint besser begründbar zu sein, als einfach einen konstanten Diskontfaktor π zu wählen. Das zum konstanten π gehörende Programm (146) ergibt nämlich mit (147) einen *konvexen* Konsumpfad, die Kurve *q(t)* ist linksgekrümmt wie Kurve 2 in Abbildung 16, Abschnitt 3.2.1. Diese sehr starke Vorverlegung des Konsums in frühere Lebensabschnitte harmoniert nicht mit der *konkaven* Kurve der Erlebenswahrscheinlichkeit *S(t)*. Es ist also das Programm vorzuschlagen:

$$\textbf{Max:} \quad U_j = \int_o^T u(q(t)) \, \frac{e^{zT} - e^{zt}}{e^{zT} - 1} \, dt \tag{152}$$

$$\textbf{NB:} \quad \begin{aligned} \dot{Q}(t) &= -q(t) \\ Q(0) &= Q_o \\ Q(T) &= 0 \end{aligned} \tag{153}$$

Die Berechnung nach der Routine aus den vorigen Abschnitten ergibt:

$$q(t) = \frac{Q_o (e^{zT} - 1)^2}{(T - \frac{2}{z} + \frac{1}{2z}) e^{2zT} + \frac{2}{z} e^{zT} - \frac{1}{2z}} \left(\frac{e^{zT} - e^{zt}}{e^{zT} - 1} \right)^2 \tag{154}$$

$$U_j(t) = \frac{\sqrt{Q_o} \left(t e^{zT} - \frac{1}{z} (e^{zT} - 1) \right)}{\sqrt{\left(T - \frac{2}{z} + \frac{1}{2z} \right) e^{2zT} + \frac{2}{z} e^{zT} - \frac{1}{2z}}} \tag{155}$$

großen Intervall zu früheren Zeitpunkten. Zum verwendeten Wahrscheinlichkeitsbegriff: Das Modell unterstellt determinierte Zusammenhänge auf der Ebene der Population *X*; die Chance, als ein beliebiges Individuum $x_i \in X$ zur Welt zu kommen, ist für alle **1...*i*...*k*** gleich, nämlich **1/*k***. Da ***k*** sehr groß ist, braucht nicht diskret gerechnet zu werden.

$$\varepsilon_{j/g}(t) = \frac{U_j(t)}{U_g(t)} = \frac{te^{zT} - \frac{1}{z}(e^{zt}-1)}{\sqrt{t\left\{\left(T - \frac{2}{z} + \frac{1}{2z}\right)e^{2zT} + \frac{2}{z}e^{zT} - \frac{1}{2z}\right\}}} \tag{156}$$

Die Abbildung 29 zeigt zwei Konsumprofile ***q(t)*** für z=**0,04** und z=**0,08**. Zum Vergleich sind die Gerade des gleichverteilten Konsums nach Programm *f* und der Konsumpfad für das Programm ***h*** mit konstanter Diskontrate π=**0,04** aufgetragen. Die beiden Kurven nach dem Programm *j* (Wichtung von ***u(q(t))*** mit ***S(t))*** führen erwartungsgemäß zu einer Vorverlegung des Konsums gegenüber der Gleichverteilung, sie ist aber weniger stark als bei Programmen ***h*** mit konstanter Diskontrate π, auch zeigt sich deutlich die im vorderen und mittleren Teil konkave Form der Kurven.

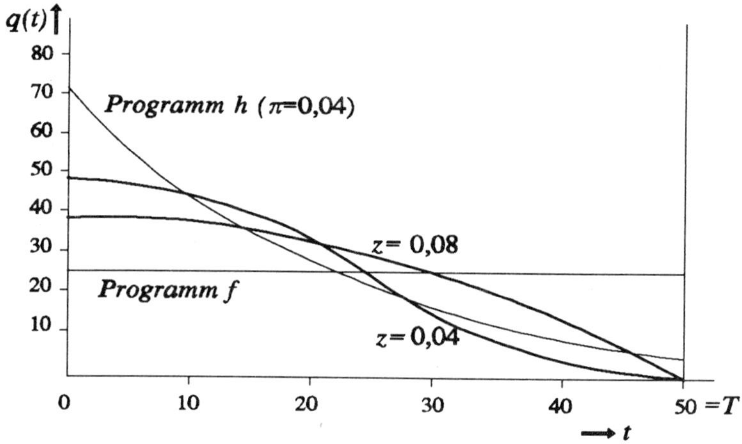

Q_o=1250

Abbildung 29: Konsumprofile mit Wichtung von ***u(q(t))*** mit ***S(t)*** nach (154)

Diese Eigenschaft hat zur Folge, daß beim Programm *j* in einem breiten Mittelbereich des Intervalls $0 \leq t \leq T$ wesentlich mehr pro Periode konsumiert werden kann als beim Programm ***h*** (einfache Diskontierung), nur für sehr kleine und sehr große *t* verhält es sich umgekehrt.

Die Abbildung 30 gibt analog zu den Abbildungen 26 und 27 die Auszahlungen $\varepsilon_{j/g}$ wieder. Auch hier sind zum Vergleich die Auszahlungen $\varepsilon_{f/g}$ und $\varepsilon_{h/g}$ aufgetragen. Wie übrigens auch in allen anderen Vergleichen, kann die Kurve $\varepsilon_{f/g}$ von keiner anderen *dominiert* (auf der ganzen Länge übertroffen) werden, weil keine andere Kurve, die ja stets eine Ungleichverteilung von ***q*** in der Zeit voraussetzt, bei ***T*** den Wert **1** erreichen kann.

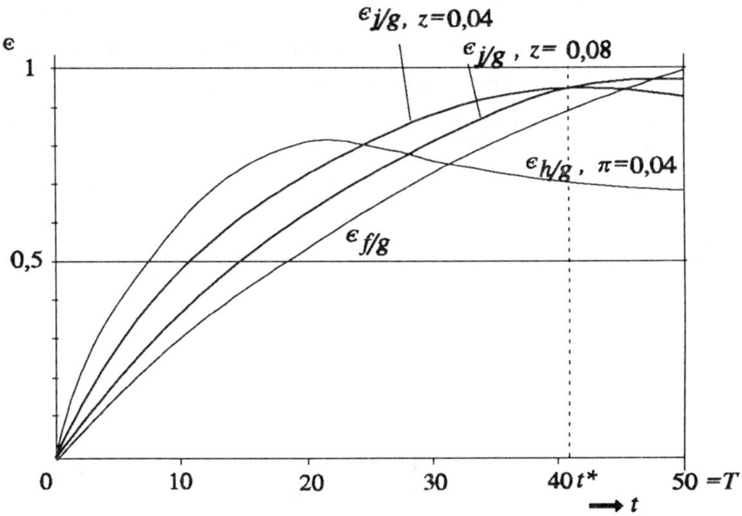

Abbildung 30: Auszahlungen bei Konsumpfaden (154)

Aus der Abbildung 30 wird deutlich, daß beide Kurven $\varepsilon_{j/g}$ (sowohl für *z*=**0,04** und *z*=**0,08**) fast auf der gesamten Länge ***0<t<T*** über $\varepsilon_{f/g}$ liegen. Nach dem hier gültigen Kriterium fährt ein Individuum für die meisten erreichbaren Lebensalter mit dem Programm ***j*** (Diskontierung nach Erlebenswahrscheinlichkeit) besser als mit dem Programm ***f*** (Gleichverteilung). Es wird ebenfalls deutlich, daß die Auszahlungen für höhere Lebensalter, sollten sie erreicht werden, viel besser sind als beim Programm ***h*** (Diskontierung mit konstanter Rate π). Wenngleich es uns an einem Kriterium mangelt, nach dem ein Programm "optimal" eingestuft werden könnte (wahrscheinlich gibt es kein solches Kriterium), dürfte das Programm ***j*** zumindest kein Mißgriff sein. Einige Aspekte sollten jedoch nicht übersehen werden:

- Die wenigen Subjekte, welche fast das theoretische Maximalalter erreichen, müssen im letzten Abschnitt vor ihrem Tode stark darben. Sie müssen sich damit trösten, daß sie mit dem gewählten Programm ihren summierten Lebensnutzen auf fast dieselbe Höhe gehoben haben wie mit dem Programm *f* (Gleichverteilung), welches sie, hätten sie schon immer gewußt, so alt zu werden, natürlich vorgezogen hätten. Die Mangelsituation im letzten Lebensabschnitt ist sogar schärfer als im ansonsten wenig attraktiven Programm ***h*** (Diskontierung mit konstantem π). Wird dieses Ergebnis nicht akzeptiert, so ist an ad-hoc-Korrekturen zu denken; es könnte z.B. ein Mindestkonsum ***q(T)*** gefordert werden. Auch sind für diese Extremsituation intergenerationelle Transfers zu erwägen, auf die wir noch zurückkommen werden.

- Von Interesse ist auch die Frage, mit welcher Wahrscheinlichkeit die Lebenslänge in ein bestimmtes Intervall fällt. Mit

$$\int_0^{t*} M(t)\,dt = \int_{t*}^{T} M(t)\,dt, \qquad d.h. \quad \int_0^{t*} \frac{z}{e^{zT}-1} e^{zt}\,dt = \int_{t*}^{T} \frac{z}{e^{zT}-1} e^{zt}\,dt \tag{157}$$

können wir z.B. ermitteln, für welchen Zeitpunkt t^* es genauso wahrscheinlich ist, entweder ein höheres oder ein geringeres Alter zu erreichen. Der Zeitpunkt beträgt mit

$$t^* = \frac{1}{z}\, ln\, \frac{e^{zT}+1}{2} \tag{158}$$

für z=**0,04** 35,8 Einheiten ("Jahre") und bei z=**0,08** 41,6 Einheiten. Wenn also die Wahrscheinlichkeit zu sterben jährlich um 8% zunimmt, so besteht eine Wahrscheinlichkeit von 50%, älter als 41,6 Einheiten zu werden. Darüber hinaus gilt für die Wahrscheinlichkeit, ein beliebiges Alter $0 \leq \bar{t} \leq T$ zu erreichen:

$$\int_0^{\bar{t}} M(t)\,dt = \frac{e^{z\bar{t}}-1}{e^{zT}-1} \tag{159}$$

In Abbildung 30 ist zu erkennen, daß $\varepsilon_{j/g}$ für z=**0,04** bei etwa t=**45** und daß $\varepsilon_{j/g}$ für z=**0,08** bei etwa t=**47** unter $\varepsilon_{f/g}$ fällt, m.a.W., daß alle Subjekte, welche älter als ca. 45 bzw. 47 werden, mit der Gleichverteilung ***g*** besser gewählt hätten. Mit (159) errechnet sich, daß dies etwa 18% bzw. 19% aller Individuen sind. Das bedeutet, daß über 80% aller Individuen mit dem Programm *j* (mäßige Vorverlegung des Konsums infolge Wichtung des Periodennutzens mit der Erlebenswahrscheinlichkeit) eine bessere Wahl als mit dem Programm ***g*** (Gleichverteilung) getroffen haben. Die knapp 20%, welche falsch gewählt haben, weil sie nicht damit gerechnet hatten, so alt zu werden, erdulden, auf ihr ganzes Leben bezogen, jedoch nur eine geringe Nutzeneinbuße. Ein zunächst verwirrend erscheinender Schluß ist noch aus dem Schnittpunkt der beiden Programme *j* in Abbildung 30 bei etwa t=**40** zu ziehen: Bei

z=**0,08** erreichen nach (159) etwa 43% aller Individuen ein geringeres Alter als 40 Einheiten. Diese 43% hätten, obwohl sie wußten, daß ihre statistische Sterbewahrscheinlichkeit um **0,08** und *nicht* um **0,04** Einheiten pro Periode zunimmt, trotzdem besser den zweiten, "falschen" Wert zugrundegelegt, denn für das Intervall $0 < \bar{t} < 40$ liegt $\varepsilon_{j/g}(z=0{,}04)$ über $\varepsilon_{j/g}(z=0{,}08)$. In näherer Betrachtung ist dies Ergebnis jedoch keineswegs absurd - nach Wahrscheinlichkeitsregeln das "richtige" Programm zu wählen heißt eben nicht, mit Sicherheit dafür auch belohnt zu werden. Hinterher ist man immer klüger.

Wichtung der Auszahlung ε mit der Sterbewahrscheinlichkeit: Nach der vergleichenden Diskussion der Programme "Gleichverteilung", "Diskontierung mit konstanter Rate π" und "Wichtung von $u(q(t))$ mit der Erlebenswahrscheinlichkeit" sei nun noch ein letzter Versuch gemacht, ein wahrscheinlichkeitstheoretisch nicht nur mehr oder weniger "vorteilhaftes", sondern eindeutig "optimales" Programm zu entwickeln. Dabei gehen wir von dem Postulat VON NEUMANNs & MORGENSTERNs aus, wonach ein risikoneutrales Subjekt rational handelt, wenn es den Erwartungswert für seinen Nutzen maximiert, indem in Risikosituationen der Nutzen möglicher Ereignisse mit der Wahrscheinlichkeit ihres Eintretens gewichtet wird.[60] Diesem Postulat genügen einige der hier diskutierten Programme in schwacher Weise, andere dagegen überhaupt nicht. In schwacher Weise genügen ihm diejenigen Programme, bei denen die Auszahlung ε während der gesamten Periode monoton wächst, wie z.B. die Kurven 1 und 2 in Abbildung 27. Unter anderem stellt die Auszahlungskurve $\varepsilon_{f/g}$ (Gleichverteilung) eine monotone Transformation der Kurve $M(t)$ für die Sterbewahrscheinlichkeit dar: Für höhere Sterbewahrscheinlichkeiten ist auch die Auszahlung höher. Dies gilt jedoch für alle Auszahlungskurven, welche im späteren Abschnitt fallen (z.B. Kurven 3 bis 7 in Abbildung 27, aber auch $\varepsilon_{j/g}(z=0{,}04)$ in Abbildung 30), nicht. Nach jenen Kurven sind wahrscheinlicheren Sterbezeitpunkten schlechtere Auszahlungen ε zugeordnet - ein nicht ohne weiteres zu akzeptierendes Ergebnis. Es ist wichtig, bei dieser Überlegung Eintrittswahrscheinlichkeiten (wie $M(t)$) von Summenwahrscheinlichkeiten (wie $S(t)$) streng zu unterscheiden.

Eine konsequente Orientierung an der VON NEUMANN-MORGENSTERNschen Axiomatik würde verlangen, daß nicht nur Sterbewahrscheinlichkeiten und Auszahlungen gleichsinnig verlaufen, sondern daß sie beide einander *proportional* wären. Eine nähere Betrachtung zeigt allerdings, daß eine solche Proportionalität keineswegs leicht herzustellen ist, darüber hinaus zeigt sie, daß das Ergebnis in den Fällen, in

[60] v. NEUMANN & MORGENSTERN (1973, Kapitel 1, pp. 1-30).

denen dies gelingt, absurd sein kann. Ist im einfachsten Beispiel die Wahrscheinlichkeit, ein Alter τ zu erreichen, für alle $0<\tau\leq T$ gleich hoch, das heißt LAPLACE-verteilt, so muß das Subjekt nach einem völlig gleichmäßigen ε für alle τ streben. Es ist aber unmöglich, daß ε für alle τ denselben Wert besitzt. Bei einem solchen Programm U_w wäre nämlich wegen U_w/U_g= constant

$$U_w = \int_o^\tau \sqrt{q(t)}\, dt = k\sqrt{Q_o \tau}\ , \quad k \text{ const.} \tag{160}$$

Differenziert nach τ und quadriert ergäbe sich $q(\tau)=z/\tau$ mit $z=k^2Q_0/4$. Für sehr kleine τ müßte $q(\tau)$ beliebig groß werden können. Da aber das Integral über $q(\tau)=z/\tau$ an der Unstetigkeitsstelle $\tau=0$ nicht konvergiert, ist diese Forderung mit der Ressourcenbeschränkung

$$Q_o = \int_o^T q(\tau)\, d\tau \tag{161}$$

nicht vereinbar. Ein Programm mit identischer Auszahlung ε für alle τ gibt es nicht. Es ließe sich höchstens eine pragmatische Näherung finden dergestalt, daß $q(\tau)$ für sehr kleine τ hoch, aber endlich angesetzt würde und danach hyperbolisch sänke.

Versuchen wir nun, für die exponentiell steigende Sterbewahrscheinlichkeit *M(t)* in Abbildung 28 proportionale Auszahlungen ε zu finden. Es genügt, das Problem darauf zu reduzieren, eine konvexe (linksgekrümmte) Auszahlungskurve ε finden zu wollen. In der Abbildung 31 sind unterschiedliche, teils schon diskutierte Verläufe von ε zusammengestellt. Die Auszahlungskurve $\varepsilon_{f/g}$ für die Gleichverteilung ist dick ausgezogen. Wir wissen, daß jede Funktion ε, die irgendwo von $\varepsilon_{f/g}$ abweicht, bei T zu einer Auszahlung $\varepsilon(T)<1$ führen muß, weil jedes Programm $q(t)\neq f$, das heißt jedes, welches Q_o ungleichmäßig über die Periode verteilt, zu $U(T)<\sqrt{Q_o T}$ führen muß. Dies gilt für das schon bekannte Programm $\varepsilon_{h/g}$ (Diskontierung mit konstanter Rate π) ebenso wie für alle anderen Programme ε_1 bis ε_4. Die Kurven ε_1 bis ε_3 sind entweder konkav, aber weniger stark als $\varepsilon_{f/g}$, oder linear oder konvex, alle beginnen im Koordinatenursprung $\varepsilon(0)=0$. Es mag durchaus möglich sein, ein Programm mit der konvexen, speziell mit einer exponentiell steigenden Auszahlungskurve ε_3 zu konstruieren. Aus der Geometrie der Abbildung 31 ist jedoch eindeutig klar, daß die Kurven ε_1 bis ε_3 von $\varepsilon_{f/g}$ *dominiert* werden. Insbesondere für jede konvexe Auszahlungskurve mit $\varepsilon(0)=0$ und (notwendigerweise $\varepsilon(T)<1$) ist unausweichlich, daß sie von der konkaven Kurve $\varepsilon_{f/g}$ mit $\varepsilon(0)=0$ und $\varepsilon(T)=0$ dominiert wird. Wer ein Programm wählt, bei dem die Auszahlungen ε der Wahrscheinlichkeit des Sterbezeitpunkts proportional sind, verschenkt Nutzen. Dies gilt nicht nur, wenn, wie hier angenommen, die Wahrscheinlichkeit zu sterben exponentiell, sondern schon, wenn sie nur konvex wächst. Jeder, der das Proportionalprogramm wählte, würde mit dem nicht proportionalen Programm $\varepsilon_{f/g}$ (Gleichverteilung) besser fahren. Dieses Programm kann aber immer gewählt werden.

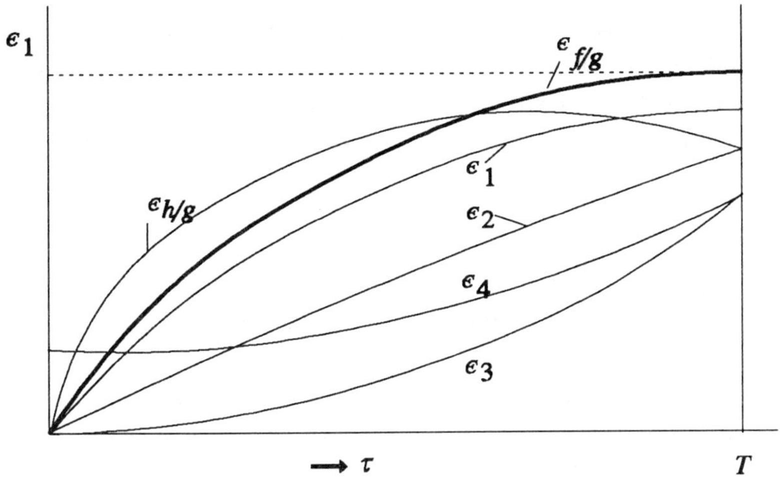

Abbildung 31: Dominanz unterschiedlicher Auszahlungskurven ε

Schließlich ist noch eine Überlegung zum Ausschluß von konvexen Kurven wie ε_4 zu führen, die nicht von $\varepsilon_{f/g}$ dominiert werden, weil sie nicht bei $\varepsilon(\mathbf{0})=\mathbf{0}$ beginnen. Hier müßte gelten:

$$\lim_{\tau \to 0} \frac{U_x(\tau)}{\sqrt{Q_o \tau}} = C , \quad C > 0 \tag{162}$$

Da sich $U_x(\tau)$ für kleine τ Null nähert, kann die L'HOSPITALsche Regel angewandt werden, womit

$$\lim_{\tau \to 0} \frac{2\sqrt{\tau}\ \dot{U}_x(\tau)}{\sqrt{Q_o}} = C \tag{163}$$

gefordert ist. Damit der Zähler nicht gegen Null strebt, ist notwendig, daß $\dot{U}(\tau)$ bei Annäherung an Null über alle Grenzen strebt. Die Ableitung des Gesamtnutzens nach der Zeit ist natürlich der Periodennutzen. Ein mit $\tau \to 0$ über alle Grenzen strebender Periodennutzen $u(\tau)$ würde mit $u = \sqrt{q}$ ein über alle Grenzen strebendes q

verlangen, was analog zu (160) nicht mit der Ressourcenbeschränkung (161) vereinbar wäre. Daher kann es keine Kurven ε_4 geben.

Zusammenfassung und Relativierung: Für den vorliegenden Zweck begnügen wir uns mit den bisher angestellten Betrachtungen zu den Problemen von Risiko und Ungewißheit. Es bestätigt sich die schon eingangs festgestellte außerordentliche Komplexität der Materie. Ein klares Urteil wie in Abschnitt 3.2.1, daß diese oder jene intertemporale Allokation rational und eine andere irrational ist, kann nicht erarbeitet werden. Dennoch lassen die Ergebnisse einige Schlüsse ziehen, fassen wir zusammen:

Bei völliger Ungewißheit über die zu erwartende Lebenslänge innerhalb eines bekannten Intervalls besitzen Programme, welche zu einer mäßigen Vorverlegung des Konsums führen, dabei das Intervall günstiger Auszahlungen ε möglichst breit lassen und zu keinen unakzeptablen "schlechtestmöglichen" Ergebnissen führen, gegenüber dem Programm mit einer Gleichverteilung des Konsums über die Zeit durchaus Vorteile. Zu ihnen sind auch Programme mit einfacher Diskontierung (konstante Rate π) zu zählen, welche in Abschnitt 3.2.1 als Ausdruck der Myopie für eindeutig irrational erklärt wurden. Deshalb unterscheiden wir schon terminologisch streng die Kurzsichtigkeitsrate r von der Ungewißheits-Diskontrate π. Geht ein Subjekt von konvexer, insbesondere exponentiell steigender Wahrscheinlichkeit seines Todes und damit konkaver Überlebenswahrscheinlichkeit aus, so erscheinen die zu konvexen Konsumpfaden führenden Programme mit konstanter Diskontrate π als zu primitiv. Sie führen zu einer zu starken Vorverlegung des Konsums. Zu guten Auszahlungsprofilen führen Programme, bei denen künftige Nutzen mit der Wahrscheinlichkeit, sie zu erleben, diskontiert werden. Es ist jedoch sinnlos, Programme zu suchen, die sich durch Proportionalität von Auszahlung und konvexer Sterbewahrscheinlichkeit auszeichnen, da sie sämtlich durch das Programm "Gleichverteilung" dominiert werden.

Nach den Modellrechnungen muß in Anbetracht der Ungewißheiten und Risiken der Zukunft eine gewisse Abweichung von dem in Abschnitt 3.2.1 hergeleiteten, rationalen Prinzip der intertemporalen Gleichverteilung als individuell sinnvolles Verhalten gewertet werden. Die Gründe für eine gewisse Vorverlegung des Konsums sind nicht von der Hand zu weisen. Das Ergebnis überrascht nicht. Hat es Bestand, so muß es als ein Einfluß gewertet werden, der auf dem Feld der intertemporalen Allokation, der Vorsorge für die Zukunft und der Art der Kreditbeziehungen zwischen Subjekten in analoger Weise wie die reine Myopie wirkt, obwohl *Anlaß und Beurteilung völlig unterschiedlich sind.* Allerdings lagen den Modellrechnungen äußerst restriktive Rahmenbedingungen zugrunde. Wenn wir diese lockern, so treten qualitative Argumente ins Gesichtsfeld, welche das erzielte Ergebnis zumindest abschwächen, wenn nicht gar völlig aufheben:

- Die Annahme der kapitalisierten *Erstausstattung* Q_o als Lebensressource ist realitätsfremd. Fast alle Individuen erhalten den größten Teil ihres Einkommens während der Lebenszeit als kontinuierlichen Strom. Für die meisten besteht in früheren Planungsperioden sogar nur eine unzureichende Kenntnis darüber, wie hoch er sein wird, womit ein weiteres interessantes Ungewißheitsmoment eingeführt wird. Die Entscheidungen über die intertemporale Allokation werden nicht zu Beginn, sondern inkremental während des ganzen Lebens getroffen. Diejenigen, welche erst später getroffen werden, erfolgen im Zustand verbesserter Information gegenüber der Ausgangssituation $t=0$, u.a. unter der Gewißheit, noch zu leben, was zu Beginn nur mehr oder weniger wahrscheinlich war. Der den intertemporalen Entscheidungen zugutekommende Informationsgewinn muß der Tendenz zur Vorverlegung des Konsums entgegenwirken.
- Die unbekannte *Lebenslänge* T stellt keinesfalls den einzigen Risikofaktor im Leben dar. Andere Risikofaktoren unterhalb der "Todesschwelle", insbesondere Vermögensverluste, geben eher Anlaß, Konsum nicht vorzuverlegen, sondern sicherheitshalber aufzuschieben: "To lay up for a rainy day".[61]
- Auch ein weitblickendes, über den Augenblick hinausdenkendes Subjekt besitzt nicht nur die einzige Zielfunktion, den summierten Lebensnutzen U zu maximieren. Zumindest als Nebenbedingung könnte zusätzlich relevant sein, Augenblicks-Nutzenniveaus nicht unter bestimmte Erträglichkeitsschwellen sinken zu lassen, insbesondere die bei bestimmten Programmen eintretende *Not zu Ende des Lebens zu vermeiden* (vgl. Abbildung 29). Verstärkend wirkt hier, daß auch die Bestimmung der maximalen Lebenslänge T problematisch ist. Man wird, wie der Kapitän in JEVONS' Beispiel,[62] einen Sicherheitsrest einkalkulieren, welcher der Vorverlegungstendenz des Konsums ebenfalls entgegenwirkt.
- Wenn auch keine direkte "Widerlegung" der Modellrechnungen, so doch zumindest weitere Komplikationen ergeben sich aus der empirischen Fragwürdigkeit der Annahme eines von t unabhängigen Periodennutzens $u(q)$. In empirischen Studien über den "*Life Cycle*" wird vielmehr ein Bedürfnisprofil wie in Abbildung 32 unterstellt,

[61] I. FISHER (1965, p. 77). Ebenso OLSON & BAILEY (1981, p. 11).

[62] Vgl. Anmerkung 57.

man benötigt in der Mitte des Lebens das meiste Geld. Die zu beobachtende Überschüttung zahlreicher Jugendlicher und junger Erwachsener mit materiellen Gütern durch die Verwandtschaft (astronomische Konfirmationsgeschenke, Finanzierung teurer Erst-Autos) ist ein Hinweis darauf, daß vielen Individuen (keineswegs allen!) selbst der in späteren Lebensabschnitten gesunkene Einkommenstrom noch Schwierigkeiten bereitet, ihn auszugeben.

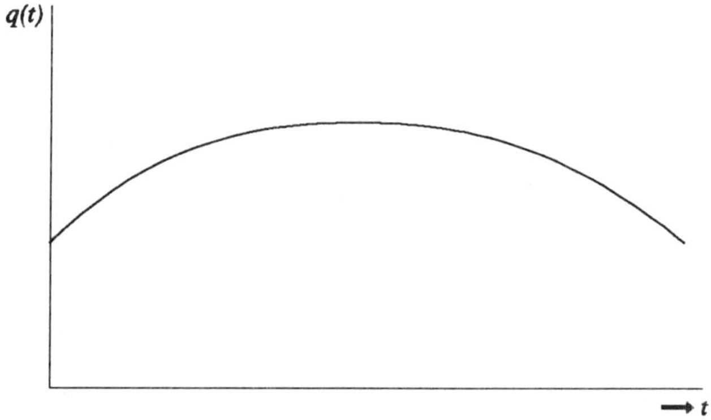

Abbildung 32: Bedürfnisprofil im "Life Cycle"[63]

- "The desire to bequeath assets to the descendants provides another reason why the argument that uncertainty about the date of one's death implies positive time preference is inadequate".[64] Das Bedürfnis vieler Subjekte, an *intergenerationellen Transfers* teilzunehmen, kann die Schlußfolgerung der Modellrechnungen weitgehend aufheben. Wer den Pfad der Gleichverteilung oder einen ähnlichen wählt, verzichtet zwar in früheren Lebensjahren auf eine mögliche materielle Besserstellung, tröstet sich aber damit, daß im Falle eines früheren Todes der unverbrauchte Rest für die Nachkommen übrigbleibt. Die hier implizierten Gerechtigkeitsvorstellungen sind leicht zu teilen: Man sagt sich, daß gerade im Falle eines frühen Todes die Nachkommen einer Erbschaft eher bedürfen, als wenn sie selbst schon älter sind - umgekehrt kann man bei dieser Bereitschaft zu vererben erwarten, im Falle eines unvorhergesehen langen Lebens, sofern die eigene materielle Situation dadurch schlechter geworden sein sollte, selbst unterstützt zu werden.

[63] Nach GHEZ & BECKER (1975, pp. 11ff.), vgl. auch ausführlich KING (1985).

[64] OLSON & BAILEY (1981, pp. 10-11).

- Der letztgenannte Punkt wirft ein Problem auf, welches zwar im ökonomischen Kontext selten diskutiert wird, mir aber noch wichtiger scheint als der Punkt selbst. Im Grunde kann die Frage, ob man angesichts der Unsicherheit über die Lebenslänge ein richtiges Konsumprofil gewählt hat, nur *ex post* entschieden werden. Dann ist man aber tot. Wenn man tot ist, kann man auch keine falschen Entscheidungen mehr bereuen, sie sind irrelevant geworden. Falsche Entscheidungen können vielmehr nur zu Lebzeiten bereut werden, wenn man unter ihnen leidet. Dieser trivial erscheinende Umstand verleiht dem Problem eine Asymmetrie, welche ebenfalls geeignet ist, die aus den Modellrechnungen gezogenen Schlußfolgerungen abzuschwächen. Angenommen, ein Individuum möchte so lange wie möglich leben, ist nicht myopisch und wählt, wie wir oben gesehen haben, nicht zu Unrecht, ein Programm mit Konsum-Vorverlegung, etwa $\varepsilon_{j/g}(z=0{,}04)$ in Abbildung 30. Solange sich dieses Individuum im Lebensabschnitt $0<t<45$ in der Abbildung befindet, konsumiert es nicht nur mehr als beim Gleichverteilungspfad, sondern weiß auch, daß es, wenn es am nächsten Tag sterben würde, im Hinblick auf seine eigene Nutzenmaximierung richtig gehandelt hätte, denn es hätte $\varepsilon_{j/g}>\varepsilon_{f/g}$ realisiert. Das Subjekt will aber gar nicht morgen sterben, sondern lange leben. Es weiß auch, daß es sich, wenn es solange leben sollte wie gewünscht, *nicht mehr* über das gewählte Konsumprogramm freuen wird, dieses wird nämlich bei einem (gewünschten) Leben über $t=45$ hinaus gegenüber der Gleichverteilung suboptimal geworden sein, von diesem Zeitpunkt ab führt das Programm "Gleichverteilung" zu einer besseren Auszahlung. Das Individuum kann sich über die Vorverlegung des Konsums nur freuen, wenn es annimmt, so früh zu sterben, wie es gar nicht will. Ob das eine reine Freude ist, erscheint nicht so sicher. Wertet man es nicht als Freude, so verbleibt nur die Schlußfolgerung, daß das Subjekt zu Lebzeiten ein Programm mit Vorverlegung des Konsums überhaupt nur bereuen kann, nämlich dann, wenn es wunschgemäß so alt geworden ist, daß das Programm "Gleichverteilung" überlegen geworden wäre. Die Befriedigung, richtig gehandelt zu haben, könnte nur nach dem Tode, wenn er ("rechtzeitig!") zwischen 0 und $t=45$ eingetreten ist, "erlebt" werden, was, wie schon erwähnt, unmöglich ist. Umgekehrt kann das Programm "Gleichverteilung" nur im toten, nie aber im lebenden Zustand bereut werden. Es ist zwar einzuräumen, daß bei sich ankündigendem, baldigen Tod auch schon zu Lebzeiten bereut werden kann, nicht genügend gepraßt zu haben, aber ob das die Hauptsorge einer betroffenen Person in dieser Situation ist, steht dahin.

Ob der/die Leser(in) OLSON & BAILEY vollkommen oder nur eingeschränkt folgt, wonach die Zukunftsungewißheit überhaupt keinen Anlaß zur Zeitdiskontierung gebe,[65] mag er/sie selbst entscheiden. Nach Abwägung sowohl der präsentierten Modellrechnungen wie auch der einschränkenden qualitativen Argumente darf aber gefolgert werden, daß die individuelle Zeitpräferenz auf Grund der Zukunftsungewißheit *schwach* ist. Wir sollten sie nicht kategorisch ausschließen, aber ihr Einfluß in einer individualistischen Modellgesellschaft sollte zurückhaltend beurteilt werden. Wie auch in anderen Zusammenhängen, interessiert uns auch hier weniger die Tatsache als solche als ihre Konsequenzen, auf welche im Abschnitt 6.4 eingegangen wird.

3.3 Zusammenfassende Diskussion und Illustrationen

Der Abschnitt 3 behandelte die Frage, wie sich ein einzelnes Subjekt den Konsum eines Ressourcenbündels optimal über die Zeit einteilt. Das Kernproblem ist, welche Programme als rational und welche als irrational zu gelten haben. Mit dieser Analyse wird die "Mikrofundierung" zentraler gesellschaftlicher Probleme vorgenommen. Daher rechtfertigte sich eine ausführliche Behandlung und rechtfertigt sich nunmehr auch eine ausführliche Zusammenfassung, in der wir den ganzen Komplex noch einmal Punkt für Punkt, zum Teil in anderen Formulierungen als oben, durchsprechen wollen und anschließend einige illustrative Beispiele betrachten.

1. Eine Theorie rationaler intertemporaler Entscheidungen stellt an ein Individuum gewisse Anforderungen. Sind diese nicht erfüllt, so ist sein Verhalten regellos, und schon das Wort "rational" kann nicht mit Inhalt gefüllt werden. Dies ist in der elementaren Mikroökonomie unter Ausschluß des Zeitfaktors auch nicht anders. Dort muß ein Individuum z.B. bei der Wahl zwischen Alternativen entweder schwach präferieren, stark präferieren oder indifferent sein, sonst ist gar keine Theorie zu treiben.[66] Es kann kaum erstaunen, daß im intertemporalen Kontext noch einige Forderungen hinzukommen: Sind ein teilbarer Ressourcenbestand $\boldsymbol{Q}$ und eine Periode $\boldsymbol{0...t...T}$ gegeben und können verschiedene Konsumpfade $\boldsymbol{q_1=f(t)}$, $\boldsymbol{q_2=g(t)}$, ... mit sämtlich $\int_0^T q(t)\,dt \leq Q$ gewählt werden, so müssen diese in eine *Reihenfolge der Präferenz* gebracht werden können. Es muß für alle Paare gelten: $q_1 \succ q_2$ oder $q_1 \succeq q_2$

[65] Ibid., pp. 16ff.

[66] Vgl. z.B. QUIRK & SAPOSNIK (1968, pp. 9ff.).

(bzw. umgekehrt) oder $q_1 \sim q_1$, in Indexschreibweise: $U(q_1)>U(q_2)$ usw. Das Individuum muß mit anderen Worten ein Urteil über den Gesamtnutzen der Periode abgeben können. Für den vorliegenden Zweck haben wir eine kardinale Funktion für den Periodennutzen und ihre Addierbarkeit (Separabilität) vorausgesetzt; eine Analyse mit schwächeren Annahmen könnte interessante weitere Aspekte eröffnen.

2. Ist das Individuum zu dem beschriebenen Vorgehen in der Lage, so kann es, ganz in Analogie zum statischen Fall, mindestens einen Konsumpfad $q_i(t)$ nennen, dem kein anderer Pfad $q_j(t)$ vorgezogen wird, oder $U(q_i(t)) = \int_0^T u(q_i(t))\, dt = U_{max}$. Diese Entscheidung kann zu jedem Zeitpunkt innerhalb wie außerhalb der Periode **0...*T*** getroffen werden. Nun tritt jedoch eine Komplikation auf, die es in statischen Kontexten nicht gibt, es sind nämlich zwei Fälle denkbar: Entweder erscheint von jedem Zeitpunkt τ aus betrachtet ein anderer Konsumpfad als nutzenmaximierend (U_{max}), also bei τ_1 etwa $q_i(t)$, bei τ_2 aber $q_j(t)$ mit $i \neq j$, oder ein Programm $q^*(t)$ liefert von jedem beliebigen τ aus betrachtet den höchsten Nutzen U_{MAX}. Nach dem in dieser Arbeit verfolgten Verständnis handelt ein Individuum nur dann rational, wenn es U_{MAX}, den aus *jeder beliebigen Zeitperspektive* heraus maximal erscheinenden Nutzen und den dazugehörigen Konsumpfad $q^*(t)$ anstrebt. Die Begründung liegt darin, daß infolge der Irreversibilität der bereits hinter sich gebrachten Etappen eines Konsumpfades oder Programms eine Entscheidung für ein beliebiges Programm $U_{max} \neq U_{MAX}$ nach einiger Zeit bereut werden muß, denn sobald etwas Zeit verstrichen ist, erscheint sie nicht mehr nutzenmaximierend und würde, wenn dies noch möglich wäre (es ist aber nicht mehr möglich), revidiert werden. Speziell wird ein zu Beginn der Periode nutzenmaximierend erscheinender Pfad $U_{max} \neq U_{MAX}$ am Ende der Periode bereut. Es erscheint sinnlos, eine Entscheidung "rational" zu nennen, die irgendwann bereut werden muß.

3. Bei Gewißheit über die Zukunft und endlicher Länge des Planungszeitraumes **0...*T*** ist der rationale, das heißt nie bereute Konsumpfad derjenige, bei dem *alle Grenz-Zeitpunktnutzen den marginalen Opportunitätskosten* von jedem beliebigen Zeitpunkt aus betrachtet *identisch sind.* Das Individuum findet diesen Pfad, wenn es alle Zeitpunktnutzen, gleichgültig ob sie in zeitlicher Nähe oder Ferne liegen, gleich wichtet, es darf keine Nutzendiskontierungsrate $r>0$ anwenden. Entwirft es sich entgegen dieser Regel zum Zeitpunkt $t=0$ ein Programm mit der Nutzendiskontierungsrate $r>0$, das heißt maximiert es

$$U = \int_o^T u(q(t))e^{-rt}dt \qquad r>0 \qquad (164)$$

so wird es dieses Programm zu jedem späteren Zeitpunkt $t>t_o$, speziell auch am Ende der Periode T, bereuen. Von jedem anderen Zeitpunkt $t>t_o$ aus betrachtet wäre unter identischen Annahmen, speziell mit derselben Nutzendiskontierungsrate $r<0$, ein anderes Programm vorzuziehen. Die in der neoklassischen intertemporalen Ökonomie mehrheitlich getroffene Standardannahme der reinen Kurzsichtigkeit ("Myopie") besitzt also keine Rechtfertigung. Dies hat eine namhafte Minderheit von Ökonomen von BÖHM-BAWERK bis GEORGESCU-ROEGEN schon immer vertreten.

4. Bei vollständiger Information über die Zukunft und einer weder wachsenden noch verderbenden Ressource teilt sich ein rationales Subjekt diese so ein, daß der Grenznutzen *zu jedem Zeitpunkt gleich* ist. Bleibt die Präferenzstruktur eines Subjekts über die Periode hinweg identisch, wo wird die Ressource gleichverteilt konsumiert. Vor die Frage gestellt, in welchem Verhältnis das Subjekt ein Ressourcenquantum heute gegen eines morgen zu tauschen bereit wäre, wird es antworten, daß sie ihm alle gleich wertvoll seien. Nur wenn die Präferenzstruktur nicht zeitunabhängig ist, wenn die Wertschätzung für die Ressource mit der Zeit wächst oder sinkt, wird auch ein nichtmyopischer Plan zur Ungleichverteilung in der Zeit führen.

5. Wächst eine Ressource oder verdirbt sie während des Nicht-Konsums, so steigt oder fällt der optimale nicht-myopische Konsumpfad eines rationalen Subjekts mit konstanter Präferenzstruktur. Wenn eine Ressource wächst, so entspricht jeder heutigen Entnahme um eine Einheit ein Verzicht auf zukünftige Entnahmen um mehr als eine Einheit, daher sind in früheren Abschnitten die Kriterien, welche die Entnahme zum Konsum rechtfertigen, schärfer als in späteren. Der Grenznutzen muß in früheren Abschnitten höher sein als in späteren, er muß mit derselben Rate, mit der die Ressource wächst, fallen. Ist die Nutzenfunktion konkav, das heißt $u(q(t)) = (q(t))^a$ mit $0< a <1$, so muß der Konsum mit einer höheren Rate wachsen, als die Ressource an Umfang zunimmt und dementsprechend der Grenznutzen fällt. Ein interessanter Spezialfall ist der, bei dem eine Ressource mit der Rate s wächst und das Subjekt seinen künftigen Nutzen mit gleich hoher Rate r myopisch diskontiert. Aus der sich hier ergebenden Gleichverteilung des Konsums in der Zeit könnte naiverweise auf ein rationales intertemporales Nutzungsprofil geschlossen werden. Ist (im Vorgriff auf Abschnitt 5) dieser Fall vom Ergebnis her zwar im intergenerationellen Kontext wegen der dort bestehenden Gerechtigkeitsprobleme eine diskutable Alternative, so

spiegelt er jedoch auf der Ebene der Maximierung eines einzelnen Lebensnutzens durchaus kein rationales Verhalten wider. Ein einzelnes Subjekt vergibt Nutzen, wenn es so handelt.

6. Die Forderung, daß der Grenz-Zeitpunktnutzen den künftigen Grenz-Opportunitätskosten entsprechen muß, ist so stark, daß sie ohne weiteres rechtfertigen kann, auf Teile der angestammten Ressourcenausstattung zu verzichten, wenn ihr nicht anders als auf diese Weise genügt werden kann. Verfügt ein Subjekt über eine Ressourcenausstattung Q_1, die mit einem ungünstigen zeitlichen Profil verfügbar ist (erst geringes, später hohes Einkommen), so ist es vorteilhaft, diese Ausstattung gegen eine *geringere* Ausstattung $Q_2 < Q_1$ umzutauschen, wenn diese ein günstigeres zeitliches Verfügbarkeitsprofil besitzt. Ist z.B. die Gleichverteilung des Konsums geboten und besitzt ein Individuum einen zeitlich ungleichverteilten Einkommensstrom, so zieht es einen in der Summe niedrigeren, aber gleichverteilten Einkommensstrom vor. Das bedeutet, daß auch ein nicht-myopisches, rationales Subjekt bereit ist, gegen Zinsen zu leihen, und daß es auch in einer solchen Gesellschaft rationaler Subjekte unter bestimmten Bedingungen einen positiven *Zins* geben kann. Aus der Beobachtung eines Zinses auf das Vorhandensein von Myopie zu schließen (und sich dabei auch noch auf BÖHM-BAWERK zu berufen), ist also irrig.

7. Besteht keine vollständige Information über die Zukunft, so muß die Forderung, daß der Grenznutzen den Grenz-Opportunitätskosten entsprechen muß, gelockert werden. Im vorliegenden konnte nur das Problem der ungewissen Lebenslänge betrachtet werden. Dabei zeigte sich, daß wegen dieser Art von Ungewißheit eine Vorverlegung des Konsums in frühere Lebensabschnitte nicht als irrational abqualifiziert werden kann, weshalb die Ungewißheits-Diskontrate π von der reinen Ungeduldsrate r stets unterschieden werden sollte. Von den unterschiedlichen strategischen Kalkülen, mit denen auf die ungewisse Lebenslänge geantwortet werden kann, kann keine als "optimal" eingestuft werden; im allgemeinen führt die Diskontierung mit einer konstanten Rate π und damit die Erzeugung eines dem myopischen Pfad gleichenden (aber anders zu interpretierenden) Konsumprofils zu einer zu starken Vorverlegung des Konsums in sehr frühe Lebensabschnitte. Der Pfad wird zu stark konvex. Die Bedeutung dieser quantitativen Resultate sollte nicht überschätzt werden: Zum einen, weil nur eine Art von Ungewißheit (unbekannte Lebenslänge) in die Betrachtung eingeht, andere Arten jedoch auch andere Konsequenzen besitzen können, und zum zweiten, weil mehrere qualitative Argumente der Tendenz zur Kon-

sum-Vorverlegung entgegenwirken. Das wichtigste ergibt sich aus der Tatsache intergenerationeller Transfers; das Subjekt kann willens sein, zu vererben. Insgesamt dürfte die Zukunftsunsicherheit, wenn überhaupt, allenfalls mit einer schwachen rationalen Diskontierung künftiger Nutzen auf der Ebene intraindividueller Kalküle vereinbar sein.

Bevor wir uns dem nächsten theoretischen Problem, den Kreditbeziehungen zwischen rationalen und irrationalen Subjekten, widmen, lohnt es sich, die bisher gewonnenen Einsichten mit einigen Alltagsbeispielen zu illustrieren. Eine empirische Umsetzung der Theorie würde selbstverständlich ein eigenes Buch füllen.

Beispiel 1: Ein Subjekt oder Haushalt kauft einen Konsumgegenstand, wie ein Auto, Fernseher, Möbelstück auf Kredit.

Kommentar: Dieses Verhalten ist unter weiten Annahmen irrational. Bleiben die Präferenzen auf längere Sicht wahrscheinlich gleich (das heißt, wünscht man in 10 Jahren ebenso Auto zu fahren wie jetzt), steigt das künftige Einkommen wahrscheinlich nicht wesentlich und wird nicht mit einer nur noch kurzen Lebenslänge gerechnet, so wählt das Subjekt unter zwei Alternativen, wie in Abbildung 33 dargestellt:

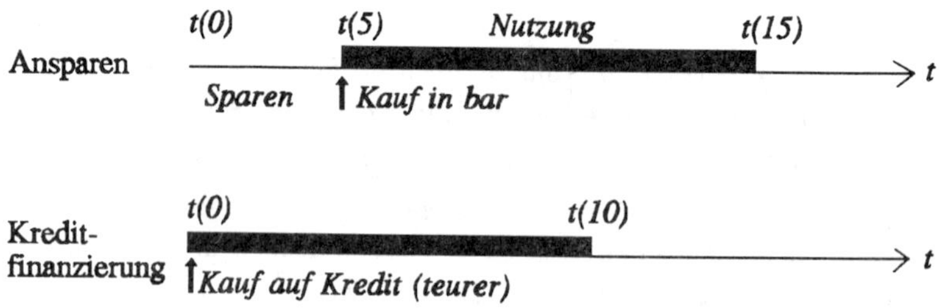

Abbildung 33: Irrationalität des gewöhnlichen Konsumtivkredits

Es kann entweder den Kaufpreis des Autos in, sagen wir, 5 Jahren ansparen und dieses Auto bei 10 Jahren Lebensdauer während der Periode $t=5$ bis $t=15$ nutzen, oder es kann ein Auto jetzt zum erheblich höheren Preis (Kaufpreis plus Kreditkosten) erwerben und es während der Periode $t=0$ bis $t=10$ nutzen. Dem voraussetzungsgemäß identischen Nutzen stehen im zweiten Fall höhere Kosten gegenüber, welche aus rationaler Perspektive keine Rechtfertigung besitzen. Im stillen dürften sowohl die auf Pump lebenden Haushalte als auch die Kreditgeber die Unsolidität ihrer Geschäfte zumindest ahnen, wenn auch den ersteren zahlreiche Wege der

Scheinrationalisierung offenstehen. Der Konsumtivkredit mit dem alleinigen Ziel, dem Nicht-Warten-Können erwachsener Menschen Rechnung zu tragen, besitzt keinerlei rationale Basis. Man kann nur hoffen, daß diese Geschäfte, nicht nur die von "Kredithaien", sondern auch von seriösen Instituten, vom eigentlichen gesellschaftlichen Produktivkreditwesen so stark abgekoppelt sind, daß sie den allokationsrelevanten "ernsthaften" Zins (man erinnere sich seiner Bedeutung in den Modellen von Abschnitt 2) möglichst wenig beeinflussen.

Beispiel 2: Ein Subjekt oder Haushalt erwirbt ein Eigenheim mit erheblicher Kreditfinanzierung (Bausparen, Hypotheken usw.).

Kommentar: Der Fall unterscheidet sich wesentlich vom vorigen Beispiel. Plant das Subjekt, das Haus bis ans Lebensende zu nutzen, sagen wir, noch 40 Jahre, so bestehen zwei Alternativen: Entweder den Kaufpreis in bar 20 Jahre lang anzusparen und dann noch 20 Jahre im Haus zu wohnen oder das Haus zu höheren Kosten (Kaufpreis plus Kreditkosten) jetzt zu erwerben und es 40 Jahre lang bewohnen zu können (Abbildung 34).

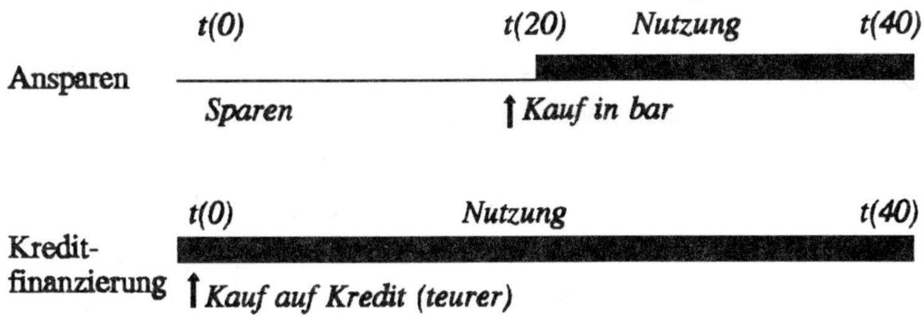

Abbildung 34: Rationalität des Hypothekenkredits

Die zweite Alternative kann völlig rational sein und hat nichts mit Myopie zu tun, wenn die durch die Kreditfinanzierung verursachten Mehrkosten infolge der um 20 Jahre "nach vorn" verlängerten Nutzungsdauer aufgewogen werden. Beim Auto-Beispiel wurde Konsum nur verschoben, hier wird er vergrößert; im ersten Fall rechtfertigen sich höhere Kosten nicht, im zweiten Fall rechtfertigen sie sich durchaus. Im Abschnitt 4.3.2 werden wir die Zinsentstehung unter dem Einfluß langlebiger unteilbarer Konsumgüter näher analysieren.

Beispiel 3: Jemand möchte seinen/ihren Traum einer abenteuerlichen und kostspieligen Weltreise, etwa auf einer Segeljacht, realisieren. Er/sie müßte bei Barzahlung 20 Jahre lang dafür sparen und fürchtet, dann zu alt dafür zu sein. Er/sie realisiert das Vorhaben jetzt mit Kreditfinanzierung und trägt die hohen Kosten später ab.

Kommentar: Unterstellen wir, daß es für das Vorhaben Kredit gibt, etwa wegen vorhandener Sicherheiten. Die Entscheidung ist dann in keiner Weise kurzsichtig, sondern völlig rational. Die Alternativen bestehen nicht darin, einen identischen Nutzen entweder später billiger oder jetzt teurer zu haben, sondern ihn entweder jetzt oder nie zu genießen. Es liegt der Fall vor, daß sich die Präferenzen im Laufe der Zeit ändern, für welchen die Regeln rationaler, nicht-myopischer Entscheidung keineswegs die Gleichverteilung des Konsums im Zeitverlauf fordern. Es ist bezeichnend, daß das Subjekt, sofern die Reise den Erwartungen entsprochen hat, während des Zeitraums der nachträglichen Bezahlung nichts bereuen wird.

Beispiel 4: Jemand lebt in sehr bescheidenen Verhältnissen, erwartet aber mit hoher Sicherheit eine größere Erbschaft. Er/sie leiht jetzt, um nach Erhalt des Erbes mit Zinsen zurückzuzahlen.

Kommentar: Die Entscheidung ist rational und nicht myopisch, wenn Höhe des Kredits und Zinszahlungen angemessen und die Erbschaft hinreichend sicher ist. Die sprichwörtlichen Fälle, in denen unsicherer späterer Reichtum, etwa die Hoffnung auf einen Lottogewinn, zum Schuldenmachen verleiten, bleiben selbstverständlich ausgeklammert. Wer wie das geschilderte Subjekt handelt, erhält eine zeitlich günstiger verteilte Ressourcenausstattung (heute geringerer Mangel, morgen geringerer Überfluß) und gibt eine, die zwar insgesamt höher ist, sich aber durch ungünstige zeitliche Verteilung auszeichnet. Die heute sehr hohen und später niedrigeren Grenznutzen werden einander angeglichen.

Beispiel 5: Ein(e) Zukunftspessimist(in) fürchtet Inflation, Krieg, Krankheit und anderes mehr und gibt nach dem Motto "Let's eat, drink and be merry today because tomorrow we may die" in frühen Lebensjahren viel aus.

Kommentar: Da kaum zu erwarten ist, daß das Subjekt Kredit erhält, setzen wir eine eigene, hinreichend hohe Anfangsausstattung voraus. Will das Subjekt nichts vererben und ist sein Pessimismus begründet, etwa mit dem Wissen von einer schweren eigenen Krankheit, so ist zu dem Fall natürlich wenig zu sagen. Je vager allerdings der Pessimismus begründet ist, um so weniger rechtfertigt sich nach den Überlegungen aus 3.2.4 eine starke Vorverlegung des Konsums, sondern allenfalls eine schwache. Es dürfte kaum jemals möglich sein, in empirischen Fällen zu beurteilen, ob das Subjekt rational oder irrational handelt, sofern es nicht extreme Entscheidungen fällt. Der Verdacht ist schwer auszuräumen, daß die sich mit Zukunftspessimismus rechtfertigende Verjubelungsmentalität nicht doch eine Tarnung für gewöhnliche Myopie ist.

Beispiel 6: Unternehmen fragen Kredite nach und investieren nur in Geschäfte mit kurzer Pay-Off-Periode (z.B. von 5 Jahren).

Kommentar: Dieses Beispiel ist das erste, welches nicht aus dem Konsumbereich der Nutzenmaximierer, sondern aus dem Unternehmensbereich gegriffen ist. Seine Bedeutung rührt daraus, daß das Produktivkreditwesen und der sich dort herausbildende Realzins von höherem Einfluß auf die Nutzungsintensität natürlicher Ressourcen sein düften als die Entwicklungen auf dem Konsumtivkreditmarkt. Inwieweit kurzfristiges Amortisierungsstreben auf das Zinsniveau einwirkt, ist ohne nähere Analyse nicht einmal dem Vorzeichen nach zu entscheiden. Wir halten hier nur fest, daß die kurzfristigen Rückflußerwartungen, obwohl sie in der unternehmerischen Praxis eine verbreitete und anerkannte Zielsetzung darstellen, bezüglich ihrer Rationalität äußerst zweifelhaft sind. Durch sie werden Investitionen mit hoher, aber erst später anfallender Rendite ausgeschieden, sich schnell, aber nicht unbedingt hoch auszahlende dagegen bevorzugt. Als Hauptgrund für schnelle Rückflußforderungen gilt das mit längerer Festlegung steigende Risiko. Dieses Argument kann kaum als triftig gelten. Sind langfristige Gewinnrealisationen normalverteilt, so stehen den enttäuschenden Ventures auch solche mit unvorhergesehen günstigem Ausgang gegenüber, wovon zumindest größere Unternehmen mit flexibler Portfoliopolitik, welche Risiken streuen können, profitieren. Als ein zweites, weniger offen genanntes, aber durchaus zu vermutendes Motiv für kurze Pay-Off-Perioden wäre eine in Analogie zur Konsumentenmyopie auch bei Managern vorhandene Eigenschaft, mit Erfolgsmeldungen ungern lange zu warten, zu diskutieren. Tatsächlich dürften möglichst kurzfristig erbrachte Erfolgsnachweise sogar karriereentscheidend sein. Wir halten hier nur fest, daß myopische Verhaltensweisen nicht nur bei konsumierenden Subjekten, sondern auch auf der Unternehmensebene (und erst recht auf der Staatsebene) zu erwarten sind. Deren Konsequenzen auf dem Gebiet der intertemporalen Allokation dürften mit Sicherheit ungünstiger zu beurteilen sein als die Unfähigkeit bei zahlreichen infantilen Verbrauchern, Belohnungsaufschub zu ertragen.

The moon was not allowed to
affect the tides - except
through the rate of interest

SIR DENNIS ROBERTSON[1]

4 Zinstheorie

4.1 Problem und neoklassische Behandlung

Für das folgende haben wir insbesondere in Abschnitt 3.2.3 einige Vorarbeiten geleistet; dort ging es um die Frage, wie sich rationale und weniger rationale Individuen verhalten, *wenn* es einen Zins gibt. Nun fragen wir, wie der Zins entsteht und berechnen in einfachen illustrativen Beispielen seine Höhe.

Wir müssen uns auf die neoklassische Zinstheorie und auch dort allein auf die wesentlichsten Punkte konzentrieren. Mit der faszinierenden Dogmengeschichte des Zinses[2] und der überragenden Persönlichkeit KEYNES' auf diesem Gebiet können wir uns ebensowenig befassen wie mit (empirisch sicherlich weit aussagekräftigeren) monetären und institutionellen Zinstheorien. Daß für die Realität Wechselkurse und Zentralbankbeschlüsse wichtiger sind als ein Prozent mehr oder weniger Myopie, ist unbestritten, wir wollen jedoch zu Aussagen auf der Ebene der neoklassischen Modellgesellschaft gelangen. Auf dieser Ebene kann auch von der Fundamentalkritik an der neoklassischen Kapitaltheorie von Seiten der Cambridge-Dissidenten abgesehen werden, so interessant diese ist. Sie setzt an der physischen Heterogenität des Kapitalstocks an, welcher ihr zufolge auf neoklassischem Wege nicht anders als zirkulär bewertet werden könne. Wird, wie in den meisten Modellen der vorliegenden Studie,

[1] 1952, p. 84.

[2] Ein Lehrbuch hierzu ist LUTZ (1967). Die frühere Dogmengeschichte behandelt ausführlich BÖHM-BAWERK in der ersten Abteilung von "Kapital und Kapitalzins" (1961a). Die älteren Autoren setzten sich in der Regel intensiver mit den Meinungen ihrer Vorläufer und Kollegen auseinander als heute, so daß ihre Ausführungen dogmengeschichtliche Teile enthalten, wie etwa FISHER (1907, pp. 3-24 und pp. 71-143) und WICKSELL (1969, pp. 71-143). Oft kamen sie zu dem Schluß, daß alle anderen außer ihnen selbst irrten, wie z.B. CASSEL (1921, pp. 159-171). Gedrängt, aber äußerst lesenswert zur Zinstheorie ist ROBERTSON (1952, pp. 97-115 Some notes on the theory of interest).

mit einer homogenen "Kapital-"Ressource gearbeitet (etwa Robinsons Mais), so tritt das Problem nicht auf.[3]

Wie schon in Abschnitt 1.5 beklagt, ist die neuere neoklassische Literatur und insbesondere die Theorie natürlicher Ressourcen zur Zinsfrage unergiebig. Man scheint sich für seine Entstehung nicht zu interessieren und nimmt ihn hin, wie er ist. Nicht nur in Elementar-Lehrbüchern, sondern weit darüber hinaus finden wir Gedankengut und Darstellungsweisen wenig über den Stand hinaus entwickelt, den I. FISHER hinterließ.[4] Blicken wir daher zuerst auf sein elementares Zweiperiodenmodell:

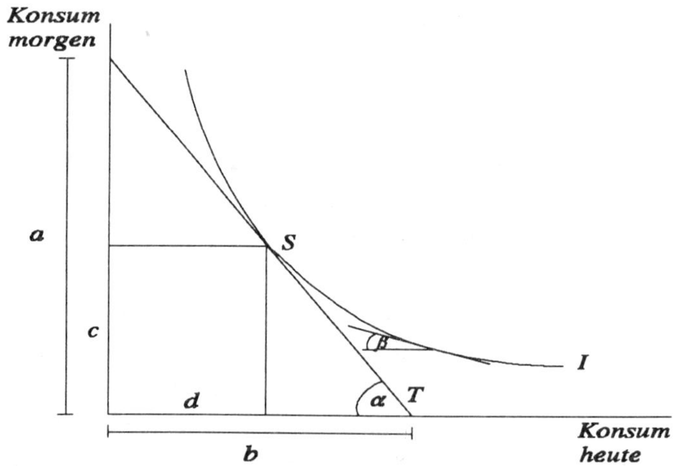

Abbildung 35: Intertemporale Entscheidung, 2-Perioden-Modell nach FISHER

Es betrachtet die intertemporale Wahl eines Subjektes als klare Analogie zum *intra*temporalen Zwei-Güter-Modell. Man stellt sich vor, daß ein Ei heute und ein Ei

[3] Ich schließe nicht aus, daß hier Einwände erhoben werden können und betrachte den Punkt nicht als voll geklärt. Im Abschnitt 6.4 betrachtet auch die vorliegende Studie mehrere Kapitalgüter. Zur Cambridge-Kontroverse vgl. KRELLE & GABISCH (1972), DIE NEOKLASSIK UND IHRE HERAUSFORDERUNGEN (1982) sowie HÖDL & MÜLLER (1976).

[4] I. FISHER (1965, pp. 231-287). In "First" und "Second Approximation in Geometric Terms" wird das Modell schrittweise entwickelt. Vorarbeiten auch schon (1907, pp. 137ff.). Neben FISHER, BÖHM-BAWERK, JEVONS und MARSHALL sind WALRAS, WICKSELL und KNIGHT einflußreich für die neoklassische Zinstheorie gewesen.

morgen so verschiedene Güter sind wie ein Apfel heute und eine Birne heute. In Abbildung 35 ist ***T*** eine lineare Transformationskurve, die alle möglichen Kombinationen zwischen dem Konsum heute und dem Konsum morgen angibt. Wenn sich die betrachtete Ressource während der Zeit des Nicht-Konsums vermehrt, so ist der Winkel α dem Absolutbetrag nach größer als 45°; die Strecke ***a*** (die morgen zur Verfügung stehende Menge, wenn ich heute gar nichts konsumiere) ist länger als die Strecke ***b*** (die heute zur Verfügung stehende Menge, wenn nichts für morgen übrig gelassen wird). Alles was ich heute nicht konsumiere, erhalte ich morgen vermehrt zurück. So verhält es sich bei einem Bankkonto mit positivem Realzins, aber auch bei einer Henne, die nicht in die Pfanne kommt, morgen Eier legt usw. ... Ist der Winkel α dem Absolutbetrag nach kleiner als 45°, so schrumpft die Ressource während des Nichtkonsums, wie ein Bankkonto, wenn die Inflationsrate höher ist als der Nominalzins, eine Portion reifer Erdbeeren im Sommer oder mit FISHER eine Kiste voller Feigen.[5]

Die Neigung der Transformationskurve, $-\tan \alpha$, ist die Grenzrate der Transformation, die Größe $-(1+ \tan \alpha)$ ist die Wachstums- (oder Schrumpfungs-)rate der Ressource während des Nichtkonsums in Höhe von ***s***. Die Kurve ***I*** ist in voller Analogie zum intratemporalen Zwei-Güter-Modell eine Indifferenzkurve. Sie gibt alle Kombinationen des Konsums heute und morgen an, die einem Subjekt denselben Nutzen stiften. Ihre Steigung $-\tan \beta$ ist die Grenzrate der Substitution, die Größe $-(1+ \tan \beta)$ ist die *Marginale Zeitpräferenzrate* ρ. Beträgt letztere z.B. **+0,04**, so ist das Subjekt nur bereit, auf eine Einheit des Gutes heute zu verzichten, wenn es dafür morgen als Belohnung **1,04** Einheiten zurückerhält. es verlangt in diesem Fall positive Zinsen. Aus der Abbildung ist zu erkennen, daß die Indifferenzkurve im Bereich rechts unten eine Steigung von (absolut) weniger als 45° besitzt; dort verlangt das Subjekt keine positiven Zinsen, es ist einverstanden, eine heute verzichtete Einheit morgen nur zu vielleicht 70% wiederzuerhalten. So verhalten sich Sparer bei Inflation oder auch jemand, der einen Vorrat Erdbeeren oder Feigen heute nicht ganz aufißt, obwohl er weiß, daß wegen der Wärme ein Teil dessen, was er für morgen übrigläßt, ungenießbar sein wird. Ein solches Verhalten ist in keiner Weise irrational,

[5] I. FISHER (1965, pp. 191-192).

es rührt daher, daß im rechten unteren Bereich der Kurve viel für heute (mit entsprechend gesunkenem Grenznutzen) und wenig für morgen zur Verfügung steht.[6]

Da es nicht nur eine Indifferenzkurve, sondern eine Schar von ihnen gibt, wird wie gewohnt der Punkt gesucht, bei dem die Transformationskurve die höchstmögliche Indifferenzkurve erreicht; bei "richtiger" Krümmung der Kurven ist dies der Tangentialpunkt ***S***. Das Subjekt entscheidet optimal zwischen heutigem und morgigem Konsum, wenn es seine marginale Zeitpräferenzrate der Wachstumsrate der Ressource egalisiert. Je schneller die Ressource wächst, um so mehr liegt dieser Punkt bei gegebener Indifferenzkurve im linken oberen Bereich, schrumpft die Ressource ($|\alpha| < 45°$), so liegt er rechts unten.

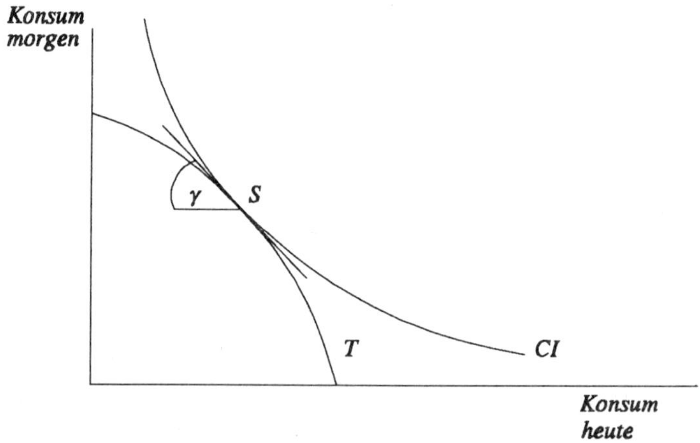

Abbildung 36: Zinsentstehung

Gibt es viele Subjekte mit unterschiedlich geformten Indifferenzkurven, so werden sich unterschiedliche Tangentialpunkte ***S*** entlang ***T*** bilden. Die Subjekte werden unterschiedliche Einteilungen in heutigen und morgigen Konsum vornehmen, alle werden aber eine identische, durch ***T*** vorgegebene marginale Zeitpräferenzrate besitzen. In Abbildung 36 ist mit konkaver Transformationskurve die Grenzrate der

[6] BÖHM-BAWERK (1961, p. 331) hat wieder das beste Beispiel: "Oder, wenn ein wohlhabender Mann vor einer längeren Arreststrafe steht, während deren seine Lebensführung dem knappen Hausregime der Strafanstalt angepaßt sein wird: Wie gerne gäbe ein Solcher den Preis von 100 gegenwärtigen üppigen Mahlzeiten hin, wenn er sich damit 10 künftige, ähnliche Mahlzeiten im Gefängnis erkaufen könnte!"

Transformation selbst zur Variablen geworden; die Wachstumsrate oder Produktivität der Ressource sinkt, je mehr von ihr für morgen akkumuliert wird. In diesem Falle müssen wir mit MISHAN[7] eine Community Indifference Curve ***CI*** konstruieren, und wir erhalten den Punkt der optimalen *gesellschaftlichen* Einteilung zwischen heutigem und morgigem Konsum bei ***S***. Wenn alle oder viele Subjekte etwas von der Ressource besitzen, so werden sie sich, je nach Form der individuellen Indifferenzkurve, gegenseitig zur Rate $-(1+\tan\gamma)$ leihen oder verleihen. Dies ist der *Zins*. Er ist gleich der Wachstumsrate der Ressource bei diesem Akkumulationsniveau (der "Grenzproduktivität des Kapitals") und auch gleich aller einander egalisierten marginalen Zeitpräferenzraten. *Es gibt nur einen Wert für* i, s *und* ρ.

Das dargestellte Modell ist zweifellos elegant und enthält bei aller Einfachheit eine erstaunliche Informationsdichte. Fast zwangsläufig hat diese Eleganz jedoch ihren Preis; sie täuscht über ungelöste Fragen hinweg und verleitet zu einem routinemäßigen, unbedachten Umgang insbesondere mit dem Zusammenfall mehrerer Raten. Wenn diese ohnehin (im Gleichgewicht) zu ein und demselben Wert konvergieren, braucht man (so meint man) sich auch keine Mühe mehr zu geben, sie begrifflich auseinanderzuhalten; es gibt eben nur noch die "Social Rate of Discount" oder die "Gesellschaftliche Zeitpräferenzrate" oder so ähnlich ... Die babylonische Sprachverwirrung brach spätestens mit BÖHM-BAWERKs Feststellung ein, "gegenwärtige Güter (seien) in aller Regel mehr wert als künftige Güter gleicher Art und Zahl."[8] Dieser Autor selbst analysiert noch sorgfältig die Gründe für derartige Wertunterschiede, aber später interessiert man sich für diese immer weniger; irgendwann wurde der Zeit selbst die mystische Eigenschaft zugeschrieben, Wertunterschiede bei Gütern erzeugen zu können. Dabei ist bei zwei der drei von BÖHM-BAWERK genannten Gründe die Zeit selbst überhaupt nicht verantwortlich für den Wertunterschied, ebensowenig sind es veränderte Präferenzen, Myopie oder dergleichen, sondern allein die Tatsache, daß die Güter zu zwei verschiedenen Zeitpunkten unterschiedlich knapp sind, ebenso wie sie an zwei verschiedenen Orten unterschiedlich knapp sein können. Dies ist im deutschen Sprachbereich in einem viel zu wenig bekannten Artikel aus dem Jahre 1948 vorbildlich geklärt worden.[9] Wertänderungen auf Grund zeitlich veränderlicher Knappheiten haben mit einer Minderschätzung künftiger Be-

[7] MISHAN (1981, pp. 324ff.). Quellen zur Entwicklung der ***CI*** in MISHAN (1960, p. 221, Anmerkung 2).

[8] BÖHM-BAWERK (1961, pp. 318).

[9] PREISER (1948).

dürfnisse nichts zu tun. Sehr schädlich ist, daß die Begriffe "Myopie- oder Ungeduldsrate" (in dieser Arbeit: r) und "Marginale Zeitpräferenzrate" (hier: ρ). durcheinandergebracht werden. Ein nicht-myopischer Robinson besitzt angesichts wachsenden Maises oder verderbender Feigen eine Rate $\rho > 0$ oder $\rho < 0$, aber $r=0$. Man möchte, wie in den Naturwissenschaften üblich, eine international verbindliche Notation vorschlagen, bei der die Rate r mit FISHER vor seiner Hinwendung zum Begriff "impatience" wieder "Zeitpräferenzrate" genannt werden könnte,[10] dann müßte aber für ρ ein anderer Name gefunden werden.

In dieser Lage verwundert nicht, daß sich Aussagen, wonach ein positiver Zins eine positive Myopierate zwingend voraussetze, jahrzehntelang halten können bzw. jeweils von neuem mühsam und ad hoc widerlegt werden müssen.[11] Noch schlimmer wird die Konfusion bei Einbezug intergenerationeller Aspekte. Hier geht es nicht mehr nur um Effizienz, sondern auch um Gerechtigkeit, eine weitere Rate w tritt auf den Plan. Dies betrachten wir erst im Abschnitt 5, zunächst ordnen wir die Argumente zur Zinstheorie sensu stricto. Im Abschnitt 4.3 konstruieren wir Gleichgewichts-Zinssätze in Modellgesellschaften, in denen jeweils nur einer der von BÖHM-BAWERK genannten Zinsgründe isoliert wirkt. Bevor wir dies tun, betrachten wir jedoch ein noch einfacheres Modell, nämlich die Interaktion zweier Subjekte, welche sich gegenseitig beleihen können. Hier handelt es sich um eine direkte Anwendung des COASE-Theorems im intertemporalen Kontext. Das Theorem spielt sonst nur in der statischen Umweltökonomie eine große Rolle.[12]

[10] I. FISHER (1907).

[11] Etwa PREISER (1948) versus v. STACKELBERG (1938, 1951). OLSON & BAILEY (1981) widersprechen zu recht der These, daß es ohne Myopie keinen positiven Zins geben könne, bzw. daß BÖHM-BAWERK dies behauptet habe (vgl. oben Abschnitt 3, Anmerkung 51). wie v. STACKELBERG schließen sie jedoch umgekehrt aus der Beobachtung, daß trotz positiven Zinses mehr als das Existenzminimum konsumiert wird, daß es Myopie geben müsse. Denn ohne Myopie müßte jedes Kapitalquantum anstatt konsumiert zu werden, bis morgen aufgehoben werden, weil es bis dahin mehr geworden ist, aus demselben Grund dann bis übermorgen und ad infinitum. Deckt auch PREISER brillant die Mehrdeutigkeit des Begriffs "Minderschätzung" (auch bei v. STACKELBERG) auf, so habe ich jedoch nicht ganz verstanden, wie er letzteren bei seiner eigentlichen Behauptung widerlegt hat. M.E. löst sich das Problem außer im Falle von "bliss" bei RAMSEY (1928), also durch Abfall des Grenznutzens auf Null, durch den Umstand, daß jedes Subjekt nur für einen endlichen Zeitraum plant, wie in Abschnitt 3.2 ("Corn-Ökonomie"). Die bei unendlichen Planungszeiträumen für Generationsketten auftretenden Probleme müssen ganz anders gelöst werden, vgl. Abschnitt 5.2.

[12] Vgl. ENDRES (1976, 1977).

4.2. Verhandlungen zwischen zwei Subjekten

Zwei Individuen leben in derselben Periode **0...*t*...*T***. Eines besitzt eine suboptimale intertemporale Verteilung seines Einkommens und bietet dem anderen Individuum etwas dafür, ihm auf dem Wege des Kredits zu helfen, den Einkommensstrom günstiger zu gestalten. Mit $v(t)$ als dem Periodeneinkommen des Individuums A, $w(t)$ als dem von B und $z(t)$ als dem jederzeit möglichen Kredit läßt sich die Situation als Isoperimetrisches Problem nach der klassischen Variationsrechnung auffassen und mit Hilfe der EULERschen Gleichung lösen.[13] Es gilt:

$$Max: \quad U_A = \int_0^T u_A(v(t) + z(t))\, dt \tag{165}$$

$$NB: \quad U_B = \int_0^T u_B(w(t) - z(t))\, dt = U_B^* = const. \tag{166}$$

Der Nutzen des einen Individuums ist zu maximieren unter der Nebenbedingung, daß der des anderen nicht falle. Aus den Integranden wird eine LAGRANGE-Funktion gebildet

$$L = u_A(v(t) + z(t)) + \lambda\, u_B(w(t) - z(t)) \qquad \lambda = const., \tag{167}$$

die der EULERschen Gleichung genügen muß:

$$L'(z) = \frac{d}{dt} L'(\dot{z}) \tag{168}$$

Weil im vorliegenden Fall $L'(\dot{z})$ gleich Null ist ($\dot{z}$ kommt in L nicht vor), reduziert sich das Problem auf den Spezialfall

$$\frac{\partial u_A}{\partial z} = \lambda \frac{\partial u_B}{\partial z} \tag{169}$$

Wie in Abbildung 37 möge A den Einkommensstrom $v(t)=at$ und B das konstante Einkommen w erhalten. Da sich beide nach (165) und (166) nicht myopisch verhalten, besitzt B einen optimalen, A dagegen einen suboptimalen Strom. Wie auch immer die Lösung aussehen mag, A muß B etwas zahlen. Beide Individuen mögen vor der Verhandlung dasselbe kumulierte Gesamteinkommen

[13] Die Variationsrechnung war vor der Entwicklung des Maximum-Prinzips und der dynamischen Programmierung das einzige Instrument zur Lösung intertemporaler Optimierungsprobleme und läßt sich auch heute auf eine begrenzte Klasse von Problemen gut anwenden; RAMSEY (1928) benutzte sie ebenso wie HOTELLING (1931). Zur Methode vgl. KAMIEN & SCHWARTZ (1981, pp. 3-108) und INTRILIGATOR (1971, pp. 326-343).

$$\int_o^T q_A(t)dt = \int_o^T q_B(t)dt = \int_o^T atdt = \int_o^T wdt = T^2 a = wT = Q_A = Q_B = Q \tag{170}$$

erhalten. Der Gesamtnutzen U_B^* beträgt $\sqrt{QT}$, der Gesamtnutzen U_A^O vor der Verhandlung:

$$U_A^o = \int_o^T \sqrt{at}\, dt = \frac{1}{3}\sqrt{8QT} \tag{171}$$

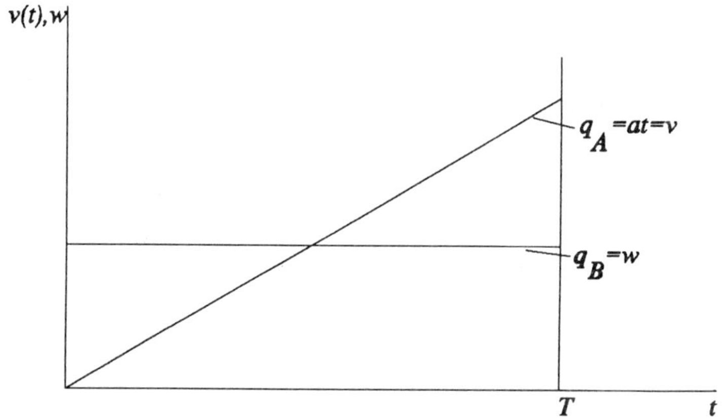

Abbildung 37: Einkommensströme zweier Kreditbeziehungen suchender Individuen

Wir wählen für ein Zahlenbeispiel Q**=1250**, w**=25** und T**=50**, womit U^*_B**=250** und U_A^o vor der Verhandlung **235,7** beträgt. In der ersten Rechnung setzen wir entsprechend (166) voraus, daß sich ***B*** durch die Verhandlung nicht verbessere. Er ist bereit, den Pfad $q(t)=w-z(t)$ zu wählen, wenn ihm auch dieser U_B^* erbringt. Da der "alte" Pfad optimal war, läßt sich dies nur erreichen, wenn

$$\int_o^T (w - z(t))dt > Q \tag{172}$$

gilt. ***B*** verlangt mindestens ein bestimmtes Ressourcenquantum von A. Nach der Verhandlung muß gelten:

$$U_B^* = \int_0^T \sqrt{w - z(t)}\, dt \tag{173}$$

Wenden wir nun (167) bis (169) an, so gilt

$$L = \sqrt{t + z(t)} + \lambda\sqrt{w - z(t)} \tag{174}$$

$$L'(z) = \frac{1}{2\sqrt{t+z(t)}} - \frac{\lambda}{2\sqrt{w-z(t)}} = 0 \tag{175}$$

$$z(t) = \frac{w-\lambda^2 t}{1+\lambda^2} \tag{176}$$

Der Wert für λ^2 muß durch Einsetzen von (176) in (173) und anschließende Integration ermittelt werden, er beträgt

$$\lambda^2 = \frac{QT}{\frac{4}{9}\left(\sqrt{(w+T)^3} - \sqrt{w3}\,\right)^2 - QT} \tag{177}$$

Alle Ergebnisse ausgerechnet lauten:

$$\begin{aligned}
&\lambda^2 = 1{,}04558\\
&z(t) = 12{,}22147 - 0{,}51114t\\
&z = 0 \quad \textbf{bei } t = 23{,}9\\
&\hat{q}_A(t) = t + z(t) = 12{,}22147 + 0{,}48886t\\
&\hat{q}_B(t) = w - z(t) = 12{,}77853 + 0{,}51114t\\
&\int_o^T q_A(t)\,dt = 1222{,}1485 = 0{,}97771\,Q\\
&\int_o^T q_B(t)\,dt = 1277{,}8515 = 1{,}02228\,Q\\
&\int_o^T q_A(t)\,dt + \int_o^T q_B(t)\,dt = 2500 = 2Q\\
&U_B^* = \int_o^T \sqrt{q_B(t)}\,dt = 250 = \sqrt{QT}\\
&\hat{U}_A = \int_o^T \sqrt{q_B(t)}\,dt = 244{,}49 = 1{,}037\,U_A^o
\end{aligned} \tag{178}$$

Die Abbildung 38 zeigt die "alten" Konsumpfade $v(t)$ und w ohne Verhandlung in dünnen und die "neuen" mit Verhandlung in dicken Linien. Beide Individuen lassen ihren Konsum nun linear in der Zeit steigen, die beiden Linien sind jedoch nicht genau parallel. A gibt von seinem Ressourcenvorrat von ursprünglich **1 250** Einheiten **28** Einheiten oder etwa **2,2%** an B ab, erhält jedoch wegen des günstigeren Zeitprofils einen um etwa **9** Einheiten oder um **3,7%** erhöhten Gesamtnutzen $\hat{U}_A$. B erhält ein schlechteres Zeitprofil, kann jedoch sein früheres Nutzenniveau U_B^o durch die etwas höhere Ressourcenausstattung konstant halten. Wie bei jeder erfolgreichen COASE-Verhandlung ist das Ergebnis selbstverständlich PARETO-optimal, es stellt bezüglich der Verteilung jedoch den Grenzfall dar, daß sich das um Kredit nachsuchende Individuum A den gesamten Verhandlungsgewinn aneignen kann. B erhält nur seine Mindestforderung, die ihn zum Verbleib auf dem ursprünglichen Nutzenniveau befähigt.

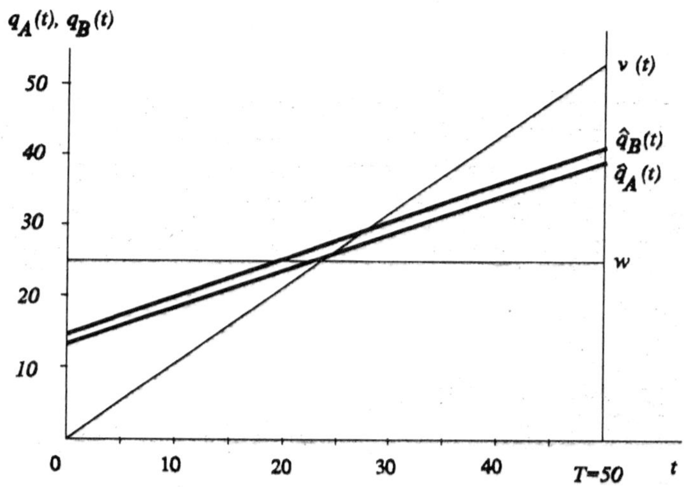

Abbildung 38: Veränderung der Konsumpfade w und $v(t)$ in $\hat{q}_B(t)$ und $\hat{q}_A(t)$ durch COASE-Verhandlungen

Jedes COASE-Problem läßt sich auch umgekehrt formulieren:

$$Max: \; U_B = \int_0^T u_B(w(t) - z(t))\, dt \tag{179}$$

$$NB: \; U_A = \int_0^T u_A(v(t) + z(t))dt = U_A^* \tag{180}$$

Auf diese Weise wird das Maximalangebot von *A* ermittelt, um vom ungünstigen Einkommensstrom $v(t)$ auf einen weniger stark geneigten, den auch *B* akzeptiert, zu gelangen. Mit

$$L = \sqrt{w - z(t)} + \lambda \sqrt{t + z(t)} \tag{181}$$

$$L'(z) = -\frac{1}{2\sqrt{w - z(t)}} + \frac{\lambda}{2\sqrt{t + z}} = 0 \tag{182}$$

$$z(t) = \frac{\lambda^2 w - t}{1 + \lambda^2} \tag{183}$$

ergibt sich analog wie oben, diesmal aber mit Einsetzen von (183) in (180)

$$\lambda^2 = \frac{8QT}{4\left(\sqrt{(T+w)^3} - \sqrt{w^3}\right) - 8QT} = 0{,}83267$$

$$\begin{aligned}
&z(t) = 11{,}35864 - 0{,}54565\,t \\
&q_A(t) = t + z(t) = 11{,}35864 + 0{,}45435\,t \\
&q_B(t) = w - z(t) = 13{,}64136 + 0{,}54565\,t \\
&\int_o^T q_A(t)dt = 1135{,}8695 = 0{,}90870\,Q \\
&\int_o^T q_B(t)dt = 1364{,}1305 = 1{,}09130\,Q \\
&\hat{U}_B = \int_o^T \sqrt{q_B(t)}\,dt = 258{,}3 = 1{,}0332\,U_B^o \\
&U_A^* = \int_o^T \sqrt{q_A(t)}\,dt = 235{,}7 = \frac{1}{3}\sqrt{8QT}
\end{aligned} \tag{184}$$

Wenn ***B*** so stark wie möglich verhandelt und damit zwar ***A*** gegenüber der Ausgangssituation nicht schädigt, sich aber den gesamten Verhandlungsgewinn aneignen kann, so erhält er von ***A*** **114** Einheiten oder etwa **9,13%** dessen ursprünglicher Ressourcenausstattung als Zinsen und steigert damit seinen Nutzen um etwa **8,3** Einheiten oder etwa **3,32%**. ***A*** verbleibt auf dem ursprünglichen Nutzenniveau. In der konstruierten Verhandlungssituation kann also je nach Stärke der Kontrahenten der "Zins", das heißt hier die Summe, welche ***A*** an ***B*** zur Verbesserung des zeitlichen Profils seines Einkommensstroms zahlt, zwischen **2,2%** (gesamter Verhandlungsgewinn bei *A*) und **9,1%** (gesamter Verhandlungsgewinn bei ***B***) liegen. Alle Ergebnisse dazwischen sind möglich. Mit "Zins" ist in dem betrachteten bilateralen Monopol keine Gleichgewichts-Stromgröße gemeint, sondern eine einmalige Verhandlungssumme zu Anfang des Prozesses.

Als Zusatz sei noch berechnet, welchen "Zins" ***A*** maximal zu zahlen bereit wäre dafür, daß sein Einkommensstrom in eine Konstante wie ***m*** bei ***B*** verwandelt würde. Soll ein Einkommensstrom *v(t)* in Abbildung 37 denselben Nutzen stiften wie ein Strom ***m***, so muß gelten:

$$U_v = \frac{1}{3}\sqrt{8QT} = U_m = \sqrt{Q^*T}, \text{ folglich}$$

$$Q^* = \frac{8}{9}Q \tag{185}$$

Der bei ***m*** erforderliche Ressourcenumfang brauchte nur die Größe von **8/9** des bei *v(t)* erforderlichen zu besitzen. Kann ein Subjekt *v(t)* gegen ***m*** tauschen, so wäre es bereit, auf maximal **1/9** oder etwa **11,1%** seiner Ressourcenausstattung zu verzichten. Oben wurde deutlich, daß *A* einem hart verhandelnden ***B*** **9,1%** seiner Ressourcenausstattung abtritt, ohne dafür allerdings eine vollständige Gleichverteilung des Einkommens in der Zeit zu erreichen. Offenbar ist ***B*** nicht in der Lage, ohne eigenen Nutzenverlust *A* selbst gegen eine höhere Bezahlung als **9,1%** zu einem noch günstigeren, speziell einem völlig gleichverteilten Strom, zu verhelfen.

Die Modellrechnungen zeigen zusammenfassend, daß es in einer Gesellschaft nicht-myopischer, rationaler Individuen durchaus einen positiven Zins geben kann. Der Grund besteht darin, daß sich der Reichtum an zwei Kriterien bemißt, zum einen an der Höhe eines Vermögens und zum zweiten an seiner zeitlichen Verfügbarkeit. Ist die letztgenannte schlecht, so läßt sich eine Situation durch "Zurechtrücken" des zeitlichen Stromes verbessern. Dieses "Zurechtrücken" kann einem isolierten Individuum, wie Robinson, nie gelingen, es benötigt dazu Partner, mit denen es in Interaktion treten kann. Der gegenseitige Ausgleich schlechter Verfügbarkeiten, der *Kredit*, ist damit ein genuin gesellschaftliches Phänomen. Ein Zins kann allerdings nur entstehen, wenn mindestens ein Partner um ein "Zurechtrücken" nachsucht und mindestens ein anderer etwas zu geben hat. Besäßen in der Modellrechnung sowohl ***A*** als auch ***B*** ein zeitliches konstantes Einkommen ***m***, so hätte keiner von ihnen einen Kredit nachgefragt, denn beide Einkommensströme wären auch ohne ihn optimal. Besäßen beide denselben suboptimalen Strom *v(t)*, so hätten sie sich auch nicht gegenseitig helfen können.[14] Neben diesem analytischen Ergebnis stellt unsere einfache Modellrechnung auch Aussagen mit Werturteilscharakter zur Diskussion: Eine ethische Position, die davon ausginge, daß es zu den angestammten Rechten jedes menschlichen Individuums gehörte, nicht nur überhaupt über einen angemessenen Lebensunterhalt zu verfügen, sondern auch, diesen in günstiger zeitlicher Verteilung zu erhalten (etwa gleichverteilt wie ***B***), könnte den Zins fundamental ablehnen. Eine solche Position könnte feststellen, daß, wenn es auf der Welt "richtig" zuginge, kein Zins entstehen würde.

4.3 Gleichgewichtszins bei vielen Subjekten

Im folgenden berechnen wir Gleichgewichts-Zinssätze unter verschiedenen Annahmen nach einer einfachen Methode, welche etwas an WALRAS' Vorgehen bei der

[14] Probleme und Möglichkeiten überlappender Generationen sind hier noch nicht betrachtet, vgl. aber unten.

Ermittlung des allgemeinen Gleichgewichts erinnert. In zahlreichen ökonomischen Situationen gibt es sowohl Subjekte, welche in Abhängigkeit vom Zinssatz eine bestimmte Summe leihen, wie auch solche, welche zum selben Zinssatz verleihen wollen. Der Gleichgewichts-Zinssatz ist derjenige, bei dem die Summe aller geliehenen gleich der Summe aller verliehenen Vermögen ist. Wie in Abschnitt 3.2.3 bezeichnen wir positive und negative Vermögen eines Individuums j mit Q_j. Bei k Subjekten gilt

$$\sum_{j=1}^{k} Q_j(i) = L(i) \tag{186}$$

Gesucht ist der Zinssatz i, bei dem $L(i)=0$, bei dem genauso viel geliehen wie verliehen wird. Wir untersuchen für den vorliegenden Zweck keine Stabilitätseigenschaften des Gleichgewichts, und aus rechentechnischen Gründen ersetzen wir die Formel für die diskrete Summation (186) durch eine Integration. Damit wird in zwar realitätsfremder, aber für den jeweiligen logischen Zusammenhang unschädlicher Weise unterstellt, daß die Zahl der am Kreditmarkt teilnehmenden Subjekte k "unendlich" groß sei und daß sich die Subjekte nach einem stetigen Merkmal z ordnen ließen:

$$\int_o^Z F(Q(i,z))\,dz = L(i) = 0. \tag{187}$$

Für illustrative Belange eignet sich der Spezialfall einer stetigen, LAPLACE-analogen Gleichverteilung.

$$\int_o^Z Q(i,z)\,dz = L(i) = 0. \tag{188}$$

Setzen wir für das Merkmal z beispielsweise die subjektive Diskontrate r ein, betrage $R=0{,}05$ und integrieren wir über (188), so reflektiert dies die Vorstellung, daß "unendlich viele" Subjekte je ein $0 \le r \le R$ besitzen, wobei jedes r nur einmal vorkommt und kein möglicher Wert zwischen 0 und R ausgelassen wird. Die Menge aller vorkommenden r entspricht der Menge der reellen Zahlen zwischen (einschließlich) 0 und R und ist damit kompakt.[15]

[15] Einwände gegen das hier gewählte Verfahren wären m.E. zu entkräften. 1. Einwand: Es gibt nur endlich viele Subjekte. Antwort: Wie fast immer in der Markt- und Preistheorie werden auch hier sehr zahlreiche unterstellt. Die Ergebnisse der stetigen Rechnung (Integration) sind im vorliegenden Zusammenhang genau genug für jeden diskreten Fall. 2. Einwand: Die angenommenen Verteilungen sind empirisch unzutreffend. Antwort: Dies Problem ist unabhängig davon, ob diskret oder stetig gerechnet wird. Alle Ergebnisse sind auf plausiblere Verteilungen übertragbar, ohne daß sich etwas Substantielles änderte. Zum Wahrscheinlichkeitsbegriff vgl. Anmerkung 59, Abschnitt 3.4.2.

4.3.1 BÖHM-BAWERKs "Zweiter Grund": rationale und myopische Subjekte

Viele Subjekte erhalten ein identisches, zeitlich konstantes Einkommen m. Alle leben zunächst in derselben Periode $0 \leq t \leq T$ von bekannter Länge, es gebe keinerlei Ungewißheit. Wenn es in diesem System einen Zins i gibt, so lösen alle Subjekte ähnlich wie in (128/129, Abschnitt 3.2.2) die Aufgabe:

$$\begin{aligned} &\textit{Max.:}\quad U = \int_0^T u(q(t))\, e^{-rt} dt \\ &\textit{NB}:\ \dot{Q}(t) = Q(t)i - q(t) + m \\ &\qquad Q(0) = 0 \\ &\qquad Q(T) = 0 \\ &\qquad 0 \leq r \leq R,\ r, i, m > 0,\ \textit{constant} \end{aligned} \tag{189}$$

Das Optimierungsproblem für die einzelnen Subjekte unterscheidet sich vom genannten Problem aus dem früheren Abschnitt nur dadurch, daß das Einkommen nicht linear steigt, sondern konstant ist. In Analogie zum dortigen Rechengang finden wir erst die allgemeine Lösung für $Q(t)$ und dann schrittweise die spezielle, welche den Anfangs- und Endwert $Q(0)=Q(T)=0$ einhält.[16] Sie lautet:

$$Q(t) = \frac{m}{i}\left\{\frac{(1-e^{iT})(e^{2(i-r)t}-e^{it})}{(e^{2(i-r)T}-e^{iT})} + e^{it} - 1\right\} \tag{190}$$

Die Abbildung 39 zeigt in Analogie zu den Abbildungen 23b und 24b die Vermögensverläufe $Q(t)$ für Subjekte mit Werten für r zwischen **0** und **0,05**, wenn es einen Zins i=**0,02** gäbe. Die Kurven für $q(t)$ interessieren im vorliegenden Zusammenhang nicht. Wie schon eine nähere Betrachtung der Formel (190) zeigt, besitzen alle Subjekte, deren Nutzendiskontrate r kleiner als der Zins i ist, während der gesamten Periode $0<t<T$ ein Vermögen, während alle Subjekte mit $r>i$ Schulden besitzen. Die

[16] Die allgemeine Lösung von (189) lautet:

$$Q(t) = -\frac{z}{2r-i}e^{2(i-r)t} - \frac{m}{i}$$

Der richtige Anfangswert $Q(0)=0$ wird erreicht durch die Erweiterung auf

$$Q(t) = \frac{z}{2r-i}(e^{2(i-r)t} - e^{it}) - \frac{m}{i}(1-e^{it})$$

woraus sich mit

$$z = \frac{m(2r-i)(1-e^{iT})}{i(e^{2(i-r)T}-e^{iT})}$$

das vollständige Ergebnis (190) errechnet.

Subjekte mit ***r=i*** verleihen weder noch leihen sie, sondern verzehren zu jedem Zeitpunkt ihr konstantes Einkommen ***m*=25**, analog zum Robinson mit ***r=s*** in Abbildung 22 (Abschnitt 3.2.2). Wie schon in früheren Beispielen sind die Maxima bei positiven Vermögen in spätere Zeiten verschoben, die negativen hingegen in frühere. Die sparenden Subjekte häufen Vermögen an, um dieses bevorzugt während der letzten Lebensjahre zu konsumieren, während die Schulden machenden Subjekte früh in die "Roten Zahlen" geraten und die Schulden in späteren Lebensaltern auf Grund dessen, daß ihr Periodenkonsum ***q(t)*** dann unter ***m*** gesunken ist, zurückzahlen.

Aus der Abbildung 39 ist unmittelbar abzulesen, daß es unter den getroffenen Annahmen in einer Welt nicht-myopischer, rationaler Subjekte keinen Zins ***i*>0** geben kann, weil es dann nur ein Kreditangebot, aber keine Nachfrage gibt. Alle wollen ihr ganzes Leben lang verleihen. Das Ergebnis ist sogar noch zu verallgemeinern: Auch in einer Welt myopischer Subjekte kann es unter den getroffenen Annahmen keinen Zins geben, wenn alle von ihnen *denselben* Kurzsichtigkeitsgrad,

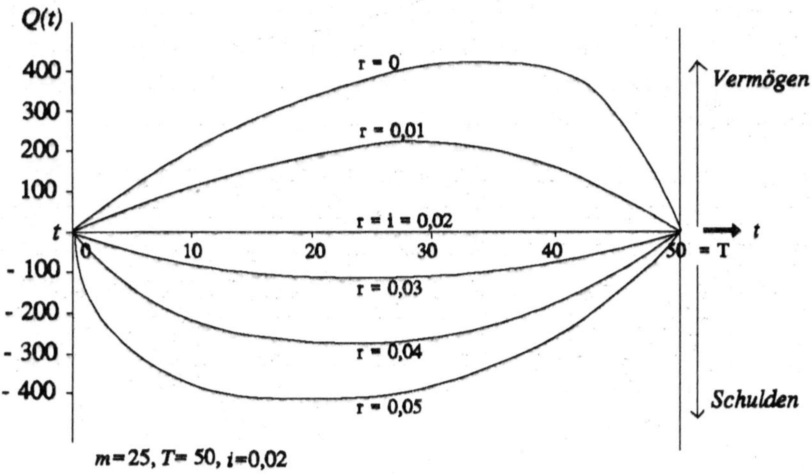

Abbildung 39: Vermögensverläufe für Subjekte mit unterschiedlicher Diskontrate ***r*** beim Zinssatz ***i*=0,02** nach (190)

dieselbe Rate ***r*** besitzen. Auch dann wollen alle Subjekte entweder nur verleihen (bei ***r<i***) oder nur leihen (bei ***r>i***). Das Ergebnis ändert sich nicht bei Annahme überlappender Generationen. Der einzige Wert für ***i***, welcher mit identischen Raten ***r*** bei allen Subjekten konsistent ist, beträgt ***i*=0**.

Einen Zins kann es in der betrachteten Modellgesellschaft nur dann geben, wenn sie aus Subjekten mit *unterschiedlichem* Kurzsichtigkeitsgrad besteht, wenn es Subjekte mit verschiedenen Werten für ***r*** gibt. Wir werden sehen, daß das Problem der Generationenüberlappung eine interessante Rolle spielen wird, untersuchen wir zunächst den Fall ohne Generationenüberlappung, d.h. alle Subjekte mögen von ***t*=0** bis ***t*=*T*** leben. In Abbildung 40 ist für einen willkürlichen Zinssatz von ***i*=0,02** die Beziehung zwischen ***r*** und ***Q(r)*** zu zwei Zeitpunkten ***t*=5** und ***t*=45** aufgetragen. Wir wählen die beiden extrem früh bzw. extrem spät liegenden Zeitpunkte zum Vergleich, weil aus der Abbildung 39 schon zu vermuten ist, daß die beiden Kurven für ***Q(r)*** einen unterschiedlichen Verlauf zeigen werden; zum frühen Zeitpunkt wollen relativ mehr Subjekte Schulden eingehen als zum späten. Die Vermutung bestätigt sich in Abbildung 40, man vergleiche auch die nebenstehende Tabelle. Ein rationales Subjekt (***r*=0**) würde beim Zinssatz von ***i*=0,02** zum Zeitpunkt ***t*=5** ein Vermögen von **78** Einheiten verleihen. Die Subjekte mit ***r*=*i*=0,02** leihen weder noch verleihen sie, während Subjekte mit starker Myopie (***r*=0,05**) bei ***t*=5** bereits Schulden in Höhe von **161,8** Einheiten besitzen. Alle Zwischenwerte sind nach der Kurve zu interpolieren. Die Kurve für ***t*=45** zeigt erwartungsgemäß höhere Vermögensbestände bei den nicht-myopischen (**173,6** Einheiten bei ***r*=0**) und geringere Schulden bei den myopischen Subjekten (z.B. **101,1** bei ***r*=0,05**).

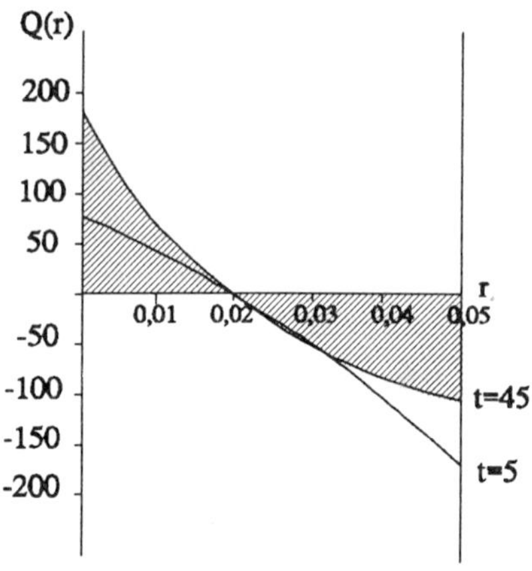

***m*=25, *T*=50, *i*=0,02**

	Q(r)	
r	***t*=5**	***t*=45**
0	**78,0**	**173,6**
0,01	**44,1**	**75,3**
0,02	**0**	**0**
0,03	**-51,6**	**-51,6**
0,04	**-106,7**	**-83,3**
0,05	**-161,8**	**-101,1**

Tabelle 7: Werte für ***Q(r)*** zu Abbildung 40

Abbildung 40: Abhängigkeit des (positiven oder negativen) Vermögens zu den Zeitpunkten ***t*=5**, ***t*=45** von der Diskontrate ***r*** bei gegebenem Zins ***i*=0,02**

Ein Gleichgewichtszinssatz zum Zeitpunkt t erfordert Gleichheit der Summe aller geliehenen und verliehenen Vermögen. Bei der unterstellten stetigen Verteilung der Myopie in der Gesellschaft bedeutet dies, daß die schraffierte Fläche in der Abbildung 40 (zur Verdeutlichung nur für $t=45$ bezeichnet) den Wert 0 besitzen muß. Wir beobachten hier zwei Schwierigkeiten: Zum einen zeigt die Graphik den geringen Realismus der unterstellten LAPLACE-Verteilung. "Unendlich viele" Subjekte besitzen z.B. eine Myopie zwischen $r=0{,}049$ und $r=0{,}05$, aber kein einziges eine solche von $r=0{,}051$. Eine realistische Verteilung ähnelt wahrscheinlich einer wie in Abbildung 41: Viele Subjekte besitzen einen mäßigen, aber nur wenige einen sehr hohen Kurzsichtigkeitsgrad. Das Gleichgewicht auf dem Kreditmarkt muß in einem derartigen Modell durch Wichtung mit der relativen Häufigkeit von r ermittelt werden. Wir verzichten auf den rechentechnischen Aufwand dieser Prozedur, weil sie außer "schöneren" Zahlen keine prinzipiellen weiterführenden Kenntnisse vermittelt. Das zweite und grundsätzlichere Problem besteht darin, daß im Fall ohne Generationenüberlappung der Zinssatz offenbar zeitabhängig ist; die beiden Kurven für $t=5$ und $t=45$ in Abbildung 40 besitzen nicht dasselbe Integral. Auf dieses Problem müssen wir zurückkommen.

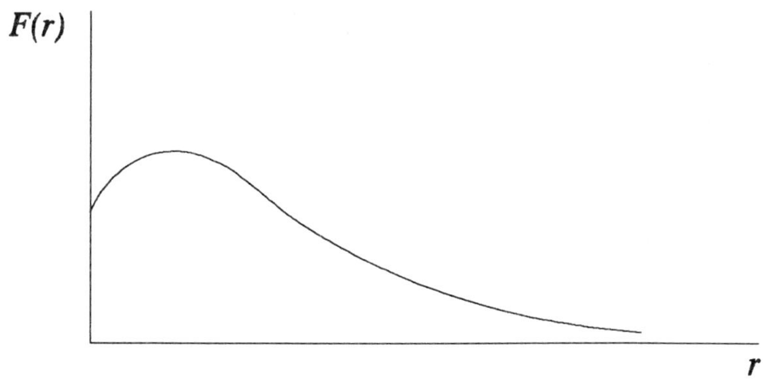

Abbildung 41: Zu vermutende empirische Verteilung $F(r)$ der Diskontrate r in der Bevölkerung

Die Summe aller Schulden und Außenstände bei einem Zinssatz i zu einem Zeitpunkt $0<t<T$ ergibt sich mit

$$L = \int_o^R Q(i,t,r)\,dr = \frac{m}{i}\int_o^R \left\{ \frac{(1-e^{iT})\,(e^{2(i-r)t}-e^{it})}{e^{2(i-r)T}-e^{iT}} + e^{it} - 1 \right\} dr \tag{191}$$

Das Integral ist nur numerisch lösbar, die Abbildung 42 zeigt drei Verläufe von *L* für *i*=**0,02**, **0,023** und **0,04**. Dabei sind die absoluten Zahlenwerte auf der Ordinate unwesentlich; die infolge der Integration über ***r*** ermittelten sehr kleinen Werte wurden im Interesse der "Lesbarkeit" mit **100** multipliziert. Entscheidend ist für unsere Fragestellung, unter welchen Umständen das Integral (191) aller *Q* über ***dr*** verschwindet. Die Abbildung zeigt, daß weder ein Zinssatz von *i*=**0,02** noch ein solcher von **0,04** zu irgendeinem Zeitpunkt zu einem Gleichgewicht auf dem Kreditmarkt führen könnte. Bei *i*=**0,02** würde ständig mehr zu leihen, bei *i*=**0,04** würde ständig mehr zu verleihen gewünscht. Dagegen zeigt die Kurve für *i*=**0,023** einen Vorzeichenwechsel etwa bei *t*=**29**. Zu diesem Zeitpunkt ist dies der Gleichgewichtszinssatz. Er kann auch zu anderen Zeitpunkten nicht weit vom Gleichgewicht entfernt sein, weil die Überschüsse der Leih- über die Verleihsumme oder umgekehrt zu keinem Zeitpunkt auch nur annähernd so hohe Werte erreichen wie etwa bei *i*=**0,04**.

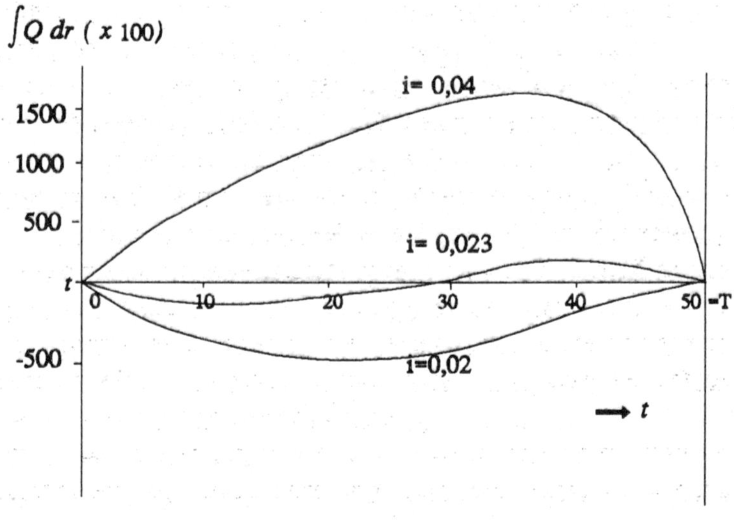

Abbildung 42: Summe aller Vermögen *L* nach (191) bei unterschiedlichen Zinssätzen ***i*** zu verschiedenen Zeiten

Die Abbildung 43 zeigt schließlich die Gleichgewichtszinssätze *i** im Zeitverlauf. Sie sinken von knapp **0,027** zu Beginn auf **0,021** zum Ende der Periode. Leider besitzt dieses Ergebnis einen so schwerwiegenden prinzipiellen Mangel, daß sich seine Präsentation hier nur rechtfertigt, weil es als anschauliches Zwischenergebnis auf dem Wege zu allgemeineren und korrekten Resultaten verstanden sein will. Das individuelle Entscheidungskalkül der Formeln (189), welches uns zu dem Ergebnis geführt hat, setzte voraus, daß i eine *Konstante* ist. Nun erscheint das Ergebnis, daß i unter den getroffenen Annahmen keine Konstante im Zeitverlauf sein kann. Unter diesen Umständen hätte die erste Nebenbedingung in (189) lauten müssen:

$$\dot{Q} = Q(t)\,i(t) - q(t) + m \tag{192}$$

Ein Vermögen Q (von q und m in (189) abgesehen) vermehrt sich bei variablem Zinssatz aber nach

$$Q(t) = Q(0)\,e^{\int_0^t i(\tau)\,d\tau} \tag{193}$$

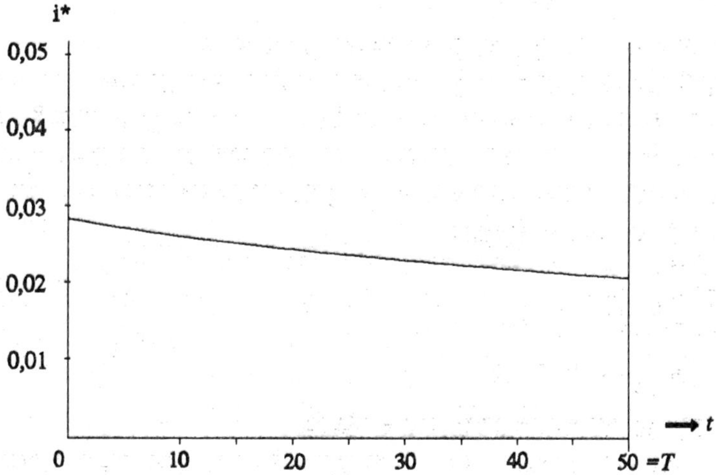

Abbildung 43: Gleichgewichtszinssätze i^* für $L=0$ nach (191)

Qualitativ läßt sich sagen, daß in Wirklichkeit alle Zinssätze etwas höher liegen müßten als in Abbildung 43, weil die Sparbereitschaft infolge der Vorwegnahme fallender Zinsen von Anfang an etwas geringer und die Leihbereitschaft etwas höher wäre. Immerhin hat die Rechnung, deren zahlenmäßiges Ergebnis also nicht auf die Goldwaage gelegt werden darf, erbracht, daß es in einer Welt unterschiedlich myopischer Subjekte ohne Generationenüberlappung einen zeitabhängigen Gleichgewichts-

Zinssatz gibt, und sie hat die Größenordnung dieses Zinses unter den getroffenen Annahmen verdeutlicht.

Den Fall mit Generationenüberlappung stellen wir uns so vor, daß zu jedem Zeitpunkt $0<t<T$ ein neues Subjekt mit einer gegebenen Diskontrate r die Bühne betritt. Werden die Zeitpunkte beliebig dicht angenommen (Kurven in Abbildung 44 beliebig dicht nebeneinander), so ergibt sich die gesamte Leih- und Verleihbereitschaft aller Subjekte mit einer bestimmten Rate r_o nach

$$L_{r_o} = \int_o^T Q(t,r_o)dt\,. \tag{194}$$

Zur Bestimmung von L muß integriert werden: Es gibt sowohl zu jedem Zeitpunkt alte und junge Subjekte mit einem gegebenen **r** (vgl. (194)), aber sowohl alle alten wie auch alle jungen besitzen unterschiedliche Werte für r. Also gilt im Gleichgewicht:

$$\int_o^R \int_0^T Q(t,r)dt\,dr = L = 0 \tag{195}$$

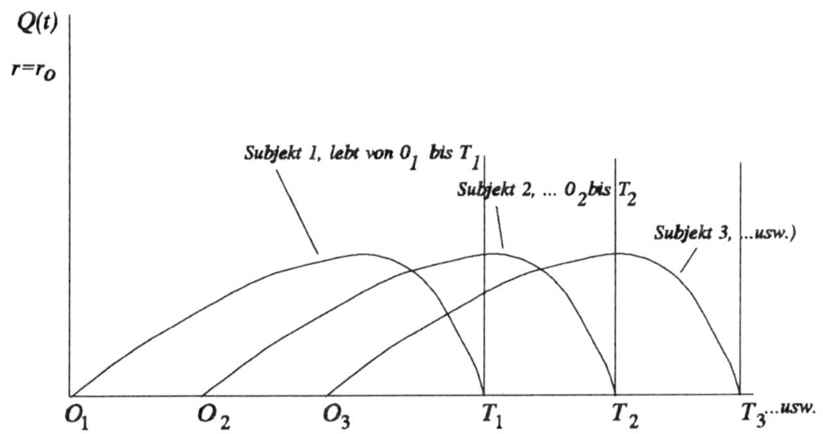

Abbildung 44: Vermögensprofile bei Generationenüberlappung

Die Reihenfolge der Integration kann beliebig gewählt werden. Die Integration über t gelingt elementar und ergibt

$$\int_o^T Q(t,r)dt = \frac{m}{i}\left\{\frac{(1-e^{iT})(e^{2(i-r)T}-1)}{2(i-r)(e^{2(i-r)T}-e^{iT})} - \frac{(1-e^{iT})(e^{iT}-1)}{(e^{2(i-r)T}-e^{iT})i} + \frac{1}{i}(e^{iT}-1)-T\right\} \tag{196}$$

Da die Integration über r wiederum nur numerisch durchführbar ist, verzichten wir auf eine optische Verschönerung des Ausdrucks durch Umrechnung. Der Gleichgewichtszinssatz bei überlappenden Generationen kann nicht mehr zeitabhängig sein, da t nach der ersten Integration keine Variable mehr darstellt, so daß der oben diskutierte Mangel nicht mehr besteht und das Ergebnis korrekt ist. Die Ergebnisse der Modellrechnung sind in der Abbildung 45 in Verbindung mit der Tabelle dargestellt. Der Gleichgewichtszinssatz liegt fast genau bei $i=0{,}0235$.

Blicken wir auf die Ergebnisse dieses Abschnitts zurück: Unsere Modellgesellschaft besteht aus Subjekten mit identischer Lebenslänge, sie erhalten in jeder (infinitesimalen) Periode ein konstantes Einkommen, ihre Nutzenfunktionen sind nicht zeitabhängig. Alle Einkommen sind gleich hoch, ungleich hohe würden allerdings die Ergebnisse nur den Zahlenwerten nach, nicht jedoch bezüglich qualitativer Eigenschaften verändern. Ungewißheit der Zukunft sowie freiwillige Transfers intra- wie auch intergenerationeller Art (Erbschaften) spielen keine Rolle. Die betrachteten Subjekte leben vor sich hin und maximieren ihren Lebensnutzen, die Summe aller Periodennutzen. Es wird auch nichts produziert, geschweige denn, daß Investitionen vorgenommen würden. Ebensowenig wie in Robinsons "Corn-Ökonomie" (Abschnitt 3.2.2) wird der Arbeitsaufwand berücksichtigt, den die Individuen u.U. leisten müssen. Sie beziehen vielmehr ihr Einkommen aus einer stetig fließenden, natürlichen Quelle: aus einem immer gleich fließenden Brunnen, einem immer gleichmäßig ertragreichen Feld, von einer Kuh, die immer gleich viel Milch gibt usw.

Gewiß ist diese Gesellschaft hochgradig abstrakt. Abstraktionen sind aber bekanntlich nicht per se zu bemängeln, sie sind vielmehr unabdinglich, um ein gestelltes Problem auf seinen Kern zu reduzieren. Ist die betrachtete Modellgesellschaft nicht der Archetypus einer stationären, ereignislosen, im Einklang mit der Natur lebenden Gesellschaft? Ich meine, daß man dies so sehen kann. Daher ist die Frage sinnvoll, ob es in dieser Gesellschaft schon einen positiven Zins geben kann.

Wenn alle Subjekte rational, das heißt nicht-myopisch sind, kann es in dieser Gesellschaft weder ohne noch mit Generationenüberlappung einen positiven Zins geben. Gäbe es ihn, so würden alle Individuen nur verleihen, niemand aber würde leihen wollen. Es kann in der Gesellschaft auch dann keinen Zins geben, wenn alle Individuen denselben Myopiegrad besitzen, denn auch dann würden alle von ihnen entweder nur leihen (bei $r>i$) oder nur verleihen (bei $r<i$) wollen. Ein Zins entsteht nur, wenn es *unterschiedliche Myopiegrade* gibt, wenn sich die Gesellschaft in relativ rationale (r klein, bei vollkommener Rationalität $r=0$) und weniger rationale (r

groß) Individuen aufteilt. Überlappen sich die Generationen, so kann dieser Zins im Zeitverlauf konstant sein.

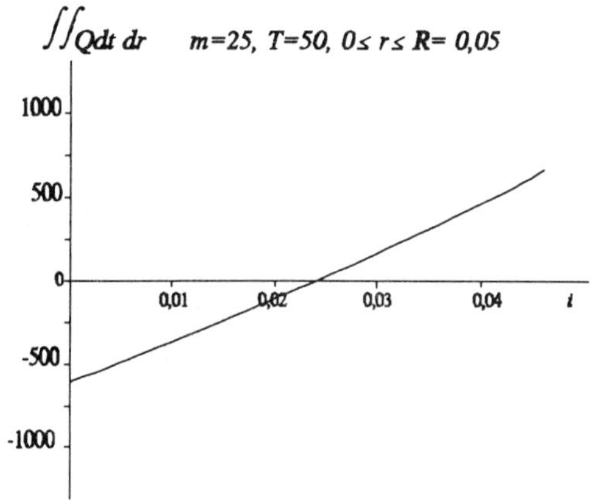

i	$\int\int Qdt\,dr$
0	-550,0
0,01	-318,6
0,02	-84,5
0,021	-60,38
0,022	-36,02
0,023	-11,43
0,0235	0,96
0,024	13,42
0,03	169,1
0,04	465,0
0,05	832,7

Tabelle 8: Werte für $\int\int Qdt\,dr$ zu Abbildung 45

Abbildung 45: Ermittlung des Gleichgewichts-Zinssatzes nach (195)

Die myopischen Subjekte sind mit der ihnen von der Natur zugeteilten Konstanz des Einkommens im Laufe ihres Lebens nicht zufrieden, sondern wollen zu Anfang mehr konsumieren, auch wenn sie später dafür zu bezahlen haben. Um einen solchen Konsumpfad anstelle der ("natürlichen") Gleichverteilung wählen zu können, sind sie bereit, den nicht oder weniger myopischen Subjekten einen Teil ihres Einkommens abzutreten. Daß diese Nachfrage nach Kredit auch ein Angebot erzeugt, ist nun keineswegs selbstverständlich, denn die rationalen Subjekte haben von sich aus keinen Anlaß, vom "natürlichen" Konsumpfad abzugehen. Die Weckung des Angebots gründet sich auf einen besonderen Mechanismus: Gibt es erst einmal eine Belohnung für das Verleihen, das heißt einen Zins, so sind nämlich die nicht-myopischen Subjekte mit der Gleichverteilung des Konsums in der Zeit auch nicht mehr zufrieden, sondern tauschen *formal* den optimalen Konsumpfad wie in Robinsons "Hardtack-Ökonomie" (Abschnitt 3.2.1) gegen den optimalen aus Robinsons "Corn-Ökonomie" (Abschnitt 3.2.2) um - für sie wird nun ein steigender Konsumpfad, wie in Abbildung 46 optimal. Nur auf diese Weise kommen sie in die Situation, in der frühen Phase ihres Lebens etwas zu verleihen zu haben. Wir werden allerdings im Abschnitt

4.3.4 sehen, daß unser bis hierher entwickeltes Ergebnis vorläufig ist. Die Subjekte können noch weiter denken und die zunächst erzeugte Ungleichverteilung unter Ausnutzung der intergenerationellen Überlappung wieder in eine Gleichverteilung auf höherem Nutzenniveau zurückverwandeln.

Der Wechsel in den Bedingungen ist eben "formal" genannt worden, weil man fast sagen könnte, daß er auf einer Täuschung beruhte. Die Naturproduktivität ist selbstverständlich nicht von Hardtack auf Mais übergegangen. Das Kapital der Verleihenden vermehrt sich nicht auf natürliche Weise (wie in einer Kaninchenzucht), sondern auf *gesellschaftliche* Weise; die anderen menschlichen Subjekte müssen dem Verleiher mehr zurückzahlen, als sie ursprünglich geliehen hatten. Es *scheint* den Verleihenden so, als würde ihre Ressource natural wachsen, in Wirklichkeit handelt es sich um einen Umverteilungseffekt und bleibt die in der Gesellschaft insgesamt vorhandene Ressourcenmenge zu jeder Zeit unverändert. Diese Eigenschaft des Zinses, Wachstum vorzutäuschen, wo es gar keines gibt, hat nicht nur bei denjenigen, die ihr Geld "arbeiten" lassen, sondern auch in der ökonomischen Theorie stets für Verwirrung gesorgt.

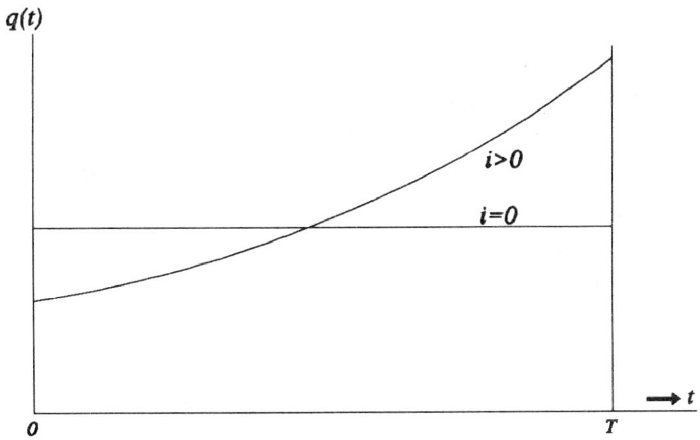

Abbildung 46: Optimale Konsumpfade rationaler Subjekte (r=0) ohne und mit Zins

r	$\int_o^T q(t)dt$	Anteil von mT=1250
0	1558	1,249
0,01	1424	1,139
0,02	1292	1,055
0,03	1176	0,941
0,04	1081	0,865
0,05	1008	0,807

Berechnung[17]

$$q(t) = \frac{m(2r-i)(1-e^{iT})}{i(e^{2(i-r)T}-e^{iT})} e^{2(i-r)t} \tag{197}$$

$$\int_o^T q(t)dt = \frac{m(2r-i)(1-e^{iT})(e^{2(i-r)T}-1)}{2i(i-r)(e^{2(i-r)T}-e^{iT})} \tag{198}$$

Tabelle 9: Umverteilung der Ressourcenbasis zwischen mehr oder weniger myopischen Subjekten im Modell mit einem Zins von i=**0,0235**

Der Zins führt in diesem Modell zu einer Spaltung der Gesellschaft in Subjekte, welche Konsum vorverlegen und ihn im Laufe des Lebens sinken lassen (die myopischeren) und solche, die ihn verschieben und steigen lassen (die weniger myopischen oder ganz rationalen).[18] Dann gibt es noch eine Minderheit von Subjekten mit annähernd konstantem Konsum in der Zeit, das sind diejenigen, deren persönliche Nutzendiskontierungsrate etwa dem Zinssatz entspricht. Es erfolgt eine Umverteilung zu Lasten der Irrationalen und zu Gunsten der Rationalen. Die Ersteren sind doppelt gestraft (aber sie wollen es ja nicht anders!): Erstens ist, wie in Abschnitt 3.2.1 eingehend analysiert, ihr Gesamtnutzen U bei klarem Kopf betrachtet schon bei gleicher Ressourcenausstattung geringer als derjenige, den man ohne Myopie erzielt. Zweitens müssen sie einen Teil ihrer ursprünglichen Ressourcenausstattung auch noch als Zins weggeben. Wie die Tabelle 9 zeigt, darf ein so harmlos erscheinender Zinssatz von i=**0,0235** (etwa **2,4%** p.a.), wie in Abbildung 45 errechnet, nicht dar-

[17] $q(t) = ze^{2(i-r)t}$, z wie in Anmerkung 16.

[18] Ramsey (1928, p. 559) kommt zu einem analogen Ergebnis: Bei ihm spaltet sich die Gesellschaft "unendlich lange" lebender Familienlinien in the "thrifty enjoying bliss and the improvident at the subsistence level."

über hinwegtäuschen, daß er bereits in dieser Höhe über eine Periode von **50** Einheiten hinweg zu massiven physischen Umverteilungseffekten führt, von den Problemen der Bewertung ganz abgesehen. Die nicht-myopischen Subjekte (r=**0**) vermehren ihren Lebenskonsum von ursprünglich mT=**25x50=1250** Einheiten auf **1588** Einheiten oder um **25%**, während die Subjekte mit der stärksten Kurzsichtigkeit (r=**0,05**) ihren Lebenskonsum um fast **20%** auf **1008** Einheiten einschränken müssen.

Man sieht, daß Tugend und Wartenkönnen belohnt werden, es ist wohl schon recht, die Kinder dazu zu erziehen. Allerdings ist darauf zu achten, daß unser nicht-myopisches Subjekt in vollem Umfang *egoistisch* ist, es genießt alle Früchte seiner Sparsamkeit selbst. Daher ist es nicht mit dem puritanisch-tugendhaften Subjekt zu verwechseln, welches auch dann spart, wenn es später nicht, jedenfalls nicht irdisch belohnt wird. An dieser Stelle ist Gelegenheit, einmal ein Wort für das myopische Subjekt einzulegen. "Niemand wird mit Zukunftsbewußtsein und Toleranz gegenüber Belohnungsaufschub geboren. Beide sind Resultate einer gelungenen Persönlichkeitsentwicklung"[19]. Hier kann sogar noch hinzufügt werden, daß die Unfähigkeit, sich von Myopie zu befreien, umgekehrt noch kein Zeichen einer völlig mißlungenen Persönlichkeitsentwicklung ist. Die myopische Person kann in ihrem frühen Prassen und späten Bereuen sympathischer sein als der ewig alles richtig machende Vernunftsbolzen.[20] Außerdem sei noch einmal daran erinnert, wie dünn das Eis ist, auf dem wir uns mit unserer ökonomischen Auffassung von Rationalität ohnehin bewegen, auch wenn wir trotz allem an dieser Auffassung festhalten. Wer am Ende seines Lebens auf Grund früheren Prassens darbt, sich aber mit EDITH PIAF sagt: "Je ne regrette rien", ist *nicht* irrational. Dieser Mensch hat richtig gehandelt, es liegt der Fall $u=u(q(t),t)$ vor (vgl. (95) in Abschnitt 3.2.1). Ein Problem besteht nur darin, daß EDITH PIAFs Chanson trotzig klingt, vielleicht glaubt sie selbst nicht ganz, was sie singt und versucht, sich vom Nicht-Bereuen zu überzeugen. Wer höhere Ansprüche

[19] BIRNBACHER (1988, p. 184).

[20] Unsere Ansprüche an "Personal Identity" (R. HARDIN 1988, pp. 125ff.) sind sehr hoch, wir betrachten allerdings keine wirklichen, sondern neoklassische Modellmenschen. ROBERTSON (1952, p. 99) äußert "durch die Blume" Sympathie für myopische Menschen, wenn er das von RAMSEY (1928) in dessen erstem Teil analysierte System eine "totalitarian community immune from the weakness of myopia" nennt. In der Tat: Wer wünschte sich einen intertemporal-rationalen ROBBESPIERRE? ARROW & KURZ (1970, p. 12) zitieren aus einem weniger bekannten Artikel von RAMSEY, in dem er sich ihrer Interpretation nach zur Myopie bekennt, und berichten, daß er dies privat noch deutlicher getan habe.

an psychologische Aussagen stellt als Ökonomen, hat mit der klaren Unterscheidung zwischen "rational" und "irrational" seine Schwierigkeiten.

Zum diskutierten Gesellschaftsmodell ist abschließend noch festzuhalten, daß die irrationalen Subjekte hier in völliger Selbstverantwortung entschieden haben, sich zu schädigen und daß es unter den getroffenen Prämissen keinen Grund gibt, sie davon abzuhalten. Sie schädigen nur sich selbst und verschaffen nicht-myopischen Subjekten sogar Vorteile, die diese dankend entgegennehmen. Wir haben eine der seltenen Situationen konstruiert, in der es angenehm ist, als Weitsichtiger unter vielen Kurzsichtigen zu leben. Ein "gesellschaftlicher" Schaden - für unbeteiligte Menschen für die Zukunft, für die Natur usw. - entsteht nicht. Es wird jedoch weiter unten nicht schwerfallen, Fälle zu entwickeln, bei denen myopisches Verhalten eines Teils der Population den rationaleren Subjekten zumindest bedenklich erscheinen muß.

4.3.2 BÖHM-BAWERKs "Erster Grund": Ungleichzeitigkeit von Bedarf und Deckung

Im Abschnitt 3.2.3 erhielten die Subjekte ein linear von Null an steigendes Einkommen, welches in der Anfangszeit so gering war, daß es auch den nicht-myopischen Subjekten zum Leben nicht hinreichen konnte; selbst sie liehen, wenn auch bedeutend weniger als die myopischen. Die Problematik bei den COASEschen Verhandlungen im Abschnitt 4.2 war sehr ähnlich. In beiden Modellen konnten auch nicht-myopische, rationale Subjekte eine Nachfrage nach Kredit entwickeln. Wenn sie, gemessen an ihrem Bedarf, zu einem Zeitpunkt zu wenige und zu einem anderen Zeitpunkt zu viele Ressourcen besitzen, so können sie gegen Bezahlung (Zins) um eine Verbesserung dieses Verhältnisses nachsuchen. Voraussetzung für das Zustandekommen von Geschäften ist allerdings die Existenz von Subjekten mit entgegengesetzten Wünschen.

Um zu klaren Ergebnissen zu kommen, wird nun das Problem der Ungleichzeitigkeit von Bedarf und Deckung noch radikaler als im Abschnitt 3.2.3 formuliert. Wir betrachten nur rationale Entscheidungsträger ($r=0$). Die Berücksichtigung der Myopie führte zur Überlagerung mehrerer Effekte, womit das Modell unübersichtlich würde.

Subjekte mögen ein konstantes Einkommen in der Zeit erhalten, streben jedoch nicht nach Konstanz des Konsums in der Zeit, sondern möchten alles auf einmal anlegen. Formal ist dies eine Konsequenz der Annahme, daß die Nutzenfunktion konvex ist: $u'(q)>0$ und $u''(q)>0$. Man könnte z.B. mit einer Nutzenfunktion $u=q^2$

rechnen. Hier ist es für das rationale Subjekt angezeigt, den Konsum nicht gleichmäßig in der Zeit erfolgen zu lassen, dies führte zu einem Minimum von U. Der Lebensnutzen ist vielmehr am höchsten, wenn alles auf einmal konsumiert wird. Inhaltlich steht hinter diesem Fall natürlich, daß q nicht ein gleichmäßig benötigtes Lebensmittel ist, sondern eine Ressource für Investitionen darstellt, welche mit hohem Aufwand einmalig zu tätigen sind, um dann ihrerseits einen kontinuierlichen Nutzenstrom zu erzeugen. Anschaulich können wir annehmen, daß die Subjekte sich ein Haus bauen wollen, zu welchem Zweck das kontinuierlich anfallende Einkommen m auf irgendeine Weise angehäuft werden muß. In den Rechnungen werde vereinfachend angenommen, daß die Subjekte ihr gesamtes Lebenseinkommen für den Hausbau verwenden möchten und sonst nichts zum Leben benötigen.

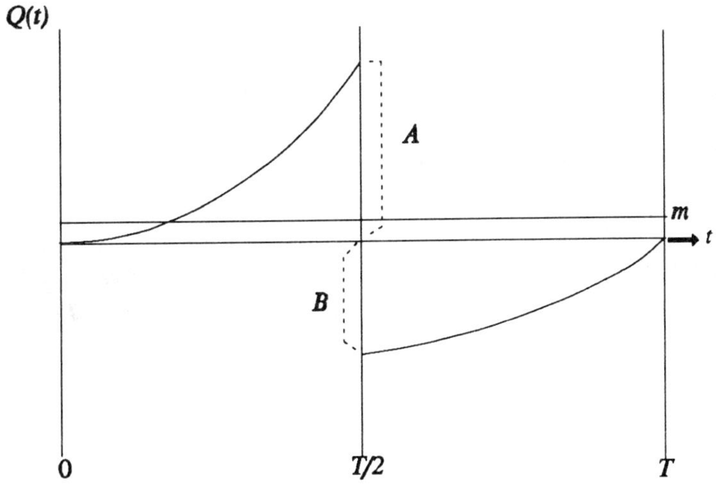

Abbildung 47: Ansparen, Kreditaufnahme und Rückzahlung bei Kreditaufnahme zum Zeitpunkt $t=T/2$

In Abbildung 47 beschließt ein Subjekt, genau in der Mitte seines Lebens (bei $t=T/2$) ein Haus zu bauen. Es spart sein gesamtes Einkommen $mT/2$ zum Zins i an und verfügt bei $t=T/2$ über das Bruttovermögen A. Gleichzeitig nimmt es den Kredit B auf, den es bis ans Lebensende mit seinem konstanten Einkommen m abzahlt. Von der Summe $A+B$ kann das Haus gebaut werden, das Nettovermögen des Subjektes beträgt bei $t=T/2$ nur $(A-B)$. Das Modell entspricht weitgehend der Praxis einer

Bausparkasse. Im Interesse der Eindeutigkeit versehen wir im folgenden $\boldsymbol{B}$, wie auch alle anderen Schulden, mit einem negativen Vorzeichen.

Die Berechnung von $\boldsymbol{A}$ und $\boldsymbol{B}$ erfolgt nach den Regeln für eine Annuität (nach- bzw. vorschüssig) bei stetiger Verzinsung:

$$A = \int_o^{T/2} m e^{it}\, dt = \frac{m}{i}(e^{iT/2} - 1) \tag{199}$$

$$B = -\int_{T/2}^{T} m e^{-i(t-T/2)} dt = \frac{m}{i}(e^{-iT/2} - 1) \tag{200}$$

Das verliehene Vermögen des Subjekts während des Intervalls $0<t\leq T/2$ läßt sich direkt aus (199) berechnen, während $Q(t)$ für $T/2 \leq t < T$ über den Umweg einer Differentialgleichung gewonnen werden muß.

$$Q(t) = \int_o^t m e^{i\tau} d\tau = \frac{m}{i}(e^{-it/2} - 1) \quad \text{für} \quad 0<t\leq \frac{T}{2} \tag{201}$$

$$Q(t) = \dot{Q}(t)\, i + m \qquad \text{für} \quad \frac{T}{2} \leq t < T \tag{202}$$

Die allgemeine Lösung für (202) lautet:

$$Q(t) = \frac{m}{i}(e^{it} - 1) \tag{203}$$

Aus dieser wird mittels Koordinatentransformation und Anpassung an den Anfangswert $\boldsymbol{B}$ die spezielle Lösung ermittelt, welche auch dem Endwert $Q(T)=0$ gehorcht:

$$Q(t) = \frac{m}{i}(e^{i(t-T)} - 1) \qquad \text{für} \quad \frac{T}{2} \leq t < T \tag{204}$$

Offensichtlich können in einem Modell ohne Generationenüberlappung nicht alle Subjekte dasselbe tun; es gäbe in der ersten Hälfte der Periode keine Nachfrage nach Kredit und in der zweiten Hälfte kein Angebot. Lassen wir jedoch die Generationen wie im vorigen Abschnitt kontinuierlich einander überlagern und einen "Generationenvertrag" abschließen, so befinden sich auf der rechten Seite der Abbildung 47 stets Subjekte in der Frühphase ihres Lebens und versorgen die älteren Nettoschuldner mit Kredit. Bei stetiger LAPLACE-Verteilung der Subjekte in der Zeit beträgt die Summe aller ver- und geliehenen Vermögen zu jeder Zeit:

$$L = \int_o^{T/2} \frac{m}{i}(e^{it} - 1)\, dt + \int_{T/2}^{T} \frac{m}{i}(e^{i(t-T)} - 1)\, dt = \frac{m}{i}\left\{\frac{1}{i}(e^{iT/2} - e^{-iT/2}) - T\right\} \tag{205}$$

Für ein Gleichgewicht auf dem Kreditmarkt müßte $L=0$ werden. Dies ist jedoch für $i>0$ nicht möglich. Dann müßte nämlich nach Vereinfachung von (205) gelten:

$$e^{iT/2} - e^{-iT/2} = Ti \tag{206}$$

Mit $Ti=x$ ergibt sich dieselbe Problemstruktur wie bei der Nebenrechnung (106/107) in Abschnitt 3.2.1, wo gezeigt wurde, daß stets

$$e^{x/2} - e^{-x/2} > x \quad \textit{für } i>0 \tag{207}$$

Wenn sich alle Subjekte wie beschrieben verhalten, das heißt genau in der Mitte ihres Lebens ihr Häusle bauen wollen, kann es auch mit Generationenüberlappung zu keinem Zinssatz $i>0$ ein Gleichgewicht auf dem Kreditmarkt geben, weil stets mehr ver- als geliehen zu werden gewünscht wird. Betrachten wir zur Veranschaulichung das Zahlenbeispiel in Tabelle 10. Ein Subjekt spart unter den erläuterten Annahmen bis $t=T/2$ ein Vermögen von **810,9** Einheiten an. Der laufende Einkommensstrom betrug während dieser Periode $mT/2=25\text{x}25=625$ Einheiten, die sich durch das Ansparen bei dem unterstellten Zinssatz von $i=0{,}02$ auf **129,74%** vermehrt haben. Bei $t=T/2$ leiht es sich zusätzlich **491,8** Einheiten, die bis T stetig mit Zinsen getilgt werden; der Zinsverlust liegt bei **21,3%** des laufenden Einkommens von $T/2$ bis T. Das Subjekt hat zum Investitionszeitpunkt $A\text{-}B=1302{,}7$ Einheiten zur Verfügung, obwohl sein unverzinster lebenslanger Einkommensstrom nur **25x25=1250** Einheiten beträgt. Wenn sich alle so verhielten, könnte also kein Gleichgewicht herrschen, da nicht alle gleichzeitig ihr Vermögen vergrößern können. Integrieren wir alle positiven und negativen Vermögen über die Zeit nach (205), so bleibt ein Überschuß von $L=2636{,}9$ Einheiten.

Annahmen:	$T=50$
	$m=25$
	$i=0{,}02$
Ergebnisse:	$A=810{,}9$
	$B=-491{,}8$
	$A\text{-}B=1302{,}7=1{,}042mT$
	$L=2636{,}9$

Tabelle 10: Beispielrechnung zur Abbildung 47

Unsere Bausparkasse muß also anders funktionieren. Ein Gleichgewicht ist zu erreichen, wenn die Investition nicht genau in der Mitte des Lebens, sondern etwas davor durchgeführt wird. In Abbildung 48 ist angedeutet, daß durch Linksverschiebung des Zeitpunktes von $T/2$ nach $0<\Theta<T/2$ die beiden schraffierten Flächen, die Integrale aller Guthaben und Schulden, gleich groß gemacht werden können. Entwickeln wir

unsere Formeln (199)ff. noch einmal leicht verallgemeinert für diesen Fall, so ergibt sich:

$$A = \int_o^{\Theta} m e^{it} dt = \frac{m}{i}(e^{i\Theta} - 1) \tag{208}$$

$$B = -\int_{\Theta}^{T} m e^{-i(t-\Theta)} dt = \frac{m}{i}(e^{i(\Theta-T)} - 1) \tag{209}$$

$$L = \frac{m}{i}\left\{\frac{1}{i}(e^{i\Theta} - e^{i(\Theta-T)}) - T\right\} \tag{210}$$

Die Formeln für *Q(t)* sind identisch wie (201) und (204). Der Ausdruck (210) kann Null werden, wenn für einen gegebenen Zinssatz i der entsprechende Zeitpunkt $\Theta(i)$ gefunden wird. Nach Vereinfachung muß gelten:

$$e^{i\Theta} - e^{i(\Theta-T)} - Ti = 0 \tag{211}$$

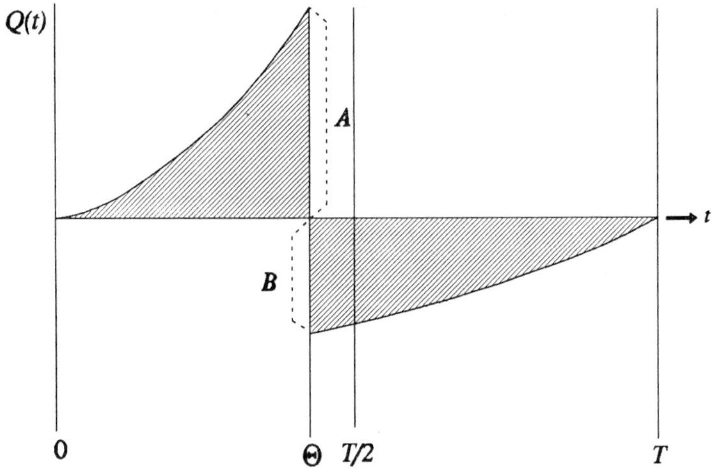

Abbildung 48: Linksverschiebung des Investitionszeitpunktes zur Herstellung von $L=0$

i	$\Theta(i)$
0,00001	24,995
0,01	23,95
0,02	22,93
0,03	21,92
0,04	20,96
0,05	20,03

Tabelle 11: Zusammenhang von i und $\Theta(i)$ nach (211)

In der Tabelle 11 sind einige Lösungswerte dargestellt. Beträgt der Zins z.B. i=**0,02**, so besteht bei Generationenüberlappung ein Gleichgewicht auf dem Kreditmarkt, wenn alle Subjekte zum Zeitpunkt $\Theta=22{,}93$ bauen. Man kann sich an Hand von (208) und (209) leicht davon überzeugen, daß die Summe aus angespartem und geliehenem Vermögen exakt dem integrierten Einkommensstrom mT über die Lebenslänge entspricht; per saldo gewinnt niemand etwas und legt niemand etwas drauf. Der Zeitpunkt Θ liegt um so früher, je höher der Zinssatz ist und konvergiert für $i \to 0$ gegen $T/2$.

Das Ergebnis ist in der Tat kurios. Die Bausparer können sich ihren Zins aussuchen. Zu einer Umverteilung führt er ohnehin nicht, jede(r) erhält bei jedem beliebigen Zinssatz genauso viel an Habenzinsen, wie er/sie an Sollzinsen zahlt. Das einzige, worüber der Zins entscheidet, ist eine leichte Verschiebung des Investitionszeitpunkts. Die Bausparer könnten auf den Zins ganz verzichten, während der ersten Hälfte in einen Topf zahlen und in der zweiten das erhaltene zinslose Darlehen zurückzahlen.

Daß wir auf einen degenerierten Fall gestoßen sind, bei dem zwar ein Zins denkbar ist, die ganze Maschinerie, die er antreibt, jedoch leerläuft, hat einen einfachen Grund. Wenn sich alle denselben Dienst leisten, ist es sinnlos, sich dafür gegenseitig zu bezahlen. Es kann jeden beliebigen und damit keinen sinnvollen Zins geben, wenn alle Subjekte *dieselben* Probleme der Ungleichzeitigkeit haben. Der Zins erhält erst eine Funktion, wenn es *Unterschiede* in der Bedürftigkeit nach zeitlichem Ausgleich von Bedarf und Deckung gibt. Dann können diejenigen, welche einer Ausgleichsleistung nicht oder weniger bedürfen, an die stärker Bedürftigen herantreten und ihnen ihre Dienste gegen Entgelt (Zins) anbieten, so wie es bei der geschilderten Verhandlung zweier Subjekte in Abschnitt 4.2 geschah. Dort erzielte das Subjekt mit gleichverteiltem Einkommen, welches einer zeitlichen Umschichtung nicht bedurfte, ein Entgelt dafür, daß es dem Subjekt mit schlecht verteiltem Einkommensstrom entgegenkam. Ebenso muß es sich in einem Gleichgewichtssystem mit vielen Subjekten verhalten.

Zur Illustration betrachten wir ein System, in dem die eine Hälfte der Gesellschaft bauen will, und zwar schon zu Anfang des Lebens. Diese Subjekte leihen sich zu Beginn und zahlen ihr ganzes Leben lang ab. Sie erhalten ebenso wie die andere Hälfte der Gesellschaft einen konstanten Einkommensstrom m, wie stets in diesem Abschnitt ist niemand myopisch. Wären die nicht Investierenden allein auf der Welt, so würden sie ihr konstantes Einkommen m verzehren, und es würde kein Zins entstehen. Sie leben sozusagen als Mieter. Da aber die Häuslebauer eine (rationale) Kreditnachfrage entwickeln und niemand anders als die Mieter ihnen leihen kann, entsteht ein Zins, der nun wiederum die Mieter wie in Robinsons Maisökonomie veranlaßt, ihren Konsum zu verschieben und bei unserer gewohnten Nutzenfunktion $u = \sqrt{q}$ mit der Rate $2i$ exponentiell steigen zu lassen. Das Vermögenswachstum der Mieter beruht jedoch nicht auf einem physischen Wachstum, sondern auf einer gesellschaftlichen Redistribution.

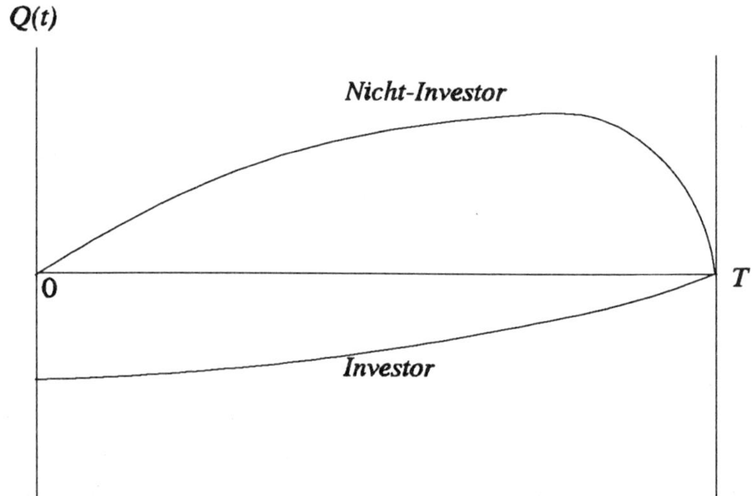

Abbildung 49: Verläufe von Vermögen und Schulden bei Investoren und Nicht-Investoren

Die Abbildung 49 zeigt das Guthaben eines Mieters und die Schulden eines Häuslebauers im Zeitverlauf. Das erstere beträgt mit (190) aus dem vorigen Abschnitt (*r* entfällt wegen Nicht-Myopie):

$$Q(t) = \frac{m}{i}\left\{\frac{(1-e^{iT})(e^{2it}-e^{it})}{(e^{2iT}-e^{iT})}+e^{it}-1\right\} \quad \text{(Nicht-Investor } N\text{)} \qquad (212)$$

Die zweiten betragen nach (204):

$$Q(t) = \frac{m}{i}(e^{i(t-T)}-1) \quad \text{(Investor } I\text{)} \qquad (213)$$

Bei Gleichgewicht auf dem Kreditmarkt und Generationenüberlappung muß gelten:

$$L = 0 = \int_o^T Q(t)_N \, dt + \int_o^T Q(t)_I \, dt \qquad (214)$$

Intuitiv ist klar, daß ein solches Gleichgewicht existiert, denn mit steigendem Zins wird das von den Nicht-Investoren gewünschte Guthaben immer größer, werden aber die von den Investoren gewünschten Schulden immer kleiner und umgekehrt, so daß bei irgendeinem Zinssatz beide Integrale in (214) gleich sein müssen. Beide sind elementar lösbar, nach einigen Umformungen wird der Ausdruck erhalten:

$$\frac{e^{3iT}+e^{2iT}-5e^{iT}+3}{2i(e^{2iT}-e^{iT})}-2T=0 \qquad (215)$$

Der Zins ist vom Einkommen ***m*** unabhängig; bei unserem üblichen Modellwert von ***T*=50** ergibt sich mit numerischer Berechnung ein Gleichgewichtszins von ***i*=0,0325**. Die Investoren zahlen an die Nicht-Investoren lebenslang etwa **3 1/4%** pro Periode. Nach (213) können sie einen Barwert ***Q*(O)** von **617,8** Einheiten leihen, das sind nur **49,4%** ihres nichtdiskontierten kumulierten Einkommens von ***mT*=1250**. Wenn beide Gruppen aus gleich vielen Subjekten bestehen, so erhält jeder Nicht-Investor diesen Betrag als Gesamtzinsen und steigert seinen Lebenskonsum von **1250** auf **1867,8** Einheiten. Selbstverständlich ist davon auszugehen, daß die Investoren ("Häuslebauer") trotz dieser massiven Umverteilung zu ihren Lasten immer noch besser fahren als ohne Investition, sonst hätten sie diese als rationale Subjekte annahmegemäß unterlassen. Das Modell setzt voraus, daß man als professioneller Eigenheimliebhaber mit **50%** Lebenseinkommen und Haus besser lebt als mit **100%** Lebenseinkommen, gleichverteilt und ohne Haus. Mit dieser Annahme sind wir den tatsächlichen Verhältnissen in gewissen Landstrichen keineswegs fern. Zur Vermeidung von Mißverständnissen ist noch einmal zu betonen, daß es sich im vorliegenden Modell um jeweils viele Investoren und Nicht-Investoren handeln muß, um ein Marktgleichgewicht zu erzeugen. Stehen sich ein Investor und ein Nicht-Investor gegenüber oder jeweils kleine Gruppen, so besteht eine Verhandlungssituation wie in Abschnitt 4.2, bei der mit ökonomischen Hilfsmitteln nur die Ober- und Untergrenze des resultierenden Umverteilungseffekts berechnet werden kann, während die Einigung innerhalb dieser Grenzen von den jeweiligen Verhandlungsstärken abhängt.

Der vorliegende Abschnitt festigt die schon oben gewonnene (natürlich keineswegs neue) Einsicht, daß in einer dezentral entscheidenden Gesellschaft rationaler, nicht-myopischer Individuen objektive Lebensumstände einen positiven Zins entstehen lassen können. Erneut zeigt sich mit OLSON & BAILEY,[21] daß aus der Existenz eines Zinses keineswegs auf das Vorhandensein von Myopie geschlossen werden kann. Allerdings wäre es zu einfach, es bei dieser Erkenntnis bewenden zu lassen, fragen wir vielmehr kurz, wie objektiv die "objektiven" Lebensumstände sind, die den Zins erzeugen. Während langer historischer Zeiträume in fast allen Kulturen und auch heute noch in der Dritten Welt war bzw. ist die in diesem Abschnitt analysierte Zinsursache weitaus vorherrschend und dominierte sie mit Sicherheit das irrationale Zinsmotiv der Myopie. Die Ungleichheit von Bedürfnis und Deckung im Zeitverlauf war und ist so kraß auf Grund extremer Ungleichheit im Einkommen und den bei den Armen periodisch auftretenden Zwangslagen. Wenn ein mittelloser Kleinbauer Wucherzinsen in Höhe der halben Ernte zahlt, um Saatgut kaufen zu können, so handelt er rational. Der Wucherer, welcher von der systematischen Ausnutzung dieser Situation lebt, handelt ebenfalls rational, zumindest engrational im Sinne der Definition aus Abschnitt 1.6. Aus seiner Sicht handelt er auch "rational", wenn er politisch dafür sorgt. daß sich an der Situation nichts ändert. Dieses auch in der heutigen Zeit keineswegs absonderliche Beispiel zeigt, daß ein Zins, welcher in unserem Sinne rational, d.h. nicht-myopisch zustandekommt, aus diesem Grund noch keineswegs als naturnotwendig anzusehen und positiv zu bewerten ist. Eine Modellgesellschaft mit Wucherzinsniveau wird von keinem vernünftigen Menschen als erstrebenswert angesehen; macht sie dieses Wucherzinsniveau dann auch noch zum Regulativ für den Umgang mit natürlichen Ressourcen (vgl. Abschnitt 2), so kann ihre Attraktivität, falls das noch möglich ist, nur noch weiter sinken.

In einer relativ egalitären Gesellschaft ist hingegen die Tatsache, daß Investoren, welche viele Mittel auf einmal brauchen, den Nicht-Investoren für die leihweise Überlassung etwas bezahlen, eher zu akzeptieren. Dies vor allem dann, wenn der

[21] 1981, pp. 7-8.

kontinuierliche Einkommensstrom sozusagen als die "Normalsituation" und das stoßweise Bedürfnis nach akkumulierten Mitteln das "Besondere" darstellt. Es ist allerdings bezeichnend, daß, sobald das Bedürfnis nach momentaner Verfügbarkeit über höhere Summen zum Normalfall wird, die Institution des Zinses ins Wanken kommt. Wenn alle Subjekte ein gleiches Häusle bauen wollen, können sie auch eine zinslose Bausparkasse gründen. Die Idee der zinslosen Kreditgenossenschaften des vergangenen Jahrhunderts war also theoretisch keineswegs so absurd, wie es gelegentlich dargestellt wird, wenn auch ihr Scheitern in der Praxis nicht verwundert. Die extrem niedrigen Haben- und Sollzinsen heutiger realer Bausparkassen werden im Kontext dieses Abschnittes auch verständlicher. Ein Null(real)zinsniveau wäre dort logisch ohne weiteres möglich, es verbietet sich wohl unter anderem aus erzieherisch-psychologischen Motiven gegenüber den Sparern und weil dieses Kreditsegment nicht völlig vom übrigen Kapitalmarkt, insbesondere auch dem übrigen Hypothekenkredit abgeschottet werden kann.

Auf die naive Frage, wozu es heute überhaupt einen Zins gibt, wird oft geantwortet, daß in der industrialisierten Welt das Phänomen der Investition und damit das Bedürfnis nach momentaner Verfügbarkeit über größere Kapitalsummen so ubiquitär sei, daß sich diese Frage erübrige. Die Antwort ist natürlich keine Antwort. Das Bedürfnis nach einem praktischen Lenkungsinstrument für Kapitalströme, welches Knappheit signalisiert und sinnlose Investitionen verhindert, sei nun keinesfalls geleugnet, hierauf gehen wir im Abschnitt 7.2.5 nochmals ein. Theoretisch ergeben sich jedoch aus dem vorliegenden Abschnitt eher gegenteilige Konsequenzen: Wenn Investitionen in der Industriegesellschaft nicht die Ausnahme, sondern die Regel sind und insbesondere dann, wenn unterstellt werden kann, daß sie allen Subjekten in ähnlicher oder gar identischer Weise zugutekommen, besteht eher eine Ähnlichkeit mit der analysierten Situation der vielen gleichen Häuslebauer. Vor allem bei Kollektivinvestitionen, wie etwa großen staatlichen Infrastrukturprojekten, ist ernsthaft zu prüfen, ob es einen Sinn ergibt, wenn die Subjekte mit Zins dafür bezahlt werden, daß sie Kapital für eine Investition bereitstellen, die sie sowieso wollen (*wenn* sie sie wollen!).

4.3.3 BÖHM-BAWERKs "Dritter Grund": Produktivzins

In den bisherigen Betrachtungen zum Gleichgewichtszins in Systemen mit vielen Subjekten waren diese Subjekte ausschließlich Konsumenten. Sie erhielten ein Einkommen gewissermaßen "zugeteilt", und ihnen wurde freigestellt, während ihrer Lebenszeit positive und negative Vermögen zu bilden. Diese Betrachtung als Konsumtivkredit wäre für lange historische Zeiträume vor der Entfaltung des Kapitalismus und der Industriellen Revolution durchaus angemessen gewesen, der Konsumtivkredit spielte eine dominierende Rolle. In der klassischen, neoklassischen und marxistischen Zinstheorie steht demgegenüber der Produktivkredit aus verständlichen Gründen im Vordergrund.

Um das System so einfach wie möglich zu erhalten, führen wir keine neuen Institutionen, wie Unternehmen, ein, welche *nur* produzieren. Vielmehr betrachten wir weiterhin Nutzenmaximierer; sie erhalten jedoch kein "zugeteiltes" Einkommen, sondern ein Kapitalgut, welches sich bei Nicht-Konsum vermehrt. Wir schließen unmittelbar an ROBINSONs "Corn-Ökonomie" aus Abschnitt 3.2.2, insbesondere an das Modell (125/127) an (vgl. auch Abbildung 22). Es gebe eine stationäre Wirtschaft, in der der Kapitalbestand Q_o von Generation zu Generation konstant bleibt. Jedes Individuum findet einen Anfangsbestand Q_o vor, den es nach seinem Tode in identischer Höhe hinterlassen muß. Während seiner Lebenszeit kann das Subjekt mit dem Kapital tun und lassen, was ihm beliebt. Über das Problem der ungewissen Lebenslänge sehen wir hinweg, alle mögen das Alter T erreichen. Es gebe nur rationale Individuen (r=0) und eine lückenlose Generationenüberlappung wie in den voranstehenden Modellen. Das Neue ist, daß wir nicht *einen* Robinson mit "Corn-Ökonomie" auf seiner Insel betrachten, sondern viele Subjekte mit "Corn-Ökonomie", die in Interaktion treten können.

Die Problemformulierung aus (125/127) lautete, um r=0 vereinfacht:

$$\begin{aligned} &\textit{Max}: \quad U = \int_o^T u(q(t))\,dt \\ &\textit{NB}: \quad \dot{Q}(t) = Q(t)s - q(t) \\ &\qquad\quad Q(0) = Q_o \\ &\qquad\quad Q(T) = Q_o \\ &\qquad\quad s>0,\ constant \end{aligned} \tag{216}$$

mit der Lösung:

$$\begin{aligned} q(t) &= \frac{Q_o s\,(1-e^{sT})\,e^{2st}}{e^{sT}-e^{2sT}} \\ Q(t) &= Q_o \left\{ \frac{e^{sT+2st}-e^{2sT+st}-e^{2st}+e^{st}}{e^{sT}-e^{2sT}} \right\} \end{aligned} \tag{217}$$

Besitzen alle Individuen Kapital mit einer konstanten, identisch hohen Wachstumsrate s, so kann kein Produktivkredit entstehen. Die Individuen maximieren in diesem Fall ihren eigenen Nutzen vor sich hin, als wären sie isolierte Robinsons. Ist aber die Kapitalproduktivität s bei den Subjekten von unterschiedlicher Höhe, so kann es sich lohnen, zu leihen oder zu verleihen. Besitzen alle Individuen ein unterschiedliches, aber jeweils konstantes s, so resultiert ein Trivialfall; das Individuum mit der höchsten Kapitalproduktivität zieht sämtliches Kapital an. Alle anderen leihen ihm und erhalten zumindest etwas mehr zurück, als wenn sie das Kapital bei sich selbst angelegt hätten. Das Subjekt mit der produktivsten "Corn-Ökonomie" kann wegen seiner Monopolstellung erhebliche Renten abschöpfen und die anderen ausbeuten, dennoch ist diese Allokation gesamtwirtschaftlich am effizientesten. Die Berechnung dieses Falles ist allerdings uninteressant.

Der interessante, plausible und daher auch die gesamte neoklassische Kapital- und Zinstheorie beherrschende Fall ist der, bei dem die Grenzproduktivität des Kapitals nicht konstant ist, sondern mit zunehmender Akkumulation sinkt. Wir müssen schreiben:

$$\dot{Q}(t) = Q(t)s(Q(t)) - q(t) \tag{218}$$

Diese Differentialgleichung ist schwieriger zu handhaben als die bisherigen; die Ableitung quantitativer Ergebnisse gelingt nur in Spezialfällen, die allerdings die ökonomische Aussage wenig schmälern. Es gebe viele identische Subjekte, alle seien Eigner desselben Typs von Kapital mit $s(Q)>0$, $s'(Q)<0$. Wenn alle Subjekte isoliert handeln, entsteht ein ähnliches Ergebnis wie in (217), allerdings steigt $q(t)$ nicht exponentiell, die Dynamik ist vielmehr komplizierter. Mit (218) als Nebenbedingung ergibt sich folgende Hamiltonian mit ihren Ableitungen:

$$H = u(q(t)) + \lambda(t)[Q(t)s(Q(t)) - q(t)] \tag{219}$$

$$H'(q) = 0 = u'(q) - \lambda(t) \tag{220}$$

$$H'(Q) = -\dot{\lambda}(t) = \lambda(t)(s(Q) + Qs'(Q)) \tag{221}$$

Das nach erneuter Ableitung von (220) nach t und Gleichsetzung mit (221) erzielte Resultat ähnelt erstaunlicherweise der nichtlinearen Fischereiökonomie aus Abschnitt 2.3 vgl. hier (32):

$$\dot{q} = -\frac{u'(q)}{u''(q)}(s(Q) + Qs'(Q)) \tag{222}$$

Die Dynamik des Systems läßt sich leichter durchschauen, wenn wir einen linearen Spezialfall wählen. Neben (wie stets) $u=\sqrt{q}$ unterstellen wir eine lineare Abhängigkeit von s und Q:

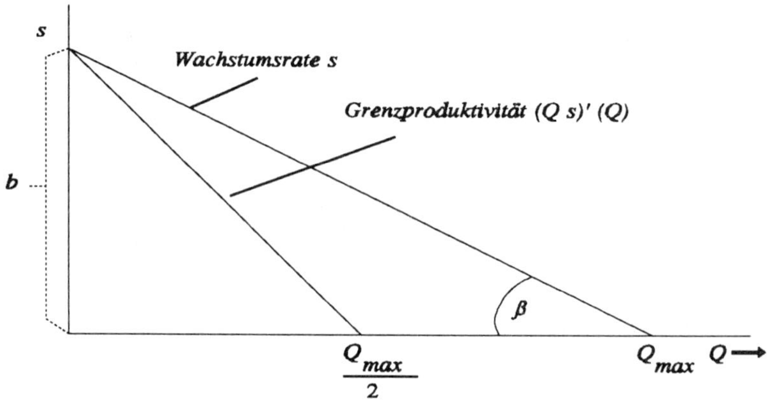

Abbildung 50: Lineare Abhängigkeit von s und Q

$$\begin{aligned} -\tan\beta &= z \\ s(Q) &= b - zQ \\ s'(Q) &= -z \\ y = sQ &= bQ - zQ^2 \\ y'(Q) &= b - 2zQ \end{aligned} \tag{223}$$

Nach der zweiten Gleichung in (223) fällt die Wachstumsrate linear vom Maximalwert b, wenn es gar kein, oder näherungsweise, sehr wenig Kapital gibt, auf 0 bei Q_{max}. Unter diesen Annahmen fällt die Grenzproduktivität doppelt so schnell wie die Wachstumsrate (unterste Gleichung in (223)), sie beträgt schon 0 bei $Q=Q_{max}/2$. Daher ist es in diesem Modell sinnlos, mehr Kapital als $Q_{max}/2$ zu akkumulieren, da jedes Periodenprodukt $y(Q)$ für $Q>Q_{max}/2$ auch bei einem kleineren Kapitalbestand erhalten werden könnte. Im linearen Modell wird unter fernerer Berücksichtigung von $-u'(q)/u''(q)=2q$ aus (222) und (218) jeweils

$$\dot{q} = 2q(b - 2zQ) \tag{224}$$

$$\dot{Q} = bQ - zQ^2 - q \tag{225}$$

Das Phasendiagramm für dieses System besitzt wiederum Ähnlichkeit mit dem für die nichtlineare Fischerei, auch hier ist das Gleichgewicht (bei $Q=Q_{max}/2$ und $q=bQ-zQ^2$) ein Sattelpunkt. Aus den Nebenbedingungen $Q(0)=Q(T)=Q_o$ folgt, daß nur Trajektorien zu betrachten sind, welche Q_o zweimal schneiden. Eine davon, in der Abbildung mit Doppelpfeilen markiert, ist die optimale.

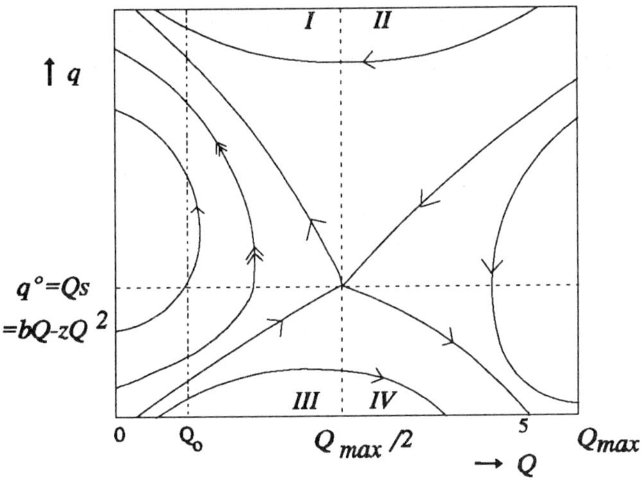

Isosektoren:

I: $\dot{q}>0,\ \dot{Q}<0$
II: $\dot{q}<0,\ \dot{Q}<0$
III: $\dot{q}>0,\ \dot{Q}>0$
IV: $\dot{q}<0,\ \dot{Q}>0$

Abbildung 51: Phasendiagramm für (224/225)

Die Subjekte in diesem System erkennen, daß sie die Effizienz der Produktion steigern können, wenn sie sich gegenseitig leihen. Jedes Subjekt stellt fest, daß die Grenzproduktivität seines Kapitals mit zunehmender Anhäufung sinkt; es ist geradezu schädlich, zuviel Kapital zu besitzen. Das gesamte Kapital vermehrt sich in seinen verschiedenen Einsatzorten bei den einzelnen Subjekten mit unterschiedlicher Grenzproduktivität, je nachdem, wieviel diese bereits akkumuliert haben. Bei der angenommenen monoton fallenden Grenzproduktivität empfiehlt es sich, daß die Subjekte, welche, der Gleichung (225) folgend, viel akkumuliert haben, einen Teil ihres Kapitals leihweise denjenigen überlassen, welche gerade einen geringen Kapitalbestand und eine entsprechend hohe Grenzproduktivität besitzen. Die höchstmögliche Produktion pro Periode ergibt sich dann, wenn die Grenzproduktivität des Kapitals in allen Einsatzorten und zu jeder Zeit gleich ist.

Die Abbildung 52 zeigt die Situation eines Subjekts, welches zunächst den Regeln (224) und (225) sowie der Vorschrift $Q(T)=Q_o$ folgt. Wenn es isoliert produziert, wird es im Laufe seines Lebens nach (225) den Kapitalbestand ***Q(t)*** auf- und wieder abbauen. Dann besinnt sich die aus sehr vielen identischen Subjekten bestehende Gesellschaft darauf, die angehäuften Kapitale leihweise zwischen den Subjekten "umzuschichten". Werden mit den "Bergen" in der Lebensmitte die "Täler" zu Anfang und zu Ende gefüllt, so ist es bei stetig überlappenden Generationen möglich, jedem teilnehmenden Subjekt einen konstanten Kapitalbestand *S* zuzuweisen, den es, *rein technisch gesehen*, während seines Lebens bewirtschaftet. Es gibt nur noch eine, überall gleich hohe Grenzproduktivität, und es wird der höchstmögliche Output erzeugt.

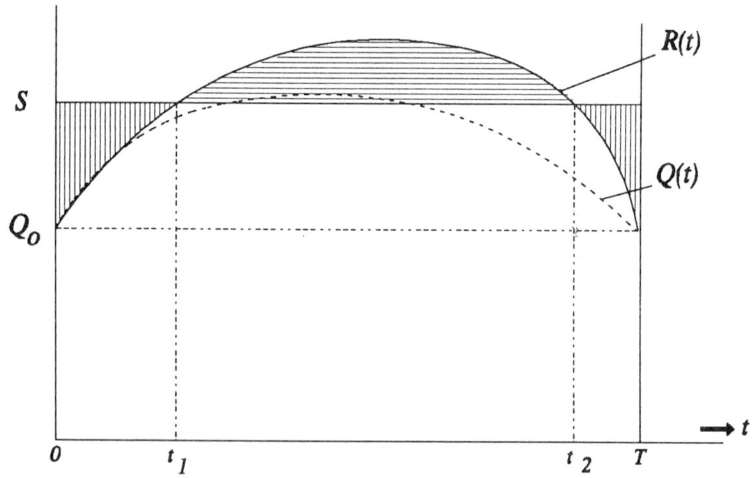

Abbildung 52: Angleichung der Grenzproduktivitäten beim Produktivzins

Der wichtigste *ökonomische* Aspekt der neuen Situation ist, daß das Subjekt nun über Kapital mit konstanter Grenzproduktivität *s(S)* verfügt. Daher kann es nun die Maximierung seines Lebensnutzens auf Basis der Formeln (217) betreiben, formal nicht anders als Robinson mit seiner "Corn-Ökonomie" im Beispiel (125/127). Der entscheidende und in der Wirtschaftstheorie seit Jahrhunderten Verwirrung stiftende Prozeß ist, daß das *physische* Kapital "Mais" des isolierten Robinson sich in *gesellschaftliches* Kapital des vergesellschafteten Robinson verwandelt hat, in Anrechte auf Teile des Gesamtprodukts. In Abbildung 52 ist das mit konstanter Rate ***s(S)*** wachsende Kapital des Subjekts mit ***R(t)*** bezeichnet. Die Kurve ***R(t)*** ist technisch bzw. physisch gesehen fiktiv, denn das Subjekt produziert mit dem Ressourcenbestand *S*. *R(t)* gibt den Umfang seiner Eigentumstitel an. Das Subjekt besitzt zwischen **0** und t_1 sowie zwischen t_2 und *T* Schulden, für die es Zinsen zahlt; andere haben ihm geliehen. Zwischen t_1 und t_2 hat es selbst verliehen. Da die Summe aller Schulden und Guthaben in der Gesellschaft gleich Null sein muß, sind die senkrecht und die waagerecht schraffierten Flächen in einer Gesellschaft identischer Subjekte gleich groß. Das Subjekt zahlt zwischen **0** und t_1 sowie zwischen t_2 und *T* Zinsen, in der Zwischenzeit erhält es selbst welche, die beiden Summen müssen auch gleich sein. Bei sehr vielen gleichen Anbietern und Nachfragern nach Kapital besitzt der Zins *i* die Höhe der Wachstumsrate von *S*; *i=s(S)*. Mit Z als Zinsen muß stets gelten:

$$y = Ss = Si = q(t) + \dot{R}(t) - Z(t) \qquad \text{oder} \tag{226}$$

$$Z(t) = (R(t) - S)\,i$$

Zur Bestimmung der Höhe von *i=s(S)* wird zunächst die soeben festgestellte Gleichheit aller Außenstände und Schulden ausgenutzt:

$$\int_0^T R(t)\,dt = ST \tag{227}$$

woraus nach Integration folgt:

$$S = \frac{Q_o(e^{3iT} - e^{2iT} - e^{iT} + 1)}{2iT(e^{2iT} - e^{iT})} \tag{228}$$

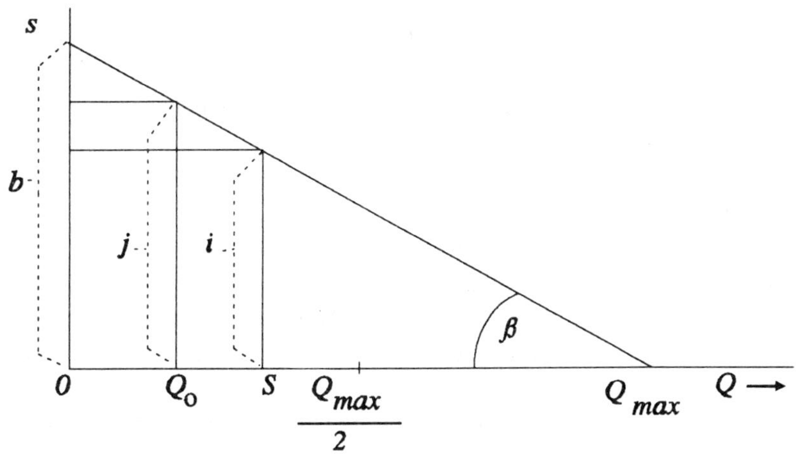

Abbildung 53: Zusammenhang von Zins *i* und Grenzproduktivität bei $j(Q_o)$

Die Abbildung 53 stellt noch einmal die schon in Abbildung 50 abgeleitete lineare Beziehung zwischen *s* und *Q* dar. Die Wachstumsrate der Ressource beim Anfangs- und Endvermögen der Subjekte Q_o betrage *j*, diejenige von *S* entspricht, wie erläutert, dem Zins *i*. Wegen $S>Q_o$ ist $i<j$, aus der Linearität der Beziehung (Spezialfall!) folgt

$$-\tan\beta = \frac{b}{Q_{\max}} = \frac{j-i}{S-Q_o} = z \quad \text{und somit} \quad S = \frac{j-i+zQ_o}{z} \tag{229}$$

In Verbindung mit (228) ergibt sich die numerisch zu berechnende Bestimmungsgleichung für den Zins *i*, aus der sich anschließend auch S berechnen läßt:

$$Y = \frac{2iT(j-i)}{z} + Q_o\left(2iT - \frac{e^{3iT}-e^{2iT}-e^{iT}+1}{e^{2iT}-e^{iT}}\right) = 0 \tag{230}$$

Wir berechnen nun ein anschauliches Zahlenbeispiel, dessen Ausgangswerte in der Tabelle 12 zusammengestellt sind. Als erstes wird, wie in Abbildung 54 und Tabelle 13, der Zinssatz *i* in Höhe von **0,02674224** berechnet.

Q_o=**1250**
Q_{max}=**5000**
j=**0,03**
b=**0,04**
z=**0,000008**
T=**50**

Tabelle 12: Annahmen für Zahlenbeispiel

Der dazugehörige Wert für *S* beträgt nach (228) **1657,222** Einheiten. *S* liegt also um etwa **407** Einheiten oder um **32,6%** über Q_0. Der konstante jährliche Output beträgt *Si*=**44,31784** Einheiten, so daß jedes Subjekt im Laufe seines Lebens ***SiT*=2215,892** Einheiten erzeugt. Zum Vergleich: Bei einem Kapitalbestand Q_o werden bei der dort gültigen Wachstumsrate *j* **37,5** Einheiten, bei dem höchsten sinnvollen Kapitalbestand Q_{max}/2=**2500** und der dort gültigen Wachstumsrate von **0,02** werden **50** Einheiten erzeugt. Unter der Annahme des Modells gelingt es jedoch nicht, den Ressourcenbestand *S* in den Händen jedes Subjektes durch gegenseitiges Leihen auf diese Höhe zu bringen.

Die Abbildung 55 zeigt im oberen Teil die Dynamik der Bestandsgrößen. ***Q(t)*** (gestrichelt) wird aus (224/225) numerisch berechnet, da das System vermutlich keine geschlossene Lösung besitzt.[22] Der Verlauf von ***R(t)*** ergibt sich nach (217). Die Kapitalakkumulation ***R(t)*** ist bedeutend höher als die physische Ressourcenakkumulation ***Q(t)*** der isolierten Subjekte, letztere erreicht bei ihrem Gipfelpunkt etwa

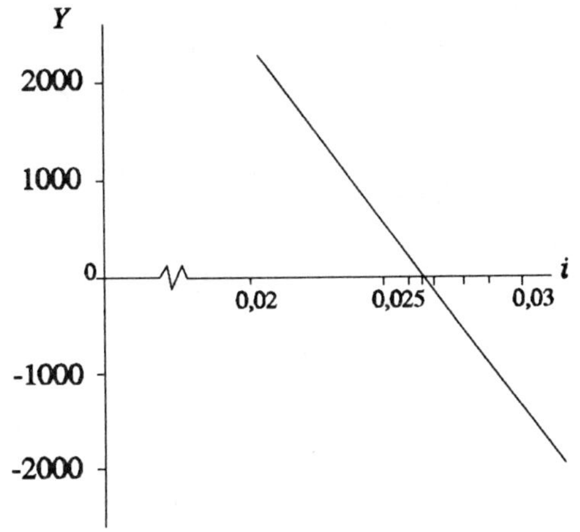

Abbildung 54: Bestimmung von ***i*** nach (230)

i	Y
0,01	2447,3
0,02	2062,0
0,025	682,7
0,026	304,04
0,0267	17,8278
0,02674224	-0,0063
0,027	-110,23
0,03	-1573,2

Tabelle 13: Zusammenhang von *Y* und ***i***

bei ***t*=30** nicht einmal die Höhe von ***S***. Hier ist allerdings zu bedenken, daß die isolierten Subjekte ***Q(t)*** nach Maßgabe von (224/225) nur soweit akkumuliert haben,

[22] Ich habe jedenfalls nicht versucht, eine zu finden. Es wurde in Differenzengleichungen umgeformt und numerisch auf einem programmierbaren Taschenrechner (TI 59) berechnet.

Aus $\dot{q} = 2q(b - 2zQ)$

$\dot{Q} = bQ - zQ^2 - q$

wird $q_{(t+1)} = q_t(1 + 2b - 4zQ_t)$

$Q_{t+1} = (1 + b - zQ_t) - q_t$

Programm ({} = Speicher, [] = Label):

[A] (RCL {00} (1+b- {00} z) - {10}) STO {01} GTO [B]

[B] (RCL {10} (1+2b-4z {00})) STO {11} GTO [E]

[C] (RCL {05} PRT (CE+1) STO {05} RCL {00} PRT RCL {10} PRT GTO [A]

[D] RCL {01} STO {00} RCL {11} STO {10} GTO [C]

[E] RCL {10} SUM {30} RCL {10} √ SUM {31} GTO [D]

Mit Q_t in {00}, $Q_{(t+1)}$ in {01}, q_t in {10}, $q_{(t+1)}$ in {11}, ***t*** in {5} sowie den Werten in Tabelle 12 für Q_o, ***b*** und *z* muß das Programm durch Wahl verschiedener Werte für q_o so oft wiederholt werden, bis Q_{50} wieder so genau wie möglich bei Q_o**=1 250** liegt. q_o beträgt etwa **17**.

um ihren Gesamtnutzen aus dem Konsum $q_Q(t)$ unter Einhaltung der Nebenbedingung $Q(T)=Q_o$ zu maximieren. Die niedrige Akkumulation $Q(t)$ drückt also nicht nur die geringe Produktivität infolge nachlassenden $s(Q)$ aus, sondern auch die Tatsache, daß soviel wie möglich konsumiert wird.

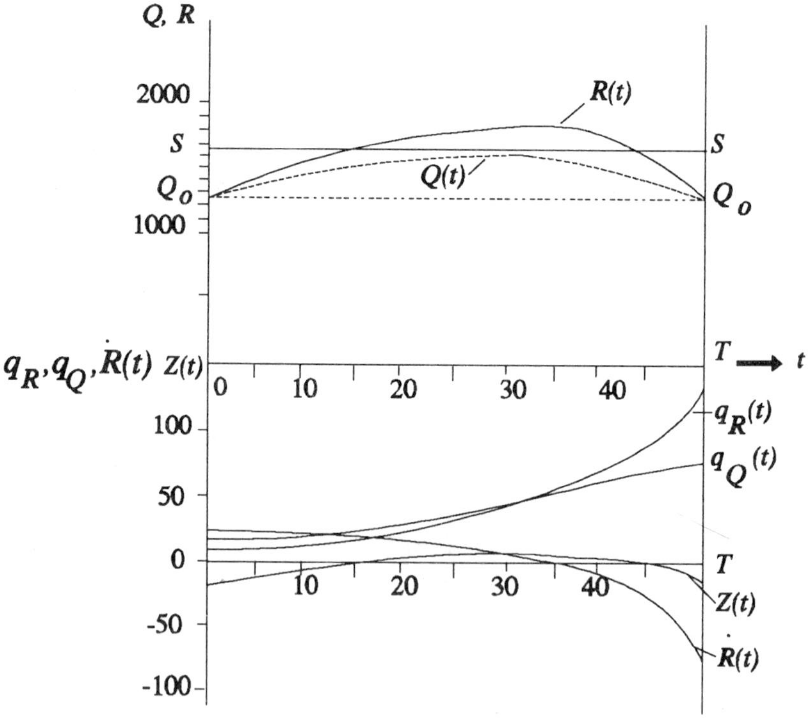

Abbildung 55: Dynamik im linearen Produktivzinsmodell

Der untere Teil der Abbildung enthält die Stromgrößen, den Konsum bei isolierter Produktion $q_Q(t)$, den bei funktionierendem Kredit $q_R(t)$, die Änderung des Kapitalbestandes $\dot{R}(t)$ sowie die Zinszahlungen $Z(t)$. Auffälligerweise liegt der Konsum $q_R(t)$ bis etwa zum Zeitpunkt t=**30** unter, zu Anfang sogar erheblich unter $q_Q(t)$. Die gesamte Einkommenssumme, das Integral unter $q_R(t)$, ist wegen der Gleichheit aller Individuen gleich der schon oben angegebenen Summe aller produzierten Einheiten ***SiT*= 2215,892**. Im Vergleich dazu beträgt die Summe aller bei isolierter Produktion konsumierten $q_Q(t)$ etwa **2015** Einheiten. Alle Ergebnisse sind in der Tabelle 14 zusammengestellt.

Isolation, $Q(t)$	Kredit, $R(t)$
$Q(t)_{max}$ = **ca. 1630**, bei t=30	$R(t)_{max}$ = **ca. 1890, bei t = 35**
Q_o = **1250**	Q_o = **1250**
	S = **1657,22**
q_Q (0) = **17**	q_R (0) = **8,78**
$q_Q(T)$ = **81,26**	$q_R(T)$= **127,29**
	Z (0)= **-10,9**
	Z (T) = **-10,9**
	Z (30) = **6,15**
	Si = **44,32**
$\Sigma q_Q(t) = 2015$ *a)*	$\int_o^T q(t)dt = SiT = 2215{,}89$
$U_Q = \Sigma \sqrt{q_Q(t)} = 310{,}5$ *a)*	$U_R = \int_o^T \sqrt{q_R(t)}\, dt = 311{,}1$
	$U_R^* = T\sqrt{Si} = 332{,}86$

Tabelle 14: Ergebnisse des Modells "Produktivkredit"
a) Mittel aus Ober- und Untersumme, vgl. Anmerkung 22

Was die Produktion anbetrifft, ist der Effizienzgewinn durch die Etablierung der Kreditbeziehungen sehr erheblich; es wird fast 10% mehr produziert. Ernüchternd, jedoch nach Betrachtung der Abbildung 55 nicht mehr ganz überraschend ist dann aber die Erkenntnis, daß sich der über die Periode summierte Nutzen U in keiner Weise erhöht hat, er beträgt bei Pfad q_Q etwa **310,5**, bei Pfad q_R dagegen **311,1** Einheiten. Er ist so gut wie gleichgeblieben, die Differenz ist schon deshalb nicht aussagefähig, weil die erste Zahl durch diskrete Summation, die zweite dagegen durch Integration gewonnen wird.[23] Es darf nicht vergessen werden, daß die Subjekte mit

[23] Ich vermute, daß die Differenz voll auf diese rechentechnischen Umstände zurückzuführen ist und daß die Werte inhaltlich identisch sind. Mir ist jedoch kein Beweis gelungen. Ein solcher wäre von erheblicher theoretischer Bedeutung; vielleicht reizt dieser Punkt mathematisch besser ausgerüstete Leser/Leserinnen. Eine starke These wäre, daß der Gewinn an technischer Effizienz unter den beschriebenen Umständen grundsätzlich zu keiner Nutzenzunahme

der Etablierung der Kreditbeziehungen nur den gemeinsamen physischen Output, nicht aber ihre individuellen Nutzen maximiert haben. Infolge des steileren Anstiegs von q_R im Vergleich zu q_Q und damit der starken zeitlichen Ungleichverteilung des Konsums kann der hohe Effizienzgewinn im Modell nicht in eine Nutzensteigerung umgemünzt werden. Den Subjekten steht allerdings ein Weg offen, dies doch noch zu erreichen. Da die dort angesprochenen Probleme jedoch nicht allein den Produktivkredit betreffen, sondern allgemeinerer Art sind, wird ihnen der folgende, eigene Abschnitt gewidmet.

4.3.4 Gleichverteilung des Konsums: "Generationenvertrag"

Wenn es in einer Wirtschaft Kredit und Zins gibt, so befinden sich alle Individuen *subjektiv* in der Rolle des Robinson mit "Corn-Ökonomie". Jedes Ressourcenquantum, welches nicht konsumiert wird, vermehrt sich mit dem Zins i. Die formale Analogie zwischen dem isolierten Robinson auf der Insel, dessen *physische* Ressource exponentiell mit s wächst, und den vergesellschafteten Individuen, deren *Kapital* exponentiell mit dem Zins i wächst, kann jedoch irreführend sein. Im zweiten Fall kann der Gesamtumfang der verfügbaren Ressourcen zu jedem Zeitpunkt identisch groß sein; das von den Individuen beobachtete Wachstum ihres persönlichen Kapitalquantums mit der Rate i beruht darauf, daß andere Individuen ihnen etwas für die Überlassung bezahlen.

Wirtschaften die Individuen unter der Prämisse, daß $Q(0)=Q(T)=Q_o$ und gibt es einen positiven Zins i, konsumieren sie nach (126, Abschnitt 3.2.2) bzw. mit $r=0$ nach (217):

$$q(t) = \frac{Q_o i(1 - e^{iT})e^{2it}}{e^{iT} - e^{2iT}} \tag{231}$$

Der Gesamtkonsum während $0...t...T$ beläuft sich auf den in (232) errechneten Wert, der Lebensnutzen ist in (233) angegeben. Letzteres ist der Lebensnutzen des isolierten, nicht-myopischen Robinson, wenn er den Anfangsbestand Q_o bei seiner Abreise hinterlassen muß. Ihm ist es unmöglich, diesen Nutzen noch zu vergrößern.

führen kann; nach einer schwächeren These könnte dies auch mit der Besonderheit des unterstellten Falls, vor allem der Linearität der Beziehung von Q und s (Abbildungen 50 und 53), zusammenhängen.

Anders die vergesellschafteten Individuen. Sie wissen, daß sie einen höheren Lebensnutzen erzielen könnten, wenn es ihnen gelänge, das gesamte Ressourcenquantum (232) gleichverteilt mit dem jährlichen Konsum q^* zu genießen. Der Beweis hierfür ist in allgemeiner Form in Abschnitt 3.2.1 angetreten worden und braucht hier nicht wiederholt zu werden. Die vergesellschafteten Individuen wären für den Fall, daß ihr ansteigender Konsumpfad $q(t)$ in eine Gleichverteilung umgewandelt werden könnte, sogar bereit, einen Teil ihres Einkommens und Konsums zu opfern. In (235) ist errechnet, um wieviel der Lebensnutzen bei Verwandlung von $q(t)$ in einen gleichmäßigen Strom q^* steigt. Die Individuen sind indifferent zwischen $q(t)$ und einem jährlich konstanten Konsum $\bar{q}^* < q^*$ welcher ebenfalls U_q erzielen läßt. Sie wären also bei Gleichverteilung bereit, maximal auf $(q^* - \bar{q}^*)$ zu verzichten. Die Tabelle 15 enthält ein anschauliches Rechenbeispiel. Bei unseren üblichen Annahmen von $\boldsymbol{T=50}$, $\boldsymbol{Q_o=1250}$ und einem Zins von $\boldsymbol{i=0{,}03}$ wird ein aggregierter Konsum von **2661,25** Einheiten erreicht. Bei Gleichverteilung resultierte $\boldsymbol{q^*=53{,}23}$. Zum Vergleich ist der konstante Konsum aufgetragen, den Robinson aus dem jährlichen Verzehr des Ertrages von Q_o genösse, ohne etwas zu akkumulieren. Er beläuft sich auf $\boldsymbol{\hat{q}=37{,}5}$, über T summiert auf **1875** Einheiten. Wegen $\boldsymbol{F=1{,}0867}$ wäre das Individuum bereit, den ansteigenden Konsumpfad $q(t)$ gegen einen konstanten Konsum $\bar{q}^*$

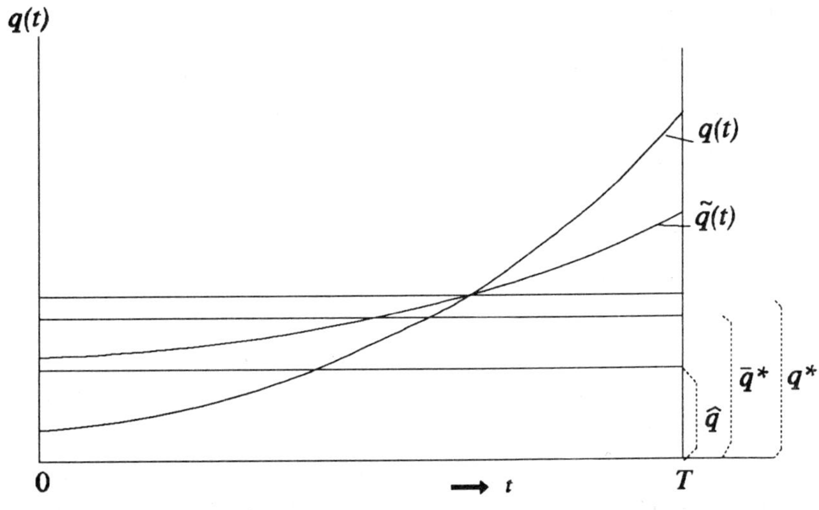

Abbildung 56: Unterschiedliche Konsumpfade nach Tabelle 15

$$\int_o^T q(t)dt = \frac{Q_o(1-e^{iT})(e^{2iT}-1)}{2(e^{iT}-e^{2iT})} = q^* T \tag{232}$$

$$U_q = \int_o^T \sqrt{q(t)}\,dt = \sqrt{\frac{Q_o(1-e^{iT})(e^{iT}-1)^2}{i(e^{iT}-e^{2iT})}} \tag{233}$$

$$U_q^* = T\sqrt{q^*} = \sqrt{\frac{Q_o T(1-e^{iT})(e^{2iT}-1)}{2(e^{iT}-e^{2iT})}} \tag{234}$$

$$F = \frac{U_q^*}{U_q} = \frac{\sqrt{Ti(e^{2iT}-1)}}{\sqrt{2}(e^{iT}-1)} \tag{235}$$

$$\bar{q}^* = \frac{q^*}{F^2} \tag{236}$$

T=50	F=1,0867
Q_o=1250	$\bar{q}^*=45{,}08$
i=0,03	$q^*-\bar{q}^*=8{,}15=0{,}153q^*=407{,}25$
$\int_o^T q(t)=2{,}129Q_o=2661{,}25$	$\sum \bar{q}^*=2254$
q^*=53,23	$U_q=335{,}71$
$\hat{q}=37{,}5$ (Robinson)	$U_q^*=T\sqrt{q^*}=364{,}79$
$\Sigma\hat{q}=1875$	

Tabelle 15: Beispielrechnung zu Abbildung 56

von mindestens **45,08** zu tauschen; die Differenz zu q^* beträgt über **15%**; um denselben Anteil liegt auch der über ***T*** summierte Konsum darunter, nämlich bei **2254** Einheiten. Dies ist wohlgemerkt das größte Opfer, welches das Individuum im Interesse der Gleichverteilung des Konsums zu bringen bereit ist, gern würde es natürlich einen geringeren Preis zahlen oder gar, sofern dies logisch möglich ist, vom Anfang an ***q(t)*** gegen ***q**** umtauschen.

Läßt sich das Wachstum von ***q(t)*** gegen Bezahlung dämpfen? Im folgenden wird gezeigt, daß sich diese Transformation zu dem in der Gesellschaft herrschenden Zins von i nicht bewerkstelligen ließe; der Preis, den die Subjekte hier für die Gleichverteilung oder auch nur Dämpfung des steilen Wachstums von $q(t)$ zu zahlen hätten, wäre Ihnen zu hoch. Stellen wir uns vor, die Subjekte ließen ihr Vermögenskonto $Q(t)$ unangetastet, es wachse und schrumpfe nach (217). Sie mögen ein Schuldenkonto I eröffnen, welches ihre kumulierten Zinszahlungen $I(t) = \int_0^t Z(\tau)d\tau$ für die zeitliche Umschichtung des Konsums enthält. Sie besitzen den Strom $q(t)$, wünschen aber einen konstanten Konsum $\bar{q}$. Dann muß gelten:

$$\dot{I}(t) = I(t)i + \bar{q} - q_o e^{2it} \tag{237}$$

mit der allgemeinen Lösung

$$I(t) = -\frac{q_o}{i}e^{2it} - \frac{\bar{q}}{i} \tag{238}$$

und der speziellen Lösung mit $I(0)=I(T)=0$:

$$I(t) = \frac{q_o}{i}(e^{it} - e^{2it}) - \frac{\bar{q}}{i}(1 - e^{it}) \tag{239}$$

Das Schuldenkonto muß bei T völlig getilgt sein, um die geforderte Weitergabe von Q_o=**1250** tätigen zu können. Aus (239) ergibt sich für $\bar{q}$:

$$\bar{q} = q_o \frac{e^{iT} - e^{2iT}}{1 - e^{iT}} \tag{240}$$

Nach Einsetzen der in Tabelle 15 verwendeten Beispielswerte erkennt man, daß $\bar{q} = \hat{q} = 37{,}5$. Dieses Ergebnis war zu erwarten: Durch das Leihen mit i=**0,03** wird das Individuum auf das konstante Konsumniveau herabgezogen, welches sich auch ergeben hätte, wenn es zu gar keiner Akkumulation von $Q(t)$ gekommen, sondern wenn von den Zinsen des konstanten Vermögens gelebt worden wäre. Dies ist formal identisch mit dem Fall des myopischen Robinson mit $i=r$ aus Abschnitt 3.2.2. q liegt weit unter dem vom Subjekt als konstanten Mindestkonsum tolerierten $\bar{q}^*$ (**37,5** gegenüber **45,08**); vom Lebenskonsum bei $q(t)$ von **2661,25** bleiben nur **1875** Einheiten übrig, **786,25** oder fast **30%** müssen als kumulierte Zinsen gezahlt werden.

Das Subjekt könnte versuchen, durch Leihen mit i seinen steilen, mit $2i$ ansteigenden Lebenskonsum wenigstens in einen weniger steil, z.B. mit i steigenden Pfad zu verwandeln. Auch das ist ohne Nutzeneinbuße nicht möglich. Hier müßte analog zu (237) gelten:

$$\dot{I}(t) = I(t)i + \tilde{q}_o e^{it} - q_o e^{2it} \tag{241}$$

mit der allgemeinen Lösung

$$I(t) = -\frac{q_o}{i}e^{2it} + t\,\tilde{q}_o e^{it} \tag{242}$$

Die spezielle Lösung für $I(0)=0$

$$I(t) = \frac{q_o}{i}(e^{it} - e^{2it}) + t\,\tilde{q}_o e^{it} \tag{243}$$

verlangt für $I(T)=0$, daß

$$\tilde{q}_o = \frac{q_o(e^{2iT} - e^{iT})}{i\,T e^{iT}} \tag{244}$$

Wird hier für q_o (231) eingesetzt, so folgt:

$$\tilde{q}_o = \frac{Q_o}{T}(1 - e^{-iT}) \tag{245}$$

Wie der/die Leser/in unschwer nachprüfen kann, ist dies der Pfad, den ein Individuum mit einer mit i wachsenden Ressource *entgegen* der Forderung der Kontrolltheorie (113) aus Abschnitt 3.2.2 hätte wählen können. Die Forderung lautet, daß der Grenznutzen mit i fallen, der Periodenkonsum also (bei $u = \sqrt{q}$) mit $2i$ steigen muß. Hätte das Individuum sich entschieden, $\tilde{q}'(t)$ mit i wachsen zu lassen, so hätte es die Differentialgleichung

$$\dot{Q}(t) = Q(t)i - \tilde{q}_o e^{it} \tag{246}$$

gelöst mit demselben Ergebnis wie (245). Die Konsumsumme beträgt

$$\int_o^T \tilde{q}(t)\,dt = \frac{Q_o}{Ti}(e^{iT} + e^{-iT} - 2) = 2254 \tag{247}$$

Werden die Werte aus Tabelle 15 eingesetzt, so ergibt sich überraschenderweise ein Ergebnis für (247), welches dem Konsumpfad $\bar{q}^*$ identisch ist, wie dort werden gegenüber *q(t)* **407,25** Einheiten als kumulierte Zinsen gezahlt. Da das aber nun betrachtete Konsumprofil nicht gleichverteilt ist, $\tilde{q}(t)$ vielmehr mit i wächst, muß der Nutzen kleiner sein als U_q; er beträgt nach

$$\int_o^T \sqrt{\tilde{q}(t)}\,dt = \sqrt{\frac{Q_o}{T}(1 - e^{-iT})}\;\frac{2}{i}\left(e^{iT/2} - 1\right) \tag{248}$$

nur U_q=**328,18** Einheiten. Das Individuum hat also mit $\tilde{q}(t)$ für *q(t)* einen schlechten Tausch gemacht.

Fassen wir zusammen (Notation wie in Abbildung 56): Der Tausch des "Standard-Konsumprofils" $q(t)=q_0e^{2it}$ gegen ein beliebiges anderes, z.B. $\bar{q}^*$ oder $\tilde{q}(t) = q_0 e^{it}$ *mittels Leihen zum herrschenden Marktzins* ***i*** muß zu einer Nutzenminderung führen und ist damit für ein rationales Individuum keine Alternative. Wäre dies anders, d.h. ließen sich auf diese Weise noch bessere Konsumprofile als $q(t)$ realisieren, so wären alle kontrolltheoretischen Rechnungen dieser Studie vom Abschnitt 3.2.2 an falsch. Wohl ist es für rationale Individuen aber interessant, das Standardprofil gegen ein weniger steil wachsendes, speziell gegen ein völlig gleichverteiltes Profil $\bar{q}^*$ zu tauschen, wenn dafür geringere Zinsen als i zu zahlen wären. Unterstellen wir jedoch plausiblerweise, daß es in der einfachen neoklassischen Modellgesellschaft wegen der Arbitragemöglichkeiten nur einen einzigen Zins i geben kann, so ist dieser Fall nicht weiter zu betrachten. Es verbleibt nur die Möglichkeit, $q(t)$ *umsonst*, d.h. zinslos gegen das gleichverteilte Profil q^* zu tauschen, womit der Nutzen erheblich gesteigert werden kann.

Ausgleich durch Generationenüberlappung: Gibt es in einer Gesellschaft viele Individuen mit dem Profil $q(t)$ und eine vollkommene Generationenüberlappung, so tun diese Individuen das einzig Richtige, wenn sie ihre identischen Konsumströme zinslos in gleichverteilte Ströme q^* verwandeln. Alle gewinnen dabei. Das Anfangsvermögen Q_0 und damit die absolute Höhe von $q(t)$ können sogar unterschiedlich sein, entscheidend ist die überall identische Wachstumsrate $2i$. Was für den isolierten Robinson optimal war, ist nun nicht mehr optimal.

- Blicken wir zuerst auf das Modell "Produktivkredit" im voranstehenden Abschnitt zurück, insbesondere auf die Tabelle 14. Dort zeigte sich, daß die Individuen durch Angleichung der Grenzproduktivitäten des Kapitals in allen Einsatzorten zwar die Summe aller nachhaltigen physischen Erträge maximiert hatten, die Früchte dieser Allokationsverbesserung in Gestalt eines höheren Nutzens für jeden jedoch nicht ernten konnten. Die verbesserte Allokation erzwang ein Konsumprofil mit ungünstiger zeitlicher Verteilung. Der isolierte Robinson kann diesem Zwang nicht entrinnen, die vergesellschafteten Individuen müssen sich jedoch fragen, wer sie eigentlich zu einem solchen Konsumprofil zwingt. Sie können zwei Dinge mit demselben Ergebnis tun: (a) Sämtliche für den Konsum vorgesehenen Anteile $q(t)$ aus allen Altersklassen werden in einen Topf geworfen, der Inhalt beträgt nach Tabelle 14 $\int_0^T q(t) = SiT = 2215{,}89$. Jeder nimmt sich gleichmäßig wieder heraus und konsumiert zu jedem Zeitpunkt $q^* = Si = 44{,}32$ Einheiten. Die Nutzensumme jedes Subjekts beträgt (letzte Zeile in Tabelle 14, rechts) $U_R^* = 332{,}86$ gegenüber U_R (bei ansteigendem Konsum) $=311{,}1$. (b) Diese Prozedur wird bei homogenem Kapital entbehrlich, wenn die Subjekte von Anfang an auf das Leihen von Kapital zum Zins ***i*** verzichten und statt dessen den Ausgleich der Grenzproduktivität kostenlos vornehmen. Der Zins erfüllt hier ohnehin keine Funktion, da alle im Laufe ihres Lebens genausoviel an Sollzinsen zahlen, wie sie an Habenzinsen einnehmen. Die individuellen Kapitalbestände $R(t)$ in Abbildung 52 und 55, welche zu dem exponentiell ansteigenden Konsumprofil $q(t)$ zwangen, werden fiktiv, sie werden qua Übereinkunft "abgeschafft", es zählt nur noch der bei jedem Individuum physisch allozierte Kapitalbestand S. Dieser bleibt konstant, die periodischen Erträge Si=**44,32** Einheiten werden konsumiert.

- Die Möglichkeiten des Ausgleichs durch Generationenüberlappung sind nicht auf den Produktivkredit beschränkt. Im Modell "Bausparkasse" (Abschnitt 4.3.2) können sich alle Nicht-Investoren mit den Vermögensprofilen wie in Abbildung 49 zusammentun und ihre Konsumströme in identischer Weise wie soeben dargestellt egalisieren. Die Investoren können auf eine analoge Idee kommen; sie können einen Fonds eröffnen, in den jeder von ihnen ständig sein Einkommen einzahlt und den für die Investition erforderlichen Betrag einmalig entnimmt. Auf diese Weise brauchten überhaupt keine Zinsen an die Nicht-Investoren gezahlt zu werden. Dies hätte für die letzteren allerdings nicht nur die Folge, auf die Zinseinkünfte verzichten zu müssen, sondern auch, daß das Problem der Egalisierung des Konsumstroms gar nicht erst entstünde, sie konsumierten gleichmäßig ihr Einkommen m.

- Etwas komplizierter liegen die Verhältnisse bei der Myopie als Zinsursache, im Prinzip gilt jedoch gleiches. In Abschnitt 4.3.1 wurde der Gleichgewichtszinsatz (nach Integration über alle Generationen) durch Integration über alle persönlichen Diskontraten ermittelt. Im Ergebnis besaßen alle Individuen mit gleichem r einen Konsumpfad mit gleicher Wachstumsrate $q(t)=q_o e^{2(i-r)\,t}$; bei Individuen mit $r<i$ stieg er im Laufe der Zeit, bei denjenigen mir $r>i$ fiel er. Hier müssen sich Individuen mit gleichem r intergenerationell zusammentun und einen Ausgleich vornehmen. Die nicht myopischen mit $r=0$ ermöglichen sich gegenseitig eine Gleichverteilung, die myopischen hingegen führen den Ausgleich so durch, daß ihre jeweiligen Konsumprofile nicht mehr $q(t)=q_o e^{2(i-r)\,t}$, sondern $q_o e^{-2rt}$ lauten, wie sie es, ihren irrationalen Präferenzen folgend, optimal finden. Beträgt z.B. $i=0,03$, so sorgen alle Individuen mit $r=0,04$ dafür, daß ihr Konsumpfad nicht mehr mit $2(i-r)=-0,02$, sondern mit $-2r=-0,08$ fällt.

- Das Prinzip, wonach sich Gleiche zum zinslosen Ausgleich zusammentun müssen, ist noch weiter verallgemeinerbar. Besitzen Individuen unterschiedliche persönliche Nutzenfunktionen $u=q^a$ $(0<a<1)$, so besitzen sie bei gleichem Zins i in Isolation bzw. vor dem Ausgleich unterschiedliche optimale Konsumprofile $q(t)=q_o e^{i/a}$. In diesem Falle müssen sich alle Generationsketten mit jeweils gleichem a zusammentun, um einen Ausgleich vorzunehmen.

Es bedarf keines Hinweises darauf, daß die tatsächliche Etablierung der hier postulierten "Generationenverträge" in jeder halbwegs konkreten Modellgesellschaft oder gar in der Realität auf die größten Hindernisse stößt und in perfekter Weise nie zu erwarten ist. Prinzipiell unmöglich ist sie, wenn die Zahl der Teilnehmer so gering ist, daß eine hinreichend gleichmäßige Summe über alle Lebensalter nicht zu bilden ist. Informationsprobleme und Transaktionskosten werden wiederum steil zunehmen, je besser die genannte Bedingung erfüllt ist, je mehr Personen am Spiel teilnehmen. Nicht zuletzt stellt das System hohe Ansprüche an Ehrlichkeit (vgl. zur Definition in Abschnitt 1.6); die Schuldnergenerationen müssen dem Anreiz widerstehen, Bedingungen zu schaffen, unter denen sie ihre zinslosen Kredite nicht zurückzuzahlen brauchen. Alle diese Einwände sind auf dem vorliegenden theoretischen Diskussionsniveau nicht relevant; ich möchte auch davon absehen, praktische Beispiele zu nennen, bei denen die analysierten Prinzipien, wenn auch nicht immer leicht erkennbar, durchaus zur Wirkung kommen. Die Aufgabe der vorliegenden Mikrofundierung liegt allein darin, die *logischen Möglichkeiten* aufzuzeigen, welche sich rationalen Individuen unter sehr einfachen Modellverhältnissen bieten. Wie auch in anderen Zusammenhängen folgt hier das scheinbare Paradox, daß egoistische, freie, keiner Art von Despotie unterliegende Individuen ihre Nutzenmaximierungsmöglichkeiten dann voll ausschöpfen, wenn sie in Form einer "Einmal-Entscheidung" (Abschaffung funktionslosen Zinses) eine hochgradig kollektive Option treffen und damit ihre amorphe Dissoziiertheit überwinden.

4.4 Zusammenfassung

1. Der Kredit ist eine *Dienstleistung* zwischen Individuen, und der Zins ist ihr *Preis* - die Zahlung für eine als vorteilhaft erachtete intertemporale Umschichtung von Vermögen und Einkommen. Ein Individuum kann bereit sein, auf einen Teil seines Gesamtvermögens oder -einkommens zu verzichten, wenn der übrigbleibende Rest eine bessere zeitliche Verteilung aufweist. Dieser Verzicht ist der Zins. Das Individuum tauscht mit dem Ziel der Nutzensteigerung ein großes Ressourcenquantum mit schlechtem Zeitprofil gegen ein kleineres mit besserem Zeitprofil. Umgekehrt kann ein anderes Individuum bereit sein, ein zeitliches günstig strukturiertes Ressourcen-

quantum gegen ein ungünstiger strukturiertes zu tauschen, wenn das letztere zum Ausgleich für diesen Nachteil mindestens um einen bestimmten Betrag größer ist. Auf diese Weise kommen Nachfrage und Angebot zustande. Die "Fundamentaleigenschaft" des Zinses ist unabhängig davon, welche speziellen Motive die Individuen besitzen, um das Zeitprofil ihres Ressourcenstroms zu ändern.

2. Noch immer herrscht "...terrible confusion which results from mixing up the rate of return of investment with the rate of interest on loans"[24]. Zins ist ein *gesellschaftliches* Phänomen. Daß er dem Betrag nach mit der Grenzproduktivität des Kapitals, der "marginalen Zeitpräferenzrate" usw. übereinstimmt, heißt nicht, daß er seinem Wesen nach diesen Größen identisch *ist*. Die Forderung nach sorgfältigerem Sprachgebrauch gilt unvermindert. Wächst in Robinsons "Corn-Ökonomie" die Ressource *physisch* mit der Rate s, so fordert dies von ihm denselben Konsumpfad $q(t)$ zu wählen wie den, den ein vergesellschaftetes Individuum wählt, dessen Vermögen infolge des Verleihs an andere mit einem gleich hohen Zins i wächst. Im Falle des reinen Konsumtivkredits könnten die Ursachen für beide Erscheinungen nicht verschiedener sein. Der Konsumtivkredit ist *physisch* ein gesellschaftliches Nullsummenspiel, er führt allein zu einer Umverteilung. Den Vermögensbesitzern erscheint er jedoch als "Wachstumsphänomen".

3. *Myopie* kann eine Zinsursache sein. Die myopischen Individuen entwickeln eine Nachfrage nach Kredit, weil sie eine andere zeitliche Verteilung des Konsums wünschen als jene, welche sie auf Grund ihres Einkommenstroms wählen können. Das Angebot entsteht dadurch, daß andere Subjekte den myopischen Individuen dazu verhelfen, ihren Konsum in Richtung auf Vorverlegung umzuschichten. Dafür lassen sie sich bezahlen. Sind in einem System alle Individuen gleich myopisch, so kann aus diesem Grund kein Zins entstehen. Er verlangt *Unterschiede* im Grad der Myopie; es erfolgt ein Ressourcentransfer von den stärker zu den weniger oder gar nicht myopischen Individuen. Die myopischen Individuen schädigen sich in doppelter Weise: Um ihren für sich schon nutzenmindernden myopischen Konsumpfad wählen zu können, verzichten sie außerdem noch auf einen Teil ihrer Ressourcenausstattung, den sie als Zins weggeben. Ein zeitlich konstanter Zinssatz auf Grund unterschiedlicher Myopiegrade ist im allgemeinen nur bei überlappenden Generationen möglich.

[24] KNIGHT (1944, p. 29).

4. Eine Gesellschaft von Individuen mit gegebenen Einkommenströmen und ohne Unterschiede im Myopiegrad, speziell auch eine Gesellschaft ausschließlich rationaler Individuen (***r*=0**) entwickelt einen Zins, wenn die Individuen aus rationalen Motiven ihren Konsum zeitlich anders zu strukturieren wünschen, als sie es auf Grund ihrer Primärausstattung können. In einem 2-Personen-Modell kommt es zu COASE-schen Verhandlungen. Als ein Spezialfall in einem System mit zahlreichen Individuen wurde das Modell *"Bausparkasse"* untersucht; es steht paradigmatisch für den rationalen Konsumtivkredit. Hier möchten einige oder alle Individuen ihren kontinuierlichen Einkommensstrom in ein punktförmiges Vermögen verwandeln, um eine konsumtive Investition zu ermöglichen. Ein positiver Zins läßt sich ohne Schwierigkeiten ableiten, allerdings erbrachte die Diskussion zwei wesentliche Gesichtspunkte (folgende Punkte 5 und 6):

5. Besitzen alle Subjekte ein Bedürfnis nach einer identischen intertemporalen Umschichtung des Einkommens und erfüllen sie sich dieses gegenseitig mit Erfolg, so ist zwar ein Zins zu berechnen, dieser erfüllt jedoch keine Funktion, da sich alle Zinszahlungen zu Null saldieren. Jedes Subjekt empfängt genauso viele Habenzinsen, wie es an Sollzinsen bezahlt, man könnte sich ebensogut umsonst leihen. In Analogie zum Punkt 3 (Myopie) sind es die *Unterschiede* im Bedürfnis nach zeitlicher Umschichtung des Einkommens, welche den sinnvollen Zins erzeugen. Während im Falle der Myopie bei fehlenden Unterschieden ein Zins gar nicht erst entstehen kann, ist dies hier zwar möglich, er ist jedoch funktionslos. Ein sinnvoller Zins entsteht, wenn z.B die eine Hälfte der Population nach einem Investitionskredit nachsucht (die "Häuslebauer"), die andere Hälfte (die "Mieter") jedoch nicht. Letzere erzielen durch das Kreditangebot ein zusätzliches Einkommen.

6. Unter Einbezug von Werturteilen sind Unterschiede in der Bedürftigkeit nach zeitlichem Ausgleich von Einkommen ein *verteilungspolitisches Problem.* Krasse Unterschiede führen zum Wucherzins auf Grund der Ausnutzung von Notlagen. Dieser Wucherzins beruht nicht auf Myopie und ist daher Ausdruck eines rationalen Kalküls. Da aber seine Ursachen politisch unakzeptabel sein können, folgt, daß auch ein nicht durch Myopie oder andere Formen von Irrationalität entstandener Zins Gegenstand der Kritik sein kann - mit anderen Worten macht Rationalität den Zins noch nicht immun gegen Einwände.

7. Fällt den Subjekten ihr Einkommen nicht "vom Himmel", sondern erzielen sie es durch die Bewirtschaftung einer produktiven Ressource (analog zu Robinsons "Corn-Ökonomie") und gibt es Unterschiede in der Produktivität der einzelnen Ressourcen, so entsteht ein *Produktivzins*. Ihm ist besondere Aufmerksamkeit zu widmen, weil er in der Realität neben den Hypotheken die relevanteste und für die Bewirtschaftung natürlicher Ressourcen bedeutsamste Kreditform darstellt und daher auch in der neoklassischen und in anderen Zinstheorien im Mittelpunkt der Betrachtung steht. Der Produktivzins bewirkt im allgemeinen eine Angleichung der Grenzproduktivität der Ressourcen (des "Kapitals") in den verschiedenen Einsatzorten bei den Subjekten und führt damit unter weiten Voraussetzungen zur Maximierung der physischen Produktion im Gesamtsystem. Subjekte mit niedrigem Ressourcenbestand leihen dazu, während solche mit hoher Akkumulation verleihen. Im Gleichgewicht und unter einfachsten Voraussetzungen bewirtschaften alle Subjekte einen identischen und zeitlich konstanten Ressourcenbestand. An dieser Stelle erfolgt der von MARX so hervorgehobene Umschlag im Wesen des Kapitals: Die Verfügung über *physische* und die über *wertmäßige* Größen klaffen auseinander. Die erste Anpassung jedes Teilnehmers ist, sein wertmäßiges Kapital nach identischen Regeln zu behandeln, wie es Robinson mit seiner physischen Ressource bei der "Corn-Ökonomie" tut. Im einfachsten Fall zeichnet sich das System ferner dadurch aus, daß sich bei einer homogenen Ressource Soll- und Habenzinsen aller Subjekte über die Gesamtperiode hinweg zu Null saldieren und in diesem Falle auch der Produktivzins funktionslos ist. Unabhängig davon führt die Angleichung der Grenzproduktivitäten in allen Einsatzorten als Maßnahme der *Produktionsmaximierung* nicht notwendigerweise zu einer Nutzenmaximierung. Der Nutzen der Teilnehmer muß sich gegenüber der Situation mit isolierter (technisch ineffizienter) Produktion nicht erhöhen; weitere Anpassungen sind also erforderlich (folgender Punkt).

8. Ein Zins unter völlig Gleichen ist entweder nicht möglich (im Falle der Myopie) oder er ist funktionslos, weil sich alle Zinsen zu Null saldieren. Auf ihn im zweiten Fall gegebenenfalls zu verzichten, ist eine pragmatische Entscheidung, für die zahlreiche prozedurale Gründe pro und contra (Transaktionskosten, Ehrlichkeit u.a.) abzuwägen sind. Die Analyse zeigte jedoch eine weitere Klasse von Problemen auf, bei denen auf den Zins im Wege des intergenerationellen Ausgleichs zu verzichten eine zwingende Entscheidung im Interesse der Nutzenmaximierung ist. Gibt es in einer Gesellschaft einen Zins, aus welcher Ursache auch immer, so befinden sich alle Individuen subjektiv in der Rolle des Robinson mit einer "Corn-Ökonomie". Wie

letzerer durch die *physische* Wachstumsrate seiner Ressource ***s*** werden sie durch die Wachstumsrate ihres Vermögens, den Zins ***i***, zunächst zu einem ungleichmäßigen, nämlich wachsenden Konsumstrom ***q(t)*** gezwungen. Während beim isolierten Robinson jeder Versuch, jenen in einen gleichmäßigen Strom mit konstantem Grenznutzen zu zwingen, zu einer Nutzenminderung führt, weil der gesamte Konsum sinken muß, ist dies bei vergesellschafteten Individuen nicht der Fall. Sie können durch zinslosen intergenerationellen Austausch und ohne physische Verluste ihre ungleichmäßigen Konsumströme in gleichmäßige transformieren und damit unter einfachen Modellbedingungen (keine Myopie, zeitinvariable Nutzenfunktion) ihren Gesamtnutzen maximieren. Zu diesem Prinzip muß gegriffen werden, um die im voranstehenden Punkt beschriebene Produktionsmaximierung mit Hilfe des Produktivzinses in eine Nutzenmaximierung zu transformieren, es findet jedoch auch in anderen Modellsituationen Anwendung.

Die einfache Untersuchung bestätigte die Komplexität und Faszination der Zinstheorie. Zahlreiche wichtige Probleme mußten unbearbeitet bleiben, etwa die Wechselwirkung mit technischem Fortschritt und Wachstum. Wir haben uns auf die Probleme konzentriert, aus denen Konsequenzen für die Bewirtschaftung der Natur folgen. Eine Kernfrage der Gesamtstudie ist, ob es richtig ist, die Intensität der Naturnutzung teilweise oder ganz durch den Zins steuern zu lassen. Ein einfaches "ja" oder "nein" war als Antwort nie zu erwarten und wird es auch nicht geben. Die hier vorgelegten Ergebnisse werden bei der abschließenden Diskussion über die Rolle der Ratenparameter ***r, π, w, s*** und ***i*** in einer naturbewußten individualistischen Gesellschaft in Abschnitt 6.4 wieder aufgegriffen werden und dort hoffentlich eine befriedigende Antwort ermöglichen.

La postérité pour le philosophe,
c'est l'autre monde de l'homme
religieux.

DENIS DIDEROT[1]

5 Zukunftsvorsorge

5.1 Vorbemerkungen

Zukunftsbewußtsein und Gedanken über das Wohl künftiger Generationen hat es immer gegeben, und zwar durchaus nicht nur in der Weise, daß sie reine Humanität widerspiegelten. BIRNBACHER zeigt an einem Beispiel aus der STALIN-Ära, in welchem Maße abstrakte Zukunftsbeglückungsparolen Zufügung von Leid in der Gegenwart rechtfertigen sollten.[2] Dies geschah nicht zum ersten Mal, ROBBESPIERRE und andere Jakobiner dachten ähnlich. Nach TREPL könnte der heutige Kult um die Verantwortung gegenüber Nachkommen auch ein säkularisierter Ersatz für Religiosität und verlorengegangenes Mythenbewußtsein sein; man verlegt das einst verehrte "Ganz Früher" in die Zukunft.[3] Was materielle Gerechtigkeit angeht, sollten sich in der Tat manche, sich im Pathos für die "Kindeskinder" ergehenden Personen einmal fragen, wieviel sie für das Wohl der heute lebenden Kinder tun, speziell für die zahlreichen, denen es nicht nur hypothetisch (wie den künftigen), sondern manifest sehr schlecht geht.[4]

Für die vorliegende Arbeit ist das Problem der intergenerationellen Gerechtigkeit aus einem methodischen Grund zentral. In Abschnitt 1.4.1 wurde von allen nichtan-

[1] Zitiert in ATTFIELD (1983, p. 72).

[2] BIRNBACHER (1988, p. 11).

[3] TREPL (1987, p. 255).

[4] "Being in favor of future generations is somehow more antiseptically apolitical than being in favor of contemporaries, and also, in an odd way, gives an impression of being more high-minded" BARRY (1983, p. 25). In diesen Zusammenhang gehört auch DALYs Erinnerung daran, daß verschwenderisches Leben nicht nur im Hinblick auf die Zukunft problematisch ist, sondern: "... economic developement as currently understood and measured is neither sustainable for a long future nor generalizable to all presently living people." (DALY 1988, p. 41). MARTINEZ-ALIER (1987, p. 156) trifft wieder den Nagel auf den Kopf: "The market gives a present value to future demands, and in that sense it is more generous with posterity than with impecunious contemporaries."

thropozentrischen Motiven zum Naturerhalt abgesehen, die Natur soll nach unserer Argumentation für den Menschen bewahrt werden. In Zeiträumen von wenigen Jahrzehnten spielt hier die egoistisch-rationale Vorsorge einer Generation eine nicht zu vernachlässigende Rolle, wenn bedacht wird, in welchem Maße die Natur bereits in diesen Zeiträumen gefährdet werden kann. Viele Menschen erschrecken heute vor dem "Treibhaus-Effekt" nicht nur aus Sorge für ihre Kinder, sondern aus Angst, selbst von den Folgen betroffen zu werden. Dieses Naturerhaltungsmotiv greift dennoch nicht weit genug in die Zukunft. Ferner wurde im Abschnitt 1.3.2 festgestellt, daß affektive Fürsorge für andere Menschen, gefühlsmäßiger Altruismus etwa für die eigenen Kinder, kaum hinreichen kann, um eine zivilisierte Gesellschaft zu erhalten - dies dürfte intergenerationell erst recht gelten. Somit verbleibt rationale Einsicht in die Rechte künftiger, einem selbst unbekannter und emotionell gleichgültiger Menschen und der dauernde Respekt vor diesen Rechten die *einzige* Triebkraft, welche die Natur gegen zerstörerische Impulse schützt, welche davon abhält, nach dem Motto "Nach mir die Sintflut" zu leben. Auf ihr ruht hier eine viel größere Last als in einem nicht oder nur schwach anthropozentrischen Kontext,[5] in welchem auch jemand, der vor Ungerechtigkeiten gegenüber späteren Menschen möglicherweise nicht zurückschrecken würde, zum Erhalt der Natur aus Selbstzweck oder aus Furcht vor Gott beitragen würde.

Wie BIRNBACHER hervorhebt, erhält die Zukunftsethik ihre besondere Aktualität sowohl aus dem gegenüber früher ungeheuer angewachsenen Zerstörungspotential als auch aus dem nicht zu verdrängenden Wissen über die möglichen Folgen heutiger Taten.[6] Hier ist noch hinzuzufügen, daß erstmals in der Geschichte echte *Wahlmöglichkeiten* bestehen, ja daß erstmals bewußt unter verschiedenen Alternativen, welche sowohl unsere als auch die spätere Wohlfahrt berühren, ausgewählt werden *muß*. Das hat es noch nie gegeben - eine gewisse Toleranz sowohl dafür, daß in der Realität die richtigen Entscheidungen nicht auf Anhieb getroffen werden als auch dafür, daß wissenschaftliche Theorien wie die neoklassische Ökonomie ihre Schwierigkeiten haben, sich auf das Neue einzustellen, ist zweifellos gefordert. Diese Toleranz besitzt nur insofern einen geringen Spielraum, als falsche Entscheidungen, wenn sie folgenschwer und irreversibel sind, nicht mehr beliebig lange getroffen werden dürfen.

[5] Der Begriff "Weak Anthopocentrism" wird von NORTON (1984) verwendet.

[6] BIRNBACHER (1988, pp. 12ff.).

Frühere Generationen haben nur in Einzelfällen bei ihren Handlungen unbegrenzt lange in die Zukunft gedacht, vielleicht beim Bau von Kathedralen für die "Ewigkeit". Soweit sie ein Interesse an zerstörerischer Naturausnutzung besaßen und uns trotzdem etwas übrigließen, lag dies in der Regel an den begrenzten technischen Möglichkeiten und der Widerstandsfähigkeit der Natur, nicht aber an ihrem Wohlwollen. Soweit sie uns geschaffene Werte hinterließen, geschah dies ebenfalls nicht, um sich in unserem Andenken zu verewigen, vielmehr handelt es sich bei diesem Prozeß um eine "Zwangsvererbung". Das aufgebaute Kapital an Eisenbahnschienen, Gerichtsgebäuden bis zu guten Möbeln und Kunstwerken besitzt oft die technische Eigenschaft, nicht in einer Generation verbrauchbar zu sein; dies ist eine der Ursachen für das Wirtschaftswachstum überhaupt.[7] Der zweite Weltkrieg zeigte, wieviel an technischer (weniger an künstlerischer) Substanz selbst bei schwersten äußerlichen Zerstörungen überdauert und wie schnell es geht, diese Zerstörungen zu reparieren. Völlig zwangsweise ist schließlich die Vererbung von Wissen - auch solchem zerstörerischer Art.

Auf einige Probleme, die in der philosophischen Literatur in radikaler Weise angesprochen werden, kann hier nur hingewiesen werden. Dazu gehört, inwieweit ein Wert darin gesehen werden kann, daß es in Zukunft überhaupt Menschen gibt und ob oder unter welchen Umständen es heute eine Pflicht gibt, zum Erhalt der Menschheit beizutragen.[8] Diskutiert wird ferner, inwieweit es begrifflich möglich ist, noch nicht existierenden Menschen Rechte zuzusprechen.[9] Gelegentlich werden Erwartungen an die Zukünftigen gestellt, sich heutiger Vorsorge durch ein kulturelles Mindestniveau würdig zu erweisen, wie zwischen den Zeilen bei JONAS, was BIRNBACHER die Frage entlockt, wie frühere Generationen nach dieser Maxime wohl über uns heutige gedacht hätten.[10]

Fragen dieser Art führen über den spezifisch ökonomischen Horizont zu weit hinaus; wir beschränken uns auf die bedingte Aussage: Angenommen, daß es zukünftige Menschen mit sehr ähnlichen Grundbedürfnissen wie heute gibt, daß ihre

[7] Ausführliche Belege in KOTLIKOFF & SUMMERS (1981).

[8] Interessante Beiträge mit weit divergierenden Schlußfolgerungen z.B. in SIKORA & BARRY (1978, Part I): "Should Intrinsic Value be Placed on the Preservation of Mankind?", (pp. 1-165).

[9] Unterschiedliche Meinungen in PARTRIGDE (1981), Part Three: "Can Future Generations be Said to Have Rights?", vgl. auch STEINER (1983).

[10] JONAS (1984, pp. 282ff.), BIRNBACHER (1988, p. 121).

Zahl für relevante Planungszeiträume hinreichend genau zu schätzen ist, und angenommen, daß sie fähig sind, Rechte zu tragen - welche Pflichten besitzen wir dann in bezug auf den Erhalt der Natur und wie ist diesen Pflichten konkret zu genügen?[11] Dieser Frage wird im vorliegenden Abschnitt nachgegangen; das Ergebnis liefert (neben denen aus den beiden voranstehenden Abschnitten) die Basis, um im folgenden Abschnitt 6 zu analysieren, ob eine individualistische Gesellschaft diesen Pflichten strukturell genügen *kann*.

Im folgenden wenden wir uns zunächst zwei Themen zu, zu denen bereits eine umfangreiche Literatur besteht[12] und es also hätte auch gerechtfertigt werden können, hier wesentlich kürzer zu bleiben. Auf der anderen Seite wird den beiden "herkömmlichen Fragestellungen", der Debatte um "utilitaristischem" versus "Maximin"-Entwicklungspfad sowie der intergenerationellen Nutzendiskontierung, weiterhin große Aufmerksamkeit zuteil und sind, insbesondere auf dem zuletzt genannten Gebiet, m.E. entschiedene Einwände gegen die in der ökonomischen Diskussion nach wie vor maßgeblichen Lehrmeinungen zu erheben. In bezug auf die neoklassische Orthodoxie ist dieser Teil daher der kritischste der gesamten Untersuchung.

Anschließend blicken wir auf neuere und in rapider Ausbreitung befindliche Strömungen in der Ökonomie, die sich unter dem Begriff *"Ecological Economics"* zusammenfassen lassen. Sie können sich auf illustre Vorläufer berufen, entwickeln sich teils organisch aus bestimmten Strömungen innerhalb der Neoklassik, wie vor allem der schon in Abschnitt 2.6 diskutierten Kosten-Nutzen-Analyse, inkorporieren jedoch auch gegenüber dem "Mainstream" ausgesprochen oppositionelle Positionen. Soweit es Heterogenität und rasche Entwicklung erlauben, wird eine faire Charakteristik der "Ecological Economics" zu geben versucht.

Schließlich wechseln wir wieder von der ideologiekritischen auf die Faktenebene und setzen die im Abschnitt 1.4 schon begonnene Diskussion darüber fort, welche Maßnahmen im Interesse des Naturerhalts für künftige Generationen zu ergreifen sind, wobei in der Flut der empirischen Fakten nur eine strenge, vergleichsweise abstrakte Systematik erarbeitet werden kann. Wir schließen an das schon vorgeschlagene Zielbündel ***ESH*** (Elemente/Systemstabilität/Homöostase) an. In einem Exkurs

[11] Wie in SIKORA & BARRY (1978, Part II): "Assuming that Future Generations will Exist and that the Future Population Size is Taken as Given, what Obligations do we Have to the Future?", (pp. 167-248).

[12] Unter vielen anderen vgl. BIRNBACHER (1988), BUCHHOLZ (1984), ARROW (1973, 1973a), DASGUPTA (1974), DASGUPTA & HEAL (1979).

wird dann für interessierte Leserinnen und Leser ein komplexes ökologisches Problem, die gefährliche Desintegration des globalen Stickstoff-Kreislaufs durch den Menschen, als Beispiel näher beleuchtet.

5.2 Herkömmliche Fragestellungen

5.2.1 "Utilitaristischer" versus "Maximin"-Pfad

Der "utilitaristische" Pfad: "The problem of justice in the distribution of resources is of course basic. At no time in the history of economic thinking has there been a thoroughly agreed-on criterion, but at least among the more philosophical circles of economists a utilitarian criterion has more or less been accepted. That is we assume there exists for each individual i an interpersonally meaningful cardinal utility function $U_i(c_i)$, where c_i is the consumption of the ith individual, then a just or optimal distribution is one which maximizes $\Sigma\, U_i(c_i)$ where the variables c_i are constrained by technology, initial resources and informational and other difficulties in transferring goods among individuals."[13] In den Worten von ARROW ist ein ökonomischer Zukunftsplan für eine Gesellschaft so zu fassen, daß die Summe der (in der Regel diskontierten) Nutzen aller Individuen aus allen Generationen von nun ab maximiert wird. Dieser, die ökonomische Theorie natürlicher Ressourcen weithin beherrschende Ansatz ist im wesentlichen von der Wachstumstheorie - dem intertemporalen Zweig der Neoklassik, bevor die Knappheit der Natur ins Bewußtsein trat - übernommen worden. Mit ihm sind folgende Probleme verbunden:

- Es ist vorausgesetzt, daß die Subjekte über eine kardinale Nutzenfunktion verfügen und daß Nutzen interpersonell vergleichbar ist. Nach Lektüre der Abschnitte 3 und 4 dürfte zwar klar sein, daß die vorliegende Studie zumindest mit der ersten der beiden Annahmen keine Probleme hat, basieren doch auf ihr nahezu sämtliche Modellrechnungen.[14] Es erstaunt jedoch, mit welcher Leichtigkeit sich der größte Teil der Mainstream-Ökonomie über die Auffassung der New Welfare Economics hinwegsetzt, wonach zu fortschrittlicher ökonomischer Methodik die Annahmen *ordina-*

[13] ARROW (1973, p. 323).

[14] Entgegen verbreiteter Ansicht bedingen sich die beiden Konzepte der Kardinalität und der intersubjektiven Vergleichbar- (speziell Summierbar-)keit nicht gegenseitig. Das zweite setzt das erste voraus, ist aber weitergehend. Vgl. ARROW (1982).

ler individueller Nutzenfunktion (oder konsequenter, der Ersatz des Nutzenbegriffs durch das Instrument der Präferenzrelation) und intersubjektiver *Nichtvergleichbarkeit* gehören. In den Worten PAGES: "In view of the great efforts economists have made in the past fifty years for the intratemporal case to avoid interpersonal comparisons in the theory of economic welfare, their willingness to make such comparisons in the intertemporal theory of welfare is somewhat surprising. Perhaps the willingness is prompted by the realization that it clears the way for models of great mathematical elegance or by the perception that it is a normative statement of what the market tends, more or less, to do by itself."[15] Ich glaube nicht, daß sich diese methodische Inkonsistenz rechtfertigen läßt. Wären Kardinalität und intersubjektiver Nutzenvergleich unzulässig, so gälte dies auch in intertemporalen Fragestellungen, selbst wenn dadurch keine intertemporale Ökonomie betrieben werden könnte und die Probleme ungeklärt bleiben müßten. Sind beide aber zulässig, dann müssen sie auch im *intra*temporalen Kontext gebraucht werden dürfen. Die neoklassische Ökonomie setzt sich dem Verdacht aus, brisanten aktuellen Verteilungsproblemen auszuweichen, wenn sie nicht zögert, den Nutzen von Individuum A heute und Individuum B in 100 Jahren zu vergleichen, den Vergleich zwischen A (heute, sehr reich) und C (heute, sehr arm) aber methodologisch ablehnt. Würde nämlich die intertemporale, utilitaristische Methodik in Verbindung mit der Standardannahme $u'(q)>0$, $u''(q)<0$ für die intratemporale Wohlfahrtsökonomie verbindlich werden, so bestünde die Konsequenz in der Forderung nach unverzüglicher Umverteilung zugunsten der Armen - nicht im Interesse eines abstrakten Egalitarismus, sondern weil auf diese Weise die Nutzensumme maximiert wird. Diese Konsequenz wird in der Ökonomie, soweit zu sehen, nirgendwo gezogen.

- In ARROWS oben zitiertem Ansatz wird der Nutzen zweimal summiert, einmal intratemporal über alle Zeitgenossen und darauf intertemporal. In der ersten Summierung verbergen sich erhebliche Fußangeln, welche in der Kontroverse zwischen "Nutzensummen-" und "Durchschnittsnutzen-Utilitarismus" diskutiert werden.[16] Ist die Nutzenfunktion der Individuen $u(q)$ konkav, so stiftet ein bestimmtes Güterquantum q^*, auf zwei Personen aufgeteilt, einen höheren Gesamtnutzen, als wenn dasselbe Quantum von einer einzigen Person konsumiert wird, bei vier Personen stiftet es eine höhere Nutzensumme als bei zwei usw., auch wenn der Nutzen pro Person geringer

[15] PAGE (1977, p. 172).

[16] Aus philosophischer Sicht hierzu z.B. BIRNBACHER (1988, 1989a), SMART (1973); ökonomische Diskussionen in DASGUPTA (1982, pp. 114ff.), DASGUPTA & MITRA (1982).

wird. Sind die Nutzenfunktionen überall konkav und ist die Zahl der Personen beliebig, so gibt es gar kein intratemporales Nutzenmaximum. Werden dagegen Produktionsfunktionen angenommen, in welche die Arbeitsleistung explizit eingeht und wird damit der Gütervektor selbst eine Funktion der Zahl der Individuen, so kann dieses Problem umgangen werden, dafür ergeben sich jedoch andere. Zu einer vollständigen utilitaristischen Zukunftsplanung gehören in der Regel Annahmen über die (gewollte oder spontane) Bevölkerungsentwicklung; auf sie kann nur in sehr einfachen Modellen wie den folgenden (z.B. Abbildung 57) verzichtet werden, bei denen eine konstante Bevölkerung unterstellt wird.

- Die utilitaristische Planung erfolgt ohne Rücksicht auf Verteilungswirkungen. In Abbildung 57 ist zur Vermeidung der im folgenden Punkt anzusprechenden Schwierigkeit ein endlicher Planungshorizont unterstellt; die Probleme der intragenerationellen Nutzensummation seien gelöst. Hier ist der Pfad 1 dem Pfad 2 utilitaristisch vorzuziehen, denn die Fläche unter 1 ist klar größer. Allerdings ist der Nutzen für die ersten Generationen bei Pfad 2 größer, *sie* würden diesen vorziehen. Als realen Hintergrund der beiden Pfade kann man sich leicht vorstellen, daß Pfad 1 eine Wirtschaft mit hoher Anfangsinvestition und entsprechend hohen Opfern für die Frühen darstellt. Bei Pfad 2 wird hingegen zu Anfang weniger gespart und besser gelebt. Zwar sind Konflikte zwischen Allokations- und Verteilungszielen auch unter Ausschluß des Zeitfaktors bekannt, in dynamischer Perspektive sind sie jedoch ungleich schärfer: Ist eine statische Allokation ungerecht, aber effizient, so besteht immer die theoretische Möglichkeit, die Ungerechtigkeit durch Umverteilungen zu mildern. In Abbildung 57 ist es aber unmöglich, daß die späteren, durch das heroische Sparen ihrer Ahnen begünstigten Menschen aus Generation 5 den Begründern des Wohlstands aus Generation 1 etwas zurückzahlen, da diese nicht mehr leben. Die Abbildung kann auch horizontal-spiegelbildlich gezeichnet werden, wobei sich die Interpretation bei endlichem Planungshorizont nicht änderte: Pfad 1 könnte in einer Wirtschaft, die ihre natürlichen Ressourcen verschleuderte und Zukunftsinvestitionen versäumte, steil abwärts weisen. Dann wären die späten Generationen die ärmsten, aber auch dann wäre der Pfad 1 utilitaristisch dem (gespiegelten) Pfad 2 vorzuziehen.
- Der Begriff "utilitaristischer" Pfad ist zu Anfang dieses Abschnitts bewußt in Anführungszeichen gesetzt worden, weil ökonomische Modelle dieser Art fast durchweg nur mit starken Einschränkungen als Anwendungen des Nutzensummen-Utilitarismus angesehen werden dürfen. Wie schon in Abschnitt 2.7 (86) festgestellt, maximieren sie mit wenigen Ausnahmen die Funktionale

$$\int_o^T \Sigma u(q(\ldots(t)))\, e^{-wt} dt, \qquad T \text{ endlich oder } \infty,\ w > 0 \tag{249}$$

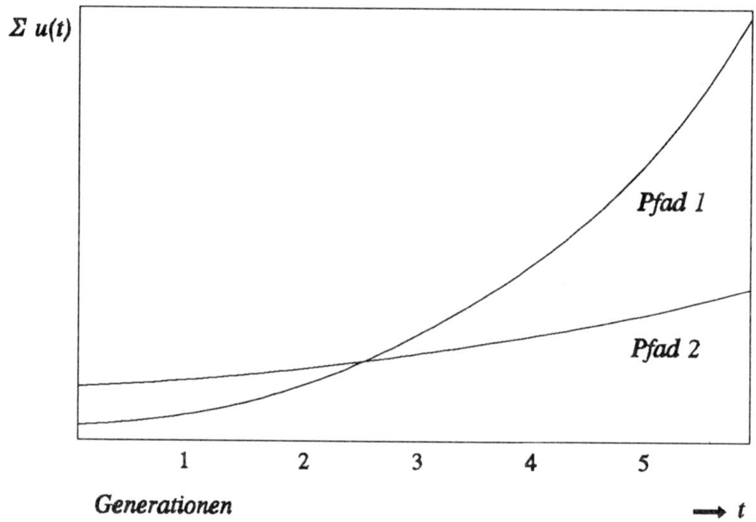

Abbildung 57: Utilitaristische Wachstumspfade

unter Nebenbedingungen, d.h. sie summieren *diskontierte* Nutzen. Die Nutzen künftiger Generationen werden mit der in der Regel konstanten Rate w abdiskontiert. In der neoklassischen Routine ist das Procedere des Diskontierens mit dem utilitaristischen Entwicklungspfad so eng verknüpft, daß man beide als einander logisch bedingend ansehen könnte. Dies ist jedoch ein Trugschluß. Das Wesen des Nutzensummen-Utilitarismus besteht allein in der Maximierung der Summe aller Nutzen, die Art deren Gewichtung nach Maßgabe der zeitlichen Distanz (oder auch aus anderen Gründen) ist in keiner Weise festgelegt. Fast alle Autoren des philosophischen Utilitarismus äußern sich sogar dahingehend, Nutzen wegen seiner bloßen zeitlichen Distanz *nicht* zu diskontieren. Wahrscheinlich muß man, zumindest kann man auf die intergenerationelle Nutzendiskontierung verzichten, um Utilitarist zu sein; umgekehrt kann diese Diskontierung aber auch in nicht-utilitaristischen Planungen Anwendung finden. Aus diesem Grunde und wegen seiner besonderen Wichtigkeit ist diesem Problem ein eigener Unterabschnitt (5.2.2) gewidmet.

Der "Maximin"-Pfad: Dem utilitaristischen Weltbild ist seit mehreren Jahrzehnten eine Konkurrenz entstanden in Gestalt des einflußreichen Werkes von RAWLS,[17] auf welches hier nicht annähernd erschöpfend eingegangen werden kann. Insbesondere versuchen wir uns nicht erneut an der Frage, ob RAWLS seinem eigenen Anspruch gerecht geworden ist, die Grundlagen einer den Utilitarismus überwindenden (ihn möglicherweise als Spezialfall einschließenden) Ethik gelegt zu haben, oder ob er "nur" (was wohl unbestritten ist) eine m.o.w. partielle Kritik am Utilitarismus geliefert und manchen, keineswegs neuen alternativen Sichtweisen wieder zur verdienten Geltung verholfen hat. RAWLS kritisiert den Utilitarismus m.E. zu Recht wegen dessen Gleichgültigkeit gegenüber dem *individuellen* Schicksal, indem jener grundsätzlich bedenkenlos (allenfalls durch ad hoc eingebrachte Zusatzerwägungen abgemildert) Nutzen und Schaden verschiedener Individuen gegeneinander aufrechnet. "Utilitarianism does not take seriously the distinction between persons".[18] RAWLS' Kritik ist intuitiv einleuchtend: Es erscheint ungerecht, daß *ein* Individuum dafür büßen soll, daß es anderen Individuen, denen es ohnehin schon besser geht, *noch* besser geht, wie es der Nutzensummen-Utilitarismus in bestimmten Situationen durchaus fordern würde. Nach RAWLS ist als eine gerechte Verteilung diejenige zu bezeichnen, welche die betroffenen Subjekte aus freiem Entschluß wählen würden, *bevor* sie die Bühne der wirtschaftlichen Realität betreten, und zwar in einem Zustand der völligen Ungewißheit über ihren Status in dieser Realität. Jeder kann sich später als reichstes wie auch als ärmstes Subjekt wiederfinden, ohne darüber im voraus die geringsten Kenntnisse zu haben. RAWLS hält es für selbstverständlich (hierin folgen ihm zahlreiche andere jedoch nicht), daß die Subjekte in dieser Situation eine Maximin-Strategie einschlagen, d.h. nur diejenige Verteilung einstimmig verabschieden, in der das ärmste Subjekt (als das sich nach Entfernung des "veil of ignorance" jeder wiederfinden kann) am relativ besten dasteht.[19] Das "Differenzprinzip" fordert zwar keine intragenerationell egalitäre Verteilung, duldet jedoch Ungleichheiten nur soweit, als sie auch den jeweils schlechtestgestellten Subjekten

[17] RAWLS (1971), umfangreiche Sammlung und Verarbeitung von Sekundärliteratur in KLEY (1989).

[18] RAWLS (1971, p. 27).

[19] Ibid., Chapter III (The Original Position), insbes. §§ 24ff., pp. 136ff. Dies geht z.B. BUCHANAN (1975, p. 175) zu weit: "Unfortunately, in my view, Rawls went further on than this and attempted to identify those precepts that might be predicted to emerge." Ähnlich DASGUPTA (1974a, p. 327).

nützen. Z.B. ist die Verteilung (8,5,3) zwar ungleich, aber auch aus der Sicht des Ärmsten der Alternative (2,2,2) vorzuziehen. Besteht nur die Wahl zwischen beiden, so ist nach RAWLS die erste, PARETO-dominante Verteilung nicht ungerecht. In allen Fällen, bei denen eine feststehende Ressourcensumme auf mehrere Subjekte verteilt wird (m.a.W. Ungleichheit nicht die Summe erhöht), ist allerdings nach RAWLS nur die egalitäre Verteilung nicht mehr zu verbessern.

RAWLS selbst hält sein "Differenzprinzip" nur für intratemporale Entscheidungssituationen für relevant und will es für Probleme intergenerationeller Ethik nicht angewandt wissen. Dies unter anderem, weil er es für unmöglich hält, sich mehrere oder alle Generationen gleichzeitig in einer hypothetischen Verhandlungsrunde hinter dem "veil of ignorance" vorzustellen. Er entwickelt zum Problem des gerechten Sparens und Vererbens eigene Vorstellungen, denen zwar von ökonomischer Seite durchaus manches Interesse abgewonnen wurde, die jedoch in der Philosophie wegen ihrer Kompliziertheit und Inkonsistenz auf Kritik gestoßen sind. U.a. weicht RAWLS hier von seinem Prinzip ab, emotionelle Bande zwischen Subjekten zu ignorieren; er konstruiert Familienlinien, in denen aus Altruismus für die Nachfahren gesorgt wird, was er dann in der Tat intratemporal auch tun müßte. Wir brauchen uns mit diesem Aspekt von RAWLS' Theorie nicht näher zu befassen.[20]

In der Ökonomie hat man sich über RAWLS' Bedenken hinweggesetzt und von Anfang an nicht gezögert, die intergenerationelle Verteilungsproblematik auch unter dem Blickwinkel der Maximin-Lösung zu analysieren.[21] Wie BUCHHOLZ hervor-

[20] RAWLS (1971), Chapter V ("Distributive Shares"), insbesondere § 44 ("The Problem of Justice Between Generations"), (pp. 284ff). Nach BARRY (1978) lassen sich RAWLS' Schwierigkeiten mit der intergenerationellen Gerechtigkeit auf sein Festhalten an HUMEs "Circumstances of Justice" (bei RAWLS § 22, pp. 126 ff.) zurückführen, vgl. hier auch vorl. Studie, Abschnitt 1.3.2, Anmerkung 54. RAWLS sitzt nach BARRY zwischen den Stühlen: "... he started out with Hume and finished up with Kant." (BARRY 1978, p. 229). Da die Generationen nicht wie HUMEs Zeitgenossen ungefähr gleich stark sind (frühe Generationen können die späteren schädigen, aber nicht umgekehrt), ist RAWLS zu verstehen, wenn er davor zurückscheut, sie alle gleichzeitig hinter den "veil of ignorance" zu stellen. BIRNBACHER (1977), der wie ENGLISH (1977), ATTFIELD (1983, p. 103) und zahlreiche andere RAWLS' Ansätze zu intergenerationeller Gerechtigkeit kritisiert, äußert für dessen Grundentscheidung ebenfalls Verständnis. Ökonomische Analysen von RAWLS' Prinzip des gerechten Sparens sind u.a. von DASGUPTA (1974, 1974a) und PHELPS & RILEY (1978) vorgenommen worden.

[21] "John Rawls informed me that that he did not intend to supply any form of the maximin principle to intergenerational justice. But it appears to me that the logic which derives the maximin principle from the 'original position' is equally applicable to intergenerational comparisons." ARROW (1973, p. 325). Ähnlich LIPPIT & HAMADA (1977). Unter den philosophi-

hebt,[22] geschah dies vielfach in Verbindung mit einem deutlichen Desinteresse an den philosophischen Grundlagen, welche RAWLS zur Konstruktion seiner Maximin-Lösung im intratemporalen und ihrer Ablehnung im intertemporalen Kontext bewogen haben - das, was in der Ökonomie als intertemporale Maximin-Lösung diskutiert wird, hätte ebensogut ad hoc und ohne Berufung auf RAWLS vorgeschlagen werden können. Man kann die mangelnde philosophische Tiefe solcher ad-hoc-Konstruktionen bedauern; auf der anderen Seite können sie jedoch auch Ausdruck eines undogmatisch-lockeren Sinnes und damit einer erfreulichen Experimentierbereitschaft sein, wie wir sie bereits im Abschnitt 2.5 bei SOLOWs Fragestellung angetroffen haben. Wie schon dort zu erkennen war, führt das Maximin-Prinzip im intergenerationellen Kontext zu einer egalitären Lösung. In einer Wirtschaft mit Wachstumschancen und ohne Zusammenbruchsgefahr (Abbildung 58a) bewirkt, wie schon in Abbildung 57 zu erkennen war, jedes Sparen eine Schlechterstellung der ersten Generationen. Die beste Allokation in deren Interesse ist die, bei der überhaupt nicht gespart wird, womit die Späteren auf alle Früchte der Akkumulation verzichten müssen. Ist das Anfangsniveau ärmlich, so wird nach dem Maximin-Prinzip die Ärmlichkeit perpetuiert.[23] In einer schon entwickelten Gesellschaft mit Ressourcenknappheit und Zusammenbruchsgefahr (Abbildung 58b) kann dagegen unter den von SOLOW analysierten Bedingungen (vgl. Abschnitt 2.5) Gleichheit den Zusammenbruch verhindern; formal ist hier durch Anhebung des Nutzenniveaus der Späten auf das maximal mögliche Niveau ebenfalls dem Maximin-Kriterium genügt.

Utilitarismus oder Maximin - welcher Pfad ist "besser"? Wir beurteilen im folgenden Vergleich alle Pfade, ohne Nutzen zu diskontieren, auch dann, wenn diese Pfade im Einzelfall auf Grund von Planungen zustandegekommen sind, bei denen diskontiert wurde. Es erstaunt, wieviel Energie in den vergangenen Jahren darauf verwendet wurde, die gestellte Frage abstrakt und universell gültig beantworten zu wollen. Die schon erwähnten Konsequenzen einer Entscheidung für den Maximin-Pfad unter den Umständen wie in Abbildung 58a, die darauf hinauslaufen können,

schen Kritikern von RAWLS fand ich nur bei BARRY (1977, p. 278) den Vorschlag, alle Generationen gleichzeitig an der Beratung hinter dem "veil of ignorance" teilnehmen zu lassen, und auch hier nur mit Vorbehalten.

[22] BUCHHOLZ (1984, p. 12).

[23] Es folgt "perpetual poverty" (DASGUPTA 1974, p. 408), "zero savings" (ARROW 1973, p. 325).

den Aufbau einer materiellen Zivilisation überhaupt abzulehnen, weil in der Anfangszeit immer Verzichte gefordert sind, sind tatsächlich schwer zu akzeptieren. Es darf nicht übersehen werden, daß die Entscheidung für ***M*** nicht nur zu einer Ressourcenumverteilung zugunsten der ersten Generationen führt, sondern zu einem Verzicht auf Kapitalakkumulation in u.U. sehr großem Umfang, die Fläche unter ***M*** ist u.U. bedeutend kleiner als die unter ***U*** - deshalb ist ***M*** anti-utilitaristisch. Ob dieses unbestreitbare Problem jedoch hinreicht, das Maximin-Prinzip als "ernstzunehmende Alternative zu einem utilitaristischen Prinzip intergenerationeller Maximierung" für vollkommen unbrauchbar und "absurd" zu erklären, erscheint mir fraglich.[24] M.E. ist eine Entscheidung durch die alleinige Betrachtung des Problems in Abbildung 58a nicht zu fällen, es muß etwas weiter ausgeholt werden. Betrachten wir einige, unterschiedlich überzeugende Argumente, welche entweder zu einer Entscheidung zwischen "Utilitarismus" und "Maximin" oder bei der Suche nach einem Kompromiß geltend gemacht werden:

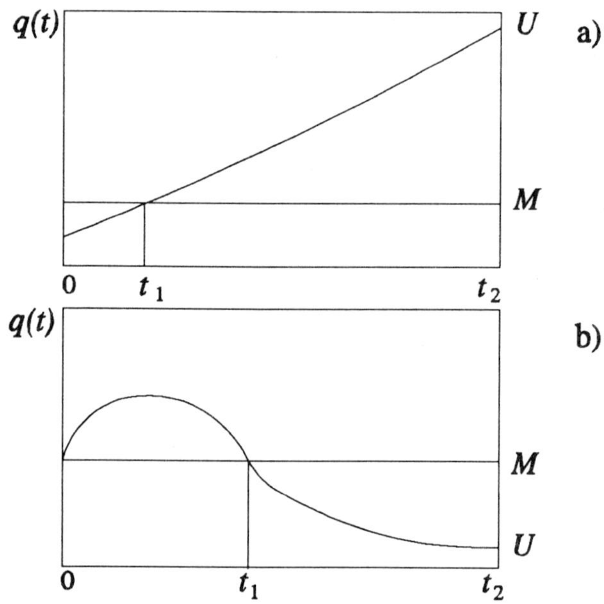

Abbildung 58: Vergleich von utilitaristischem *(U)* und Maximin-Pfad *(M)* unter verschiedenen Bedingungen

[24] BIRNBACHER (1988, p. 130).

- *Dogmatische Entscheidung:* Man kann sich radikal auf eine Seite schlagen und die Nachteile des gewählten Weges als unvermeidlich in Kauf nehmen. "Dem Utilitaristen steht angesichts der Tatsache, daß das intergenerationelle Optimum gravierende Ungleichheiten in der Verteilung von Lasten und Leistungen erzwingt, vernünftigerweise nur eine Reaktion offen: sie ist als eine "tragische" Unausweichlichkeit zu akzeptieren."[25] Hiernach ist eine Verständigung mit dem Maximin-Anhänger unmöglich; jener kann die Perpetuierung bescheidener Verhältnisse als "tragische Unausweichlichkeit" einer Doktrin ansehen, die nicht nur von Gerechtigkeit redet, sondern auch in extremen Entscheidungssituationen zu ihr steht.
- *Abschwächende Argumente,* welche durch Bezug auf praktische Umstände die Härten eines Extrems, in der Regel des Nutzensummen-Utilitarismus', abmildern.[26] Die Gründe, welche hier geltend gemacht werden können, sind von sehr unterschiedlichem Status: Daß jedes Sparen auch im Eigeninteresse einer Generation und keineswegs nur im Interesse der Späteren erfolgt, ist schon erwähnt worden. Historisch läßt sich oft nur ein schwacher Zusammenhang zwischen der Intensität der Verzichte einer Generation, vor allem dem damit verbundenen Leiden, und den Bereicherungen für die Nachwelt aufzeigen; besonders leidvolle Sparleistungen (etwa während der STALINschen Industrialisierung in der UdSSR) hätten mit gleichem Ergebnis auch auf humanere Weise erbracht werden können. Die Früchte vieler Verzichte kamen der Nachwelt nicht zugute, weil sie in Kriegen wieder zerstört wurden oder in sinnlose Investitionen flossen. Wichtige psychologische Argumente sind, daß das Anspruchsniveau innerhalb jeder Generation überwiegend durch den Vergleich mit Zeitgenossen, nicht aber mit möglicherweise viel reicheren Späteren gebildet wird und daß Verzichte freiwillig getragen werden - Eltern wollen vielfach sparen, damit es ihren Kindern besser geht. Ein Utilitarismus, welcher sich mit J.St.MILL an umfassendem Wohlergehen und nicht nur an der Höhe des Konsums orientiert, fordert gar keine

[25] BIRNBACHER (1988, p. 111). M.E. ist die auf derselben Seite (Anmerkung 29) gezogene Parallele zu SMARTs Urteil. wonach Tod und Leid Tausender heute hinzunehmen seien, wenn nur dadurch Tod und noch größeres Leid Zehntausender in Zukunft verhindert würden (SMART 1973, p. 63), nicht korrekt. Wenn SMART Recht hat (was m.E. der Fall ist, jedoch handelt es sich nicht um ein essentiell intertemporales Problem; die Wahl könnte auch zur selben Zeit bestehen), folgt daraus nicht, daß der intertemporale Nutzensummen-Utilitarist Recht hat, denn jener rechtfertigt *starke* Grenznutzeneinbußen bei wenigen heute (um gar nicht so weit zu gehen, Tod und Elend für sie zu rechtfertigen) zugunsten *geringerer* Grenznutzensteigerungen bei vielen Späteren.

[26] Diskussion einiger Punkte in BIRNBACHER (1988, pp. 109f.).

so horrende Akkumulation von Materiellem ohne Rücksicht auf frühere Einschränkungen, weil die mit zunehmendem Wohlstand sinkende Bedeutung des Konsums im Vergleich zu immateriellen Werten erkannt wird und weil es bekanntlich niemandem psychisch gut tut, übermäßig reicher Erbe zu sein. In Diskussionen berichten Menschen (z.B. ökologisch engagierte Studenten) von der psychischen Belastung, in einer Epoche wie zwischen $t=0$ und t_1 in Abbildung 58b zu leben, von der Nichtverallgemeinerbarkeit der gegenwärtigen Ressourcenverschwendung zu wissen und als Einzelner nichts dagegen tun zu können. Wenn Eltern den Wunsch haben, daß es ihre Kinder besser haben, um wieviel stärker kann dann der Wunsch sein, daß sie es wenigstens nicht schlechter haben. Alle diese Erwägungen und andere sind zweifellos von Gewicht, jedoch ist hier einzuwenden: Wenn sie sämtliche Fragen beantworten, so ist die Kontroverse zwischen "Utilitarismus" und "Maximin" unnötig und man muß sich gar nicht entscheiden. Beantworten sie manche, nicht aber alle, und ist der Rest unbeantworteter Fragen von Bedeutung, so kann man sich mit ihnen nicht zufriedengeben.

- *"Almost-anywhere Criterion":* Dieses von PAGE[27] vorgeschlagene Prinzip fingiert eine Abstimmung zwischen den Generationen und beugt sich einem, möglicherweise qualifizierten Mehrheitsentscheid. In Abbildung 57 würden die Generationen 3, 4 und 5 für Pfad 1, die Generationen 1 und 2 für Pfad 2 stimmen, das Ergebnis wäre 3:2. Wenn PAGE nicht mißverstanden wird, würde er zumindest einem überwältigenden Abstimmungsvotum (z.B. 100:1) einen Rang bei der Wahl zwischen zwei Programmen einräumen; von einem solchen ist auch dann zu sprechen, wenn theoretisch "unendlich viele" Generationen der einen und nur eine endliche Anzahl von ihnen der anderen Alternative zuneigen. Denkt man sich z.B. die Abbildung 58b beliebig weit nach rechts verlängert in der Weise, daß $\boldsymbol{U}$ stets unter $\boldsymbol{M}$ bleibt, so ergäbe dieses Kriterium eine Präferenz für $\boldsymbol{M}$. Das Kriterium wirft sämtliche Probleme auf, die aus der allgemeinen Diskussion um Mehrheitsentscheidungen bekannt sind. Man wird wenigstens einen "Minderheitenschutz" für die Unterlegenen einer hypothetischen Abstimmung fordern.
- *Pflicht zur Akkumulation?* Das Bedürfnis vieler Eltern, Verzichte zu leisten, damit es ihre Kinder einmal besser haben, kann auf subjektivem Altruismus beruhen, den

[27] PAGE (1977a, p. 379). Vgl. auch DOBBS (1982). Als Grenzfall des Kriteriums ist die intergenerationelle PARETO-Dominanz aufzufassen, bei der es eine einstimmige Entscheidung aller Generationen zugunsten eines Pfades gibt, welcher für alle der beste ist. Ebenso wie im intratemporalen Kontext ist ein solcher Fall äußerst selten.

zu teilen gewiß lobenswert ist, für dessen Abwesenheit in einer persönlichen Präferenzordnung jedoch niemand zu tadeln ist, sonst handelte es sich nicht um "subjektiven" (freiwilligen) Altruismus. Das ist ein plausibler Standpunkt, jedoch ist nicht auszuschließen, daß Begründungen entwickelt werden, wonach es nicht Privatsache ist, in dieser Weise benevolent zu sein, sondern daß dazu sogar eine Pflicht bestehe. Eine solche Pflicht kann bis zu einem bestimmten Grad vom Nutzensummen-Utilitarismus abgeleitet werden, wenn dieser begründen kann, daß ein Individuum zur Maximierung der Nutzensumme selbst unter Verletzung eigener Interessen beitragen muß - diese Position würde allerdings allen intertemporalen Überlegungen schon weit vorgelagert fordern, daß die Wohlhabenden den minderbemittelten *Zeitgenossen* schenken müssen, bis sich die Grenznutzen angleichen. Selbst wenn bis hierhin gefolgt wird, ist jedoch noch nicht begründet, daß frühe Generationen die späteren beschenken müssen, obwohl der Grenznutzen der wohlhabenden Späteren schon unter dem der armen Früheren liegt. Ist auch dieser Punkt in der ökonomie-nahen Philosophie so wenig bearbeitet, daß ich keine abschließende Beurteilung wagen möchte, so erscheint mir doch eine Pflicht zur Akkumulation nur in begrenzter Weise begründbar zu sein: Notleidende Eltern können die Pflicht haben, bis zur Selbstaufgabe alles zu tun, damit ihre Kinder weniger Not leiden, es kann von ihnen aber kaum verlangt werden, sich aufzuopfern, damit später Luxus herrscht.

- *Gar kein Widerspruch?* Die befriedigende Lösung im Konflikt zwischen Utilitarismus und Maximin wäre zweifellos die Erkenntnis, daß beide dasselbe Ziel anstreben. Hier sind allerdings zwei Fälle zu unterscheiden: Beide Ansätze können zum selben Ergebnis führen, wenn bestimmte Bedingungen vorliegen. Sind diese Bedingungen plausibel oder gar ubiquitär, so ist die Kluft zwischen beiden Theorien zwar für praktische Zwecke irrelevant, grundsätzlich ist sie jedoch nicht ausgeräumt, und es muß damit gerechnet werden, daß sie unter veränderten Bedingungen neu aufbricht. Im anderen Fall kann grundsätzlich gezeigt werden, daß der Unterschied zwischen beiden Ansätzen letztlich nur auf sprachlichem Gebiet besteht, so daß er, ist erst einmal Verständnis hergestellt, vollkommen ausgeräumt werden kann. Nach meiner Auffassung ist der zweite Fall nicht, der erste Fall jedoch auf weiten Strecken gegeben.

Unter den Verhältnissen von Abbildung 58b ist zweifellos nicht ***U***, sondern ***M*** das utilitaristische Optimum; der Pfad ***U*** kommt auf pseudo-utilitaristische Weise, nämlich durch Diskontierung künftiger Nutzen zustande, mehr hierzu in Abschnitt 5.2.2. Es gibt hier keinen Gegensatz zwischen Utilitarismus und Maximin, solange $u'(q)>0$ und wenn nur der Zeithorizont beliebig weit nach rechts ausgedehnt werden kann. ***U*** ist nur überlegen zwischen $t=0$ und $t=t_1$; diese Überlegenheit muß bei $t_2 \rightarrow \infty$ irgendwann aufgezehrt werden, das hier maßgebliche "Overtaking Criterion" wird uns ebenfalls im folgenden Unterabschnitt noch beschäftigen. In diesem Falle maximiert Egalität zwischen den Generationen die Nutzensumme.[28]

Diese Überlegung ist auf die Verhältnisse von Abbildung 58a nicht übertragbar. Der Grund liegt nicht darin, daß die Periode, in der der Pfad ***U*** dem Pfad ***M*** unterlegen ist, vor anstatt nach t_1 liegt, vielmehr ist entscheidend, daß dieses Intervall nicht in Gedanken unendlich weit ausgeweitet werden kann, da eine solche Ausweitung in die Vergangenheit, über welche nicht mehr verfügt werden kann, sinnlos ist. Verschiedene Positionen, insbesondere ATTFIELD, lassen sich jedoch so verstehen, daß sie sogar unter diesen Umständen eine utilitaristische Überlegenheit von ***U*** über ***M*** bestreiten, wenn nur die richtigen Kriterien angelegt werden: "Now the form of consequentialism which I shall further expound ... is a version of the Total theory. On this version the maximization of intrinsic value is always morally desirable and ... it is also morally obligatory. Intrinsic value is best maximized ... by provision for everyone's basic needs; and this clearly involves equal provision for the needs of each generation, once population has stabilized."[29] ATTFIELD ist m.E. ebenso wie RESCHER und TRAPP[30] ökonomisch so zu interpretieren, daß die Sicherung von Grundbedürfnissen und damit die Vermeidung von Not einen so hohen Index in der Hierarchie der Nutzenstiftungen erhält, daß ihre Verletzung von einer bestimmten Schwelle ab durch einen beliebig hohen und zeitlich beliebig ausgedehnten Zuwachs an nicht-essentiellem Konsum nicht aufgewogen werden kann. Dieses Kriterium führt

[28] Das Problem aus Abbildung 58b hat mit dem intratemporalen Gerechtigkeitsproblem "unter Standardbedingungen" gemein, daß Gleichheit - intuitiv ein Inbegriff von Gerechtigkeit - die Nutzensumme maximiert: "Utilitarianism implies an obligation for each generation to consume no more of renewable resources than their maximum substainable yield" (WILLIAMS 1978, p. 170, vgl. hierzu auch Abschnitt 6.4). Dies kann als eine einfache Anwendung von HUMEs Vorstellung interpretiert werden, daß Gerechtigkeit einfach "nützlich" ist. Im übrigen hat RAWLS gegen diese Argumentation keine Einwände (RAWLS 1971, p. 159). Auf zwei Komplikationen kann im vorliegenden nicht eingegangen werden: Variable Bevölkerung (im intertemporalen Fall) und unterschiedliche Nutzenfunktionen bei den Individuen (intra- und intertemporal). Liegt letzteres vor, so ist zwischen Gleichheit der Ressourcen, der Nutzen und der Grenznutzen zu unterscheiden, sie führen nicht zum identischen Ergebnis. Die Mehrzahl der Philosophen (BARRY 1978, KAVKA 1978, ATTFIELD 1983 u.a.) identifiziert intergenerationelle Gerechtigkeit mit vergleichbarer Ressourcenausstattung. Utilitaristisch ist aber die Angleichung der Grenznutzen zu fordern, und das impliziert "giving more to the efficient 'pleasure machines'" (BARRY 1978, p. 218, SEN zitierend).

[29] ATTFIELD (1983, p. 107).

[30] RESCHER (1966, z.B. p. 29), TRAPP (1988).

zwar nicht zu einer völligen Gleichverteilung. Wird aber die Sicherung der Grundbedürfnisse (Gerade "Min" in Abbildung 59) für unverletzlich erklärt - steigt formal der Grenznutzen bei Absinken des Konsums unter "Min" über alle Grenzen -, so wird auch utilitaristisch die langsamere Akkumulation nach dem Pfad U_2 optimal. Die Bescheidenheit wird zwar nicht perpetuiert (was der Utilitarist nicht akzeptieren kann), aber sie wird langsamer und unter geringeren Opfern überwunden - eine gewiß diskutable Perspektive.

M.W. sind Ansätze dieser Art noch nicht formalisiert worden und verbietet der vorliegende knappe Raum den Versuch einer näheren Betrachtung, so daß manche Fragen offenbleiben. Jedoch sollte mit ROSS, POPPER, RESCHER u.a. eine Revision des utilitaristischen Nutzenbegriffes diskutiert werden. "We think the principle ‘do evil to no one’ more pressing than the principle ‘do good to every one’..."[31] Der Nutzen wird gemeinhin zwischen "Null" und "plus Unendlich" skaliert. Diese Skalierung führt m.E. zu einer Trivialisierung der Akkumulationsproblematik und verleitet dazu, die Opfer der ersten Generationen zu schnell als "tragische Unvermeidlichkeit" hinzunehmen. Wird durch hartes Sparen der Nutzen der Frühen zwar reduziert, bleibt aber "Über Null", so ist in der Tat schwer der Konsequenz auszuweichen, die sehr hohen Nutzengewinne der Späten damit zu verrechnen und die frühe Bescheidenheit zuzumuten. In Wirklichkeit erzeugt frühes hartes Sparen aber *Not*, welche kaum treffend als "Geringer, aber positiver Nutzen" bezeichnet werden kann. In Abbildung 60 ist der Versuch gemacht worden, Entbehrungen als "negativer Nutzen" oder "Schaden" zu deuten (beachte die Dimension der Ordinate im Vergleich zu Abbildung 59). Wird in einem Akkumulationsszenario das gesamte Leid (Fläche L) gegen den gesamten Nutzen (Fläche N) verrechnet, so kann wie bei ATTFIELD ein utilitaristisches Votum zumindest gegen schnelle Akkumulation erreicht werden.

[31] ROSS (1939, p. 75) ist ein maßgeblicher Anti-Utilitarist in der angelsächsischen Philosophie, vgl. auch Abschnitt 1.3.3, Anmerkung 57. Nach POPPER (1980, Bd. 2, p. 384, Anmerkung 34) entspricht das Prinzip "Vermindere den Schmerz, so gut du kannst!" eher als "Vermehre die Lust, so gut du kannst!" den antiken Wurzeln des modernen Utilitarismus bei DEMOKRIT und EPIKUR. ROSS und POPPER werden zustimmend von RESCHER zitiert: "Presumably the avoidance of suffering is a more significant element of 'utility' than the promotion of happiness." (1966, p. 10). Einwände gegen POPPERs "negativen Utilitarismus" bei BIRNBACHER (1989a, pp. 26-27). Zu bedenken ist auch, daß in Abbildung 60 die Fläche N bei fortschreitender Zeit immer größer wird und irgendwann L überholen kann. Ein systematischer negativer Utilitarismus muß wahrscheinlich individuell bezogen sein und stellt das Prinzip der Summation (von Nutzen *und* Leiden) in Frage.

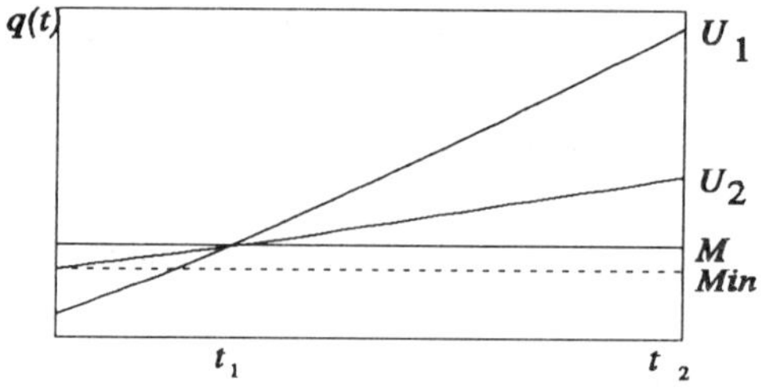

Abbildung 59:

Utilitaristische Wachstumspfade und Mindest-Ressourcenausstattung

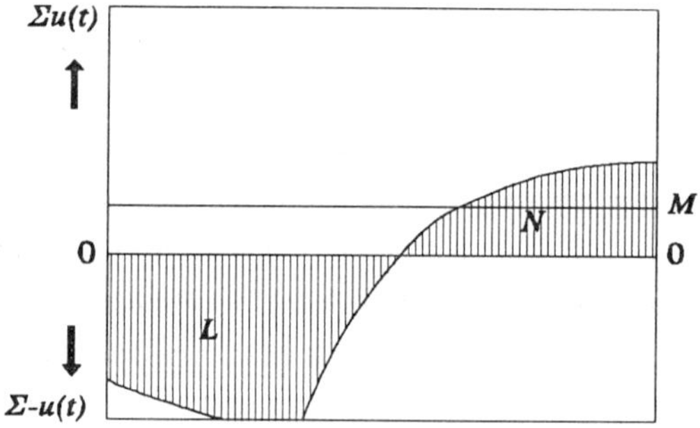

Abbildung 60:

Utilitarismus mit positivem und negativem Nutzen

Grundsätzlich müssen die beiden Teilprobleme aus Abbildung 58 gemeinsam betrachtet werden; dies wird in Abbildung 61 versucht. Hier ist ***M*** das dauerhaft erzielbare (*"sustainable"*) Konsumniveau für alle Generationen im Einklang mit der ökologischen Tragfähigkeit der Erde. Dieses Niveau ist zwar nicht als Naturkonstante bestimmbar, sondern selbst eine Funktion von Akkumulation und technischem Wissen (vgl. SOLOWs Substitutionsmodell in Abschnitt 2.5); es genügt jedoch für die vorliegende Betrachtung, irgendein sinnvolles Niveau ***M*** anzunehmen. Der Pfad ***U*** entspricht einer typischen pseudo-utilitaristischen, durch Nutzensummation und -diskontierung (vgl. Abschnitt 5.2.2) zustandegekommenen Planung. Zwischen $t=0$ und t_1 wird unter Erzeugung von Not (Verletzung der Grundbedürfnisse "Min") rigide gespart, zwischen t_3 und t_5 wird unter Verletzung ökologischer Grenzen geprasst; von t_5 ab fällt auf Grund des Raubbaus der Konsum unter ***M*** und von t_6 ab sogar für alle Zukunft unter das Lebensminimum "Min". Sofern nicht der Gesamtzeitraum als endlich angenommen wird - etwa wegen eines bei t_7 ohnehin erwarteten Weltuntergangs - kann ***U*** nicht das wirkliche utilitaristische Optimum sein, da die Gesamtfläche unter ***U*** für beliebig weit nach rechts fortschreitende Zeit von jedem an ***M*** orientierten Pfad früher oder später überholt wird. Mit $u'(q)>0$ ist damit für $t \to \infty$ ***M*** nicht nur bezüglich der Konsum- sondern auch der Nutzensumme überlegen.[32] Insoweit sind alle Probleme auf der rechten Seite der Abbildung 61 ganz analog zu Abbildung 58b geklärt.

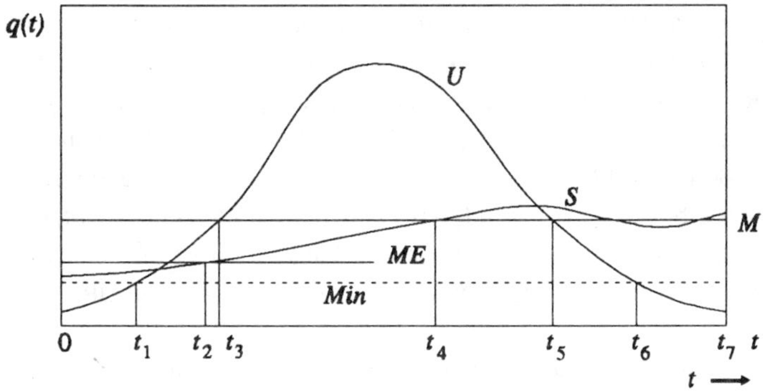

Abbildung 61: Langfristige Entwicklungspfade

Nun zum linken Rand: Soweit beim Pfad ***U*** die mit Not verbundene Einschränkung zwischen $t=0$ und t_1 dazu verhilft, das ökologisch untragbare Luxusniveau zwischen t_3 und t_5 zu realisieren und damit indirekt mitverantwortlich zu machen ist für die relative Armut ab t_5 und sogar die absolute ab t_6, gibt es für sie auch keine utilitaristische Rechtfertigung. Wer mit BIRNBACHER utilitaristische Wachstumspfade, verbunden mit Einschränkung für die frühen Generationen, anerkennt, meint grundsätzlich nur solche vom Typ ***S*** in Abbildung 61, welche sich an ***M*** orientieren, wobei keine exakt-asymptotische Annäherung gefordert werden muß, vielmehr Oszillationen um ***M***, welche die Grenzen des lokalen Gleichgewichts nicht sprengen, zugelassen werden können. Blicken wir auf das bisher meist isoliert diskutierte Eingangsproblem aus Abbildung 57 und 58 zurück, so finden wir dieses in Abbildung 61 wieder in Gestalt der Wahl zwischen ***S*** und dem "ex ante-Maximinniveau" ***ME***, bei dem die frühen Generationen überhaupt nicht sparen und die dauerhafte Anhebung auf ***M*** blockieren. Hier ist utilitaristisch zugunsten von ***M*** zu entscheiden, womit den Frühen Verzichte zugemutet werden. Das ganze Problem reduziert sich jedoch auf die Frage, wie hoch diese Verzichte sein dürfen und wie steil damit der

[32] Die genannte Bedingung ist hinreichend für die Überlegenheit von ***M***, aber nicht unbedingt notwendig. Bei $u'(q)>0$, $u''(q)<0$ kann bei entsprechender Verteilung selbst eine geringere Konsumsumme $(\Sigma q)_1$ einen höheren Gesamtnutzen stiften als eine größere $(\Sigma q)_2$.

Anstieg und wie lange der Zeitraum bis zum Erreichen von ***M*** bei t_4 sein soll. M.E. kann die in Abbildung 60 skizzierte utilitaristische Methode bei weiterer Ausarbeitung zum sicheren Schluß führen, daß es moralisch unzulässig ist, frühere Generationen für den Fortschritt buchstäblich zu opfern. Kann ***M*** nur erreicht werden, wenn Generationen unausweichlich unter "Min" geraten, dann müssen eben alle Späteren auf ***M*** verzichten und sich mit weniger zufriedengeben. Die Hinnahme der Opferung halte ich für gefährlich, weil es auf dieser schiefen Ebene keinen Halt gibt. Der Weg ist kurz bis zum Schluß, daß es richtig war, den Panama-Kanal zu bauen, auch wenn dabei unter den obwaltenden Umständen Zehntausende von Arbeitern ums Leben kamen. Auch gibt es keinen Grund, das Prinzip nicht ebenfalls *intra*temporal anzuwenden. Wohlgemerkt: Als intuitives moralisches Urteil ist dies ohnehin plausibel, wahrscheinlich läßt es sich jedoch auch von einem modifizierten Utilitarismus ableiten.

In Abbildung 61 ist der Pfad *S* so gezeichnet, daß unter Inkaufnahme eines relativ langen Zeitraums bis zum Erreichen von ***M*** bei t_4 den Frühen keine Reduktion des Konsums unter "Min" zugemutet wird. Bis t_2 müssen sich alle im Vergleich zu ***ME*** mäßig einschränken, von dann ab geht es allen schon besser als ohne jede Akkumulation. Die Entscheidung, welche Verzichte die Frühen, ohne unter "Min" zu fallen, tragen sollen und wie lange damit unter gegebenen technisch-ökologischen Umständen der Weg bis t_2 und vor allem t_4 dauert, ist utilitaristisch gar nicht oder nur gezwungen-formalisiert und damit wenig überzeugend zu fällen. Hier handelt es sich um ein Abwägungsproblem, bei dem beide Doktrinen - der Utilitarismus ebenso wie RAWLS' "Differenzprinzip" - versagen. Beim Überblick über die Gesamtproblematik in Abbildung 61 ist allerdings der Bereich, in dem die Doktrinen versagen, auf einen geringen Umfang zusammengeschrumpft.

Wenden wir uns aktuellen Fragen zu, so ist die linke Seite in Abbildung 61 (abgesehen von der o.g. Übertragbarkeit der "Opferungsproblematik") weitgehend bedeutungslos geworden. Mit DASGUPTA & HEAL und anderen Ökonomen ist zu bedauern, daß sich das europäische Proletariat im Interesse schneller Akkumulation in inhumaner Weise einschränken mußte, von den Raubzügen außerhalb Europas ganz zu schweigen.[33] Wäre es nicht besser gewesen, wenn Fernsehen und Video 50

[33] DASGUPTA & HEAL (1979, p. 257). In einer vielzitierten Passage äußert sich KANT in einer Weise, die ähnlich wie bei BIRNBACHER (vgl. Anmerkung 25) als Fügung in die Unvermeidlichkeit früher Not zugunsten der Späteren verstanden werden kann, wenn auch wohl nicht im Interesse utilitaristischer Ziele: "Befremdend bleibt es immer hiebei: daß die ältern Generationen nur scheinen um der späteren willen ihr mühseliges Geschäft zu treiben, um nämlich diesen eine Stufe zu bereiten, von der diese das Bauwerk, welches die Natur zur

Jahre später erfunden worden wären, wenn dafür die Arbeiterfamilie vor 100 Jahren öfter ein Huhn im Topf und im Winter ein warmes Zimmer mehr gehabt hätte? Außer den schon erwähnten empirischen Umständen (teilweise Zerstörung des Kapitals durch Kriege) sind hier weitere zu nennen - es mußten sich keineswegs alle Personen vor 100 Jahren einschränken; auch hier sind die Probleme inter- und intragenerationeller Gerechtigkeit nicht zu trennen. Wie auch immer: Die Opfer sind tot, und die Ungerechtigkeiten können nicht ungeschehen gemacht werden. Soweit heute Teile der Weltwirtschaft, insbesondere in der Dritten Welt, eine Perspektive wie in Abbildung 61, links, vor Augen haben, sind sämtliche untragbaren Härten, insbesondere der Fall des Konsumniveaus unter "Min" im Interesse des Sparens durch Transferzahlungen von den reichen Volkswirtschaften abzuwenden. Hier handelt es sich in vollem Umfang um ein Problem intragenerationeller Gerechtigkeit. Die mit dem Naturerhalt zusammenhängenden Fragestellungen dieser Studie treten im rechten Teil der Abbildung 61 in den Vordergrund, hier aber führen utilitaristischer und "Maximin"-Ansatz zum selben Ergebnis.

5.2.2 Intergenerationelle Nutzendiskontierung[34]

"Nach dem Gesetz der Gegenwartspräferenz wird ein Güterbündel heute einem Güterbündel in der Zukunft vorgezogen. Folglich muß der Nutzen zukünftiger Generationen 'abdiskontiert' werden."[35] - Oder: "... It is further assumed that utilities at different times can be added, after they have been suitably discounted to allow for the fact that near future generations are politically more important than far future generations."[36] Wenn alles so einfach wäre, könnten wir uns lange Diskussionen über den Gegenstand sparen. Problematischer noch als die bloße Existenz des Prinzips der intergenerationellen Nutzendiskontierung ist seine in der ökonomischen Forschungs- und Publikationspraxis vorherrschende routinemäßige Verwendung, so

Absicht hat, höher bringen zu können; und daß doch nur die spätesten das Glück haben sollen, in dem Gebäude zu wohnen, woran eine lange Reihe ihrer Vorfahren (zwar freilich ohne ihre Absicht) gearbeitet haben, ohne doch selbst an dem Glück, das sie vorbereiteten, Anteil nehmen zu können." (KANT 1985, p. 25).

[34] Die folgenden Gedanken sind etwas knapper auch in HAMPICKE (1991) veröffentlicht.

[35] SIEBERT (1978, p. 150).

[36] INTRILIGATOR (1971, p. 406), nach dieser "philosophischen Grundlegung" in einem Satz folgen 50 Seiten Rechnungen zum neoklassischen Wachstumsmodell.

als bezöge man sich auf ein völlig zweifelsfreies Naturgesetz: "This criterion function, or some variant of it, jumps from the page like Athena from Zeus' brow, fully grown. The analysis starts with it. In the usual case it is left to the reader to puzzle out the assumptions underlying it, its interpretations and properties."[37] Wie schon erwähnt, ist die Rate $w>0$ kein notwendiges Implikat des Nutzensummen-Utilitarismus, sie ist vielmehr begründungsbedürftig. Mit einiger Mühe lassen sich in der Literatur drei voneinander unabhängige Begründungen für die Verwendung von $w>0$ finden: Auf diese Weise werde die intergenerationelle Gerechtigkeit gefördert, sie sei eine notwendige Antwort auf die Ungewißheit der Zukunft und sie sei formal-mathematisch unverzichtbar. Blicken wir auf die Begründungen im einzelnen:

- *Diskontierung fördert die intergenerationelle Gerechtigkeit:* Bis in die jüngere Zeit konnte geltend gemacht werden, daß es im historischen Abschnitt seit der Industriellen Revolution den Späteren immer besser ging als den Früheren. Man hatte den Pfad U in Abbildung 58a vor Augen und kannte die Welt nicht anders als so.[38] In einem Modell mit alleiniger Kapitalakkumulation und ohne erschöpfbare Ressourcen führt utilitaristisches Wachstum ohne Nutzendiskontierung zu der im voranstehenden Abschnitt diskutierten Bevorzugung der Späteren auf Kosten der Früheren. Durch Einbau einer Diskontrate $w>0$ ist diese Ungerechtigkeit gegenüber den Früheren zu mildern, denn die geringere Wichtung des späteren Nutzens verlangt eine geringere Akkumulation, so daß die früheren Generationen mehr konsumieren können. Wenn es der Modelltheoretiker für richtig hält, kann er eine Diskontrate in identischer Höhe wie die Wachstumsrate wählen und auf diese Weise eine Gleichverteilung des Konsums in der Zeit, d.h. sozusagen durch die Hintertür den Maximin-Pfad mit utilitaristischer Methodik (plus Diskontierung) erzeugen. Das Problem ist mathematisch identisch dem von Robinsons "Corn-Ökonomie" mit und ohne intrasubjektiver Diskontrate $r>0$ in Abschnitt 3.2.2, so daß eine erneute Berechnung hier nicht erforderlich ist. Wie schon am Schluß des genannten Abschnitts angesprochen, ist die Interpretation natürlich fundamtental verschieden: Bei Robinson als *einzigem* Subjekt gibt es kein Verteilungsproblem, und er sollte den zum Nutzensummen-Utilitarismus analogen Fall mit $r=0$ wählen. Er verschiebt durch frühes Sparen Konsum, genießt ihn aber später in um so höherem Maße *selbst.* Besteht dagegen der Planungszeitraum aus mehreren Generationen, so geht es nicht mehr allein um die Konsum- und

[37] PAGE (1977, p. 156ff.).

[38] in Randbemerkungen und zwischen den Zeilen bei den meisten Autoren, z.B. STIGLITZ (1979, p. 61); Literaturhinweise in DASGUPTA & HEAL (1979, p. 261).

Nutzensumme für alle, sondern es muß auch über die Verteilung nachgedacht werden.

Gegen die vorgetragene Rechtfertigung der intergenerationellen Nutzendiskontierung bestehen zwei Einwände. Der *empirische* Einwand lautet, daß sich die Verhältnisse nach der (Wieder-) Entdeckung erschöpfbarer natürlicher Ressourcen geändert haben. Es ist nicht mehr für alle Zeiten klar (sofern dies jemals der Fall war), daß es den Späteren besser gehen muß als den Früheren. Zwei Fälle sind hier wieder zu unterscheiden: Ist die Ressourcenverfügbarkeit so schlecht, daß der Doom ohnehin bevorsteht, so führt die Planung plus Diskontierung mit KOOPMANS "nur" zu dessen Vorverlegung, wobei den rechtzeitig Geborenen noch eine Konsumorgie geboten wird.[39] Der brisantere Fall ist der, bei dem durch nachhaltiges Wirtschaften (etwa mit SOLOW, vgl. Abschnitt 2.5) der Pfad $\boldsymbol{M}$ in Abbildung 58b möglich ist, auf Grund "utilitaristischer" Planung mit $\boldsymbol{w>0}$ jedoch der Pfad $\boldsymbol{U}$ erzeugt wird. Sinkt $\boldsymbol{U}$ unwiderruflich so stark ab, daß das Lebensminimum unterschritten wird, so wird mit Hilfe der "utilitaristischen" Planung der Doom in vermeidbarer Weise erzeugt. "A positive rate of impatience, no matter how small, implies that it is judged optimal to allow the economy to decay in the long run, even although it is feasible to avoid decay."[40] Aber auch wenn das Ergebnis nicht so schlimm ausfällt, führt die Planung mit Diskontierung zumindest dazu, das "echte" Nutzensummen-Optimum, welches für $\boldsymbol{t \rightarrow \infty}$ in $\boldsymbol{M}$ bestehen muß, zu verfehlen. "A positive rate of pure time preference tilts the balance overwhelmingly against generations in the distant future. This alone is a powerful result; it indicates that "Utilitarianism" with a positive rate of impatience can be recommend what can be regarded as ethically questionable policies."[41]

Ein zweiter, von der Empirie unabhängiger Einwand gegen das Verfahren betrifft die Qualität der *Methodik*. Zunächst einmal: Was hier als Diskontierung der Zeit erscheint, ist die (vielleicht gerechtfertigte) Berücksichtigung geringeren Grenznutzens: "The ground for discounting these future benefits is not that they lie in the future, but that they will go to people who are better off. Here, as elsewhere, we should say what we mean."[42] Wird zur Diskontierung gegriffen, um einer unerwünschten Bevorzugung der Späteren entgegenzuwirken, so wird der Teufel mit dem Beelzebub ausgetrieben. RAWLS ist hier völlig zuzustimmen, daß dies Verfahren als

[39] KOOPMANS (1974).

[40] DASGUPTA & HEAL (1979, p. 299).

[41] Ibid.

[42] PARFIT (1983, p. 34f.).

ein Gegengift gegen einen von vornherein fragwürdigen Ansatz, als "...a purely ad hoc way to moderate the consequences of the utility criterion"[43] anzusehen ist. Man bedarf des Gegengifts nicht, wenn das Problem von Anfang an sinnvoll formuliert wird. Wird eine egalitäre oder zumindest bestimmte Generationen nicht extrem benachteiligende Verteilung angestrebt, so besteht der gerade Weg darin, dieses Planungsziel *direkt*, wie bei SOLOW in Abschnitt 2.5 oder in analoger Weise, vorzugeben. Die neoklassische Routine geht hier einen seltsamen Umweg: Unabhängig voneinander werden eine Allokationsregel (maximiere eine Nutzensumme) und ein Gerechtigkeitsziel (benachteilige niemand übermäßig) formuliert. Die Planung nach der Allokationsregel verletzt das Gerechtigkeitsziel und wird daraufhin mittels Diskontierung korrigiert, womit das ursprüngliche Planungsziel allerdings verfehlt wird, denn die Funktionalen (86, Abschnitt 2.7) und (249) maximieren gerade *nicht* die Summe aller tatsächlichen (undiskontierten) Nutzen in der Zukunft. Wenn das Planungsziel mit Hilfe eines Rechentricks klammheimlich preisgegeben wird, wozu wurde es dann überhaupt aufgestellt?

- *Diskontierung wegen Ungewißheit der Zukunft:* Ein wesentlich interessanteres Argument zur Legimitation von $w>0$ bezieht sich auf die Ungewißheit der Zukunft. Auch hier wird, analog zu PARFITs obigem Einwand, nicht die Zeit als solche diskontiert. Seine Relevanz auf der Ebene der individuellen Nutzenmaximierung ist im Abschnitt 3.2.4 ausführlicher gewürdigt worden. Während sich die meisten früheren Ökonomen und Utilitaristen entweder wie BENTHAM auf den intrasubjektiv-individuellen Aspekt bezogen[44] oder sich zu vage äußerten, als daß zu entscheiden wäre, ob sie nun die Rate π (intraindividuell) oder w (intergenerationell) meinten, finden wir bei SIDGWICK ein klares Statement: "It seems ... clear that the time at which a man exists cannot affect the value of his happiness from a universal point of view; and that the interests of posterity must concern a Utilitarian as much as those of his contemporaries, except in so far as the effect of his actions on posterity - and even the existence of humans being so affected - must necessarily be more uncertain."[45] Unter neueren Autoren schließen sich u.a. DASGUPTA & HEAL dieser Auffassung an,

[43] RAWLS (1971, p. 298).

[44] "To a number of persons, with reference to each of whom the value of a pleasure or a pain is considered, it will be greater or less, according to seven circumstances: to wit, the six preceding ones; viz ... its propinquitiy or remoteness ..." (BENTHAM 1987, p. 87).

[45] SIDGWICK (1890, p. 412).

insbesondere unter Berücksichtigung des Aspekts, daß künftige Menschen mit einer gewissen Wahrscheinlichkeit gar nicht mehr existieren.[46]

Überprüfen wir zunächst das schwächere Problem: Es möge künftige Menschen geben, wir kennen jedoch ihre Präferenzen nur ungenau, und selbst wenn wir sie kennen würden, wären wir nicht sicher, daß unsere heutigen, nach bestem Wissen getroffenen Entscheidungen auch die intendierten Konsequenzen haben werden. Diese allgemeine Zukunftunschärfe, so das Argument, kann eine Diskontierung rechtfertigen. Die Mindergewichtung der späteren Folgen bedeutet hiernach keine Interessenlosigkeit am Schicksal der Späteren, sie folgt vielmehr aus der unabänderlichen Tatsache, daß wir für die Späteren gar nicht so viel tun *können*, wie wir vielleicht gern täten.

Das Unschärfeargument ist um so triftiger, je spezieller und je weniger fundamental eine heutige Entscheidung auf künftige Menschen einwirkt. Wenn heute entschieden werden soll, ob in Norddeutschland im Rahmen ökologisch gegebener Wahlmöglichkeiten mehr Eichen- oder Buchenwälder aufgeforstet werden sollen, so berücksichtigen wir die späteren Interessen in reduzierter Weise, weil unbekannt ist, welche Bäume die Späteren schöner finden werden. Wenn das die Grundfragen intergenerationeller Ökonomie wären, dann wäre gegen eine Ungewißheits-Diskontrate $w>0$ wenig einzuwenden. Das Unschärfeargument verliert jedoch in dem Maße an Gewicht, je fundamentalere Entscheidungen getroffen werden müssen, bei denen kaum etwas falsch gemacht werden kann. "Of course, we don't know what the precise tastes of our remote descendants will be, but they are unlikely to include a desire for skin cancer, soil erosion, or the inundation of low-lying areas as a result of the melting of the ice-caps."[47] KAVKA vergleicht die Situation treffend mit der eines jungen Menschen.[48] Hat dieser keinen besonderen Grund für die Annahme, früh zu sterben, so sollte er sich vor einer Lebensweise hüten, die schwere Krankheiten im Alter erzeugt, weil er weiß, daß *wenn* er ein höheres Alter erreicht und die Krankheit bekommt, er mit Sicherheit (nicht nur wahrscheinlich) an ihr leiden wird. Wenn also fundamentale Probleme der intergenerationellen Gerechtigkeit oder gar solche der reinen Existenzvorsorge angesprochen sind, so ist es sinnlos, Nutzen und

[46] DASGUPTA & HEAL (1979, p. 262), vgl. auch HEAL (1981, p. 66), JOHANSSON (1987, p. 161), SEN (1957, p. 747).

[47] BARRY (1977, p. 274). Zustimmend ATTFIELD (1983, pp. 93 u. 94), KAVKA (1978, p. 189).

[48] KAVKA (1978, p. 190).

Schaden auf heute abzudiskontieren, denn wenn künftige Generationen überhaupt existieren, wird der Schaden *gewiß* sein.

Betrachten wir noch einmal Pfad ***U*** in Abbildung 58b; er sei utilitaristisch durch Diskontierung künftiger Nutzen mit einer durch Zukunftsungewißheit (nicht mit Desinteresse am Schicksal der Künftigen) begründeten Rate ***w*>0** entstanden. Die Gesellschaft möge essentielle Ressourcen, wie z.B. Energiequellen, wegen ***w*>0** zu schnell verbraucht haben. Das Eintreffen der im Modell prognostizierten Konsequenz - Not in der Zukunft - ist ethisch nicht zu akzeptieren. Ohne Diskontierung hätte man ***M*** erhalten können. Was soll man zu diesem Ergebnis sagen? Die Folgen sind dieselben, wie wenn die Rate ***w*>0** aus offener Zukunftsvergessenheit angewandt worden wäre. Ein neoklassischer Ökonom, der an ***U*** festhält, befindet sich in der kuriosen Situation, hoffen zu müssen, daß die Zukunftsungewißheit auch groß genug ist, um die Ergebnisse seines Modells nicht eintreten zu lassen. Er muß hoffen, daß sein formal in der Regel anspruchsvolles Modell schlicht "falsch" ist. Ob diese Hoffnung zu begründen ist, ist ein empirisches Problem; in jedem Fall verbleibt die Frage, worin der Sinn eines komplizierten intertemporalen Optimierungsmodells liegen soll, wenn man nur hoffen kann, daß es falsch prognostiziert.

Nun bleibt noch zu prüfen, ob es sinnvoll ist, mit der Diskontrate ***w*>0** wegen der nicht auszuschließenden Möglichkeit zu operieren, daß die Menschheit in künftigen Zeiten gar nicht mehr existiert. Als Vernichtungsursachen sind (a) langwierige natürliche Prozesse, wie die biologische Evolution, die Erglühung oder Erkaltung der Sonne, (b) katastrophale natürliche Vorkommnisse, wie z.B. der Zusammenstoß mit anderen Himmelskörpern und (c) die Selbstvernichtung durch einen Atomkrieg, durch die Freilassung genetisch manipulierter, tödlicher Mikroorganismen oder aus einem anderen Grunde zu nennen. Die bei (a) wirksamen Zeitmaßstäbe liegen weit außerhalb jedes ökonomischen Planungshorizontes, so daß dieser Punkt keinerlei Beachtung verdient,[49] auch ist die Eintrittswahrscheinlichkeit eines unter (b) fallenden Ereignisses so gering, daß daraus mathematisch nur eine extrem kleine und praktisch unwirksame Rate ***w*** abzuleiten wäre. Es ist also allein (c) in Betracht zu ziehen.

[49] Zeiträume von Evolution und Erdgeschichte übersteigen diejenigen ökonomisch sinnvoller Pläne um mindestens vier Zehnerpotenzen und sind damit irrelevant. Die Verwechslung menschlich-historischer und evolutorischer Zeiträume durch namhafte Ökonomen ist kurios und schwer verständlich; zutreffende Äußerungen wie die folgende finden sich nur selten: "However the second law (gemeint ist der zweite Hauptsatz der Thermodynamik als Ursache des natürlichen Weltuntergangs in ferner Zukunft, U.H.) will present no threat at all to human life for millions of generations, and over that period it cannot be invoked - except as a joke - to give a rationale for discounting the future." (MARTINEZ-ALIER 1987, p. 169).

Die Wahrscheinlichkeit einer Selbstvernichtung der Menschheit ist nicht zu vernachlässigen, und die aus plausiblen Risikoannahmen abzuleitende Rate w könnte durchaus von einer Höhe sein, wie sie in utilitaristischen Zukunftsmodellen gemeinhin verwendet wird. Soweit wäre also formal die Diskontrate w gerechtfertigt.[50] Nach meiner Auffassung sind jedoch die Konsequenzen, die sich aus ihrer Anwendung ergeben, moralisch nicht zu vertreten. Sie bestehen wieder darin, daß Konsum vorverlegt wird. Betrachten wir erneut Abbildung 58b, es werde wegen $w>0$ U anstatt W erzeugt. Die Selbstvernichtung der Menschheit durch Atomkrieg oder aus einer anderen Ursache ist ein vom Menschen hervorgerufenes und verschuldetes Ereignis, dessen Nichteintreten schlechthin nur gewünscht werden kann, ja zu dessen Abwendung aktive Beiträge von jedermann/frau gefordert sind. Tritt das Ereignis dennoch ein, und zwar vor t_1 ("rechtzeitig"!), so erwächst aus der Planung für den Pfad U kein Schaden, denn die potentiell geschädigten Menschen werden nicht mehr geboren. Wird aber die Selbstvernichtung, wie alle wünschen, erfolgreich vermieden, so wird die aus der Vorverlegung des Konsums resultierende Benachteiligung der späteren Menschen manifest. Der Atomkrieg fällt aus, dafür dürfen die Späteren aber verhungern. Es ist ein Widerspruch, den selbstverschuldeten Weltuntergang nach Möglichkeit zu vermeiden und gleichzeitig in einer Weise Ressourcen zu verzehren, die nur dann gerechtfertigt werden könnte, wenn diese Vermeidung mißlingt, die aber bei erfolgreicher Vermeidung selbst zu ethisch unakzeptablen Folgen führt. Wenn man den Weltuntergang wirklich nicht wünscht, dann muß man bei der Ressourcennutzung so verfahren, als würde er tatsächlich nicht eintreten; man muß die Existenz künftiger Menschen, denen man pflichtgemäß Ressourcen hinterlassen will, subjektiv für gewiß halten (auch wenn dem objektiv nicht so ist), alles andere ist Heuchelei.

Die Verwendung der Nutzendiskontrate $w>0$ mit der Begründung der möglichen Nichtexistenz späterer Menschen ist also nicht zu vertreten. Da sich, wie gezeigt, auch die anderen Begründungen bei näherem Hinsehen als nicht stichhaltig erwiesen haben, ist die Rechtfertigung "Zukunftsunschärfe" für die Verwendung von $w>0$ insgesamt zurückzuweisen, auch wenn damit einer Autorität wie SIDGWICK widersprochen wird.

[50] Eine konstante Rate impliziert die mathematische Annahme, daß die Wahrscheinlichkeit des Weltuntergangs in jedem künftigen Jahr gleich klein ist. Gäbe es (in der Vorstellung) viele "Welten", so würde ihre Zahl nach einer POISSON- bzw. Exponentialstatistik abnehmen.

- *Diskontierung aus formal-mathematischen Gründen:* Nach DASGUPTA & HEAL[51] scheinen die klassischen Utilitaristen das Problem übersehen zu haben, daß ihr Erkenntnisziel, die Summe aller Nutzen (als Voraussetzung ihrer Maximierung) überhaupt erst einmal zu bilden, aus verschiedenen Gründen unrealisierbar sein kann. Ein oben schon genanntes Problem ist die Verteilung eines Kuchens gegebener Größe an beliebig viele Subjekte mit durchgängig streng konkaver Nutzenfunktion; hier steigt die Nutzensumme mit der Zahl der Konsumenten gegen "unendlich", auch wenn der Nutzen pro Konsument gegen Null strebt. Im folgenden betrachten wir zwei weitere Probleme dieser Art, welche erst in intertemporaler Betrachtungsweise auftreten, sie werden bewußt ein "oberflächliches" und ein "tiefgehendes" Problem genannt. Zunächst ist jedoch eine Vorbemerkung erforderlich:

Es besteht die Frage, ob die intergenerationelle Nutzendiskontierung überhaupt mit formal-methodischer Begründung zu rechtfertigen ist, wenn sie aus moralischen Gründen abzulehnen ist. Diese Frage ist m.E. zu verneinen. Probleme dürfen nicht so strukturiert werden, daß sie Erkenntnismethoden zugänglich werden, vielmehr müssen sich stets umgekehrt die letzteren an die Probleme anpassen. Solange dies nicht gelingt, muß eher das Problem ungelöst bleiben. Angenommen, die heutige Menschheit würde sich auf Anraten der neoklassischen Ökonomie entscheiden, die Planung $\boldsymbol{U}$ in Abbildung 58b zu realisieren, und die nach t_1 geborenen, notleidenden Menschen würden in alten Fachzeitschriften lesen, daß ihre Not in der Divergenz eines uneigentlichen Integrals begründet liege, welche die Vorfahren dazu gezwungen habe, mehr für sich selbst zu konsumieren, als mit einer nachhaltigen Sicherung der Lebensgrundlagen verträglich war! In Anbetracht der Verstiegenheit einer solchen Argumentation wäre auch zu vertreten, die formalen Rechtfertigungen der Nutzendiskontierung keiner Erörterung für würdig zu halten. Dem sei hier jedoch nicht gefolgt, weil insbesondere die zweite, "tiefergehende" Formalargumentation interessante ideologische Züge trägt.

In der vorherrschenden nutzensummenorientiert-kardinalistischen intertemporalen Ökonomie (Wachstumstheorie und Theorie natürlicher Ressourcen) wird mit mathematischer Begründung der Nutzen zeitlich diskontiert, weil sonst bei unendlichem Planungshorizont keine Nutzensumme gebildet werden kann. Ein Integral wie z.B. (249) konvergiert für $t \to \infty$ nur, wenn spätere Nutzen mindestens exponentiell (mit konstantem w) diskontiert werden. Kann man aber die Nutzensumme nicht einmal

[51] DASGUPTA & HEAL (1979, p. 266).

bilden, so könne man - so das Argument - sie auch nicht maximieren oder aus verschiedenen möglichen Entwicklungspfaden den optimalen auswählen.[52]

Es verwundert, wie eine derart ungereimte Argumentation die ökonomische Theorie jahrzehntelang beherrschen konnte. Nicht nur, daß sie inhaltlich unakzeptabel ist - es wird gar kein echtes, sondern ein verfälschtes Nutzenmaximum berechnet, welches, wenn die Gesellschaft hiernach handeln würde, zu den Konsequenzen aus Abbildung 58b führen könnte - , sie ist auch mathematisch überflüssig. Von gewissen Spezialfällen abgesehen, können, wie in Abbildung 62, nach dem "overtaking criterion" auch divergierende uneigentliche Integrale in eine Reihenfolge gebracht werden.[53] Kann in Abbildung 62 gezeigt werden, daß von einem beliebigen Punkt x^* ab die Funktion $B(x)$ stets über $A(x)$ liegt, so muß das bestimmte Integral unter B, welches zwischen Null und x^* zweifellos kleiner ist als das unter A, für ein hinreichend großes $x>x^*$ dasjenige unter A "einholen", um von dann ab für alle noch größeren x immer darüber zu bleiben. Man vermeidet m.a.W. die unmögliche Integration über ein unendliches Gebiet und vergleicht jeweils paarweise alle Integrale von A und B für einen identischen endlichen Bereich, und das mit fortschreitendem x "unendlich oft". Diese Methode dürfte für viele praktische ökonomische Fragestellungen anwendbar sein; aus ihr folgte z.B. schon in Abbildung 58b, daß für einen hinreichend langen Zeitraum der Maximin-Pfad ***M*** dem Pfad ***U*** utilitaristisch überlegen ist. Die Diskontierung ist damit nutzensummen-utilitaristisch nicht nötig, jahrzehntelang ist eine Droge verschrieben worden, derer der Patient nicht bedurfte.

[52] Explizite Äußerungen hierzu sind in der Literatur schwer zu finden, weil die Diskontierung in der Wachstumstheorie meist als nicht begründungsbedürftige Selbstverständlichkeit aufgefaßt wurde. Meist heißt es en passant wie bei SOLOW (1969, p. 81): "The fact that the planning horizon is infinite creates mathematical difficulties; the social-welfare integrals may not exist. There are refinements that cover some (but not all) of those difficult cases; but I shall stick to the cases where the rate of time preference is large enough compared with the rate of population growth, so that the integrals are well behaved." In einem so anspruchsvollen und interessanten Lehrbuchtext wie KRELLE & GABISCH (1972) wird das Diskontieren nicht mit einem Satz verteidigt oder verworfen.

[53] Das "overtaking criterion" wurde u.a. von v. WEIZSÄCKER (1965), KOOPMANS (1965) und GALE (1967) entwickelt, letzterer formuliert anschaulich: "In words, one programme overtakes another if at some point of time it has provided more utility than the other and it continues to do so from that point on" (Ibid., p. 3). RAMSEY (1928) umging die Diskontierung durch Postulieren eines Sättigungszustands ("bliss"), hierzu auch KRELLE & GABISCH (1972, pp. 174ff.).

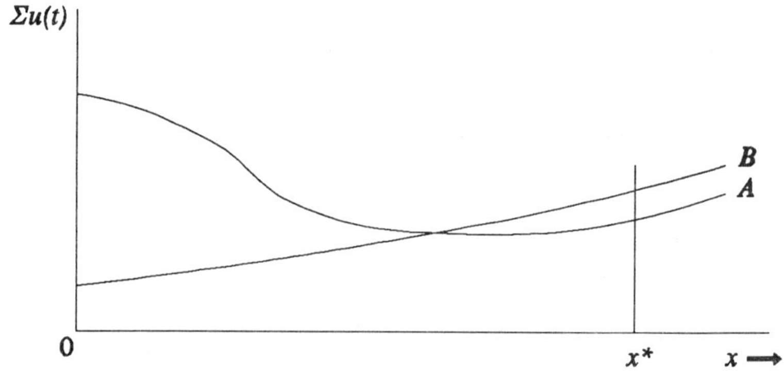

Abbildung 62: Overtaking criterion

Die zweite Argumentation, wonach die Diskontierung eine logische Notwendigkeit sei, geht auf KOOPMANS zurück. Das Ziel in seiner berühmten Arbeit wie auch in einer Reihe von Folgestudien bestand darin, Nutzenströme in der Zeit unter Vermeidung einer Summierung der Zeitpunktnutzen ordinal zu messen. In einem geschlossenen oder offenen Zeitraum **0...*T*** (***T*** endlich oder "unendlich") werden Nutzenströme ***A*,*B*,*C***... als *Ganze* verglichen und in eine Reihenfolge der Vorteilhaftigkeit gebracht.[54] Hierbei erweist sich die Diskontierung der Zeitpunktnutzen als logisch zwingend, sobald unendliche Zeithorizonte betrachtet werden. Dieses Ergebnis ist im Gegensatz zum vorigen mathematisch einwandfrei, gibt jedoch zu inhaltlichen Fragen Anlaß und führt uns auf den im Abschnitt 3 diskutierten Komplex der individuellen Rationalität zurück. Der Nutzensummen-Utilitarismus hat mit dem Problem zu kämpfen, die Nutzen verschiedener Personen und insbesondere Generationen zu aggregieren. Eine Kritik im Sinne der New Welfare Economics, wonach die Summation kardinaler Nutzen das Problem eher übers Knie breche als löse, ist durchaus nicht verfehlt - vielleicht wird man die Nutzenaggregation später einmal ganz anders vornehmen, als es wir uns heute vorstellen können. Die Summation ist nicht das letzte Wort, aber immerhin trägt sie einer individualistischen Sicht insoweit Rechnung, als sie die Existenz einzelner persönlicher Nutzenquanten, die es zu aggregieren gilt, überhaupt voraussetzt. Insoweit ist RAWLS' Vorwurf an den Utilitarismus,

[54] KOOPMANS (1960), KOOPMANS et al. (1964), DIAMOND (1965), vgl. auch STEPHAN (1988).

er sei nicht individualistisch genug, nicht gerechtfertigt.[55] Mir scheint die (bisher wenig diskutierte) Tatsache wichtig, daß die Probleme der interpersonellen Nutzenaggregation mit KOOPMANS' Ansatz nicht gelöst werden; obwohl man wegen des Übergangs zum schwächeren ordinalen Konzept eine solche Hoffnung hegen könnte, ist das Gegenteil der Fall.

KOOPMANS' Ansatz ist der individuell-rationalen Nutzenkalkulation angemessen, wir hätten z.B. den gesamten Teil 3 dieser Arbeit an ihm orientieren können. Plane ich mein eigenes ökonomisches Leben, so kann ich der Summation meines eigenen Nutzen zu verschiedenen Zeiten (Jugend, Alter) ausweichen.[56] Das in KOOPMANS' erster Arbeit fast nur beiläufig erwähnte, andere Autoren bis heute jedoch stark beschäftigende Problem, daß der ordinale Ansatz bei unendlichem Planungshorizont logisch zur Diskontierung späterer Nutzen (im individuellen Kontext: zur Voraussetzung von Myopie) zwinge, ist m.E. allein eine mathematische Kuriosität, aber weder ein praktisches noch ein sinnvolles theoretisches Problem, *weil kein Individuum unendlich lange lebt*. Bei der Unmöglichkeit, dieses einfache Faktum zu übersehen, überrascht auf den ersten Blick die Hingabe, mit welcher sich namhafte Autoren in das Problem verstricken lassen und dabei zu den abenteuerlichsten Schlußfolgerungen gelangen. Im Abschnitt 3.2.2 wurde schon auf die Irritationen mancher Autoren[57] bei dem Problem hingewiesen, welches sich einem Subjekt mit einer wachsenden Ressource (Robinsons Mais oder auch ein Bankguthaben) stellt: Da jeder Verzicht auf Konsum heute die morgigen Konsummöglichkeiten erhöht, könnte eine Tendenz zum Konsumaufschub bis zum letzten Tag resultieren. Das Problem steigert sich, wenn es bei unendlichem Zeithorizont keinen "letzten Tag" gibt. OLSON & BAILEY treten in ihrer zahlreiche andere Punkte so gut klärenden Arbeit den "Beweis" dafür an, daß jedes Individuum logischerweise myopisch sein müsse und daß diese Tatsache sogar empirisch offenkundig sei. In einer Welt mit wachsender Ressource oder positivem Zins dürfte ein nicht-myopisches Individuum nie mehr als das absolute Lebensminimum konsumieren, weil jeder heutige Verzicht zu einer überkompensie-

[55] Vgl. Anmerkung 18.

[56] KOOPMANS' Weg wurde in Abschnitt 3 nicht nur wegen seiner mathematischen Schwierigkeiten vermieden, sondern auch inhaltlich, weil gegen eine Bilanzierung des Lebensglücks durch eine Art von Summierung des Nutzens verschiedener Abschnitte m.E. nach psychologisch wenig einzuwenden ist, vgl. Abschnitt 3, Anmerkung 33.

[57] U.a. TINBERGEN (1960), OLSON & BAILEY (1981) und die Auseinandersetzung PREISERS (1948) mit v. STACKELBERG (1938, 1951).

renden Belohnung morgen führt, und dies ad infinitum. Die Beobachtung, daß sich die Individuen nicht so verhalten, genüge schon als empirischer Beweis für ihre Myopie.[58]

Im Abschnitt 3.2.2 ist gezeigt worden, daß sich ein egoistisches und nicht myopisches, endlich lange lebendes Individuum (gibt es andere?) nicht an OLSON & BAILEYs Erwartungen hält, sondern auch eine wachsende Ressource über den Lebenszyklus verteilt genießt. Die genannten Autoren hegen, wie zahlreiche andere, die Phantasie eines unendlich lange lebenden Über-Individuums, früher hätte man nicht gezögert zu sagen, einer Gottheit. Diese Phantasie eines Über-Individuums, welches nach Maximen individueller Rationalität entscheidet, taucht in der Dogmengeschichte bei den hervorragendsten Autoren auf; bei RAMSEY sind es die unendlich lange lebenden Familienlinien,[59] bei KNIGHT die "Gesellschaft Crusonia", ein mehrgenerationeller Robinson,[60] ABEL & BLANCHARD konstatieren trocken-modern, daß das heutige Standardmodell optimalen Wachstums "...interpreted as a model of a market economy with infinitely long-lived agents ..." ist.[61] Nicht zu übertreffen ist MARTINEZ-ALIERs Formulierung: "Other models feature economic agents who are hypothetically immortal, very much like amoebae reproduced by sporulation which are unable to 'say', 'when my poor mother died'. The economist's reluctance to separate commodities according to physical characteristics is overcome with a fuite en avant, since such an uncomfortable physical characteristic of economic agents as mortality is left aside. Then the intertemporal allocation could respond to the economic agent's individual preferences without leaving out of the game those which have not yet been born."[62]

Wir scheinen von unserem augenblicklichen Thema abgekommen zu sein, der formal-mathematischen Begründung für die intergenerationelle Nutzendiskontierung im Anschluß an KOOPMANS. Das scheint aber nur so; das Problem besteht nämlich gerade darin, daß KOOPMANS und die anderen Autoren in einer Phantasiewelt argu-

[58] "It implies, ..., that at every positive interest rate the household should reduce its consumption to the level at which the marginal utility of current consumtion is infinite, in order to give all to the future. Of course, that applies to every future year, and to every future generation ..." (OLSON & BAILEY 1981, p. 13).

[59] RAMSEY (1928, p. 559).

[60] KNIGHT (1944, p. 29).

[61] ABEL & BLANCHARD (1983, p. 675).

[62] MARTINEZ-ALIER (1987, pp. 169ff.).

mentieren, die nicht nur den Fakten widerspricht (es gibt nur *endlich* lange lebende Subjekte), sondern die auch philosophisch das Gegenteil des methodologischen Individualismus ist. RAWLS' Vorwurf, Individualität nicht ernst zu nehmen, trifft auf diese Konstruktionen in weit höherem Maße zu als auf den Nutzensummen-Utilitarismus.[63] Wird die Phantasiewelt abgelehnt (wie es die vorliegende Studie tut), dann wird auch das nur dort geltende mathematische Diskontierungsgebot hinfällig.

In OLSON & BAILEYs Ansatz kommen immerhin noch Individuen vor. Denkt man sich deren Lebenslänge auf ein reales endliches Maß beschränkt und läßt sie ihre Kalküle beibehalten, so resultiert die Selbstverständlichkeit, daß sie nicht unendlich altruistisch sind. Indem sie mehr als das Existenzminimum konsumieren, obwohl sie wissen, daß Sparen dazu führte, daß ein Nachfahre mehr als das heute konsumierte Quantum zur Verfügung hätte, demonstrieren sie, daß sie *auch* an sich denken und nicht gewillt sind, eine abstrakte Nutzensumme zu maximieren. Dies als "Myopie" zu interpretieren, wie bei OLSON & BAILEY, ist eine arge Überdehnung des Begriffs; er sollte vielmehr auf den Zusammenhang beschränkt bleiben, daß ein Subjekt nicht in der Lage ist, seinen *eigenen* Konsum aufzuschieben, wenn dies seine *eigene* Gesamtwohlfahrt steigert.[64] Wir begegnen hier der schon im Abschnitt 2.7 beklagten, fatalen Amalgamierung von inhaltlich nicht bedeutungsgleichen Ratenparametern, hier ***r*** und ***w***: "The effect of a lack of concern for more distant generations

[63] "... This view of social cooperation is the consequence of extending to society the principle of choice for one man, and then ... conflating all persons into one through the imaginative acts of the impartial sympathetic spectator." Dann folgt (schon zitiert): "Utilitarism does not take seriously ..." (RAWLS 1971, p. 27).

[64] Bei OLSON & BAILEY (1981) befremdet auch der etwas marktschreierische Stil der Ausführungen, so als hätten sie etwas völlig Neues entdeckt. Über die in Anmerkung 57 genannten Autoren hinaus hatten sich weitere mit dem Problem befaßt, so daß es längst gelöst war. DOBB (1968) beruft sich auf ROBERTSON (p. 27) und schließt treffend (p. 36f.): "Man kann auch behaupten, *irgendein* Diskontieren der Zukunft sei besser als keines. Da dies jedoch gleichbedeutend ist mit der These, man solle nicht das gesamte Volkseinkommen investieren, also mit einer Schlußfolgerung, zu der jeder Planer durch bloßen gesunden Menschenverstand gelangen könnte, spricht das kaum für eine Theorie des Diskontierens der Zukunft." Nur zugestimmt werden kann auch PARFIT (1983, p. 35): "A typical statement runs 'We clearly need a discount rate ... for theoretical reasons. Otherwise any small increase in benefits that extends indefinitely in time ... could demand any amount of sacrifice in the present ... because in time the benefits outweight the consts.'" ('...' im Original). Antwort: "Our belief is not that the importance of future benefits steadily declines. It is rather that no generation can be morally requested to make more than certain kinds of sacrifice for the sake of future generations." (Ibid.)

... is approximately the same as if the household applies a high rate of time preference ... in maximizing utility with a large or infinite T".[65] Für viele neoklassische Autoren sind zwei Dinge "approximately the same", wenn sie *rechnerisch* dasselbe sind. Beim vorliegenden Problem könnte aber der inhaltliche Unterschied nicht größer sein: Sprechen wir von der Rate r, so geht es um individuell-egoistische Rationalität, sprechen wir von der Rate w, so geht es um Gerechtigkeit. Bei OLSON & BAILEY gibt es nur noch dem Schein nach einzelne Individuen, bei genauerem Hinsehen sind auch sie schon keine Menschen mehr. Es ist nur ein kleiner Schritt, die Existenz einzelner, sterblicher Menschen überhaupt zu vergessen und den Nutzen einer einzigen, mit MARTINEZ-ALIER "amöbenhaften" Menschheit zu maximieren. Das Ergebnis ist für den allein formal interessierten Analytiker äußerst bequem: Es gibt wieder einmal nur noch eine einzige "Zeitpräferenz" - abgesehen davon, daß sie mathematisch notwendig erscheint, fällt unter sie sowohl die Beobachtung, daß ich allein es nicht fertigbringe, mir ein Stück Schokolade für morgen aufzuheben, ebenso wie die, daß ein Planning Board findet, daß wir heute das Erdgas verbrauchen sollten, anstatt es teilweise für unsere Nachfahren übrig zu lassen. In dieser Strukturlosigkeit ist es unmöglich, Effizienz- von Gerechtigkeitsfragen zu unterscheiden oder so einfache, treffende Beobachtungen zu machen wie die, daß "der Löwenanteil an der Minderschätzung zukünftigen Nutzens und Schadens ..." gar nicht auf die Zeitpräferenz, sondern auf die "*Ego-Präferenz*" zurückzuführen ist.[66]

KOOPMANS ist selbstverständlich nicht für das Begriffschaos der routinemäßigen neoklassischen Wachstums- und Ressourcenökonomie verantwortlich zu machen, welches sich auftut, sobald der mathematische Glanz nicht mehr blendet. Aber er setzt dem Anti-Individualismus mit einem Nutzenmaximierungsmodell die Krone auf, welches, geht man über den persönlichen Horizont eines einzelnen, endlich lange lebenden Menschen hinaus (für den es adäquat ist), nur so verstanden werden kann, daß mit ihm ein übermenschliches Wesen, eine Gottheit *seinen* eigenen Nutzen maximiert. Dabei entsteht ein Formalproblem - die ordinalistisch denkende Gottheit muß myopisch sein -, aber das Formalproblem ist nur vordergründig. Inhaltlich geht es darum, daß aus dem "Impartial Spectator", wie es RAWLS ganz zu Recht argwöhnt, selbst eine egoistische Hypostase geworden ist. ADAM SMITHs "Spectator"[67]

[65] OLSON & BAILEY (1981, p. 17).

[66] BIRNBACHER (1988, p. 33).

[67] SMITH (1976).

muß noch individuelle Nutzen aggregieren - ist die Summation methodisch fragwürdig, so muß er etwas Besseres finden. Im nutzensummenutilitaristischen Wachstumsmodell (Abbildung 58a) fahren die Frühen schlecht, sie werden nicht gefragt, ob sie sich zugunsten der Späteren einschränken möchten. Aber wenigstens sind die Verhältnisse ohne Beschönigung offengelegt, sind die Benachteiligten als Personen existent; vielleicht können sie Mitgefühl erregen oder sich wehren. Da es in KOOPMANS' ordinalistischem Modell nichts mehr zu aggregieren gibt, bleiben die Benachteiligten (ebenso wie die Bevorzugten) nicht nur ungefragt, sie sind vielmehr in der Vorstellung des "Spectators" überhaupt nicht mehr vorhanden.

Alles wäre kein Problem, hätte KOOPMANS klargestellt, daß sein Modell der individuellen Nutzenmaximierung eines Menschen dient. Dann wäre das Problem des unendlichen Zeithorizonts und der deshalb notwendigen Myopie gar nicht entstanden. Indem KOOPMANS alle Interpretationen zuläßt, hat er Fragen aufgeworfen, die in tiefschürfende philosophische Diskussionen führen könnten, bei zahlreichen Ökonomen jedoch eher den Effekt hatten, die Betriebsblindheit noch zu steigern.

5.2.3 Rückschau auf Diskontierung und Entwicklungspfade

Betrachten wir die Ergebnisse des voranstehenden Abschnitts im Überblick, so können wir uns in puncto Diskontierung voll GEORGESCU-ROEGEN anschließen, daß die Zukunftsdiskontierung im gesellschaftlichen Kontext in jeder Beziehung falsch ist.[68] Die älteren, vielzitierten Verdikte von PIGOU, RAMSEY, HARROD[69] und anderen waren voll berechtigt, sie hätten die ökonomische Forschung schon längst leiten sollen. Die Diskontierung ist hier so offenkundig falsch, daß, wie BIRNBACHER feststellt,

[68] GEORGESCU-ROEGEN (1979, p. 101): "For quasi-immortal entities - such as nations and especially mankind - discounting the future is wrong from any viewpoint." Das "quasi-immortal" sollte allerdings nach unserer Diskussion mit Bedacht verwendet werden.

[69] PIGOU (1932, pp. 26ff.): Diskontierung als Ausdruck mangelnder "telescopic faculty", vgl. bei diesem Autor Abschnitt 3.1, Anmerkung 12. RAMSEY (1928, p. 543): "It is assumed that we do not discount later enjoyments in comparison with earlier ones, a practice which is ethically indefensible and arises merely from the weakness of the imagination." HARROD (1951, p. 40): "On the assumption - unwarranted, no doubt, some of you may think - that a government is capable of planning what is best for its subjects, it will pay no attention to pure time preference, a polite expression for rapacity and the conquest of reason by passion."

sogar die sonst grundsätzlich uneinigen Philosophen einer Meinung sind.[70] Die Betrachtung machte deutlich, daß das gemeinhin "Zeitdiskontierung" benannte Verfahren meist andere Dinge als die bloße Zeit diskontiert. Einige Aspekte sind hier durchaus diskussionswürdig, wie die Diskontierung für Ungewißheit, die erst nach eingehenderer Diskussion verworfen wurde. Unter keinen Umständen ist aber zu rechtfertigen, den Nutzen anderer Menschen nur deshalb zu diskontieren, weil sie erst in Zukunft leben werden: "Distance in time is just as irrelevant as distance in space."[71] Auch hier ist die Zeit als Diskontierungsursache nur vorgeschoben; in Wirklichkeit wird der Nutzen von Menschen diskontiert, weil es sich um *andere* Menschen handelt.

Die Unzulässigkeit der Diskontierung ist Ausdruck dafür, daß alle Menschen gleich zählen. Dies gilt intra- wie intergenerationell; es muß in gleicher Weise Gerechtigkeit gegenüber Zeitgenossen wie Späteren herrschen. KAVKA sieht die Rechte Zukünftiger als gleichwertig den Rechten, welche heutigen "Fremden" zugebilligt werden,[72] denen gegenüber man auch keine affektiven Bindungen besitzt - es muß grundsätzlich gleichgültig sein, zu welcher Zeit ein Mensch lebt. Dieser Gedanke führt noch einmal zu dem Problem von Gleichheit und Verschiedenheit zurück, welches die Kontroverse um "utilitaristischen" versus "Maximin"-Pfad bestimmte.

Ist es konsistent, mit BIRNBACHER und anderen sowohl die Zukunftsdiskontierung als Ausdruck von Ego-Präferenz scharf abzulehnen, d.h. den Künftigen alle Chancen gewahrt wissen zu wollen, als auch Egalitarismus, wenn er Opfer fordert, als abstrakte Norm abzulehnen, insbesondere in Gestalt des Maximin-Pfad in Abbildung 58a? Zwei Begründungsstränge sind hier maßgeblich: Die Forderung nach Chancengleichheit für alle künftigen Menschen - ihr Anspruch z.B. darauf, daß es zu ihrer Zeit auch noch Nashörner geben wird- folgt m.E. mit BARRY überzeugend aus der Erfolglosigkeit jeder Suche nach einem Grund für das Gegenteil.[73] Es ist unmöglich, frühe Generationen für privilegiert zu erklären, nur weil sie zuerst da sind. Eine

[70] BIRNBACHER (1989, p. 103).

[71] ATTFIELD (1983, p. 91).

[72] KAVKA (1978). Der Autor analysiert separat die Probleme der Respektierung von Ansprüchen Fremder ("the Friends and Strangers Problem") und der zeitlichen Existenz der Fremden ("the Futurity Problem"), (p. 187).

[73] "The basic argument for an equal claim on natural resources is that none of the usual justifications for an unequal claim ... applies here. ... I must confess that I can see no further positive argument to be made at this point." BARRY (1983, p. 20-21).

Zustimmung hierzu wäre eine Zustimmung zur intergenerationellen Version des HOBBESschen Chaos, in der der Starke das Sagen haben soll. Die Anerkennung der Ansprüche Künftiger ist als Äquivalent der Anerkennung der Ansprüche zeitgenössischer Schwacher und damit als Grundlage der Zivilisation überhaupt zu interpretieren (vgl. Abschnitte 1.3.2 und 6.1).

Nach BIRNBACHER ist aber Gleichheit auch kein intrinsischer Wert, welcher andere Werte (z.B. die Nutzenmaximierung) verdrängen kann. Egalitaristische politische Praxis ist bisher tatsächlich selten attraktiv gewesen. Wie vertragen sich beide Positionen? Ich glaube, daß mit dem geläufigen Unterschied zwischen "de-facto-Gleichheit" und "Chancengleichheit" das Problem nicht zu lösen ist. Wer frühe Opfer zugunsten einer höheren späteren Nutzensumme akzeptiert, enthält den Frühen die Chancengleichheit vor, die er in der "Sustainability"-Argumentation für die Späteren fordert. Man kann ferner argumentieren: Gleichheit sei anzustreben, wenn nichts dagegen spricht, sie dürfe aber nicht höhere Werte verdrängen. Was sind die "höheren Werte"? Utilitaristisch gibt es nur die Antwort, daß Gleichheit nicht die Erzielung einer quantitativ und/oder qualitativ höheren Nutzensumme verhindern darf. Für den Nutzensummen-Utilitarismus in dieser Weise einzutreten, ist ein vollkommen zu akzeptierender Standpunkt. Ich muß aber RAWLS Recht geben, daß wer nur ihn konsequent vertritt, relativ wenig über Gerechtigkeit aussagt, auch in bezug auf künftige Generationen. Die Ablehnung der Zukunftsdiskontierung, die Ablehnung des Pfades U in Abbildung 58b, die Forderung, daß künftige Menschen auch Nashörner sehen können usw. - all das erfolgt utilitaristisch nicht um der Gerechtigkeit gegenüber den Künftigen willen, sondern *ist ein Instrument zur Maximierung der intergenerationellen Nutzensumme.* Wie die Argumentation zur Abbildung 61 gezeigt hat, ist diese Instrumentalisierung für den Fall, daß die Menschheit nicht schnell untergeht, wegen des "overtaking criterions" auch erfolgreich. Wäre dies nicht so, würde heutiges Prassen und künftiges Darben die intertemporale Nutzensumme maximieren, dann müßte der Utilitarist den Künftigen das Darben zumuten, so wie er in Abbildung 58a den Frühen das Darben als "tragische Unausweichlichkeit" zumutet.

5.3 "Ecological Economics"

Bei allem theoretischen Interesse, welches die soeben diskutierten Themen verdienen und was auch im vorliegenden eine längere Erörterung rechtfertigte, dürfte nach deren Abschluß deutlich geworden sein, daß die ihnen unterliegende Realproblematik nur am Rande der ökologisch brisanten Gebiete liegt. Beide Themen - Identifizierung optimaler Wachstumspfade und intergenerationelle Diskontierung - waren schon in der während der 50er und 60er Jahre florierenden Wachstumstheorie aktuell, ihre Anwendung bestand damals in der Beurteilung alternativer Kapitalakkumulationspfade. Wie die Nähte und losen Fäden in der Diskussion deutlich zeigen, wurde später der Komplex der erschöpflichen Ressourcen (Energiequellen, Mineralien) und der Substitutionsnotwendigkeit einfach angestückelt. Das zentrale ökologische Problembündel ***ESH*** (Erhalt nicht substituierbarer Elemente, Gewährleistung von Systemstabilität bzw. Selbstregulationsfähigkeit und Homöostase) spielte in der Diskussion nur eine marginale Rolle.

Mit ökologischen Fragen im eigentlichen Sinne befaßten sich frühere Ökonomen nur selten. Einige nahmen diese zwar sehr ernst, unternahmen jedoch nur geringe Anstrengungen, sie systematisch in ihre Theorien zu integrieren, so daß aus früheren Zeiten überwiegend berühmte Zitate überliefert sind, von denen zwei trotz ihrer Bekanntheit hier noch einmal genannt werden sollen, nämlich von MARX und seinem bürgerlichen Gegenspieler J.St. MILL: "Selbst eine ganze Gesellschaft, eine Nation, ja alle gleichzeitigen Gesellschaften zusammengenommen, sind nicht Eigentümer der Erde. Sie sind nur ihre Besitzer, ihre Nutznießer, und haben sie als boni patres familias den nachfolgenden Generationen verbessert zu hinterlassen."[74]

"Eine Welt, aus der die Einsamkeit verbannt wäre, wäre ein sehr armes Ideal. ... Es liegt auch nicht viel befriedigendes darin, wenn man sich die Welt so denkt, daß für die freie Thätigkeit der Natur nichts übrig bliebe, daß jeder Streifen Landes, welcher fähig ist, Nahrungsmittel für menschliche Wesen hervorzubringen, auch in Kultur genommen sei, daß jedes blumige Feld und jeder natürliche Wiesengrund beackert werde, daß alle Thiere, welche sich nicht zum Nutzen des Menschen zähmen lassen, als seine Rivalen in Bezug auf Ernährung getilgt, jede Baumhecke und jeder überflüssige Baum ausgerottet werde und daß kaum ein Platz übrig sei, wo ein wilder Strauch oder eine Blume wachsen könnte, ohne sofort im Namen der vervollkommneten Landwirthschaft als Unkraut ausgerissen zu werden. Wenn die Erde jenen großen Bestandtheil ihrer Lieblichkeit verlieren müßte, den sie jetzt Dingen verdankt, welche die unbegränzte Vermehrung des Vermögens und der Bevölkerung ihr entziehen würde, lediglich zu dem Zwecke, um eine zahlreichere, nicht aber auch eine bessere und glücklichere Bevölkerung ernähren zu können, so hoffe ich von

[74] MARX (1971, p. 784).

ganzem Herzen im Interesse der Nachwelt, daß man schon viel früher, als die Nothwendigkeit dazu treibt, mit einem stationären Zustand sich zufrieden gibt"[75]

Für die Zeit seit den 50er Jahren dieses Jahrhunderts ist eine Reihe bekannter Namen zu nennen, die als Pioniere der heutigen "Ökologischen Ökonomie" gelten können. Teils wurden ihre Anregungen, zumindest in äußerlicher Weise, relativ schnell in die Umwelt- und Ressourcenökonomie integriert, so daß sie kaum als "Oppositionelle" bezeichnet werden können, wie etwa BOULDING.[76] Andere waren und sind geachtete Individualisten, ohne daß sie die Richtung, die der Mainstream einschlug, bemerkenswert hätten beeinflussen können, wie DALY[77] und GEORGESCU-ROEGEN, während wieder andere, wie CIRIACY-WANTRUP und KAPP, zu den Zeiten ihrer Hauptveröffentlichungen nur in kleineren wissenschaftlichen Kreisen wirkten. Darüber hinaus existierten zahlreiche der herrschenden Lehre teils völlig unbekannte Ansätze und Strömungen, von denen einige in einer sehr bemerkenswerten Arbeit von MARTINEZ-ALIER erstmalig bekanntgemacht wurden.[78]

Der retrospektive Blick verführt dazu, die Grenze zwischen "Mainstream" und "Opposition" schärfer zu zeichnen, als sie in Wirklichkeit bestand, dies ist jedoch nicht die Absicht der vorliegenden Studie. Eher rechtfertigte sich, innerhalb des umwelt- und ressourcenökonomischen Establishments eine Grenze zu ziehen zwischen Beiträgen, welche offensichtlich allein akademisch-methodisches Interesse am Gegenstand hatten und solchen, bei denen das inhaltliche Engagement nie verleugnet wurde und daher die Bereitschaft zur Abweichung von der neoklassischen Scholastik stets erkennbar war, wie in den Arbeiten von KNEESE, KRUTILLA, MISHAN und

[75] MILL (1869, Bd. 1, pp. 62f).

[76] BOULDING (1966). Dieser Artikel ("The Economics of the Coming Spaceship Earth") war außerordentlich einflußreich.

[77] DALY (z.B. 1977) ist seit Jahrzehnten international angesehener Theoretiker der Idee des "Nullwachstums" bzw. des "Steady State". GEORGESCU-ROEGEN, der Fachwelt schon vor dem 2. Weltkrieg als brillanter mathematischer Mikroökonom bekannt, wurde in breiteren Kreisen durch sein Buch "Energy and Economic Myths" (1976) bekannt. CIRIACY-WANTRUPs Hauptwerk erschien 1952, auf ihn wird noch eingegangen, KAPPs Buch (hier zitiert 1979) erschien in den USA 1950 und in erster deutscher Übersetzung 1958. Es ist wie sein übriges Werk theoretisch wenig stringent, ist jedoch die erste breite empirische Auseinandersetzung in der Ökonomie mit Umweltproblemen. Eine Vorstellung dieser und anderer Pionierwerke erfolgt in HUETING (1980, Chapter 3).

[78] MARTINEZ-ALIER (1987).

zahlreichen anderen.[79] In jüngerer Zeit stellen sich an die Spitze der "Ecological Economics" Persönlichkeiten mit bedeutendem Hintergrund auf dem Gebiet der Kosten-Nutzen-Analyse, wie - stellvertretend für andere - PEARCE.[80] Sie alle werden hier genannt und - hoffentlich in fairer Weise - zugeordnet, um auf den renommierten personellen und ideengeschichtlichen Hintergrund der "Ecological Economics" hinzuweisen - sie ist nicht aus dem Nichts entstanden.

Als ein Datum der Institutionalisierung der "Ecological Economics" kann die Gründung der gleichnamigen internationalen Zeitschrift aufgefaßt werden.[81] Als maßgebliche deutsche Institution ist das IÖW zu nennen.[82] Das erste Lehrbuch, in welchem die Fragestellungen der "Ecological Economics" breiten Raum einnehmen und gleichrangig mit herkömmlichen umweltökonomischen Standardthemen behandelt werden, ist unzweifelhaft PEARCE & TURNER, während als populäre Programmschrift das "Blueprint for a Green Economy" derzeit an erster Stelle genannt werden muß. Wie auf allen anderen Gebieten, beginnt die Fülle der Einzelbeiträge schon schwer überschaubar zu werden.[83]

[79] KNEESE, bis heute maßgebliche Persönlichkeit im Umweltschutz der USA, trat Ende der 60er Jahre mit mehreren Co-Autoren durch die Analyse der Materialströme in einer Wirtschaft hervor mit dem Ergebnis, daß die bis dahin vom Bild einer "Einweg"-Wirtschaft geprägte Ökonomie durch ein Kreislaufsystem ersetzt werden müsse. Neben KNEESE et al. (1970) vgl. kurz und prägnant AYRES & KNEESE (1969). Zu KRUTILLA vgl. Abschnitt 2.6. Zahlreiche Arbeiten weisen MISHAN auch als engagierten Umweltökonomen aus, unbedingt zu lesen ist seine Persiflage "Pangloss on Pollution" (1971).

[80] PEARCE ist Direktor des London Environmental Economics Centre (LEEC). Zu seiner Literatur vgl. Anmerkung 83.

[81] Im Verlag Elsevier, Amsterdam, ab Vol. 1 (1989).

[82] Institut für ökologische Wirtschaftsforschung, Berlin, in Regie des Vereins für ökologische Wirtschaftsforschung.

[83] Das Lehrbuch PEARCE & TURNER (1990) integriert den Stoff der herkömmlichen Umweltökonomie, der elementaren Theorie natürlicher Ressourcen und der ökologischen Ökonomie und ist m.E. gegenwärtig die beste Basislektüre für umweltökonomische Lehrveranstaltungen überhaupt. Das "Blueprint" (PEARCE, MARKANDYA & BARBIER 1989) erschien als State-of-the-Art-Bericht für das britische Umweltministerium. An weiteren interessanten Büchern sind zu nennen: Schon früh, überwiegend empirisch HUETING (1980); JANSSON (1985) (Aufzeichnungen des WALLENBERG Symposiums 1982 in Stockholm mit zahlreichen zukunftsweisenden Beiträgen), der Gedenkband für den früh verstorbenen LECOMBER (der heute ein führender Kopf der Ecological Economics wäre und dessen vorzügliches Lehrbuch von 1979 hier erwähnt werden soll) von COLLARD et al. (1988), die Sammelbände von TURNER (1988a) und COSTANZA (1991) sowie BARBIER (1989). Einige interessante, teils programmatische

Für die vorliegende Studie steht die Frage im Mittelpunkt, inwieweit die "Ecological Economics" als ein Neubeginn und als Antithese zur Neoklassik oder aber als deren mehr oder weniger bruchlose Weiterentwicklung zu interpretieren ist. Die institutionelle und personelle Genese liefert Eindrücke, welche sowohl die eine wie auch die andere These stützen würden. Wird dann die Heterogenität der Ansätze und der schnelle, nur mit Mühe scharf zu beobachtende Wandel in Rechnung gestellt, so ist die Frage sicherlich nicht leicht zu beantworten - jede Antwort läuft Gefahr, in wenigen Jahren von der Entwicklung widerlegt zu werden. Mit diesen Vorbehalten sollte trotzdem versucht werden, wenigstens Konturen zu erkennen. Gegenüber der konventionellen neoklassischen Ökonomie sind zunächst deutliche Akzentverschiebungen hinsichtlich *Erkenntnisinteressen*, Zielsetzungen und im Verhältnis zu anderen Wissenschaften zu beobachten.

- Während sich die herkömmliche Umwelt- und Ressourcenökonomie weit überwiegend mit den beiden paradigmatischen (dabei keineswegs nebensächlichen) Problemkomplexen der Umweltverschmutzung durch Schadstoffe und der Verknappung klar definierbarer, "singulärer" Ressourcen (Erdöl, Fischbestände, vgl. die entsprechenden Teile von Abschnitt 2) befaßt, ist für die ökologische Ökonomie ein bedeutend *weiterer Horizont*, eine höhere Kontaktbereitschaft mit den relevanten naturwissenschaftlichen Disziplinen, Aufgeschlossenheit - ja, eine Haltung, die mit "Wißbegierde" bezeichnet werden kann - festzustellen. Hier spielt natürlich eine Rolle, daß sich Probleme, denen noch vor wenigen Jahren der Verdacht anhaftete, mehr das Resultat besonders pessimistischer ("Doomsday-" oder neomalthusianischer) Hypothesen oder gar nur Medienspektakel zu sein, inzwischen als berechtigte Realangstauslöser erwiesen haben, wie die Gefährdung der stratosphärischen Ozonschicht durch FCKW-Gase, regional die Belastung des Grundwassers mit Schadstoffen, die Vernichtung tropischer Wälder, künftige globale Klimaveränderungen u.a. Von diesem höheren Grad des Problembewußseins ist zwar inzwischen auch die konventionelle Umweltökonomie erfaßt, aber nur in deutlich geringerem Maße. In der ökologischen Ökonomie bezieht sich das Interesse nicht nur auf Realprobleme, sondern auch auf theoretische Ergebnisse der Nachbarwissenschaften, wie insbesondere Ökologie und Thermo-

Zeitschriftenartikel sind NORGAARD (1985), COSTANZA & DALY (1987), PEARCE (1987), GOODLAND & LEDEC (1987), NORGAARD (1987), VORNHOLZ (1991) und, schon früher, SÖDERBAUM (1980). Der letztgenannte Autor wendet sich mit anderen dem Holismus der ökologischen Systemtheorie zu (u.a. vertreten durch E.P. ODUM (1971), kritisches in TREPL (1987)) und zeigt damit, ebenso wie zahlreiche Entropie-Fans, eine gewisse Ideologieanfälligkeit der neuen Szene auf. Man soll nicht mit Moden mitlaufen, sondern lieber querdenken.

dynamik, letzteres besonders unter dem Einfluß von GEORGESCU-ROEGEN.[84] Teilweise ist eine Tendenz zur Übernahme neuer Paradigmen - hier des Konzepts der Entropie - festzustellen, die in ihrem Monismus schon wieder bedenklich ist.[85] Unzweifelhaft positiv ist jedoch die Bereitschaft zu beurteilen, sich Realproblemen zuzuwenden, die mit herkömmlichem ökonomischen Instrumentarium schwer zu bearbeiten sind und daher in der Vergangenheit wohl nicht zufällig meist ausgeblendet blieben.

- Eine ebensogroße Offenheit ist gegenüber den philosophischen Nachbarwissenschaften, insbesondere der *Verteilungsethik* in intra- und intergenerationeller Ausrichtung, festzustellen. Die Verankerung eines wichtigen Teils der ökologischen Ökonomie in Großbritannien mit den dort traditionell engeren, auch wissenschaftlichen Bindungen zu Afrika und Asien läßt die für deutsche Verhältnisse häufige Thematisierung von Nord-Süd-Verteilungsproblemen ebenso verständlich werden wie die intensive Befassung mit empirischen Beispielen aus Ländern der Dritten Welt. Die ökologische Ökonomie ist also von dem den Mainstream mit Recht treffenden Vorwurf absolviert, sich einseitig den Fragen der Allokationseffizienz unter Vernachlässigung der Distributionswirkungen zu widmen. Auch die im voranstehenden Abschnitt dieser Studie behandelten Probleme intergenerationeller Gerechtigkeit finden in der ökologischen Ökonomie lebhaftes Interesse, allerdings zeigt sich hier - als Schwäche oder als Stärke interpretierbar - ein gewisses Widerstreben gegen allzu abstrakte Behandlungen. Es ist bemerkenswert, daß z.B. die Auseinandersetzung mit RAWLS und anderen Philosophen überwiegend Ökonomen wie ARROW, P. DASGUPTA, SOLOW und anderen vorbehalten blieb, welche auch als Repräsentanten des Mainstream angesehen werden können. Dasselbe gilt für theoretische Beiträge auf dem Gebiet des Naturschutzes - wer wissen will, warum es meist auch ökonomisch falsch ist, Arten auszurotten, muß BISHOP, RANDALL, TISDELL und andere Autoren konsultieren,[86] die es gewiß nicht von sich weisen würden, etwas mit "Ecological Economics" zu tun zu haben, jedoch eindeutig nicht zu den Repräsentanten deren programmatischen Flügels gehören, zu welchen ich u.a. PEARCE, BARBIER, COSTANZA und NORGAARD zählen würde. Die ökologische Ökonomie hält die Forderung, künftigen Generationen eine lebenswerte Erde zu hinterlassen, offenbar für so selbstverständlich, daß sich nähere

[84] Vgl. Anmerkung 82.

[85] Sehr kritisch hier: YOUNG (1991).

[86] Vgl. Abschnitt 2.6, Anmerkung 59.

Analysen erübrigen. So absurd es auch wäre, dieser Forderung zu widersprechen, ist und bleibt ihre bloße Aufstellung ein intuitiver Akt, dem eine analytische Behandlung auf die Dauer nicht vorenthalten bleiben sollte. Der Intuitionismus stößt auf Schwierigkeiten, sobald die Höhe der Verpflichtungen gegenüber den Späteren näher definiert werden soll und wenn intergenerationelle Verteilungskonflikte erkennbar werden und Abwägungen vorgenommen werden müssen. Hierauf müssen wir im folgenden Abschnitt 5.4.1 kurz eingehen.

Hinsichtlich der *methodologischen Ausrichtung* können für die ökologische Ökonomie - immer eingedenk ihrer inneren Heterogenität - folgende Aspekte festgestellt werden:

- Alle schon im Abschnitt 2.6 (Economics of Natural Environments) skizzierten Bewertungsmethoden der fortschrittlichen, ökologisch bewußten Kosten-Nutzen-Analyse werden akzeptiert, weiterentwickelt und auf Elemente der Natur angewandt. Dazu gehören Analysen der Zahlungsbereitschaft der Bevölkerung für Tier- und Pflanzenarten, Biotope und Landschaften, angenehme und gefährdungsfreie Umweltzustände aller Art, ebenso wie empirische Erhebungen der kurz- und langfristigen Kosten der Umweltzerstörung, d.h. des unterlassenen Umwelt- und Naturschutzes. Auf diesen Gebieten ist eine Grenze zwischen konventioneller Umweltökonomie und ökologischer Ökonomie nicht nur besonders schwer zu ziehen, sondern überflüssig. Die genannten methodischen Elemente werden auch von programmatischen Vertretern der ökologischen Ökonomie nicht etwa abgelehnt, sondern selbst praktiziert, auch werden derartige Beiträge regelmäßig in der Zeitschrift "Ecological Economics" veröffentlicht. Besonders interessant sind einige empirische Studien über den Wert gefährdeter tropischer Biotope.[87]
- Das spezifisch neoklassische Paradigma des Marktes als einer Institution, dem die Lösung fast aller Probleme vertrauensvoll überlassen werden kann, stößt in der ökologischen Ökonomie auf große Skepsis. Wie bei verschiedenen Gelegenheiten im

[87] U.a. Beiträge im Heft 2 von "Ambio" 20 (Special Issue: Environmental Economics), wie BARBIER et al. (1991), TOBIAS & MENDELSOHN (1991) und TURNER (1991). Ferner direkt aus dem LEEC über den ökonomischen Wert von Elefanten: BROWN & HENRY (1989). PETERS et al. (1989) fanden in einer vielbeachteten Studie, daß der ökonomische Wert eines unzerstörten Regenwaldes in Peru, überwiegend in Gestalt der Einkünfte aus dem Sammeln von Früchten, den Wert des einmaligen Abholzens plus Folgenutzung als Viehweide um ein Mehrfaches übersteigt. Dies ist ein weiteres Beispiel zu den in Abschnitt 2.6 genannten, wonach die korrekte monetäre Rechnung Argumente für den Naturerhalt liefert (der Umkehrschluß, daß in Abwesenheit derartiger monetärer Beweise die Naturzerstörung ökonomisch zu empfehlen sei, ist selbstverständlich nicht zulässig, vgl. HAMPICKE 1991a).

Abschnitt 2 angesprochen, lebt dieses Paradigma vom Glauben an die universelle Substitutionalität relevanter knapper Werte als Voraussetzung einer inkrementalistischen Lösbarkeit aller Probleme im Sinne der Approximation an Gleichgewichte. Es ist ein großes Verdienst der ökologischen Ökonomie, endlich dem Prinzip der *Komplementarität* in Natur und Ökonomie die ihm zukommende Bedeutung einzuräumen, womit MARSHALLS "natura non facit saltum" von einem universellen, methodisch-imperialistischen Prinzip zu einer vernünftigen praktischen, in vielen Fällen jedoch auch falsifizierbaren Regel zurückgestuft wird. Ökologische Systeme sind mehr als die Summe ihrer Teile und müssen als ganze funktionsfähig sein, ihre Elemente sind zueinander komplementär. Erkenntnisse wie die folgenden wären in einer nicht vom Substitutionswahn beherrschten Ökonomie vermutlich schon Jahrzehnte früher gereift: "Environmental economics, in particular, is in an awkward position. The basic assumptions of the neoclassical model do not fit the natural world. The model assumes that resources are divisible and can be owned. It acknowledges neither relationships between resources in their natural environments nor environmental systems overall. It assumes that both the economic and the environmental system can operate along a continuum of equilibrium positions and move freely back and forth between these positions. Markets fail to allocate environmental services efficiently because environmental systems are not divisible, because environmental systems almost never reach equilibrium positions, and because changes are frequently irreversible."[88]

Folgt man dieser Ansicht, so erwachsen bedeutende theoretische und politische Konsequenzen. Theoretisch leitet sich ab, daß die von einigen extremen Anhängern des Marktprinzips (hier ist wirklich die Bezeichnung "Ideologen "angebracht) noch immer als einzige Antwort auf die schwierige Problematik der Kollektivgüter angesehene Totalprivatisierung der Umwelt nicht länger diskutiert zu werden braucht, weil sie nicht mit den physischen Realitäten der Natur zusammenpaßt.[89] Das Kollektivgüterproblem und speziell die hier aufgeworfene Frage wird uns ausführlich in den Abschnitten 6.2 und 6.3 beschäftigen. Die politische Konsequenz besteht in der Notwendigkeit, nach alternativen Lenkungsinstrumenten zu suchen, wenn der Markt versagt. Da die herkömmliche politische Planung, insbesondere angesichts der Erfahrungen in vormals sozialistischen Ländern (welche den Markt auch dort nicht gelten lassen wollten, wo ihm die physischen Gegebenheiten nicht im Wege standen) eine wenig verlockende Perspektive darstellt, türmen sich vor der ökologischen Ökonomie

[88] NORGAARD (1985, pp. 282-283).

[89] Vgl. Abschnitt 5.4.3.

große Probleme auf, und zwar um so sichtbarer, je ausdrücklicher politisch-praktisch sie sich versteht. Bisher muß sie konstatieren: "Sustainability as intergenerational fairness is thus not an objective which is likely to be served by planned, market or mixed economies. Only ecologically bounded economies can make that achievement. The prospects for securing such an economy are what should concern us, instead of further engaging in the delusion that planners and markets are all-embracing sources of wisdom."[90] Die ökologische Ökonomie ist selbstverständlich nicht dafür zu schelten, sondern zu loben, Probleme zu benennen, für die sie selbst auch noch keine praktischen Lösungen parat hat (die herkömmliche Ökonomie erst recht nicht, oder, bedenklicher, in ihrer Phantasie). Die vorliegende Studie wird von diesem Dilemma allein wegen ihres höheren Abstraktionsgrades weniger betroffen; auf einige Punkte wird im Abschlußteil 7 einzugehen sein.

Die entscheidende Forderung der ökologischen Ökonomie besteht darin, daß Grenzen aufgerichtet werden, innerhalb derer sich alles Wirtschaften nur abspielen darf. Diese Grenzen müssen die ökologische Substanz der Erde schützen. Wie schon in der Einleitung (Abschnitt 1.4) deutlich wurde, ist dies auch die Hauptforderung der vorliegenden Studie; auf dem Papier ist sie im übrigen auch in der konventionellen Umweltökonomie und darüber hinaus inzwischen wenig kontrovers. Die Grenzen setzen eine kollektive Entscheidung voraus, ihnen ist nicht marktmäßig-inkrementalistisch zu entsprechen. Im Gegenteil nimmt der Markt diese zentrale Entscheidung in sein Informationssystem auf und verarbeitet sie. Funktioniert er in seinen ökologischen Grenzen optimal, so werden alle Güter zu "sustainable optimal prices" und "sustainable use costs" gehandelt.[91]

Die theoretische Anerkennung dieser Grenzen erfolgte in einem breiten, dezentralen Denkprozeß, wie die terminologischen Spuren zeigen: Bei PAGE finden wir die Begriffe "Permanent Livability" und "Preservation of Opportunities"[92], PEARCE, DALY, NORGAARD und zahlreiche andere sprechen von "Sustainable Development" und "Sustainability"[93], PEARCE weiterhin von der "Ecologically bounded econo-

[90] PEARCE (1987, pp. 17-18).

[91] PEARCE (1988a, p. 64).

[92] Das erste Catchword aus PAGE (1977, p. 191), das zweite aus PAGE (1983, p. 56).

[93] Z.B. COSTANZA & DALY (1987), PEARCE (1988), NORGAARD (1988), vgl. auch KNEESE & SCHULZE (1985, pp. 202ff.) Beide Begriffe werden heute am häufigsten verwendet.

my"[94], und BONUS forderte schon 1979 einen "Ökologischen Rahmen für die Soziale Marktwirtschaft".[95] Interessant ist der philosophische Bezug auf LOCKE, demzufolge die Menschen bei der Aneignung der Natur darauf zu achten haben, daß sie anderen die Chancen, welche sie selbst wahrnehmen, nicht vorenthalten, also ihnen etwas übrigzulassen haben. Der "Lockean Standard" wird bei KAVKA gefordert und u.a. von TURNER übernommen.[96] Lange vor all diesen Arbeiten und wahrscheinlich explizit als erster machte jedoch CIRIACY-WANTRUP die qualitative Zukunftsvorsorge zum zentralen axiomatischen Ausgangspunkt seiner Lehre und entwickelte das Konzept des *"Safe Minimum Standard"*. In seinen Worten: "The objectives of environmental policy can often be compared to the objectives of an insurance policy against serious losses that resist quantitative measurement. ... The emphasis of this approach is on avoiding overuse rather than on achieving optimal use, on establishing base levels rather than on locating peaks, on not entering dead-end streets and on keeping direction rather than on computing the shortest distance, and on mobility and adaptability of production factors rather than on their optimum combinations."[97] CIRIACY-WANTRUP muß nächst den Alten, wie J.St. MILL, als der wichtigste Pionier der ökologischen Ökonomie angesehen werden. Es gehört zu den weniger erfreulichen Einzelheiten der ökonomischen Dogmengeschichte, daß sein Werk vom Mainstream jahrzehntelang ignoriert und totgeschwiegen wurde. Wenn heute neoklassische Hardliner zugeben, wie Recht er habe und daß sie selbst eigentlich in Formeln stets dasselbe ausdrücken wollten wie er in einfachen Sätzen, so entspricht dies nicht der Wahrheit. Im übrigen ist es nur dem persönlichen Engagement einiger seiner Schüler zu verdanken, daß er überhaupt heute eine späte Anerkennung findet.[98]

Zum Verhältnis zwischen Neoklassik und ökologischer Ökonomie sei abschließend ein vorsichtiges, revidierbares Urteil vorgeschlagen: Hinsichtlich Denkstil und methodischer Ausrichtung unterscheiden sich die im Abschnitt 1.2 umrissene "naive", marktapologetische Neoklassik und die ökologische Ökonomie fundamental,

[94] PEARCE (1987, p. 9.) "Economy" bezieht sich im Gegensatz zu "Economics" nicht auf die wissenschaftliche, sondern auf die Realsphäre.

[95] BONUS (1979).

[96] Vgl. KAVKA (1978, pp. 200ff.), TURNER (1988, p. 154).

[97] CIRIACY-WANTRUP (1971, p. 40).

[98] CIRIACY-WANTRUPs Hauptwerk "Resource Conservation Economics and Politics" erschien 1952. Wichtig auch CIRIACY-WANTRUP & BISHOP (1975). BISHOP & ANDERSEN gaben (1985) einen Band zu Ehren CIRIACY-WANTRUPs mit ausgewählten Schriften heraus.

sie sind unvereinbar. Entscheidend sind hier die unterschiedlichen Auffassungen zum Substitutionsparadigma. Schwieriger ist das Verhältnis zwischen erweiterter, kontraktueller Neoklassik (nach den Definitionen aus Abschnitt 1.2) und ökologischer Ökonomie zu bestimmen. Methodische Unvereinbarkeiten sind m.E. nicht festzustellen. Die kontraktuelle Neoklassik besitzt durchaus die Voraussetzungen, zu denselben Ergebnissen wie die ökologische Ökonomie zu gelangen, hier seien auch die engen personellen Verflechtungen nicht vergessen. Wenn diese Voraussetzungen von den Teilen der Neoklassik, die der ökologischen Ökonomie nicht nahestehen, bisher nicht genutzt werden, so ist dies eine Frage des Forschungsinteresses, des Stils und der die wissenschaftliche Arbeit immer (zumindest indirekt) prägenden metaökonomischen persönlichen Werturteile. Prüfen wir die drei entscheidenden Kriterien ab, welche im "Blueprint for a Green Economy" die Idee des Sustainable Development definieren:[99]

- *The value of the environment*: Wie schon erwähnt, leistet auch die heutige konventionelle Umweltökonomie entscheidende Beiträge zur richtigen Bewertung natürlicher Ressourcen - konkret fast immer Beiträge gegen die politisch-praktische Unterbewertung der Natur.
- *Extending the time horizon*: Langfristkalküle werden vom Mainstream seit langem durchgeführt; oben (Abschnitt 5.2) wurde jedoch deren methodische und ethische Fragwürdigkeit ausführlich diskutiert. Die ökologische Ökonomie gibt Impulse, das Stadium der Diskontierungshexereien endgültig zu überwinden.
- *Equity*: Hier sind Unterschiede unverkennbar, es handelt sich um mehr als nur um Stilfragen. In den Augen der Neoklassik ist intra- und intergenerationelle Verteilungsgerechtigkeit ein metaökonomischer Wert, ist Parteinahme ein subjektiver Akt und sollte die ökonomische Theorie hiervon frei bleiben. Schon im Abschnitt 1.3 dieser Studie (Vertiefung in 6.1) wurde dagegen zu zeigen versucht, daß Gerechtigkeit nicht etwas Subjektiv-willkürliches ist, sondern mit der gesellschaftlichen Grundstruktur des regelbewußten Individualismus, auf den sich die Neoklassik fast ohne Ausnahme bezieht, untrennbar verbunden ist. Gerechtigkeit ist nicht Warmherzigkeit und Milde, sondern ein "hartes" Strukturmerkmal der individualistischen Gesellschaft.

[99] PEARCE et al. (1989, p. 2). Systematischer Vergleich von Neoklassik und Ecological Economics auch in KLAASSEN & OPSCHOOR (1991).

5.4 Zurück zur Realität: Worin besteht Zukunftsvorsorge?

5.4.1 Einige Probleme des "Safe Minimum Standard" (SMS)

Im einleitenden Abschnitt 1.4 wurde für die Zwecke dieser Studie von einem anthropozentrischen, instrumentalistischen Naturverständnis ausgegangen. Der Erhalt der Natur geschieht um der künftigen Menschen willen und ist damit eine Forderung intergenerationeller Gerechtigkeit. Abgesehen vom Gebiet der erschöpflichen Ressourcen, auf dem Substitute entwickelt werden müssen, ist die Zukunftsvorsorge schlechthin nicht anders vorstellbar, als daß Grenzen errichtet und respektiert werden - in der Terminologie CIRIACY-WANTRUPs der "Safe Minimum Standard". Wie im Abschnitt 6 noch deutlicher werden wird, enthebt dies von einigen distributionsethischen Problemen, welche im intragenerationellen Kontext bedeutsam sind und führt insofern zu einer Vereinfachung des Problems. Auch ist es nicht Ziel dieser Studie, den Safe Minimum Standard exakt festzulegen, dennoch sind einige Aspekte, die seine Höhe betreffen, kurz anzusprechen. In den beiden folgenden Unterabschnitten wird das schon angerissene ökologische Zielbündel "***ESH***" noch einmal vertiefend diskutiert und mit Beispielen versehen und werden die wichtigsten Maßnahmetypen zu seiner Gewährleistung definiert. Für den Safe Minimum Standard sind relevant:
- Das erste Wort dieses Begriffes betonend, enthält jede Schwelle ein Sicherheitselement, einen "conservation-biased safety margin".[100] Die Menschen müssen sich nicht nur überhaupt dazu durchringen, ihr Handeln konkret einzugrenzen, d.h. einen Teil ihrer potentiellen Aktivitäten, die sie ausführen könnten, zu tabuisieren, vielmehr müssen sich bei der Festlegung der Grenze auch die vorsichtigeren Meinungen durchsetzen. Im Gegensatz zur heutigen Praxis im Umgang mit der Natur erfordert dies auf zahlreichen Gebieten eine *Beweislastumkehr*: Nicht nur müssen Dinge verboten werden, von denen erwiesen ist, daß sie schädlich sind, sondern vieles muß unterbleiben, von dem nicht in hinreichendem Maße wahrscheinlich ist, daß es unschädlich ist. Ein wichtiger Anwendungsfall ist der Artenschutz: Es sind nicht nur diejenigen Arten zu erhalten, deren Nützlichkeit mehr oder weniger feststeht, vielmehr ist für eine zukunftsbewußte Gesellschaft die irreversible Ausrottung einer Art nur zu erwägen, wenn ihre Schädlichkeit gewiß ist (z.B. ein pathogenes Bakterium). Da dieser Fall bei höheren Arten schwer vorstellbar ist und da zudem Arten selten einzeln,

[100] TURNER (1988, p. 122).

sondern fast immer im Verbund (Ökosystem) erhalten werden, läuft die Forderung für praktische Zwecke auf einen Totalschutz des Gesamtbestandes hinaus.[101]

- Künftige Ansprüche hängen quantitativ von der *Zahl* der künftigen Menschen ab. Hier ist nicht allein deren Ungewißheit von Bedeutung, sondern auch der Umstand, daß die heutige Generation hierauf Einfluß nehmen kann - unter potentieller Hervorrufung weitreichender intragenerationeller Konflikte, wenn nur an Zwangsmaßnahmen gedacht wird. Zumal diese Problematik in Abschnitt 5.1 als außerhalb der vorliegenden Studie liegend definiert wurde, scheint die unbefriedigende Lage zu entstehen, zu diesem wichtigen Punkt überhaupt nichts aussagen zu können. Das Problem wird glücklicherweise stark abgemildert durch den Umstand, daß die entscheidenden Forderungen nach Substanzerhalt der Biosphäre eher *qualitativ* als quantitativ bestimmt sind. Die fundamentalen *Zielsetzungen* sind von der Zahl künftiger Menschen unabhängig. Die Selbstregulierungsfähigkeit biogeochemischer Systeme muß bei einer künftigen Weltbevölkerung mäßiger Höhe ebenso intakt bleiben wie bei einer sehr zahlreichen. Das viel größere Problem besteht darin, daß künftigen Generationen die Einhaltung ökologischer Schranken noch schwerer fallen muß als uns, wenn die Bevölkerungszahl immer höher wird.
- Wir besitzen keine Gewißheit über künftige Ansprüche und *Präferenzen*. Die Unsicherheit ist am geringsten bei physischen Lebensansprüchen, die sich stets annähernd gleichen werden, und am größten im Bereich kultureller, ästhetischer und emotioneller Dinge. Wenn nur an Wandlungen des Kunstgeschmacks und Naturempfindens in der Vergangenheit gedacht und in optimistischer Sicht von einem künftigen relativen Bedeutungsgewinn nichtmaterieller, ästhetischer Werte ausgegangen wird, so ist hier ein erheblicher Unsicherheitsspielraum anzuerkennen. Vielleicht stellen z.B. schon die nächsten Generationen in Europa höhere Ansprüche an Landschaftsästhetik und sind nicht bereit, in monotonen Agrarproduktionsregionen zu leben. Vielleicht wird der Gebrauch von Herbiziden nicht deshalb eingeschränkt, weil Pflanzenschutzbürokraten ihre Gesundheitsschädlichkeit feststellen, sondern wegen der optischen Häßlichkeit ihrer Auswirkungen. Vielleicht berührt künftige Generationen eine irreversible Ausrottung der Nashörner, wie sie heute zu befürchten ist, in weit stärkerem Maße, als wir es allgemein vermuten. Der genannte Typ von Ungewißheit ist methodisch für die vorliegende Studie allerdings in ähnlicher Weise tragbar wie der vorhergehende, weil der Kern des Safe Minimum Standards darin besteht, irreversible Ver-

[101] Vgl. NORTON (1986a), TISDELL (1990).

armungen zu vermeiden, womit den Künftigen alle Potenzen, die Welt nach ihren Wünschen zu gestalten, erhalten bleiben.[102]
- Die bedeutendste Frage ist die nach dem legitimen *Anspruchsniveau* der Künftigen. Sie sollen es so gut haben wie die heutigen Menschen. Wer hat es denn heute gut? Sollen sie so leben können wie die heutigen Einwohner der Schweiz oder die von Haiti? Provozierende Fragen wie diese werden natürlich meist und zu Recht in der Absicht gestellt, auf heutige intragenerationelle Ungerechtigkeiten hinzuweisen. Diese sind anzuprangern und zu beseitigen, aber sie sind ein eigenes Problem. Stellen wir uns vor, sie wären zumindest auf ein erträgliches Maß abgemildert, dann träte das intergenerationelle Gerechtigkeitsproblem deutlicher in seiner Symmetrie hervor: Wir haben Pflichten gegenüber den Späteren, und jene haben daher berechtigte Erwartungen an uns. Aber sie können nicht alles verlangen. Es wäre ungerecht uns gegenüber, wenn sie Leistungen verlangten, deren Erfüllung Opfer erforderte, welche nach den Maßstäben intergenerationeller Gerechtigkeit ebenfalls unzumutbar wären. Ob dieser Fall eintritt, ist ein anderes Problem, jedenfalls ist er denkbar und nimmt damit dem Safe Minimum Standard etwas von seiner Absolutheit.

Das Problem wird meist im Zusammenhang mit dem Artenschutz diskutiert. In Abbildung 63 sind alle Wahlmöglichkeiten der Gesellschaft zwischen dem Ziel des Arten- bzw. Naturschutzes $\boldsymbol{N}$ und der übrigen Güterversorgung $\boldsymbol{G}$ durch die Transformationskurve dargestellt. Ökologen mögen nach besten Kenntnissen einen Safe Minimum Standard festlegen, welcher beim spontanen Wirken der Präferenzen (gesellschaftliche Indifferenzkurve $\boldsymbol{I}_1$) verfehlt wird. Zu seiner Respektierung muß vielmehr der zusätzliche Verzicht $\boldsymbol{\Delta G}$ geleistet und auf die niedrigere Indifferenzkurve $\boldsymbol{I}_2$ abgestiegen werden.[103] Was in der Abbildung so harmlos aussieht, kann in der Realität dramatisch sein, es kann sich z.B. um nichtmonetäre Opfer, ja um die

[102] Die Hinterlassung bloßer Potenzen oder Möglichkeiten für die Künftigen greift allerdings zu kurz, wenn die betreffenden Werte eine sehr lange Ausreifungszeit haben. Unterstellt, ein Urwald benötigt 1 000 Jahre zu seiner vollen Entwicklung, so hinterlassen wir, solange die betreffenden Arten nicht ausgerottet werden, auch dann die Potentialität für einen neuen Urwald, wenn wir uns um nichts kümmern. Dann gibt es jedoch frühestens in 1 000 Jahren einen neuen Urwald, und auch nur dann, wenn ihn die nächste Generation neu anlegt. Tut dies keine Generation, so wird auch nie eine andere 1 000 Jahre später den Urwald genießen. Ebensowenig genügen Potenzen, wenn die Werte historisch einmalig-konkret sind. Es ist unmöglich, die Potenzen für gotische Kathedralen zu vererben, es müssen schon die echten sein.

[103] Diese Probleme sind ausführlicher in meinen Schriften HAMPICKE (1987a und 1991a) dargestellt.

Erzeugung von menschlichem Leid handeln. In einer dichtbevölkerten Region Ostafrikas leben sehr arme Menschen und die letzten Exemplare der Berggorillas eng beisammen und konkurrieren um Lebensraum. Wenn der Wald für die Gorillas erhalten bleibt, können Menschen verhungern. Voraussetzungsgemäß diskutieren wir das Problem nicht aus der Sicht der Gorillas, sondern fragen nur: Können die späteren Menschen verlangen, daß sie Gorillas erleben können, wenn dies heute Menschenleben kostet? Auch Ökonomen, welche den Safe Minimum Standard akzeptieren, schrecken vor einer derartigen Konsequenz zurück und formulieren: "Avoid extinction unless the costs of doing so are unacceptable."[104]

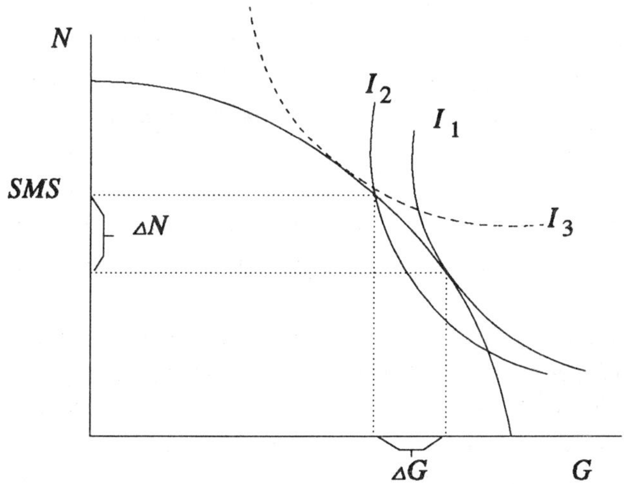

Abbildung 63: Opfer der heutigen Generation für den Safe Minimum Standard

Das Problem im genannten Beispiel ist natürlich dadurch zu lösen, daß heutige wohlhabende Menschen den armen Bewohnern Ostafrikas Unterstützung gewähren, so daß sie besser leben können, ohne den Gorillas ihren letzten Lebensraum wegzunehmen. Erneut zeigt sich der untrennbare Zusammenhang zwischen inter- und intragenerationeller Gerechtigkeit. Die Späteren fordern also nur scheinbar, daß sich heutige Menschen aufopfern, in Wirklichkeit fordern sie gerechte Redistributionen, was weit eher als legitim angesehen werden muß. Die Voraussetzungen, unter denen aus Gründen der Zumutbarkeit vom Safe Minimum Standard abgerückt werden muß

[104] BISHOP (1980, p. 201).

und Werte wie ΔN in Abbildung 63 zur Disposition gestellt werden können, müssen also sehr streng gefaßt werden. Dies nicht zuletzt deshalb, weil bei irreversiblen Verlusten nicht nur ein Trade-Off zwischen zwei Generationen besteht, vielmehr steht einem heutigen möglichen Opfer ΔG ein Verlust bei *allen* künftigen Generationen gegenüber.

5.4.2 Das ökologische Zielbündel

Dieses wurde in Abschnitt 1.4.2 unter dem Kürzel "***ESH***" als ein Komplex definiert von *Elementen*, wie insbesondere Tier- und Pflanzenarten und sonstigen einmaligen Dingen, der *Selbstregulationsfähigkeit* der Biosphäre auf Grund ihrer Strukturkomplexität und auf bestimmten, ausgewählten Gebieten der *Homöostase*; einige biogeochemische Systeme sind nicht allein selbstregulierungsfähig, sondern sogar in einem konstanten Zustand zu erhalten. Zu diesen drei Gebieten müssen nun einige Erläuterungen gegeben werden, wobei wegen des aus Raumgründen sehr beschränkten empirisch-deskriptiven Horizonts dieser Studie nur das Allerwichtigste angesprochen werden kann.

Aus methodischen Gründen wird postuliert, daß diese Werte nicht substituierbar, also unverzichtbar sind. Abhilfen, wie die HARTWICKsche Regel (Abschnitt 2.5), greifen nicht. Sie sind insbesondere nicht durch künstliche, vom Menschen geschaffene Werte, d.h. auf dem Wege der Kapitalakkumulation, zu ersetzen. Und künftige Menschen sind im Prinzip auf sie angewiesen. Diese Postulate sind richtig zu verstehen: Sie besitzen den Status *starker Vermutungen*, sind also nicht faktisch unwiderlegbar. Daß allen künftigen Menschen die Existenz von Tier- und Pflanzenarten gleichgültig ist, ist nicht unmöglich, wenn auch kaum wahrscheinlich.[105] Es gehört zum Wesen des Safe Minimum Standards, Aussagen über Dinge zu treffen, die nicht genau gewußt werden können, und sich dort für die vorsichtigere und eher revidierbare Alternative zu entscheiden. Sobald es sicher ist, daß ein Bestandteil des Zielbündels entbehrlich wird, weil es überflüssig ist (auch nicht substituiert zu werden

[105] Hier kann nicht von dem bei BIRNBACHER (1988, p. 32, passim) angesprochenen, interessanten Problem abgesehen werden, daß unsere Haltung gegenüber eigenen, fremden und künftigen Präferenzen nicht werturteilsfrei ist. Wir finden nicht alle Präferenzen gleich wertvoll, sind z.B. unglücklich darüber, wenn unsere Kinder einen sehr schlechten Geschmack entwickeln, selbst wenn sie darunter keineswegs leiden. Ebenso sind wir nicht frei davon zu hoffen, daß künftige Menschen ökologische Werte schätzen werden.

braucht) oder weil entgegen heutigen Erwartungen ein vollwertiges Substitut besteht, so kann er gestrichen werden. Daß dies eines der drei Konstituenten ***E, S*** oder ***H*** in jeweils vollem Umfang betreffen könnte, halte ich für ausgeschlossen, wohl aber könnte es Details innerhalb derselben betreffen: Manche Arten können verschwinden, bestimmte Regulationsfunktionen können technisch zuverlässig nachvollzogen werden, oder wir können uns einen milden Klimawandel "leisten".

Das Teilziel E (Erhalt der Elemente): Wie in illustrativen Beispielen schon wiederholt angedeutet, betrifft dies in erster Linie die Tier- und Pflanzenarten, deren Ausrottung von der ganzen Erde in jedem Einzelfall vollständig irreversibel ist. Über diese hinaus sind jedoch weitere Elemente zu erkennen. Ein erhaltenswertes Element kann auch in einer bestimmten Population einer Art bestehen, welche auf der ganzen Erde nicht gefährdet ist, sogar in einem einzelnen Individuum, etwa einem alten Baum. Auch ist an einmalige unbelebte Schöpfungen zu denken, wie z.B. Felsen, Fossilienfundstätten u.a.m.

Zum Problem existiert eine umfangreiche Literatur, in welcher der potentielle Nutzen wilder Arten, ihre weltweit z.T. sehr bedrohliche Situation und unterschiedliche philosophische und ökonomische Aspekte erörtert werden.[106] Während die Artenreduktion in land- und forstwirtschaftlich genutzten Teilen Mitteleuropas für jeden ökologisch auch nur minimal informierten Beobachter offenkundig ist,[107] hier jedoch wegen des relativ geringen Anteils von Endemiten (Arten, die *nur* hier vorkommen) die Gefahr weltweiter irreversibler Verluste bisher erst in geringerem Maße heraufbeschwört, haben diese Befürchtungen auf weltweiter Ebene, vor allem im Zusammenhang mit der Zerstörung tropischer Wälder, dramatische Züge angenommen. Sofern der gegenwärtige Trend nicht gestoppt werden kann, ist mit MYERS bis zur Mitte des 21. Jahrhunderts mit Artenverlusten in Höhe von einem Viertel bis zur

[106] Ohne andere Bücher herabsetzen zu wollen, finden sich m.E. gegenwärtig die besten Beiträge in den Sammelbänden NORTON (1986) und WILSON (1988); ebenfalls sehr zu empfehlen sind MYERS (1979), SOULÉ & WILCOX (1980), EHRLICH & EHRLICH (1981) sowie SOULÉ (1987). Die von wilden Arten ausgehenden Nutzenstiftungen ("utilitarian benefits" im nicht-philosophischen Sprachgebrauch) sind zusammengestellt in SCHLOSSER (1982), MYERS (1983), ELTRINGHAM (1984), OLDFIELD (1984) und PRESCOTT-ALLEN & PRESCOTT-ALLEN (1986). Zur aktuellen Diskussion vgl. "Science", Vol. 253: Schwerpunktheft "Perspectives on Biodiversity", u.a. EHRLICH & WILSON (1991).

[107] Grundlagenwerke für den Naturschutz in Mitteleuropa sind KAULE (1991) und PLACHTER (1991), sehr beeindruckendes, kommentiertes Bildmaterial in RINGLER (1987).

Hälfte des heutigen Gesamtbestandes zu rechnen.[108] Nach theoretischen Modellrechnungen führt schon die heutige Tropenwaldvernichtung zu jährlichen Verlusten von 17 500 Arten, von denen die meisten nicht einmal bekannt sind.[109] Der Bestand afrikanischer Nashörner, denen auf Grund ihrer teuer bezahlten Hornsubstanz illegal nachgestellt wird, ist in 17 Jahren von 65 000 auf 4 000 Stück gesunken.[110] Sollte es beim Ausbleiben einer schnellen Trendumkehr zu den von MYERS geschätzten Verlusten kommen, so hätte sich der Mensch in wenigen Jahrzehnten als Ursache einer Evolutionskatastrophe erwiesen, wie sie in der gesamten Erdgeschichte nur sehr selten auftrat und auch dann, etwa am Ende der Kreidezeit, als die Dinosaurier ausstarben, Millionen Jahre in Anspruch nahm. Daß sich der Mensch in dieser Weise geriert, erscheint schon als bloße Tatsache und unabhängig von den Folgen ungeheuerlich. Unter den zahlreichen Äußerungen hochrangiger Wissenschaftler sei die folgende zitiert, weil sie, abgegeben als düstere Prognose im Jahre 1980, heute bereits die Vergangenheit beschreibt: "The worst thing that can happen - and will happen (in the 1980s) - is not energy depletion, economic collapse, limited nuclear war, or conquest by a totalitarian government. As terrible as these catastrophes would be for us, they can be repaired in a few generations. The one process ongoing in the 1980s that will take millions of years to correct is the loss of genetic and species diversity by the destruction of natural habitats. This is the folly our descendants are least likely to forgive us."[111] Für den vorliegenden Zusammenhang sind folgende Aspekte der Artenbedrängung hervorzuheben:

- Es werden nicht nur inter-, sondern auch intragenerationelle Ungerechtigkeiten erzeugt, indem auf intensive psychische Bedürfnisse der (nicht so kleinen) Minderheit der Naturliebhaber nicht die geringste Rücksicht genommen wird. Wegen des Kollektivgutcharakters des Problems (vgl. Abschnitt 6.2) war es jenen unmöglich, durch Demonstration ihrer Präferenzen die Entwicklung zu beeinflussen.[112]
- Die Aushöhlung ökologischer Vielfalt geschieht nach der "Salami-Taktik"; in jedem Jahr wird eine Scheibe abgeschnitten, wobei es außerordentlich schwer ist, Grenzen

[108] Vgl. MYERS (1989).

[109] Vgl. WILSON (1988a).

[110] Vgl. WWF-News No. 67 (1990).

[111] WILSON (1980), zitiert in EHRLICH & EHRLICH (1981, p. 3).

[112] Vgl. HAMPICKE (1991 a), Kapitel 6.1.2: Verteilungsungerechtigkeiten gegenüber Naturliebhabern.

zu definieren und zu begründen, die nicht mehr überschritten werden dürfen. Alle sind dafür, daß die Frösche erhalten bleiben, aber es müssen nicht gerade die Exemplare in dem Teich sein, der zugunsten der Autobahn XY verschwinden soll. EHRLICH & EHRLICH prägten den berühmten Vergleich mit dem Mechaniker der Fluggesellschaft "Air Größenwahn", welcher die Nieten aus den Tragflächen des Flugzeugs Stück für Stück abmontiert, weil sie sich mit Gewinn verkaufen lassen und auf besorgte Einwände antwortet, daß das Flugzeug bisher auch mit weniger Nieten gut geflogen sei.[113]

- Steht auch die empirische Forschung zu den Kosten des Naturschutzes noch in den Anfängen, so zeichnen sich doch bereits die folgenden Ergebnisse ab: Eine flächendeckende Wiederherstellung der Artenfülle, wie sie in Mitteleuropa noch vor wenigen Jahrzehnten herrschte, hätte auch die Rückkehr zum damaligen Lebensstil zur Voraussetzung und erforderte somit hohe Verzichte (Kosten). Die bescheidenere und im vorliegenden Zusammenhang relevante Zielsetzung, wenigstens den verbliebenen Bestand zu konsolidieren und irreversible Verluste zu vermeiden, liegt demgegenüber keineswegs außerhalb des Erreichbaren. Unter bestimmten, beim folgenden Punkt diskutierten Voraussetzungen wären die Opportunitätskosten schon deshalb gering, weil ein erheblicher Teil der ökologischen Zerstörung auf Aktivitäten beruht, deren Rechtfertigung schon nach herkömmlichen Kosten-Nutzen-Denken mehr als fragwürdig ist und deren Unterlassung in einer ökonomisch rationalen Gesellschaft daher schon unabhängig vom Artenschutzproblem geboten wäre. Hierzu gehören so bekannte Phänomene wie die landwirtschaftliche Überproduktion in der EG, prestigebetonte Infrastrukturprojekte von fragwürdiger Rentabilität und auf weltweiter Ebene, vor allem in den Tropenwäldern, Aktivitäten, die wenn überhaupt, allenfalls kurzfristigen ökonomischen Gewinn abwerfen, oft nicht einmal das. Dem steht nach jüngsten Untersuchungen eine latente, bisher zurückgestaute Zahlungsbereitschaft für den Artenerhalt (eine Nachfrage nach ökologischer Vielfalt) von beträchtlicher Höhe entgegen, so daß insgesamt viel für die Hypothese spricht, daß auch anspruchsvolle ökologische Zielsetzungen auf diesem Gebiet weitgehend durch Korrektur bestehender Fehlallokationen, also zum "Nulltarif", zumindest jedoch ohne Nutzeneinbußen für die gegenwärtige Generation zu haben wären. In Ländern wie der Bundesrepublik

[113] EHRLICH & EHRLICH (1981), Preface: "The Rivet Poppers", (pp. xi ff.).

ist vermutlich eine gesellschaftliche Indifferenzkurve wie I_3 in Abbildung 63 maßgeblich.[114]

Das Teilziel S (Selbstregulierungsfähigkeit): Eine umfangreiche naturwissenschaftliche Literatur belegt, daß die Biosphäre der Erde im großen wie im kleinen weithin vom Prinzip der Selbstregulation abhängt.[115] Es besteht kein Zweifel, daß der Mensch diese Leistungen existentiell benötigt und daß die Hoffnung, sie durch technische Substitute zu ersetzen, mehr als naiv ist. Wie IMMLER ausführlich darlegt, "produziert" der Mensch viel weniger, als es durch unsere Sprachgewohnheiten den Anschein hat, im Grunde "produziert" die Natur.[116] Der Mensch schafft geeignete Arrangements in der Natur und läßt dieselbe dann unter Ausnutzung der Selbstregulationsfähigkeit "arbeiten". Das herausragende Beispiel ist die Landwirtschaft: Pflanzen und Tiere wachsen in der Tat von selbst, nur ob sie gut oder schlecht wachsen, kann der Mensch durch Beeinflussung ihrer genetischen Anlagen und ihrer Umweltbedingungen bestimmen. Eine Voraussetzung für gutes Wachstum ist bekanntlich der Bodenzustand; der Schutz solcher unverzichtbarer Systeme wie des Bodens ist daher eine wesentliche Konkretisierung des Teilziels *S*. Ein anderes Teilziel ist die Integritätserhaltung globaler biogeochemischer Kreisläufe, z.B. die Verhinderung weiteren Ozonabbaus in der Stratosphäre. Dieses Problem ("Ozonloch") ist inzwischen so

[114] Berechnungen zu den Kosten des Arten- und Biotopschutzes finden sich u.a. in BISHOP (1980) (einzelne Arten), TURNER et al. (1983) und WILLIS et al. (1988) (landwirtschaftliche Biotope), HAMPICKE (1985) (Artenschutzprogramm Berlin-West) und HAMPICKE et al. (1991) (Bundesrepublik Deutschland). Die Unwirtschaftlichkeit der Biotopzerstörung im Agrarbereich, hervorgerufen durch gesamtwirtschaftlich ineffiziente Intensivierungsanreize, wurde m.W. erstmalig deutlich gemacht in BOWERS & CHESHIRE (1983), vgl. hierzu auch HAMPICKE (1991a, Kapitel 9). REPETTO & GILLIS (1988) analysieren zahlreiche Fälle, in denen tropische Wälder keineswegs durch unausweichliche ökonomische Zwänge, sondern durch klare politische Fehlentscheidungen zerstört werden, die Erhaltungskosten damit eine Höhe von *Null* besessen hätten. Ergebnisse zur Zahlungsbereitschaft für den Arten- und Biotopschutz in der Bundesrepublik finden sich in SCHWEPPE-KRAFT et al. (1989), HOLM-MÜLLER et al. (1991) und HAMPICKE et al. (1991, Kapitel 6).

[115] Zur Selbstregulierung in Ökosystemen vgl. jedes Lehrbuch der Ökologie, z.B. ODUM (1971). Zur Interdependenz und Regelung biogeochemischer Stoffkreisläufe vgl. BOLIN & COOK (1983) sowie die in Anmerkung 123 genannten Arbeiten, weitere Beispiele im Exkurs über den Stickstoffkreislauf. Eine umstrittene, aber sehr interessante Hypothese zur biologischen Selbstregulation auf der Erde entwickelte LOVELOCK (1979).

[116] Vgl. IMMLER (1989).

bekannt, daß sich hier weitere Erläuterungen erübrigen,[117] nur auf einen Aspekt sei hingewiesen: Wer immer noch meint, das "Ozonloch" sei ein Umweltproblem wie jedes andere und am Ende vielleicht doch nicht so schlimm, hat sich zu fragen, warum das Leben, nachdem es bereits hunderte von Millionen Jahren in hochentwikkelter Form die Meere beherrschte, sich erst im Silur vor etwa 450 Mio. Jahren anschickte, das Festland zu erobern. Die Erklärung ist, daß wahrscheinlich erst dann der Sauerstoffgehalt der Atmosphäre auf Grund der Photosynthese genügend stark angestiegen war, um den stratosphärischen Ozonschild aufzubauen (weiteres hierzu im Exkurs zum Stickstoffkreislauf, unten). Es gibt auf die Dauer kein Leben auf dem Lande ohne den Ozonschild, welcher kurzwelliges Ultraviolett abhält. Wer diese Komponente der Biosphäre abschafft, schafft sich selbst ab. Auch wenn es nicht soweit kommt, sind Manipulationen des Menschen auf diesem Gebiet mit nichts anderem zu vergleichen als dem Spiel mit Zündhölzern in einer Scheune.

Zwischen den Teilzielen ***E*** und ***S*** bestehen enge Wechselwirkungen. Ebenso wie der Mensch sind auch Tier- und Pflanzenarten auf selbstregulierende Ökosysteme angewiesen, auf der anderen Seite ist der Artenreichtum ebenfalls ein Faktor des Selbstregulationsvermögens. In der Regel kommen Maßnahmen im Interesse eines Teilziels auch dem anderen entgegen, wobei jedoch eine Hierarchie festzustellen ist: Maßnahmen zur Erhaltung des Selbstregulationsvermögens sind weitergehend als reine Biotopschutzmaßnahmen, durch welche Arten und Lebensgemeinschaften vor direkten Beeinträchtigungen und Zerstörungen geschützt werden und die, wie oben angesprochen, vermutlich keine bedeutenden realen Opfer verlangten. Letztere sind jedoch auf die Dauer nur erfolgreich, wenn die weitergehenden Maßnahmen zum Erhalt großräumiger und globaler Selbstregulationsvorgänge greifen, welche insbesondere darauf abzielen, schleichende, lange Zeit unsichtbar bleibende Beeinträchtigungen der Biosphäre zu verhindern. Hier geht es unter anderem darum, chemische Parameter, die die Biosphäre über Hunderte von Millionen Jahren bestimmt haben, konstant zu halten (was schon zum folgenden Punkt ***H*** überleitet). Manifeste Gifte dürfen überhaupt nicht verbreitet werden, aber auch bei "nützlichen" Stoffen sind Konzentrationen einzuhalten, sind insbesondere Überschwemmungen zu vermeiden. Mehr hierzu im Exkurs über den Stickstoffkreislauf.

[117] Neue Überblicksarbeiten sind CICERONE (1987) und MCELROY & SALAWITCH (1989). Umfassendes Material in "Ambio" 19 (6-7), Special Issue: CFCs and Stratospheric Ozone (1990) und in ENQUETE-KOMMISSION (1988).

*Das Teilziel **H** (Homöostase)*: Dieses Ziel impliziert ***S*** (Selbstregulationsvermögen), ist jedoch weitergehend. ***S*** allein fordert nicht, daß auch ein Zustand unverändert bleibt; verschiedene Systeme sind vielmehr so elastisch ("resilient"), daß sie mehrere Zustände zulassen. Wir wissen, daß die Erde auch andere Klimaregimes als heute besaß; über lange Zeiten ihrer Geschichte war es wärmer, zeitweise auch kälter als heute, ohne daß ihr Selbstregulationsvermögen als ganzes Einbußen erlitten hätte. Das "Sustainable Development" verlangt jedoch eine hinreichende Konstanz des globalen Klimas, zumindest die Vermeidung abrupter Änderungen, weil zu befürchten ist, daß sich die Menschheit bei all ihren Problemen, die sie ohnehin schon plagen, hieran nicht konfliktfrei anpassen kann. Bei diesem wichtigen Beispiel ist die Homöostase unmittelbar an menschliche Bedürfnisse anknüpfend gefordert, in anderen, vorhin angesprochenen Fällen ist sie instrumentell zur Gewährleistung der anderen ökologischen Teilziele ***E*** und ***S***, etwa wenn geboten ist, die Konzentration düngender Stoffe unter Kontrolle zu halten.

Obwohl der Mensch auch auf andere Weise das globale Klima beeinflussen kann und womöglich schon beeinflußt hat, wie durch Vergrößerung der Oberflächenalbedo und Einbringung von Staub in die Atmosphäre, geht die größte Gefahr für das Klima von der Konzentrationserhöhung der im Infrarot absorbierenden Spurengase aus ("Treibhauseffekt"). Das Problem ist weitgehend bekannt, auch existiert eine umfangreiche allgemeinverständliche Literatur, so daß hier keine langen Erläuterungen erforderlich sind.[118] Die wichtigsten relevanten Gase sind Kohlendioxid (CO_2), FCKWs ("Spraydosentreibgase"), Methan (CH_4) und Lachgas (N_2O); der Anteil des CO_2 am Gesamteffekt beträgt heute nur noch etwa 50%. Die genannten Gase führen bei Konzentrationsanstieg zu einer Erwärmung der Atmosphäre; mehrere methodisch voneinander unabhängige (und daher in ihrem gemeinsamen Ergebnis vermutlich zuverlässige) Modellrechnungen sagen bei einer Verdoppelung der CO_2-Konzen-

[118] Sehr zu empfehlende allgemeinverständliche Darstellungen sind BACH (1982), CRUTZEN & MÜLLER (1989) sowie SCHÖNWIESE & DIEKMANN (1989). Vgl. ferner ENQUETE-KOMMISSION (1988), "Spektrum der Wissenschaft", November (1989) (Schwerpunktheft Klima) sowie Gemeinsamer Aufruf der DPG und DMP (1987). Detailliertere wissenschaftliche Darstellungen sind u.v.a. BOLIN et al. (1986) (Sammelband) und der Überblicksartikel RAMANATHAN et al. (1987). Als Beispiel für den Versuch einer Folgenabschätzung vgl. das umfangreiche Material in PARRY et al. (1988). Ferner zahlreiche Beiträge in den letzen Jahrgängen der Zeitschrift "Climatic Change". Ökonomische Behandlungen sind bisher selten, frühere Ansätze sind SCHELLING (1983), MCFADDEN (1984), HEAL (1984), FREEMAN (1984) und SONKA & LAMB (1987), als aktuellen Beitrag vgl. DAILY et al. (1991). In jüngster Zeit wird die Regulierung des CO_2 durch ein Zertifikatsystem vorgeschlagen, z.B. von HEISTER & MICHAELIS (1991).

tration eine wahrscheinliche durchschnittliche Erwärmung im Bereich von 2-3° C voraus bei erheblichen regionalen Unterschieden, u.a. bedeutend stärkeren Effekten an den Polen. Ein Vergleich mit der letzten "Eiszeit", während der die globale Durchschnittstemperatur nur um 6° C unter der heutigen lag, verdeutlicht, daß es sich hier nicht um triviale Beträge handelt. Der Mensch ist vermutlich in der Lage, ein ähnliches Klima wie im späten Tertiär (vor 3 bis 5 Mio. Jahren) wiederherzustellen. Die Sekundärfolgen dieser Erwärmungen sind weit schwieriger vorherzusagen als diese selbst, jedoch ist mit Verschiebungen von Klimagürteln, Wanderungen von Trockenzonen in heute dichtbesiedelte und landwirtschaftlich bedeutende Gebiete, einem gewissen Meeresspiegelanstieg und anderem zu rechnen. Vieles deutet darauf hin, daß die niederen Breiten und damit verbunden die armen Länder einen größeren Teil der Konsequenzen zu tragen haben werden als die reichen.

Zu den Unsicherheiten, welche zuverlässige Prognosen verhindern, gehören Forschungslücken auf dem Gebiet der relevanten Stoffkreisläufe (z.B. hinsichtlich der Geschwindigkeit, mit der CO_2 in die Tiefsee abtransportiert wird) und auf klimatologischem Gebiet sowie die heterogene Verursachung des "Treibhauseffektes" durch veschiedene Gase mit unterschiedlicher Herkunft, Dynamik und Substituierbarkeit. Es bestehen jedoch nur geringe Zweifel, daß bei Fortdauer gegenwäriger Trends, ja sogar bei gewissen Korrekturen, wie der unabweisbaren (und möglichen) Schließung der Quellen für weitere FCKWs, schon im ersten Drittel des kommenden Jahrhunderts mit spürbaren Effekten zu rechnen sein wird. Eine frühzeitige Beobachtung des "Treibhauseffektes" wird durch die natürlichen Fluktuationen des globalen Klimas von Jahr zu Jahr behindert, jedoch ist damit zu rechnen, daß in wenigen Jahren "noise" und "signal", also ein gerichteter Trend, eindeutig zu unterscheiden sein werden.[119]

Konzentrieren wir uns zur Vereinfachung auf die wichtigste Verursachungskomponente, das CO_2, so führt die Forderung im Rahmen des "Sustainable Development" nach Klimakonstanz zu der Konsequenz, die Emission von CO_2 bedeutend zu reduzieren. Da es sich um ein Kumulationsproblem handelt (die früher emittierten Anteile heute und in Zukunft zum Teil auch noch wirken), genügt es nicht, von einer weiteren Steigerung der Emission abzusehen. Bei der Nutzung fossiler Energiequellen fällt CO_2 unvermeidlich an; Technologien mit dem Ziel, es gänzlich abzuscheiden, betrachten wir als nicht realisierbar. Der Energieumsatz auf der Basis fossiler Quellen muß daher eingeschränkt werden; entweder muß auf Energiedienstleistungen (Wärme,

[119] Vgl. RAMANATHAN (1988).

Licht, Fortbewegung und Kraft für andere Zwecke) verzichtet oder es müssen akzeptierte Substitute entwickelt werden. Dies alles in kurzer Zeit zu erwarten, verlangt einen ausgeprägten Optimismus.[120] Hinzu kommen der Nachholbedarf noch weniger entwickelter Länder mit sehr hohen Bevölkerungen bzw. deren erklärte Zielsetzungen, den Energieumsatz auf der Basis fossiler Quellen auszuweiten, wie im Falle Chinas. Diese Länder haben in der Tat weniger Alternativen als andere. Insgesamt muß man sich also die Frage vorlegen, ob das Ziel ***H*** überhaupt realistisch ist, oder ob es nicht klüger wäre, sich auf einen gewissen unvermeidlichen Klimawandel einzustellen und die weltweiten gesellschaftlichen Ressourcen dahingehend zu nutzen, die Betroffenen bei den notwendigen Anpassungen zu unterstützen.

Ich betrachte diese Schlußfolgerung als diskutabel, halte jedoch eine Zustimmung ohne sehr viel gründlichere Diskussion als im vorliegenden möglich, nicht für vertretbar. Wir müssen jedoch konstatieren, daß die Gewährleistung von ***H***, kompromißlos gefordert, sehr hohe Verzichte und intragenerationelle Umverteilungen erzwänge, und daß auf der anderen Seite die Notwendigkeit bestritten werden kann, ***H*** kompromißlos zu fordern. Ich würde einer geringen, kontrollierten Lockerung von ***H*** eher zustimmen als bei ***E*** und ***S***. Für die vorliegenden Zwecke muß dieses Problem erkannt, es kann und braucht jedoch nicht gelöst zu werden, weil, wie nachstehend klar werden wird, die grundsätzlichen ökonomischen Schlußfolgerungen auch bei unterschiedlicher Beantwortung dieser schwierigen Frage unverändert bleiben.

5.4.3 Maßnahmen zur Gewährleistung der ökologischen Ziele

In Anerkennung der naheliegenden Gefahr, in empirischen Details zu versinken, versuchen wir, so knapp und systematisch wie möglich eine kurze Aufstellung technisch-ökologischer Maßnahmentypen zu geben, welche allein dem Ziel dient, aus ihr die ökonomisch-gesellschaftlichen Voraussetzungen abzuleiten, auf denen eine am Safe Minimum Standard orientierte Naturbewirtschaftung beruhen muß.

Im Interesse des *Teilziels **E*** (Element-, speziell Artenerhalt) liegt trivialerweise jede Mäßigung bei der Entnahme von Individuen genutzter Tiere und Pflanzen aus Ökosystemen - es dürfen nicht zu viele Wale, Heringe, Elefanten, Krokodile usw. gefangen und Steinpilze oder Orchideen gesammelt werden, wobei ökologischer

[120] Allerdings kann auf umfassende Vorarbeiten und Modellrechnungen aufgebaut werden, z.B. HENNICKE et al. (1985).

Sachverstand entscheidet, was "zu viele" sind. Bei zahlreichen gefährdeten Arten beträgt die zulässige Fangquote Null. Analoges gilt für alle Wesen, denen aus Gründen, wie Jagdlust, Zuschreibung schädlicher Eigenschaften usw. nachgestellt wird. Über diese Selbstverständlichkeiten hinaus zeigt jedoch eine umfangreiche ökologische Literatur, daß der Hauptgrund für den Artenrückgang überall auf der Erde in der *Zerstörung von Lebensraum* liegt. Medienbekannt ist die Zerstörung tropischer Wälder,[121] die Parallelen in Industrieländern der gemäßigten Zone führen jedoch, auch wenn sie weniger dramatisch erscheinen, zu analogen Ergebnissen. In Mitteleuropa liegen die Hauptursachen in zu intensiver Land- und Forstwirtschaft, ungeregeltem Freizeitbetrieb, Raumbedarf für Siedlung und Verkehr, Regulierung nahezu sämtlicher Gewässer und in der Emission zahlreicher Stoffe in Luft und Wasser. Wie an anderen Stellen ausführlicher begründet,[122] besitzt die Forderung nach *räumlicher Strukturierung* für die Ziele des Arten- und Biotopschutzes oberste Priorität. Während in den niederen Breiten die noch vorhandenen Urlandschaften (nicht allein die Regenwälder) respektiert werden müssen, sind in Mitteleuropa auch großzügige Flächen mit extensiver, vorindustrieller Landnutzung (z.B. mageres Grünland) vonnöten. Die räumliche Strukturierung besitzt wiederum mehrere Aspekte:

- Lebensräume müssen überhaupt, sozusagen "auf der Landkarte" ausgewiesen und miteinander vernetzt werden, von der kleinen Brachfläche in der Stadt bis zum großen Komplex von Extensivgrünland und Moor.
- Sie sind vor beschädigenden Nutzungen zu sichern; intensive Landwirtschaft, aggressive Erholungsaktivitäten u.a. sind zu unterbinden. Je nach ökologischer Zielsetzung sind dagegen extensive Nutzungen, wie historische Landwirtschaftsformen, zu organisieren.
- Die Räume müssen gegen unverträglichen Stoffeintrag geschützt werden, wie u.a. Pestizide und Düngemittel. Hierzu bedarf es sowohl einer Minderung der Emissionen wie auch räumlicher Ausweichstrategien in Gestalt von "Pufferzonen" zum Schutz gegen unvermeidliche Restemissionen. Bei Gewässerökosystemen kommt die Reduzierung der Emissionen aus punktförmigen Quellen, insbesondere Kläranlagen hinzu.

[121] Obwohl über 10 Jahre alt, ist MYERS (1980) immer noch die ausführlichste Zusammenstellung der Waldverluste in den Tropen, eine eher noch pessimistischere Aktualisierung mit besten derzeit verfügbaren Daten ist MYERS (1991). Umfangreiches Material, auch zur Welt-Holzwirtschaft, in ENQUETE-KOMMISSION (1990) und in COLLINS et al. (1991).

[122] Für die Agrarlandschaft der Bundesrepublik vgl. HAMPICKE (1987a und 1988), für die Schweiz mit ähnlichen Ergebnissen BROGGI & SCHLEGEL (1989).

Schließlich ist die großräumige Luftverschmutzung aus Siedlung, Verkehr und Industrie zu reduzieren.

Dem *Teilziel S* (Systemstabilität) wird durch die soeben genannten Maßnahmen ebenfalls gedient. Eine artenreiche Flora und Fauna fördert selbst die Systemstabilität, darüber hinaus erfüllen großräumige naturnahe Systeme wichtige geochemische und -physikalische Funktionen. Die Zerstörung tropischer Wälder kann zumindest regionale Auswirkungen auf den atmosphärischen Wasserkreislauf besitzen, wenn nicht gar die Spurengaschemie der gesamten Atmosphäre betroffen wird.[123] Auch in der gemäßigten Zone erfüllen Wälder wichtige Funktionen im Wasserkreislauf. Sümpfe und andere Feuchtgebiete sowie Gewässersedimente sind wahrscheinlich bedeutende Orte der Denitrifizierung im globalen Maßstab, worauf (wie auch auf andere Details) im Exkurs über den Stickstoffkreislauf eingegangen wird.

Weiterhin gehört zum Teilziel *S* der Erhalt komplexer, auch kleinräumig vorkommender biotischer Subsysteme wie des Bodens. Maßnahmen bestehen in allgemein pfleglicher Behandlung insbesondere in der Landwirtschaft, im Schutz gegen Immissionen sowie in der Verhinderung mechanischen Abtrags durch Erosion und Wüstenbildung. Letzteres ist ein Fundamentalziel in sehr großen Regionen der niederen Breiten.

Wie beim Teilziel *E*, nimmt neben der räumlichen Strukturierung die Steuerung von Stoffströmen und -kreisläufen eine entscheidende Position ein. Daß künstliche, vom Menschen hergestellte Spurenstoffe, an welche die Biosphäre nicht angepaßt ist, nicht nur verheerende toxische Wirkungen ausüben können (DDT, PCBs und zahlreiche andere chlorierte Kohlenwasserstoffe), sondern sogar bei nachgewiesener chemischer "Ungiftigkeit" unvorhergesehene und äußerst problematische Wirkungen entfalten, wie im Falle der FCKWs, bedarf kaum der Erwähnung. Auch Immissionen natürlicher, in der Biosphäre seit vielen Millionen Jahren durch komplexe Mechanismen knapp gehaltener Spurenstoffe können bei Überschreitung gewisser Konzentrationen heftige Giftwirkungen zeigen, wie im bekannten Fall der Schwermetalle Zink, Cadmium, Chrom, Thallium, Quecksilber, Nickel und anderer. Ferner kann entgegen ökonomischem Denken Knappheit in der Ökologie (wie auch in der menschlichen Ernährung) segensreich sein. Wie in Gewässern deutlicher als auf dem

[123] Neuester Stand in "Climatic Change" *19* (Nos. 1-2, ganzes Heft) (1991), u.a. HOUGHTON (1991), ferner MOONEY et al. (1987), DETWILER & HALL (1988), MYERS (1988), CRUTZEN & ANDREAE (1990), sehr eingehend CRUTZEN (1987) und andere Beiträge in diesem Sammelwerk. Vgl. auch die älteren Berechnungen HAMPICKE (1980) und HAMPICKE & BACH (1980).

Festland zu erkennen, setzt die übermäßige Versorgung mit mineralischen Pflanzennährstoffen (vor allem Stickstoff und Phosphor) das Selbstregulationsvermögen außer Kraft, auch hierauf wird im Exkurs näher eingegangen.

Soweit wir mit dem *Teilziel **H*** (Homöostase) in erster Linie die Konstanz des globalen Klimas meinen, werden im Gegensatz zu den beiden voranstehenden Punkten räumliche Differenzierungen hinfällig. Es ist für das CO_2 gleichgültig, wo es emittiert wird, da sich zumindest auf der Nord- und Südhalbkugel der Erde die Atmosphäre im Laufe eines Jahres vollständig mischt. Hier besteht also "nur" das Problem der Emissionsverringerung, der damit u.U. einhergehenden Nutzeneinbußen und ihrer Verteilung auf unterschiedliche Gesellschaften und Individuen. Analoges gilt für die übrigen "Treibhaus"-Spurengase, wobei für die FCKWs wegen ihrer noch gefährlicheren Wirkungen als "Ozonkiller" in der Stratosphäre nur eine globale Null-Quote anvisiert werden kann. Soweit ein gewisser Klimawandel als unvermeidlich angesehen wird, besitzen die dann erforderlichen Anpassungsreaktionen hinwiederum durchaus räumliche Dimensionen, die bis zur Verlagerung von Siedlungszonen reichen können.

Wird den Ausführungen dieses Abschnitts gefolgt, so liegen drei *Konsequenzen* auf der Hand:

- "Sustainability" wird es nicht geben ohne *Verzichte*. Selbst nach Aussiebung aller nicht-nutzenstiftenden, d.h. reine Verschwendungen darstellenden Belastungen der Biosphäre und nach Ausschöpfung aller sinnvollen Substitutionsmöglichkeiten muß ein Teil der Weltbevölkerung den Riemen enger schnallen. Die Reichen leben über ihre Verhältnisse; ein Teil ihres Konsums ist schon in intratemporaler Sicht, unter Ausblendung der Zukunft, nicht auf alle Bewohner des Planeten zu verallgemeinern.[124] Dies kann formal wie in Abbildung 64 dargestellt werden, in der die Menge aller mit langfristigem Erhalt der Biosphäre verträglichen Produktions- und Konsummöglichkeiten SOS nur eine Teilmenge derjenigen ist, welche sich mit ZOZ im Zustand der Zukunftsvergessenheit anbietet, so daß bei gegebenen Präferenzen auf eine niedrigere gesellschaftliche Indifferenzkurve hinabgestiegen werden muß. Ein entsprechender Präferenzwandel - Bekenntnis zum bescheideneren Leben sowie höherer Genuß aus einer ökologisch integren Umwelt kann den Verlust in einen Gewinn verwandeln (vgl. auch Abbildung 63, Indifferenzkurve I_3).

[124] Vgl. DALY (1988) in Anmerkung 4.

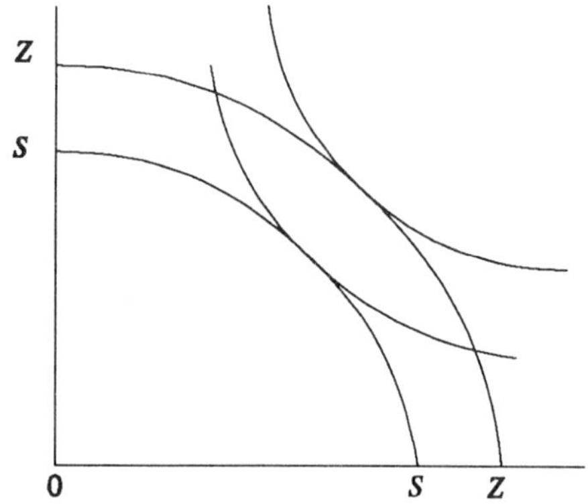

ZZ: Transformationskurve bei Überbeanspruchung der Biosphäre

SS: Tranformationskurve bei "Sustainable Developement"

Abbildung 64: Ökologisch verträgliche und unverträgliche Optionen

Die Schärfe der Einschränkungen ist von Problem zu Problem unterschiedlich, hier nicht zu beziffern und vielfach unbekannt, auch hierzu erfolgen einige Erläuterungen und Spekulationen im Exkurs. Ich erwarte die größten Probleme beim Teilziel ***H*** und unwesentliche oder gar keine bei ***E***, sofern für ***S*** (teils in Verbindung mit ***H***) vorgesorgt ist. Der Akt der Verzichtleistung, d.h. der Transition vom jetzigen Zustand zur "ecologically bounded economy"[125], kann im folgenden gesellschaftstheoretischen Abschnitt 6 nur geringe Aufmerksamkeit erhalten. Die vorliegende Studie widmet sich vordringlich der Frage, über welche strukturellen Voraussetzungen ein ökonomisches System verfügen muß, um den Safe Minimum Standard zu respektieren. Die konkrete Herstellung dieser Voraussetzungen und Revision zukunftsmißachtender Strukturen ist ein noch weitergehendes Problem, welches in der Praxis natürlich zuerst gelöst werden muß, vgl. hierzu die kurzen Anmerkungen in Abschnitt 7.

- Das empirische Panorama zwingt dazu, eine formale Korrektur nicht nur am neoklassischen Weltbild, sondern auch an manchen Formulierungen des "Safe Minimum Standard" anzubringen. In sehr starker Vereinfachung der Funktionale (86) aus Abschnitt 2.7 fordert die Neoklassik die Nutzenmaximierung der Gesellschaft in Abhängigkeit von den verfügbaren Ressourcen, wobei $\boldsymbol{x}$ der Vektor aller "nicht-ökologischen" Produktivkräfte, wie Arbeitsleistung, Maschinen usw. und z der Vektor aller natürlichen Ressourcen sei:

[125] Vgl. Anmerkung 94.

$$\text{Max! } U(x,z) \tag{250}$$

Der Safe Minimum Standard verlangt als Nebenbedingung, daß z gewisse Mindestwerte nicht unterschreiten darf - es müssen z.B. beim Walfang stets mindestens 50 000 Stück übrigbleiben usw. (näheres in Abschnitt 6.4.2):

$$\text{Max! } U(x,z), \quad z \geq z^* \tag{251}$$

In naiver Interpretation impliziert auch dies noch, daß z ein unstrukturierter Sack voll Ressourcen ist, in den nach Belieben hineingegriffen werden kann mit der einzigen Einschränkung, einen möglicherweise übergroßen Appetit zu zügeln, um noch etwas für morgen übrig zu lassen. Der entscheidende Aspekt, daß der Mensch von einer reichstrukturierten und selbstregulierenden Biosphäre abhängt - daß dieses Geflecht zum Leben intakt sein muß, auch wenn gar kein Element aus dem Vektor z entnommen wird - kommt erst in der Formulierung zum Ausdruck:

$$\text{Max! } U(x,z,F(z)), \quad z \geq z^*, \quad F(z) \geq F^* \tag{252}$$

Der Vektor z ist nicht nur maßvoll zu nutzen, sondern darüber hinaus als Argument der Stabilitätsfunktion F so zu *steuern*, daß die Biosphäre in regionalem und globalem Maßstab *als System mit selbstregulierenden und homöostatischen Eigenschaften intakt bleibt.*

- Das letztgenannte ist nur möglich, wenn alle zusammenarbeiten, wenn der *kollektive* Aspekt der Aufgabe nicht übersehen wird. Marktideologie ist hier vollständig fehl am Platze - ich hoffe, daß dies nicht als subjektive oder ideologische, sondern als analytisch hergeleitete Aussage akzeptiert werden kann. Die individualistische Gesellschaft muß lernen, in der Sache richtige und gerechte, d.h. nicht despotische Kollektiventscheidungen zu fällen. Der erste historische Anlauf, die revolutionäre Herstellung von Zentralismus durch die proletarische Revolution nach MARX, ist gescheitert, weil die Probleme individueller Motivation, der Bürokratie und schlicht der Macht übersehen wurden. Alle, die heute über dieses Scheitern frohlocken, freuen sich zu früh - den ersten Lösungsversuch gibt es nicht mehr, aber *die Probleme bestehen unverändert.* Sie bestehen fort nicht nur auf dem Gebiet der sozialen Gerechtigkeit, sondern auch im Umgang mit der Natur. Ohne die Chancen dezentraler, marktorientierter, ja als "Teilprivatisierung" zu bezeichnender Regulative pauschal zu leugnen - sie haben selbstverständlich ihren Platz in der individualistischen Gesellschaft -, so steht doch fest, daß diese Regulative nur eine Hilfsfunktion besitzen und nicht alles können. Positionen, welche nach dem Motto, daß "nicht sein kann, was nicht sein darf", das Prinzip der Kollektivität schlechthin abschaffen wollen und nichts anderes als die

Vollprivatisierung der physischen Welt gelten lassen können, manövrieren sich nicht nur logisch ins Abseits: Die Lösung des CO_2-Klima-Problems auf dem Wege der Privatisierung erforderte die Übergabe der Atmosphäre der Erde (von der es nur eine einzige gibt) an ein einziges privates Wirtschaftssubjekt, womit dies zum Monopolisten und womit gleichzeitig ein Markt, der diese Bezeichnung verdiente, sofort wieder abgeschafft würde. Die auftretenden logischen Absurditäten sind nur die äußerliche Widerspiegelung der Tatsache, daß mit dem Vollprivatisierungswahn der Humanchauvinismus[126] tatsächlich auf die Spitze getrieben ist: Jedes Element der Natur, von der Ameise über das Nashorn bis zum Grand Canyon, hat nur ein Existenzrecht, soweit es einen menschlichen Herren hat, den die Existenz dieses Elements vorteilhaft dünkt. Zumindest wird man einwenden können, daß Ameise, Nashorn und Grand Canyon schon bedeutend länger auf der Erde existieren als der Mensch.[127]

Wie jedes Kind laufen lernen muß, muß die Gesellschaft lernen, anständige Kollektiventscheidungen zu fällen. Im kleinen Kreis gelingt dies millionenfach, auf höherer Ebene sind wir noch weit von der Fähigkeit entfernt (vgl. Abschnitt 7). Schon die Aufteilung eines höchstzulässigen Emissionsquantums auf einzelne Quoten ist eine kollektive Entscheidung, insbesondere wenn bei der Aufteilung nicht allein "threat advantage"[128], sondern Gesichtspunkte gerechter intragenerationeller Distribution eine Rolle spielen sollen. Um wieviel mehr gilt dies, wenn räumliche Aspekte ins Spiel kommen - es kommt fast nie allein darauf an, *daß* etwas getan oder unterlassen wird, sondern *wo* dies der Fall ist. Seltene Pflanzen und Tiere werden nicht wie fungible Güter an der Börse gehandelt, sondern müssen dort geschützt werden, wo sie vorkommen. Die Besitzer dieser Flächen und im Umkreis müssen mit oder ohne Bezahlung mitwirken, sie können nicht sagen: "Schützt eure Pflanzen woanders!". Beim Erhalt der Biosphäre fallen nicht isolierten Subjekten isolierte Aufgaben zu, sie müssen sich vielmehr koordinieren. Der Erhalt der Natur erfolgt mit DUBOS' schönem Vergleich wie die Arbeit in einem Garten: "Symbiotic relationships mean creative partnerships. The earth is to be seen neither as an ecosystem to be preserved unchanged nor as a quarry to be exploited for selfish and short-range economic

[126] ROUTLEY & ROUTLEY (1980).

[127] TAYLOR (1986).

[128] RAWLS (1971, p. 141).

reasons, but as a garden to be cultivated for the development of its own potentialities of the human adventure."[129]

Exkurs: Der globale Stickstoff-Kreislauf

Die in der vorliegenden Studie abgeleiteten Thesen, insbesondere auch die Kritik an manchen Aspekten der ökonomischen Theorie, stehen und fallen mit empirisch-naturwissenschaftlichen Aussagen über die Struktur der Biosphäre. Eine These lautet, daß die neoklassische Ökonomie einschließlich der Routine zwar so erkenntnislos nicht ist, wie ihr manchmal vorgeworfen wird, daß sie aber sozusagen die Rechnung ohne den Wirt, die Natur, macht. Die Natur sträubt sich gegen manche Aspekte des herkömmlichen neoklassischen Denkens. Es ist verständlich, wenn Anhänger der Neoklassik dieser These und anderen nur zu folgen gewillt sind, wenn sie gut begründet sind. Da hierbei soviel von guter Empirie abhängt, scheinen mir die beiden letzten Unterabschnitte "Ökologisches Zielbündel" und "Maßnahmen" das absolute Minimum des Erforderlichen zu sein. Andererseits interessieren sich nicht alle Leser(innen) für ökologische Details. Als Kompromiß zwischen Kürze und detaillierterer Begründung sei an dieser Stelle ein Exkurs eingeschoben, der für das Verständnis der Gesamtaussagen nicht unbedingt notwendig ist und daher auch überschlagen werden kann. Am Beispiel des globalen Stickstoff-Kreislaufs sollen nicht nur einige weitere ökologische Illustrationen gegeben werden, hier läßt sich vielmehr auch zeigen, daß die ökologische Redeweise vom Zusammenhang so vieler Dinge in der Natur nicht, wie auch schon geargwöhnt wird, eine bloße Phrase ist. Die vom Menschen hervorgerufene Desorganisation des Stickstoff-Kreislaufs führt zu Verletzungen des Zielbündels ***ESH*** in seiner ganzen Breite. Es läßt sich ferner zeigen, in welch fundamentalem Ausmaß der Mensch schon seit längerem als biogeochemischer Faktor auftritt und welche Verantwortung auf ihm lastet, wenn er das Ziel der "Sustainability" ernst nehmen will. Um das letztere zu erfassen, müssen wir allerdings bei Adam und Eva anfangen.

[129] DUBOS (1976, p. 462).

Allgemeines[130]

Stickstoff (chemisch: N) ist als Baustein der Aminosäuren und damit der Eiweiße ein essentielles biogeochemisches Element, es wird von allen Lebewesen in größeren Mengen zum Aufbau des Protoplasmas benötigt. Ferner befindet er sich in Gerüstsubstanzen von Organismen, wie dem Chitin der Insekten und Pilze, sowie in sekundären Pflanzenstoffen, wie Gift-, Farb-, Speicher- und Entlastungsstoffen. Anders als der Sauerstoff reagiert der Stickstoff nur träge mit den übrigen Elementen der Erdkruste und ist daher schon in früheren Erdzeitaltern zügig ausgegast worden. Obwohl auch heute noch über 50 mal so viel N in der festen Erdkruste versteckt ist wie in der Atmosphäre, ist die letztere doch für alle biologischen und geochemischen Fragen, soweit sie den Menschen betreffen, der entscheidende Pool, weshalb beim Stickstoff von einem "atmosphärischen" und nicht von einem "Sedimentations-"Kreislauf gesprochen wird.

Die Atmosphäre der Erde besteht heute zu fast 80% aus dem sehr reaktionsträgen Gas N_2. Es bedarf hohen Energieeinsatzes, um die Dreifachbindung des N_2-Moleküls aufzubrechen. Zwar sind einige abiotische Oxidationswege des Stickstoffs in der Strato- und Troposphäre bekannt bzw. vermutet, von ungleich größerer Bedeutung sind jedoch die biotischen, von Lebewesen angetriebenen Reaktionen. Ein Problem für das Leben auf der heutigen Erde besteht darin, das "nutzlose" Gasmolekül N_2 in eine Form zu verwandeln, die für den Körperaufbau verwertbar ist. Hierzu muß der Stickstoff N an Wasserstoff H gebunden, also reduziert werden. Die ganze Tragweite dieses für das Leben entscheidenden Engpasses läßt sich nur ermessen, wenn man sich kurz die geologische Geschichte des N-Kreislaufes vor Augen führt.

[130] Trotz seines Alters immer noch eine sehr gute Quelle ist das Schwerpunktheft der Zeitschrift "Ambio" 6 (1977), darin u.a. die Überblicksartikel von BOLIN & ARRHENIUS und DELWICHE. Andere, ebenfalls sehr gute Ausführungen sind bezüglich der Daten veraltet. Lange Zeit Standardreferenz war und ist noch teilweise SÖDERLUND & SVENSSON (1976). Grundlegende Werke zu biogeochemischen Kreisläufen sind (schon in Anmerkung 115 genannt) BOLIN & COOK (1983) und GALLOWAY et al. (1985).

Erdgeschichte des N-Kreislaufes[131]

In früheren erdgeschichtlichen Perioden gab es mit Sicherheit keinen freien Sauerstoff in der Atmosphäre und im Meer; ebenso sicher ist, daß das Leben nur in einem solchen reduzierenden Milieu entstehen konnte. Vermutlich entstand es in Flachmeeren ("Ursuppe"), welche organische Moleküle in großer Verschiedenheit und Menge und darüber hinaus Ammonium-Ionen enthielten. Die frühen Lebewesen - Bakterien, Blaualgen und ihre Vorläufer ("Eobionten") - hatten wahrscheinlich keinen Mangel an verwertbarem Stickstoff. Aber irgendwann flossen diese Quellen spärlicher, und es kam schon vor mehr als 3 Milliarden Jahren zu einer der ersten großen Erfindungen in der Evolution, der Bildung des Enzyms Nitrogenase, welches Stickstoff und Wasserstoff unter Energieeinsatz zusammenbringt, so daß für Nachschub bei den NH-Verbindungen gesorgt war. Die Nitrogenase ist heute nur im Besitz von Organismen, die als phylogenetisch sehr alt eingestuft werden, wie Bakterien, Blaualgen und Strahlenpilzen.

Ähnlich alt oder vielleicht etwas jünger als die Nitrogenase ist die zweite große Erfindung aus der Frühzeit des Lebens, die Photosynthese mit Hilfe verschiedener Arten von Chlorophyll. Unter den frühen Photosynthetikern spalteten die Blaualgen, wahrscheinlich schon mit ähnlich hohen Stoffumsätzen wie heute, mehr als eine Milliarde Jahre lang Wasser, setzten den darin enthaltenen Sauerstoff frei und ließen Kohlenwasserstoffe in den Sedimenten akkumulieren. Bis vor etwa 1,8 Mrd. Jahren wurde der Sauerstoff sofort nach seiner Bildung im Meer von Eisen und Schwefel gebunden und ebenfalls in der Lithosphäre angereichert. Mit der Zeit aber wurden die Sedimente, soweit für den Sauerstoff erreichbar, abgesättigt, und von nun an reicherte sich der bei der Photosynthese gebildete Sauerstoff auch in der Atmosphäre an. Irgendwann erreichte er eine Konzentration von etwa 1% des heutigen Werts, den sogenannten "PASTEUR-Punkt", der es für Organismen interessant macht, Energie nicht mehr allein wie bisher durch Gährung, d.h. die Umwandlung großer organischer Moleküle in kleine, freizusetzen, sondern durch eine kontrollierte Knallgasreaktion, die direkte Herstellung von Wasser aus Sauerstoff und Wasserstoff. Diese dritte große Erfindung der Evolution, die Atmung, setzte sich durch und ermöglichte die

[131] Die Ausführungen zur Erdgeschichte beruhen auf JUNGE (1966), WAGENER (1973), SCHIDLOWSKI et a. (1974), BRODA (1977) und, am ausführlichsten, SCHIDLOWSKI (1971). Standardreferenz zur Geschichte der festen Erdkruste ist GARRELS & MACKENZIE (1971); auch sei an die schon in Anmerkung 115 zitierte "Gaia"-Hypothese erinnert (LOVELOCK 1979).

Entwicklung mehrzelliger Lebewesen einschließlich des Menschen. Die Geochemie des Stickstoffs wurde durch die Anwesenheit von Sauerstoffmolekülen fundamental verändert, denn von nun ab gab es Existenzmöglichkeiten nicht allein für NH-, sondern auch für NO-Verbindungen; wie nur wenige andere Elemente kommt der Stickstoff in sieben verschiedenen Oxidations- ("Wertigkeits-")Stufen vor. Dies macht ihn für Mikroorganismen als Energiequelle interessant und ist die Ursache für die auch im vorliegenden Kontext so bedeutsame Tatsache, daß sein globaler Kreislauf zu denen gehört, die am offenkundigsten durch die Tätigkeit der Mikroorganismen gesteuert werden.

Bald nach dem Umschlag der Biosphäre vom überwiegend reduzierten zum überwiegend oxidierten Zustand vor etwa einer Milliarde Jahren entwickelten Mikroorganismen das Prinzip der Nitrifizierung. Die Summenreaktion $2NH_4^+ + 3O_2 \rightarrow 2NO_3^- + 8H^+$ liefert erhebliche Energiebeträge; von einer solchen Chemosynthese können Mikroorganismen "gut leben". Allerdings hatte diese Erfindung der Evolution eine sehr bedenkliche Seite. In einem System, in welchem Stickstoff und Sauerstoff gemeinsam vorkommen, liegt das thermodynamische Gleichgewicht auf Seiten der Verbindung beider Elemente. Daß in der heutigen Atmosphäre etwa 80% N_2 und 20% O_2-Moleküle vorkommen, wäre im Gleichgewicht unmöglich. Die Existenz freien Sauerstoffes in der Atmosphäre - ein im Kosmos äußerst unwahrscheinlicher Zustand - ist der beeindruckendste Beweis dafür, daß sich das Leben seine Umwelt im globalen Maßstab selbst schafft.

Auch unter Würdigung der Tatsache, daß die Oxidation des Stickstoffs infolge der hohen Anregungsenergie des N_2-Moleküls zeitaufwendig ist, müßte nach hinreichend langen Zeiträumen, wenn es keine Gegenreaktion "bergauf" gibt, das Gleichgewicht irgendwann erreicht sein und, vereinfacht gesprochen, die Atmosphäre aus NO_2 und die Ozeane aus verdünnter salpetriger Säure bestehen und das Leben auf der Erde erlöschen. Die Erfindung der Nitrifizierung rief die Gefahr wach, Schleusen zu öffnen, so daß die Biosphäre mit gebundenem Stickstoff überschwemmt wurde. Es muß eine Gegenreaktion geben, welche die entstehenden NO-Verbindungen wieder reduziert und damit den Kreislauf schließt. Wir können nur darüber spekulieren, ob diese biologische Gegenreaktion "zum Glück" durch Zufall oder "notwendigerweise" entwickelt wurde, jedenfalls trat sie vor vielen 100 Mio. Jahren auf in Gestalt der Denitrifizierung. Als nämlich die energetisch so äußerst effektive Atmung entdeckt wurde, kamen einige Mikroorganismen auf den Trick, sich den Sauerstoff als Protonenakzeptor nicht nur dort zu besorgen, wo er als O_2-Molekül, sondern sogar dort, wo er an Stickstoff gebunden vorliegt. Sie müssen zwar Energie aufwenden, um das

Nitrat zu zerlegen, erhalten jedoch bei der anschließenden Wasserbildung so viel Energie, daß sie die "Anfangsinvestition" zurückzahlen können und noch etwas übrig behalten. Abgesehen von Spurenstoffen, wie N_2O (Lachgas), bestehen die Endprodukte der Denitrifizierung aus Wasser und molekularem gasförmigen Stickstoff, womit der Kreislauf geschlossen und, sofern die Mengenumsätze ausbalanciert sind, Sorge getragen ist, daß der atmosphärische Pool nicht "leerläuft". Daß die Denitrifizierung ebenso wie die aerobe Atmung eine junge Errungenschaft der Evolution ist, erhellt daraus, daß alle Denitrifikanten fakultativ anaerob sind; sie knacken das NO_3-Molekül nur, wenn kein O_2 vorhanden ist, andernfalls bedienen sie sich der gewöhnlichen Atmung.

Hypothetischer N-Kreislauf bei Abwesenheit des Menschen

Die Abbildung 65 fügt alle erläuterten Umsetzungen des Stickstoff-Kreislaufes zusammen, soweit sie ohne Beeinflussung durch den Menschen ablaufen.

Der Engpaß ist nach wie vor die Erschließung des reaktionsträgen N_2-Moleküls aus der Atmosphäre mit Hilfe der Nitrogenase und seine Bindung an Wasserstoff. Der fixierte Stickstoff wird sofort zum Aufbau organischer Substanz benutzt und tritt erst wieder bei der Mineralisierung organischer Moleküle - nach Ausscheidungsvorgängen oder beim Tod von Organismen - als mineralischer Stickstoff in Erscheinung. Ein geringer Teil entgeht dieser Ammonifizierung und tritt in langlebige organische Kompartimente ein, wie Humus, Torf und schließlich diffuse oder konzentrierte organische Substanz in Sedimentgesteinen. Das mineralisierte Ammonium-Ion wird entweder als solches wieder in die Körpersubstanz N-autotropher Lebewesen eingebaut oder zu NO_3^- nitrifiziert. Geschieht das letztere, so gibt es zwei Wege: Auch als Nitrat kann es von grünen Pflanzen aufgenommen und in die Körpersubstanz eingebaut werden, wobei es die Pflanzen unter erheblichem Energieaufwand in die reduzierte Form zurückverwandeln müssen (Nitratreduktion in den Wurzeln). Oder es fällt der Denitrifizierung anheim und wandert in den großen atmosphärischen Pool zurück.

Soweit die seit drei Milliarden Jahren die N-Fixierung betreibenden Blaualgen und Bakterien frei leben, sind ihre Mengenumsätze bescheiden. Trotzdem sind einige große Land-Ökosysteme, wie die Tundra ebenso wie die Meere, allein auf sie angewiesen. Bekanntlich hat die Natur diesen Flaschenhals etwas erweitert durch die Entwicklung von Symbiosen zwischen N-fixierenden Mikroben und höheren Pflanzen, das bekannteste Beispiel sind die Wurzelknöllchen der Fabaceen (Klee, Bohnen u.v.a.), in denen sich Bakterien der Gattung Rhizobium befinden. Der Vorteil der Symbiose liegt darin, daß die Photosynthese treibenden Gefäßpflanzen die Bakterien mit Energie versorgen, so daß die Flächenleistung wesentlich, in der Landwirtschaft bis auf mehrere hundert kg/ha N pro Jahr ansteigt. In der Natur gibt es allerdings selten Reinbestände solcher Pflanzen mit Wurzelknöllchen, so daß auch die Symbiose nichts daran ändert, daß im allgemeinen Stickstoff in Ökosystemen von Natur aus ein *knapper Faktor* ist, den die Lebewesen, insbesondere die Pflanzen, zu ökonomisieren haben. Auf dem Lande ist N oft der knappste Faktor.

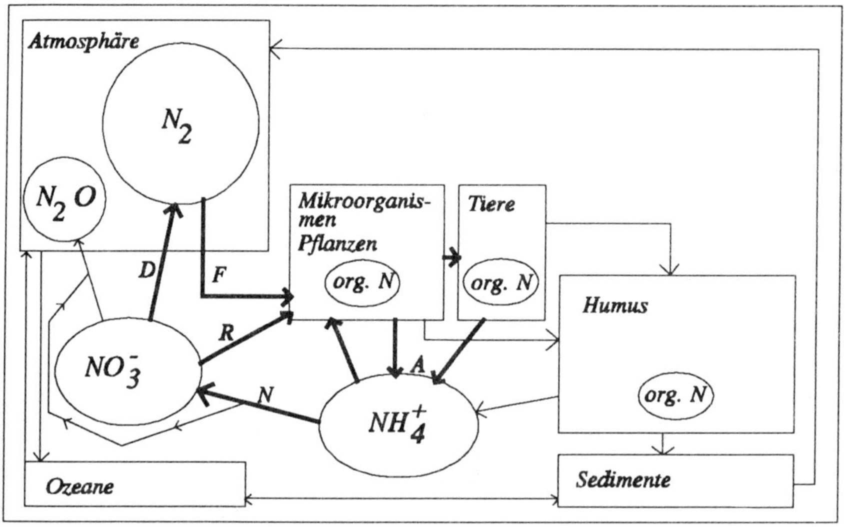

Abbildung 65: Vereinfachtes Schema des globalen Stickstoff-Kreislaufs
F: Fixierung, *A*: Ammonifizierung, *D*: Denitrifizierung,
N: Nitrifizierung, *R*: Nitratreduktion.

Entgegen ökonomischem Alltagsverständnis kann Knappheit etwas Positives, ja etwas Notwendiges sein. Aus der Medizin ist bekannt, daß Ratten, wenn sie hungern müssen, länger leben; viele Menschen leben mit Sicherheit kürzer, weil sie zu viel essen. Die Biosphäre hat sich über Milliarden von Jahren an die Knappheit des Stickstoffs angepaßt; mit Ausnahme von Spezialisten werden fast alle Pflanzenarten mit dieser Tatsache groß. Es besteht Grund zu der Vermutung, daß ein Überfluß an Stickstoff, zumal ein plötzlicher, zu Problemen führen kann und durchaus als ungesund zu bezeichnen ist.

Menschliche Einflußnahme auf den N-Kreislauf

Daß ein subtiles, verästeltes Netzwerk wie ein biogeochemischer Kreislauf durch mancherlei menschliche Einflüsse leicht zu stören ist, dürfte allgemein einsichtig sein. Unerwartet ist aber vielleicht, welch enormen quantitativen Umfang die vom Menschen verursachten Ströme zwischen verschiedenen Kompartimenten im Vergleich zu den natürlichen Strömen schon besitzen, wofür zwei Aspekte maßgeblich sind: Zum einen hat es wahrscheinlich niemals vorher in der Evolution eine so große heterotrophe Biomasse einer einzigen Wirbeltierart (etwa $8 \cdot 10^{13}$ g Trockensubstanz bei $4 \cdot 10^{9}$ Menschen) gegeben. Die Ansprüche an die biologische Ver- und Entsorgung müßten selbst bei bescheidener Lebensweise alle früheren Maßstäbe des N-Kreislaufes sprengen. Zum anderen ist aber die Lebensweise eines Teils dieser Menschheit nicht bescheiden. Es wird sowohl ein biologischer Luxuskonsum in Form hohen Fleischverzehrs betrieben als auch auf nicht-biologische Weise in den Kreislauf eingegriffen.

Die Tabelle 16 gibt eine aktuelle Schätzung globaler Emissionen an Stickoxiden, Ammoniak und Lachgas aus natürlichen und anthropogenen Quellen wieder. Obwohl die meisten Zahlen im Vergleich zu häufig zitierten Angaben aus den 70er Jahren[132] nach unten korrigiert sind, besteht am heute erreichten, überragenden Anteil des Menschen kein Zweifel: Fast zwei Drittel aller Emissionen sind anthropogen, wobei es für das Gesamtbild von geringer Bedeutung ist, daß die meisten Zahlen der Tabelle unsicher sind. Dies ist nicht allein ein Problem des Datenmangels, vielmehr bestehen auch sehr schwierige konzeptionelle Fragen, denen hier wegen des beschränkten Raumes nicht nachgegangen werden kann: Zu entscheiden, welche Emissionen "natürlich" sind, ist keineswegs einfach, da der Mensch Pflanzendecke, Böden und Gewässer nahezu global beeinflußt. Ferner setzt eine vollständige Analyse des N-Kreislaufs eine Betrachtung nicht nur der Quellen-, sondern auch der Senkenaktivitäten voraus, sind insbesondere bei den "natürlichen" Flüssen Brutto- und Nettogrößen zu unterscheiden (manche Emissionen aus Böden und Vegetation werden schnell wieder aufgefangen) und besteht schließlich die menschliche Desintegration des Kreislaufes nicht allein in der Hervorrufung von Emissionen in die Atmosphäre; die

[132] Vgl. SÖDERLUND & SVENSSON (1976), BOLIN & ARRHENIUS (1977) und DELWICHE (1977). Daten und Quellen auch in BOLIN et al. (1983, Table 1.1, p. 4) und PACYNA (1989, Table 2.1, p. 2.1). Neuere Zahlen, jedoch ohne Quellenangabe, in CRUTZEN (1989, Tabelle 2, p. 41).

Anteile, welche in Pflanzendecke, Böden, Gewässern, Sedimenten und menschlichen Artefakten gebunden bleiben, sind auch mitzuzählen. Wollen wir uns nicht nur an den unsicheren Zahlen orientieren, so sind folgende qualitative Aspekte vielleicht wichtiger; sie markieren jeweils die Stelle, an welcher der Mensch den Kreislauf manipuliert:

- *Fixierung:* Seit Jahrhunderten wird in Europa und Asien die biologische N-Fixierung gefördert (Leguminosen, Blaualgen bei der Naßreiskultur), endgültig geöffnet wurden die Schleusen jedoch durch die Erfindung der NH_3-Synthese mit Hilfe des HABER-BOSCH-Verfahrens zu Anfang des 20. Jahrhunderts.

	NO_x	NH_3	N_2O	alle
Anthropogen	24,0	52,7	4,2-13,1	80,9-89,8
Natürlich	6,7-31,3	5,6-14,0	0,3-42,0	12,6-87,3
Insgesamt				
- Schwankungsbreite	30,7-55,3	58,3-66,7	4,5-55,1	93,5-177,1
- Durchschnitt	43,0	62,5	29,8	135,3
% anthropogener Anteil	56%	84%	(29%)*	63%

Tabelle 16: Globale Emissionen von Stickoxiden (NO_x), Ammoniak (NH_3) und Lachgas (N_2O) aus natürlichen und anthropogenen Quellen In 10^6 t N pro Jahr. Quelle: PACYNA (1989, Tabelle 2.9, S. 2-12, ergänzt). * dieser Wert ist sehr unsicher.

- *Nitrifizierung:* Die Einschleusung von Nitrat ist aus drei Gründen vermutlich noch markanter als die von Ammonium:
- Der technisch hergestellte Ammoniak wird bei der Düngerfabrikation selbst zum großen Teil in Nitrat umgewandelt.
- In den meisten Ackerböden sind gut durchlüftete, d.h. gut nitrifizierende Bedingungen erwünscht und werden nach Möglichkeit hergestellt.
- Durch die industrielle Luftverschmutzung werden auch außerhalb der biologischen Kreisläufe in großem Umfang NO-Verbindungen in die Biosphäre eingeschleust.
- *Denitrifizierung:* Während die Eingangspforte für biologisch verwertbaren Stickstoff durch den Menschen weit geöffnet wird, wird das Auslaßventil, die Denitrifizierung,

im globalen Maße eher verengt. Die Denitrifizierung ist auf dem Lande an sauerstofffreie, d.h. in der Regel nasse Biotope gebunden. Überall aber werden Sümpfe trockengelegt, wird Grundwasser abgesenkt, wird der Oberflächenabfluß beschleunigt. Der quantitative Einfluß dieser Effekte ist unbekannt, die Tendenz ist aber nicht zu leugnen.

Im großen Überblick müssen wir sagen, daß wir im Zeitalter der *Überschwemmung der Biosphäre* mit Ammonium und vor allem Nitrat leben. Dafür ist die Biosphäre nicht eingerichtet. Wie schon erwähnt, lief die Evolution vielmehr unter den Bedingungen von Stickstoff-Knappheit ab. Die Folgen lassen nicht auf sich warten; wegen der sehr komplexen biologischen, physikalischen und chemischen Wirkungen des Stickstoffs spüren wir sie auf den verschiedensten Gebieten, die zunächst nichts miteinander zu tun zu haben scheinen. Im folgenden sei ein stichwortartiger Überblick nur über die wichtigsten Probleme gegeben:

Probleme des heutigen N-Kreislaufs

- *Eutrophierung als Selektionsfaktor:* Stickstoffreiche Stellen auf dem Lande waren früher stets die Ausnahme, es gab sie z.B. an Sammelplätzen von Tieren. Wenige Pflanzenarten haben sich hieran angepaßt - Spezialisten, wie die Brennesseln, die es sonst auf dem weitaus größten Teil der Landoberfläche nicht gab. Heute dagegen sind überall, wo intensive Landwirtschaft betrieben wird oder sich Menschen oder Nutziere häufen, weite Strecken des Landes so stickstoffreich wie früher die wenigen Sonderstandorte, die Ausnahme ist zur Regel geworden. Die Stickstoffüberschwemmung ist ebenso wie andere Formen des Nährstoffüberangebots ein wesentlicher Faktor der Artenverarmung und des Aussterbens, da die Standortsbedingungen großflächig nivelliert werden. Soll Artenreichtum als Bestandteil des in Abschnitt 5.4.2 definierten Zielbündels erhalten werden, so ist es unbedingt erforderlich, "arme", d.h. knapp mit Stickstoff versorgte Standorte zu erhalten.[133]
- *Eutrophierung von Gewässern:* In Gewässern besteht im Prinzip dasselbe Problem, wenn auch hier noch andere Stoffe, wie der Phosphor, beteiligt sind. Stärker als auf dem Lande führt das Nährstoffüberangebot zu leicht erkennbaren physischen und ästhetischen Wertminderungen. Der Grund liegt darin, daß die aus dem Nährstoffüberangebot resultierende überschüssige Biomasse selbst zum Problem wird, weil sie

[133] Vgl. ELLENBERG Jun. (1989, 1991), KUHN et al. (1987), HAMPICKE (1987a, 1988).

infolge Sauerstoffmangels nicht schnell genug wieder abgebaut werden kann. Das Ergebnis ist an allen Binnengewässern, vor allem den stehenden, abzulesen. Selbst im Flachland besaßen Seen vor 100 Jahren Sichttiefen von acht Metern und mehr.
- *Luxuskonsum von Pflanzen:* Oben wurde schon auf den Punkt hingewiesen, daß knapp gehalten zu werden auch sein Gutes haben kann. Viele Pflanzen reagieren auf üppige Stickstoff-Ernährung mit einem schnellen Massenwachstum, einer Verlangsamung der generativen Entwicklung und Vernachlässigung der Bildung von Stütz-, Leitungs- und Abschlußgewebe. Sie werden weich und schlaff. Ist dies auch zuweilen erwünscht ("saftiges Futter"), so hat es doch auch unliebsame Begleiterscheinungen, wie eine höhere Attraktivität für und eine geringere Widerstandsfähigkeit gegen Schädlinge und Krankheiten mit der Folge, daß der Pestizideinsatz erhöht werden muß. In Bezug auf das Waldsterben wird diskutiert, inwieweit ein unausgewogenes Wachstum infolge jahrzehntelanger Stickstoffüberdüngung aus der Luft den heutigen traurigen Zustand zumindest mitverursacht haben kann.[134]
- *Toxikologische Aspekte:* Stickstoff ist Bestandteil einer großen Zahl chemischer Verbindungen, die entweder mit Sicherheit giftig sind oder zumindest im Verdacht stehen, es zu sein. Nicht selten handelt es sich um hier um NH-Verbindungen, wie auch den Ammoniak (NH_3),[135] jedoch scheint der an Sauerstoff gebundene Stickstoff noch bedenklicher zu sein. Wie weiter oben erwähnt, trat dieser erst spät in der Evolution auf, er kam erst "dazu", als der biochemische Bauplan des Lebens längst fertig war. Vielleicht erklärt dies, daß die Zahl der krebserzeugenden bzw. -verdächtigen NO-Verbindungen nicht gering ist. Wer sich die Mühe macht, Insektengifte, gefährliche Arbeitsstoffe (Nitroverdünner), aggressive Bestandteile der Luftverschmutzung, möglicherweise sogar chemische Kampfstoffe, auf ihre Strukturformeln durchzusehen, entdeckt zahlreiche NO-Verbindungen. Wie suspekt NO-Verbindungen geworden sind, wird schon durch die Debatte um Nitratgrenzwerte in der Öffentlichkeit verdeutlicht.
- *Luftverschmutzung:* Die in großem Umfang aus Feuerungsanlagen und Autos emittierten NO-Verbindungen und ihre Folgeprodukte sowie landwirtschaftliche NH_3-

[134] Vgl. NIHLGÅRD (1985), HINRICHSEN (1986), KERNFORSCHUNGSANLAGE JÜLICH (1987).

[135] Ammoniak ist in der Vergangenheit überwiegend als Gift in Gewässer-Ökosystemen diskutiert worden, woraus sich mit Recht Forderungen nach höherer Nitrifikationsleistung von Kläranlagen ableiten. Seine Rolle als atmosphärische Verunreinigung und die überragende Bedeutung der Landwirtschaft werden erst in jüngerer Zeit hervorgehoben, vgl. z.B. KTBL und VDI (1991).

Emissionen sind für die schon genannten (Eutrophierung, Toxikologie) und die sogleich noch zu nennenden (Klimaveränderung) Probleme sowie für die Versauerung von Biotopen[136] in erheblichem Maße verantwortlich. Luftschadstoffe belasten nicht nur den Menschen und andere Lebewesen, sondern führen zu ästhetischen Wertminderungen (photochemischer Smog in sonnenscheinreichen Gebieten), zu zerstörerischen Einwirkungen auf Kunstwerke, Bauten, andere Konstruktionen u.a.m.

- *Veränderung des kurzwelligen Strahlungshaushalts der Atmosphäre:* Ebenso wie die vieldiskutierten Chlor-substituierten Methane (FCKW) können auch Stickoxide die Abbaugeschwindigkeit des Ozons in der Stratosphäre katalytisch beschleunigen, woraufhin mehr kurzwellige ultraviolette Strahlung (<200nm) zur Erdoberfläche gelangt.[137] Eine Erhöhung der Hautkrebsrate erscheint fast als sicher. Der Zusammenhang bildet ein wesentliches Argument gegen die Ausdehnung des zivilen Überschall-Luftverkehrs.
- *Veränderung des langwelligen Strahlungshaushalts:* N-haltige Verbindungen, insbesondere Ammoniak (NH_3) und Lachgas (N_2O) treten ebenso wie CO_2 in Interaktion mit der langwelligen Infrarotstrahlung, welche vom Erdboden in das Weltall zurückgesandt wird, um den Strahlungshaushalt der Erde gegenüber dem ständigen Empfang von Sonnenenergie auszugleichen. Die genannten N-haltigen Spurengase tragen zu einem erheblichen Prozentsatz zur Erwärmung der Atmosphäre ("Treibhauseffekt") bei. Ihre atmosphärischen Konzentrationen werden nicht allein durch direkte landwirtschaftliche Aktivitäten, wie Düngung, Steuerung der Nitrifikation und Denitrifikation usw. beeinflußt, vielmehr mehren sich die Anzeichen, daß auch großräumige destruktive Eingriffe in die Vegetation, wie die Vernichtung tropischer Wälder, von Bedeutung sind.[138]

Maßnahmetypen zur Wiederherstellung des N-Kreislaufs

Die Stichworte bis hierher konnten vielleicht einen ersten Eindruck davon vermitteln, wie der wissenschaftlich faszinierende Stickstoff-Kreislauf entstand und funktionierte

[136] Vgl. MALANCHUK & NILSSON (1989).

[137] Vgl. Anmerkung 117 dieses Abschnitts und die zugehörige Textpassage.

[138] Vgl. Anmerkung 118 dieses Abschnitts und die zugehörige Textpassage. Zum möglichen Einfluß der tropischen Wälder vgl. GOREAU & DE MELLO (1988), MATSON & VITOUSEK (1990) und KELLER et al. (1991).

sowie in wie fundamentalem Maße er vom Menschen gestört ist. Naturerhalt als gesellschaftliche Aufgabe heißt wahrhaftig nicht, nur etwas an der Oberfläche zu kitten. Um sinnvolle Strategien zu entwickeln, muß sich der Mensch vielmehr seiner Rolle in der Biosphäre bewußt werden; selbst um etwas so Prosaisches wie eine Kläranlage zu verstehen, muß man das Leben auf der Erde seit den dunklen Anfängen vor fast vier Mrd. Jahren überblicken. Erst recht gilt dies, wenn mit dem ökonomischen Prinzip der Sustainability in seiner ganzen Breite ernst gemacht werden soll. Die Tabelle 17 zeigt noch einmal schematisch, daß von der Entkopplung des N-Kreislaufs tatsächlich alle Teile des Zielbündels ***ESH*** betroffen sind. Vielleicht konnte der Überblick auch die zur Rechtfertigung der "Ecological Economics" fundamentale Behauptung erhärten, daß die wichtigen Leistungen der Biosphäre *nicht* nach dem neoklassischen Paradigma durch Kapital und Wissen substituierbar sind, sondern als Grundvoraussetzung des Lebens weitergegeben werden müssen.

	E	***S***	***H***	Mensch direkt
Eutrophierung Land	x	x		
Eutrophierung Gewässer	x	x		x
Luxuskonsum Pflanzen		x		x
Toxikologie	x			x
Luftverschmutzung	x	x	x	x
Kurzwelliger Strahlungshaushalt		x		x
Langwelliger Strahlungshaushalt			x	

Tabelle 17: Betroffenheit der Teilziele der Sustainability durch ökologische Fehlentwicklungen beim Stickstoffkreislauf
E: Elementerhalt, ***S***: Selbstregulationsfähigkeit, ***H***: Homoöstase

Die Evolutionskatastrophe der Stickstoffüberschwemmung ist eine unvermeidliche Begleiterscheinung der Entwicklung des Menschen und als solche hinzunehmen, der Mensch ist schließlich selbst eine Evolutionskatastrophe. Die Aufgabe besteht darin, die Stickstoffüberschwemmung in halbwegs geordnete Bahnen zu lenken, das ihr bisher anhaftende Chaotische zu nehmen, sie auf das unabdingliche Minimum zu reduzieren, besonders gefährliche Einzelaspekte zu entschärfen und sie nicht zuletzt räumlich zu steuern. Wir wissen nicht einmal, sondern können nur hoffen, daß die

Biosphäre mit einer solcherart gebändigten Stickstoffüberschwemmung langfristig fertig werden wird. Auf jeden Fall muß im "Garten" der Biosphäre[139] gewaltig aufgeräumt werden, und zwar kooperativ und querschnittsorientiert in mehreren Problemgebieten und Regionen gleichzeitig.

Um nicht in Einzelheiten zu versinken, sind die wichtigsten Maßnahmetypen in einem zweidimensionalen Konzept zusammengefaßt (Abbildung 66). In horizontaler Richtung können alle Maßnahmen zur Sanierung des N-Kreislaufes nach ihrer systematischen Stellung eingeteilt werden, sie bewirken stets eine der drei Optionen:
- Verringerung der *Zufuhr* biologisch verwertbaren Stickstoffs durch Einschränkung der Fixierung.
- Bei gegebener Zu- und Abfuhr sorgfältigere Behandlung und Kontrolle des Stickstoffs bei seinem *Weg durch die Biosphäre.*
- Beschleunigung der *Abfuhr* und Wiederverwandlung in N_2 durch Denitrifizierung und andere Reaktionen.

Auf der senkrechten Achse in Abbildung 66 lassen sich alle Maßnahmen nach dem Grad ihrer "Natürlichkeit" bzw. "Technisierung" einordnen, sie nehmen je einen bestimmten Platz im Kontinuum zwischen zwei Polen ein. Am oberen Rand sind Maßnahmen bezeichnet, die sich durch maschinell-technische Anlagen, vorausberechnete, meist abiotische Umsetzung und direkte Steuerung auszeichnen. Am unteren Rand finden sich im anderen Extrem die Maßnahmen, bei denen sich der Mensch die Funktionen selbstregulierender natürlicher Systeme zunutze macht und nur die Bedingungen herstellt, unter denen diese Funktionen ablaufen. Wir können hier nur wenige, dafür aber typische Beispiele betrachten:

Das linke Feld "Fixierung" ist nicht zufällig nur am oberen Rand ausgefüllt, alle relevanten Maßnahmen bzw. Unterlassungen sind technisch-steuernder Art. Relativ unproblematisch und wirksam sind die durch technische Fortschritte der vergangenen Jahre weit vorangetriebenen Möglichkeiten der katalytischen Reinigung von NO-haltigen Abgasen aller Art.[140] Mit diesen Maßnahmen, welche "nur" Geld kosten, aber keine fundamentale Änderung des Lebensstils erforderten, ließe sich die Belastung von Atmosphäre, Böden, Vegetation, Menschen, Bau- und Kunstwerken dra-

[139] Vgl. Anmerkung 129.

[140] Laufende Berichterstattung über Stand der Technik und realisierte Vorhaben in den Zeitschriften "Umwelt" (VDI), "Staub, Reinhaltung der Luft", "Brennstoff Wärme Kraft" und an anderen Orten, vgl. z.B. HANNES et al. (1987) und HLUBEK & KALLMEYER (1989).

stisch senken. Erweist sich die verbleibende Restbelastung immer noch als zu hoch, so müssen die Feuerungsprozesse reduziert werden.

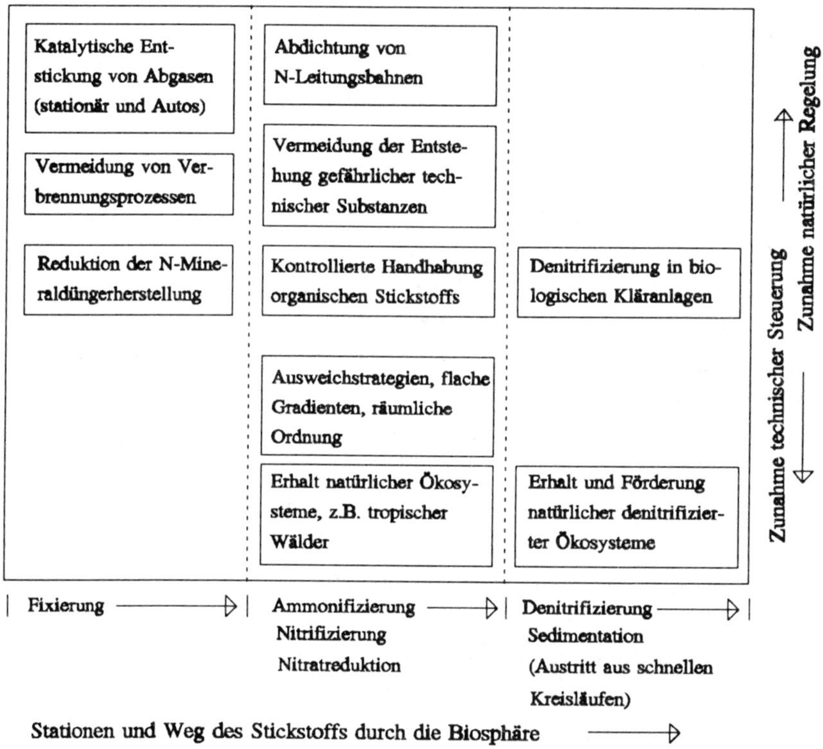

Abbildung 66: Gliederung von Maßnahmen zur Sanierung des globalen Stickstoff-Kreislaufs

Eine wirksame Verengung des Eingangstors "Fixierung" wäre natürlich auch durch eine Reduzierung der Düngemittelproduktion zu erreichen. Über diesen Punkt müßte allerdings wegen seiner Bedeutung und Kompliziertheit ein eigenes Buch geschrieben werden; ein definitives Statement zu geben, ist im vorliegenden nicht möglich. Ein Ersatz technischer durch gleich hohe natürliche Fixierung (Leguminosenanbau oder Züchtung fixierender Mikroorganismen als Symbionten für Getreidearten)[141], wie vom biologischen Landbau gefordert, würde ungeachtet aller anderen ökologischen Gründe, die hierfür ins Feld geführt werden können, am Ausmaß der Fixierung nichts ändern. Führt die Rückführung der Fixierung zu einer Einschränkung luxuriöser Ernährung in reichen Ländern infolge verringerten Fleischkonsums, so ist dies zweifellos anders zu beurteilen als die Verknappung von Nahrungsmitteln in armen Weltteilen. Ich halte eine ernährungswirtschaftlich vertretbare absolute Senkung der Mineraldüngerproduktion im weltweiten Maßstab für wenig realistisch, so daß der Schwerpunkt der Sanierung des N-Kreislaufes auf der linken Seite von Abbildung 66 auf dem Gebiet der Abgasentstickung zu setzen ist.

Blicken wir als nächstes auf die rechte Seite, so finden wir den oberen Rand schwächer besetzt. Eine rein technische N-Elimination wird zwar auf dem Gebiet der Trinkwasserförderung erprobt, spielt jedoch noch eine geringe Rolle. Wie oben schon angesprochen, kommt im globalen Maßstab der Erhaltung und Entwicklung natürlicher denitrifizierender Systeme die größte Bedeutung zu. Entscheidend sind räumliche Ausweisung und Sicherung größerer Feuchtbiotope, der Schutz des Bodens und der Gewässersedimente (am unteren Rand). In dichtbesiedelten Gebieten ist das in der Graphik etwas oberhalb der Mitte eingetragene Element "Kläranlagen" bedeutsam. Im Gegensatz zur Rauchgasreinigung laufen hier zwar keine physikalisch-chemischen, sondern biotische Prozesse ab, diese stehen jedoch unter strammer menschlicher Kontrolle und Steuerung. Die noch immer viel zu hohe Gewässerbelastung ließe sich durch gut nitrifizierende und denitrifizierende Kläranlagen stark reduzieren.

Erwartungsgemäß finden sich im mittleren Teil des Schemas die diffenziertesten Maßnahmen, von der reinen Technik (oben) bis zur natürlichen Steuerung (unten). Es ist leichter zu fordern als zu realisieren, den Stickstoff auf seinem Weg durch die Biosphäre in geordneten Bahnen zu halten. Bei seinen komplexen biotischen Umsetzungen und seiner Eigenschaft, leicht den Aggregatzustand zu wechseln (fest-flüssig-gasförmig) ähnelt die Forderung der, die abgeworfenen Blätter eines Waldes im Herbststurm unter Kontrolle zu halten - man weiß nicht, wo man beginnen soll. Wie das Stichwort "Abdichtung" am oberen Rand andeutet, gibt es dennoch Möglichkeiten: Es gilt im wörtlichsten Sinne, zu kanalisieren. Wie der Öffentlichkeit langsam bewußt wird, ist in der Bundesrepublik wie wahrscheinlich mindestens ebenso in anderen Ländern jahrzehntelang gesündigt worden, indem zuwenig Abschreibungen für die rechtzeitige Erneuerung der kommunalen Abwasserkanalisation erwirtschaftet

[141] Vgl. (etwas älter, jedoch sehr informativ) DÖBEREINER (1977).

wurden.[142] Nun verrotten überall die Kanäle und werden für die nähere Zukunft zwölfstellige DM-Beträge gefordert. Auch bei der kontrollierten Handhabung organischen Stickstoffs ist der räumliche Aspekt entscheidend: Nicht die bloße Existenz von Gülle, Abfall und Klärschlamm in fester, halbfester und flüssiger Form ist das Problem, sondern ihre Existenz am falschen Ort, zur falschen Zeit und unter ungenügender Kontrolle der von ihnen ausgehenden Emissionen. Wie der RAT VON SACHVERSTÄNDIGEN FÜR UMWELTFRAGEN treffend formuliert, beruht der Umgang mit diesen Stoffen selbst in technisch hochentwickelten Ländern auf Improvisation.[143] Unbedingt muß das schon mehrfach genannte Prinzip der Abpufferung, des Ausweichens, der passiven räumlichen Adaption genutzt werden. Es ist nach der Eroberung der Erde durch den Menschen aussichtslos, die gesamte Biosphäre stickstoffarm zu erhalten, aber es muß wenigstens *bestimmte räumliche Zonen* geben, für die die Stickstoffarmut garantiert werden kann. Da steile räumliche Gradienten der N-Konzentration in der Biosphäre kaum über längere Zeiträume zu realisieren sind, sind stickstoffreiche und -arme Biotope durch Pufferzonen voneinander zu trennen. Es gibt kein klares Seewasser, wenn der See bis ans Ufer von gedüngten Maisfeldern umrahmt ist. Schließlich ist nicht nur die Unterlassung der technischen Herstellung bedenklicher Substanzen (oben in der Mitte der Abbildung), sondern auch (unten) das schlichte Gewährenlassen natürlicher Vegetations- und Bodenverhältnisse ein Element der Ordnung im globalen Stickstoffkreislauf, wenn dadurch die Verbreitung bedenklicher N-Verbindungen verhindert wird, wie etwa im Fall der Tropenwaldzerstörung die Emission von NH_3 und N_2O (vgl. Anmerkung 138).

Die Illustrationen dieses Exkurses dürften die schon zuvor gezogenen Schlußfolgerungen untermauern. Fassen wir sie noch einmal zusammen, ergänzt durch einen noch nicht genannten Punkt (erster Spiegelstrich):

- Entgegen der Auffassung ökologischer Fundamentalisten kommen den Prinzipien der technischen Steuerung, *auch* der "End-of-Pipe"-Technologien, eine wesentliche Bedeutung zu. Daß Filter und Kläranlagen nur an der Oberfläche kurierten, nur dazu da seien, um denjenigen, welche die Naturzerstörung vorantreiben, auch wieder

[142] Vgl. MAACK (1988), JUNKERNHEINRICH (1988).

[143] "Das Abfallproblem ist die sichtbare und spürbare Folge der allgemein verbreiteten Gedankenlosigkeit im Umgang mit Stoffen und Produkten in der hochindustrialisierten Wohlstandsgesellschaft. Sie ist kennzeichnend für eine grundsätzliche Verhaltensweise in unserem technischökonomischen System, in dem gegenwärtig einer hochentwickelten, wohlgeordneten Versorgungsinfrastruktur eine weithin unterentwicklete, durch Unordnung und Zufälligkeit bestimmte Entsorgungsinfrastruktur gegenübersteht." (RSU 1990: 3).

Profitmöglichkeiten zu eröffnen und daß man zu Verhältnissen zurückkehren müsse, in denen man keine "End-of-Pipe"-Technik braucht - all das sind die Stammtischsprüche derjenigen, welche sich in Öko-Szene und Medien hervortun können, gerade weil sie keine Zeit und Energie darauf verwenden, sich gründlich mit Problemen zu beschäftigen. Durch konsequente Anwendung nur der bekannten Technologien ließen sich die meisten Immissionen in Luft und Wasser (nicht nur beim Stickstoff) um eine Zehnerpotenz senken, oft zu mäßigen Kosten. Die Welt wäre eine andere, wenn allein dies überall Platz griffe. Manche Probleme lassen sich *nur* durch "End-of-Pipe"-Maßnahmen bewältigen, wie etwa die Reinhaltung der Flüsse, da jeder Mensch nun einmal eine gewisse Menge an Stickstoff und Phosphor ausscheidet. Richtig ist, daß "End-of-Pipe"-Maßnahmen nur einen Teil aller Umweltprobleme lindern können, daß auf bestimmten Gebieten integrierte Lösungen eleganter sind als nachgeschaltete Elemente, daß die Lösung eines Problems immer ein neues hervorrufen kann (Bedarf an und Verbreitung von Katalysator-Wirkstoffen, Schwermetallen mit nicht nur unbedenklichen Eigenschaften) und daß die anfallenden Produkte, wie Filterstaub, Klärschlamm usw., eigene und keineswegs überall beherrschte Probleme schaffen. Ein Grundprinzip lautet jedoch, daß es immer vorzuziehen ist, ein problematisches Material "auf einem Haufen" und unter Kontrolle zu haben, anstatt fein verteilt in der gesamten Atmosphäre und Hydrosphäre. Die Sustainability verlangt also unter anderem auch in hohem Maße Investitionen und die Anwendung von "High Tech".

- Die Bedeutung des schon vor diesem Exkurs gewürdigtem Prinzips "räumliche Strukturierung" wird erneut betont. So wie im Garten an einer Stelle ein Beet, an einer anderen Stelle ein Obstbaum und an dritter Stelle ein Komposthaufen vorhanden ist, muß es auch in der großen Landschaft sein. Die Aufrechterhaltung ökologischer Vielfalt ist unverträglich mit der immer weiter vordringenden Standortsnivellierung (z.B. hohe Stickstoffkonzentration überall); *es müssen Gradienten erhalten bleiben.* Sind diese Erkenntnisse zwar planerisch orientierten Menschen Selbstverständlichkeiten, so harmonieren sie doch nicht mit den Paradigmen der naiven neoklassischen Ökonomie aus Abschnitt 1.2 (Punkte 1-5). In vollem Umfang tauschautonome Subjekte sind nicht oder höchstens zufällig in der Lage, der Forderung der Sustainability nach Herstellung und Pflege räumlicher Heterogenität zu genügen, selbst wenn sie diese Notwendigkeit selbst erkennen. Sie müssen sich in gemeinsame Planungsarrangements einfügen.
- Die ebenfalls schon geäußerte Vermutung, wonach die Sustainability Einschränkungen verlangt (Abschnitt 5.4.3, Abbildung 64), wird auch erhärtet, jedoch gestattet der gegenwärtige Kenntnisstand kaum quantitative Aussagen. Es ist möglich, daß ver-

tiefte ökologische Forschungen zu dem Schluß zwingen, daß der Erhalt einer reichen, selbstregulationsfähigen und hinreichend homöostatischen Biosphäre nur bei asketischem Leben aller Menschen oder nicht einmal dann zu gewährleisten wäre, womit eine globale, wenn auch schleichend einsetzende Katastrophe unvermeidlich wäre. Ein solch pessimistischer Schluß wird durch den heutigen Forschungsstand weder nahegelegt noch ausgeschlossen. Die größte Gefahr könnte von unberechenbaren Spurenstoffen ausgehen. Was sollte man z.B. denken und tun, wenn festgestellt würde, daß selbst eine relativ bescheidene Ernährung einer Weltbevölkerung von 6 Mrd. oder mehr Menschen infolge der bei den unvermeidlichen (auch durch organische Landwirtschaft nicht zu unterdrückenden) Nitrifizierungs- und Denitrifizierungsvorgängen erzeugten Mengen an N_2O auf lange Sicht zu einer Zerstörung des stratosphärischen Ozon führen müßte? Oder wenn die selbst bei bescheidenem Leben erforderlichen Mindestumfänge der Reiserzeugung und Wiederkäuerhaltung mehr CH_4 als verträglich erzeugten? Die Sorge aller Malthusianer, daß letztlich die schiere Quantität zerstörerisch ist und daß alle klugen Einfälle und Selbstdisziplin den Kollaps nur aufschieben können - diese Sorge ist nicht voll zu entkräften. Aber auch, wenn wir optimistischer sind: Ohne Verzichte geht es nicht. Nicht nur in sprachlicher Abwandlung, sondern auch in moralischer Sinnumkehr verlangt die Sustainability, den früheren Spruch "Kanonen statt Butter!" umzuwandeln in: "Kläranlagen statt Video!".

6 Die individualistische Modellgesellschaft

In diesem Abschnitt werden alle bisher erarbeiteten Teilergebnisse zusammengefügt und um einige weitere, bisher noch nicht angesprochene Aspekte ergänzt, um die eingangs aufgeworfene Kernfrage der Untersuchung beantworten zu können: Ist eine individualistische Modellgesellschaft strukturell in der Lage, die Biosphäre des Planeten Erde integer zu erhalten?[1] Wir schließen unmittelbar an die Ergebnisse des Abschnitts 1.3 an, die wegen der inzwischen eingetretenen Distanz von vielen Seiten stichwortartig wiederholt seien:

- In der individualistischen Modellgesellschaft gehen die zeitgenössischen Subjekte egoistisch ihrem Vorteil nach.
- Die einzige Schranke bei diesem Verfolg ist der Respekt vor den Rechten anderer.
- Der primäre Impuls zur Respektierung dieser Schranke ist mit HUME die rational-egoistische Einsicht in die Vorteilhaftigkeit für das eigene Interesse: Ich bin darauf angewiesen, daß auch die anderen meine Rechte achten.
- Die egoistische Motivation zur Achtung der Rechte anderer ist jedoch lückenhaft. Ständig entstehen situationelle Verlockungen zum Regelübertritt, wie Diebstahl im unbeobachteten Moment, Abfallentleerung in den Wald oder anderer Mißbrauch eines Kollektivgutes usw.
- Noch bedrohlicher ist die Verlockung zur Ausnutzung prinzipieller (nicht situationeller) Schwächen anderer Subjekte bzw. - spiegelbildlich ausgedrückt - die Existenz von Subjekten solcher Stärke, daß sie den zumindest partiellen Rückfall in den HOBBESschen Dschungel wegen ihrer Unangreifbarkeit nicht scheuen.
- Zur Freiheit der Subjekte gehört, auch Kollektive oder Koalitionen bilden zu können, in denen sie ihre spontane Entscheidungsautonomie aus freien Stücken sachlich und zeitlich spezifiziert abtreten.

[1] Unter der am Schluß des voranstehenden Abschnitts gestellten Bedingung, daß die Natur stabil und uns Menschen gnädig genug ist, um dieses Ziel nicht von vornherein als aussichtslos erscheinen zu lassen.

- Eine davon, die "Grand Coalition" des Staates, erscheint geeignet, Defiziten der Normenfolgsamkeit selbst sehr starker Subjekte durch ein Sanktionssystem begegnen zu können. Das Problem wird jedoch nur verlagert, da der Staat mehr als jedes andere Subjekt Rechte der Individuen verletzen kann.
- Die individualistische Gesellschaft ist schon intragenerationell nur denkbar bei einem (in dieser Studie nicht näher spezifizierten) Minimum an Verteilungsgerechtigkeit, da andernfalls von den unterprivilegierten, an einem menschlichen Leben gehinderten Individuen keine Normenfolgsamkeit erwartet werden kann.
- Voraussetzungen für das Funktionieren einer individualistischen Modellgesellschaft schon ohne Blick auf die Zukunft sind somit Empathie bei der Primärverteilung und der jederzeitige, verläßliche Verzicht der Subjekte, den Verlockungen des Normenübertritts, der Vorteilsnahme auf Kosten wie auch immer definierter Rechte der anderen nachzugeben.

Nun erörtern wir der Reihe nach folgende Probleme:
- Der Abschnitt 6.1 diskutiert noch einmal, ob und warum die Rechte *künftiger* Menschen in einer individualistischen Modellgesellschaft gewahrt sind. Hierzu ist zwar im Abschnitt 1.3 schon wesentliche Vorarbeit geleistet worden, einige Punkte sind jedoch vor einem abschließenden Urteil noch zu vertiefen.
- Im Abschnitt 6.2 wenden wir uns der "Fachökonomie" zu. Wir untersuchen die Behandlung des Kollektivgutproblems in der neoklassischen Ökonomie und befragen sie nach ihrem normativen Verständnis. Ist es z.B. ihrer Meinung nach erlaubt oder verboten, Free Rider zu sein? Im Anschluß daran präzisieren wir die Pflichten der Mitglieder einer individualistischen Modellgesellschaft beim Umgang mit Kollektivgütern.
- Der Abschnitt 6.3 greift das in 5.4 entwickelte Ergebnis auf, wonach der Naturerhalt in hohem Maße auf kollektiven Optionen, insbesondere auf dem konstruktiven Zusammenwirken der Individuen - analog dem Bau eines Hauses oder der Gestaltung eines Gartens - beruht. Es ist zu fragen, ob das unabdingbare Maß kollektiver Optionen nicht nur formal, sondern auch inhaltlich-konkret noch mit einer individualistischen Gesellschaft kompatibel ist oder aber die Gefahr heraufbeschwört, diese von innen auszuhöhlen.
- Schließlich konstruiert der Abschnitt 6.4 noch einmal zusammenhängend (aufbauend auf 3 und 4) die intertemporalen Kalküle, welche in einer individualistischen Modellgesellschaft getroffen werden und fragt nach ihrer Naturkonformität.

6.1 Gibt es Zukunftsbewußtsein?

6.1.1 Starke und Schwache - noch einmal zurück zu HUME

"Anarchy works" - so bezeichnet BUCHANAN einen Zustand gegenseitiger Toleranz, in welchem ohne ständige Kontrolle und Sanktionsdruck Normen eingehalten, d.h. die Rechte des Gegenüber geachtet werden.[2] Dazu gehört ein intuitives Abwägen der gegenseitigen Rechte, ohne sie präzisieren und aushandeln zu müssen. Ganz weit im Hintergrund steht die Drohung, daß sich die anderen für Rücksichtslosigkeiten, sollte ich sie mir erlauben, revanchieren können, aber diese Drohung ist so fern wie die Vorstellung eines Krieges zwischen wahrhaft friedfertigen Staaten. Betrachten wir einige Beispiele:

Alle brauchen Ruhe zur Arbeit, sind also in gleicher Weise verletztlich gegen Türenknallen und anderen Lärm. Also ist jeder leise; der Zusammenhang zwischen den Erwartungen an die anderen und dem eigenen Verhalten ist so eng geworden, daß das Problem trivial ist. Die Labilität aber auch dieses Zustandes kennt jeder, der in Bibliotheken arbeitet: Immer finden sich Anwesende, die *im Moment* keine Ruhe benötigen und ein Schwätzchen halten, wovon sie mitunter nur durch Sanktionsandrohung (Bildung einer Koalition der Ruhebedürftigen) abgehalten werden können.

Das nächste Beispiel zeigt eine Situation, in der man ein Zurückschlagen der anderen in der Weise, in der man selbst austeilt, nicht zu fürchten hat. Die Mehrheit wünscht Ruhe, ich selbst höre aber gern laute Musik und bin auch tolerant gegenüber Lärm durch andere. Sie können so laut sein, wie sie wollen, ohne sich gegen mein rücksichtsloses Verhalten durch die Verursachung von eigenem Lärm rächen zu können, diese "Rache" wäre mir sogar willkommen. Wie verhalte ich mich? Ich kann aus freien Stücken den anderen zuliebe leise sein, besteht dieses Motiv jedoch allein aus Wohlwollen oder Altruismus, so ist es nicht Normenfolgsamkeit zu nennen. Ich kann ferner die Norm wegen des Sanktionsdruckes befolgen, das würde ich jedoch bei genügend hohem Druck immer tun, auch wenn ich die Norm in keiner Weise akzeptierte - ich würde auch im Sommer Handschuhe tragen, wenn jeder, der ohne sie angetroffen wird, ins Gefängnis müßte. Die rationale egoistische Normenakzeptanz beruht hier auf der Befürchtung, die anderen könnten sich auf *andere* Weise als durch die (mich nicht störende) Verursachung von Lärm revanchieren. Ich respektiere das Ruhebedürfnis der anderen, wenn sie mir dafür meine ungeputzten

[2] BUCHANAN (1975, p. 5).

Fensterscheiben nachsehen. Das Arrangement beruht auf einer *Verallgemeinerung* des Prinzips der gegenseitigen Rücksichtnahme.[3]

Zwei Aspekte sind hierzu einschränkend festzustellen: Schon bei dem einfachen Beispiel der lauten Musik ist zu erkennen, daß das Funktionieren der verallgemeinerten gegenseitigen Toleranz ein Gleichgewicht voraussetzt. Kommen Individuen oder Gruppen zu dem Schluß, daß die Normen immer nur den anderen dienen, nie aber ihnen selbst, so beginnen sie, an ihrem Sinn zu zweifeln. Was nützt einem die Unverletzlichkeit des Eigentums, wenn man nichts besitzt? Wer nichts besitzt, hat auch keine Furcht vor Dieben - sollten ihn andere Sanktionen gegen sein Stehlen auch nicht schrecken, etwa, wie in einem alten Film, die Androhung des Gefängnisses an einen Clochard, der ein warmes Zimmer sucht, so sind wir mit unserem Normenlatein am Ende. Zum zweiten zeigt das Beispiel, wie schnell die Notwendigkeit einer wenn auch nicht unbedingt formalisierten, so doch verbindlichen Regelung entsteht. Die anderen haben ein *Recht* auf und ich habe eine *Pflicht* zur Ruhe. Bin ich der einzige mit einer Präferenz für Lärm, so setzen sich wahrscheinlich die vielen Leisen bei der Normenfestlegung durch - vielleicht können sie sich dabei zu einem Minderheitenschutz durchringen derart, daß ich einmal im Monat eine laute Party feiern darf. Ein einziger Ruhebedürftiger unter vielen Lauten hat dagegen geringe Chancen, sich durchzusetzen; schwierig wird eine Entscheidung, wenn jeweils etwa die Hälfte der einen wie der anderen Gruppe zugehört. Hier ist eine Einigung denkbar, wenn die Gruppen Droh- und Belohnungspotentiale auf anderen Gebieten besitzen, wenn sie also *verletzlich* sind.

Betrachten wir nun ein weniger triviales Beispiel: Wie soll ich mich gegenüber schwachen angeborenen Geisteskranken verhalten? Soll ich die Norm befolgen, sie human zu behandeln? Anders als bei der Perspektive, daß Diebstahl plötzlich zum Normalverhalten würde (unterstellt, ich besitze etwas), kann mich die Drohung, was geschähe, wenn alle die Norm verletzten, nicht schrecken, solange ich mich (zutreffend oder nicht) nicht zur Gruppe der angeborenen Geisteskranken zähle. Die von der Norm Geschützten können mir voraussetzungsgemäß überhaupt nichts antun,[4]

[3] In seinem das ganze Buch durchziehenden Groll gegen die Studentenunruhen der 60er Jahre in den USA fällt BUCHANAN (Op. cit., p. 3) an dieser Stelle vielleicht nicht zufällig als Beispiel für Toleranz ein, lange Haare anderer Personen hinzunehmen, auch wenn man sie nicht mag.

[4] Es handelt sich bei ihnen um HUMEs "schwache Geschöpfe", denen wir seiner Meinung nach Milde, aber keine Gerechtigkeit schuldig sind, vgl. Abschnitt 1, Anmerkung 54.

aber auch die übrigen "Normalen" tun mir nichts an, solange sie mich für gesund halten.

Selbstverständlich kann hier wiederum aus eigener ethischer Überzeugung human gehandelt werden; es ist nur zu hoffen, daß dies alle tun. Aber in diesem wünschenswerten Fall einer Gesellschaft, welche den intrinsischen Wert auch sehr schwacher Menschen achtet, hätte es der Norm nicht bedurft. Wie immer steht der deontologische Weg offen; man kann fordern, die Kranken um der Moral selbst willen human zu behandeln. Hier bestehen die kaum merklichen Übergänge zu scheinbar deontologischer, in Wirklichkeit jedoch zumindest indirekt-teleologischer Argumentation.[5] Die Gesunden müssen befürchten, mit unmoralischem Verhalten gegenüber angeborenen Geisteskranken eine schiefe Ebene zu betreten, auf der es mit der Moral immer weiter abwärts geht, bis Benachteiligungen zugelassen werden, denen auch Individuen mit mehrheitlichen Eigenschaften irgendwann zum Opfer fallen können. Als nächstes werden auch die erworben Geisteskranken schlecht behandelt (zu denen jeder stoßen kann), dann alle Kranken, dann alle mit rötlichen Haaren, dann alle noch dazu, die hieran etwas zu kritisieren haben, und so weiter ...

Die Mahnung "Wehret den Anfängen" kann in der Tat nicht ernst genug genommen werden. Auch scheint das am Beispiel des Lärms erläuterte Verallgemeinerungsprinzip hier zu greifen. Wer sich sagt, er sei kein angeboren-Geisteskranker und könne es sich somit leisten, diese Gruppe zu schädigen, weil er in seiner glücklicheren Position nicht darunter leiden würde, wenn alle anderen auch so handelten, muß sich daran erinnern, daß er wahrscheinlich auf anderen Gebieten den Kürzeren ziehen kann. Er mag geistig gesund sein, kann aber vielleicht nicht schnell laufen. Also ist er verletzbar durch schnellfüßige Diebe. Diese ziehen nämlich denselben Schluß wie er in bezug auf die Geisteskranken. Nur jemand, der es sich leisten kann, wegen seiner universellen Stärke auf keinem Gebiet Vergeltung zu fürchten, könnte auf Normen verzichten. Nicht nur, um auf alle Normen verzichten zu können, müßte er so stark sein, sondern schon, um auf eine *einzige*, ihn nicht direkt schützende Norm verzichten zu können, müßte er generell unangreifbar sein, weil sich seine Regelmißachtung durch Ausnutzung einer *beliebigen* seiner Schwächen rächen kann; er darf also überhaupt keine Schwächen besitzen. Wird dann noch der Aspekt bedacht, den wir in der bisherigen Diskussion nur beiläufig behandelten, nämlich die Möglichkeit der Koalitionsbildung der anderen, so ist klar, daß es einen solchen Übermenschen nicht geben kann. Im Prinzip ist jeder verletzlich, jeder hat die Normen-

[5] Vgl. Abschnitt 1, Anmerkung 57.

achtung der anderen grundsätzlich nötig. Gäbe es den Übermenschen, so gäbe es natürlich in seiner Gegenwart keine individualistische Gesellschaft (außer von seiner persönlichen Gnade), weil nichts ihn daran hindern könnte, sich zum Diktator aufzuschwingen.

Nach diesem Zwischenergebnis scheint HUME entgegen den Behauptungen im Abschnitt 1.3 und in der Einleitung zum vorliegenden Abschnitt doch weitgehend Recht zu behalten. Durch die Verallgemeinerung des Revanchegedankens werden auch alle diejenigen angreifbar, die in einer ersten, naiven Betrachtung des Problems als über den Normen stehend eingestuft werden könnten. Durch die Möglichkeit der Koalitionsbildung kann auch HUMEs Bedingung, daß alle ungefähr gleich stark sein müßten, sehr weit zurückgenommen werden - viele Wölfe können auch ein Mammut erbeuten. Das Kunststück, eine regelhafte individualistische Gesellschaft aus reinem Eigennutz der Individuen zu konstruieren, wäre geschafft. Gewiß ginge es dort nicht wie unter Heiligen zu, sondern nach der Devise "to each according to his threat advantage"[6], aber ein solches System könnte immerhin *funktionieren*, vielleicht entspricht ihm sogar teilweise die Gegenwart.

Wenn es funktionierte, so hätte es die Konsequenz, daß die nicht Revanchefähigen ausgegrenzt würden. Das System ist asymmetrisch: Auf der "starken Seite" gibt es niemand, der über allem steht, jeder ist verletzlich und insofern integriert. Auf der "schwachen Seite" sind jedoch nicht alle integriert, es gibt welche, die *unter* allem stehen. Auf sie braucht zum Funktionieren der Gesellschaft keine Rücksicht genommen zu werden. Dies sind die angeborenen Geisteskranken aus dem obigen Beispiel und die *Zukünftigen*. Sie können höchstens auf Milde hoffen, welche jedoch nicht strukturell in dieser Gesellschaft entsteht. Ist sie konsequent, so bildet sie gegen die Wehrlosen und insbesondere gegen die Wehrlosesten von allen, die Zukünftigen, eine Koalition.

Wenn das die individualistische Modellgesellschaft wäre, so würde sie die Natur nicht erhalten. Was ich zu zeigen versuche, ist nun nicht, daß diese "böse" Gesellschaft eine Möglichkeit und daß eine "gute" Gesellschaft eine andere Möglichkeit wäre, der natürlich unsere Sympathie zu gelten hätte. Dieses Ergebnis wäre sehr banal. Vielmehr bin ich davon überzeugt, daß die soeben dargestellte "böse" Gesellschaft strukturelle Widersprüche in einer Weise besitzt, daß sie logisch nicht lebensfähig ist; sie besitzt, wenn MARX' Terminologie hier nicht verfehlt ist, einen antagonistischen Widerspruch. Dem steht in keiner Weise entgegen, daß verschiedene

[6] RAWLS (1971, p. 141). Er lehnt dieses Prinzip natürlich ab!

ihrer Kennzeichen in der Empirie sehr leicht wiederzufinden sind und sich über Jahrhunderte halten können. In Wirklichkeit gab und gibt es für ganz Schwache und Wehrlose selten Gnade, sondern Grausamkeit,[7] werden die Geisteskranken höchstens mit "Milde" behandelt (auch das nur von einer Minderheit) und stehen die Rechte der Zukünftigen ganz unten - an sie denken alle zuwenig und der Staat am allerwenigsten. Die defekte individualistische Gesellschaft der Realität hält sich mit Mühe und Not aufrecht als ein labiles Gleichgewicht mit ubiquitären Rechtsverletzungen, hohem und teurem individuellen Verteidigungsaufwand gegen Übertritte und nicht endender Sorge, die notwendige Zentralinstanz des Staates kurz zu halten, damit nicht sie anstelle der Ellenbogenmenschen und Gewalttäter die Individuen entrechtet. Daß dieser Zustand nicht schneller in die Despotie abgleitet, verdankt sich allein der Tatsache, daß bei weitem nicht alle Chancen der unrechtmäßigen Bereicherung und Machtausübung wahrgenommen werden - zu viele, aber längst nicht alle Menschen stehlen.

Warum funktioniert die HUMEsche Gesellschaft, in der Unrecht *nur* aus Sorge vor der Revanche anderer unterlassen wird, nicht? Wenn jedes Individuum zwar *im Prinzip* für die Vergeltung anderer anfällig ist, so heißt dies jedoch noch lange nicht, daß es diese Vergeltung konkret auch erfährt. Die Anreize und Möglichkeiten, ihr auszuweichen, sind so verlockend, daß sie einen Prozeß in Bewegung setzen, an dessen Ende die Zerstörung der Gesellschaft und der Rückfall in den HOBBESschen Dschungel steht:

- Jeder sagt sich: Wenn alle ihre Bananenschalen in den Park werfen, so wird das auch mich stören, aber vielleicht *tun* sie es ja nicht. Solange meine kleine Abfallmenge das Gesamtbild nicht wesentlich beeinflußt, bin ich versucht, dem Anreiz zur Unkooperativität nachzugeben.
- Trotz der Erkenntnis, daß eine Wildwestgesellschaft, in welcher alle stehlen, auch mir schadet, übe ich mich in der Kunst des "sensible knave"[8], ich versuche es, geschickter zu machen als die anderen und nicht erwischt zu werden.
- Den Gewinn eines gestohlenen Fahrrades habe ich *jetzt*, die Strafe, daß es mir wieder gestohlen wird oder mir etwas anderes Schädliches widerfährt, kommt irgendwann, mit einer gewissen Wahrscheinlichkeit auch nie.

[7] BARRY (1978, p. 222) erwähnt als Beispiele das Verhalten der europäischen Siedler in Nordamerika und Australien, die Negersklaverei usw.

[8] BARRY (Op. cit. p. 216) bemerkt zu HUMEs Regeln: "... this amounts to a recommendation of cautious knavery rather than a reason for not being a knave."

- Das bisherige bezog sich auf den rationalen, urteilsfähigen "sensible knave". Dazu treten diejenigen, die sich überschätzen und die langsam mahlende Mühle der Vergeltung verdrängen. Auch die Delinquenten, welche sich am Ende ihre Lebens sagen, daß sie besser gefahren wären, wenn sie und alle anderen ehrlich gewesen wären, zerstören die Gesellschaft.
- Wie in der Realität, erodiert die regelmäßige Beobachtung des unkorrekten Verhaltens anderer die eigene Moral. Wer ist schon so dumm und hält sich an eine Geschwindigkeitsbegrenzung, wenn er nur überholt wird.
- Besonders gefährlich ist die Antizipation unkooperativen Verhaltens anderer in Prisoner's Dilemma-Situationen. Wer die Geschwindigkeitsbegrenzung als einziger einhält, hat nur auf den Vorteil der unerlaubten Zeitersparnis verzichtet. Diesen Vorteil hätte er bei korrektem Verhalten aller ebensowenig gehabt. Im Prisoner's Dilemma fährt man jedoch bei gutgläubigem Kooperationswillen und nachdem man von den anderen hereingelegt worden ist, schlechter, als wenn man gleich unkooperativ geblieben wäre (vgl. ausführlich Abschnitt 6.2).
- Die Situation reizt beständig dazu an, sich weniger verletzlich oder gar unangreifbar zu machen. Dazu sind auch die Ehrlichen gezwungen - sie brauchen Sicherheitsschlösser oder gar Leibwächter - mit dem Ergebnis eines erheblichen, dem anarchischen Urzustand bei BUCHANAN entsprechenden Ressourcenaufwands. Dem entgegen besteht der Anreiz, auch Diebstahl und andere Normenübertritte zu perfektionieren und sich durch Bildung privater Koalitionen gegen die Revanche zu schützen. Am Ende steht die Mafia.
- Die Ausgrenzung Schwacher wird ebenfalls voranzutreiben versucht. Über die Zukünftigen und vollständig schwachen Zeitgenossen hinaus wird beständig Ausschau gehalten nach Gruppen, deren Drohpotential für gering genug oder ganz abwesend gehalten werden kann, um sie vollständig zu entrechten (in der Realität z.B. Asylanten). Die Gesellschaft besitzt die Tendenz, auf einen Kreis der "Ernstzunehmenden" zu schrumpfen. Hierbei müssen über kurz oder lang Fehler passieren - die Ausgegrenzten wehren sich erfolgreich (Schwarze in Südafrika).
- Der vielleicht wichtigste Einzelaspekt ist die universelle Abwehrkoalition des Staates mit seinem Ressourcenverbrauch und seiner Tendenz, Macht auszuüben, d.h. als zumindest über gewisse Zeiträume einziges unangreifbares Subjekt den Individualismus abzuschaffen.

Die allgemeinen Kennzeichen dieses defekten Systems sind zum einen, daß schon eine Minderheit normenunfolgsamer Individuen genügt, um es ins Straucheln zu bringen, und zum anderen die Tendenz zur Selbstverstärkung der Destruktivkräfte

- man befindet sich auf einer *Schiefen Ebene.* Das Argument gegen HUME ist: Es genügt nicht, daß Normenübertritte prinzipiell und irgendwann durch die auf mich selbst zurückschlagenden Übertritte der anderen bestraft werden, um mich zum Respekt vor den Rechten anderer zu zwingen. Die wenn auch langfristig nur teilweise oder gar nicht erfolgreichen Ausweich- und Abwehrmöglichkeiten bieten mir selbst unter diesen Bedingungen Anreize zur Normenmißachtung, die zur Erosion des Systems hinreichen. Die individualistische Gesellschaft verlangt zu ihrem Funktionieren, daß die Subjekte eine gedankliche Generalisierung vollziehen. Das Motto "Stehlen ist erlaubt, man darf sich nur nicht erwischen lassen" darf nicht gelten. Der Leviathan ist nur ersetzbar durch ein System universell gültiger und bei gerechter Ausgangsverteilung keine Ausnahme duldender Regeln nach der Maxime: "Befolge sie, nicht weil du faktisch Opfer der Nichtbefolgung durch die anderen werden wirst (mit etwas Glück auch nicht), sondern *weil du theoretisch deren Opfer werden müßtest."* Die Individuen müssen von ihrer - faktischen oder auch nur vermeintlichen - situationellen oder universellen Stärke, die ihnen die Furcht vor der Normenverletzung durch die anderen (gerechtfertigt oder nicht) nehmen kann, absehen, sie müssen sich in die Schwächsten hineinversetzen. Und zwar nicht nur in die Schwächsten, die faktisch um sie sind oder die sie mit etwas weniger Glück im Leben hätten werden können oder die sie bei künftigem Pech wieder werden können. Nein - in die Schwächsten, die überhaupt vorstellbar sind, nicht nur in das Kind, welches gegen das heranrasende Auto keine Überlebenschance hat, nicht nur in den angeboren Geisteskranken, sondern auch in die *Zukünftigen.* Jeder muß sich sagen: "Ich könnte gerade das Opfer meiner schlechten Handlung sein, und deshalb unterlasse ich sie."

Die vorgetragenen Gedanken sind natürlich alles andere als neu oder originell. Wenn ich keinem Mißverständnis unterliege, entsprechen sie etwa dem, was KANT klar ausdrückte: "Handle nur nach der derjenigen Maxime, durch die du zugleich wollen kannst, daß sie ein allgemeines Gesetz werde"[9]. Entwürfe, von KANTs Kategorischem Imperativ bis zu RAWLS' "veil of ignorance", sind Versuche, die Starken in einer Gesellschaft in die Pflicht zur Regeltreue zu nehmen, indem sie, nicht faktisch, aber in der Vorstellung, angreifbar werden. Diesen Entwürfen ist nichts hinzuzufügen; der Anspruch der vorliegenden Studie besteht allein darin, zu zeigen, daß ein dauerhafter Erhalt der Natur allein auf ihrem Boden gelingt.

Da es den faktischen Zwang zur Regeltreue in jeder beliebigen Situation nie geben wird, funktioniert die Gesellschaft nur, wenn die Menschen den oben erarbei-

[9] KANT (1961, p. 68).

teten *Vorstellungen* folgen. Somit sind die Funktionsbedingungen der individualistischen Modellgesellschaft letzlich anthropologisch definiert. Die Menschen müssen bestimmte Eigenschaften besitzen, welche ihre Habsucht und Gewalttätigkeit und ihren Machthunger zähmen. Es muß täglich und aktiv immer wieder aus ihnen selbst kommen. Die Quadratur des Kreises, einfach nur eine gesellschaftliche Struktur zu bilden, welche, indem sie richtige Verhaltensweisen automatisch erzwingt, alles weitere und vor allem die Verantwortung abnimmt, kann nicht gelingen. Wenn Haie die unveränderliche genetische Anlage besitzen, sich auf bestimmte Auslöser hin auch gegenseitig zu fressen, so wird es eben nie eine zivilisierte Haigesellschaft geben. Zwar ist das Verhalten des Menschen nicht so einfach durch seine genetischen Anlagen, sondern auch durch die Umstände der Gesellschaft geprägt, und es ist nur zu hoffen, daß er sich in einem evolutionären Prozeß zum Element einer funktionierenden individualistischen Gesellschaft (oder einer humanen, aber ganz anders strukturierten Alternative) erzieht. Aber auch dann muß die Anlage, sich in dieser Weise entwickeln zu können, im Keim vorhanden sein.[10]

In dieser Studie wird KANT darin gefolgt, daß sich das richtige gesellschaftliche Verhalten auch gegenüber den Künftigen durch Denkarbeit "über den Kopf" erschließt. Altruismus als Gefühl ist zuwenig. Hoffentlich werden damit nicht zu hohe Erwartungen gestellt. Eine letzte Rechtfertigung gegen den potentiellen Einwand, diese Studie verkünde nur eine banale Tautologie ("gute" Menschen respektieren die Nachwelt und erhalten die Erde, "schlechte" hingegen nicht), ergibt sich, wenn wir uns der eingangs erwähnten stirnrunzelnden Kritik des phraseologisch-antiindividualistischen Publikums erinnern.[11] Dort wird behauptet, daß der Individualismus die Menschen so verdorben und von der Natur entfernt habe, daß selbst "gute" Individualisten (Haie, die sich nicht gegenseitig fressen) keine Chance besäßen, die Natur bewahrend zu gestalten, solange sie nicht zur holistischen Rhetorik überträten. Hier Klarheit zu schaffen, ist ein Anliegen der Studie.

6.1.2 Übertragung auf die Künftigen

Es wurde gezeigt, daß die individualistische Modellgesellschaft schon *intragenerationell*, ohne jeden Bezug auf die Zukunft, nur funktioniert, wenn die Rechte der

[10] Pessimistisch hierzu ist TRAPP (1988, pp. 626-638 (Nachwort und Resümee)).

[11] Vgl. Abschnitt 1, Anmerkung 9.

anderen strikt geachtet werden, auch bei der Sicherheit, beim Stehlen nicht erwischt zu werden oder daß der Bestohlene sich wegen seiner Schwäche nicht wehren kann - m.a.W. auch wenn die faktische Sanktionsgefahr Null ist. Der Einbezug der Künftigen in diesen Zusammenhang ist nun ein vollkommen naheliegender, sich geradezu aufdrängender und kleiner gedanklicher Schritt. Wir gehen davon aus, daß es künftige Menschen ähnlich uns selbst geben wird und ignorieren die in Abschnitt 5.1 schon erwähnten philosophischen Diskussionen darüber, welche Pflichten wir hinsichtlich ihrer Hervorbringung, unseres Einflusses auf deren Zahl usw. haben.

Unter dieser Vorstellung sind Künftige mit KAVKA ganz ähnlich heutigen Fremden anzusehen[12] - wir haben abgesehen von unseren eigenen Kindern, Enkeln usw. keine emotionalen Beziehungen zu ihnen. Wenn wir die Rechte zeitgenössischer Fremder respektieren, gibt es keinen Grund, nicht auch diejenigen zeitlich Fremder zu respektieren - da die Vergangenen nicht mehr zählen,[13] der Zukünftigen. Jeder Unterschied hier wäre willkürlich. Wer die Rechte Künftiger ignoriert, weil sie ihm fremd sind, respektiert die Rechte gegenwärtiger Fremder ebensowenig - tun dies hinreichend viele Subjekte nicht, so gibt es auch jetzt keine individualistische Gesellschaft. Die Künftigen zeichnen sich ferner dadurch aus, daß ihr Sanktionspotential gegen Rechtsverletzungen auf Null reduziert ist, sie entsprechen dem Grenzfall eines ganz schwachen Zeitgenossen, der sich gegen kein Unrecht wehren kann. Die individualistische Gesellschaft verlangt, daß man sich dem (situationell oder grundsätzlich) Nichtwehrhaften gegenüber ebenso ehrlich verhält wie gegenüber einem, der sich nichts gefallen läßt. Es gibt keinen Grund, die Zukünftigen von dieser Regel auszunehmen, auf sie muß sie im Gegenteil gerade angewandt werden. Eine Gesellschaft, welche Ehrlichkeit und Fairness nur gegenüber Zeitgenossen, nicht aber gegenüber Künftigen fordert, ist nicht anders zu interpretieren als eine, in der Gerechtigkeit nur gegenüber einer bestimmten Minderheit oder Kaste von vielleicht 10% der Bevölkerung gefordert ist, während die restlichen 90% (analog den Künftigen) der Willkür ausgeliefert sein können. Auf eine Kurzformel gebracht: Sind universelle Ehrlichkeit und Fairness vorhanden, so funktioniert die individualistische Modellgesellschaft, und an die Zukünftigen wird gedacht. Fehlen beide, so zerfällt das System schon *intragenerationell*. Das Ergebnis ist, daß die individualistische Gesellschaft die Rechte künftiger Menschen achtet.

[12] KAVKA (1978), vgl. auch Abschnitt 5, Anmerkung 72.

[13] Auch Vergangenen kann in ihrem Andenken Gerechtigkeit oder Ungerechtigkeit widerfahren, dies ist jedoch kein ökonomisches Problem.

In der Abbildung 67 sind ***A***, ***B*** und ***C*** drei Zeitgenossen, die in vielfältigen sozialen und insbesondere ökonomischen Beziehungen aufeinander einwirken. Die Pfeile stehen für Tauschangebote, Verträge, Geschenke, Diebstahl, Betrug, Verletzung und alle anderen gegenseitigen Einwirkungen. ***C*** symbolisiert ein schwaches Subjekt, welches nur geringe Rückwirkungen auf ***A*** und ***B*** ausstrahlt und sich bei normenwidrigem Verhalten beider kaum wehren könnte. Die individualistische Gesellschaft verlangt einen Grenzübergang, der m.E. auch in allen Entwürfen aus früheren Jahrhunderten schon implizit ist und allein wegen seiner geringen Aktualität nicht eingehender thematisiert wurde - Naturzerstörung erschien so unwichtig, daß die späteren Teilnehmer am Spiel kein Problem darstellten. Alle Späteren sind in Abbildung 67 als ***D*** symbolisiert; ihre einzige Besonderheit besteht darin, daß der bei ***C*** schon dünn gezeichnete Pfeil der schwachen Einwirkungsmöglichkeiten gänzlich auf Null geschrumpft ist - wir erfahren von ihnen keine Reaktionen. Dieses Ausbleiben von Antworten, insbesondere von Erwiderungen auf Rechtsverletzungen, rechtfertigt in gar keiner Weise, ihre Ansprüche zu ignorieren, ebensowenig wie der schwache Zeitgenosse ***C*** gegenüber ***A*** und ***B*** in irgendeiner Weise benachteiligt werden darf.

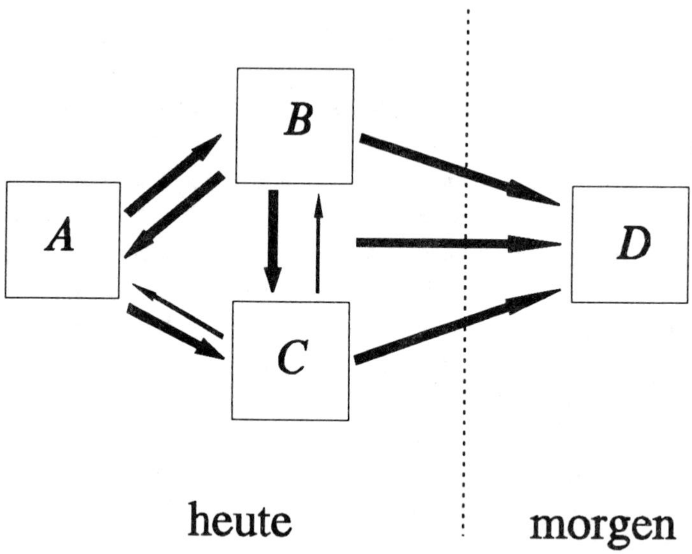

Abbildung 67: Beziehungen zwischen Individuen

Ein letzter Punkt ist im vorliegenden Zusammenhang noch zu klären. Wir haben zwar in den Abschnitten 1.4 und 5.4 Maßnahmenbündel zusammengestellt, die geeignet erscheinen, die Integrität der Biosphäre der Erde zu erhalten und, insoweit damit die Lebensgrundlagen späterer Generationen gesichert werden, auch die Rechte dieser späteren Generationen einlösen. Die Argumentation verlief jedoch durchweg intuitiv, eine systematische Erörterung dessen, was sich die Individuen überhaupt gegenseitig schuldig sind, erfolgte nur in Ansätzen. Es wurde festgestellt, daß es eine faire Ausgangsverteilung geben muß und daß Diebstahl, Betrug, Körperverletzung, Beleidigung und andere Schädigungen verboten sind. In Wirklichkeit sind die ökonomischen Beziehungen unter Zeitgenossen bedeutend komplizierter, ihre Erörterung würde eine eigene Arbeit füllen. Glücklicherweise können wir hiervon weitgehend absehen, da die Beziehungen zu künftigen Generationen einfacher sind - auf diese kommt es aber im vorliegenden an. Nur einige Sätze zu den ökonomischen Beziehungen unter Zeitgenossen:

- Im allgemeinen wird Verteilungsgerechtigkeit am Kriterium der Güterausstattung gemessen, nicht an dem (ohnehin schwer meßbaren) einer gerechten *Nutzen*verteilung. Es obliegt den Individuen, wie glücklich sie mit ihrer Ausstattung werden. Da die Struktur des primär verteilten Ressourcenbündels auf dem Tauschwege korrigiert werden kann (Nichtraucher können ihre Zigaretten gegen etwas anderes eintauschen), erscheint diese Position auch überzeugend. Zumindest in paretianischem Denken ist es verboten, daß Individuen bei direkten ökonomischen Interaktionen, insbesondere Tauschen, eine Verschlechterung ihres Nutzenniveaus hinnehmen müssen, dies ist diebstahlsanalog zu interpretieren. In der EDGEWORTH-Box wird so getauscht, daß jeder Teilnehmer mindestens das Nutzenniveau der Ausgangsverteilung bewahrt, nach Möglichkeit klettert er natürlich auf eine höhere Indifferenzkurve (Abbildung 68).
- In utilitaristisch beeinflußter Sicht könnte ohne weiteres postuliert werden, daß die Ansprüche der Individuen über die Bewahrung des Ausgangs-Nutzenniveaus hinausgehen. Sie könnten sich gegenseitig verpflichten, die Nutzensumme relativ zur Ausgangsverteilung zu maximieren, womit es einen Anspruch auf Maximierung der *Konsumentenrente* aus den jeweils eigenen Ressourcen gäbe. Alle Subjekte hätten dann die Pflicht, ihre Ressourcen PARETO-optimal zu allozieren. Das Ganze wäre eine Variante des Nutzensummenutilitarismus unter der Nebenbedingung, daß die Ausgangsverteilung nicht korrigiert werden darf (auch wenn dadurch der Gesamtnutzen noch weiter steigen würde). Soweit ich sehe, wird in der ökonomisch-philosophischen Literatur ein Anspruch auf die Maximierung von Konsumentenrenten nir-

gendwo ernsthaft postuliert, vermutlich deshalb, weil diejenigen Autoren, welche utilitaristisch denken, diese Stufe überspringen und konsequenterweise gleich zur Nutzensummenmaximierung auch unter Einschluß PARETO-unverträglicher (einige Subjekte schlechter stellender) Umallokationen schreiten.[14] Der gegen den Utilitarismus erhobene Einwand, die Entscheidungsfreiheit der Individuen auszuhöhlen, weil das gesellschaftliche Nutzenmaximierungsspiel nur eine einzige richtige Lösung hat,[15] trifft auch die Variante der Konsumentenrentenmaximierung. Es ist keine Freiheit, selbständig rechnen zu dürfen, um die von vornherein als einzig richtig feststehende Lösung zu erreichen, vielmehr müssen Alternativen bestehen (mehr hierzu im Abschnitt 6.3.2).

- Die größten, hier nicht lösbaren Schwierigkeiten bereitet der Umstand, daß auch in der paretianischen Wohlfahrtsökonomik die Individuen nicht sicher gegen Vermögenseinbußen relativ zur Ausgangsverteilung geschützt sind, indem Wertverluste ihres Vermögens auf Grund *pekuniärer externer Effekte* zugelassen sind.[16] Niemandem wird das Haus gestohlen, welches er einmal erhalten hat, aber es ist erlaubt, durch Entwertung der Wohngegend (Bau einer Autobahn vor der Tür) seinen Verkaufswert zu senken.[17] Man bedenke: Der Taschendieb, welcher 20 DM stiehlt,

[14] Einigt man sich darauf, daß es keine Pflicht gibt, an der Maximierung der Konsumentenrente anderer Personen mitzuwirken, so ist dies nicht gleichbedeutend mit einer generellen Absage an die Pflicht, anderen etwas zu geben (nicht allein, ihnen nichts zu nehmen). Es kann geboten sein, den Status anderer durch Korrektur einer ungerechten Verteilung zu bessern, insbesondere Not zu lindern. Diese beiden Möglichkeiten, anderer Personen Nutzen zu mehren, sind jedoch zu unterscheiden.

[15] Die Menge der richtigen Lösungen enthält genau genommen dann nur ein einziges Element, wenn auf allen Märkten das Core (in Abbildung 68 noch eine Stecke) auf einen Punkt geschrumpft ist, wie bei vollständiger Konkurrenz. Die vorliegende Argumentation wird nur geringfügig betroffen, wenn diese Bedingung nicht vollkommen erfüllt ist.

[16] SCITOVSKY (1954). Zu diesem schwierigen Problemkomplex gehört im weiteren Sinne auch das von SEN, GIBBARD und anderen diskutierte "Liberal Paradox", vgl. z.B. RILEY (1990).

[17] Denn, wie BARRY (1983, p. 20) formuliert: "he had no special claim on the amount of utility he was getting before. All he had a claim on was the share of resources." Wie DASGUPTA & HEAL (1979, p. 94) betonen, ist es bei genauerem Hinsehen sehr schwierig, zwischen physischen und pekuniären externen Effekten zu unterscheiden. Unser Hausbesitzer hat allein einen Anspruch auf sein physisches Eigentum. Nicht nur hat er mit BARRY keinen Anspruch auf einen bestimmten Nutzenumfang, den er daraus ziehen kann (dieser würde auch durch einen negativen physischen externen Effekt verringert), sondern auch keinen auf ein bestimmtes Geldäquivalent, da der Verkehrswert sinken kann. Wer ein Geldvermögen erbt, hat

kommt ins Gefängnis, der Autobahnbauer, welcher bei den Anwohnern Millioneneinbußen hervorruft, natürlich nicht. Ist das letztere nicht auch diebstahlsanalog?

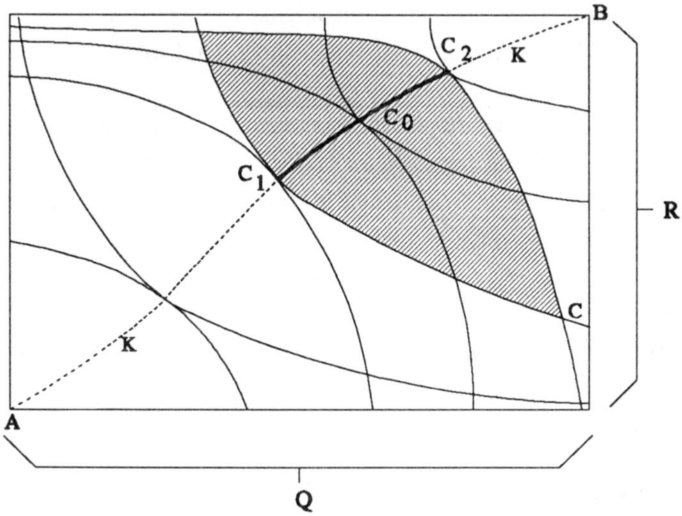

Q	Gesamtumfang des Gutes ***q***
R	Gesamtumfang des Gutes ***r***
A,B	Nullpunkte der Indifferenzkurvenkarten beider Subjekte
Schraffiert	Bereich aller durch Tausche erzielbaren PARETO-Verbesserungen gegenüber der Ausgangsallokation ***C***
CO	Core. Menge aller durch Tausche erreichbaren PARETO-Optima, ausgehend von ***C***
K	Kontraktkurve

Abbildung 68: EDGEWORTH-Box für private Güter

Leichter zu rechtfertigen ist die Zulässigkeit pekuniärer externer Effekte in der Erwerbssphäre. Wer Geld anlegt, damit es mehr wird, weiß vorher, daß er sich auf das Feld des Risikos begibt, wo er auch verlieren kann. Wer einen Kiosk auf einem

einen Anspruch darauf, daß ihm dieses Nominalvermögen nicht gestohlen wird, kann sich aber gegen keine reale Entwertung durch Inflation (selbst eine mit der Absicht der Umverteilung zielgerichtet herbeigeführte) wehren.

Bahnhof betreibt, der stillgelegt wird, hat ebenso Pech gehabt wie die Hersteller von Rechenschiebern, nachdem der Taschenrechner erfunden wurde. Ob das allerdings die Entwertung einer nicht-kommerziellen Ressourcenausstattung legitimiert, die dem Individuum als fairer Anteil persönlich mit auf den Weg gegeben wurde, ist mehr als fraglich. Dies Problem wird uns in der Bearbeitung durch BUCHANAN noch kurz in Abschnitt 6.2.1 beschäftigen.

Die Beziehungen zu künftigen Generationen sind mit einer Ausnahme nicht komplizierter, sondern einfacher als die zwischen Zeitgenossen:
- Alle "nicht-ökonomischen" Schädigungsmöglichkeiten entfallen, sie können z.B. nicht geschlagen oder beleidigt werden.
- Sie zählen für uns als ein Kollektiv, welches seine eigenen Schwierigkeiten, insbesondere die künftige intragenerationelle Verteilung, selbst lösen muß.
- Gerechtigkeit ihnen gegenüber kann sich nicht anders als in der Überlassung eines lebensnotwendigen Ressourcenbündels, insbesondere ökologischer Art (sowie in der Nicht-Hinterlassung gefährlicher Erbschaften, wie nicht abbaubarer Gifte usw.), konkretisieren.
- Alle Probleme der externen Effekte entfallen.
- Auf Grund ihrer Unfähigkeit zur Reaktion uns gegenüber gibt es keine strategischen Situationen wie beim Umgang mit Kollektivgütern unter Zeitgenossen (vgl. folgenden Abschnitt 6.2). Wir können ihnen vertrauen, sie können uns nicht "hereinlegen".
- Wegen ihrer universellen Schwäche uns gegenüber müssen wir uns auch sonst nicht ihnen gegenüber in Acht nehmen, Koalitionen bilden, Verteidigungsaufwand treiben usw.

Die einzige neuartige, im Verhältnis unter Zeitgenossen nicht oder schwächer auftretende Schwierigkeit ist die Ungewißheit ihrer Bedürfnisse, sobald elementare materielle Grundlagen überschritten werden. Hier können sie aber nichts Unmögliches von uns verlangen; mehr als sorgfältiges Abwägen und die Verpflichtung auf Fairness in den intergenerationellen Beziehungen können sie von uns nicht erwarten. Auch nach der in diesem Abschnitt geführten Diskussion darf daran festgehalten werden, daß das in den Abschnitten 1.4 und 5.4 intuitiv-empirisch zusammengestellte ökologische Zielbündel ***ESH*** (Elementerhalt/Selbstregulation/Homöostase) unsere konkreten Verpflichtungen der Nachwelt gegenüber hinreichend wiedergibt.

Es ist überall nichts in der Welt,
ja überhaupt auch außer derselben zu denken möglich, was
ohne Einschränkung für gut könnte gehalten werden, als allein
ein GUTER WILLE.

IMMANUEL KANT[18]

6.2 Normen und Kollektivgüter

Wir haben geklärt, daß die individualistische Gesellschaft auf Ansprüche späterer Generationen Rücksicht nimmt. Diese Rücksichtnahme konkretisiert sich, wenn auch nicht ausschließlich, so doch in starkem Maße in der nachhaltigen Bewirtschaftung von *Kollektivgütern*. Die sich hieraus ergebenden Probleme sind Gegenstand dieses Abschnitts. Schon im Abschnitt 5.4 wurde geklärt, daß die von einigen Ökonomen noch heute als alleinige Remedur empfohlene Vollprivatisierung der Kollektivgüter an der physischen Realität der Biosphäre vorbeigeht und nicht in Frage kommt. Die individualistische Gesellschaft muß in der Lage sein oder es lernen, Kollektivgüter richtig zu allozieren.

Die Klage, daß sie gerade dies nicht könne, ist allerdings so alt wie die Ökonomie selbst, denken wir an HUMEs vielzitierten Fall einer gemeinsam genutzten Wiese, zu deren kostspieliger Dränierung sich zwei Anlieger vielleicht noch zusammenfinden könnten, kaum aber - HUME zufolge - eine größere Zahl, weil jeder gern die Kosten auf die anderen schieben und unentgeltlich an den Früchten der Verbesserung teilnehmen möchte.[19]

Mit SAMUELSON zeichnen sich Kollektivgüter oder öffentliche Güter dadurch aus, daß sie gemeinsam genossen werden ("joint consumption").[20] Im idealen Grenzfall gibt es keine Rivalität im Konsum ("nonrivalry") - eine schöne Aussicht,

[18] KANT (1961, p. 28).

[19] Vgl. HUME (1978, p. 288).

[20] Vgl. SAMUELSON (1954). Entscheidende Anstöße zur Diskussion bot BAUMOLs vielzitiertes Buch von 1952: "Welfare Economics and the Theory of the State" (1965). Eine relativ frühe analytische Behandlung ist BUCHANAN (1968), eine systematische neue Darstellung CORNES & SANDLER (1986), zur Übersicht vgl. auch BLÜMEL et al. (1986).

die ich genieße, nehme ich niemand anders weg. Auch ist das Ausschlußprinzip nicht anwendbar ("nonexcludability") - ist ein Kollektivgut vorhanden, so ist es für alle da. In der Realität ist dieser Extremfall selten realisiert. Ist die erste Bedingung nur teilweise erfüllt, so handelt es sich um ein unvollkommenes Kollektivgut ("Impure Public Good"); es kommt zu Verstopfungs- und Drängelungseffekten ("Congestion Externalities"). Die Qualität des Kollektivgutes nimmt mit zunehmender Inanspruchnahme ab, die Grenzkosten der Versorgung eines zusätzlichen Konsumenten sind nicht mehr Null. Für den vorliegenden Zusammenhang ist eine Unterscheidung dahingehend wichtig, ob es sich bei der Übernutzung um eine vorübergehende Erscheinung handelt, welche nach ihrer Behebung keine dauerhaften Folgen hinterläßt (z.B. ein Stau auf einer Autobahn), oder ob die Übernutzung zu bleibenden Substanzschäden führt, wie im Falle der Überweidung oder Überfischung von Biotopen mit offenem Zugang, den *Allmenden.*[21] Ist der Ausschluß nicht zahlungswilliger oder anderweitig nicht genehmer Konsumenten zu vertretbaren Kosten möglich, so handelt es sich um ein *"Club-Gut"*.[22]

Wie in Abbildung 69 dargestellt, verlangt die PARETO-optimale Allokation in Gegenwart eines reinen Kollektivgutes, daß die Summe aller individuellen Zahlungsbereitschaften den Grenzkosten der Erzeugung gleicht. Die Nachfragekurven werden vertikal addiert; die Summe der Grenzraten der Substitution ist gleich der Grenzrate der Transformation. Das Ergebnis, das sogenannte LINDAHL-Gleichgewicht ***L*** zeichnet sich dadurch aus, daß es sich wegen fehlender Anreizkompatibilität um gar kein Gleichgewicht handelt. In der Abbildung 69 ist es für einen der beiden Nachfrager offensichtlich vorteilhaft, die eigene Zahlungsbereitschaft zu verschweigen, überhaupt nichts zu bieten, den anderen das Kollektivgut allein im Umfang von ***0A*** anschaffen zu lassen und es wegen der fehlenden Ausschlußmöglichkeiten umsonst zu nutzen. Die Konsumentenrente des parasitischen "*Free-Riders*" steigt dabei von ***FBD*** auf ***0ACD***, während sich die des "ehrlichen Zahlers" von ***FBD*** im kooperativen Fall auf ***ECD*** im Fall, daß er allein anschafft, verringert.

[21] Vgl. Abschnitt 2.2, Anmerkungen 14-16.

[22] Grundlegend: BUCHANAN (1965), neue Kurzdarstellung in MUNDUCH & NITSCHKE (1988).

Der Free Rider ("Schwarzfahrer", "Trittbrettfahrer") ist eine der faszinierendsten Figuren der theoretischen Ökonomie, die Literatur hierzu ist fast unüberschaubar.[23] Das Thema steht in enger Beziehung zum ebenfalls berühmten *Prisoner's Dilemma*; einer Situation, in der man sogar unkooperativ sein *muß*, um nicht unter die Räder

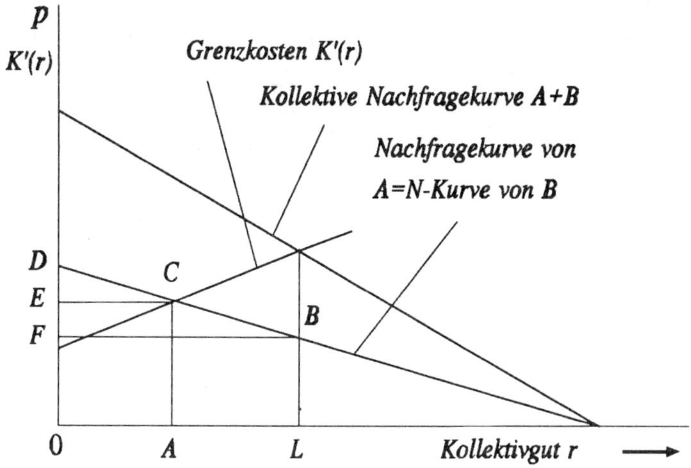

Abbildung 69: LINDAHL-Gleichgewicht

	Gestehen	Leugnen
Gestehen	0/0 N	5/-10 P
Leugnen	-10/5 P	2/2 P

Zeilen: Strategien von *A*
Spalten: Strategien von *B*
erste Ziffer: Auszahlung für *A*
zweite Ziffer: Auszahlung für *B*
N: NASH-Gleichgewicht
P: PARETO-Optima (genaueres in Abbildung 73)
Dominante Strategie: Gestehen

Abbildung 70: Prisoner's Dilemma

[23] Über CORNES & SANDLER (1986) sowie BLÜMEL et al. (1986) hinaus vgl. MCMILLAN (1979). Zahlreiche wichtige, elementare Artikel, auch zum Prisoner's Dilemma, kommentiert in BARRY & HARDIN (1982).

zu kommen (Abbildung 70). Auch in der Umweltökonomie spielt das Prisoner's Dilemma eine große Rolle; nicht immer wird korrekt argumentiert, die Situation in Abbildung 69 ist z.B. kein Prisoner's Dilemma. Der weit überwiegende Teil der theoretischen Anstrengungen der letzten Jahrzehnte gilt Versuchen, dem Free Rider doch auf die Schliche zu kommen, d.h. ihn anreizkompatiblen Allokationsverfahren zu unterwerfen.

Einer der ersten, einfachsten und unter gewissen, sehr speziellen Bedingungen auch wirksamen Tricks war WICKSELLs Einstimmigkeitsregel, zu den weiteren Versuchen zählen die VICKREY-Auktion und mehrere Versionen der mit den Namen CLARKE, GROVES und LEDYARD verbundenen Steuerlösungen, durch welche die Subjekte angereizt werden sollten, ihre Präferenzen für öffentliche Güter zunächst einmal der Wahrheit entsprechend zu offenbaren.[24] Einen gewissen Abschluß erfuhren diese Bemühungen durch den Nachweis, daß ein sowohl anreizkompatibles als auch zum PARETO-Optimum führendes Allokationsverfahren für Kollektivgüter unmöglich ist.[25]

6.2.1 Normen und Verhaltensannahmen in der neoklassischen Ökonomie

Nur in weit geringerem Maße wurde in der Diskussion auf normative Aspekte eingegangen - ist es moralisch zu billigen oder zu verurteilen, wenn jemand als Free Rider auftritt? Die Frage ist natürlich vor dem Hintergrund zu diskutieren, welche Normen zu befolgen die neoklassische Theorie von ihren Subjekten überhaupt implizit verlangt und welche Erwartungen sie an die reale Normentreue hegt - im Fachjargon: von welchen "Verhaltensannahmen" sie ausgeht. Im vorigen Abschnitt wurde schon auf einige Schwierigkeiten in Theorie und Realität hingewiesen: Zwar ist manifester Diebstahl als reguläre ökonomische Transaktion grundsätzlich nicht vorgesehen, aber pekuniäre externe Effekte (mit für die Opfer u.U. hohen Verlusten) erscheinen ebensowenig unmoralisch wie Zwangseinnahmen und -umverteilungen

[24] Da diese Ansätze für den vorliegenden Zusammenhang wenig relevant sind, wird auf die Wiedergabe der Quellen verzichtet und auf BLÜMEL et al. (1986). sowie CORNES & SANDLER (1986, Chapter 6) verwiesen.

[25] U.a. durch GIBBARD (1973).

durch den Staat, die, wie BUCHANAN treffend beobachtet, von zahlreichen Individuen nicht viel anders denn als Raub ihrer Brieftasche interpretiert werden.[26]

Im Falle privater Güter wird in der neoklassischen Ökonomie mit einigen bemerkenswerten Ausnahmen angenommen, daß sich die Subjekte normenfolgsam verhalten, sie sind *ehrlich* (vgl. die terminologischen Festlegungen in dieser Studie in Abschnitt 1.6). Im normalen Modell wird einfach nicht gestohlen. Wo Eigentum sozusagen neu entsteht, wie bei Effizienzgewinnen durch PARETO-verbessernden Tausch in der EDGEWORTH-Box (Abbildung 68), enthält sich die Theorie einer systematischen Zuschreibung. Man geht von der Appropriation des Effizienzgewinns durch den "Verhandlungsstärksten" aus, womit das Problem weitgehend hinwegdefiniert wird. In den Augen des Paretianismus ist es allerdings auch kein gravierendes Problem, da selbst bei einseitiger Appropriation keinem der Subjekte ein absoluter Verlust entsteht; der Schwächere erhält zwar wenig oder nichts hinzu, verliert jedoch auch nichts gegenüber der Primärverteilung, so daß hier ebenfalls alle Transaktionen einstimmig erfolgen können.

Ausnahmen zu dieser Sicht stellen gewisse "Bindestrich-Ökonomien" dar, Spezialgebiete, welche sich am Rande der Forschung etabliert haben, ohne dieselbe stark zu beeinflussen. Neben der Ökonomie des Schenkens[27] gibt es eine Ökonomie des Stehlens, eine "Ökonomische Theorie der Kriminalität", welche die in der Realität wohl zur Genüge durchlöcherte Eigentumsmoral selbst zu einem ökonomischen Problem macht.[28] Hier werden Subjekte unterstellt, denen das Recht nicht heilig ist, die sich vielmehr nur bei konkreter Sanktionsgefahr normenkonform verhalten. Sie kalkulieren in jedem Einzelfall den für sie vorteilhafteren Weg, auch wenn andere

[26] BUCHANAN (1975, p. 43).

[27] Vgl. z.B. BOULDING (1981) und COLLARD (1978). Schenken und Altruismus werden in der neoklassischen Ökonomie selbstverständlich nicht als normenwidersprechend angesehen, wenn auch als wenig erwartungsgemäß.

[28] Einführend: MCKENZIE & TULLOCK (1978, Part 4): Crime and Dishonesty, (pp. 155-218). Als empirische Fallstudie vgl. VOTEY (1984). Diese Ansätze sind Teil allgemeiner Bestrebungen, ökonomisches Denken auf (scheinbar) "nicht-ökonomischen" Gebieten anzuwenden, wie auch im Bereich zwischenmenschlicher Beziehungen mit den Pionierarbeiten von BECKER (z.B. 1973). Neuere Darstellung in RADNITZKY & BERNHOLZ (1987). Der vernichtenden Kritik dieser Ansätze durch MARTINEZ-ALIER, der sie als "Parodien der Mikroökonomie" bezeichnet (1987, p. 158) ist m.E. im Grundsatz nicht zuzustimmen, wohl aber läßt die Qualität der Übertragungen zu wünschen übrig und ist der Erklärungsanspruch häufig nicht bescheiden genug - daher die teilweise unbefriedigenden und ethisch anfechtbaren Ergebnisse, vor allem auf dem Gebiet der Familien-Ökonomie.

geschädigt werden. Man schätzt die Wahrscheinlichkeit, beim Stehlen erwischt zu werden und stellt den auf diese Weise gefundenen Erwartungswert der Strafe (vielleicht um einen Optionswert korrigiert) den Kosten bei der legalen Beschaffung eines Gutes gegenüber, um sich daraufhin für das kostengünstigste Verfahren zu entscheiden. Auch gesamtwirtschaftliche Aspekte, wie etwa der optimale Bekämpfungsaufwand der Kriminalität, lassen sich analysieren. Das Optimum liegt natürlich dort, wo der Grenznutzen weiterer Kriminalitätsvermeidung den Grenzkosten des Aufwands entspricht, sofern die Bedingungen zweiter Ordnung (richtige Kurvenkrümmungen) erfüllt sind. Wie schon erwähnt, sind diese Gebiete Steckenpferde einzelner Forscher und damit eher ein exotischer Randbereich.

Der Free Rider wird im allgemeinen nicht mit einem Dieb identifiziert - nicht anders als im Common Sense des Normalbürgers wird er auch in der wissenschaftlichen Ökonomie meist als zwar rücksichtslos und sozialschädlich, nicht aber als "kriminell" angesehen.[29] Die Bananenschale im Park wegzuwerfen, wird anders beurteilt, als einem Gartenbesitzer Äpfel zu stehlen, vielleicht weil keine Einzelperson gezielt geschädigt, sondern die Allgemeinheit unpersönlich und diffus beeinträchtigt wird. Wie wenig dieses allgemeine Empfinden zu einer tragfähigen Problemstrukturierung führt, wird sofort bei der Betrachtung von Extrembeispielen klar: Ist die Einleitung von FCKW-Gasen in die Atmosphäre, die bei künftig erhöhter Hautkrebsfrequenz zehntausenden Menschen das Leben kosten kann, auch nur ein Kavaliersdelikt? Was ist schlimmer: Ein derartiger Mißbrauch eines Kollektivgutes wie der Atmosphäre oder, einem Millionär eine Briefmarke zu stehlen?

Die Übernutzung der Atmosphäre fällt in die Kategorie der Allmende-Probleme mit ihren oft irreversiblen Dauerschäden. Um damit ein harmloseres Beispiel zu kontrastieren, welches einen umfangreichen Artikel zur Allokationstheorie füllen könnte: Der Schwarzfahrer in einer leeren Straßenbahn verursacht definitionsgemäß Kosten von Null. Warum wird er sanktioniert, wenn man ihn erwischt? Ist die Straßenbahn überfüllt und hat er einer Großmutter den Sitzplatz weggenommen, so liegt ein anderer Fall vor ("Impure Public Good", vgl. oben). Beim reinen Kollektivgut ist das Free-Rider-Tum als solches unschädlich, utilitaristisch kann es sogar geboten sein. Der Benutzer der Straßenbahn wird mit dem Argument "wenn alle so handelten ..." gezwungen, die fixen Kosten der Straßenbahn mitzutragen. Wenn alle so handelten, gäbe es keine durch die Benutzer finanzierte Straßenbahn. Das ist ein rein pragmatisches Argument, da bekanntlich die an Durchschnittskosten orientierte Tari-

[29] Eine Ausnahme bildet BUCHANAN, näheres unten.

fierung ohnehin eine, dem Diktat der Transaktionskostenminimierung folgende, Second Best-Lösung ist. PARETO-optimal sind nur grenzkostenorientierte Tarife, das heißt: hohe Preise zur Hauptverkehrszeit, niedrige oder Nulltarif in den Abendstunden, wenn der Fahrplan als gegeben feststeht. Hinzu kommen tausend Fragen bezüglich der Fahrplangestaltung (warum fährt die Straßenbahn auch, wenn sie leer ist?), der Effektivität von Kontrollen usw. Selten wird ein feiner Unterschied gemacht zwischen dem Schwarzfahrer, der in vorheriger Kenntnis der Kontrolle einen Fahrschein gekauft hätte und dem, der in diesem Falle gelaufen wäre. Der zweite kann nicht mit dem Argument sanktioniert werden, zu den Durchschnittskosten beitragen zu müssen. Die Sanktion ihm gegenüber ist allein mit Verteilungs- nicht aber mit Allokationsargumenten, welcher Art auch immer, zu rechtfertigen.

Wie das Beispiel zeigt, wird die Diskussion über Kollektivgüter und den Free Rider leicht durch Aspekte überlagert, die aus Unteilbarkeiten, starren Tarifen und Verteilungserwägungen herrühren und vom eigentlichen Problem ablenken können. Auch wird übersehen, daß rücksichtsloses Auftreten in der Öffentlichkeit oft nur scheinbar etwas mit der Kollektivgüterproblematik zu tun hat, in Wirklichkeit jedoch andere Ursachen besitzt. Wer nach dem Picknick im Wald seinen Unrat hinterläßt und nicht vorhat, bald wieder zurückzukommen, hat die Plastiktüten nicht deshalb vergessen, weil er meint, daß sein Anteil am Unrat im Vergleich zur Gesamtmenge zu gering sei, um aufzufallen, oder weil er keine Hoffnung hat, den anderen ein gutes Beispiel geben zu können. Der Grund ist vielmehr, daß er nach dem Picknick einfach verschwindet und weder von seinem Unrat noch von dem der anderen einen Nachteil hat. Ohne Sanktionsdruck hätte er im Falle eines Privatgutes ebenso gehandelt, z.B. ein Hotelzimmer verschmutzt hinterlassen. Auch dieses Beispiel illustriert die Komplexität der Probleme, weshalb zahlreiche konzeptionell zu simple (wenn auch oft mathematisch hochgestochene) Behandlungen in der Literatur als unbefriedigend angesehen werden müssen.

Die neoklassische Ökonomie unterstellt in aller Regel ein *vollständig unkooperatives* Verhalten der Subjekte. Meist wird erwartet, daß in einer Straßenbahn ohne Kontrolle alle schwarz fahren, daß sich Subjekte bei Befragungen über ihre Wertschätzung öffentlicher Güter vollständig strategisch verhalten, im Klartext, daß sie lügen, daß sie überhaupt keinen freiwilligen Aufwand zur Sauberhaltung öffentlicher Straßen und Grünanlagen treiben usw. Wie durch Einzelbeobachtungen seit langem bekannt ist und in jüngerer Zeit durch gezielte Forschungen erhärtet wird, widerspricht diese "Starke Free Rider-These" den empirischen Tatsachen in erheblichem

Maße.[30] Wie wir im folgenden Unterabschnitt sehen werden, ist sie auch theoretisch unkorrekt. Verständnis ist dem Free Rider leicht in Situationen des Prisoner's Dilemma entgegenzubringen, in denen Kooperativität als Dummheit bestraft wird. Daß die neoklassische Ökonomie jedoch ganz allgemein das Free Rider-Tum nicht für kriminell und damit sanktionswürdig hält, darf m.E. aus ihrer außerordentlich intensiven Suche nach anreizkompatiblen Allokationsverfahren geschlossen werden.[31] Man trachtet (weitgehend erfolglos) danach, den Free Rider zu überlisten. Hielte man sein Tun für diebstahlsanalog, so wäre eine vergleichbar intensive Suche nach Anreizen dazu, daß sich auch Diebe privater Güter im eigenen Interesse ehrlich verhalten, zu erwarten, zumal dies bei Erfolg höchst relevant und lohnend für die Gesellschaft wäre. Auf diesem Gebiet sind jedoch keine theoretischen Aktivitäten zu beobachten - Diebstahl ist ohnehin verboten, wozu dann noch Anreize, so könnte die Devise lauten. Gegen diese Interpretation kann die Plausibilität eingewandt werden, daß der Free Rider, anders als ein gestellter Dieb, in bestimmten Situationen nicht sanktionsfähig ist, wenn er nämlich seine wahren Präferenzen konsequent verheimlichen kann.

Wie dem auch sei - Konsens dürfte über zwei Dinge zu erzielen sein, zum einen eine gewisse *Vagheit* in den normativen Annahmen. Das meiste muß implizit erschlossen werden. Für die Zwecke der vorliegenden Studie müssen hier Präzisierungen vorgenommen werden. Offenkundig ist zum zweiten die *Inkonsistenz* der Verhaltensannahmen in der neoklassischen Ökonomie.[32] Es ist ein sonderbares Wirtschaftssubjekt, welches im Umgang mit Privatgütern restlos ehrlich, im Umgang mit Kollektivgütern jedoch restlos unkooperativ ist. Wer auch in Situationen ohne Sanktionsdruck das Privateigentum anderer respektiert, wer z.B. auch in einer mit Sicherheit unbeobachteten Situation kein unangeschlossenes Fahrrad stiehlt, wird wahr-

[30] Zu diesem früher stark vernachlässigten, sich jedoch stürmisch entwickelnden Gebiet vgl. POMMEREHNE (1987) und, als umfassende Dokumentation zahlreicher Einzelstudien, MITCHELL & CARSON (1989).

[31] Vgl. die schon erwähnten Arbeiten MCMILLAN (1979), BLÜMEL et al. (1986) und CORNES & SANDLER (1986).

[32] Nur bei BUCHANAN habe ich explizit gefunden, daß, wer bei fehlender Kontrolle Privatgüter mißachtet, "is ... in a position akin to that of the potential free rider with ordinary public goods." (1975, p. 119).

scheinlich auch eine Geschwindigkeitsbegrenzung einigermaßen einhalten[33] und im Park die Bananenschale in den Abfalleimer werfen, selbst wenn er ein paar Schritte gehen muß. Solange nicht eine extreme Prisoner's Dilemma-Situation herrscht, in welcher er sich keine Kooperativität leisten kann, verhält er sich rücksichtsvoll, weil es sich so gehört und nicht allein wegen des Sanktionsdrucks. Wer umgekehrt alle Free-Rider-Chancen so konsequent ausnutzt, wie es die ökonomische Theorie erwartet, ja sogar andere in das offene Messer des Prisoner's Dilemma laufen läßt: Warum sollte er Privateigentum respektieren in Situationen, in denen Sanktionen ausbleiben? Wer sich als Vandal benimmt, steckt auch im Supermarkt in die Manteltasche, kauft "günstig" ein Autoradio, von dem er wissen müßte, daß es gestohlen ist usw. - dies ist nicht nur die allgemeine empirische Erfahrung, sondern auch theoretisch nicht anders zu erwarten.

6.2.2 Kooperativität und Ehrlichkeit bei Kollektivgütern

Die folgenden Präzisierungen benutzen als Ausgangspunkt die m.E. sehr geschickte Darstellung von CORNES & SANDLER.[34] Die faktische und normative Problematik des reinen Kollektivgutes im 2-Personen-Fall läßt sich in flexibler Weise darstellen, auf Erweiterungen (unvollständige öffentliche Güter, ***n***-Personen-Fall) wird anschließend kurz eingegangen.

Zunächst sind die beiden Hilfsdarstellungen in Abbildung 71 und 72 zu erläutern. Die Abbildung 71 zeigt die Indifferenzkurvenkarte eines Subjekts angesichts zweier substitutiver Güter, von denen y ein reines Privatgut und Q ein reines Kollektivgut ist. Der Ausgangspunkt T bezeichnet die Situation, in der andere Subjekte das Kollektivgut im Umfang $\bar{Q}$ bereitgestellt haben und das Subjekt sein gesamtes Budget für den Kauf eines Privatgutes y verwendet. Mit dem zu eins normierten Preis des Privatgutes und dem Preis des Kollektivgutes von p ergibt sich die Budgetgerade mit der Steigung $-\tan \alpha = 1/p$. Die optimale Allokation ergibt sich für das Subjekt

[33] Hier mag man empirische Gegenbeispiele finden, die u.a. darauf beruhen, daß eine Geschwindigkeitsbegrenzung im Einzelfall nicht eingesehen wird, das Langsamfahren m.a.W. nicht als Wert wie ein sauberer Park erscheint. Es überlagern sich mehrere Probleme: Der einzelne kann sein Urteilsvermögen überschätzen und im Irrtum sein, die Regel kann tatsächlich sinnlos sein, es gibt Vorbildwirkungen auf andere u.a.m.

[34] CORNES & SANDLER (1986, Chapter 5).

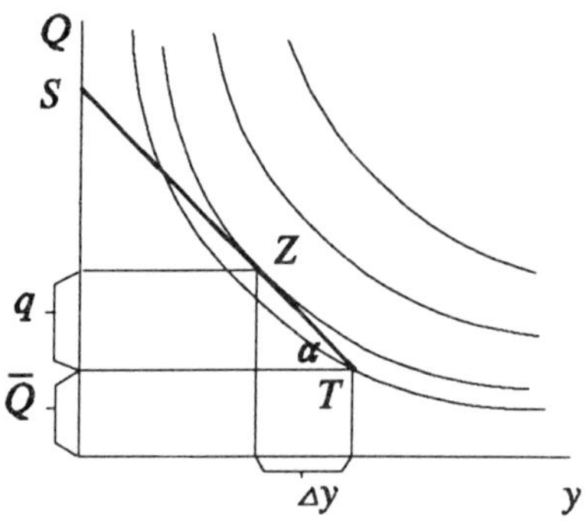

Abbildung 71: Individuell optimale Güterkombination

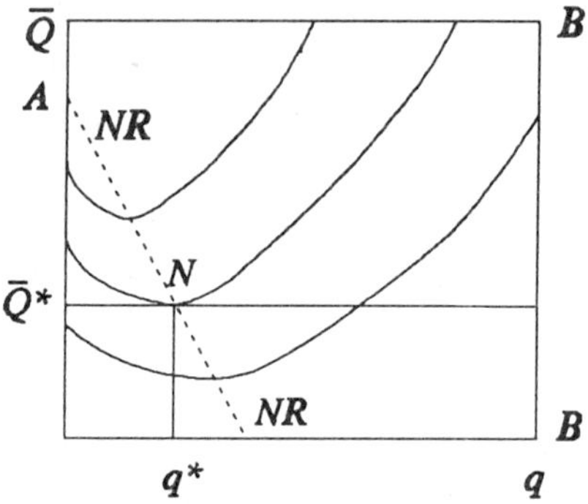

Abbildung 72: NASH-Reaktionskurve

durch Verzichte auf Δy und den eigenen Beitrag zum Kollektivgut in Höhe von q. Diese Erkenntnis wird in die Abbildung 72 übertragen. Dort mißt die Ordinate den Umfang, in welchem alle anderen Subjekte zur Versorgung mit dem Kollektivgut beitragen, hier ist $\bar{Q}^*$ aufgetragen. Auf der Abszisse wird der Eigenbeitrag des Subjekts q notiert bis zur Grenze ***B-B***, an der die gesamten Mittel dem Kauf von q gewidmet werden und das Subjekt nichts mehr vom Privatgut konsumieren kann (Punkt ***S*** in Abbildung 71). Vom linken Rand ausgehend, müssen die Indifferenzkurven erst fallen und dann wieder steigen. Haben die anderen $\bar{Q}^*$ beigesteuert, so liegt der optimale Eigenbeitrag im Minimum einer Indifferenzkurve bei q^*. Dieser Punkt ist ein NASH-Gleichgewicht N, es kennzeichnet die optimale Anpassung des Subjekts an die Verhältnisse, so wie sie die anderen geschaffen haben. Das Subjekt findet das NASH-Gleichgewicht, indem es den für sich selbst optimalen Umfang des Konsums des Kollektivgutes in der Weise bestimmt, als handelte es sich um ein Privatgut - es maximiert seine Nutzenfunktion unter der Budgetrestriktion. Die Verbindung aller Indifferenzkurvenminima ist die *NASH-Reaktionskurve* ***NR***.

Die Abbildungen 71 und 72 widerlegen als erstes die starke Free Rider-These. Es ist im allgemeinen optimal für ein Subjekt, etwas zur Bereitstellung öffentlicher Güter beizutragen, wenn der Umfang auch gemessen am PARETO-Kriterium suboptimal ist. CORNES & SANDLER sprechen daher treffend vom "*Easy Rider*" an Stelle des Free Riders, ihr Modell stützt die "schwache Free Rider-These". Die "starke" These betrifft den Spezialfall, bei dem die anderen Subjekte bereits soviel beigetragen haben, daß sich unser Subjekt in einer Situation befindet, in der sein Optimum eine Randlösung ist. Plausiblerweise sinkt in Abbildung 72 der Anreiz zum Eigenbeitrag mit zunehmenden $\bar{Q}^*$ (senkrecht nach oben schreitend), die NASH-Reaktionskurve ist nach links oben geneigt, um im Punkt A die Ordinate zu treffen, oberhalb dessen erst die starke Free Rider-These gilt.

In der Abbildung 73 ist der n-Personen-Fall zum **2**-Personen-Fall reduziert; an die Stelle "aller anderen" tritt nun *ein* anderes Subjekt. Dessen Indifferenzkurven und NASH-Reaktionskurve sind mit vertauschten Achsen um 90° geneigt aufgetragen; was "unser" Subjekt, nennen wir es jetzt Max, an Eigenbeitrag q leistet, ist für das andere Subjekt Moritz der Beitrag "der anderen" und damit auf der Abszisse aufgetragen. Unterstellen wir als erstes perfekte Anpassungsmöglichkeiten an die Zustände, die die Gegenseite jeweils herbeigeführt hat, so wird das NASH-Gleichgewicht N in einem iterativen Prozeß gefunden. Das Gleichgewicht liegt im Schnittpunkt der beiden NASH-Reaktionskurven. Jede andere Allokation löst bei einem Subjekt (Reaktionsfähigkeit vorausgesetzt) eine Wanderung zur eigenen NASH-Reaktionskurve aus. Angenommen, die Allokation wäre P und Moritz würde nichts verändern, so würde Max waagerecht zu D_{MA} übergehen, analog Moritz zu D_{MO}, was bei der jeweiligen Gegenseite zu Reaktionen führte, bis man zum stabilen Gleichgewicht N gelänge.

Im paretianischen Sinne ist N durch eine Unterversorgung mit dem Kollektivgut ausgezeichnet, alle PARETO-Optima liegen vielmehr auf der Kurve ***P0-P0***, welche die Tangentialpunkte der Indifferenzkurvenscharen verbindet. ***P0-P0*** ist ein Analog der Kontraktkurve in der gewöhnlichen EDGEWORTH-Box mit Privatgütern aus Abbildung 68. Ein mögliches PARETO-Optimum ist P.

Deutlich ist die Prisoner's Dilemma-Situation zu erkennen: Angenommen, die Subjekte einigen sich ex ante darauf, P zu realisieren. Dies setzt eine Einigung über die als gerecht empfundene Kostenverteilung voraus, denn man hätte ebensogut einen anderen PARETO-optimalen Punkt auf ***P0*** zwischen P_1 und P_2 anstreben können. Sich hier zu einigen, ist jedoch vollständig analog dem Problem in der gewöhnlichen EDGEWORTH-Box für Privatgüter, den Tauschgewinn zu verteilen, also in Abbildung 68 einen Punkt im Core zwischen C_1 und C_2 zu finden. Moritz leistet nun seinen Beitrag P_{M0} in irreversibler Weise, was Max nur abwartet, um nicht, wie vereinbart, mit P_{MA} gleichzuziehen, sondern nur D_{MA} beizusteuern, man landet bei einer Allokation D_{MA} ("defect"-Strategie von Max). Max hat Moritz hereingelegt: Die PARETO-optimale Allokation P liegt für beide auf einer höheren Indifferenzkurve als das NASH-Gleichgewicht N; D_{MA} ist jedoch für Max noch besser als P und für Moritz noch schlechter als N, ganz wie in der gewohnten Veranschaulichung des Prisoner's Dilemmas das Gestehen von Max, wenn Moritz beim Leugnen (der kooperativen Strategie in Abbildung 70) bleibt. Analog kann Moritz den Max hereinlegen. Entscheidend für das Gelingen des "Austricksens" im Prisoner's Dilemma ist die *Irreversibilität* der jeweiligen Entscheidungen. Können sich die Subjekte beliebig anpassen oder antizipieren sie die schlechten Absichten des Gegenüber, so landen sie entweder in einem iterativen Prozeß oder bleiben von Anfang an bei *N* - spieltheoretisch dem Resultat der dominanten Strategie der Nichtkooperativität.

Normative Beurteilung: Diese ist nach unterschiedlichen Maßstäben möglich. Wäre ein klassischer Utilitarist in der Lage, die Nutzen beider Subjekte kardinal zu messen, zu vergleichen und zu summieren, so könnte er jedem Punkt im Diagramm eine Zahl zuordnen und die höchste auswählen. Mit den am Rand eingetragenen hypothetischen Nutzenniveaus käme man, grob zwischen den Indifferenzkurven interpoliert, bei *N* auf **240** Einheiten, bei *P* auf **300**, bei D_{MA} auf **350** und bei D_{MO} auf **200**. Könnte man nur zwischen diesen vier Allokationen wählen, so wäre nutzensummenutilitaristisch nicht etwa das PARETO-Optimum, sondern D_{MA} die beste Lösung. Noch besser schnitten Allokationen links oben im Diagramm ab; das Maximum läge bei *H* mit über **500** Einheiten. Nach unseren Betrachtungen zum Utilitarismus in den Abschnitten 1.2 und 5.2 finden wir ein solches Ergebnis zwar nicht gerade gerecht, jedoch keineswegs vollständig um eine systematische Begründung verlegen; man folgte hier SENs Ratschlag, mehr an die "efficient pleasure machines"[35] zu verteilen, so wie eine naturalwirtschaftlich denkende Gruppe in einer Knappheitssituation auch dahin tendieren würde, die wenigen Zigaretten an die Raucher zu verteilen. Der bei der Verteilung des Kollektivgutes schlecht abschneidende Moritz könnte auf anderen Gebieten kompensiert werden.

Nun zur normativen Beurteilung in paretianischer Sicht. Es gibt zwei Fälle: Im *ersten Fall* gebe es keine Ansprüche für ein Subjekt an eine Mindestausstattung mit dem Kollektivgut. Es sei vollständig "herrenlos", und die Individuen können sich einigen, wie sie wollen. Nicht-Kooperativität, d.h. das Verharren bei *N* kann dann nicht moralisch verurteilt werden. Wird *N* anstatt *P* realisiert, so hat dies aus der Sicht von Max zwei Konsequenzen: Zum einen verharrt er selbst auf einer niedrigen Indifferenzkurve. Wenn Max auf *eigene* Nutzenzuwächse verzichtet, so ist dies grundsätzlich kein moralisches Problem, wenn wir von einem solchen immer nur in bezug auf andere Menschen sprechen.[36] Die zweite Konsequenz, daß nämlich auch

[35] Vgl. Abschnitt 5, Anmerkung 28.

[36] In der vorliegenden Diskussion über distributive Ethik dürfte dies angemessen sein, es entspricht in der Tradition vor J. St. MILL (vgl. Abschnitt 1.3.1, Anmerkung 32) heutigem philosophisch-ökonomischem Denken, vgl. auch HARROD: "The essence of morality is that the

Moritz auf einen Nutzenzuwachs verzichtet, ist ebensowenig problematisch, da Moritz voraussetzungsgemäß keine Ansprüche besitzt, ihm also nichts genommen wird. Verhilft Max dem Moritz durch Kooperation zu einem Nutzenzuwachs, so ist dies sehr ähnlich zu beurteilen, wie wenn er ihm im Bereich der Privaten Güter zu einer Konsumentenrente verhilft. Würde eine Pflicht postuliert, dem Gegenüber beim Kollektivgut zu einem Kooperationsgewinn zu verhelfen, so müßte im Bereich der privaten Güter die Pflicht bestehen, die Konsumentenrente der anderen durch eigene, nicht selbstschädigende Entscheidungen zu maximieren. Die Begründbarkeit einer solchen Pflicht haben wir im Abschnitt 6.2.1 bezweifelt - auf jeden Fall ist sie nicht paretianisch zu fundieren.

Da bei *N* voraussetzungsgemäß niemand geschädigt wird, gibt es keinen direkten ethischen Einwand dagegen, wenn sich beide auf diesen Punkt einigen. Wenn sie die Chance, es besser haben zu können, nicht nutzen, so ist das ihre Sache. Im Beispiel der Abbildung 73 wird wenigstens *etwas* vom Kollektivgut erzeugt - der Park ist wenigstens etwas sauber. Wäre Max ein starker Free Rider, läge also seine NASH-Reaktionskurve links außerhalb der Graphik, und wären Moritz' Indifferenzkurven unverändert, so läge das Gleichgewicht am linken Rand. Nur Moritz würde etwas beitragen, es läge eine *privilegierte Gruppe* im Sinne von OLSON vor.[37] Wären beide starke Free Rider, so läge das Gleichgewicht im Nullpunkt links unten; die Schmutzfinken hätten den total unansehnlichen Park, den sie zu verdienen scheinen, obwohl auch hier das PARETO-Optimum weit rechts oben liegen könnte.

Da die Unmoral somit nicht in der Unkooperativität als solcher besteht, folgt das für uns wichtige Ergebnis, daß Kooperativität (wie im Abschnitt 1.6 definiert) keine Pflicht sein kann. Die Unmoral besteht vielmehr in der Wahl der "defect"-Strategie im Bewußtsein, daß der Kontrahent nicht darauf reagieren kann und damit "hereingelegt" wird. Das moralische Problem besteht in der Erschleichung des über $\boldsymbol{P}$ hinausgehenden Vorteils der Allokation $\boldsymbol{D}_{MA}$ zu Lasten von Moritz. Denn jener hat nur im Vertrauen darauf, daß auch Max zur Realisierung von $\boldsymbol{P}$ beiträgt, Kosten auf sich genommen, was er niemals getan hätte, wenn er von vornherein gewußt hätte, daß nicht $\boldsymbol{P}$, sondern $\boldsymbol{D}_{MA}$ angestrebt wird. Beide haben mit der Absicht, einen Punkt auf $\boldsymbol{P0}$ zwischen $\boldsymbol{P}_1$ und $\boldsymbol{P}_2$ zu realisieren, einen impliziten *Vertrag* geschlossen, den Max gebrochen hat. Er hat Moritz ganz analog einem vorsätzlich nicht erfüllten Vertrag über den Tausch von Privatgütern *betrogen*. In der Terminologie von Ab-

end considered should be that of others." (1936, p. 143). Auf anderen philosophischen Gebieten kann auch über Pflichten diskutiert werden, die eine Person sich selbst gegenüber hat.

[37] OLSON (1968, pp. 42ff.).

schnitt 1.6 liegt hier nicht Unkooperativität, sondern *Unehrlichkeit* vor; Vertragsbruch ist mit Diebstahl von Privatgütern ohne weiteres gleichzusetzen.

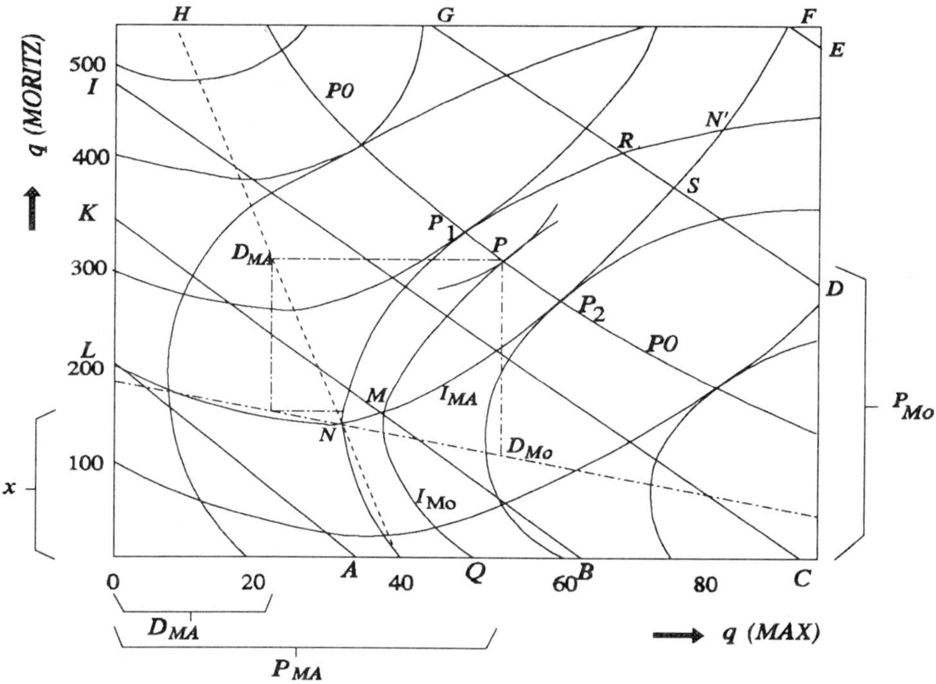

Abbildung 73: NASH-Gleichgewicht, PARETO-Optima und Mindeststandards beim Kollektivgut

Die Konsequenz aus diesen Überlegungen kann nur sein, daß ehrliche (d.h. auch Privatgüter nicht stehlende) Subjekte kooperativ sind, wenn sie wissen, daß auch die anderen ehrlich sind. Weiß man, nicht hereingelegt zu werden, so gibt es keinen Grund, im NASH-Gleichgewicht zu verharren, vielmehr wird einvernehmlich zu einem PARETO-Optimum übergegangen. Die Inkonsistenz der neoklassischen Verhaltensannahmen wird hier noch einmal unterstrichen: Wenn alle Subjekte im Umgang mit Privatgütern ehrlich sind (nicht stehlen, Verträge einhalten usw.), brauchen sie auch keine Furcht vor dem Prisoner's Dilemma zu haben und sind kooperativ. Nur in einer Gesellschaft, die auch im Umgang mit Privatgütern von Unehrlichkeit geprägt ist, schreckt man vor kooperativen Festlegungen zurück. Die Subjekte also gleichzeitig für ehrlich und unkooperativ zu halten, wie es die neoklassische Ökonomie zumindest implizit tut, ist logisch inkonsistent.[38]

Wenn hiermit das Problem erschöpfend diskutiert wäre, so wäre zwar unkooperatives Verhalten in einer Gesellschaft ehrlicher Individuen logisch nicht zu erwarten, dennoch wäre die Weigerung, an der Erstellung eines Kollektivgutes mitzuwirken, als solche nicht moralisch zu mißbilligen. NOZICK wäre nicht zu tadeln, wenn er es ablehnt, in einer Nachbarschaft, in der jeder Bewohner abwechselnd die Straße kehren soll, sich den Besen in die Hand drücken zu lassen, wenn ihn der Schmutz nicht stört.[39] Verbreitet ist jedoch ein *zweiter Fall*, in dem explizit-juristisch oder implizit durch allgemeine Übereinkunft feststeht, daß jedes Individuum auf eine gewisse Mindestausstattung mit dem Kollektivgut ein *Anrecht* besitzt. Wenn es einen Anspruch auf eine gekehrte Straße gibt, muß sich NOZICK fügen oder woanders hinziehen. Bedeutend relevanter sind zweifellos Ansprüche an die Abwesenheit von Gesundheits- und Existenzgefährdungen (z.B. kein FCKW in der Stratosphäre) sowie an Entfaltungsmöglichkeiten, an saubere Luft, Erhalt von Arten und Ressourcen usw., wie wir sie in diesem Buch insbesondere, jedoch keineswegs ausschließlich von Seiten künftiger Generationen anerkennen.

Zu unterscheiden ist die Festlegung eines Mindeststandards hinsichtlich der Menge, Qualität oder Integrität eines Kollektivgutes von der Entscheidung darüber, wer diesen bezahlen soll. Der Mindeststandard selbst ist in der Abbildung 73 durch eine mit dem Winkel von 45° nach rechts fallende diagonale Linie zu veranschaulichen. Ist z.B. ***KB*** relevant, so heißt das, daß alle Allokationen links unter der Linie unzulässig sind. Der Mindeststandard kann entweder dadurch gewährleistet werden, daß er allein von Max bezahlt wird (Punkt ***B***), allein von Moritz (Punkt ***K***) oder durch jeden beliebigen linearen Kompromiß. Man kann z.B. übereinkommen, daß Moritz den Anspruch auf ***KB*** besitzt und höchstens den Umfang ***x*** aus eigener Tasche finanzieren muß, womit Max für den Rest aufkommt und der Ausgangspunkt ***M*** festgesetzt wird. Wie in der gewöhnlichen EDGEWORTH-Box mit Privatgütern

[38] In einer Gesellschaft ist unkooperatives Handeln zu erwarten, wenn nur eine Minderheit unehrlich ist, weil dann für die Ehrlichen die Gefahr besteht, übervorteilt zu werden. Dies Problem besteht zwar beim einfachen, für beide Partner vollständig kontrollierbaren Tausch von Privatgütern nicht, wohl aber, wenn die Einhaltung von Verträgen wichtig ist. Daß *alle* ehrlich sein müssen, ist daher kein Spezifikum der Bewirtschaftung von Kollektivgütern.

[39] NOZICK (1974, p. 94). Wer wie in seinem Beispiel überhaupt nicht an der Sauberkeit der Straße interessiert ist, ist auch kein Free Rider. Er findet den Schmutz vielmehr PARETO-optimal.

wird dabei implizit nicht nur ein Anspruch auf ein Ressourcenquantum, sondern auf ein Mindest-Nutzenniveau, hier I_{MO} für Moritz, fixiert. Für Max sind alle Handlungen verboten, welche Moritz unter dieses Nutzenniveau fallen lassen würden. Nun haben wir den Fall, den BUCHANAN meint: "The treatment of law violation ... is identical to that which could be, or has been applied to explain pollution in basic behavioral terms. To pollute the air, the water, or to despoil the natural environment is to create "public bad". To violate established law, whether this be codified or present in prevailing ethical norms, is formally the same".[40]

Im Gegensatz zum Fall ohne Mindesstandard handelt Max unrecht, wenn er nur soviel beiträgt, daß es für N ausreicht. Die weitere Behandlung beider Fälle ist analog: Da Moritz so verhandeln kann, daß stets I_{MO} gewährleistet ist, Max aber nicht auf I_{MA} zu verzichten bereit ist, wird in einem ehrlichen Prozeß eine pareto-optimale Allokation zwischen P und P_2 erzielt. Erreicht man z.B. P, so würde ein defektives Verhalten von Max zwar nicht Moritz' physisches Anspruchsniveau ***KB*** verletzen, das Ergebnis unterläge jedoch dem identischen Verdikt wie im obigen Fall ohne Festlegung eines Mindesstandards. Kann Moritz vollständig souverän verhandeln und (möglicherweise unter Eingang eines Gesundheitsrisikos, wenn das Kollektivgut z.B. in sauberer Luft besteht) den ihm bei der Primärverteilung zugestandenen physischen Mindeststandard zur Disposition stellen, so könnte er auch einen Punkt innerhalb von ***MQB*** anbieten, worauf Max jedoch nicht eingehen wird.

Zusammenfassend ist die Festlegung eines physischen Mindeststandards im Interesse der Verhandlungspartner, wenn er mehr als N, aber weniger als P in Abbildung 73 verlangt (andere Möglichkeiten werden sogleich angesprochen), als eine in erster Linie distributive Entscheidung zu interpretieren, auch wenn sie allokative Sekundärwirkungen zeigt. Da die Subjekte in einer individualistischen Modellgesellschaft ehrlich sind und sich gegenseitig trauen, wird stets eine Allokation auf ***P0-P0*** gefunden, ob mit oder ohne Mindeststandard.

Mindeststandard im Interesse künftiger Generationen: Wie schon ausführlich geklärt, gelten Festlegungen dieser Art als zentrale Elemente der Zukunftsvorsorge. "Safe Minimum Standards" nach CIRIACY-WANTRUP[41] sind erforderlich, wenn das betreffende Kollektivgut bei schlechter Behandlung irreversibel vernichtet werden kann (z.B. das Kollektivgut "Artenfülle"). Selbstverständlich sind wir nicht verpflich-

[40] BUCHANAN (1975, p. 120).

[41] CIRIACY-WANTRUP (1952), vgl. auch Abschnitt 5.3.

tet, Kollektivgüter vorzuhalten, welche sich die Künftigen auch selbst schaffen können.

Vergleichen wir als erstes eine (wegen eigener und/oder fremder Unehrlichkeit) unkooperative Gesellschaft mit einer kooperativen individualistischen Modellgesellschaft, die sich jedoch darin gleichen mögen, daß sie wegen erfolgreicher Bewältigung des Transaktionskostenproblems ihr jeweiliges Gleichgewicht *N* bzw. einen Punkt auf ***P0-P0*** realisieren können. Alle Mindeststandards zwischen *N* und ***P0-P0***, wie z.B. ***KB*** oder *IC*, werden dann bei spontanem Wirken der Allokationskräfte in der ersten verfehlt und in der zweiten erreicht. Ist der Unterschied zwischen *N* und ***P0-P0*** belangreich, so besitzt die ehrliche und kooperative individualistische Modellgesellschaft den unschätzbaren Vorteil, derartige Standards schon als "Nebenprodukt" und ohne sich darum ausdrücklich kümmern zu müssen, einzuhalten, selbst dann, wenn die Individuen nicht an die Zukunft denken würden. Selbst ein Streit über die Verteilung der Kosten der Zukunftsvorsorge würde diese nicht gefährden, da sie bei jeder beliebigen (selbst intragenerationell ungerecht anmutenden) Verteilung gewährleistet wäre. Um ein Beispiel zu geben, brauchten sich die Mitglieder in der individualistischen Modellgesellschaft keine Mühe zu geben, Nashörner für die Nachwelt zu erhalten, wenn sie dies bei Verfolgung ihres Eigeninteresses automatisch täten.

Ein schwacher Mindeststandard ***LA*** unterhalb des NASH-Gleichgewichts scheint selbst in einer unkooperativen Gesellschaft überflüssig zu sein, da er im Gleichgewicht überboten wird. Er kann jedoch in unkooperativer wie kooperativer Gesellschaft erforderlich sein, wenn Transaktionskosten die Erreichung der jeweiligen Gleichgewichte stark behindern. In der heutigen Realität finden sich Beispiele dafür, daß selbst geringe Beiträge Großes für den Naturerhalt bewirken könnten, daß aber selbst diese geringen, auch von wenig kooperativen Subjekten wahrscheinlich freiwillig erbrachten Beiträge nicht organisierbar sind. So könnte z.B. in Deutschland zu geringen Kosten viel für das Überleben von Tier- und Pflanzenarten getan werden, und die Zahlungsbereitschaft für die dort anvisierten Mindeststandards übersteigt deren Kosten erheblich.[42] Auf Grund politischer Untätigkeit, Obstruktion durch Partikularinteressen und aus anderen Gründen - ökonomisch: wegen hoher Transaktionskosten - werden selbst derartige Maßnahmen bisher leider unterlassen, die plausiblerweise als Mindeststandards unterhalb des NASH-Gleichgewichts interpretiert werden können.

[42] Vgl. HAMPICKE et al. (1991).

Sind Mindeststandards zwischen ***N*** und ***P***, wie ***KB*** und ***IC***, in einer kooperativen Gesellschaft erforderlich, so kann dies ausschließlich wegen des Transaktionskostenproblems der Fall sein. In einer unkooperativen Gesellschaft sind es dagegen Zwangsmaßnahmen entgegen den spontanen Bestrebungen der Individuen, die allerdings, wenn sie Allokationen innerhalb der PARETO-superioren Linse $N - N'$ herbeiführen, bei niemandem zu Nutzeneinbußen relativ zum Gleichgewicht ***N*** führen. Vielmehr müssen sie gegen das Bestreben der Zeitgenossen aufgerichtet werden, sich gegenseitig hereinzulegen, wobei im 2-Personen-Spiel der Abbildung 73 der Standard ***KB*** dem einfachen Prisoner's Dilemma noch standhalten würde und erst bei Anpassungsreaktionen des Opfers in Richtung auf ***N*** unterlaufen würde.

Wie hoch sind die Chancen, Standards wie ***KB*** oder ***IC*** in unkooperativen Gesellschaften durchzusetzen? Die Frage ist von einiger Bedeutung für die heutige Praxis. Eine Gesellschaft, welche unkooperativ ist auf Grund der Unehrlichkeit aller ihrer Mitglieder, errichtet voraussetzungsgemäß keine Mindeststandards zum Schutz künftiger Generationen, da jene natürlich die Hauptopfer der universellen Rücksichtslosigkeit sind. Kämen aus irgend einem Grunde die Mindeststandards doch zustande, so würden sie entweder nicht beachtet oder die mit absoluter Sanktionsgewalt ausgestattete (und aus ebenfalls rücksichtslosen Individuen bestehende) Zentralinstanz würde schon alle Zeitgenossen unterdrücken. Ist dieser Grenzfall auch keiner weiteren Betrachtung würdig, so gibt es jedoch interessantere (und der Realität ähnlichere) Übergangsfälle. Wie oben erläutert, ist eine Gesellschaft auch dann unkooperativ und tendiert zum NASH-Gleichgewicht, wenn sie überwiegend aus ehrlichen Mitgliedern besteht, die Minderheit der Unehrlichen jedoch dafür sorgt, daß man niemandem trauen kann und aus Furcht, im Prisoner's Dilemma hereingelegt zu werden, sich lieber mit ***N*** begnügt. Hier könnte die ehrliche Mehrheit die Zentralinstanz bestellen, sie kontrollieren und die von ihr errichteten Mindeststandards ohne eigene Nutzeneinbuße einhalten. Es brauchten nur die Unehrlichen kontrolliert zu werden. In dieser Situation wäre allerdings für die Künftigen auch gesorgt, wenn die Zentralinstanz sich damit begnügte, Ehrlichkeit der Zeitgenossen untereinander zu erzwingen mit dem Ergebnis einer Allokation auf oder wenigstens nahe ***P0-P0***. Möglicherweise bewirken kontingente Umstände, daß die Kontrolle des universell gültigen Mindeststandards leichter ist als die aller Einzeltransaktionen der Zeitgenossen untereinander im Hinblick auf ihre Ehrlichkeit, so daß er aus praktischen Erwägungen empfehlenswert ist. Wir können resümieren, daß die "halbehrliche" Gesellschaft der gezeigten Art nicht ohne Chancen ist, für die Künftigen zu sorgen - dies gibt Hoffnung, wenn wir vom Modell in die Realität zurückblicken.

Jedoch resultiert bestenfalls ein labiler Zustand, auch sei an die oben abgeleitete Tendenz einer solchen Gesellschaft erinnert, auf der schiefen Ebene der Unehrlichkeit immer tiefer abzugleiten. Ohne Zweifel besitzt eine ehrliche und damit spontankooperative Gesellschaft weit bessere Voraussetzungen zur Zukunftsvorsorge auf dem Gebiet öffentlicher Güter, wenn sich diese in Standards zwischen dem NASH-Gleichgewicht und den PARETO-Optima konkretisiert.

Es bleiben noch Standards rechts oberhalb von ***P0-P0*** zu diskutieren. Zunächst ist zu klären, aus welchen Gründen sie erforderlich sein können. Zu erinnern ist an die Voraussetzung der Irreversibilität von Entscheidungen: Wenn die heutige Generation nur im Umfang ***P0-P0*** vorsorgt, so ist es nicht oder nur mit unzumutbaren Kosten möglich, daß künftige Generationen mehr als ***P0-P0*** erhalten. Drei Gründe können schärfere Standards rechtfertigen:

- Schon aus bloßen Sicherheitsgründen kann ein Zuschlag über das spontan angestrebte Maß hinaus geboten sein. Das Argument ist wie das folgende bereits im Abschnitt 5.4.1 behandelt worden und erfordert keine weitere Diskussion.
- Künftige Generationen können auf Grund von Präferenzwandel höhere Ansprüche stellen, ihre Linie ***P0-P0*** kann weiter rechts oben liegen. Soweit in Abhängigkeit von den Kosten die Vorsorge nach Maßstäben intergenerationeller Gerechtigkeit für unsere Generation zumutbar ist und soweit die höheren Ansprüche in vernünftiger Abwägung gerechtfertigt erscheinen, begründen sie einen schärferen Standard.
- Die in Frage stehenden Kollektivgüter sind vom Allmende-Typ, das Kriterium der Nichtrivalität im Konsum greift auch intergenerationell nur unvollkommen. Eine heute PARETO-optimal erscheinende Nutzungsintensität kann für den langfristigen Integritätserhalt zu hoch sein, was sich meist erst in näherer naturwissenschaftlicher Analyse zeigt. Angenommen, eine Kosten-Nutzen-Analyse ermittelte, daß heute ein Bestand von 10 000 afrikanischen Nashörnern PARETO-optimal wäre, daß aber nach populationsgenetischen Erkenntnissen erst ab 30 000 Stück von einem dauerhaft lebensfähigen Bestand ausgegangen werden könnte,[43] so muß ein höherer Erhaltungsaufwand getrieben und ein Standard rechts oberhalb ***P0-P0*** gewährleistet werden. Dieser Grund scheint von den drei genannten der überzeugendste.

Wie sich eine unehrliche und unkooperative Gesellschaft angesichts so scharfer ökologischer Standards verhielte, brauchen wir wohl nicht zu diskutieren, wenn an die erläuterten Probleme schon bei weit milderen Forderungen gedacht wird. In bezug auf die ***P0-P0*** anstrebende individualistische Modellgesellschaft ist zu beach-

[43] Die Zahlen sind willkürlich und dienen nur zur Veranschaulichung.

ten, daß ein Standard ***GD***, innerhalb der Linse ***NN'***, d.h. zwischen ***R*** und ***S*** realisiert, keinem Individuum Nutzeneinbußen relativ zum NASH-Gleichgewicht abverlangt, vielmehr wird nur ein Teil des Kooperationsgewinnes (Übergang von ***N*** auf ***P0-P0***) wieder aufgezehrt. Erst ein sehr scharfer Standard ***FE*** erzwingt bei allen Individuen Nutzeneinbußen gegenüber dem Zustand ***N***. Ist ein scharfer Standard überzeugend, so wird er von einer individualistischen Modellgesellschaft, die keinen Unterschied zwischen Rechten gegenwärtiger und künftiger Menschen macht, voraussetzungsgemäß eingehalten. Zu beachten ist, daß, anders als bei Standards links unterhalb ***P0-P0***, kein Spielraum für effizienzverbessernde Verhandlungen zwischen den Zeitgenossen besteht; die Kostenverteilung bei der Sicherung des Standards ist ein Nullsummenspiel. Jede Entscheidung über die Kostenverteilung muß intragenerationellen Gerechtigkeitsmaßstäben standhalten - es ist ein Widersinn, gegenüber Künftigen gerecht sein zu wollen und dies durch heutige Ungerechtigkeit zu realisieren.

Verallgemeinerung auf zahlreiche Teilnehmer: Die für die bisherige Diskussion so überaus nützliche Abbildung 73 bezieht sich auf eine Gesellschaft von nur zwei heutigen Individuen. Die Übertragung auf größere Gesellschaften ruft einige zusätzliche Problem hervor, die jedoch m.E. die gewonnenen Erkenntnisse nicht entwerten. Einige Probleme werden sogar entschärft.

- Zweifellos stiegen die *Transaktionskosten* jeder dezentralen Entscheidung gewaltig an. Theoretisch erfordert in einer Gesellschaft mit ***k*** Individuen das Auffinden eines Punktes auf der ***k***-dimensionalen PARETO-Oberfläche (analog ***P0-P0*** in Abbildung 73) einen iterativen Suchprozeß, an dem alle Individuen simultan teilnehmen müssen, bis keine Allokationsänderung mehr vorgeschlagen werden kann, die einstimmig als besser empfunden wird. Dies würde zumindest sämtliche Zeitressourcen der Gesellschaft verschlingen und käme nicht in Frage. In den Vordergrund träten vielmehr grobe Orientierungen. Die PARETO-Oberfläche wäre nur verschwommen zu identifizieren.
- Bestimmend werden *konsensfähige Kollektiventscheidungen*. Die Bedeutung theoretisch definierter Zustände (PARETO-Optimum bzw. LINDAHL-Gleichgewicht) sinkt ab, womit die kollektiven Festlegungen, die Standards (wie z.B. ***GD*** in Abbildung 73) noch an Gewicht gewinnen. Individuelle Wertschätzungen spielen bei der Festlegung der Standards eine große Rolle und werden in Kosten-Nutzen- (speziell Zahlungsbereitschafts-) Analysen ermittelt.
- Bei gegebenem Umfang des Kollektivgutes sinken die erforderlichen Einzelbeiträge zur Sicherung eines Standards mit wachsender Zahl der Individuen. In der Tat gibt es weltweit wichtige Aufgaben des Naturerhalts, bei denen eine gleichmäßige Her-

anziehung aller zu den Kosten jene pro Individuum leicht erträglich machen oder bis unter die Wahrnehmungsschwelle senken würden, insbesondere wenn die Beiträge nach der Höhe des Einkommens abgestuft würden. So verhält es sich vermutlich beim Erhalt tropischer Wälder. Hiervon ist allerdings der Fall zu unterscheiden, bei dem eine höhere Teilnehmerzahl auch zu einer höheren Beanspruchung des Kollektivgutes führt, wie etwa bei der Belastung der Atmosphäre durch CO_2 und andere Spurengase.

- Unter Umständen sind in einer zahlreichen Gesellschaft mit durchsetzungsfähiger, aber nicht despotischer Zentralinstanz Fragen der Kostenverteilung leichter zu lösen als bei wenigen Teilnehmern, wo Anreize zu strategischem Verhalten ("Pokern") und zur Aufblähung der Transaktionskosten bestehen.
- In nicht oder nur unzureichend kooperativen Gesellschaften steigt die Bedeutung des Starken Free Riders mit der Zahl der Teilnehmer, das NASH-Gleichgewicht verlagert sich leicht in den Nullpunkt (links unten in Abbildung 73). Dem steht allerdings eine erhöhte Bereitschaft zur Kooperation aus der Ursache gegenüber, daß die Furcht vor der Unkooperativität *einzelner* anderer sinkt - das Risiko, im Prisoner's Dilemma hereingelegt zu werden, ist weniger bedrohlich. Dies vor allem, wenn Beiträge nicht irreversibel gegeben werden müssen, die Situation beobachtet werden kann und wenn Lernprozesse möglich sind. Diese Probleme betreffen jedoch eine kooperative Gesellschaft voraussetzungsgemäß nicht.
- *Zusammenfassung*: Die Verhaltensannahme der neoklassischen Ökonomie, Individuen seien ehrlich im Umgang mit Privatgütern (kein Diebstahl, kein Vertragsbruch) und unkooperativ im Umgang mit Kollektivgütern, ist inkonsistent. Der Beschluß, kooperativ vom NASH-Gleichgewicht zur PARETO-Oberfläche zu wechseln, ist als ein impliziter Vertrag zu interpretieren, den im Prisoner's Dilemma durch Wahl der "defect"-Strategie zu brechen sich ethisch in keiner Weise vom Vertragsbruch beim Umgang mit Privatgütern unterscheidet. Im Umgang mit Privatgütern ehrliche Individuen brauchen sich also untereinander nicht vor dem Prisoner's Dilemma zu fürchten und kooperieren daher, während die zur "defect"-Strategie greifenden Individuen bei Abwesenheit einer Sanktionsgefahr auf dem Gebiet der privaten Güter ebenso normenwidrig handeln. Gibt es auch keine moralische Pflicht zur Kooperation, so ergibt sich doch die Kooperation in einer Gesellschaft ehrlicher Individuen von selbst. Die Gesellschaft realisiert PARETO-optimale Allokationen bei Kollektivgütern (LINDAHL-Gleichgewichte) unabhängig davon, ob administrative Mindeststandards unterhalb des PARETO-optimalen Umfangs zum Schutz der gegenwärtigen Individuen gesetzt sind oder nicht.

Sichert der PARETO-optimale Umfang von Kollektivgütern auch die Ansprüche künftiger Generationen, so erfüllt die individualistische Modellgesellschaft diese Pflicht bei Bewältigung des Transaktionskostenproblems automatisch. Reicht das NASH-Gleichgewicht nicht zur Gewährleistung der Ansprüche künftiger Generationen aus, so muß eine unkooperative Gesellschaft administrativen Zwang im Interesse einer höheren Bereitstellung ausüben, dessen Erfolg bei der allgemeinen Verfassung dieser Gesellschaft fraglich ist und im Grenzfall einer total normenunfolgsamen Gesellschaft ausbleiben muß. Da die individualistische Modellgesellschaft begründete Rechte der späteren Generationen ebenso achtet wie die von Zeitgenossen, setzt sie in den Fällen, in denen Allokationen auf der PARETO-Oberfläche für den langfristigen Integritätserhalt ökologischer Ressourcen wahrscheinlich nicht ausreichen, über diese noch hinausgehende Mindeststandards ("Safe Minimum Standards" nach CIRIACY-WANTRUP) und hält diese ein.

6.3 Kollektiventscheidungen in der individualistischen Modellgesellschaft

Heutige Menschen können den künftigen nicht in der Weise die Erde erhalten, daß sie jeder einzeln Vorsorgemaßnahmen treffen. Alle in Abschnitt 5 diskutierten, relevanten Beispiele zeigten, daß es sich um eine *Kollektivanstrengung* handelt. Alle müssen gemeinsam anpacken, um das Werk aufzurichten. Müssen alle dasselbe tun (z.B. Energie sparen), so muß in einem Grundsatzbeschluß geklärt werden, wer jeweils wieviel beiträgt. Oft müssen alle etwas Unterschiedliches tun - einer muß eine Feuchtwiese mähen, ein anderer einen Wald naturnah bewirtschaften usw. - dies gelingt nur nach einem gemeinsamen, vorher gefaßten *Plan*. Wir sahen wiederholt, daß Kollektivanstrengungen und Pläne dem Prinzip des Individualismus keineswegs entgegenstehen müssen; auch die neoklassische Ökonomie entwickelt Konzepte, wie kollektive Aufgaben bewältigt werden können, wenn sie dabei auch gelegentlich auf halbem Wege stehenbleibt. Die Antithese zur Individualität ist nicht die Kollektivität, sondern die *Despotie*, die Ausnutzung kollektiver Arrangements zum Zwecke der Machtausübung, die ungerechtfertigte Einschränkung des freien Willens anderer. Es wäre jedoch zu einfach, mit dieser Feststellung zu schließen, vielmehr sind die Bedingungen, unter denen unverzichtbare Kollektivität nicht in Despotie umschlägt, noch näher zu präzisieren, als dies bisher geschehen konnte. Auch darf nicht an Auffassungen und Kritik extrem liberaler ökonomischer Lehrmeinungen vorbeigegangen werden. Die folgenden beiden Unterabschnitte dienen dazu, gewisse, m.E. nicht stichhaltige Einwände gegen den "Kollektivismus" zu widerlegen und die Gefahren, denen die individualistische Gesellschaft bei der ökologischen Planung in der Tat ausgesetzt ist, zu analysieren.

6.3.1 Die liberale Kritik

Mit "Liberalismus" bezeichneten wir im Glossar des Abschnitts 1.6 Positionen, welche auch freiwilligen oder pflichtgeleiteten Kollektivoptionen mißtrauen. Als Beispiel kann der deutsche ORDO-Liberalismus in der Tradition von EUCKEN genannt werden. Dieser Schule wird u.a. die theoretische Fundierung der "Sozialen Marktwirtschaft" in der Bundesrepublik zugeschrieben. Auf das von ihr weitgehend ungelöste Problem, wie das von ihr nicht nur tolerierte, sondern geforderte Kollektivelement des starken Staates kontrolliert werden soll, gehen wir nicht ein.

EUCKEN räumt mit aller Klarheit ein in der Debatte um unterschiedliche Wirtschaftssysteme stets wiederkehrendes Mißverständnis aus, daß nämlich liberale Ökonomen die Notwendigkeit der Planung ignorierten.[44] Unter den Bedingungen entwickelter Produktivkräfte wäre eine solche Position unhaltbar. Planung gehört zur Auseinandersetzung des Menschen mit der Natur, zu seiner Existenzerhaltung, sie ist ein fundamentales Kennzeichen der *Arbeit* schlechthin. Robinson plant für sich allein, aber in jeder arbeitsteiligen Volkswirtschaft wird kollektiv geplant. In jeder Familie findet "Planwirtschaft" statt, zuweilen demokratisch geregelt, oft genug aber auch autoritär. SMITHs berühmtes Beispiel der Stecknadelfabrik verdeutlicht wie kein anderes die Unterordnung der Arbeiter in den geplanten Fertigungsprozeß.[45] Es würde überhaupt kein Produkt jemals fertig, wenn nicht geplant würde. Was extremliberale Ökonomen tatsächlich vertreten, ist das folgende: Sie verlegen sämtliche Planungsentscheidungen in die Sphäre *innerhalb* der Subjekte, in die Haushalte und Unternehmen. *Zwischen* den Subjekten, sozusagen in der Außenwelt, soll aber der

[44] "Der Leiter eines jeden Wirtschaftsgebildes handelt jeweils auf Grund eines Wirtschaftsplanes" ("EUCKEN 1947, p. 126). "Das Wirtschaftssystem 'Zentralgeleiteter Wirtschaft' ist dadurch gekennzeichnet, daß die Lenkung des gesamten wirtschaftlichen Alltags eines Gemeinwesens auf Grund der Pläne einer Zentralstelle erfolgt. Setzt sich jedoch die gesellschaftliche Wirtschaft aus zwei oder vielen Einzelwirtschaften zusammen, von denen jede Wirtschaftspläne aufgestellt und durchgeführt, so ist das Wirtschaftssystem der Verkehrswirtschaft gegeben." (Ibid., p. 127). Vgl. ferner die Passagen pp. 140ff.

[45] SMITH (1976a, Volume 1, pp. 14-15).

Markt wirken. Daher ihre Gegnerschaft zu Planungen zwischen Unternehmen oder gar Fusionen und zur produktiven, über die Überwachung der Rahmenbedingungen und gegebenenfalls soziale Umverteilungen hinausgehenden Staatstätigkeit. Die Auflösung der Marktbeziehungen zwischen den Subjekten führe sowohl zu Effizienzverlusten als auch zum Freiheitsverlust der Subjekte, am Ende stehe die - wie man ja sehen könne - marode "Befehlswirtschaft".

Wenn auch speziell im ORDO-Liberalismus die Machtbeziehungen autoritärster Art innerhalb von Unternehmen und Haushalten aus dem Bereich ökonomischer Analyse weitgehend nur hinausdefiniert werden,[46] so schmälert dies natürlich nicht, daß sein Eintreten für den funktionierenden Markt gut begründet werden kann. Dennoch hat die Entwicklung der letzten Jahrzehnte den ORDO-Liberalismus widerlegt. Das Umsichgreifen der Planung zwischen Unternehmen scheint als Konsequenz der Produktivkraftentwicklung unaufhaltsam zu sein. Wie von MARX richtig vorhergesehen, schaffen sich viele Märkte selbst ab. In keiner Branche geht es ohne *ex-ante-Koordination.* Daß man wie ein Bauer, der während der Woche seine Hennen Eier legen läßt, um jene am Wochenende auf dem Markt zu verkaufen, allein unternehmens*intern* plant, um erst anschließend über den Tellerrand hinauszublicken und beim Feilhalten der Ware festzustellen, ob man richtig geplant habe, ist reine Nostalgie. Ein heutiger Zulieferbetrieb für einen Automobilkonzern erhält Jahre im voraus detaillierte Anweisungen darüber, wie die zu liefernden Türgriffe auszusehen haben. Dies erfolgt nicht aus Machtmotiven, sondern weil es vernünftigerweise keine Alternative gibt. Allerdings kann sich die Macht in dieses System leicht einschleichen und tut es auch. Die schwere Aufgabe der individualistischen Gesellschaft besteht gerade darin, sich dieser Tatsache zu stellen und dennoch Wege zu finden, die Rechte der Individuen zu gewährleisten. Dies mag eine Utopie sein, jedoch hat sich die Marktwirtschaft des ORDO-Liberalismus schon jetzt als eine Utopie erwiesen.

Ein "marktmäßiger" Erhalt der Natur im Sinne dieses Liberalismus ist logisch unmöglich. Da der Naturerhalt die planende Gestaltung großer, teilweise weltumspannender ökologischer und biogeochemischer Systeme erfordert, würde dies vor-

[46] Der Grad an Unterdrückung, den sich die Planer in Unternehmen und Haushalten leisten können, wird bei funktionierendem Markt durch das Angebot von Alternativen in anderen Kollektiven zu tragbaren Transaktionskosten begrenzt. Die Transaktionskosten beim Wechsel des Arbeitsplatzes können je nach Umständen niedrig oder hoch sein; die nichtmonetären und monetären Transaktionskosten des Ausbruchs aus unerträglichen Familienbeziehungen sind außer im Falle des natürlichen "Ausfliegens" erwachsen werdender Kinder in der Regel sehr hoch.

aussetzen, daß sich diese Systeme jeweils in der Verfügung *eines* Subjektes befinden, denn nur dort ist Planung erlaubt. Dies wäre wiederum nur verträglich mit der Existenz weniger, sehr großer Subjekte, im Extremfall eines einzigen Monopolisten.[47] Einem Monopolisten müßte die gesamte Atmosphäre der Erde gehören, womit für die Institution des Marktes kein Raum mehr bestünde.[48] Natürlich kann der Liberalismus dies nicht wünschen; alle (in unserer Terminologie) liberalen Positionen leben davon, daß sie die logische Notwendigkeit intersubjektiver Koordinationsbeziehungen unterschätzen oder ganz ignorieren, was auf dem Gebiet umweltökonomischer Fragestellungen allein auf Unkenntnis ökologischer Zusammenhänge beruhen kann.

Die heutige Diskussion um die Probleme der individualistischen Gesellschaft wird maßgeblich durch BUCHANAN geprägt. Seine gedankliche, kontraktualistische Herleitung der zivilisierten Gesellschaft aus dem anarchischen Urzustand haben wir bereits im Abschnitt 1.3 kennengelernt. Hierauf ist nun noch einmal zurückzukommen; bis auf eine Erweiterung, die m.E. an BUCHANANs Argumentation vorzunehmen ist, wird ihm in vorliegenden Zusammenhang weitgehend gefolgt.[49] Der weit über jedem Verdacht des Anti-Individualismus stehende BUCHANAN ist sogar ein Kronzeuge gegen enge liberale, die Notwendigkeit des kollektiven Naturerhalts leugnende Positionen.

[47] Genau dies schlägt auf regionaler Ebene ein Ökonom vor, der wohl als dem Kreis des ORDO-Liberalismus nahestehend betrachtet werden darf (WEGEHENKEL 1981). Wie u.a. die Kritik von PETHIG im selben Band zeigt, werden dabei die mikroökonomischen Konsequenzen kaum über Ansätze hinaus analysiert.

[48] Die vorliegende Betrachtung bezieht sich nur auf fundamentale ordnungspolitische Alternativen, nicht auf prozedurale Aspekte. Auch bei zentral geplanten Lösungen können Marktelemente eine *instrumentelle* Funktion übernehmen, wie bei der Lizenzen- oder Zertifikatslösung, die eine wichtige Rolle in der umweltökonomischen Literatur spielt (vgl. Abschnitt 1.5, Anmerkung 72). Auf einigen Gebieten spricht in der Tat viel für eine derartige Lösung. Da sie eine zentrale Entscheidung über den Umfang der ausgegebenen Lizenzen voraussetzt, handelt es sich bei ihr um eine eindeutige Kollektivoption; das "Marktspiel" regelt nur (u.U. sehr effizient) den Alltag. Mit dieser Klärung dürften keine Mißverständnisse mehr auftreten.

[49] Zu Bedenken auf anderem Gebiet vgl. Abschnitt 1.3.3, Anmerkung 59.

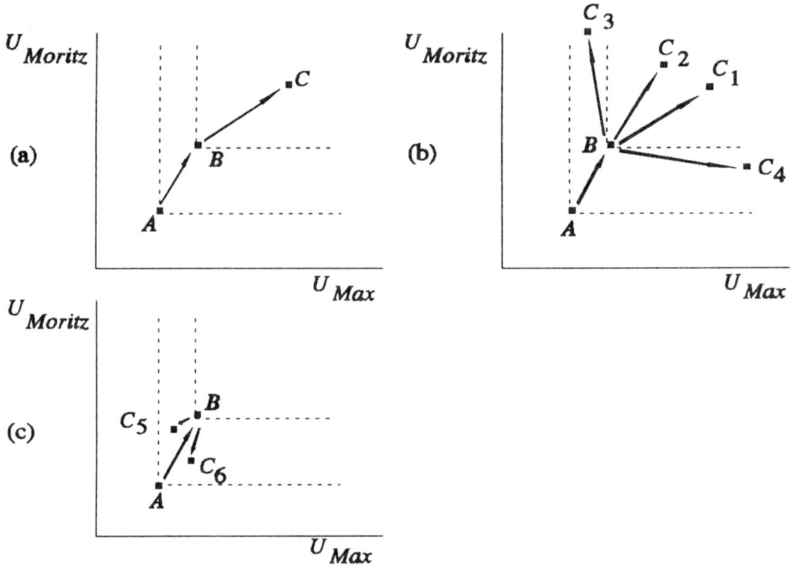

Abbildung 74: Konstitutionelle und postkonstitutionelle Verträge nach BUCHANAN (1975, pp. 29 und 45), ergänzt

In den drei Abbildungen 74(a), (b) und (c) sind die Nutzenniveaus zweier Individuen Max und Moritz jeweils auf der Abszisse und Ordinate aufgetragen. Jede Bewegung in nordöstlicher Richtung symbolisiert einen Nutzenzuwachs für beide. Der anarchische Urzustand mit hohem Verteidigungsaufwand für beide und entsprechend niedrigem Nutzen ist als ***A*** aufgetragen. Durch Abschluß des *konstitutionellen Vertrages*, der die Auseinandersetzungen beendet, verbesserten sich beide nach ***B*** (Vgl. auch Abschnitt 1.3). Die weitere Verbesserung von ***B*** nach ***C*** erfolgt nun auf dem Wege des *postkonstitutionellen Vertrages*, und zwar in Abbildung 74(a) durch den Wohlfahrtsgewinn infolge des effizienten Tausches Privater Güter, den Übergang auf die Kontraktkurve in der einfachen EDGEWORTH-Box.[50] In der Abbildung

[50] BUCHANAN (1975, Fig. 2.2, p. 29) unterstellt, daß das Core in der Abbildung 68 der vorliegenden Studie auf einen Punkt geschrumpft ist; es gibt beim Tausch privater Güter *eine* optimale Allokation. Dahinter muß sich logisch verbergen, daß nicht nur zwei (wie zur Ver-

74(b) besteht der postkonstitutionelle Vertrag in Entscheidungen über die Erzeugung von Kollektivgütern.[51] Dies sind Entweder-Oder-Entscheidungen, über welche unterschiedliche Meinungen bestehen können; bei C_1 werde z.B. eine Straße gebaut, bei C_2 eine Eisenbahn. Beide Projekte nützen sowohl Max als auch Moritz, wenn auch Max die Straße und Moritz die Eisenbahn vorziehen würde. Hier muß man sich einigen, was auch gelingt, wenn unproduktive, für beide verlustreiche Transaktionskosten, etwa infolge endloser Verhandlungen, vermieden werden.

Schwieriger wird die Entscheidung über die Alternativen C_3 und C_4, welche jeweils Moritz oder Max als beste von allen empfinden, jedoch dem Partner einen Nutzenverlust gegenüber dem durch den konstitutionellen Kontrakt erreichten Niveau ***B*** zufügen. Ausgehend von ***B*** werden C_3 und C_4 nicht von beiden freiwillig realisiert, was einen Widerspruch zu BUCHANANs Ausgangsforderung für die anarchistische Utopie darstellt, dort heißt es nämlich "... cooperative ventures are exclusively voluntary"[52]. Er scheint in der Realität auch nicht einstimmig getroffene Allokationsentscheidungen über Kollektivgüter zu akzeptieren, wenngleich hier ein schwankender Boden betreten wird: immerhin sind beide Situationen C_3 und C_4 für beide Partner besser als der Urzustand ***A***. Hält man das von jedem Individuum durch die Zivilisationserrungenschaft ***B*** erreichte Nutzenniveau nicht für sakrosankt, gibt es darauf m.a.W. keinen absoluten Anspruch, so sind Allokationen wie C_3 und C_4 beim Vorliegen triftiger Gründe zumutbar. In der Praxis wird so verfahren, auch wenn an der Triftigkeit der Gründe Zweifel erlaubt sind: Besitzt Max ein schönes, ruhiges Grundstück, welches ihm den Nutzen ***B*** ermöglicht und wird eine Autobahn vor seiner Tür gebaut, so wird er für diese Einbuße kaum vollständig entschädigt und sein Nutzenniveau sinkt auf C_3. Moritz kommt dafür schneller zur Arbeit und verbessert seine Situation. BUCHANAN scheint derartige Entscheidungen zwar als unumgänglich zu akzeptieren, weist jedoch auch in fast marxistischer Argumentation auf ihre Gefahren hin: Es entsteht ein Sog, der große Teile der gesamten Politik zu einem Spiel mit der Zielsetzung umfunktioniert, die Ergebnisse des konstitutionellen Vertrages zu Gunsten der jeweils Stärkeren zu revidieren. Man braucht auch hier in der Empirie nicht weit zu blicken, um dies voll bestätigt zu finden. Daß das postkon-

jedoch zu keinen Abstrichen bei der Aussage führt.

[51] Die Stufe ***BC*** aus Abbildung 74(a) kann hier vorgeschaltet sein, sie wird zur Vereinfachung nicht dargestellt.

[52] BUCHANAN (1975, p. 3).

stitutionelle Getriebe auch dazu dienen kann, Ungerechtigkeiten bei der konstitutionellen Ausgangsverteilung zu korrigieren (Progressive Einkommenssteuer, sozial motivierte Transaktionen u.v.a.), kann über die politische Labilität und Mißbrauchsanfälligkeit dieses Spiels nicht hinwegtäuschen - wem die Rolle der Konstitution als ein Schutz der Schwachen im Vordergrund steht, dem bleiben Bedenken.

"Cooperative Ventures" werden also nach BUCHANAN im Idealfall freiwillig und einstimmig vorgenommen und sind dann in keiner Weise zu beanstanden. Mehrheitlich getroffene und einige Subjekte benachteiligende Entscheidungen sind problematisch, aber wohl unumgänglich. BUCHANANs Ansatz ist im Lichte intergenerationeller Gerechtigkeitsfragen m.E. unvollständig und daher zu erweitern: In der individualistischen Gesellschaft gibt es nicht nur kollektive Entscheidungen und Einordnungen in Planarrangements auf Grund freiwilligen (möglichst einstimmigen) Beitritts, wohinter die Absicht der Nutzenmaximierung und damit ein *egoistisches* Motiv steht. Das zweite Motiv für Kollektiventscheidungen ist *pflichtgeleitet*: Sie werden ergriffen, wenn nur mit ihrer Hilfe die Natur für spätere Generationen erhalten werden kann, woran nach den empirischen Ausführungen im Abschnitt 5 kein Zweifel besteht. Für die pflichtgeleiteten Kollektiventscheidungen gilt noch weniger als für die übrigen, daß ihre Ergebnisse im PARETO-superioren Sektor nordöstlich von ***B*** in den Abbildungen 74 zu finden sein müssen. Denkbar sind sogar Ergebnisse wie in Abbildung 74(c): Hier haben sich die Gegenwärtigen bei der Herbeiführung des Zustands ***B*** an den Rechten der Späteren versündigt, da ***B*** nicht mit langfristigem ökologischen Integritätserhalt verträglich ist. Durch Bewegung in Richtung auf C_5 oder C_6 wird dies unter pflichtgeleiteter Inkaufnahme von Nutzeneinbußen sowohl für Max als auch für Moritz korrigiert. Sie einigen sich darauf, gemeinsam einem dritten, dem zukünftigen Subjekt Fritz etwas abzugeben, weil sie finden, daß er ein Recht darauf besitzt. Dabei öffnen sie nicht jeder den eigenen Ressourcensack, um sich Fritz gegenüber als zwei individuelle Weihnachtsmänner zu präsentieren, sondern bauen durch gemeinsame Anstrengung das ihm zukommende Werk. Kann den Pflichten gegenüber den späteren mit C_5 in gleicher Weise wie mit C_6 entsprochen werden, so ist die Wahl einer der beiden Alternativen eine Frage der *intra*generationellen Gerechtigkeit: Wer soll mehr und wer soll weniger abgeben?

Überprüfen wir noch einmal die Einwände des ORDO-Liberalismus und anderer extrem-liberaler Positionen. Sind alle Betroffenen für eine kollektive Option, weil sie ihre egoistischen Ziele auf diese Weise besser als vereinzelt erreichen können, so ist ein Verbot dieser Option als eine despotische Bevormundung zu interpretieren und in keiner Weise zu akzeptieren. Im günstigsten Fall mag es sich um eine paternalistische Bevormundung in guter Absicht handeln, wenn nämlich der Liberalismus bezweckt, die Subjekte vor Irrtümern zu bewahren, weil er besser als jene vorauszusehen meint, daß der Marsch in den Kollektivismus von ihnen früher oder später selbst bereut werden wird. Der Konflikt mit dem Prinzip "Individual's choices are to 'count'" ist offenkundig. Wer zwei Bauern schief ansieht, wenn sie sich einen gemeinsamen Traktor anschaffen, weil dies die Keimzelle der LPG sei, darf sich m.E. weder Individualist noch Liberalist nennen.[53]

Wie schon angesprochen, ist der Fall nicht einstimmiger kollektiver Optionen (Abbildung 74(b)) sehr schwer zu beurteilen, wenn die egoistischen Motive der Mehrheit die treibende Kraft sind. Für die Zwecke der vorliegenden Studie ist dieser Fall jedoch nicht von Bedeutung, wir können die Klärung anderen überlassen. Offenkundig sind Kollektivoptionen in der Absicht, andere zu schädigen, unzulässig, etwa wenn, um ein historisches Beispiel zu nennen, sich die Bauern oder Gutsbesitzer zusammengetan hätten, um ihre Knechte und Mägde besser zu unterdrücken (wer vom einen entlassen wird, wird vom anderen nicht eingestellt, vgl. die Problematik in Anmerkung 46).

Wenn schon freiwillig-egoistische Koordinationen, sofern sie anderen nicht schaden, jeder vernünftigen individualistischen Kritik standhalten, so muß dies für pflichtgeleitete erst recht gelten. "Planwirtschaftliche" Aktivitäten, welche nicht nur niemandem schaden, sondern den späteren ausdrücklich nützen, ja zur Gewährleistung ihrer Lebensgrundlage unverzichtbar sind, sind nicht nur im Lichte jedes gesunden Spontanurteils geboten, vielmehr handelt es sich bei ihnen um *Pflichten*, welche sich aus den wenigen Axiomen der individualistischen Modellgesellschaft zwingend ableiten: Die Lebensgrundlage für die Späteren muß unter zumutbaren

[53] Zur Fülle an Fragen, die sich aus dem freiwilligen Verzicht auf individuelle Entscheidungsautonomie ableiten, müssen einige Randbemerkungen genügen: Darf es Teil der bürgerlichen Freiheit sein, sich auch einem Tyrannen zu unterwerfen (PLATOs Paradox)? Antwort: Wenn er schädlich ist, wird dies von den Mitgliedern der individualistischen Modellgesellschaft voraussetzungsgemäß unterlassen. Soweit er nützlich ist, hat nicht einmal RAWLS Bedenken: "The passengers of a ship are willing to let the captain steer the course, since they believe that he is more knowlegeable and wishes to arrive safely as much as they do". (1971, p. 233). Zu bedenken sind allerdings die mögliche Irreversibilität des Vertrages, Täuschungen durch den Tyrannen, die Notwendigkeit von Neuverhandlungen durch hinzukommende Gesellschaftsmitglieder u.a.m. BUCHANANs Perspektive, daß der konstitutionelle Vertrag in die Sklaverei führen kann (vgl. Abschnitt 1.3.3, Anmerkung 59), ist ein anderes Problem. Die Genese der individualistischen Modellgesellschaft aus einem hypothetischen Urzustand wird in der vorliegenden Studie nicht eingehend behandelt.

heutigen Opfern erhalten werden. Wenn gezeigt werden kann, daß dies nur in Gestalt koordinierter Pläne möglich ist, so müssen diese Pläne ausgeführt werden. Sehen die Individuen die hiermit verbundenen Einschränkungen ihrer spontanen Entscheidungsautonomie als ein Opfer an, so ist dieses Opfer, solange es nach Maßstäben intergenerationeller Gerechtigkeit zumutbar ist, eben zu erbringen - zusätzlich zu dem weniger kontroversen Opfer, naturbelastenden Konsum auf ein langfristig tragbares Maß einzuschränken.

6.3.2 Typen und Ausmaß der Kollektivbeziehungen

Der Erhalt der Natur verlangt vom wohlhabenden Teil der heutigen Weltbevölkerung manifeste materielle Verzichte und von allen die Einordnung in verbindliche Arrangements - *gemeinsame Arbeit in einem Garten.*[54] Jedes Bemühen, diese beiden Aspekte näher zu erläutern und zu quantifizieren, läuft Gefahr, angesichts der verwirrenden Komplexität der Wirklichkeit schon im Ansatz stecken zu bleiben. Darüber hinaus sind wir ständig versucht, nicht nur die strukturellen Probleme der individualistischen Modellgesellschaft zu beschreiben, soweit wir dieses Modell in unserer abstrakten Vorstellung begreifen können, sondern auch die konkreten Probleme des Übergangs vom jetzigen Zustand der Verantwortungslosigkeit zu einer zukunftsbewußten Gesellschaft. Es ist etwas anderes, bescheiden zu leben, als von Unbescheidenheit zu Bescheidenheit zurückzukehren, etwas anderes, Koordinationsbeziehungen gewohnt zu sein, als sie in einem pseudo-individualistischen Chaos erst einmal aufzubauen. Die Probleme des Übergangs können in dieser Studie nur am Rande behandelt werden, so wichtig sie auch sind. Erst muß das Ziel klar sein, bevor die Route gewählt wird, und die vorliegende Studie ist mit dem ersten dieser beiden Probleme vollauf ausgefüllt.

Ein Übergangsproblem, welches jedoch nicht unerwähnt bleiben darf, ist das der *gerechten Anlastung der Verzichte.* Dies zwar teilweise, jedoch durchaus nicht primär aus pragmatischen Gründen; im Gegenteil ist sogar denkbar, daß eine ungerechte Anlastung sich als praktikabler erweist als eine gerechte, wenn nämlich schwache Gruppen ausfindig gemacht werden können, die als Packesel willkommen sind. Eine solche Praxis ist jedoch ein Widerspruch in sich selbst - es ist sinnlos, die Ungerechtigkeit gegenüber künftigen Menschen auf dem Wege abzubauen, daß die unter

[54] DUBOS (1976, p. 462), vgl. auch Abschnitt 5.4, Anmerkung 129.

heute lebenden vertieft wird. Sollte derartiges zu beobachten sein, so kann es kein echtes, pflichtgeleitetes Zukunftsbewußtsein ausdrücken. Entweder handelt es sich um despotische Bestrebungen, die sich mit Zukunftsverantwortung tarnen, oder es soll der Gefahr ökologischer Katastrophen nicht aus Sorge für künftige Menschen vorgebeugt werden, sondern weil man die Folgen selbst fürchtet. So können z.B. die Industrieländer versucht sein, der CO_2-Klimakatastrophe durch weltweite Drosselung der Verbrennung fossiler Energieträger zu begegnen und dabei die Verteilung ungerechter, sie selbst bevorzugender Quoten zu erzwingen.

Die Verteilung der erforderlichen Verzichte kann als ein Akt der postkonstitutionellen Redistribution nach BUCHANAN aufgefaßt werden, entsprechend der Abbildung 74(c). Mindestens ebenso sinnvoll ist jedoch die Interpretation, hierin einen konstitutionellen Kontrakt zu sehen: Zum ersten Mal geben sich *alle* Menschen (die zukünftigen vertreten durch heutige Fürsprecher) eine faire Verfassung, während bisher immer nur die an sich dachten, welche schon am Tisch saßen.

Während schon festgestellt wurde, daß sich Gerechtigkeit gegenüber späteren Generationen materiell in einfachen Begriffen fassen läßt - sie sollen als Kollektiv die Erde so hinterlassen bekommen, wie wir es selbst von unseren Vorfahren erwarten würden -, werden bei der Verteilung der durch den Übergang zum nachhaltigen Wirtschaften erzwungenen Verzichte unter heutige Personen, Berufsgruppen, Altersschichten, Kulturen und Nationen alle komplexen distributionsethischen Fragen virulent, wie sie u.a. RESCHER eingehend systematisiert hat.[55] Die Verzichte können absolut egalitär, in Proportion zu Einkommen und Wohlstand, nach den Kriterien Bedürfnis, Leistung, Würde u.a. verteilt und in physischen, monetär-wertmäßigen oder Nutzeneinheiten gemessen werden. Es kann gefordert werden, daß alle pro Monat 100 km weniger Auto fahren, pro Monat 10% weniger fahren, daß die jungen oder die alten weniger fahren, diejenigen, welche gut laufen können, andere Verkehrsmittel in der Nähe haben, die nur zum Vergnügen und nicht zur Arbeit fahren usw. usf. Jeder einzelne Verzicht kann auf zahllose unterschiedliche Arten verwirklicht werden, und es ist auf zahllose einzelne Dinge zu verzichten. Wenn die Gesellschaft hier nicht zum hoffnungslosen Opfer des Transaktionskostenproblems werden, also solange über die Verteilung diskutieren will, bis sich das Problem nach Zerstörung der Erde von selbst erledigt hat, müssen zwei Voraussetzungen bestehen: Zum einen sind als gerecht empfundene, akzeptable und verständliche Lösungen anzubieten, und zum zweiten müssen alle Individuen eine gewisse Toleranz gegen

[55] RESCHER (1966, insbesondere Chapter 4).

kleinere, zumutbare, nicht bösem Willen geschuldete und schlicht unvermeidliche Ungerechtigkeiten (genauer: als ungerecht interpretierbare Ergebnisse) aufbringen. Hundertprozentige Gerechtigkeit ist nicht möglich. Wenn heute der Landwirt Max einen Quadratmeter für eine Feuchtwiese opfern soll, so findet er einen Rechtsanwalt, der bis zum Oberlandesgericht vordringt, um nachzuweisen, daß der Landwirt Moritz nur einen halben Quadratmeter zu opfern brauchte - wenn alles so weitergehen soll, wird die Erde schon aus diesem Grund allein ruiniert.

Soweit zu den Übergangsproblemen. Hinsichtlich der Struktur der kollektiven Festlegung ist eine Unterscheidung folgender Art sinnvoll: Es gibt Probleme, bei denen alle *dasselbe* tun oder unterlassen müssen, wenn auch nicht in quantitativ identischem Umfang. Alle müssen z.B. Energie sparen, weniger CO_2 emittieren, auf bequeme, aber gefährliche Stoffe verzichten, einen Teil ihres Einkommens über Gebühren oder Steuern für Umweltschutzinvestitionen, Filter- und Kläranlagen sowie die beschleunigte Entwicklung neuer Technologien abgeben usw. Potentiell müssen auch alle darauf verzichten, in bestimmten Biotopen Ski zu laufen, zu surfen, zu angeln usw. Wenn sich auch die letztgenannten Verzichte de facto nicht auf alle Individuen erstrecken, weil nun einmal nicht alle surfen, so macht dies keinen großen Unterschied, wir können sagen: Alle, die es betrifft, haben prinzipiell dieselben Pflichten. Der zweite Typ von Handlungen bezieht sich darauf, daß alle *etwas Unterschiedliches* tun müssen. Dies hängt in erster Linie mit der *räumlichen* Komponente des Naturerhalts zusammen. Bei der CO_2-Reduktion müssen alle Subjekte auf der Erde mitmachen, gleichgültig wo sie wohnen, beim Schutz der Nordsee nur die Nordsee-Anrainer, beim Schutz der Ems nur die im Einzugsgebiet wohnhaften oder arbeitenden, während bei der Wiederherstellung klaren Wassers in einem kleinen Nebenbach der Ems einschließlich der dazugehörigen Heidetümpel nur vielleicht drei oder vier Bauernhöfe betroffen sind. Der Bach und die Tümpel können außerordentlich wichtig sein, weil sie bei guter Wasserqualität die *einzige* Heimstätte bestimmter seltener Organismen sind, z.B. der Wasserlobelie *(Lobelia dortmanna)* oder der Gewöhnlichen Bachjungfer *(Gomphus vulgatissimus)*.[56] Zwar auch außerhalb des Emslandes, aber nur an relativ wenigen Stellen in Norddeutschland, müssen die Landwirte an solchen Tümpeln und Bächen bestimmte Maßnahmen ergreifen bzw. unterlassen. Es darf nicht gedüngt und kein Mais angebaut werden, selbst geringe

[56] Der Fall dieser von LINNÉ im 18. Jahrhundert "allergewöhnlichst" genannten und heute fast überall ausgestorbenen Libelle illustriert, wie stark die ökologische Verarmung schon vorangeschritten ist.

Mengen von Hofabwässern müssen von den Bächen ferngehalten werden usw. Landwirte und andere Personen an anderen Stellen brauchen diese Maßnahmen nicht oder nur weniger strikt zu ergreifen, dafür aber andere.

Die Natur zu erhalten, besteht nicht nur in Unterlassungen, sondern auch in *Arbeit*, und die letztgenannten, räumlich und individuell unterschiedlichen Pflichten sind ein normaler Aspekt der *Arbeitsteilung*. Auch in einer Fabrik müssen alle Arbeiter unterschiedliche Tätigkeiten ausführen. Am schöneren Beispiel des Gartens ausgedrückt: Ihn zu erhalten, verlangt einerseits von allen Beteiligten gleiche Handlungen, zumeist Unterlassungen, sie dürfen z.B. nicht die Blumen zertreten. Was die Arbeit anbetrifft, tun sie hingegen Verschiedenes: Einer betreut die Obstbäume, einer die Blumen, einer den Komposthaufen usw.

Beide Typen kollektiver Festlegungen haben zunächst ein Problem gemeinsam, das der Bestellung, Autorität und Kontrolle einer Zentralinstanz. Der Grad der Zentralität ist je nach Problem durchaus unterschiedlich: Das CO_2 muß weltweit kontrolliert werden, aber auch räumliche Strukturen auf den Gebieten von Ökologie und Naturschutz müssen auf einer hinreichend hohen, regionalen Ebene geplant werden. Für das einzelne Individuum ist die Zentralinstanz immer identisch mit "denen da oben". Mit BUCHANAN und FRITSCH[57] fallen beide Aufgaben der Zentralinstanz eindeutig in das Gebiet der *produktiven Staatstätigkeit* im Gegensatz zur protektiven, denn es werden Inhalte festgesetzt. Die protektive Zentralgewalt achtet nur darauf, daß die Individuen ihre gegenseitigen Rechte respektieren und besitzt allein formale Befugnisse, in erster Linie das der Sanktionskraft. Die ökologischen Behörden sind daher eher mit Firmenchefs, Konstrukteuren und Designern zu vergleichen als mit Polizei und Gerichten als den einzigen Instanzen des extrem liberalen Staates. Entsprechend reich ist der Konfliktstoff zwischen Zentralinstanz und Individuen. Er ist es schon sachlich-kognitiv, wenn nur an unterschiedliche Expertenmeinungen bei der Festlegung von Grenzwerten gedacht wird, hinzu treten wertende und vor allem Interessen betonende Positionen. Die erste Funktionsvoraussetzung betrifft wiederum das Gebiet der Transaktionskosten. Die Rechthaberei muß Grenzen haben, ich muß bis zu einer gewissen Schwelle bereit sein, eine Planungsentscheidung, die ich anders gefällt hätte, mitzuvertreten, wie es auf anderen politischen Feldern auch der Fall sein muß. Hinsichtlich der Kontrolle der Zentralgewalt gegen Mißbrauch ihrer Macht kann hier nur festgestellt werden: Wenn selbst BUCHANAN zugeben muß, daß dieses Problem trotz mehrhundertjährigen Nachdenkens der Philosophen noch keine

[57] Vgl. Abschnitt 1.2.3, Anmerkung 27.

allgemeine Lösung gefunden hat,[58] so kann eine solche auch von der vorliegenden Studie nicht erwartet werden. Die inhaltliche Zuständigkeit der Zentralinstanz ist zwar eine Quelle von Konflikten und kann auch zur Machtausübung mißbraucht werden, ermöglicht jedoch auf der anderen Seite auch eine sachliche Kompetenzkritik. Wie in allen Planwirtschaften ist sie auf die konstruktive Mitarbeit der dezentralen Instanzen und Individuen angewiesen, insbesondere auf dem Gebiet der räumlichen ökologischen Planung, wo sie hinsichtlich lokaler Kenntnisse und Kontrollmöglichkeiten auf sich allein gestellt ebenso überfordert wäre wie die zentralen Plankommissionen in vormals sozialistischen Ländern, wenn sie sich um jede Schraube kümmern sollten.

In der vorliegenden Studie liegt natürlich nahe, das Problem definitorisch zu lösen: Wenn die individualistische Modellgesellschaft nur aus Individuen besteht, die keine bösen Taten begehen - nicht stehlen, keine Schwächen anderer ausnutzen und in zentralen Positionen keine Macht mißbrauchen - so existiert voraussetzungsgemäß kein Problem. Ich möchte ganz soweit nicht gehen, sondern die Versuchung zur Machtusurpation als auch in der individualistischen Modellgesellschaft existent anerkennen und eher die Gesellschaft so definieren, daß sie in Bewußtheit dieser Gefahr ein Gleichgewicht findet und es vermeiden kann, in diese Falle zu tappen. Dies ist einer der wenigen Punkte, bei denen die Empirie ein verhalten-optimistisches Urteil gestattet, denn auch in den humansten und rechtsbewußtesten aller heutigen Staaten gibt es Instanzen, wie das Militär, die physisch durch nichts daran gehindert werden könnten, über Nacht alle Gewalt an sich zu reißen, ohne daß sie es über eine relativ lange Zeit hinweg getan hätten.

Die vorliegenden Betrachtungen können nicht alle Probleme klären, unmißverständlich ist allein die liberale Kritik zurückzuweisen: Die Probleme von Zentralismus, Macht und Bürokratie dadurch lösen zu wollen, daß die Zentralinstanz geschwächt oder gar abgebaut wird ("Mehr Markt, weniger Staat!"), ist kein gangbarer Weg. Wer den ökologisch planenden Staat abzuschaffen fordert, gleicht nicht dem, der die Polizei abschafft (was in der individualistischen Modellgesellschaft eher möglich wäre), sondern dem, der auf einer Baustelle Architekt und Statiker aus Furcht vor deren Macht verjagen will.

Auf dem Gebiet der ökologischen Planung (jeder tut etwas Unterschiedliches) besteht ein potentiell sehr ernstes theoretisches Problem, welches abschließend angesprochen werden muß. Eine Analogie dient hier der Verständlichkeit: Unbestritten

[58] Vgl. BUCHANAN (1975, pp. 12ff. und 105ff.) und an anderen Stellen.

liegt die historische Errungenschaft des Marktes darin, individuelle Machtausübung zwischen einzelnen Subjekten dadurch zu untergraben, daß *Alternativen* ergriffen werden können. Paßt mir ein Anbieter oder Nachfrager nicht, so gehe ich woanders hin. Dieses System kann sich selbst abschaffen, ohne daß seine formalen Regeln im geringsten eingeschränkt würden, indem die Zahl der Alternativen sinkt. Bleibt im Zuge des Konzentrationsprozesses nur noch ein Anbieter übrig, so gibt es substantiell keinen Markt mehr, auch wenn formal alles in Ordnung ist, ihn z.B. kein Despot abgeschafft hat. Etwas Analoges ist auch auf unserem Gebiet zu befürchten, nämlich die substantielle Auflösung des Individualismus bei konkretem Fortbestand der formalen Spielregeln. Denkbar ist folgendes: Niemand wird despotisch zu einer Handlung gezwungen, alle gehen freiwillig-egoistisch oder pflichtgeleitet koordinative Bindungen ein, in denen sie ihre Entscheidungsautonomie sachlich und zeitlich spezifiziert aufgeben. Unter dem Druck ökologischer Anforderungen verdichten sich diese Festlegungen immer stärker, bis von der Einschränkung "sachlich und zeitlich spezifiziert" nichts mehr übrig bleibt. Man ist formal frei, aber nicht materiell. Man könnte zum individuellen Spontanleben zurückkehren und unter Alternativen wählen, wenn die gerade bestehenden kollektiven Verpflichtungen "abgearbeitet" wären, aber sie werden es nie, oder wenn einmal eine Pflicht abgearbeitet ist, so wird sie augenblicklich von einer neuen abgelöst. Diese Verhältnisse bedeuteten konkret, daß alle Individuen wie in einer Fabrik lebenslänglich festliegende Handgriffe auszuführen hätten, ohne jemals wählen zu können

Das Problem ist ohne Zweifel brisant. Von Interesse wäre, RAWLS' Auffassung hierzu zu erfahren, welcher bekanntlich in sehr dezidierter (und kritisierbarer Weise) die Freiheit lexikographisch an die erste Stelle der Bedürfnisse setzt, welche die Individuen bei ihrer Wahl hinter dem "veil of ignorance" berücksichtigen.[59] Eine

[59] RAWLS (1971, pp. 60-61). "First: each person is to have an equal right to the most extensive basic liberty compatible with a similar liberty for others. Second: social and economic inequalities are to be arranged so that they are both (a) reasonably expected to be to everyone's advantage, and (b) attached to positions and offices open to all. ... These principles are to be arranged in a serial order with the first principle prior to the second ..." KANT hätte hiermit vermutlich geringere Probleme, fordert er doch gegenüber einer rechtmäßig zustande gekommenen Regierung unbedingten Gehorsam (1985 a, p. 148) und sagt (Ibid., p. 136), daß "die bürgerliche Verfassung ein Verhältnis *freier* Menschen ist, die (unbeschadet ihrer Freiheit im Ganzen ihrer Verbindung mit anderen) doch unter Zwangsgesetzen stehen: weil die Vernunft selbst es so will und zwar die reine, a priori gesetzgebende Vernunft, die auf keinen empirischen Zweck ... Rücksicht nimmt ..." M.E. höchst interessanterweise tritt er für materielle Freiheit mit pragmatisch-konsequentialistischer Begründung ein:

Passage von SEN verdient, hier in voller Länge zitiert zu werden: "A person's options and opportunities can be seen as counting in a normative evaluation, in addition to what the person ends up achieving or securing. Freedom may be valued not merely because it assists achievement, but because of its own importance, going beyond the value of the state of existence actually achieved. If, for example, all the alternatives other than the one actually chosen were to be eliminated, this need not affect achievement (since the chosen alternative can be still chosen), but the person clearly has less freedom, and this may be seen as a loss of some importance."[60]

Ist den Anforderungen der ökologischen Wirtschaft nur auf dem Wege zu genügen, daß sich alle Individuen klarsehend in die Sklaverei begeben, so besteht ein Problem, welches den Bereich der ökonomischen Analyse weit übersteigt. Denn dasselbe würde für die künftigen Generationen mit Rücksicht auf ihre Nachkommen auch gelten, so daß sich die Frage nach dem Sinn dieser Opfer stellt. Hier hätten wir eine Situation, in der ein Utilitarist sich dafür entscheiden könnte, einer Generation ein gutes Leben ohne Rücksicht auf später zu empfehlen.[61] Im vorliegenden können nur drei Feststellungen getroffen werden:

- Das Problem ist nicht ohne die *psychologische* Dimension zu erörtern. Entscheidend ist, wie entwürdigend die Menschen die ihnen auferlegten Einengungen empfinden. Empirisch hat RAWLS mit seiner oben erwähnten Reihung menschlicher Bedürfnisse gewiß Unrecht, wenn emotionelle Aspekte ins Spiel kommen. Das Leben von Eltern (vielfach vor allem Müttern) mit mehreren kleinen Kindern *ist* nach den genannten Kriterien Sklaverei, wird aber einem anderen Leben vorgezogen.
- Wie alternativlos die ökologische Wirtschaft für ihre Individuen tatsächlich wäre, ist eine rein *empirische* Frage, welche nicht ohne umfangreiche Recherchen beantwortet werden kann. Selbst wenn die physischen Festlegungen, denen sich jedes Individuum unterwerfen müßte, sehr rigide wären, wären damit nicht alle Lebenssphären erfaßt. Wenn z.B. der Waldeigentümer in Norddeutschland auf einen standortgemäßen Eichen-Birken-Wald festgenagelt wird - er weder Fichten, Kiefern, Lärchen, Douglasien, nachwachsende Rohstoffe, Bananen unter Glas noch sonst eine

"Wenn man den Bürger hindert, seine Wohlfahrt auf alle ihm selbst beliebige Art, die nur mit der Freiheit anderer zusammen bestehen kann, zu suchen: so hemmt man die Lebhaftigkeit des durchgängigen Betriebes und hiemit wiederum die Kräfte des Ganzen." (1985, p. 35, vgl. auch Abschnitt 1, Anmerkung 57).

[60] SEN (1987, p. 60).

[61] Unter den in Abschnitt 5.2.1 (Abbildung 60) diskutierten Vorbehalten.

Alternative wählen darf -, so betrifft diese "Versklavung" vielleicht ein Prozent der gesamten menschlichen Existenz, wenn die Gesellschaft *gerecht* ist, diese Festlegung also nicht mit unzumutbaren materiellen Opfern verknüpft, d.h. den Eichen-Birken-Wald etwa so gut bezahlt wie die Alternativen. Trotz dieser Festlegung darf der Waldeigentümer die Musik hören, die er will, heiraten wen er will, essen und trinken was er will (wenn er jeweils alle Kosten akzeptiert). Trotz der Unsicherheit jedes Urteils wegen der erwähnten empirischen Komplexität vermute ich, daß eine ökologisch rigide individualistische Gesellschaft, in welcher alle ökologisch relevanten untragbaren Handlungen verboten wären, bei gleichzeitigem Wegfall aller nicht zu rechtfertigenden grotesken Behördengängelei per saldo dennoch eine freiere Gesellschaft als die gegenwärtige Realität wäre.

- Abschließend einen spezifisch ökonomischen Punkt: Wird auch die Zahl der Alternativen für jedes Subjekt in einer bestimmten Position beschnitten - der Waldeigentümer muß dies tun, der Wiesenbesitzer jenes -, so muß dies die langfristigen Wahlmöglichkeiten der Subjekte nicht in diesem Ausmaß beschneiden, wenn sie nämlich *wählen* können, was sie am liebsten täten. Auch der Bäcker fühlt sich nicht versklavt, weil er backt und keine Würste machen kann wie der Metzger. Dem Bäcker ist die Zahl aller denkbaren täglichen Alternativen (z.B. früh oder spät aufzustehen) sehr stark beschnitten. Dies muß (von gelegentlichem Groll beim frühen Aufstehen abgesehen) akzeptiert werden; eine freie Gesellschaft zeichnet sich jedoch dadurch aus, daß man sich *aussuchen* kann, ob man lieber Bäcker oder Metzger wird. Ebenso erfordert die ökologische Wirtschaft Flexibilität und Wahlmöglichkeiten bei der Besetzung der Positionen. Ist diese gewährleistet, so dürfte dem Vorwurf der inneren Aushöhlung des individualistischen Prinzips vorgebeugt sein.

6.4 Intertemporale Kalküle in der individualistischen Modellgesellschaft

Wir kehren nun zu den Fragestellungen zurück, welche die umfangreichen Exkurse der Abschnitte 3 und 4 erforderlich gemacht haben. In der individualistischen Modellgesellschaft gehen die Subjekte bei Achtung der Rechte anderer, auch *Späterer*, ihrem eigenen Vorteil nach. Sie treten ihre spontane Entscheidungsautonomie ab und fügen sich kollektiven Arrangements, soweit dies ökologisch geboten ist. Nach den vorangehenden Betrachtungen haben wir Grund zur Hoffnung, daß der Umschwung der Kollektivität in Despotie vermieden und daß die zwischendurch aufgekommene Befürchtung, der Naturerhalt zwinge alle in einen Ameisenstaat mit prädestinierter

Rollenverteilung, entkräftet werden kann. Während sich diese Studie gemäß dem in der Einleitung aufgestellten Programm damit abfinden muß, auf gesellschaftsphilosophischem Gebiet viele Fragen offenzulassen (das Wenige, was sie hier sagen kann, soll nur nicht manifest falsch sein), besteht hingegen der Anspruch, auf "fachökonomischem" Gebiet einen gewissen Abschluß zu finden. Bevor die Individuen in unserer Gesellschaft entscheiden, *rechnen* sie, führen insbesondere intertemporale Kalküle durch, deren Folgen wir nun möglichst vollständig durchschauen möchten.

6.4.1 Rückblick auf die Ratenparameter

In den vorderen Abschnitten wurde der vage Begriff der "gesellschaftlichen Zeitpräferenzrate" verworfen und wurden statt dessen mehrere, inhaltlich selbständige und hinsichtlich ihrer Gehalte an Rationalität und moralischer Qualität unterschiedlich zu beurteilende Raten diskutiert:

- *Die intergenerationelle Nutzendiskontierungsrate* ***w*** (Abschnitt 5.2.2): Mit RAMSEY, PIGOU, HARROD, GEORGESCU-ROEGEN und RAWLS überlassen wir dieses Instrument dem Orkus. Es besitzt in einer intergenerationell fairen Gesellschaft keine Rechtfertigung, formal gilt ***w*=0**. In einem fundamentalen Sinne zählen alle Generationen gleich, alle Abwägungsfragen im einzelnen lassen sich auf andere Weise besser analysieren als durch das Anlegen einer Rate ***w*>0**.
- *Die Rate intrasubjektiver Myopie* ***r*** (Abschnitt 3.2.1): Ein Individuum mit ***r*>0** handelt irrational, weil es seine heutigen Entscheidungen später bereut. So einfach diese Tatsache rechnerisch zu belegen ist, so schwierig ist es, Konsequenzen aus ihr zu ziehen. Es kann definiert werden, daß die individualistisch-neoklassische Modellgesellschaft aus rationalen Subjekten mit ***r*=0** besteht. Damit wird nur konsequent an die Axiomatik der Neoklassik angeschlossen, welche ihre intratemporale Wohlfahrtsökonomik ebenfalls mit rational entscheidenden Individuen mikrofundiert. Auf der anderen Seite ist jede Lösung, welche Probleme durch Hinwegdefinition löst, unbefriedigend. Lassen wir Myopie als Verhaltensannahme gelten, so geben wir, dem Grundsatz des methodologischen Individualismus folgend, den Subjekten das Recht, sich selbst zu schädigen, müssen dabei aber von dem (ideologisch fundamentalen) Anspruch abrücken, Allokationsergebnisse in einem Marktgleichgewicht seien nutzenmaximierend. Dies kann nicht der Fall sein, wenn die Subjekte ihre Entscheidungen bereuen. Wichtiger noch sind die Rückwirkungen auf andere, insbesondere spätere Subjekte. Ein myopisch beeinflußter Zins ist unter sonst gleichen Umständen höher

als in einer Gesellschaft mit ***r*=0**. Dieser höhere Zins kann eine Übernutzung der Natur bewirken, welche wiederum als Mißachtung der Rechte Späterer zu interpretieren ist und nicht zugelassen werden darf. Wird späteren Generationen durch heute grassierende Myopie Unrecht angetan, so ist es allerdings unerheblich, ob Myopie selbstschädigend ist oder nicht; das Unrecht dürfte auch dann nicht zugelassen werden, wenn myopische Entscheidungen rational wären.

Trotz der geäußerten Vorbehalte sympathisiert die vorliegende Studie mit der Lösung, die individualistische Modellgesellschaft als aus (wenn auch nicht perfekt, so doch tendenziell) rationalen Subjekten bestehend zu definieren. Dies ist in Abschnitt 3.1 eingehend begründet worden. Man stelle sich die Reputation der neoklassischen Ökonomie in normativen Diskussionen (wenn sie den Markt zu verteidigen hat) vor, wenn sie offen zugäbe, daß die Zentren aller Entscheidungen, die Individuen, unberechenbare Irre sind, die morgen das bereuen, was sie heute entschieden haben. "Jeder weiß über seine Bedürfnisse besser bescheid als der Staat, weshalb sich letzterer heraushalten soll ..." Das hört jeder Ökonomiestudent im ersten Semester. Sind die Menschen unverbesserlich dumm, so funktioniert der Markt weder intra- noch intertemporal und gibt es auch keine Zukunftsvorsorge. Wenn das die Welt wäre, so wäre die vorliegende Untersuchung nicht ihren Zeitaufwand wert gewesen. Gehen wir also davon aus, daß die Schwäche der Myopie in einer individualistischen Modellgesellschaft weitgehend abwesend ist. Wir werden darüber hinaus erkennen, daß die ohnehin erforderlichen intertemporalen Kollektiventscheidungen so beschaffen sind, daß ein eventuell vorhandener Rest von Myopie "verkraftbar" ist.

- *Die intrasubjektive Ungewißheitsdiskontierungsrate* π (Abschnitt 3.2.4): Diese ist im Gegensatz zur Rate ***r*** rational begründbar. Wegen der zahlreichen, einander überlagernden Risiko- und Ungewißheitsmomente ist ihre Höhe jedoch selbst für ein einzelnes Individuum äußerst schwer abzuschätzen, geschweige denn für die Gesellschaft als ganze. Ihre Wirksamkeit wird durch mehrere Umstände, u.a. den Willen zur Vererbung von Vermögen, abgeschwächt, so daß es für die vorliegende Studie vertretbar erscheint, von einem allokationswirksamen Effekt der Rate π ganz abzusehen.

- *Physische Wachstumsraten* s (insbesondere Abschnitt 4.3.3): Physische Wachstumsraten natürlicher Ressourcen und (sofern meßbar) des Kapitals sind zwar von großer Bedeutung, wir betrachten sie jedoch als extern gegebene Parameter. Dies ist von besonderer Bedeutung in bezug auf ihre Wirkung auf den Zins.

- *Der Zins i* (insbesondere Abschnitt 4.4): Zins ist die Bezahlung für eine Dienstleistung, für die zeitweise Überlassung von Ressourcen für einen beliebigen (konsumtiven oder produktiven) Zweck. Gegen seine bloße Existenz bestehen weder logische noch moralische Einwände,[62] es gibt ihn folglich auch in einer individualistischen Modellgesellschaft, wenn auch mit zwei Vorbehalten. Zum einen sind stets seine Motive zu hinterfragen. Wie schon oben geklärt, ist er bei starker Beeinflussung durch irrationale Verhaltensweisen, wie Myopie, nicht als verbindliches Allokationsinstrument zu akzeptieren. Dasselbe gilt, wenn er durch Verteilungsungerechtigkeiten beeinflußt, speziell in die Höhe getrieben wird, wie im Falle des Notlagen ausnutzenden Wucherzinses. Wir bezeichnen einen Zins, welcher nicht derartigen Einflüssen unterliegt und insoweit in der individualistischen Modellgesellschaft akzeptiert wird, als *rational-gerechten Restzins*. Der zweite Vorbehalt ergibt sich aus unseren Ergebnissen, wonach unter weiten Voraussetzungen der Zins als ein Transaktionskostenphänomen zu interpretieren ist. In einer utopischen Gesellschaft mit unbegrenzter Verrechnungskapazität würden sich umfangreiche gegenseitige Zinszahlungen zu Null saldieren und von vornherein unterbleiben, wie z.B. in Kreditgenossenschaften nach Art der Bausparkassen. Saldierungsmöglichkeiten wurden auch auf anderen Gebieten, sogar beim Produktivzins, entdeckt. Da die individualistische Modellgesellschaft so definiert ist, daß sie bei weitem nicht alle theoretischen Saldierungsmöglichkeiten wahrnehmen kann, reduziert sich der rational-gerechte Restzins keineswegs auf Null, jedoch wird auch dieser Umstand dämpfend auf seine Höhe wirken, so daß wir ihn uns, verglichen mit gewohnten Diskontsätzen, niedrig vorstellen müssen.

6.4.2 Der Einfluß des rational-gerechten Restzinses auf die Naturnutzung

Die Rechnungen des Abschnittes 2 zeigten den Einfluß des Zinses auf die Intensität der Naturnutzung. Je höher der Zins, um so schneller werden in der Forstwirtschaft die Bäume gefällt, um so geringer ist die Restpopulation genutzter Arten, wie z.B. Meerestiere, und um so schneller werden nicht erneuerbare Ressourcen, wie z.B.

[62] In der ökologischen Ökonomie ist die Vorstellung, daß "Null-Wachstum" und "Null-Zinsniveau" irgendwie zusammengehörten, lebendig: "It is not clear if sustainabilists are committet to zero discount rates. If they believe in the "survival imperative" one is tempted to say they must suscribe to zero discount rates" (PEARCE 1988a, p. 65). Mit PEARCE ist allerdings die Vagheit dieser Vorstellungen zu kritisieren.

Erdöl, verbraucht. Wir diskutieren nun, ob es mit den Forderungen nach intergenerationell gerechter Naturnutzung verträglich ist, auch dem rational-gerechten Restzins einen derartigen Einfluß einzuräumen. Der darauf folgende Unterabschnitt behandelt einige Fragen der intertemporalen Allokation in noch etwas allgemeinerer Weise.

Biologisch nachwachsende Ressourcen: Blicken wir auf die Ergebnisse der Abschnitte 2.2 und 2.3 zurück. Sind in einer sich nach logistischer Funktion reproduzierenden Fischerei ohne Fangkosten M der Bestand der ungestörten Population, N^* die optimale Restpopulation, s die biologische Wachstumsrate, i der Zins, h der jährliche Fang und V der Gewinn aus demselben $(V'(h)>0,\ V''(h)<0)$, so gilt unter der Nebenbedingung

$$NB: \ \frac{dN}{dt} = \dot{N}(N(t)) - h(t) \qquad (253) = (26)$$

für das Optimum:

$$\dot{h}(t) = \frac{V'(h(t))}{V''(h(t))}(i - \dot{N}'(N(t))) \qquad (254) = (32)$$

Im Gleichgewicht mit $\dot{h}=0$, zu eins normiertem Preis von h und Fangkosten von Null, d.h. $V'(h)=1$ und $V''(h)=0$, verbleibt

$$i = \dot{N}'(N), \qquad (255)$$

woraus sich mit Hilfe von (8) (Abschnitt 2.2) die einprägsame Formel ableitet

$$N^* = \frac{M}{2}\left(1 - \frac{i}{s}\right) \qquad (256) = (19)$$

mit i/s als der "Bionomic Growth Ratio". Sobald der Zins die Höhe der biologischen Wachstumsrate s erreicht, wird die optimale Restpopulation $N^*=0$, d.h. die Population wird selbst von einem Eigentümer, der prinzipiell an die Zukunft denkt (nicht Allmende-Fall!) ausgerottet. Die Wale oder worum es sich handeln mag, sind der Konkurrenz durch die neue, schnellwachsende Spezies "Kapital" nicht mehr gewachsen und werden darwinistisch verdrängt. Das Kapital wächst schneller auf der Bank als in Gestalt der Wale, letztere haben ökonomisch ausgedient. Dieses Ergebnis ist in einer individualistischen Modellgesellschaft deshalb nicht zu vertreten, weil für die künftigen Generationen zwischen Wal und Kapital ein Unterschied bestehen kann, sich beide nicht völlig substituieren und daher eine Welt ohne Wale ärmer ist. Dieser irreversible Verlust muß vermieden werden.[63]

Abgesehen vom niedrigen rational-gerechten Restzins und dem schon in Abschnitt 2.2 erwähnten Umstand, daß hohe Fangkosten einen Schutz gegen die vollständige Vernichtung der Populationen bieten können (auf den man sich jedoch nicht verlassen sollte), verfügt die individualistische Modellgesellschaft über zwei Wege, welche das Verschwinden genutzter biologischer Populationen verhindern, einen nicht unfehlbaren, aber vermutlich oft effektiven *pragmatischen*, und als letzte Karte einen *prinzipiellen*, welcher immer offensteht.[64]

Die Gesellschaft besitzt einen vollständigen Bewertungsset für sämtliche nutzenstiftende Ressourcen. Alles ist (zum Unwillen anti-individualistischer Kommentatoren) "vermarktet", nicht nur die gefangenen und geschlachteten, sondern auch die *lebenden* Wale. In der heutigen Realität beruht die bestandsbedrohliche Übernutzung auf einer klaren *Bewertungslücke*, indem die weltweit erhebliche, egoistisch und altruistisch motivierte Zahlungsbereitschaft für den Erhalt lebender Wale in keine Kalkulation eingeht. Könnte sie hier und bei vergleichbaren anderen Problemen aktiviert und allokationswirksam werden, so bestünden bessere Chancen für den Erhalt der Natur. So wäre es für Länder wie Tansania wahrscheinlich auch im engeren ökonomischen Sinne vorteilhafter, die Bestände an Nashörnern für künftige zahlungskräftige Touristen erhalten zu können, als daß sie illegal wegen ihrer hochbezahlten Hornsubstanz getötet werden und in Gefahr stehen, für alle Zeiten zu verschwinden.

Die unvollständige Zielfunktionale (25) aus Abschnitt 2.3 wird in der individualistischen Modellgesellschaft durch

$$Max: \quad PV = \int_0^T V(h(t), N(t))\, e^{-it}\, dt \tag{257}$$

ersetzt; der ökonomische Profit hängt auch vom Bestand N ab, und zwar um so stärker, je höher die Zahlungsbereitschaft für die lebenden Wale im Vergleich zu der nach den Produkten der getöteten ist. Die Optimalitätsbedingung errechnet sich nach Bildung der Hamiltonian auf demselben Wege wie in Abschnitt 2.3 als

[63] Darüber hinaus kann in der Existenz der Wale ein Eigenwert gesehen werden, vgl. die Einschränkungen der vorliegenden Studie in Abschnitt 1.4.

[64] Dies Problem ist gemeinsam mit Aspekten aus Abschnitt 5.2 schon in einem kurzen Artikel (HAMPICKE 1991) angesprochen worden.

$$\dot{h}(t) = \frac{V'(h(t))}{V''(h(t))}(i - \dot{N}'(N(t))) - \frac{V'(N(t))}{V''(h(t))} \tag{258}$$

woraus mit $\dot{h} = 0$ und $V'(h) = 1$ das Gleichgewicht

$$i - \dot{N}'(N) = V'(N) \tag{259}$$

resultiert. Da $V'(N)$ positiv ist, ist i größer als $\dot{N}'(N)$, die Steigung der RICKER-Kurve in Abbildung 75. Wie zu erwarten, resultiert unter sonst gleichen Bedingungen eine Rechtsverschiebung des Gleichgewichts in Richtung auf einen höheren Bestand. Nach Einsetzen der logistischen Funktion resultiert aus (259) in Analogie zu (256)

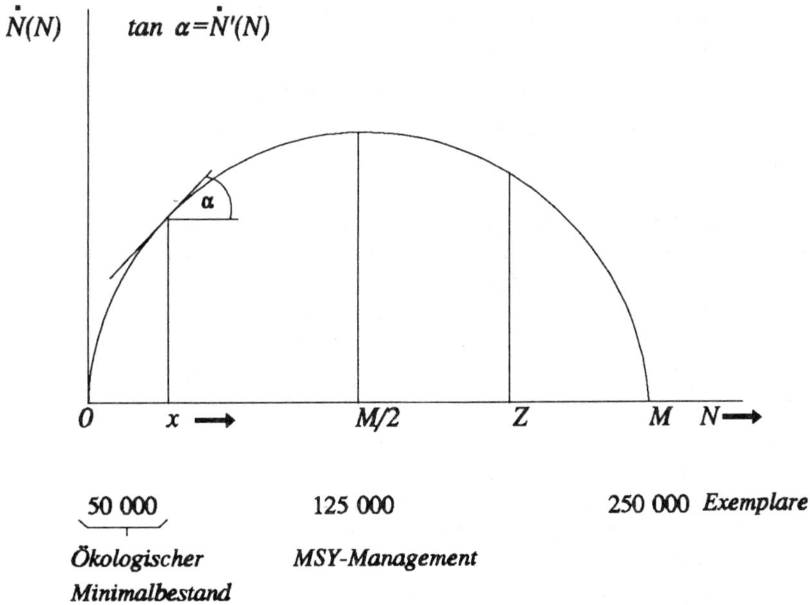

Abbildung 75: Rechtsverschiebung des Gleichgewichts bei ökonomischer Berücksichtigung des lebenden Bestandes

$$N^* = \frac{M}{2}\left(1 - \frac{i - V'(N)}{s}\right) \tag{260}$$

Auch hier ist die Rechtsverschiebung zu erkennen; N^* wird nicht schon dann gleich Null, wenn i und s gleich groß sind, vielmehr muß die Differenz von i und dem stets positiven $V'(N)$ den Wert s übersteigen, um dieses unzulässige Ergebnis herbeizuführen.

Wie nicht anders zu erwarten, ist die ökonomische Wertschätzung der lebenden Wale ein Schutzschild gegen ihre Ausrottung. Dieser Effekt kann natürlich im Einzelfall gering sein, er kann jedoch auch so groß sein, daß er das Gleichgewicht bis in die rechte Hälfte der Abbildung 75 verschiebt, etwa zu **Z** . Dies ist ein weiteres Argument dafür, daß die nicht nur in der forst- und fischereiwirtschaftlichen Praxis, sondern zuweilen auch in der Philosophie erhobene Behauptung, das Maximum Sustainable Yield-Management (in der Abbildung 75 bei 125 000 Stück) sei unter allen Umständen anzustreben, unkorrekt ist.[65]

Versagt die erläuterte Bewertungsmethode, so greift als letztes Mittel der Kollektivbeschluß, den Bestand nicht unter eine sichere Untergrenze absinken zu lassen.[66] In den hypothetischen Zahlenwerten der Abbildung 75: Meeresökologen mögen feststellen, daß von einer Walart mit einer vermutlichen Gleichgewichtspopulation bei Abwesenheit aller menschlichen Eingriffe von 250 000 Stück nach besten

[65] Um WILLIAMS (1978) nicht ungerecht zu kritisieren, muß hier differenziert werden: Die forst- und fischereiwirtschaftliche Behauptung, wonach das MSY-Management unabhängig vom Zins effizient sei, ist analytisch klar falsch. Die genannte Philosophin argumentiert hingegen, MSY sei utilitaristisch geboten. Dies ist nur richtig, wenn die lebenden Bestände keinen Wert besitzen. Im übrigen ist ihren sonstigen Ausführungen weitgehend zu folgen, im Interesse (nicht unbedingt utilitaristischer) intergenerationeller Gerechtigkeit genügt jedoch die schwächere Forderung, die Bestände überhaupt zu erhalten.

[66] Dabei ist die in Abschnitt 5.4 diskutierte Bedingung zu beachten, daß dies der gegenwärtigen Generation zumutbar sein muß, woran im Fall der Wale kein Zweifel bestehen kann. Die Kollektivschranke ist auch ein Korrektiv gegen einen evtl. fortbestehenden Rest von Myopie und einem entsprechend erhöhten Zins. Sind die Subjekte so zukunftsbewußt wie die Zentralinstanz und bestehen funktionierende Märkte für lebende Wale, so ist die Kollektivschranke überflüssig, sie entspricht formal einem nicht greifenden LAGRANGE-Multiplikator. Vgl. auch den sehr reichen, in der ökonomischen Diskussion zuwenig gewürdigten Artikel von DOELEMAN (1980): "Some minimal social rate of discount should not be enforced. Instead, it is more feasible to set absolute environmental standards, thereby introducing quantity constraints on decision making, within which time preference can be permittet to find its own level. This acknowledges that the myopia of human vision may not be a flaw but rather a biological design which has served us well in evolution. It may therefore be better to change the rules by introducing self-imposend collective constraints than to try to change the shortsighteness of people in their day-to-day grass-roots decision making." (p. 45). Gleicher Meinung sind PEARCE et al. (1989).

Erkenntnissen und um ein Sicherheitspolster ("Safe Minimum Standard") vermehrt, 50 000 Stück ausreichen, um dieser Art eine sichere Existenz, insbesondere in bezug auf die Bewahrung hinreichender genetischer Varianz und die Möglichkeit evolutiver Weiterentwicklung zu gewährleisten. Dann darf der Bestand nicht unter diese Grenze absinken, sie wird *tabuisiert*. Die Wirksamkeit ökonomischer Kräfte wird auf den Bereich >50 000 Stück begrenzt, wo sie keinen ökologischen Schaden stiften kann; die Pflicht, die Art für die Nachwelt (oder aus anderen Gründen) zu erhalten, dominiert ökonomische Klugheitskalküle. Ob sich dann das Gleichgewicht unter dem Zusammenspiel der Nachfragen nach lebenden und toten Walen bei 60 000, 100 000 oder 200 000 Stück einpendelt, ist für die Belange intergenerationeller Ethik unwesentlich. Wenn überall so verfahren wird, kann es keine irreversiblen ökologischen Verluste geben.

Bevor das Thema abgeschlossen wird, ist noch eine nicht-ökonomische Abschweifung erforderlich. Der rational-gerechte Restzins **$i>0$** führt zwar zu zukunftsethisch vertretbaren, nichtsdestoweniger aber zu *anderen* Ergebnissen als ein System ohne diesen Zins, also mit **$i=0$**. Daß die Differenz zwischen diesen beiden Ergebnissen nach den hier angelegten Kriterien akzeptiert werden kann, heißt nicht, daß sie in jeder Hinsicht irrelevant wäre. Unter den Bedingungen der Abbildung 75 werde bei einem Zinsniveau von Null ein Gleichgewicht von 140 000, bei einem rational-gerechten Restzins dagegen von 100 000 Stück erreicht. Unterstellen wir, der Zins sei nach Abschnitt 4.3.2 durch unterschiedliche konsumtive Investitionsbedürfnisse der menschlichen Subjekte hervorgerufen, symbolisch gesprochen dadurch, daß ein Teil von ihnen ein Häusle bauen will und der andere Teil ihnen dafür Geld leiht. Obwohl beide Gleichgewichtspopulationen die Mindestnorm von 50 000 klar einhalten, ist die Frage erlaubt, warum in aller Welt 40 000 Wale zusätzlich sterben müssen, nur weil die einen Menschen ein Häusle bauen wollen und die anderen nicht. Der Nicht-Ökonom fragt mit Recht, wo hier der logische Zusammenhang bestehe.

Die 40 000 zusätzlich getöteten Wale sind in gewisser Weise ein Opfer für die individualistische Menschengesellschaft. Sie würden in einer Gesellschaft, welche in allen anderen Eigenschaften der hier analysierten identisch wäre, in der jedoch der Restzins despotisch-kollektiv unterdrückt würde, am Leben bleiben. Das Problem ist nur mit metaökonomischen Argumenten zu behandeln. Der schon in Abschnitt 2.2 gegebene Hinweis auf die Grausamkeit des Walfangs[67] hilft hier wenig weiter. Soll

[67] Vgl. dort Anmerkung 13.

das von den Tieren wahrscheinlich erlebte Leiden vermieden werden (wie es meine Meinung ist), so ist dies kein Argument, welches auf die zusätzlichen 40 000, sondern auf alle anderen auch zutrifft; der Walfang ist vollständig einzustellen. Die Kreise, welches dieses Argument zieht, können nicht weiter verfolgt werden, aber es ist hoffentlich deutlich geworden, daß die Perspektiven, in die hier weitergedacht werden muß, durch die vorgelegten Ergebnisse nicht verschlossen werden.

Nichtregenerierbare, jedoch substituierbare Ressourcen: Wie soeben in bezug auf die Wale diskutieren wir in diesem Abschnitt nur, ob die individualistische Modellgesellschaft unter dem Einfluß ihrer intertemporalen Kalküle ihren Pflichten gegenüber der Nachwelt genügt; einige Aspekte, die die Zeitgenossen *selbst* betreffen, werden danach angesprochen. In dieser Gesellschaft gilt die HOTELLING-Regel; die Royalties aus dem Verkauf von Erdöl steigen im Zeitverlauf mit dem rational-gerechten Restzins. Liegt der Erschöpfungszeitpunkt - der Tag, an dem der "letzte Tropfen" zum höchstmöglichen Preis verkauft wird - noch weit in der Zukunft, so ist das Öl entsprechend billig und der Verbrauch entsprechend hoch. Es gelten die Mengen- und Preisprofile aus Abbildung 13, Abschnitt 2.4. Dies scheint der zukunftsethischen Forderung zu widersprechen., wonach das Öl im Interesse der Ausnutzung aller Einsparungsmöglichkeiten *immer* teuer sein sollte, auch dann, wenn der Erschöpfungszeitpunkt noch weit in der Zukunft liegt.[68]

Beim vorliegenden Problem besteht die Gefahr, die Rolle des Zinses zu überschätzen. Er determiniert in erster Linie den *Anstieg* des Ölpreises und damit die Kurvenkrümmungen beim Mengen- und Preisprofil in den Abbildungen 11 und 13 (Abschnitt 2.4). Ein rational-gerechter Restzins $i>0$ sorgt z.B. dafür, daß das Erdöl nicht in konstanten jährlichen Mengen bis zu seiner Erschöpfung verbraucht wird, sondern daß das jährliche Quantum kontinuierlich sinkt. Ob das mehr oder weniger vorteilhaft ist, ist jedoch kein zukunftsethisches Problem, sondern hat die gegenwärtige Generation für sich zu entscheiden (vgl. folgenden Unterabschnitt).

Bei nicht regenerierbaren natürlichen Ressourcen besteht die Pflicht der gegenwärtigen gegenüber den späteren Menschen darin, rechtzeitig ein geeignetes *Substitut* zu entwickeln; entscheidend ist die richtige Wahl des Zeitpunktes T in den Abbildungen 11 und 13 (Abschnitt 2.4). Gelingt dies, so interessieren sich die späteren Generationen wenig dafür, nach welchem Profil wir das Öl zu unserer Zeit verbraucht haben. Gibt es bereits ein wenn auch teures Substitut, wie in der Abbildung 11a, so bestimmt der Zins in relativ direkter Weise den Erschöpfungszeitpunkt T,

[68] Vgl. BIRNBACHER (1988, pp. 250ff.).

wie es auch im Modell der Abbildung 13 der Fall ist. Voraussetzungsgemäß hat in diesem Fall die gegenwärtige Generation für die Zukunft vorgesorgt. Ist das Substitut adäquat, so bestehen keine Bedenken dagegen, daß der Zins den Zeitpunkt ***T*** determiniert. In der Abbildung 11b muß dagegen ein Substitut erst noch in der Zukunft entwickelt werden; hier bestimmt der Zins über den Umweg der Kurvenkrümmung u.a. die Höhe, bis zu welcher der Erdölpreis vor dem Übergang zur neuen Technologie steigt. Auch hier ist das entscheidende Faktum jedoch, das Substitut überhaupt zu entwickeln.

Die Aufgabe der zukunftsbewußten Gesellschaft besteht darin, den Übergang am Tag ***T*** verantwortungsvoll vorauszuplanen. Wegen der nicht auszuräumenden Zukunftsungewißheit muß dafür Sorge getragen werden, daß stets ein Sicherheitspolster in Gestalt unverbrauchter Vorräte für den Fall existiert, daß die Substitution nicht so schnell und preisgünstig gelingt wie erhofft. Dies könnte praktisch in der schon oft vorgeschlagenen Weise geschehen, daß sich die privaten Kalkulationen an der HOTELLING-Regel orientieren, daß jedoch eine Abgabe auf Erdöl erhoben würde, welche den Preis um einen konstanten Betrag nach oben und damit den Tag ***T*** um einen Betrag in die Zukunft verschöbe. Mögen auch manche pragmatischen Gründe für eine solche Lösung sprechen, so stelle ich mir jedoch die ideale Lösung in einer individualistischen Modellgesellschaft anders vor. In dieser Gesellschaft wissen die Subjekte, daß Erdöl wie auch vergleichbare Ressourcen substituiert werden *müssen*. Das ist der Unterschied zu den biologisch-geochemischen Lebensgrundlagen ("regenerierbaren Ressourcen"), welche nicht substituiert werden können. Hieraus leitet sich erstens und für alle einsichtig ab, daß Beiträge dazu, diese Substitution rechtzeitig und kostengünstig zu ermöglichen, selbst ein Teil der Pflichterfüllung gegenüber künftigen Generationen sind. Die Erdölsubstitution ist kein Naturereignis, sondern ein Willensakt. Es müssen Ressourcen in Forschung und Entwicklung zur Ölsubstitution auch aus anderen als egoistischen Gründen fließen, es besteht eine moralische Pflicht zur Innovation (es sei denn, man verzichtet ganz auf den Erdölverbrauch). Wird dieser nach bestem Vermögen nachgekommen, so bleibt nur noch übrig, den Subjekten die Situation stets vollständig vor Augen zu führen (noch vorhandene Ölreserven, Entwicklungsstand der Substitute) und verbindliche gesellschaftliche Ziele zu setzen. Analog zum Vorgehen bei den regenerierbaren Ressourcen ("Es muß stets mindestens 50 000 Blauwale geben") wird regelmäßig verkündet: "Im Jahre ***T*** wird ein Substitut spezifizierter Art beliebige Energiemengen zum Preis ***x*** pro Einheit voraussichtlich liefern können. Bis dahin muß das Erdöl ausreichen, außerdem muß es bis zum Jahre ***T*** noch eine Sicherheitsreserve in Höhe von ***y*** geben." Daß derartige Selbstverpflichtungen in der Realität bedeutend komplizierter wären, versteht sich von selbst. Entscheidend ist, daß analog wie im Fall der Wale Zukunftsverpflichtungen verbindlich formuliert und eingehalten werden müssen, sie besitzen die Priorität vor ökonomischen Klugheitskalkülen, wie dem Zins. Ist diese Priorität nicht gefährdet, so kann zugelassen werden, daß der Zins aus der Teilmenge der ethisch erlaubten Allokationen eine einzige herausselektiert.

6.4.3 Intragenerationelle Zukunftsbewertung

Die individualistische Gesellschaft erfüllt ihre intergenerationellen Pflichten auf dem Gebiet des Naturerhalts. Obwohl alle weiteren Probleme im Hinblick auf die Themenstellung dieser Studie zweitrangig sind, sollten wir nicht über sie hinweggehen. Der rational-gerechte Restzins zeitigt intragenerationelle Allokations- und Distributionswirkungen. Unterstellen wir, daß die letzteren keine Ungerechtigkeit erzeugen und damit intragenerationell-ethisch neutral seien. Damit verbleibt die interessante Frage, welche Einflüsse der Zins auf die Effizienz der Ressourcennutzung ausübt. Wir haben festgestellt, daß es ethisch akzeptabel ist, wenn er unter den genannten Einschränkungen wirkt - ist es aber auch klug, ihn wirken zu lassen?

Es werde vom Problem der Generationenüberlappung abstrahiert und ein Zeitraum definiert, der ausschließlich intragenerationell relevant ist. Wählen wir zur Veranschaulichung 25 Jahre; in diesem Zeitraum wirke eine Generation. Versetzen wir uns in die Lage eines externen Beobachters (SMITHs "Impartial Spectator"[69]) und vergleichen wir die beiden hypothetischen Situationen, daß es einmal einen rational-gerechten Restzins von Null und ein andermal ungleich Null, sagen wir von 2% p.a. gebe. Alle anderen Umstände seien identisch. Auch gebe es im betrachteten Zeitraum von 25 Jahren keine relevanten ökonomischen Veränderungen, keine Verschiebung realer Knappheitsverhältnisse oder von Präferenzen, kein Bevölkerungswachstum, keine technischen Fortschritte usw. - jeder Tag sei dem davor und dem danach gleich. Die Gesellschaft verfüge über gewöhnliche, reproduzierbare Investitions- und Konsumgüter, erneuerbare natürliche Ressourcen, bei welchen, wie oben erläutert, der ökologisch erforderliche Mindestbestand respektiert wird, sowie eine erschöpfliche Ressource. Diese müsse genau bis zum letzten Tag des Zeitraums hinreichen;

[69] A. SMITH (1976, passim).

am nächsten Tag, an dem die nachfolgende Generation die Bühne betritt, stehe ein Substitut zur Verfügung.

Die genannten Modellbedingungen sind ohne Zweifel extrem restriktiv und hinsichtlich eines Aspekts sogar inkonsistent: Wenn während der 25 Jahre das Substitut für die erschöpfliche Ressource geschaffen wird, welches die Nachfolger am ersten Tag der folgenden Periode übernehmen können, so muß es entgegen den Voraussetzungen doch eine Art von Entwicklung gegeben haben. Was mit diesem Modell jedoch demonstriert werden soll, wird durch diese Inkonsistenz nicht tangiert.

Gewöhnliche Güter: In dieser Szenerie erwäge ein Individuum ein ökonomisches Projekt ***A***, welches zum Zeitpunkt t_o einen Ertrag von **10** Einheiten stiftet (Abbildung 76). Die Kosten betragen **15** Einheiten und werden **25** Jahre später, zum Zeitpunkt ***T***, fällig. Dieses Projekt wird bei ***i*=0** unterlassen; man wendet nicht Kosten in Höhe von **15** Einheiten auf, um nur **10** Einheiten als Ertrag zu erhalten. Bei ***i*=0,02** wird es jedoch durchgeführt, weil die **10** Ertragseinheiten, aufdiskontiert bis zum Zeitpunkt ***T*=25**, auf **16,49** Einheiten angewachsen sind bzw. umgekehrt, weil die **15** Kosteneinheiten, abdiskontiert auf t_o, zu **9,10** Einheiten geschrumpft sind. Der diskontierte Ertrag übersteigt die diskontierten Kosten.

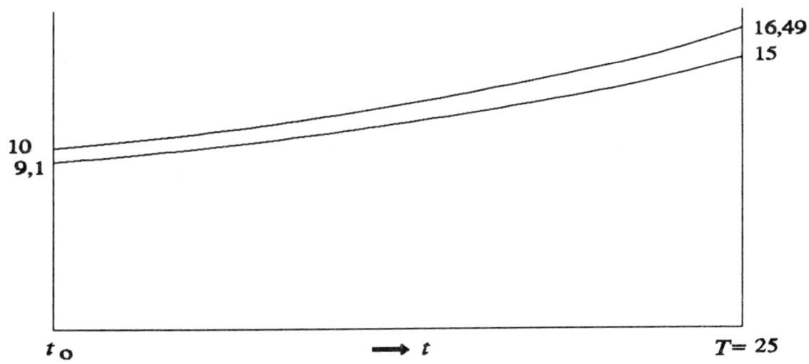

Abbildung 76: Intertemporale Entwicklung von Kosten und Erträgen bei ***i*=0,02**

Ein anderes Projekt ***B***, welches zu Beginn der Periode Kosten in Höhe von **10** Einheiten erfordert und am Ende einen Ertrag von **15** Einheiten erbringt (z.B. die Pflanzung eines Forstes), wird hingegen im Falle von ***i*=0** durchgeführt und im Falle von ***i*=0,02** unterlassen, weil nach derselben Rechnung wie oben der diskontierte

Ertrag die diskontierten Kosten nicht übersteigt, sondern dahinter zurückbleibt. Für den mit ökonomischer Routine vertrauten Leser ist dies natürlich trivial, er sollte sich jedoch seiner Betriebsblindheit bewußt sein. Der "Impartial Spectator" fragt sich, warum der Zins die Reihenfolge der Vorteilhaftigkeit umzukehren in der Lage ist. Bevor wir ihm antworten, betrachten wir noch die weiteren Ergebnisse des Zinses.

Regenerierbare Ressource: In Abbildung 77 wird bei kostenfreiem Fang und $i=0$ im Punkt $M/2$ gefischt, es gilt die MSY-Regel (Maximum Sustainable Yield). Mit $i=0{,}02$ verschiebt sich das Gleichgewicht nach links zu N_1 mit den beiden Folgen, daß der Bestand der Ressource geringer ist (voraussetzungsgemäß jedoch, ohne gefährdet zu sein) und daß auf einen jährlichen Fischkonsum in Höhe von Δh_1 verzichtet wird. Verursacht die Fischerei realistischerweise Kosten, so führt beim Übergang von $i=0$ auf $i=0{,}02$ die Linksverschiebung des Gleichgewichts von N_2 zu N_3 neben der Reduktion des Bestandes zu dem zunächst unplausiblen Ergebnis, daß in Höhe von Δh_2 *mehr* Fisch konsumiert wird. Der rational-gerechte Restzins führt also im Vergleich zu einer zinslosen Wirtschaft je nach den Umständen entweder zu einer Minder- oder Mehrversorgung mit Fisch.

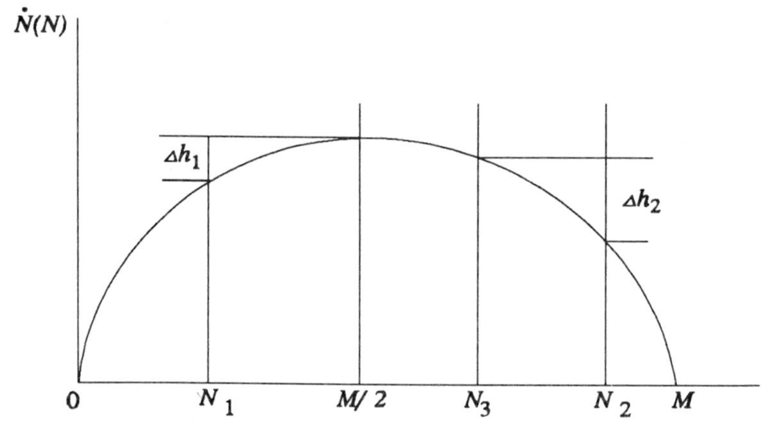

Abbildung 77: Einfluß des rational-gerechten Restzinses auf die optimale Fanghöhe in der Fischerei

Erschöpfliche Ressource: Besteht die Gesellschaft nur aus einer einzigen Person, so sind die Ergebnisse der Analyse von Robinsons "Hardtack-Ökonomie" (Abschnitt 3.2.1, insbesondere Abbildung 16) ohne Zögern auf das vorliegende Problem zu übertragen, es ergibt sich das rationale Konsumprofil q^* aus Abbildung 78, die Gleichverteilung in der Zeit.[70] Unter den getroffenen Voraussetzungen gibt es keine Veranlassung, an diesem Resultat etwas zu verändern, wenn aus Robinson mehrere oder viele Personen werden. Der Gleichgewichtspfad q^* wird jedoch in einer N-Personen-Ökonomie nur bei $i=0$ realisiert, bei $i>0$ resultiert der HOTELLING-Pfad $q(t)$; erst wird viel und später immer weniger konsumiert (Monopoleinflüsse nach Abschnitt 2.4 betrachten wir als abwesend).

Den drei geschilderten Problemen ist gemeinsam, daß der Zins $i>0$, verglichen mit einem zinslosen Zustand, zu einer gesellschaftlichen Nutzeneinbuße auf dem Gebiet der *jeweils betreffenden* Ressource führt. Der Zins $i=0,02$ bewirkt, daß eine Investition mit Kosten von **10** und einem Ertrag von **15** Einheiten unterlassen wird, wenn der Ertrag nur hinreichend spät eintritt. Es gibt nichts daran zu deuteln, daß hier auf einen Gewinn von **5** Einheiten verzichtet wird, ebenso wie beim anderen geschilderten Projekt Kosten in Höhe von **5** Einheiten zuviel aufgewendet werden. Von allen Gründen, welche diese Verzichte unmittelbar verständlich werden ließen, wie z.B. im ersten der beiden Fälle ein zu hohes Risiko der Investition, haben wir definitorisch abgesehen, so daß es einer anderen Erklärung bedarf, um sie zu rechtfertigen.

Im Fall der Fischerei versteckt sich der Effekt bei der Linksverschiebung des Gleichgewichts in der rechten Hälfte der Abbildung 77 hinter dem höheren Ertrag Δh_2; jedoch zeigt die nähere Betrachtung, daß hier unter dem Strich auch ein Verzicht relativ zur zinslosen Wirtschaft gefordert ist. Der Zins veranlaßt zu erhöhter Erstabfischung (vgl. Abschnitt 2.2), deren Ertrag rentabel angelegt wird, zwingt aber gleichzeitig zum Aufwand höherer Kosten für dieselbe, so daß anderen produktiven Stellen der Wirtschaft Ressourcen vorenthalten werden.

Schließlich dürften die ausführlichen Analysen des Abschnitts 3.2.1 keinen Zweifel daran lassen, daß jede vom Gleichverteilungspfad abweichende Nutzung des Erdöls (ebenso wie des Schiffszwiebacks) den Gesamtnutzen aus seiner Verwendung nur senken kann, wenn voraussetzungsgemäß alle relevanten Umstände, insbesondere

[70] Tatsächlich wäre ein solcher Gleichverteilungspfad wegen der in der Realität nie auszuräumenden Zukunftsungewißheit nicht zu empfehlen. Wir dürfen von letzterer absehen, weil dies ein anderes Problem darstellt.

die Präferenzen und die Technologie, während des Zeitraums unverändert bleiben und die Länge der Periode feststeht. Schiffszwieback und Erdöl müssen zu jedem Zeitpunkt einen identischen Grenznutzen bzw. technischen Grenzertrag liefern, andernfalls wäre eine zeitliche Umschichtung angezeigt. Vom Ergebnis her handelt die den Hotelling-Pfad $q(t)$ in Abbildung 78 wählende Gesellschaft ebenso unrationell wie Robinson, wenn er einem myopischen Konsumpfad (gestrichelt eingetragen) folgt, wenn auch Ursache und Interpretation der beiden Fälle unterschiedlich sind.

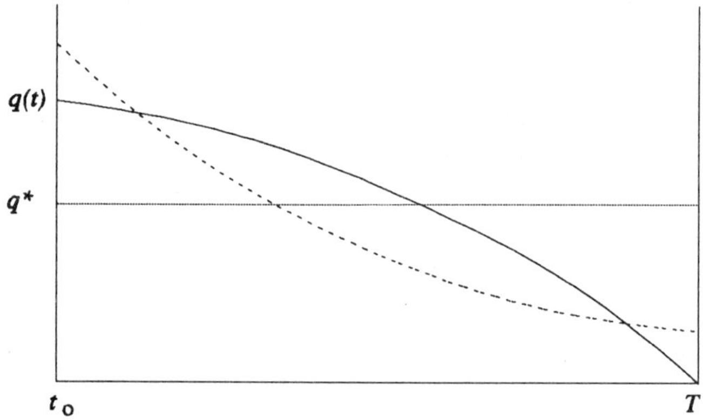

Abbildung 78: Einfluß des rational-gerechten Restzinses auf den Verbrauchspfad einer erschöpflichen Ressource

Die in allen drei Fällen durch den Zins $i>0$ bewirkten Verzichte können nur die eine Rechtfertigung finden (und damit den Zins zu einem rationalen Allokationsinstrument werden lassen), daß ihnen höhere Gewinne an anderen Orten der Wirtschaft entsprechen. Nach den Ausführungen aus Abschnitt 4.3.3 ist dies auf Anhieb verständlich, wenn es sich bei i um einen *Produktivzins* handelt. Es ist richtig, eine Investition zu unterlassen, wenn die dafür erforderlichen Mittel woanders einen höheren Ertrag liefern. Bedeutet ein Produktivzins von $i=0{,}02$, daß die schlechteste alternative Investition mindestens eine Rendite von 2% p.a. liefert, so muß ein Projekt, welches diesen Wert nicht erreicht, unterbleiben. Ebenso richtig ist es, die Nutzung regenerierbarer natürlicher Ressourcen (innerhalb der oben diskutierten Grenzen) zu forcieren, wenn dadurch Mittel akquiriert werden, welche produktiv angelegt werden können. In gleicher Weise rechtfertigt sich die Abweichung vom Gleichverteilungspfad bei der Nutzung einer erschöpflichen Ressource. Wie im Abschnitt 4.3.3 analysiert, wird durch den Produktivkredit darauf hingewirkt, daß sich im Idealfall die physische Wachstumsrate des "Kapitals" an allen Einsatzstellen angleicht, womit seine Gesamtproduktivität und damit die gesellschaftliche Güterversorgung maximiert wird. In einer Welt, die sich nicht von Manna ernährt, kann sich hinter der physischen Wachstumsrate des "Kapitals" nichts anderes verbergen als die Wachstumsrate einer natürlichen Ressource (wie in Robinsons "Corn-Ökonomie" der Mais) oder eines anthropogen bis zur Unkenntlichkeit überformten und veränderten natürlich-technischen Ressourcenkomplexes (des "Realkapitals"), wohinter sich die Wachstumsrate einer vom Menschen umgeformten Natur verbirgt.[71] Bei heterogenem Kapitalbestand (Mais, Wale, Erdöl, Werkzeuge, Schiebkarren, Schiffe ...) taucht natürlich das Problem der gegenseitigen Bewertung auf, dies ist jedoch nicht das Thema der vorliegenden Studie.

Soweit ist alles klar. Vergleichen wir hiermit die Situation, in der das Zinsniveau durch *konsumtive* Nachfrage bestimmt wird. Da bei einer Überlagerung von Konsumtiv- und Produktivzins keine neuen Aspekte auftauchen, können wir zur Vereinfachung von der Fiktion ausgehen, daß es außer der vorliegenden Alternative überhaupt nichts Produktives in der Wirtschaft gebe. Es gebe nur den Konsumtivkredit, etwa auf Grund der Nachfrage nach Hypothekenkredit der Häuslebauer aus Abschnitt 4.3.2. Hier haben alle Individuen ihr Einkommen umwandelbar zugeteilt bekommen und besitzt der Kredit nur die Funktion, Einkommensströme den Konsumbedürfnissen besser anzupassen. In dieser Situation unterliegen die Individuen einer Täuschung, sie verwechseln i und s. Wer auf der Bank sein Geld "arbeiten" läßt, wendet dieselben Kalküle an wie Robinson, der seinen Mais wachsen läßt und sich freut, wie er an Umfang zunimmt. Gesamtwirtschaftlich nimmt jedoch gar nichts zu - was ein Individuum mehr erhält, erhält ein anderes weniger, der Konsumtivkredit ist physisch (nicht bezüglich des Nutzens) ein Nullsummenspiel. Seinetwegen werden im ersten der oben diskutierten Beispiele Investitionen unterlassen, es gibt weniger Holz in der Gesellschaft, als es geben könnte. Die Verzerrung in den beiden anderen Beispielen sind auch klar; handelt es sich beim Erdöl um ein Investitionsgut, so muß sein zeitlich ungleichmäßiger Einsatz zu einer geringeren Erzeugung an Konsumgütern während der gesamten Periode führen als bei jährlich konstantem Einsatz, womit der Verzicht ebenfalls offenkundig ist.

Die Entscheidung der Verleiher, um Konsumtivkredit nachsuchende Individuen zu bedienen, anstatt produktive Möglichkeiten wahrzunehmen, ist unter den obwaltenden Umständen richtig, weil die Nutzensumme auf diese Weise in stärkerem

[71] Vgl. IMMLER (1989).

Maße erhöht wird als durch zusätzliche Produktion. Es ist wichtiger, mit BÖHM-BAWERK die Diskrepanz zwischen Bedarf und Deckung bei den Kreditnachfragenden zu mildern, als zusätzliches Holz zu erzeugen. Entscheidend ist der Zusatz "unter den obwaltenden Umständen", denn diese sind nicht naturgegeben. Eine Gesellschaft ohne oder mit nur einer unbedeutenden zahlungsbereiten Nachfrage nach Konsumtivkredit ermöglicht eine höhere Güterversorgung, weil Investitionen mit geringerer Rendite nicht ausselektiert, sondern ebenfalls unternommen werden. Die Notwendigkeit, Einkommen auf dem Wege des Konsumtivkredites umzuschichten, verursacht reale Kosten und ist insofern als ein Defekt der Gesellschaft interpretierbar. Die beiden Möglichkeiten, den Konsumtivkredit überflüssig werden zu lassen, sind im Abschnitt 4 ausführlich diskutiert worden: entweder durch die Realisierung von Einkommensprofilen, welche keine zeitliche Korrektur auf dem Kreditwege erfordern, oder durch Ausnutzung aller Saldierungsmöglichkeiten. Das erste berührt das Gebiet der intragenerationellen Gerechtigkeit, während das zweite ein Problem der Transaktionskosten und damit der Organisation und Klugheit ist. Beides sind attraktive Ansatzpunkte zur Vertiefung der Analyse der menschlichen Gesellschaft, ich glaube jedoch, daß für den Zweck der vorliegenden Studie das Thema des Zinses hinreichend behandelt worden ist.

7 Theoretisches Ergebnis und Praxisfolgen

7.1 Wie erhält die individualistische Modellgesellschaft die Natur?

7.1.1 Zehn Punkte

1. Autonome, souveräne menschliche Individuen überwinden die Vereinzelung im anarchischen Urzustand und schließen sich zu einer Gesellschaft mit verbindlichen Regeln zusammen. Der Kern des hypothetischen Gesellschaftsvertrages besteht darin, daß jeder Mensch tun und lassen kann, was er oder sie will, solange die wohldefinierten Rechte der anderen nicht verletzt werden. Diese lassen sich als Rechte auf Eigentum im weitesten Sinne auffassen - nicht nur des von der Natur oder anderen Menschen erworbenen Eigentums, sondern auch des Eigentums an sich selbst: Gesundheit, Wohlbefinden, Gefahrlosigkeit u.a.m. Die Rechte sind Ausdruck des Respekts vor der Person jedes Menschen. Die Frage dieser Studie ist, ob bzw. unter welchen Voraussetzungen die hier definierte "individualistische Modellgesellschaft" die Natur erhält. Da diese Gesellschaft weder eine Überzeugung vom Eigenwert der Natur besitzt noch eine religiöse Pflicht zum Naturerhalt kennt, es mithin keinen Respekt vor der Natur als solcher gibt, kann Naturerhalt nur ein instrumentelles Ziel sein, welches sich aus den Rechten anderer (speziell künftiger) Menschen ableitet.

2. Das Motiv, den hypothetischen Urzustand gegen eine Gesellschaft mit verbindlichen Regeln zu tauschen, besteht mit HUME ein erhebliches Stück weit in Nutzenerwägungen. Je schwächer ein Individuum ist, um so bereitwilliger unterwirft es sich den Regeln der Gesellschaft, da es deren Schutzes immer deutlicher bedarf. Die Regeln halten Willkür fern, gegen die man sich entweder überhaupt nicht oder nur durch einen hohen, produktiven Verwendungen vorenthaltenen Ressourcenaufwand schützen könnte. Je stärker allerdings ein Individuum situationell (etwa als unbeobachteter Dieb) oder generell (wegen physischer Überlegenheit) ist, um so weniger bedarf es der Schutzfunktion der Regeln, und um so stärker treten deren einschränkende Aspekte hervor. Ganz Starke ziehen das Chaos vor. Da zumindest situationelle Stärke ein universelles, stets wiederkehrendes Phänomen in einer Gesellschaft ist,

kann Normenfolgsamkeit nicht aus Eigennutz allein erklärt werden, HUMEs Begründung ist lückenhaft. Vollkommene Regeltreue ist von Individuen nicht zu erwarten, welche Regeln nur aus Furcht einhalten, faktisch das Opfer der Nichteinhaltung der anderen zu werden. Dies ist vielmehr nur der Fall, wenn sie sich KANTs Prinzip der Verallgemeinerung zu eigen machen und sich sagen, daß sie theoretisch das Opfer eines Regelübertritts werden könnten.

3. Schwache Individuen ohne die Befähigung zur Gegenwehr werden in einer Modellgesellschaft nur bei vollkommener Regelbefolgung durch die Stärkeren geschützt. Außer im trivialen Fall, daß es keine Schwachen gibt, kann die Gesellschaft daher schon intragenerationell nur bei vollkommener Regeltreue bestehen. Kann dies zwar mit dem Hinweis auf die Realität bestritten werden, in der die offenkundige Abwesenheit vollkommener Regeltreue nicht zum Rückfall in den anarchischen Urzustand führt, so ist doch dieser Einwand bei näherem Hinsehen wenig triftig: Reale Gesellschaften nach dem Vorbild des Individualismus der Aufklärung existieren erst in weltgeschichtlich sehr kurzen Zeiträumen auf der Basis eines labilen Gleichgewichts, in welchem ein zunehmendes Maß an Regelverletzungen, vom Kleindiebstahl bis zur Gewalttat, schlicht hingenommen wird, und in dem Schlimmeres nach dem Prinzip der Koalitionsbildung und Sanktion zu verhindern versucht wird. Ob dieses Gleichgewicht von Bestand ist, ist keineswegs sicher, vieles spricht sogar dagegen. Plausibler ist genau die entgegengesetzte These, daß allein die Existenz eines immer noch hinreichenden Maßes an pflichtgeleiteter Normenachtung ein Abgleiten entweder in den HOBBESschen Dschungel oder in die Diktatur der Zentralinstanz verhindert. Das Abgleiten letzterer Art ist im übrigen regelmäßig zu beobachten. Auf theoretischer Betrachtungsebene ist daher die Notwendigkeit einer KANT-nahen absoluten Normentreue als Lebensvoraussetzung der individualistischen Gesellschaft unerschüttert.

4. Eine andere interessante empirische Beobachtung ist die, daß die bestehenden, defizienten individualistischen Gesellschaften, können sie auch die Zeitgenossen im Durchschnitt vor dem Schlimmsten schützen, bisher bei der Zukunftsvorsorge vollständig versagen. Wird auch immer mehr über Zukunftsverantwortung geredet, so wird doch bei der Nutzung und Vernichtung natürlicher Ressourcen weltweit so gehandelt, als gäbe es keine späteren Menschen. Die theoretische Erklärung im vorliegenden Kontext ist, daß die Rechte künftiger Menschen mißachtet werden, weil jene über kein Droh- und Vergeltungspotential verfügen. Ihre Schwäche ist vollkom-

men; sie sind noch schwächer als der situationell schwache Zeitgenosse, der nicht den ganzen Tag lang auf sein Fahrrad aufpassen kann und es daher mit einer gewissen Wahrscheinlichkeit den Dieben überlassen muß. Sie sind sogar noch schwächer als der prinzipiell schwache Zeitgenosse, wie etwa der mittel- und machtlose Asylbewerber. Der theoretische Umkehrschluß liegt auf der Hand: Eine Gesellschaft mit absoluter Normentreue, in der Regeln auch in dem Grenzfall eingehalten werden, daß die Wahrscheinlichkeit der Sanktion auf Null gesunken ist, achtet die Rechte aller Menschen, einschließlich der ganz schwachen Zeitgenossen und der künftigen. Soweit die Künftigen ein Recht auf Naturerhalt besitzen (was seinerseits zu begründen ist), wird die Natur damit auch erhalten - nicht als Selbstzweck, sondern um der Pflicht gegenüber künftigen Menschen zu genügen. Sehen wir von despotischen Gesellschaften mit einem zukunftsbewußten Despoten (falls derartiges denkbar ist) sowie von einer Gesellschaft ab, welche sich Pflichten gegenüber der Natur als solcher oder gegenüber einer transzendenten Macht auferlegt und diese befolgt (als reale Erfahrung bisher höchstens die Ausnahme), so ist unser Ergebnis zu verstärken: Die Natur wird *nur* von einer vollkommen regeltreuen Gesellschaft erhalten, in der auch an die fernsten, fremdesten und schwächsten Menschen gedacht wird.

5. Entgegen manchen Positionen muß *Gerechtigkeit* (ohne sie zu spezifizieren oder gar mit strikter Egalität gleichzusetzen) als ein integraler Strukturbestandteil der Gesellschaft angesehen werden; Zivilisation ohne Gerechtigkeit ist keine Zivilisation. Wird entsprechend Tendenzen, wie sie etwa bei BUCHANAN zu beobachten sind, jede beliebige Ungleichheit bei der Primärverteilung (dem konstitutionellen Akt) als Ergebnis der faktischen Kräfteverhältnisse beim Vertragsschluß akzeptiert und gegen moralische Einwände abgeschirmt, so muß dies Prinzip auch im impliziten intergenerationellen Kontrakt Anwendung finden. Die Gegenwärtigen (Starken) wären dann gar nicht dafür zu tadeln, daß sie sich den Löwenanteil der irdischen Ressourcen aneigneten. Die Späteren (Schwachen) hätten einfach Pech gehabt und ebensowenig Grund, sich zu beklagen wie die schwachen Zeitgenossen, welche sich mit BUCHANAN damit abfinden müssen, als Sklaven zu leben. Wenn es überhaupt keine ethischen Maßstäbe für Gerechtigkeit gibt, dann gibt es auch keine intergenerationelle Ungerechtigkeit, bzw. jede beliebige Verteilung ist gleich "gerecht". Ein Minimum an Gerechtigkeit ist auch aus einem zweiten, nicht minder wichtigen Grund zu fordern: Weil von extrem Unterprivilegierten (bildlich: Hungernden) keine Normenfolgsamkeit erwartet werden kann, gibt es doch kein Argument, mit dem der Hungernde vom Sinn einer Norm überzeugt werden kann. Wenn es ohne Gerechtigkeit keine

Normentreue geben kann und ohne Normentreue keinen Naturerhalt, so folgt, daß die individualistische Gesellschaft die Natur nur erhält, wenn sie auch intragenerationell gerecht ist.

6. Die konkreten Rechtsansprüche der Künftigen in bezug auf den Erhalt der Natur bestehen darin, die natürlichen Lebensgrundlagen (deren Unentbehrlichkeit wir selbst empfinden) insoweit intakt hinterlassen zu erhalten, als dieselben nicht durch menschliche Anstrengungen, insbesondere durch technische Werke substituierbar sind. Nach heutigem ökologischen Kenntnisstand sind dies alle irreversibel vernichtbaren *Elemente* der Biosphäre, wie insbesondere die Ausstattung mit Tier- und Pflanzenarten, ist es die *Selbstregulationsfähigkeit* biogeochemischer Systeme von der Mikroebene etwa eines Quadratmeters fruchtbarer Gartenerde bis zu globalen Stoffkreisläufen, und ist es auf einigen ausgewählten Gebieten auch das Prinzip der *Homöostase*; einige Systemzustände der Erde, wie z.B. das globale Klima, müssen soweit möglich unverändert bleiben (auch wenn andere Systemzustände ebenso selbstregulierungsfähig wären), weil eine schnelle und konfliktfreie Anpassung des Menschen an größere Veränderungen schwer vorstellbar ist. Von diesen drei Essentials des Naturerhalts (Bündel "***ESH***") lassen sich alle konkreten und auch raumbezogenen ökologischen Maßnahmen überzeugend ableiten. Zusätzlich zur Gewährleistung des Bündels "***ESH***" besteht eine weitere Pflicht gegenüber den späteren Generationen darin, rechtzeitig Substitute für erschöpfliche und irgendwann zur Neige gehende Ressourcen, wie fossile Energieträger, einige Mineralien u.a. zu entwickeln, soweit eine Abhängigkeit von den durch diese Ressourcen gestifteten Dienstleistungen (etwa im Falle der Energie: Wärme, Kraft, Licht) auch für die Zukunft angenommen werden muß. Am Rande und zur Beruhigung derjenigen Leser, welche mit dem vorliegenden anthropozentrischen Ansatz unzufrieden sind, ist darauf hinzuweisen, daß das Zielbündel ***ESH*** von solcher Rigidität ist, daß vermutlich auch sämtliche von biozentrischen Naturerhaltungsprinzipien (sofern sie nicht Unmögliches verlangen) plausibel abzuleitende Pflichten automatisch miterfüllt werden. Wird z.B. gefordert, daß, sofern nicht durch schiere Not erzwungen, überhaupt keine Tier- oder Pflanzenart aussterben darf, so wird damit, obwohl anthropozentrisch motiviert, auch weitestgehenden biozentrischen Forderungen Genüge getan.

7. Die Umsetzung der hier abgeleiteten Naturerhaltungsforderungen setzt zum einen materielle Verzichte voraus, z.B. müssen die Energieverbräuche der gegenwärtigen reichen Gesellschaften der Erde reduziert werden. Dieser Punkt wird in der vorlie-

genden Studie jedoch nicht eingehend analysiert. Die bloße Feststellung, daß viele den Gürtel etwas enger schnallen müssen, ist unumstritten und daher fast banal. Geht man jedoch auf die Folgen näher ein, so wird aus der Banalität schlagartig ein zu kompliziertes Problem. Es geht dann nicht mehr um die Analyse der Strukturmerkmale der individualistischen Gesellschaft, sondern um das Problem des Übergangs vom derzeit zukunftsvergessenen zu einem zukunftsbewußten Zustand, wobei mit ungeheuren Friktionen zu rechnen ist. Die Neuordnung der intergenerationellen Verteilung (mehr für die Späteren, weniger für die Heutigen) zieht eine Neuordnung der intragenerationellen Verteilung nach sich. Es ist darüber zu entscheiden, wer wieviel zu opfern hat; widersinnig wäre es, intergenerationelle Gerechtigkeit in der Weise herbeizuführen zu versuchen, daß die bestehende intragenerationelle Ungerechtigkeit noch vertieft wird. Die Probleme des Übergangs würden abgesehen von ihrer abschreckenden praktischen Brisanz auch theoretisch ein eigenes Buch füllen; wir beschränken uns auf die strukturelle Analyse der individualistischen Modellgesellschaft: Angenommen, es gäbe sie - könnte sie die Natur erhalten oder nicht? Wenn ja, unter welchen Bedingungen? In dieser Arbeit ist hauptsächlich der Umgang der individualistischen Gesellschaft mit dem Phänomen der *Kollektivität* thematisiert worden. Die dem ökonomischen Denken nächstliegende radikal-liberale Lösung, alle natürlichen Ressourcen restlos zu privatisieren, um zu einer marktmäßigen Abstimmung zu gelangen, scheitert an den physischen Gegebenheiten der Biosphäre - die Rechnung ist ohne den Wirt, die Natur gemacht. Naturerhalt gelingt nur, indem die Menschen koordiniert handeln, wie sie es in allen gemeinschaftlichen Arbeitsprozessen gewohnt sind und dort auch niemals in Frage stellen. Obwohl zunächst der Intuition entgegenstehend, sind Individualismus und koordinierte Arbeit keine Gegensätze; die Antithese zum Individualismus ist vielmehr die Despotie, die gewaltsame Unterdrückung des freien Willens der anderen zum Vorteil des Stärkeren. Die Untersuchung erbrachte im einzelnen:

- Freiwillig eingegangene Koordinationsbeziehungen sind aus individualistischer Sicht nicht nur nicht zu tadeln, sie sind vielmehr zu fordern, wenn nur durch sie die Natur im Interesse der Späteren erhalten werden kann.
- Alle von der neoklassischen Ökonomie eingehend analysierten Allokationsprobleme bei Kollektivgütern, insbesondere Dilemma-Situationen mit starken Anreizen zur Unkooperativität, lösen sich in einer individualistischen Gesellschaft mit Hilfe derselben Regeltreue, wie sie schon im Umgang mit Privatgütern unabdinglich gefordert werden muß. Einen Zeitgenossen im Prisoner's Dilemma hereinzulegen, ist vollständig analog dem Vertragsbruch beim Umgang mit Privatgütern und gehört damit zur

Klasse der in der individualistischen Gesellschaft verbotenen Handlungen. Sind alle Individuen ehrlich, so gibt es für keines einen Grund, den allen Vorteile bringenden Übergang vom NASH-Gleichgewicht zur PARETO-Oberfläche nicht mitzuvollziehen. In der individualistischen Gesellschaft werden also für alle Kollektivgüter LINDAHL-Gleichgewichte angestrebt; genügen auch diese Allokationen den Ansprüchen an eine sichere Zukunftsvorsorge noch nicht, so wird gemeinschaftlich ein noch schärferer "Safe Minimum Standard" implementiert.

- Eine nicht zu verkennende Gefahr besteht in der Aushöhlung individualistischer Freiheit von innen heraus, ohne die Spielregeln des Systems zu verletzen, indem analog zu einem Markt, welcher durch Konzentration auf zuwenige Teilnehmer geschrumpft ist, durch "Sachzwänge" die Zahl der Alternativen, die jedem Individuum offenstehen, zu stark reduziert wird. Wäre der Erhalt der Natur ausschließlich in einem System allein *formaler* Freiheiten, jedoch unabänderlich feststehender de-facto-Rollenverteilung möglich, so wäre dies eine sehr unattraktive Perspektive. Fragen dieser Art sind nur empirisch zu beantworten, es fehlt jedoch nicht an Anzeichen für eine optimistischere Betrachtung.

8. *Intertemporale Kalküle* gefährden das Ziel des Naturerhalts nicht, wenn die Formen der Diskontierung einer sorgfältigen Differenzierung unterzogen werden. Die Minderschätzung des Nutzens künftiger Generationen ist mit intergenerationeller Gerechtigkeit unvereinbar; entsprechende Diskontraten sind daher aus dem wissenschaftlichen Gebrauch zu tilgen. Die Minderschätzung künftigen eigenen Nutzens auf Grund reiner Myopie ist irrational und wird daher von klarsichtigen Individuen nicht befolgt, wenn auch selbst vernünftige Personen von gewissen Restbeständen nicht frei sind. Hieraus entstehen ebenso wie aus rationalen individuellen Risiko-Diskontierungsraten vermutlich nur schwache und erforderlichenfalls kollektiv korrigierbare Allokationsimpulse. Die Diskontierung künftiger monetärer Werte mit dem Zins ist in der individualistischen Gesellschaft notwendig und zulässig, wenn der Ursprung dieses Zinses generell geteilten Werturteilen standhält, d.h. wenn er nicht durch ungerechte Verteilung erzeugt ist (Wucherzins); auch darf seine Ursache nicht in irrationalem Verhalten der Individuen liegen (übermäßige Myopie). Die Untersuchung zeigte zwar, daß einer Gesellschaft mit unbegrenzter Kapazität zur Wegrationalisierung der Transaktionskosten mehrere Möglichkeiten der "Abschaffung" des Zinses durch Saldierung gegenseitiger Ansprüche offenstehen, daß mithin die Existenz (Nichtwegrationalisierbarkeit) des Zinses auf einer sehr abstrakten Ebene als ein Defekt der Gesellschaft interpretiert werden kann. Da aber die individualistische

Gesellschaft im vorliegenden nicht als eine solche mit grenzenloser Informationsverarbeitungskapazität definiert wird (dies erschiene zu abstrakt), wird ein um alle sinnlosen oder ethisch nicht akzeptierbaren Komponenten bereinigter "Rational-gerechter Restzins" zugestanden, welcher Allokationen auch im Bereich natürlicher Ressourcen lenkt. Unter der Annahme zukunftsbewußter Individuen und fehlerloser Umsetzung ihrer Präferenzen in die Allokation privater und öffentlicher Güter kann es im allgemeinen zu keiner Vernichtung natürlicher Ressourcen, wie z.B. zum Aussterben von Tier- und Pflanzenarten kommen. Zur weiteren Sicherheit wird jedoch eine kollektive Schranke in Gestalt verbindlicher "Safe Minimum Standards" nach CIRIACY-WANTRUP errichtet, welche auch entgegen einzelwirtschaftlichem Vorteilsstreben nicht überschritten werden darf. Der Zins als Instrument eigennütziger Klugheit darf m.a.W. ethischen Prinzipien, wie dem Erhalt der Natur für künftige Generationen, nicht die Priorität streitig machen. Ihm ist nur erlaubt, aus der Menge aller ökologisch-zukunftsethisch akzeptierbaren Allokationen diejenige herauszuselektieren, welche auch den heutigen Nutzen maximiert.

9. Das Lehrgebäude der neoklassischen (speziell Ressourcen-) Ökonomie ist eingehend auf Parallelen und Widersprüche zum hier vorgelegten Konzept geprüft worden. Ein gerechtes Urteil muß differenzieren. Die verbreitete neoklassische Routine oder Orthodoxie vermag auf Grund ihrer unkritischen Affinität zum Markt, ihrer dogmatischen Annahme der unbegrenzten Substituierbarkeit der meisten Güter, ihrer vor allem im Hinblick auf künftige Generationen unbedachten Diskontierungsweisen, ihres zu engen ökologisch-empirischen Horizonts und aus anderen Gründen nur geringe Beiträge zum Erhalt der Natur zu leisten. Teile der Neoklassik, welche den Problemen kollektiver Entscheidungen größere Aufmerksamkeit widmen, sich im Kontakt mit der analytischen Ethik intergenerationellen Gerechtigkeitsproblemen zuwenden und ökologisch tiefergehende Interessen äußern, sind von diesem Verdikt auszunehmen. Bei allen verbleibenden Mängeln sind diese im Kontakt zur "Ecological Economics" stehenden Strömungen gegen populäre antirationalistische Kritik zu verteidigen. Sie liefern weit bessere Instrumente zum haushälterischen Umgang mit der Natur als etwa die meisten Nutzwertanalysen (nicht immer, aber oft "des Kaisers neue Kleider") und sonstige Methoden. Konzeptioneller Klärungsbedarf besteht jedoch auch in den fortgeschrittensten neoklassischen Flügeln hinsichtlich der Kollektivgüterbewirtschaftung und sozialen Dilemmata sowie der Diskontierung. Auf ersterem Gebiet wird nach wie vor inkonsistenten Verhaltensannahmen des homo oeconomicus gehuldigt, indem dieser als vollkommen ehrlich im Umgang mit Privat-

gütern und weitgehend unkooperativ bei Kollektivgütern aufgefaßt wird (was nicht zusammenpaßt), während auf dem zweiten Gebiet die noch vielfach zu findende nebulöse "gesellschaftliche Zeitpräferenzrate" durch inhaltlich klar definierte Raten, welche unterschiedliche Diskontierungsmotive widerspiegeln, ersetzt werden sollte.

10. Die in Entstehung begriffene "Ecological Economics" ist eine Synthese aus fortgeschrittener Neoklassik und verschiedenen, zum Mainstream seit langem in Opposition befindlichen, ökologischer ausgerichteten Strömungen. Sie bekennt sich ausdrücklich zu intra- und intergenerationeller Gerechtigkeit und zur Errichtung kollektiver Schranken gegenüber langfristig nicht tragbarem Ressourcenverzehr ("Sustainable Development", "Safe Minimum Standard"). Bisher besteht vielleicht ihre größte Bedeutung darin, diese, konsequentem individualistischen Denken durchaus schon immer impliziten, jedoch durch routinemäßige Lehre und Forschung stark vernachlässigten Wertungen explizit und verständlich gemacht zu haben. Sie hat innerhalb wie außerhalb der Ökonomie ökologische Zielsetzungen popularisiert und in Fachkreisen Berührungsängste mit nicht-marktlichen Allokationsverfahren abgebaut. Vielleicht ist die Zeit, in der Gerechtigkeit und Naturerhalt zu fundamentalen ("Erstsemester-") Leitbildern ökonomischen Denkens werden, etwas nähergerückt.

7.1.2 Warum ist das Ergebnis nicht trivial?

Es ist zu befürchten, daß ein Einwand gegen die hier zusammengefaßte Studie immer noch im Raum steht: Daß auf hunderten von Seiten letzlich eine Banalität oder Tautologie verkündet werde - eine "gute" Gesellschaft erhalte die Natur und eine "böse" erhalte sie nicht. An der "guten" Gesellschaft werde solange herumdefiniert, bis der Naturerhalt halbwegs logisch aus ihrer Dynamik folge.

Ich mag mich diesem Einwand nicht offensiv entgegenstellen, die Leserinnen und Leser gleichsam präventiv anraunzen, daß ich hierüber nicht zu diskutieren gewillt sei. Vermutlich bedarf es Zeit, um diesen Punkt zu klären, die wir uns alle nehmen sollten. Ich möchte allein darauf hinweisen, daß das hier vorgelegte Ergebnis, so banal es auch scheinen mag, sowohl der antiökonomischen Volksmeinung und der weithin geübten Praxis als auch verbreiteten fachökonomischen Urteilen widerspricht. Vielleicht ist es aus diesem Grund doch nicht ganz uninteressant.

Speziell in Deutschland ist es sehr schwer, außerhalb ökonomischer Fachkreise Verständnis für ökonomische Lösungswege zum Naturerhalt, gar für solche mit erkennbar individualistischer Ausrichtung zu wecken. Das Publikum verlangt nach holistischem Wohlklang, man soll gerade *nicht* scharf nachdenken, sondern das Bukett der Phrasen genießen. Nach meiner Auffassung steht dahinter zumindest unbewußt der Wunsch nach dem ökologischen Despoten, die Sehnsucht nicht nach Sach-, sondern nach väterlicher Machtautorität. Da nach dem "starken Mann" in der allgemeinen Politik nicht mehr gerufen werden darf, sucht man nach einem scheinbar unverfänglichen Gebiet, auf dem "Sachverstand" in verschleierter Form Macht ausüben kann. Demokratie sei ganz schön, aber wohin es in der Ökologie führt, wenn alle mitreden, das sehe man ja. Es gibt kaum einen anmaßenderen autoritären Klüngel als das deutsche Edel-Ökojetset, wo narzißtische, mediensüchtige Gurus, die um ernsthafte ökologische Arbeit stets einen Bogen gemacht haben und keine Kuh vom Ochsen unterscheiden können, von Umwelttag zu Kirchentag eilen, um ihre Festreden zu halten. Das ökologische Popniveau ist nicht besser; viele Aktivisten sind ebenso aggressiv wie die früheren "Anarchisten", über die BUCHANAN sich mit Recht so bitter beklagt, weil sie ihn vermutlich in Diskussionen niedergebrüllt haben. Es entscheiden wohl kleine biographische Zufälle darüber, auf welcher Seite jemand mit dem Talent zum Schreihals schließlich steht, ob pro oder contra Natur, ob er oder sie an einer Greenpeace-Aktion oder an einer Camel-Rallye teilnimmt. Vielleicht am interessantesten ist, wie ökonomische Gedanken Emotionen selbst bei denen auslösen, die sie normalerweise am erfolgreichsten verstecken können. Wer auf einem Symposium von Ingenieuren etwa äußert, daß die Zahlungsbereitschaft für dieses oder jenes Umweltziel erforscht werden sollte, sieht noch während seines Referates ein halbes Dutzend seriös gekleideter "Hochkarätiger" zu den Saalmikrophonen eilen, um sich mit Zornesadern an den Schläfen Erleichterung von diesem "Unsinn" zu verschaffen.

Man will keine Ökonomie, das steht fest. Nicht einmal die "harten", mathematisch trainierten Techniker wollen etwas mit ebenso mathematischer Ökonomie zu tun haben - vermutlich weil sie sie nicht kennen. Aber sie wollen sie auch gar nicht kennenlernen. Worin das Motiv dieser Abwehr besteht, das mögen Psychologen ergründen. Die Folgen sind jedoch nicht allzu erfreulich; der einzige Trost ist, daß in anderen Ländern Nord- und Westeuropas die Fronten weniger hart sind.

Warum wird die Ökonomie nur so mißverstanden? Es bedarf doch keiner Erwähnung, daß in Umweltkonflikten Experten zu hören sind und daß deren Urteil in Entscheidungen einfließen soll. Die vorliegende Untersuchung dürfte geklärt haben, daß Individualismus gerade nicht darin besteht, daß jeder Gewissenlose tun und lassen kann, was er will. Im Gegenteil besitzt der Schutz der Schwachen und insbesondere Zukünftigen, die unter solcher Gewissenlosigkeit zu leiden haben, höchste Priorität. Auch darf in Handlungen allgemein rationaler und gerechter Individuen eingegriffen werden, wenn diese im Einzelfall aus Informationsdefiziten oder momentaner Schwäche ökologisch nicht akzeptiert werden können. Wer als vernünftiger Mensch im Moment seine ökologischen Bedenken verdrängt und sich ins Auto setzt, obwohl er auch das Fahrrad nehmen könnte, muß sich den Autoschlüssel wegnehmen lassen, ebenso wie er sich von einem vernünftigen Partner die Zigarrettenschachtel wegnehmen läßt. In dieser Untersuchung ist sogar der Schluß gezogen worden, daß Individuen von ihrer persönlichen Meinung abweichende Kollektivbeschlüsse zur Naturbewirtschaftung mittragen müssen, wenn diese nicht grob verfehlt sind und wenn die Einigung auf einen besseren Beschluß wegen übermäßig hoher Transaktionskosten unmöglich ist.

Alle diese scheinbaren "Bevormundungen" sind selbstverständlich hinzunehmen, wenn das treibende Motiv in der Gesellschaft darin besteht, die Rechte der nichtwehrhaften künftigen Menschen zu schützen. Sie müssen jedoch als notwendiges Übel begründet werden; niemand, der selbst nicht schwach ist, darf aus ihnen einen Vorteil ziehen. Ökologische Erfordernisse dürfen nicht dazu mißbraucht werden, Machtausübung über heutige Menschen zu legitimieren. Die "Öko-Despotie" ist ein Widersinn in sich selbst. Gegenwärtige einzuschränken, damit Künftige leben können, ist erforderlich. Gegenwärtige unter einem solchen Vorwand zu *unterdrücken*, ist jedoch etwas fundamental anderes. Hier besteht das Motiv nicht im Schutz der Späteren, sondern in der Befriedigung des Machtstrebens des Despoten. Der Despot sucht nur einen Grund zur Machtausübung und hat bisher immer einen gefunden: Es gefalle Gott, daß er über andere herrsche, nur mit seiner Herrschaft sei das Reich vor irdischen Feinden sicher, nur mit ihr seien Pyramiden zu bauen, und so weiter...

Es wäre gewiß übertrieben, heute in der Öko-Despotie eine reale Gefahr für die große Politik zu sehen (wenn sie auch in der Zukunft denkbar ist). Wie schon erwähnt, wird heute so gehandelt, als gäbe es keine späteren Menschen. Um so deutlicher ist jedoch zu erkennen, wie sich Herrschaft in den täglichen Öko-Alltag und in die Institutionen einschleicht. Man wage einmal, in Verein, Verband oder Partei Ansichten zu äußern, die von der Linie abweichen, auch wenn sie zu begründen sind (z.B.: Warum soll nicht *etwas* Kunstdünger erlaubt sein?) Die Begründungen will man gerade gar nicht hören. Denkverbote sind an der Tagesordnung, Kreativität und Emotionen werden abgewürgt. Die süßliche Waldorf-Lehrerin ißt nur ungespritztes Obst und zwingt Kinder, ein Bild gerade in einem bestimmten Blauton zu malen ("wenn ihr groß seid, wißt ihr warum"), jede andere Farbe ist verboten, weil sie eben verboten ist. Die Kirche im Mittelalter war gelegentlich liberaler zu ihren Künstlern. Es gibt kaum eine häßlichere Intoleranz als die innerhalb von Sekten. Machtkämpfe in Öko-Vereinen gehören zu den entnervendsten, die Partei der Grünen ist dafür zu schätzen, daß sie sie wenigstens öffentlich austrägt. Sobald es vornehmer werden soll, wird es heimlich und subtil und damit noch gemeiner. Lehrstühle für alternativen Landbau und andere "öko-nahe" Fächer an Universitäten werden zuweilen als Fürstentümer regiert, jeder talartragende Alt-Ordinarius bekäme feuchte Augen, wenn er sähe, wie die Mitarbeiter dort strammstehen. Es wird zensiert, totgeschwiegen, unterdrückt und gelogen. Praktische Naturschützer sind die machtlosesten aller gesellschaftlichen Funktionsträger, aber wenn sie irgendwo ein Körnchen Macht ergattern, so genießen sie es. Wer einmal den Auftritt eines Sheriffs in einem Naturschutzgebiet erlebt hat, der einen vom Weg abgewichenen Zeitgenossen aus dem Moor verweisen darf, kann dies bestätigen. Städte rächen sich an nur mäßig schädlichen Autofahrern (z.B. Falschparkern) mit unproportionalen Bußgeldern und lassen die wirklich gefährlichen weiterrasen, der unzureichend ausgebildete Klärwerkswart herrscht darüber, wo es in seiner Anlage "entlanggeht" - kurz, wohin man auch blickt, werden unter ökologischen Vorwänden Fußtritte verteilt.

In dieser Studie geht es nicht um den faktischen Beweis dafür, daß auch in der gegenwärtigen historischen Etappe individualistischer konzipierte (einfach "freiere") Strategien zum Naturerhalt zu besseren Ergebnissen führten. Obwohl zahlreiche Indizien für diese Hypothese sprechen (unten werden einige Beispiele diskutiert), läge ein allgemeiner "Beweis" außerhalb der vorliegenden Möglichkeiten. Die Beobachtung der Realität legt jedoch den Schluß nahe, daß die *Motive* der Verhaltenslenkung unter ökologischen Vorwänden nicht so edel sind wie sie scheinen, und daß man auch auf allen Ebenen des Alternativmilieus gar keine Lust hat, von der gewohnten Unterdrückung aller gegen alle abzulassen. Die Praxis ist anti-individualistisch. Ist diese Beobachtung falsch, dann bitte ich für die Unterstellungen um Nachsicht, ist sie aber richtig, so ist die zu Anfang dieses Abschnittes erhobene Behauptung belegt, daß der hier vorgelegte individualistische Ansatz zwar hier und da trivial klingt, aber das Gegenteil dessen darstellt, was in der Realität praktiziert wird und daher nicht trivial sein kann.

Soviel zum Verhältnis zur Realität, nun zur Theorie. Abgesehen von einzelnen Kritikpunkten an der neoklassischen Ökonomie, denen nicht wenige Beobachter zustimmen werden, besteht meines Erachtens ein bedeutsamer Unterschied zwischen dem Individualismus, wie er in jener Theorie vertreten wird, und der hier vorgelegten Auffassung. Der Individualismus der neoklassischen Theorie ist auf der konzeptionellen Ebene inkonsistent und auf der normativen Ebene zu "lasch", *zu permissiv.* Wie in Abschnitt 6.2. untersucht, kann es kein Individuum geben, welches im Umgang mit Privatgütern die Rechte anderer vollkommen achtet, z.B. alle Verträge einhält, jedoch im Umgang mit Kollektivgütern vollkommen unkooperativ ist. Für ein ehrliches Individuum inmitten anderer ehrlicher Individuen (nur dort werden auch Verträge um private Güter geschlossen und eingehalten) gibt es keinen Grund zur Unkooperativität, da die kooperativen Lösungen für alle besser sind als die unkooperativen und keine Gefahr besteht, in einem Prisoner's Dilemma übervorteilt zu werden. Die in der neoklassischen Ökonomie bis zum Exzeß thematisierten Probleme der Kollektivgüterbewirtschaftung können überhaupt nur in einer Gesellschaft auftreten, in der auch bei Privatgütern bei hinreichender Abwesenheit von Sanktionsgefahren Diebstahl und Betrug verbreitet sind, mithin die Rechte anderer Individuen (einschließlich und besonders der künftigen) grundsätzlich mißachtet werden. Meiner Ansicht nach sind Neoklassik und Social Choice Theory hier fixen Ideen auf den Leim gegangen und hätten sie sich die meiste Tinte und Gedankenakrobatik für interessantere Fragen aufsparen können. Natürlich gibt es immense *praktische* Probleme bei der Kollektivgüterbewirtschaftung, vor allem hinsichtlich der Transaktionskosten (womit die meisten realen Schwierigkeiten zu erklären sein dürften), aber es gibt auf theoretischer Ebene keine unlösbaren *Dilemmata*, wenn die Individuen mit KANT guten Willens sind.

Der von SEN konstatierte "eschewal of deep normative analysis" rächt sich, wie sich jede methodische Sünde irgendwann rächt. Ich führe die Versäumnisse teilweise darauf zurück, daß sich die Ökonomen durch die Genialität der Marktidee haben moralisch einschläfern lassen. Der Markt zwingt egoistische, d.h. in einem spezifischen Sinne moralisch nicht hochstehende Individuen in Grenzen, ja er verwandelt sogar mit MANDEVILLE ihre Eigenliebe in eine gesellschaftliche Tugend. Also, so schließt man, brauche der Mensch in einer blühenden bürgerlichen Gesellschaft auch in einem vagen, unspezifischen Sinne nicht besonders moralisch hochstehend zu sein, er könne sich viele Sünden erlauben. Dieser Optimismus kann sich dazu versteigen, daß das geniale Gesellschaftssystem so robust sei, daß es alle denkbaren Untugenden in Tugenden verwandle. Dabei wird übersehen, daß der Markt eigentlich nur eine einzige Untugend erlaubt; man braucht (bei gerechter Verteilung) nicht altruistisch zu sein, man braucht nichts zu *geben.* Dem steht die strenge Forderung gegenüber, daß man auch nichts *nehmen* (stehlen oder durch Betrug erschleichen) darf, andernfalls bricht das System zusammen. Wird dieses schon bei Privatgütern uneingeschränkt geltende Strukturmerkmal der bürgerlichen Gesellschaft konsequent in den Bereich der öffentlichen Güter übernommen, so löst sich das fundamentale Dilemma auf (wenn auch mit ihm nicht alle praktischen Schwierigkeiten). Ökonomen, welche das Prisoner's Dilemma als moralisch neutrale, schicksalhafte Falle betrachten, in welche die Akteure als Automaten stolpern müssen, haben vergessen, daß auch die Marktidee die Akteure als moralische Wesen betrachtet: Sie dürfen nicht stehlen.

Zu den nicht-trivialen Ergebnissen der vorliegenden Studie gehört also ein Anforderungsniveau an das Pflichtbewußtsein der Mitglieder der Gesellschaft, welches wohl kaum ein vernünftiger Beobachter als heroisch und aufopferungsvoll bezeichnen würde, was nichtsdestoweniger das in der neoklassischen Ökonomie meist nur implizit und vage unterstellte wesentlich übersteigt. Damit möchte ich mich nicht als Moralprediger präsentieren und eine Heilslehre verkünden; ich wäre der erste, der einer solchen mißtraute. Vor allem ist mit diesem Ergebnis überhaupt nichts Neues ausgesagt. Vielleicht trägt die Studie bescheiden dazu bei, den *Begriff der Pflicht wiederzuentdecken*, welcher den Entwürfen des 18. Jahrhunderts stets eigen war und mit dem allein die Ökonomie über 200 Jahre lang zu nachlässig umgegangen ist. Die vorgelegten Ergebnisse sind natürlich in die Nähe von KANT zu rücken und dürfen mit gutem Recht als utopisch bezeichnet werden. Der Erhalt der Natur auf der Basis einer individualistischen Gesellschaft ist eine Utopie, von der man mit dem Blick auf die Realität liebend gern abrücken würde, wenn irgendwo am Horizont eine Alternative in Sicht wäre. Die Despotie ist keine, so daß uns nichts anderes übrig bleibt, als im folgenden, letzten Unterabschnitt die Elemente des individualistischen Naturerhalts, so gut es geht, der Realität pragmatisch anzupassen. Vielleicht sollten wir auch nicht in allem zu pessimistisch sein.

7.2 Praxisfolgen

Die Gesellschaft in Deutschland und in vergleichbaren Ländern ist trotz ihrer marktwirtschaftlichen Organisation alles andere als eine individualistische Modellgesellschaft. Ungerechtigkeit und manifeste Normenverletzungen, wie Diebstahl und schlimmeres, sind an der Tagesordnung. Wer Beispiele für unkooperatives Verhalten im Umgang mit Kollektivgütern sucht, braucht nur einen zum Müllplatz umfunktionierten Stadtpark nach einem schönen Wochenende zu besuchen. Rücksichtslosigkeit und Unfairness sind alltäglich, die besten Beispiele finden sich im Straßenverkehr. Zahlreiche Personen schädigen sich durch Irrationalität und Ungeduld (Myopie) selbst in erheblichem Maße. Nicht nur Privatpersonen, auch Unternehmen und besonders Politiker denken kurzfristig. Jede(r) ist weit davon entfernt, alles, was nur ihn oder sie selbst betrifft, ohne Bevormundung von außen entscheiden zu können. Keineswegs nur in den Augen ultraliberaler Beobachter schleicht sich die Bevormundung durch den Staat in alle Lebensbereiche ein - vielfach ohne sachliche Begründung und allein mit dem Ziel, Macht zu erweitern und zu zentralisieren. Scharen von Bediensteten aller Art haben zur Aufgabe, anderer Leute Angelegenheiten zu entscheiden, die sie gar nichts angehen, während dort, wo "individuelle Freiheit" in rücksichtsloser Weise auf Kosten anderer ausgelebt wird, viel zu wenig eingeschritten wird. Die Politik besteht mit BUCHANAN auf weiten Strecken in postkonstitutionellen Neuverhandlungen über die Verteilung des Reichtums. Wie bei den Wölfen fällt die Meute über jedes Prozent Sozialprodukt her, jeder muß sich organisieren und Druck ausüben, um nicht zu kurz zu kommen. Unter diesen Umständen verwundert nicht, daß die Aussichten der Zukünftigen als der Allerschwächsten nicht zum besten stehen.

Dennoch: Es könnte noch schlimmer sein. Es wird nicht *nur* gestohlen, nicht jeder legt jeden im Prisoner's Dilemma herein, es gibt auch rücksichtsvolle Autofahrer und sogar sinnvolle Zentralentscheidungen und Verwaltungsakte. Etwas haben Zivilisation, Aufklärung, bürgerlicher Kontrakt und Vernunft vielleicht doch bewirkt. Es lohnt sich zu fragen, welche der oben gewonnenen theoretischen Ergebnisse eine Chance der Anwendung besitzen und bei welchen dies (noch) bezweifelt werden muß. Die Anforderungen, welche an die Subjekte der idealen individualistischen Gesellschaft gerichtet werden, würden jeden lebenden Menschen überfordern. Unter den gegebenen Umständen könnten einige von ihnen - gedankenlos befolgt - alles sogar noch schlimmer machen. Wir suchen also mit BIRNBACHER[1] nach *Praxisnormen*, welche die motivationellen, kognitiven und institutionellen Unvollkommenheiten des Heute nicht vergessen.

[1] BIRNBACHER (1988), vgl. auch vorliegende Studie, Abschnitt 1, Anmerkung 78 und zugehörigen Text.

7.2.1 Konstitutioneller Kontrakt

Ist der Übergang vom Chaos zur Zivilisation mit KANT und RAWLS auch grundsätzlich ein abstraktes, in Gedanken konstruiertes Ereignis, so kommt doch der konkreten Verfassungsgebung vor allem in beispielhaften Fällen, wie 1776 oder 1789, keineswegs nur die Rolle einer historischen Anekdote zu, vielmehr entfalten sie jahrhundertelange praktische Wirksamkeit. Bisherige berühmte Verfassungen zeichnen sich trotz ihres rational-bürgerlichen Charakters u.a. dadurch aus, daß sie sich entgegen HUME nicht allein auf Nützlichkeitsaspekte berufen. Sie verlangen den Respekt vor den Rechten der Gesellschaftsmitglieder nicht mit dem Appell an den weitsichtigen Egoismus der Stärkeren, welche an mögliche künftige eigene Rechtsverletzungen denken sollen,[2] sondern mit einer transzendentalen Begründung, mit dem Rekurs auf *natürliche*, jedem Menschen intrinsisch beigegebene Rechte. Diese sollen aus Prinzip und nicht aus Furcht vor Vergeltung und Sanktionen geachtet werden. Den typischen bürgerlichen Verfassungen ist zweitens die vorrangige Formulierung von *Abwehrrechten* gegenüber organisiert-Starken eigen, insbesondere gegenüber den vormaligen Herrschern. Dies ist heute insofern von praktischem Belang, als hiermit alle Bestrebungen begründet werden, die dazu dienen sollen, die Verfassung von Anspruchsrechten (z.B. dem Recht auf Arbeit) freizuhalten. Drittens schließlich formulieren die typischen Verfassungen ausschließlich Rechte und Pflichten von *Zeitgenossen.*

Die Ergebnisse der vorliegenden Studie unterstützen seit langem bestehende Bestrebungen, dem Erhalt der natürlichen Lebensgrundlagen einen Verfassungsrang einzuräumen, wobei hier selbstverständlich kein fachjuristisches Urteil angemaßt wird. Mit einer solchen Handlung legen die heutigen Menschen das Versprechen ab, ihr Privileg, früher als die Nachwelt dazusein, nicht dazu zu mißbrauchen, jener nichts mehr übrig zu lassen. Eine konstitutionelle Besiegelung dieses Versprechens bewirkt, daß es nicht aus dem Bewußtsein verdrängt, sondern stets aufs neue diskutiert wird.

Vieles spricht dafür, daß sich historische Verfassungen allein deshalb auf den Kreis der lebenden Generation beschränkten, weil die Gefährdung der künftigen als

[2] Wäre dies das einzige Problem, so bedürfte es keiner Verfassung, denn sie würde den Gesellschaftsmitgliedern ein Verhalten vorschreiben, welches sie im Eigeninteresse ohnehin an den Tag legten.

kein praktisches Problem erschien, nicht jedoch, weil sie aus einem systematischen Grund auszuklammern wären. Die immer nur hypothetische Existenz der Künftigen mag juristische Vorwände liefern, sie vom Kreis der durch die Verfassung Geschützten fernzuhalten, jedoch kann dies inhaltlich nicht überzeugen. Wenn die Künftigen einst aus der hypothetischen in die reale Existenz übertreten, so verdienen sie den Schutz der Verfassung. Ist dieser Schutz nur durch die Abwehr von Schädigungen möglich, die sich schon vor ihrer Existenz zugetragen haben (wie ökologische Zerstörungen) und ist diese Abwehr den früher lebenden Gesellschaftsmitgliedern zumutbar, so ist es schlüssig, wenn jene durch die Verfassung hierzu gezwungen werden. Sollten die hypothetischen Späteren aus einem beliebigen Grund nie real existieren, so ist den Früheren mit zumutbaren (wenn auch in diesem Fall überflüssigen) Vorsorgemaßnahmen, wie sie zum Wohl von Zeitgenossen auch akzeptiert worden wären, kein bedeutender Schaden entstanden. Damit erscheint es möglich, ökologische Vorsorgemaßnahmen nicht als Ansprüche, sondern als Abwehr von Rechtsverletzungen Späterer zu interpretieren und in völlig analoger Weise wie den Rechtsschutz von Zeitgenossen zu gebieten.

Für die Erhebung des Naturerhalts zum Verfassungziel spricht ferner die sehr hohe Zustimmung zu einer derartigen Maßnahme in der Bevölkerung. Außer von gewissen rechtsdogmatischen Seiten (deren Einwände, wie oben geschehen, zu diskutieren sind) sowie möglicherweise von Kräften, welche konkrete Nachteile für ihre Interessen befürchten, ist wenig Widerstand zu erwarten. Es böte sich Gelegenheit, den Stellenwert des Naturerhalts eindeutig zu klären: Was in der Verfassung geboten ist, kann kein Partialinteresse oder "Hobby" von Minderheiten sein, wie es z.B. Naturschützern in bezug auf seltene Arten immer noch gelegentlich unterschoben wird. Vogelschutz ist keine Freizeitbeschäftigung wie Skatspielen, die man teilen kann oder auch nicht, sondern eine Pflicht gegenüber späteren Generationen. Ebensowenig könnte jedoch der Naturerhalt mit biozentrischen oder religiösen Begründungen in der Verfassung verankert werden, da keine allgemeine Pflicht postuliert werden, diesen Begründungen zuzustimmen.

Die Wirksamkeit eines Verfassungsgebotes zum Naturerhalt wäre gewiß ein eigenes Problem. Auch wenn der Weg bis zu einer Umsetzung im konkreten Einzelfall weit ist und, wie es bei anderen Grundrechten nach Art. 1 bis 16 GG und erst recht bei Staatszielen nach Art. 20 (1) der Fall ist, durch Gesetze erheblich in die Garantien eingegriffen werden könnte, sollte die bloße Existenz eines Verfassungsgebots nicht unterschätzt werden. Der Staat könnte sich seiner Pflicht, in die Zukunft zu blicken, dauerhaft nur schlecht entziehen, wenn auf Seiten der Bevölkerung ein hinreichender Druck in diese Richtung geltend gemacht würde. Der Unterschied zum Status quo bestünde darin, daß gegenwärtig auch erheblicher Druck oft machtlos bleibt. Bei größeren Entscheidungen über raumwirksame Planungen, über die Zulassung gefährlicher Stoffe, die Erlaubnis zu genetischen Experimenten und ähnlichem entstünde zumindest eine Pflicht zum sorgfältigeren Abwägen, da mit einer erfolgreichen Anrufung der Verfassung gerechnet werden müßte.

7.2.2 Rücksichtnahme, Alltagsmoral und Kontrolle

BONUS illustriert das Problem des Umgangs mit Kollektivgütern mit dem eindrucksvollen Beispiel eines Lastwagens, welcher nachts durch eine Stadt rast und u.U. hunderte von Menschen weckt, nur damit er als einziger schnell vorwärtskommt.[3] Er nimmt sich dieses Recht, weil er schlicht der Stärkere ist. Übernutzungen der Natur beruhen in zahlreichen Fällen auf Handlungen, welche sich die betreffenden Subjekte als rechtmäßig anmaßen, auch wenn dies auf sehr zweifelhaften Grundlagen steht. In den noch verständlichsten Fällen handelt es sich um reliktartige Tätigkeiten, welche früher tolerierbar oder nützlich waren, unter den Bedingungen zunehmender Enge und Naturbelastung jedoch fragwürdig werden, ein Beispiel ist die Jagd. In anderen nehmen sich die Ausüber ein Recht nur deshalb, weil sie dreist, schnell und bedenkenlos sind, oft auch, weil Behörden gar nicht so schnell einschränken und verbieten können, wie neue naturbelastende Tätigkeiten erfunden werden, wie etwa auf dem Freizeitmarkt. Woher besitzt ein Drachenflieger das Recht, zu fliegen, wo es ihm paßt, und dabei seltene Vögel zu verscheuchen, bis sie nirgendwo mehr einen Lebensraum haben? Wer gibt, um ein altehrwürdiges Hobby anzusprechen, Anglern das Recht, nahezu jedes Kleingewässer mit "Nutzfischen" zu besetzen mit der Folge, daß weder Amphibienlarven noch konkurrenzschwache einheimische Kleinfische überleben können? Warum müssen Angler die Teiche nicht vorher kaufen oder wird es ihnen nicht ganz verboten?[4]

[3] BONUS (1981, p. 54): Er "... ist einfach stärker, und was im Umweltbereich ohne eine Sekunde des Nachdenkens jahrtausendelang praktiziert wurde, war schlicht das Recht des Stärkeren."

[4] Näheres in HAMPICKE (1991a, pp. 193ff.).

Der ideologisch vielgescholtenen ökonomischen Theorie der Property Rights[5] kommt das Verdienst zu, das Problemverständnis auf diesem Gebiet erheblich zu schärfen, so daß eine theoretische und praktische Weiterentwicklung nur gewünscht werden kann. Im Umgang mit der Natur geht es vielfach darum, Recht und Unrecht überhaupt erst zu definieren - viele Subjekte sind wirklich ahnungslos, was sie der Natur antun und kommen gar nicht auf die Idee, daß derartiges auch verboten sein könnte. Andere sollten es eigentlich genau wissen, sind aber dreist genug, den ökologischen Biedermann zu spielen.

In der Öffentlichkeit herrscht oft Ratlosigkeit, Resignation und leider ein hohes Maß an Unsensibilität gegenüber dem Unrecht, was Schwächeren angetan wird - nicht nur späteren Generationen, sondern schon schwachen Zeitgenossen und auch auf Gebieten, die weniger direkt etwas mit Ökologie zu tun haben. Es ist eben so: Auf der Straße werden die Radfahrer von den Autos verjagt, auf dem Gehweg die alten Damen von den Radfahrern, am Strand die kleinen Kinder von den Surfern und im Schnee von den Skirowdies, und die Tiere werden von allen gleichzeitig verjagt. Der vielgepriesene Rückgang von Verkehrsopfern beruht auch darauf, daß die potentiellen Opfer den Wölfen das Terrain überlassen haben. Kindern wird schärfstens anbefohlen, nicht auf Autostraßen zu spielen, auch die anderen früheren Nutzer städtischer Freiräume, wie Fußgänger aller Art, haben schlicht kapituliert. Wenn laufend Neuverteilungen unklar definierter Property Rights zugunsten der Starken erfolgen, wie kann dann überhaupt gehofft werden, daß die Schwächsten von allen, die Zukünftigen, jemals bedacht werden?

In diesem Punkt ist leider hoffnungsloser Pessimismus geboten, solange nicht Rechtsbewußtsein und Respekt vor den Ansprüchen Schwacher zu Werten werden, die Engagement auf sich ziehen können. Die Probleme sind so bekannt, daß jede nähere Erörterung nicht nur überflüssig wäre, sondern geradezu Assoziationen an Stammtischgespräche weckte: Politiker beklagen das "mangelnde Unrechtsbewußtsein" von Jugendlichen, die beim Kaufhausdiebstahl ertappt werden, um sich anschließend von mit Gefängnisstrafen bewehrten Anschuldigungen der Steuerhinterziehung gegenseitig reinzuwaschen. Auch müssen Untätigkeit und "Vollzugsdefizite" beklagt werden. Manche Dinge werden von Behörden und Polizei mit Sonderkommissionen und Nachtschichten bekämpft - Probleme der Naturzerstörung gehören nie dazu. Obwohl eindeutig verboten und leicht zu überwachen, werden in den meisten

[5] Vgl. Abschnitt 1.2.3, Anmerkung 21.

Mittelgebirgen ökologisch wertvolle Grasflächen ohne Genehmigung in Weihnachtsbaumplantagen verwandelt - die Behörden zucken die Achseln. Bedeutende Umweltprobleme könnten über Nacht durch einen Federstrich entschärft werden, durch Entzug von alten Rechten (Trinkwasserversorgung in weiten Gebieten Nordrhein-Westfalens) oder Nichtverlängerung von Konzessionen (Moorzerstörung durch Torfabbau in Niedersachsen) - die Behörden sind zu feige, selbst wenn der Minister der Partei der Grünen angehört.

Alles, was den Sinn für Recht und Unrecht schärft, dient auch der Entwicklung von Zukunftsbewußtsein; alles, was ihn abstumpft, nimmt den Künftigen Chancen. Hier ist nicht nur Politikerschelte zu betreiben, auch kleine tägliche Rücksichtslosigkeiten aller gegen alle sind in der Summe fatal. Wenn viele Bediensteten der Universität, die mit dem Autor dieses Buches auf einem Flur zu arbeiten haben, trotz dutzendmaligen Bittens nicht bereit sind, auf das Türenknallen zu verzichten - wie kann man dann von ihnen erwarten, daß sie um künftiger Menschen willen, die sie nicht einmal bitten können, fühlbare Opfer erbringen, etwa weniger Auto fahren? - Lösungsmöglichkeiten:

- Die "Diktatur der Rücksichtsvollen" ist, wie wiederholt angesprochen, ein Widersinn in sich selbst und scheidet aus.
- Gerechte und konsequente Sanktionen ohne Machtanspruch sind zu befürworten und hier, wie auf zahlreichen anderen Gebieten, zu fordern. Handelte es sich nicht um den Flur einer heutigen Universität, sondern um die Forschungsabteilung eines Unternehmens, so würden wahrscheinlich keine Türen geknallt.
- Einer näheren Analyse zweifellos würdig wäre ein Phänomen, welches intuitiv mit "Präferenzverzerrung zugunsten der Zukünftigen" umschrieben werden könnte. Vielleicht ist jemand unwillig, den Anspruch eines Zeitgenossen zu respektieren, jedoch willig, einen Anspruch gleicher Intensität von Seiten eines Zukünftigen anzuerkennen. Das mag damit zusammenhängen, daß er entweder den Anspruch des Zeitgenossen für unbillig hält (die Universität sei kein ruhiger Platz, wer Ruhe sucht, soll woanders hingehen) oder nicht motiviert ist, dem Zeitgenossen einen Gefallen zu tun (er soll sich über Lärm ärgern). Der Anspruch der Künftigen auf eine ökologisch intakte Welt wird hingegen anerkannt. Auch kann das Opfer, zwanzig Mal am Tag die Türklinke zu drücken, bei gegebenem Präferenzset tatsächlich als zu hoch und unbillig erscheinen; jemand mag lieber 200 DM im Jahr für den Erhalt der Wale spenden als sich andauernd ruhig zu verhalten. All dies sind empirische psychologisch-ökonomische Probleme, welche intensiver als bisher erforscht werden sollten. Die Überlegungen bieten einen kleinen Raum für Zukunftsoptimismus oder lin-

dern - besser gesagt - etwas die Unausweichlichkeit des Zukunftspessimismus'. Es wäre ein Hoffnungsschimmer, wenn aus heutiger universeller Rücksichtslosigkeit nicht logisch zwangsläufig auf Zukunftsvergessenheit geschlossen werden müßte.

Die einzige befriedigende Lösung liegt mit ROUSSEAU im Lernen. Einige der erwähnten Türenknaller sind tatsächlich rücksichtsvoller geworden. Vielleicht sind die anderen in einem Milieu sozialisiert worden, wo Türenknallen normal war, weil niemand Ruhe brauchte, wo der Fernseher lief, während die Hausaufgaben gemacht wurden usw. Wer als Kind nicht mitbekam, daß Ruhe (als Symbol auch für andere ökologische Werte) etwas Wertvolles ist, lernt dies später gar nicht mehr oder nur sehr schwer. Er oder sie lernt es noch um so eher, je leichter ihm oder ihr das Einfühlen in die Bedürfnisse anderer fällt, je mehr Empathie besteht. Eben dieses Potential der Empathie ist aber selbst ein Produkt des Lernens - viele Menschen bekommen in frühen Sozialisationsstufen mit auf den Weg, daß *keine* Rücksicht zu nehmen ein Wert ist. Wie schon wiederholt in dieser Studie festgestellt, ist das natürlich das Gegenteil des Fundaments einer individualistischen Gesellschaft.

Die beschriebenen Dinge sind bekannt und werden viel beklagt. Ob die Impulse in der gegenwärtigen Gesellschaft zugunsten des Lernens von Rücksichtnahme und Empathie hinreichen, ist schwer zu beurteilen; die bloße Tatsache, daß Lernen zeitaufwendig ist, die Naturzerstörung jedoch schnell voranschreitet, so daß hier wieder einmal eine Wettlaufsituation zu konstatieren ist, muß als weitere Erschwernis gewertet werden. Der wichtigste Beitrag der wissenschaftlichen Ökonomie zu diesem Problemkomplex scheint mir darin zu liegen, die Begriffe der Rechte und Pflichten auf theoretischem Gebiet weiter zu schärfen. Die Theorie der Property Right bietet hierfür durchaus Ansätze. Sie sollte sich von einigen konservativ-polarisierenden ideologischen Wurzeln (zu umschreiben etwa als "Rechts-Coasianismus" oder "Chicago-Schule") emanzipieren und in der Theorie der Wirtschaftspolitik sowie im fruchtbaren und noch weitaus nicht erschöpfend bearbeiteten Grenzgebiet von Ökonomie und Recht Akzente setzen.

7.2.3 Intragenerationelle Gerechtigkeit

Das folgende setzt die Gedanken des vorigen Abschnitts fort; der Schwerpunkt verschiebt sich allein von den informellen Aspekten der Gerechtigkeit (Rücksichtnahme) auf "handfestere" materielle Verteilungsaspekte. Wenn jemand laut und rücksichtslos gegenüber Zeitgenossen ist, sein Auto auf dem Gehweg parkt, so daß kein Kinderwagen vorbeipaßt, betagte Menschen im Park mit dem Fahrrad gefährdet usw. - wenn dieser Mensch behauptet, für die Zukünftigen einen Verzicht leisten zu wollen, so sind zwar Zweifel an seiner Aufrichtigkeit erlaubt, aber er ist allein deshalb noch nicht als Heuchler entlarvt. Wer aber heutige offenkundige materielle Ungerechtigkeiten akzeptiert oder gar von ihnen profitiert, dafür sorgt, daß sie erhalten bleiben, wer indifferent gegenüber Not und Elend ist, sollte auch zur Zukunftsethik besser schweigen. Intragenerationelle Ungerechtigkeit und intergenerationelle Gerechtigkeit können nicht zusammenpassen; unbegründbare Ungleichheit zwischen gleichzeitig lebenden Menschen ist vielleicht die größte Geißel der ökologischen Ökonomie. Dies ist aus mehreren Gründen der Fall:

- Wie gezeigt, unterminiert die Hinnahme oder gar Rechtfertigung dieses Zustands jede Glaubwürdigkeit auf zukunftsethischem Gebiet und führt geradewegs in den Zynismus.
- Arme, selbst nur relativ arme in durchschnittlich wohlhabenden Gesellschaften haben immer einen (wirklichen oder fadenscheinigen) Grund, Verzichte zugunsten der Späteren zurückzuweisen, zumindest solange, wie die Reichen nicht mit gutem Beispiel vorangehen. Zahlreiche ökologisch unabdingliche Maßnahmen, wie drastische Tarifanhebungen im Entsorgungsbereich, im Verkehr u.a. sind blockiert, weil sie kleinen Teilen der Bevölkerung ohne Ausgleich tatsächlich nicht zumutbar sind und weil sich größere Teile den Argumenten der wirklich Armen auch bedienen können.
- Das Bewußtsein, in einer Welt zu leben, in der man sich seinen Anteil mit Rücksichtslosigkeit erkämpfen muß, schwächt nicht nur psychologisch jeden Keim einer Verzichtsbereitschaft, vielmehr ist wegen der Situation des Prisoner's Dilemmas der Sinn von Verzichten auch in rationaler Betrachtung fragwürdig. Eine Gewerkschaft, welche auf Lohnforderungen aus ökologischer Rücksichtnahme verzichtete, befände sich in derselben Lage wie der Fischer, welcher zusehen muß, wie die Mäßigung, die er sich beim Fang auferlegt, nicht der Stabilität der Fischpopulation, sondern dem momentanen Profit der anderen Fischer (bei langfristigem Ruin für alle) zugutekommt. Wie beim voranstehenden Punkt ist das schlimmste nicht einmal die Unausweichlichkeit der Logik dieser Situation selbst, sondern die Leichtigkeit, sich mißbräuchlich auf sie berufen zu können. Wenn eine ein wohlhabendes und nicht mehr schwer arbeitendes Segment der Bevölkerung vertretende Gewerkschaft nichts anderes tut, als um höchstmögliche, dreiste Lohnprozentsteigerungen zu verhandeln, so braucht sie sich über das geringe Vertrauen, welches ihr in Umfragen in ökologischen Dingen entgegengebracht wird, nicht zu wundern.

Vieles spricht für die Richtigkeit des seit langem bestehenden Verdachts, daß ein erheblicher Teil der absoluten Wohlstandssteigerung, welche unteren Einkommensschichten in den vergangenen Jahrzehnten erzielt haben, ohne daß sich die intragenerationelle Verteilung nennenswert verändert hätte, zu Lasten der Künftigen geht, da die Kosten hierfür in die Zukunft externalisiert werden. Die Reichen sagen: Von uns bekommt ihr nichts, holt es euch von den Zukünftigen. Dies geschieht unter anderem durch chronische Kostenunterdeckung bei allen für die Zukunft wichtigen Ver- und Entsorgungsleistungen (z.B. in der Abfall- und Abwasserwirtschaft), durch die Erlaubnis, die Landschaft flächendeckend für die Erzeugung quantitativen Nahrungsmittelüberflusses zu opfern usw. Die Reichen haben den Armen erlaubt, die Vorräte und Kapazitäten für morgen zu plündern und den Obstgarten zu verwüsten, um Kaviar und Sekt für sich behalten zu können.

Die grundsätzliche Folgerung ist natürlich trivial: Es muß, vor allem auf weltweiter Ebene, mehr Gerechtigkeit einziehen. Schnelle und grundlegende Veränderungen erscheinen unerreichbar, vor allem, nachdem der bisher machtvollste Versuch hierzu, der Sozialismus, die Armen eher noch ärmer gemacht hat. Nicht-trivial ist allein die Suche nach Hebeln, um wenigstens kleine Fortschritte bewirken zu können. Diese teilen sich wie folgt ein:

- Maßnahmen, welche intragenerationelle Ungleichheiten direkt mildern, wie z.B. Einkommensübertragungen zu ganz Armen in entwickelten Ländern oder Nord-Süd-Transfers vieler Art.
- Maßnahmen der Zukunftssicherung, welche heutige Reiche stärker heranziehen als heutige Arme, womit die Ungerechtigkeit zwischen beiden indirekt verringert wird.
- Maßnahmen mit dem Ziel, Gruppen Verzichte zu erlauben, ohne daß sie sich betrogen fühlen müssen, indem verhindert wird, daß sich andere Zeitgenossen die Früchte dieser Verzichte direkt oder indirekt aneignen.

7.2.4 Rechenhaftigkeit

Für dieses Ziel ist bei nicht ökonomisch ausgebildeten Personen, vor allem in der Öko-Szene, schwer Verständnis zu wecken. Qualitative Dinge, wie Zukunftsbewußtsein, Gerechtigkeit, Erhalt der Natur usw. seien dem Zählen und Rechnen nicht zugänglich, insbesondere sei der Geldmaßstab fernzuhalten. Wo die monetäre Elle angelegt wird, gehe es mit der Natur noch schneller bergab als anderswo.[6]

Grundsätzlich kann ein Gesellschaftssystem seinen spezifisch ökonomischen Triebkräften um so besser folgen, je besser sein ökonomisches Rechnungswesen funktioniert, je transparentere Daten über richtige und falsche Entscheidungen vorliegen, je niedriger die Transaktionskosten sind. Symbolisch: Das System funktioniert um so besser, je besser es geölt ist. Wird dies akzeptiert, so folgt: Sind die Triebkräfte dem langfristigen Erhalt der Natur und damit auch den Zielen intergenerationeller Gerechtigkeit abhold, so beschleunigt Rechenhaftigkeit auch den falschen Weg. Insoweit behalten die Gegner der Rechenhaftigkeit von den Ergebnissen her mit ihren Einwänden recht. Wäre dies das ganze Problem, so müßte dennoch die Strategie, das volkswirtschaftliche System am Schaufeln seines eigenen Grabes dadurch zu hindern, daß sein Informationsapparat möglichst vernebelt wird (symbolisch: das Öl abgelassen wird), als ein verzweifelter, primitiver und zum Scheitern verurteilter Versuch, die Natur zu erhalten, gewertet werden. Mit anderen Worten: Unrechenhaftigkeit kann für die Natur nie direkt nützlich sein, sie kann höchstens ein Gegengift gegen eine gefährliche Tendenz darstellen. Wie das mit Gegengiften so ist, kann ihr Einsatz leicht außer Kontrolle geraten; stets ist es die bessere Therapie, die Ursache des Mißstands abzustellen.

In Wirklichkeit fällt jedes reale ökonomisch-politische System keineswegs nur Entscheidungen, die nach den Maßstäben seiner spezifisch ökonomischen Logik richtig sind. Im Gegenteil gehört Unwirtschaftlichkeit im primitivsten Sinne, gehört Versündigung am eigenen ökonomischen Credo zum Alltagsgeschäft. Wie schon im Abschnitt 1.5 angesprochen und in 2.6 mit einigen Beispielen belegt, gehören Maßnahmen insbesondere auf dem Gebiet der öffentlichen Wirtschaft, welche nach "harten" monetär-ökonomischen Maßstäben sogar unter Absehung von allen ökologischen Bezügen keine Rechtfertigung finden können, ja oftmals skandalöse Fehlentscheidungen oder Dauerpraktiken darstellen, zu denjenigen, welche die Natur am schlimmsten zerstören. Daß ausgerechnet die Unwirtschaftlichkeit so naturzerstörerisch ist, ist bemerkenswert - noch niemand hat geklärt, ob dies auf "Zufall" beruht oder eine systematische Ursache besitzt. Genannt wurden oben die Dauersubventionen für eine ökologisch untragbare Landwirtschaft, staatliche Milliarden für Ver-

[6] Zur logischen Möglichkeit und moralischen Zulässigkeit der Monetarisierung habe ich einige Gedanken in einem Aufsatz (HAMPICKE 1989) veröffentlicht.

kehrs- und Wasserbau sowie andere Infrastrukturprojekte und anderes mehr. Das weltweit bedeutendste Beispiel auf diesem Gebiet stellt die Zerstörung tropischer Wälder dar, der in vielen Fällen (vor allem in Lateinamerika) nicht einmal ein nach kurzfristigen und "unökologischen" Kriterien berechneter Profit beschieden ist. Verzweifelte Armut, Ungerechtigkeit, Pleiten, Steuerbetrug, Großmannssucht und bloße Pyromanie hinterlassen verkohlte Baumstümpfe, erodierte Erde, ausgerottete Tiere und Menschen im grandiosesten Ökosystem auf dem Lande, das die Evolution je hervorgebracht hat.[7] In den Industrieländern liegen die Ursachen für dortige Ressourcenfehllenkungen in folgendem:

- Zu lockeres Geld in öffentlichen Kassen. Unterstützt von konstruktionsfreudigen, jedoch ökonomisch urteilsunfähigen Ingenieuren und geschmeichelt von den Einflüsterungen vorteilssuchender Sonderinteressen errichten sich Politiker mit öffentlichen Milliarden Denkmäler. Die auf Wahnvorstellungen zurückgehenden Projekte, wie CEAUSESCUs "Volkspalast" in Rumänien, sind nur die Spitze eines Eisbergs; auch in anderen Ländern finden sich Nachahmungen in Gestalt von Kanälen, Staudämmen, Sportarenen, Opernhäusern, Transrapid-Bahnen und unzähligem anderen technischen Spielzeug für infantil gebliebene Männer, die zwar immer einige Nutznießer finden, jedoch keiner korrekten Kosten-Nutzen-Analyse jemals standhalten würden (weshalb eine solche auch tunlichst unterlassen oder unterdrückt wird).[8]
- Druckausübung von Sonderinteressen, welche ihr Wohl erfolgreich als das "Gemeinwohl" ausgeben können und die Politiker entweder zu den eben erwähnten Investitionsruinen oder (ökologisch meist noch schädlicher) zu Dauerinterventionen verleiten können. Der Zustand der Natur wäre z.B. ein besserer, wenn nicht in der Bundesrepublik in wenigen Jahrzehnten mehrere Dutzend Milliarden DM allein in

[7] Zu zahlreichen Fällen von Tropenwaldvernichtungen nicht einmal aus kurzsichtigen ökonomischen Antrieben, sondern auf Grund reiner politischer Fehlentscheidungen vgl. REPETTO & GILLIS (1989).

[8] Zur Illustration vgl. z.B. HAMPICKE (1985, pp. 393ff.), wo kritisch zu teuren Infrastrukturprojekten in Berlin (W) Stellung genommen wurde. Weitere Belege für ökonomisch und ökologisch zweifelhaften Umgang mit Geld in öffentlichen Haushalten in den entsprechenden Abschnitten zur Grünplanung (pp. 217ff.) und Wasserwirtschaft (pp. 252ff.) sowie in HAMPICKE (1991a) zur Forstwirtschaft (pp. 184ff.) und Flurbereinigung (pp. 292ff.). Vgl. auch vorl. Studie, Abschnitt 2.6, Anmerkungen 46 und 47.

Flurbereinigungen und andere agrarstrukturelle Vorhaben geflossen wären, deren volkswirtschaftliche Rentabilität mehr als zweifelhaft ist.
- Auch private Unternehmungen profitieren von lückenhafter volkswirtschaftlicher Rechnungslegung, indem ihnen das Erkennen und Bezahlen der vollen Kosten ihrer Tätigkeiten einschließlich der externen Effekte erspart bleibt. Es ist z.B. zu bezweifeln, ob schnelles Geld anlockende Vergnügungsparks ("Western Towns" und ähnliches) noch rentabel wären, wenn ihren Betreibern alle korrekt monetarisierbaren und langfristigen Kosten des Boden- und Landschaftsverbrauchs angelastet würden. Dieses Gebiet ist zwar von der herkömmlichen Umweltökonomie konzeptionell weitgehend geklärt worden ("Internalisierung der externen Effekte"), jedoch sind von ihr in der Regel nur stereotype Beispiele aus den Gebieten des Immissionsschutzes thematisiert worden.

Neben der korrekten Kostenermittlung und darauf basierend Zügelung des staatlichen Ausgabenstrebens begründet sich die Forderung nach korrekter ökonomischer Rechenhaftigkeit auch damit, die monetarisierbaren Leistungen unzerstörter Natur aufzudecken und damit den Schaden zu beziffern, welcher aus unterlassenem Umwelt- und Naturerhalt folgt. Hierzu sind in Deutschland in jüngerer Zeit umfangreiche, zum Teil in Abschnitt 2.6 genannte Studien angefertigt worden.[9] Ist natürlich zu fordern, nicht wiederherstellbare Elemente und Teilsysteme der Natur auch dann zu erhalten, wenn ihnen keine quantifizierbare oder gar monetarisierbare Leistung entspricht, so ist es doch nie falsch, über die quantifizierbaren Dienstleistungen informiert zu sein.[10]

[9] Vgl. Abschnitt 2.6, Anmerkungen 56 bis 58, ergänzend Abschnitt 5.3, Anmerkungen 87 und Abschnitt 5.4.2, Anmerkung 114.

[10] Die vorliegende Untersuchung dürfte nach Abwägung aller Argumente nicht mehr im Verdacht stehen, das Nichtmonetarisierbare monetarisieren zu wollen. Zu diesem Wahn vgl. DALY (1987, p. 330): "How many sparrows are worth a man? No one knows, though I'm sure some clever econometrician will not shrink from the task of imputing implicit shadow prices to sparrows, probably based on the market price of the insect repellent that could be saved if there were one more sparrow around to eat the insects. But even if this absurdity were accomplished it would only be an estimate of instrumental value, not intrinsic value." Ich halte es zwar für praktisch-datentechnisch unmöglich, den Wert des Spatzen über die Pestizideinsparung zu ermitteln, ganz so absurd wie DALY finde ich die Idee jedoch nicht, solange es allein um den instrumentellen Wert geht. Das Hauptproblem liegt m.E. im ersten Satz: "How many sparrows are worth a man?".

Ferner dient eine korrekte ökonomische Rechnung dazu, den Nachweis zu führen, daß wichtige konkrete Naturerhaltungsmaßnahmen entgegen landläufigen Behauptungen nicht besonders kostenaufwendig sind. Auch wenn ein solcher Nachweis bisher selten zur schnellen Umsetzung der Maßnahmen geführt hat, so wird doch wenigstens der (von den jeweils betroffenen Interessen hochgehaltene) Vorwand entzogen, die Naturerhaltungsmaßnahmen seien "unerschwinglich". Wird die Natur durch Vorhaben zerstört, welche gar keine ökonomische Rechtfertigung besitzen, so verursacht der Naturerhalt voraussetzungsgemäß gar keine Kosten, sondern führt im Gegenteil zu volkswirtschaftlichen Ersparnissen. Dies sind die Extreme, bei denen Umorientierungen unaufschiebbar sind. In anderen interessanten Fällen dümpeln die naturwidrigen Aktivitäten ökonomisch im Gebiet von "Plusminus Null", so daß ihre ökologisch zu fordernde Unterlassung zumindest keinen ökonomischen Schaden stiftete; ein treffendes und an anderer Stelle eingehender beschriebenes Beispiel ist hier die Forstwirtschaft in der Bundesrepublik Deutschland.[11] Werden schließlich im Interesse der Natur Aktivitäten zurückgedrängt, die "rein ökonomisch" zwar dem Vorzeichen, kaum jedoch der Höhe nach profitabel sind, so werden in der Tat Kosten verursacht - jedoch sind sie entgegen vielfachen Behauptungen oft von geringer Höhe.

Insgesamt gehört die Vertiefung volkswirtschaftlicher Rechenhaftigkeit nach den Regeln der Kosten-Nutzen-Analyse zu den wichtigsten Forderungen der ökologischen Ökonomie. Auch pragmatisch kann mit ihr in kaum einem Fall ein Schaden gestiftet werden, da naturwidrigen Aktivitäten, deren Realisierungschancen sie auf den ersten Blick erhöhen könnte,[12] ohnehin mit anderen Mitteln als dem der Informationsvorenthaltung entgegengetreten werden muß. Den Gefahren unzulässiger Monetarisierung ist bei Beachtung der in dieser Studie ausführlich erörterten Grundsätze (insbesondere Abschnitte 2.6 und 5) auszuweichen. Die Kosten-Nutzen-Ermittlung zeigt auf, wie vorteilhaft oder zumindest wenig kostspielig ein pfleglicherer Umgang mit der Natur vielfach schon dann ist, wenn nur die Regeln angelegt werden, die im ökonomischen Alltag überall gelten sollten.

[11] Vgl. Anmerkung 8.

[12] Sofern dies überhaupt eintreten kann, muβ es auf unzureichender Methodik beruhen. Eine alle Aspekte (kurz- und langfristig, monetär und nichtmonetär usw.) korrekt umfassende Kosten-Nutzen-Analyse ist aus ökologischer Sicht per definitionem nicht zu fürchten, vgl. auch Abschnitt 2.6.

7.2.5 Intertemporale Kalküle

Zum ökonomischen Rechnungswesen gehören auch die in dieser Studie ausführlich analysierten intertemporalen Diskontierungskalküle, wobei als reales Datum wirksam allein der Zins ist. Ich gestehe, zu Beginn der Bearbeitung auf diesem Gebiet ein anderes Ergebnis erwartet zu haben; bezüglich der Rolle des Zinses bestanden kritische Hypothesen bis hin zu der, daß seiner Allokationswirksamkeit auch praktisch entgegengetreten werden müßte. Davon ist übriggeblieben, daß bestimmte Zinsursachen, wie die Gelegenheit zum Wucher, extreme individuelle Myopie sowie intergenerationelle Verantwortungslosigkeit nicht akzeptiert werden dürfen. Sie alle wirken in Richtung auf eine Zinserhöhung, da sie jedoch nicht die alleinigen Zinsentstehungsursachen sind, begründet ihre Zurückweisung keine Forderung nach völliger "Abschaffung" des Zinses. Fast alle Umstände deuten darauf hin, daß sich die ökologische Ökonomie in der Praxis mit einem mäßigen Zinsniveau abfinden kann. Die Rede ist selbstverständlich vom Realzins; soweit ein durch Inflation hochgetriebener Nominalzins ökologisch schädliche Wirkungen entfalten sollte, lägen die Ursachen in der Inflation als solcher und nicht im Zins. Ergänzend zu den theoretischen Ausführungen vor allem im Abschnitt 4 ist an dieser Stelle zu erwähnen, daß die wichtigste praktische Ursache eines u.U. bedenklich hohen Realzinsniveaus außer in Ländern mit verbreitetem Wucher regelmäßig die Staatsnachfrage ist, wie besonders drastisch zu Beginn der 80er Jahre in den USA, wo gewaltige Rüstungsausgaben bei gleichzeitiger Steuersenkung und damit kreditär finanziert werden sollten. Auch andere Phänomene, wie Wechselkursprobleme, die monetäre Stabilisierungspolitik der Zentralbank usw. sind politischer Natur; soweit sie aus ökologischer Sicht zu kritisieren sein sollten, gelten die Überlegungen aus den Abschnitten 7.2.4 und (vorgreifend) 7.2.7 zur Staatstätigkeit im allgemeinen.

Für die ökologische Ökonomie ist klar, daß der Zins, selbst wenn es für richtig gehalten würde, nicht "abgeschafft" werden könnte. Allerdings wäre bei nachgewiesener ökologischer Schädlichkeit zu fordern, pragmatische Gegenmaßnahmen auf bestimmten Gebieten zu treffen. Das Ergebnis dieser Studie besteht jedoch darin, daß diejenigen ökologischen Probleme, welche einem vernünftigen Zinsniveau zugeschrieben werden könnten, unvergleichlich weniger brisant sind als andere, wie insbesondere die alltägliche Rücksichtslosigkeit, Verteilungsungerechtigkeiten sowie die Irrationalität staatlicher Entscheidungen. Wäre der Zins das einzige Problem, so wäre die Welt - ökologisch betrachtet - fast heil. Dies Ergebnis bedeutet sicherlich nicht, daß die umfangreichen Überlegungen zur Zinstheorie im Abschnitt 4 überflüssig gewesen wären. Erwähnen wir noch einige praktische Umstände:

- Für den ausgabefreudigen Staat bedeutet ein gewisser Zins und die daraus abzuleitende Mindest-Renditeerwartung eine Bremse, welche ökologischen Zielsetzungen Hilfestellung gewähren kann, indem sie unrentable und dabei gleichzeitig ökologisch abzulehnende Vorhaben ausselektiert. Kann z.B. gezeigt werden, daß eine typische Flurbereinigung in Deutschland mit Investitionskosten von 10 000 DM, die bei einem Realzins von 4% p.a. und einem Amortisationszeitraum von 25 Jahren zu fordernde Annuität von etwa 630 DM pro Jahr nicht annähernd erwirtschaftet, so zwingt ein "rein ökonomischer" Kalkül zum selben Schluß wie die ökologische Forderung: Die Flurbereinigung ist zu unterlassen.[13] Die ökologische Ökonomie verläßt sich selbstverständlich nicht ausschließlich auf derartige Kontingenzen, sondern würde einer auf triftige ökologische Einwände stoßenden Flurbereinigung auch dann entgegentreten, wenn sie nach herkömmlichem Kalkül rentabel wäre. Trotzdem ist der Hinweis auf die Unwirtschaftlichkeit schon bei Absehung von allen ökologischen Belangen legitim, wenn nicht die angenommenen Zinssätze manipulativ variiert werden: Man darf nicht, wenn ein hoher Zins der Natur schadet, einen niedrigen fordern und in einem Gegenbeispiel, wenn man eine Investition "kippen" will, einen hohen Satz zum Zwecke unerfüllbar hoher Renditeforderungen anlegen.
- Gelegentlich ist der Zins gar nicht die Ursache der ihm zugeschriebenen naturzerstörenden Wirkung; sie wird allein vorgetäuscht, und in Wirklichkeit liegt der Fehler woanders. Dies ist der Fall in dem vielfach zitierten und schon im Abschnitt 1.5 angedeuteten Beispiel einer Parzelle tropischen Regenwaldes.[14] Wenn dieser Wald (willkürliche Zahlen) in unzerstörtem Zustand künftigen Menschen in 100 Jahren einen monetären Ertrag von einer Million DM liefern würde, so würde er dennoch heute für einen viel geringeren Ertrag (abzüglich Kosten) von 50 000 DM nach diesem Kalkül irreversibel zerstört, weil sich bei einem Zinssatz von 4% p.a. der künftige hohe Ertrag auf einen heutigen Barwert von nur etwa 18 000 DM abdiskontiert. Man beachte im übrigen die vollständig "weltferne" Regelbindung, die sich

[13] Vgl. Anmerkung 8.

[14] Verständliche, jedoch zu entkräftende Kritik in diesem Sinne in MYERS (1976,1977) und EHRLICH & EHRLICH (1981, pp. 273ff., Anmerkung 3). Der um einprägsame, aber meist irreführende Formulierungen nie verlegene G. HARDIN stellt fest: "Devotion to economic discounting is suicidal" (zitiert in BOJÖ et al. 1990, p. 66), vgl. auch G. HARDIN (1968).

diese Rechnung auferlegt, denn sie impliziert, daß von einer heutigen Rodung abgesehen würde, wenn sie netto z.B. nur 15 000 DM einbrächte. In Wirklichkeit wird in einem solchen Fall fast ausnahmslos gar nicht gegen zukünftige Alternativen abgewogen; der Wald würde selbst dann gerodet, wenn dies nur 5 000 DM einbrächte, wobei selbst diese Summe nicht einmal in realem volkswirtschaftlichen Ertrag bestehen müßte. Sofern niemand dagegen einschreitet, wird der Wald selbst dann vernichtet, wenn dadurch allein 5 000 DM an Steuern eingespart werden, denen reale Verluste bei anderen Subjekten (um die man sich nicht zu kümmern braucht) von zehnfacher Höhe entgegenstünden. Die Realität ist also noch viel schlimmer als unser konstruierter Fall, doch zurück zu ihm: Worin liegt der Fehler? Die Mindestbarwertforderung für eine heutige Rodung von etwa 18 000 DM bzw. die Entscheidung zur Rodung bei Überschreitung dieser Schwelle wäre in jeder Hinsicht korrekt, wenn der monetäre Alternativertrag von einer Million DM in 100 Jahren der einzige Wert wäre, den diese Waldparzelle besäße.[15] Dann stünden sich zwei rein monetarisierbare, d.h. vollständig ersetzbare Werte zu verschiedenen Zeitpunkten gegenüber, zwischen denen nach Maßgabe des Zinses ohne auch nur den Anflug einer Unmoralität gewählt werden dürfte. Die heutige Entscheidung zur Rodung ist jedoch falsch, wenn dem Wald nichtmonetäre Werte eigen sind, die mit KANT "kein Äquivalent verstatten"[16] - wenn er die einzige Lebensstätte von Tier- und Pflanzenarten ist, bestimmten Menschen, wie Indianern die Lebensgrundlage liefert, das Klima stabilisiert oder wenn künftigen Menschen eine Erde ohne tropischen Wald wegen ihrer ästhetisch-emotionellen Armut schlicht unzumutbar ist. Alle diese Gründe würden jedoch bei jedem beliebigen Zinssatz gelten einschließlich einem solchen von Null, so daß das suggerierte Verdikt gegen die Waldrodung wegen der Diskontierung eher irreführend ist.

- Mit dem voranstehenden Punkt eng verwandt ist auch die Überlegung bezüglich sinnvoller Maßnahmen, wie sie im Abschnitt 6.4.2 abgeleitet worden ist: Allen Naturgefährdungen, welche durch das Wirken eines Zinses (speziell eines hohen)

[15] Daβ in 100 Jahren andere Menschen mit u.U. anderen Präferenzen monetäre Bewertungen mit anderen Ergebnissen anstellen werden, ist ein weiteres Problem, von dem jedoch an dieser Stelle abgesehen sei, da es zur Klärung der Zins-Diskontierungsfrage nicht beiträgt.

[16] "Im Reiche der Zwecke hat alles entweder einen Preis, oder eine Würde. Was einen Preis hat, an dessen Stelle kann auch etwas anderes als Äquivalent gesetzt werden; was dagegen über allen Preis erhaben ist, mithin kein Äquivalent verstattet, das hat eine Würde." KANT (1961, p. 87).

heraufbeschworen werden können, muß ohnehin durch eine kollektive, ethisch begründete Schrankensetzung - den "Safe Minimum Standard" - entgegengetreten werden. Es müssen soundso viele Millionen Hektar an tropischem Wald stehenbleiben, gleichgültig wie hoch der Zins ist, es muß mindestens soundso viele Individuen einer bestimmten Tierart geben, auch wenn nach Maßgabe des Zinses eine geringere Gleichgewichtspopulation folgen würde usw. Allenfalls könnte pragmatisch gesagt werden, daß der Safe Minimum Standard bei einem hohen Zinsniveau eher in Aktion treten müßte als bei einem niedrigen, so daß bei Zweifeln an seiner Autorität der Schutz durch einen niedrigen Zins beruhigend sein kann.

Die wichtigste Diskussion über die Rolle des Zinses in der Wohlfahrtsökonomie und speziell in der Kosten-Nutzen-Analyse wurde in den 50er und 60er Jahren geführt.[17] Da diese Diskussion relativ pragmatisch ausgerichtet war und seltener Fragen der intraindividuellen Rationalität und der intergenerationellen Gerechtigkeit thematisierte, war sie für die Ausführungen des Abschnittes 4 weniger relevant und wurde daher dort auch nicht aufgegriffen. Nicht trotz, sondern wegen ihres pragmatischen Ansatzes sind ihre Ergebnisse für die Umsetzung einer ökologischen Ökonomie um so wichtiger, sie können weitgehend übernommen werden. Vereinfacht dargestellt, empfehlen die namhaftesten Autoren, mit volkswirtschaftlichen Diskontraten zu arbeiten, die höchstens denen empirischer Marktzinssätze für langfristige und risikoarme Anlagen entsprechen. Die Empfehlung, gegebenenfalls nach unten zu korrigieren, ergibt sich daraus, daß eine Reihe von Einflüssen beobachtet werden kann, welche Marktzinssätze über das tatsächliche volkswirtschaftliche Effizienz- oder Knappheitsniveau anheben, wie die Besteuerung von Gewinnen, Gewinnspannen oder gar Monopolrenten bei Banken, SENs "Isolation Paradox" und anderes mehr.[18] Eine nähere Diskussion dieser Punkte ist nicht unser Thema; fest steht, daß

[17] Maßgebliche Beiträge waren ECKSTEIN (1958, insbes. pp. 94ff.), SEN (1961,1967), MARGLIN (1963), FELDSTEIN (1964), BAUMOL (1968), HAVEMAN (1969) u.a. Neuere Diskussionen und Vergleiche in DASGUPTA& PEARCE (1978, pp. 136ff.), PEARCE & NASH (1981, pp. 143ff.), LIND et al. (1982), HANUSCH (1987, pp. 93ff.) sowie NIJKAMP & ROUWENDAL (1988).

[18] SENs "Isolation Paradox" (1961, 1967) zufolge sind das Angebot auf dem Kreditmarkt zu gering und der Zins entsprechend zu hoch, weil die Zwecke, für die gespart wird, häufig Kollektivgutcharakter besitzen, gegenüber deren Finanzierung leicht dieselbe Free Rider-Mentalität entsteht, die im statischen Kontext so ausgiebig diskutiert wird. Dieser Effizienzfehler des Systems werde noch von der Tatsache überlagert, daß die Früchte der Erspanisse auch künftigen Generationen zugutekommen. Dieses Argument und andere sind plausibel, wenn auch schwer empirisch testbar. Gelegentlich wird dafür plädiert, daß Diskontsätze bei öffent-

eine praktische ökologische Ökonomie, wenn sie sonst richtig entscheidet, mit der Verwendung solcher, niedriger bis mäßiger volkswirtschaftlicher Zinssätze nicht nur kaum ökologische Schäden stiften kann, diese Zinssätze sind in der heutigen Praxis als Knappheitszeiger und Lenkungssignale auch erforderlich. Nullzins-Experimente würden wahrscheinlich ebenso scheitern wie im 19. Jahrhundert.

7.2.6 Konsumentensouveränität

In einer Welt vollkommen informierter, willensstarker und regelbewußter Individuen wäre jede Einschränkung ihres Willens und speziell auch ihrer ökonomischen Äußerungen unbegründet. Sind die Individuen regelbewußt, aber nicht vollkommen informiert und offenbaren sie als lebendige Menschen auch Willensschwächen (was sie nicht unsympathischer macht), so rechtfertigen sich, wie oben in 7.1.2 noch einmal geklärt, punktuelle Eingriffe in ihre Handlungen ohne Machtanspruch von Seiten der korrigierenden Instanz. Daß diese Einschränkungen berechtigt sind, wird von den Individuen nachträglich, bei voller Information und klarem Kopf, eingesehen, so daß sie wissen, nicht Opfer von Bevormundung gewesen zu sein.

Das soeben Gesagte betrifft Modellmenschen in der Theorie. Wie die Klagen in Abschnitt 7.2.2 verdeutlichten, ist in der Realität Rücksichtslosigkeit als der Normalzustand anzusehen. Viele Menschen sind nicht nur schlecht informiert und willensschwach, sondern halten die Achtung der Rechte anderer überhaupt nicht für erforderlich. Wenn das schon gegenüber Zeitgenossen gilt, so konnte nur die bange Frage gestellt werden, wie sie es dann wohl mit den Rechten künftiger, nicht wehrhafter Menschen halten. Hieraus leitet sich die leicht Beifall findende Forderung ab, den Individuen eine ökonomische Souveränität in Fragen, die den Naturerhalt tangieren, abzusprechen, sie also nicht nur punktuell, sondern fundamental einzuschränken und einer Öko-Despotie zu unterwerfen. Wenn im Gegensatz dazu die vorliegende Studie trotz ihrer Klagen über die "Schlechtigkeit der Welt" mehr Konsumentensouveränität in Sachen Natur auch in der Praxis fordert, so mutet dies auf den ersten Blick als inkonsistent an und bedarf einer Begründung. Diese kann hoffentlich einige scheinbare Widersprüche ausräumen, wenn es auch vermessen wäre, in diesem komplizier-

lichen Vorhaben nicht niedriger, sondern höher als Marktzinsraten anzusetzen seien, vgl. z.B. QUIRK & TERESAWA (1991).

ten und bisher weder in Ökonomie, Psychologie noch Philosophie hinreichend bearbeiteten Punkt eine vollständige Klärung zu erwarten. Wir diskutieren drei Begründungen:

- Der Entscheidungsfindung durch die unbevormundeten Individuen logisch vorgelagert ist die Kenntnisnahme ihrer Motive und Wünsche - vor der Konsumentensouveränität[19] steht die *Präferenzerfassung*. Für die gegenwärtige Praxis besteht das bedeutendste Problem darin, die Präferenzen der Bevölkerung überhaupt erst zu kennen, und selbst wer Bedenken gegen die Entscheidungssouveränität hat, wird kaum bestreiten, daß die Aufdeckung der Präferenzen ein lohnenswertes Ziel ist. Bis vor kurzem wußte man nichts über die ökonomische Einschätzung von Zielen des Naturerhalts in der Bevölkerung, gegenwärtig zeigen sich die ersten vagen Umrisse. Gewiß sind die Methoden keineswegs irrtumsfrei, jedoch sind sie nicht so schlecht, wie sich das vorurteilsvolle Kommentatoren oft vorstellen; hierzu eine vielsagende Anekdote: Im Jahre 1985 wurden in einer wichtigen Pionierarbeit die Präferenzen der (damals West-) Berliner Bevölkerung für reinere Luft ermittelt.[20] Eine repräsentative schriftliche Befragung von fast 2 000 Haushalten fand eine hohe Zahlungsbereitschaft für dieses Ziel. Auf einer Ingenieurstagung im Jahre 1991 äußerte sich ein Vertreter des Berliner Elektrizitätsversorgungsunternehmens hierzu wie folgt: Bei einer unlängst durchgeführten, mäßigen Tariferhöhung im Interesse der Abgasreinigung bei den Kraftwerken hätte die Berliner Bevölkerung die Ergebnisse von 1985 "schlagend widerlegt", indem sie einen "ohrenbetäubenden" Proteststurm gegen diese Erhöhung entfachte. Wäre die Bevölkerung so umweltbewußt wie von SCHULZ im Jahre 1985 behauptet, so hätte sie die Tariferhöhung zu ihrem eigenen Wohl gern bezahlt. Kommentar: Hätte das Versorgungsunternehmen eine repräsentative Bevölkerungsbefragung über die Akzeptanz ihrer Maßnahme bei gleichzeitiger Information über deren Ziele durchgeführt, die Ergebnisse statistisch einwandfrei aufgearbeitet, und wäre aus dieser Arbeit eine Ablehnung der Tariferhöhung zu folgern gewesen, dann hätte in der Tat SCHULZ als widerlegt gelten können. In Wirklichkeit bestand

[19] Der Ausdruck "Konsumentensouveränität" ist für den hier gemeinten Sachverhalt nicht mehr voll angemessen, da es keineswegs allein um die selbständige Auswahl eines Konsumgüterbündels geht, vielmehr die viel umfassendere Souveränität des Individuums in sämtlichen ökonomischen Entscheidungen gemeint ist, auch solcher mit altruistischen und pflichtgeleiteten Zielsetzungen. Der Ausdruck wird in der vorliegenden Studie noch verwendet, weil es zur Zeit keinen treffenderen gibt, jedoch sollte hier möglichst bald einer eingeführt werden.

[20] SCHULZ (1985).

der "ohrenbetäubende Lärm" gegen die Tariferhöhung in den Äußerungen professioneller Wichtigtuer, die bei jeder Gelegenheit die Lokalpresse mit ihren Leserbriefen überschütten und beim RIAS anrufen, um sich einmal im Radio zu hören. Schon eine kleine krakeelende Minderheit kann eine Volksbewegung vortäuschen; es wäre interessant, das geschilderte Problem einmal methodisch einwandfrei zu untersuchen. Eine korrekte Präferenzerfassung ist also nicht zuletzt deshalb so wichtig, um falsche, durch lautstarke Minderheiten herbeigeführte Verzerrungen des "Volkswillens" auf dem Gebiet der Naturbewirtschaftung zurechtzurücken.

- Die Philippika über die "schlechten Menschen" in Abschnitt 7.2.2 steht unter demselben Vorbehalt wie die soeben kritisierte Äußerung des Vertreters der Berliner Stromversorgung. Vielleicht scheint es nur so, daß alle schlecht sind (es ist sogar sehr zu hoffen), weil die Schlechten stärker auffallen als die schweigende Mehrheit. Blicken wir auf konkrete Umwelt- und Naturschutzprobleme, so erweisen sie sich oft, wenn nicht fast immer, als verursacht durch Minderheiten. Es sind immer wieder andere Gruppen, die es betrifft, jedoch sind es *jeweils* Minderheiten, und wenn es nach der *jeweiligen* Mehrheit ginge, so würden die Probleme zumindest entschärft, wenn nicht gar gelöst. Wer demoliert öffentliches Eigentum, von der Parkbank bis zur Straßenbahn? Sicher eine kleine Minderheit. Behörden kommen nicht gegen Jäger und Sportangler an, die für das Aussterben hunderter von Organismen mitverantwortlich sind. Wieviele Subjekte sind hier eigentlich aktiv? In der alten Bundesrepublik sind es wohl etwa eine Million Jäger und drei Millionen Angler, also zusammen unter 7% der Bevölkerung, auf Haushalte bezogen unter 15%. Naturschutzbehörden sind "machtlos" selbst gegenüber den paar Individuen, welche luxuriöse Hobbys betreiben, wie Wasserski, Drachen- und Ultraleichtflug usw. Sollen sie aus Naturschutzgründen eingeschränkt werden, so veranstalten sie und die an ihnen verdienenden Gerätehersteller einen Lärm, als zählten sie zu Millionen. Selbst die tatsächlich millionenfach ausgeübten Sportarten werden jeweils immer noch von Minderheiten betrieben: Fünf Millionen Skiläufer (wenn es soviele sind), sind 8,3% der Bevölkerung. Betrachten wir den Extremfall der Massenausübung einer naturunverträglichen Aktivität, das Autofahren: Bezogen auf die Gesamtbevölkerung einschließlich Kinder und Alter sind selbst die Autofahrer eine Minderheit und ist es eine nach einem beliebigen Kriterium herausgegriffene Subpopulation aus denselben (etwa die besonders rücksichtslosen) erst recht. Selbst wenn wir nur die klaren Beispiele berücksichtigen, bei denen Minderheiten für Umwelt- und Naturprobleme verantwortlich sind, und uns die Situation so vorstellen, daß jeweils *alle* über das Problem mitzusprechen hätten (Jäger und Nicht-Jäger über den Zustand der Waldlichtungen, Angler und Nicht-Angler über die Lebensmöglichkeiten von Fröschen und Libellenlarven usw.), so würden die anstehenden Probleme anders und besser gelöst. Demokratie und Mitsprache aller schwächt die Macht von Minderheiten, welche für die Naturzerstörung in besonderem Maße verantwortlich sind.

- Ohne Konsumentensouveränität wird auch entschieden. Die wichtigste Alternative ist die Entscheidung durch den unvollkommenen, aber machthungrigen und gegenüber rücksichtslosen Minderheiten willfährigen Staat. Wie schon in Abschnitt 1.5 vorab erwähnt und in 2.6 durch einige Beispiele erläutert, sind die Erfahrungen mit der produktiven Staatstätigkeit in Sachen Natur so niederschmetternd, daß es nur besser werden kann. Die realen Menschen sind einzeln rücksichtslos gegenüber der Natur, aber im kollektiven Verbund nach herkömmlicher Art sind sie noch schlimmer. Es ist das kleinere Übel, schlechte Kollektiventscheidungen einfach *nicht* zu fällen. Der Staat, konkret vor allem nicht öffentlich arbeitende Planungsstäbe von der Flurbereinigungsbehörde bis zur selbstherrlichen Verkehrswegeplanung, deren verschlossene Türen durch neueste Vorwände ("Beschleunigungsgesetz" für Vorhaben in den neuen Ländern) noch stärker abgedichtet werden, müssen *entmachtet* werden. Zentralentscheidungen herkömmlicher Art sind aus zwei Gründen so gefährlich für die Natur: Zum einen sind dort die rücksichtslosen Interessen gegenüber den rücksichtsvollen systematisch überrepräsentiert, weil sie gerade auf Grund ihrer Rücksichtslosigkeit leichter an die Schaltstellen gelangen. Zum zweiten geht in herkömmlichen politischen Entscheidungen nach dem Ja-Nein-Prinzip der gesamte Einfluß der Unterlegenen (hier der naturbewußteren) unter. Wenn der Staat administrativ einen bestimnmten Grad des Natur- und Umweltschutzes festsetzt, so wird es denjenigen, welche höhere Standards befürworten würden und dafür zu zahlen bereit wären, verunmöglicht oder zumindest erschwert, ihre Anliegen umzusetzen. Beispiele reichen von der Schaffung irreversibler Fakten (eine Autobahn wird einfach gebaut) über raffinierte Hürden für die, welche sich rechtlich für die Natur einsetzen möchten (Diskussion um das "Verbandsklagerecht") bis zu vielfältigen Benachteiligungen, denen z.B. alternative Landbaubetriebe ausgesetzt sind.

Die genannten Gründe - Informationsgewinnung, Zurückstufung anmaßender Minderheiten auf ihre wirkliche Bedeutung, Entmachtung ebenso anmaßender Zentralgewalt und soweit möglich, Abkehr vom zu simplen Ja-Nein-Entscheidungsprinzip - stützen damit das Prinzip der Mitverantwortung und -entscheidung aller unter offener Inkaufnahme der Kosten selbst in einer Welt unvollkommener Individuen. Auch die Grenzen, welche sich alle setzen müssen in Gestalt des "Safe Minimum Standards" (z.B.: keine Art darf aussterben), werden in einem offenen Diskussionsprozeß eher gefunden und respektiert als nach diktatorischen Verfahren. Die eindeutige Erfahrung der letzten zwei Jahrzehnte besteht darin, daß fast alle Impulse gegen ökologische Zerstörung von unten kamen. Ohne diese, zu einem Chor angeschwollenen Stimmen hätte sich gar nichts bewegt. Der Staat wurde gezwungen, wenigstens etwas zu unternehmen, nicht etwa er zwang die Untertanen. Gleiches gilt auf dem Gebiet der Friedensbewegung, wo sogar eine Tendenz zu beobachten ist, daß die Initiative immer stärker auf die ganz Machtlosen, ganz Jungen und nach herkömmlichen Standards "Unmündigen" übergeht. Die stärksten Proteste gegen den Golfkrieg kamen von Schülern, die entgegen böser und dummer Kommentare nicht allgemein manipuliert waren. Man wird einwenden, daß diese Art des Druckes von unten nicht mit Konsumentensouveränität gleichzusetzen sei, da es um Protest und Überzeugung, nicht jedoch um Geldscheine gehe. Dieser Einwand ist jedoch ökonomisch nicht triftig. Schließen die Proteste überhaupt eine Verzichtbereitschaft ein, falls sie nötig werden sollte (was in ökologischen Dingen zweifellos, bei der Kriegsgegnerschaft jedoch weniger der Fall ist), so handelt es sich um ökonomische Präferenzäußerungen, welche in einer individualistischen Gesellschaft Gehör beanspruchen können.

Kämen methodisch einwandfreie Untersuchungen zu dem Ergebnis, daß die Opferbereitschaft der Bevölkerung für den Naturerhalt in so starkem Maße abwesend ist, daß der Untergang der Natur und künftiger Generationen als besiegelt angesehen werden müßte, wenn es nach der Konsumentensouveränität ginge, dann wäre dies eine bittere Wahrheit. Es wäre jedoch immer noch besser, auch sie zu kennen als sie zu ignorieren. Der bisherige Kenntnisstand unterstützt eine solch bittere Schlußfolgerung zum Glück nicht. Auf einen einfachen Nenner gebracht, vermitteln bisherige Studien etwa das Gesamtbild, daß die Verzichtbereitschaft der Bevölkerung zugunsten der Natur und späterer Generationen zwar für eine radikale Umorientierung nicht ausreichte, daß sie aber von Null ebenfalls beträchtlich entfernt ist. Der entscheidende Punkt ist, daß große praktische Fortschritte gegenüber dem Status quo bereits durch Mobilisierung dieser vergleichsweise geringen Zahlungsbereitschaft möglich wären. Dies auf allen Gebieten, auf denen Fortschritte kostengünstig zu erzielen sind (erst recht natürlich, wo es volkswirtschaftlich kostenlos, d.h. allein durch Überwindung bestehender Fehlallokationen möglich ist). Um ein wichtiges Beispiel zu nennen: Nach einer detaillierten Studie wären in den alten Ländern der Bundesrepublik Verbesserungen im Naturschutz derart, daß zahlreiche bisher gefährdete Tier- und Pflanzenarten in stabilen Populationen überleben könnten, zu Kosten von höchstens einer Milliarde DM jährlich möglich. Die Zahlungsbereitschaft in der

Bevölkerung beträgt aber derselben Studie zufolge und zur Sicherheit stark abgerundet mindestens drei Milliarden DM pro Jahr.[21] Gäbe es einen funktionierenden Naturschutz-Markt, zählte (zum Ärger anti-ökonomischer Fundamentalisten) die "Abstimmung mit dem Geldschein", so wäre die Situation der Natur unvergleichlich besser als gegenwärtig.

Vielleicht erübrigt sich festzustellen, daß eine Naturerhaltungspolitik auf Basis der Konsumentensouveränität stets dem Prinzip der "Government-assisted Invisible Hand" aus Abschnitt 1.2.3 folgt und nicht, wie auch geargwöhnt werden könnte, zu einer Atomisierung der Gesellschaft und Blockierung sachlich notwendiger Kollektiventscheidungen führte. Das soeben genannte Beispiel des Naturschutzes zeigt dies deutlich, denn die entsprechend der Zahlungsbereitschaft zu akquirierenden drei Milliarden DM jährlich würden selbstverständlich zusammengefaßt und zur Finanzierung raumwirksamer, planerisch und kollektiv bindender Maßnahmen eingesetzt, wie z.B. der großräumigen Wiederherstellung vorindustrieller Landwirtschaftssysteme. Die Politik auf Basis der Zahlungsbereitschaft nimmt den Politikern in erster Linie die Möglichkeit, nach Gutdünken zu entscheiden - sie werden auf das zurechtgestutzt, was sie eigentlich nur sein sollen: Sie organisieren und bieten die Leistungen an, welche das Publikum in Kenntnis und unter Inkaufnahme der jeweiligen Kosten wünscht.

Wie schon erwähnt, kann hier nicht der Anspruch erhoben werden, einen Widerspruch zu klären, bei dem sehr viel tiefer in die Psychologie eingestiegen werden müßte: Rücksichtslosigkeit gegen Schwache überall beobachten zu müssen, ob von Mehrheiten oder Minderheiten, und gleichzeitig dafür eintreten zu müssen, daß dieselben Rücksichtslosen in die Verantwortung für die Zukunft genommen werden. Die drei etwas Erleichterung schaffenden Punkte sind genannt worden: Vielleicht beruht die deprimierende Beobachtung heutiger Rücksichtslosigkeit auf unsystematischer Information und ist das intuitive Urteil ähnlich verzerrt wie das des Vertreters der Stromversorgung über die angeblich so wenig umweltbewußten Berliner. Zweitens mag der Schluß von heutiger Alltags-Rücksichtsloskeit auf die Mißachtung der Rechte abwesender Künftiger, so unanfechtbar er logisch ist, doch einige Komplexitäten der menschlichen Natur übersehen. Jemand mag unwillig sein, einem konkreten Zeitgenossen eine Rücksichtnahme zu erbieten, jedoch willig, eine Rücksichtnahme gleicher Intensität zugunsten eines abstrakten Zukünftigen zu leisten. Identische

[21] HAMPICKE et al. (1991).

Leistungen, und sei es nur ein Lächeln, werden schließlich auch manchen Zeitgenossen (Erwachsenen) oft verweigert, jedoch anderen (Kindern) erboten. Die Hoffnung ist jedenfalls noch nicht widerlegt, daß ein Jugendlicher, der einen vollen Papierkorb von der Bushaltestelle reißt, dennoch ernsthaft für die Lösung des Müllproblems und die Erhaltung des Friedens eintritt. Drittens sind die Fälle nicht zu übersehen, bei denen die dem Zeitgenossen schuldige Rücksichtnahme inhaltlich schwerer fällt als eine, welche Künftige fordern, so daß die erste unterlassen, die zweite hingegen geleistet wird.[22] Vielleicht tun die mich mit unablässigem Türenknallen ärgernden Zeitgenossen mehr für die Natur, als ich ihnen zutraue. Auf das Element des *Lernens* ist ebenfalls schon hingewiesen worden. Die Aufdeckung der Präferenzen für und gegen die Natur, der "guten" wie der "schlechten", ist Teil eines beständigen Diskurses darüber, wie sich alle der Natur gegenüber verhalten sollen.

Das wichtigste ist in einem kurzen Satz zu sagen: Es gibt zum Naturerhalt auf der Basis breiten Willens keine Alternative. Entweder der Wille entsteht, und es gibt eine Zukunft, oder er entsteht nicht, dann kann auch kein ökologischer Despot etwas retten.

7.2.7 Staatstätigkeit

Auf diesem Gebiet bestehen die größten Widersprüche zwischen den theoretischen Ergebnissen der Studie und den Erfordernissen praktischer, auf Erfahrung beruhender Vernunft. In Abschnitt 6.3.2 hieß es: "Die Probleme von Zentralismus, Macht und Bürokratie dadurch lösen zu wollen, daß die Zentralinstanz geschwächt oder gar abgebaut wird ("Mehr Markt, weniger Staat"), ist kein gangbarer Weg. Wer den ökologisch planenden Staat abzuschaffen fordert, gleicht nicht dem, der die Polizei abschafft ... sondern dem, der auf einer Baustelle Architekt und Statiker aus Furcht vor deren Macht verjagen will." Hiervon ist, langfristig und prinzipiell gedacht, nichts zurückzunehmen. Ohne gemeinsame, koordinierte Aktion wird es auf die

[22] Dieses Problem bedarf wegen seiner Bedeutung weiterer Erforschung. Vermutlich sind zahlreiche Personen nicht bereit, Gewohnheiten zu ändern, wie Türenknallen oder Autofahren, auch verzichten sie nicht auf die Ausübung naturunverträglicher Hobbies, wie alpines Skilaufen, es sei denn gegen hohe Zahlungen. Ökonomisch zwingt dies zur Interpretation, daß die Personen aus den Gewohnheiten hohe Konsumentenrenten beziehen. Dieselben Personen können bereit sein, mäßige monetäre Beiträge für den Erhalt der Natur zu leisten.

Dauer keine lebenswerte Erde geben, werden Haus und Garten nicht restauriert und erhalten. Die Menschen müssen vernünftige Kollektiventscheidungen *lernen.* So paradox es klingt: Nur die individualistische Gesellschaft kann gute Kollektiventscheidungen fällen, weil sie gerecht ist, weil Ehrlichkeit herrscht und daher niemand fürchten muß, bei kooperativem Verhalten von den anderen hereingelegt zu werden, und weil auf Unterdrückung verzichtet wird. Nur hier werden andere Menschen als solche angesehen, die grundsätzlichen Respekt vor ihrer Person verdienen. Nur in dieser Atmosphäre können sich gute Instanzen zur Kollektiventscheidung bilden und sorgen Selektionsvorgänge dafür, daß sie auch personell richtig besetzt werden.

Der Fehler des Liberalismus besteht darin, die Maurer auf der Baustelle dazu aufzuwiegeln, Architekt und Statiker für immer wegzujagen und ihnen einzureden, daß man sie überhaupt nicht brauche. Selbstverständlich werden sie gebraucht, nur braucht man bessere als die, die wir kennen. Was soll den Maurern empfohlen werden, wenn die bisherigen Architekten so schlecht sind, daß es vorübergehend und zumindest in einigen Bereichen vielleicht wirklich besser wäre, gar keinen von dieser Sorte auf die Baustelle zu lassen ("Mehr Markt!")? Das ist genau die augenblickliche Situation. Es können nur pragmatische Ratschläge zur Schadensbegrenzung gegeben werden. Eine befriedigende Lösung dieses Problems zu finden, erfordert große Anstrengungen und Zeit, handelt es sich doch um nichts anderes, als ein über 200-jähriges Versäumnis der bürgerlichen Marktgesellschaft abzuarbeiten: Diese verdankt ihren Erfolg zweifellos der Tatsache, daß sie im Bereich der privaten Güter und dort, wo das individuelle Vorteilsstreben eine sinnvolle Triebkraft ist, die Despotie, den primitiven und selbst hinsichtlich seiner eigenen Ziele ineffektiven Merkantilismus abgeschafft hat. Diese Leistung verdient dauerhafte Anerkennung. Zu den Problemen öffentlicher Güter, wo nicht allein individuelles Vorteilsstreben, sondern unter anderem Maximen intergenerationeller Gerechtigkeit maßgeblich sind, hat sie keine Lösung gefunden, was solange tragbar war, wie diese Probleme von begrenzter Bedeutung waren. Dies ist jedoch in bezug auf den Erhalt der Natur schon lange nicht mehr der Fall. Die bürgerliche Marktgesellschaft und ihre säkularen Priester, die Ökonomen, gleichen Schülern, die zwei Rechenaufgaben zu lösen hatten. Eine (die Allokation privater Güter) wurde auf Anhieb glänzend gelöst, was Vorschußlorbeeren und raunende Bewunderung bis hinauf zum Direktor einbrachte. Nun, da die Mathematikstunde zu Ende ist und auch die andere Lösung präsentiert werden soll (die Allokation intergenerationell wertvoller Kollektivgüter), zeigt sich, daß die Schüler die ganze Zeit über leeren Blättern gebrütet haben. Die vorliegende Studie kann dieses Versäumnis nicht aufholen (sie wäre vermessen, wenn sie einen solchen Eindruck erwecken wollte) - welche praktischen Maßnahmen kann sie jedoch empfehlen?

- Die nächstliegende Forderung ist die nach schärferer *Kontrolle* des Staates. Seine Aktivitäten, welche unter informierten und urteilsfähigen Beobachtern eindeutig als naturschädlich angesehen werden, sind zu unterlassen, soweit daraus keine bedeutenden oder leicht kompensierbaren Nachteile für heutige Menschen entstehen. Der Katalog hier aufzuzählender Fälle ist bereits sehr lang. Niemand fordert die Einstellung von Hochwasserschutzmaßnahmen an der Nordseeküste (wenn auch gelegentliche Korrekturen bei ihrer Ausführung), jedoch sind Flurbereinigungen und andere Dinge abzuschaffen und Verfahren in Wasserbau, Verkehrsplanung usw. auf gänzlich neue Grundlagen zu stellen.
- Durchforstung staatlicher Entscheidungsstrukturen mit dem Ziel der Zubetonierung aller Kanäle, durch welche *lobbyistische Einflüsse* kriechen (eine heroische Aufgabe). Der größte Vorwurf an den heutigen Staat ist vielleicht nicht einmal seine Selbstherrlichkeit und Machtarroganz als solche, sondern seine buckelnde Dienerschaft vor Sonderinteressen, welche wie in absolutistischen Zeiten dreist und geschickt genug sind, sich in die Salons einzuschleichen, um in Mischung aus Drohung und Schmeichelei vorzubringen, was der "Volkswille" sei. Es wurde kein Rhein-Main-Donau-Kanal gebaut, es werden nicht Torfmoore in Niedersachsen bis auf den letzten Rest vernichtet, es werden keine Erlaubnisse verteilt, auf Habichte zu schießen, weil dies der Volkswirtschaft dienlich ist, sondern weil dies jeweils bestimmte Herrschaften richtig finden.
- Effektivere Kontrolle nicht nur über einzelne staatliche Handlungen, sondern auch über seine *Finanzen* Wichtige Pflichten kann der Staat wegen ungenügender Ausstattung nicht erfüllen, wovon alle Naturschutzverwaltungen ein Lied singen können. Noch bedeutend schädlicher als dieser Mangel ist jedoch der finanzielle Überfluß überall dort, wo der Natur direkt oder indirekt geschadet werden kann. Auf diesen Gebieten - das quantitativ bedeutendste ist vermutlich die Agrarsubventionierung mit zweistelligen Milliardenbeträgen pro Jahr - ist einfach der Geldhahn zuzudrehen. Auf die Notwendigkeit strenger Wirtschaftlichkeitsprüfungen bei staatlich finanzierten Projekten ist bereits oben (Abschnitt 7.2.4) hingewiesen worden. Das in der Finanzwissenschaft noch heute respektierte sogenannte "Nonaffektationsprinzip", wonach der Staat vollständig autonom über seine Einnahmen verfügen können soll und er insbesondere keine Zweckbindungen zu respektieren habe, kann auch als ein Überbleibsel des Absolutismus interpretiert werden. Das beste Steuersystem ist das,

welches sich im Kassieren kostenorientierter Tarife bei denen erschöpft, welchen auch die jeweiligen Leistungen zufließen.

- Die bisherigen Punkte betrafen Abwehr und Kontrolle des Staates. Komplementär dazu sind alle Möglichkeiten zu nutzen, den Erhalt der Natur dezentral-marktmäßig zu betreiben. Wie in dieser Studie ausführlich (und in Verbindung mit Kritik an naiv-marktgläubigen Richtungen, vgl. Abschnitt 1.2.3) dargelegt, finden derartige Ansätze ihre Grenze dort, wo planmäßiges, räumlich bezogenes oder gar global koordiniertes Handeln unerläßlich ist. Dem widerspricht jedoch in keiner Weise, den Raum dieser Möglichkeiten bis zu Grenze auszuschöpfen. Besteht die "Vermarktung" der Natur nicht darin, daß ihre Substanz zum Verzehr ausverkauft wird, sondern darin, daß die Nachfrage nach Aktivitäten zu ihrem Erhalt auf Märkten befriedigt wird, so kann dies nur unterstützt werden. Die Beispiele reichen von der "Vermarktung" lebender Wal- und Nashornpopulationen für Touristen bis zum Angebot naturschonend hergestellter Produkte aller Art.
- Der in Abschnitt 7.2.6 thematisierten Ermittlung und Organisation der Präferenzen in bezug auf die Natur, speziell der Zahlungsbereitschaft für den Naturerhalt, kommt hier eine entscheidende Bedeutung zu. Auf Basis dieses Ansatzes wird eine Dezentralisierung der Entscheidungsbefugnis auch dann erreicht, wenn über konkrete Maßnahmen, vor allem solche mit räumlichem Bezug, kollektiv entschieden werden muß. Der beste Staat ist der, welcher sich allein als Ausführungsorgan des Willens mündiger, urteilsfähiger und pflichtbewußter Subjekte versteht.
- Nicht- und halbstaatliche Kollektive mit der Kompetenz zur Übernahme von Aufgaben, welche Koordination verlangen, mithin nicht individuell-atomistisch ausgeführt werden können, sind zu stärken, vor allem in regionalen Bezügen. Zahlreiche staatliche Kompetenzen wären bei diesen besser aufgehoben. Ein Beispiel sind rechtlich private, ihrem Ansehen nach jedoch quasi-öffentliche Naturschutzvereinigungen oder Stiftungen, welche in verschiedenen Ländern ein größeres Gewicht und eine bessere Finanzierung genießen als in Deutschland. Bis zu einer eventuellen "Gesundung" des Staates (und darüber hinaus) sollte diese Entscheidungsebene soweit möglich mit Aufgaben betreut werden, welche Koordination verlangen.
- Bei aller pauschalen Kritik am Staat ist selbstverständlich zu würdigen, daß dieses komplexe Gebilde keine homogene Einheit ist. Es enthält (leider bisher in der Minderzahl) kompetente und verantwortungsbewußte Elemente. Diese sind zu unterstützen und durchsetzungsfähig zu machen - nicht nur gegenüber Privatinteressen, sondern auch gegenüber ihren Amtskollegen in mächtigeren Verwaltungen. Es ist nicht zu akzeptieren, daß in Anhörungsterminen eines Planfeststellungsverfahrens den

Straßenbauvertretern der Rote Teppich ausgerollt wird, während für die Naturschützer kaum noch ein Exemplar der Unterlagen verfügbar ist. Staatliche Autorität ist auch nach außen zu stärken, wenn es gilt, naturerhaltende Regeln und Verbote durchzusetzen. Wenn es verboten ist, Weihnachtsbäume ohne Genehmigung in Arnikawiesen zu pflanzen, so müssen die dafür Verantwortlichen ebenso wie ein Jugendlicher, der im Supermarkt stiehlt, bestraft werden.

7.3 Fazit

In geologisch-evolutionären Maßstäben wird die Spezies "Mensch" mit Sicherheit eine kurzlebige Episode sein, aber dies ist eine Sache unvorstellbarer Zeitmaße und betrifft uns und unsere überschaubare Nachwelt weder philosophisch noch lebenspraktisch. Die Gefahr ist jedoch groß, daß der Mensch schon in seinen eigenen, also in historischen Zeitmaßstäben unter Hervorrufung unsagbaren Leidens wieder von der Bildfläche verschwinden wird, wenn er nicht bestimmte Erbschaften aus seiner vor-menschlichen, tierischen Existenz ablegt, wenn sein (gebrauchen wir hier den altmodischen Ausdruck) Geist nicht stark genug ist, um Affekte und Verhaltensweisen, die früher einmal evolutionär vorteilhaft waren, heute jedoch dysfunktional geworden sind, zu überwinden.

Auch das ist natürlich keine neue Einsicht. Das eine, was überwunden werden muß, ist die offene Gewalt gegeneinander. Bei allen noch bestehenden und sich sogar gebietsweise verschlimmernden Schrecknissen hat es historische Fortschritte gegeben. Es bringen sich keine Gladiatoren mehr im Zirkus um oder werden den Löwen vorgeworfen, wenn auch mancher seinen Appetit danach in abartigen Videos stillt. Man zieht nicht den Degen, um wie Robin Hood und Little John zu entscheiden, wer als erster über eine schmale Brücke schreiten darf. Und man führt keine Duelle mehr durch wegen lächerlicher Beleidigungen, wie noch vor wenig mehr als hundert Jahren. Die Einwände gegen diesen Fortschrittsglauben sind mir bekannt, ebenso wie die Labilität des Erreichten und die ständigen Rückfälle. Ich bleibe aber dabei, daß es auf dem Gebiet der Humanität einen langsamen Fortschritt gibt.

Das zweite notwendige Ziel kultureller Evolution ist der Umgang mit Kollektivität. Ohne Arbeit, ohne kooperatives Zusammenwirken wird der Mensch die Natur als seine Lebensgrundlage vernichten und damit sich selbst. Wenn auch die Beispiele für Kollektivismus im Tierreich (Ameisen-, Bienenstaaten usw.) keine Vorbilder für menschliches Zusammenleben sein können, so muß doch auch hier auf die Zeit, als der Mensch noch Tier war, zurückgeblickt werden. Er[23] entwickelte eine Ausstattung mit aggressiven Impulsen, die sich, anders als bei vielen Tieren, auch gegen seine Artgenossen richtete und die uns heute so zu schaffen macht. Er entwickelte aber - sicher mit Grund - keinen echten Kollektiv-Instinkt, wie etwa die Arbeitsbienen. Zwar kennt er/sie Altruismus bis zur Aufopferung nach dem Vorbild der Brutpflege der Vögel, aber das ist etwas anderes. Somit ist die Defizit-Lage auf den beiden Problemfeldern asymmetrisch: Die Zivilisation muß sich dem aggressiven Impuls entgegenstellen, muß ihn, da Unterdrückung erfahrungsgemäß nutzlos ist, sozusagen "ausklingen" lassen. Das instinktiv fehlende oder allenfalls rudimentäre Kollektiv-Element muß sie hingegen völlig neu aufbauen, es muß durch kreative Vernunft geschaffen werden. Vielleicht ist diese Aufgabe noch schwerer als die erste.

Natürlich durchzieht in oberflächlicher Betrachtung das Phänomen der Kollektivität die gesamte menschliche Geschichte. Sie war jedoch immer erzwungen, diente der Ausbeutung und förderte ihrerseits die Gewalt. Man kann dies als Resultat des Fehlens eines friedlichen Kollektiv-Instinktes deuten, wie er nicht nur bei Arbeitsbienen, sondern z.B. auch in einem Wolfsrudel herrscht. In diesem Zusammenhang erscheinen permanentes Aufleben und Wiederkehr von ständischen, ethnischen und religiösen Zusammengehörigkeits-Ideologien als Ausdruck einer Sehnsucht nach sinnvoller Kollektivität. Da sie sich jedoch nicht auf Vernunft gründen, müssen sie sämtlich wieder zusammenbrechen, nicht ohne allerdings zuvor durch Stiftung und Ausleben von Aggressivität gegen die jeweils "anderen" Unheil von oft katastrophalen Ausmaßen angerichtet zu haben.

Im wissenschaftlichen Sozialismus wurde die Notwendigkeit der Kollektivität zum ersten Mal rational herzuleiten versucht; er kam ungeachtet seiner auch theoretischen Defizite historisch zu früh. Der in der heutigen ökonomischen Theorie noch immer starke übersteigerte, naiv-neoklassische Anti-Kollektivismus treibt in seinem ratlosen, ja fast tragischen Unverständnis gegenüber der Kollektivität gewiß in eine intellektuelle Sackgasse. Die Prognose sei gewagt, daß er etwa so abgelöst werden wird, wie es sich schon mehrfach zugetragen hat: Wie die wackeren geozentrischen Astronomen durch KOPERNIKUS, KEPLER und GALILEI oder wie die frühere Biologie durch DARWIN. Tatsächlich hat sich der Anti-Kollektivismus schon in die scholastische Isolation zurückgezogen - in der Wissenschaft immer der Anfang vom Ende. Die heutige kreative Wirtschaftswissenschaft tut gut daran, nicht auf das rechtzeitige

[23] Auf die neudeutsche Formulierung er/sie wird an dieser Stelle bewußt verzichtet.

Erscheinen eines KOPERNIKUS oder DARWIN zu hoffen, sondern sich in täglicher Arbeit auf die nach-neoklassische Epoche vorzubereiten und die Entstehung eines intellekturellen Vakuums etwa in Gestalt eines antitheoretischen Empirizismus', wie es ihn auch schon gegeben hat, zu verhindern.

Wie der voranstehende Abschnitt 7.2 zeigte, ist bei Empfehlungen zur Übernahme von Kollektiv-Elementen in die heutige Praxis Vorsicht zu üben, wie immer überzeugend diese Elemente theoretisch auch begründet werden können. Die heutige Zeit ist für eine vernünftige Kollektivität immer noch nicht reif. Eindeutig zu stärken ist allein die Rolle des Staates als Rahmensetzer und Überwacher, u.a. konkretisiert in der Verfassungsgebung (Abschnitt 7.2.1). Für die aktive Tätigkeit des Staates (7.2.7) gilt solange das genaue Gegenteil, bis positive Erfahrungen hier ein anderes Urteil erlauben; ich befürchte, diesen Zustand, wie man zu sagen pflegt, "nicht mehr zu erleben". Auch für die in Abschnitt 4 am Horizont erkennbare Chance, den Zins im Interesse der Effizienzverbesserung "abzuschaffen", ist es noch zu früh.

Das Primat der *Ökologisch-politischen Ökonomie* muß bis auf weiteres darin liegen, die Geißel der Despotie (als Antithese zur Kollektivität) zu bekämpfen. Vom Schutz elementarer Rechte der menschlichen Individuen, insbesondere der schwachen und zukünftigen - leiten sich alle Bemühungen, Prioritäten und Maßnahmen der ökologischen Ökonomie ab.

* *

*

Literatur

ABEL, A.B. & O.J. BLANCHARD (1983): An Intertemporal Model of Saving and Investment. Econometrica *51*: 675-692.

ANDERSON, L.G. (1986): The Economics of Fisheries Management. Revised Ed. Baltimore London (Johns Hopkins University Press), 296 pp.

ARROW, K.J. (1973): RAWLS's Principle of Just Saving. Swedish Journal of Economics *75*: 323-335.

ARROW, K.J. (1973a): Some Ordinalist-Utilitarian Notes on RAWLS's Theory of Justice. Journal of Philosophy *70*: 245-263.

ARROW, K.J. (1982): Current Developments in the Theory of Social Choice. In: B. BARRY & R. HARDIN (Eds.), pp. 252-263. Erstveröffentlichung in Social Research *44*: 607-622 (1977).

ARROW, K.J. & M. KURZ (1970): Public Investment, the Rate of Return, and Optimal Fiscal Policy. Baltimore London (Johns Hopkins University Press), 218 pp.

ARROW, K.J. & A.C. FISHER (1974): Environmental Preservation, Uncertainty, and Irreversibility. Quarterly Journal of Economics *88*: 312-319.

ATTFIELD, R. (1983): The Ethics of Environmental Concern. Oxford (Blackwell), 220 pp.

AYRES, R.U. & A.V. KNEESE (1969): Production, Consumption, and Externalities. American Economic Review *59*: 282-297.

BACH, W. (1982): Gefahr für unser Klima. Wege aus der CO_2-Bedrohung durch sinnvollen Energieeinsatz. Karlsruhe (C.F. Müller), 317 pp.

BACKHAUS, J. & H.G. NUTZINGER (Hrsg.) (1982): Eigentumsrechte und Partizipation. Frankfurt a.M. (Haag & Herchen)), 289 pp.

BARBIER, E.B. (1989): Economics, Natural-Resource Scarcity and Development. London (Earthscan), 223 pp.

BARBIER, E.B., J.C. BURGESS & A. MARKANDYA (1991): The Economics of Tropical Deforestation. Ambio *20*: 55-58.

BARRY, B. (1977): Justice Between Generations. In: P.M.S. HACKER & J. RAZ (Eds.): Law, Morality and Society. Essays in Honour of H.L.A. HART. Oxford (Clarendon Press), pp. 268-284.

BARRY, B. (1978): Circumstances of Justice and Future Generations. In: R.I. SIKORA & B. BARRY (Eds.), pp. 204-248.

BARRY, B. (1983): Intergenerational Justice in Energy Policy. In: D. MACLEAN & P.G. BROWN (Eds.), pp. 15-30.

BARRY, B. & R. HARDIN (Eds.) (1982): Rational Man and Irrational Society? An Introduction and Sourcebook. Beverly Hills u.a. (Sage), 413 pp.

BAUMOL, W.J. (1965): Welfare Economics and the Theory of the State. 2nd. Ed. London (Bell & Sons), 212 pp. Erstveröffentlichung 1952.

BAUMOL, W.J. (1968): On the Social Rate of Discount. American Economic Review *58*: 788-802.

BAUMOL, W.J. & W.E. OATES (1988): The Theory of Environmental Policy. 2nd. Ed. Cambridge, U.K. u.a. (University Press), 299 pp.

BECKER, G.S. (1973): A Theory of Marriage: Part I. Journal of Political Economy *81*: 813-846.

BECKMANN, M.J. (1987): Entscheidungsprozesse in kontinuierlicher Zeit: Optimale Konsumplanung oder vom Spartrieb zum Konsumrausch. Jahrbücher für Nationalökonomie und Statistik *203*: 476-484.

BELL, D.E. (1982): Regret in Decision Making Under Uncertainty. Operations Research *30*: 961-981.

BENTHAM, J. (1987): An Introduction to the Principles of Morals and Legislation. In: A. RYAN, pp. 65-111. Erstveröffentlichung 1789.

BERKES, F. (1985): Fishermen and "The Tragedy of the Commons". Environmental Conservation *12*: 199-206.

BIRNBACHER, D. (1976): Deontologische Theorien, Einleitung. In: D. BIRNBACHER & N. HOERSTER (Hrsg.): Texte zur Ethik. München (DTV), pp. 230-236.

BIRNBACHER, D. (1977): RAWLS' "Theorie der Gerechtigkeit" und das Problem der Gerechtigkeit zwischen Generationen. Zeitschrift für philosophische Forschung *31*: 385-401.

BIRNBACHER, D. (Hrsg.) (1980): Ökologie und Ethik. Stuttgart (Reclam), 252 pp.

BIRNBACHER, D. (1980a): Sind wir für die Natur verantwortlich? In: D. BIRNBACHER (Hrsg.), pp. 103-139.

BIRNBACHER, D. (1988): Verantwortung für zukünftige Generationen. Stuttgart (Reclam), 297 pp.

BIRNBACHER, D. (1989): Intergenerationelle Verantwortung oder: Dürfen wir die Zukunft der Menschheit diskontieren? In: R. KÜMMEL & J. KLAWITTER (Hrsg.): Umweltschutz und Marktwirtschaft aus der Sicht unterschiedlicher Disziplinen. Würzburg (Königshausen und Neumann), pp. 101-115.

BIRNBACHER, D. (1989a): Neue Entwicklungen des Utilitarismus. In: B. BIERVERT & M. HELD (Hrsg.): Ethische Grundlagen der ökonomischen Theorie. Eigentum, Verträge, Institutionen. Frankfurt a.M. New York (Campus), pp. 15-36.

BISHOP, R.C. (1978): Endangered Species and Uncertainty: The Economics of a Safe Minimum Standard. American Journal of Agricultural Economics *61*: 10-18.

BISHOP, R.C. (1980): Endangered Species: an Economic Perspective. In: Transactions of the 45th North American Wildlife and Natural Resources Conference, 1980. Washington, D.C. (Wildlife Management Institute), pp. 208-218.

BISHOP, R.C. (1982): Option Value. An Exposition and Extension. Land Economics *58*: 1-15.

BISHOP, R.C. (1986): Resource Valuation Under Uncertainty: Theoretical Principles for Empirical Research. In: V.K. SMITH (Ed.): Advances in Applied Micro-Economics, Vol. *4*: 133-152. Greenwich (Connecticut) London (JAI Press).

BISHOP, R.C. & S.O. ANDERSEN (Eds.) (1985): Natural Resource Economics: Selected Papers. S.v. CIRIACY-WANTRUP. Boulder London (Westview Press), 321 pp.

BLÜMEL, W., R. PETHIG & O.v.d. HAGEN (1986): The Theory of Public Goods: A Survey of Recent Issues. Zeitschrift für die gesamte Staatswissenschaft *142*: 241-309.

BÖHM-BAWERK, E.v. (1961): Positive Theorie des Kapitales (Kapital und Kapitalzins, zweite Abteilung, erster Band, Buch I - IV). 4. Aufl. (unveränderter Nachdruck) Meisenheim/Glan (Anton Hain), 488 pp. Erstveröffentlichung Jena 1888.

BÖHM-BAWERK, E.V. (1961a): Geschichte und Kritik der Kapitalzins-Theorien (Kapital und Kapitalzins, erste Abteilung). 4. Aufl. (unveränderter Nachdruck) Meisenheim/Glan (Anton Hain), 546 pp. Erstveröffentlichung Jena 1884.

BOJÖ, J., K.-G. MÄLER & L. UNEMO (1990): Environment and Development: An Economic Approach. Dordrecht u.a. (Kluwer), 165 pp.

BOLIN, B. & E. ARRHENIUS (1977): Nitrogen - An Essential Life Factor and a Growing Environmental Hazard. Report from Nobel Symposium No. *38*. Ambio *6*: 96-105.

BOLIN, B. & R.B. COOK (Eds.) (1983): The Major Biogeochemical Cycles and Their Interactions. Chichester u.a. (John Wiley), 532 pp. SCOPE *21*.

BOLIN, B., P.J. CRUTZEN, P.M. VITOUSEK, R.G. WOODMANSEE, E.D. GOLDBERG & R.B. COOK (1983): Interactions of Biogeochemical Cycles. In B. BOLIN & R.B. COOK (Eds.), pp. 1-39.

BOLIN, B., B.R. DÖÖS, J. JÄGER & R.A. WARRICK (Eds.) (1986): The Greenhouse Effect, Climatic Change, and Ecosystems. Chichester u.a. (John Wiley), 541 pp. SCOPE *29*.

BONUS, H. (1979): Ein ökologischer Rahmen für die Soziale Marktwirtschaft. Wirtschaftsdienst *59*: 141-146.

BONUS, H. (1980): Öffentliche Güter und der Öffentlichkeitsgrad von Gütern. Zeitschrift für die gesamte Staatswissenschaft *136*: 50-81.

BONUS, H. (1981): Emissionsrechte als Mittel der Privatisierung öffentlicher Ressourcen aus der Umwelt. In: L. WEGEHENKEL (Hrsg.), pp. 54-77.

BOULDING, K.E. (1966): The Economics of the Coming Spaceship Earth. In: H. JARRETT (Ed.): Environmental Quality in a Growing Economy. Baltimore (Johns Hopkins University Press), pp. 3-14.

BOULDING, K.E. (1981): A Preface to Grants Economics. The Economics of Love and Fear. New York (Praeger), 145 pp.

BOWERS, J.K. & P. CHESHIRE (1983): Agriculture, the Countryside and Land Use. An Economic Critique. London New York (Methuen), 170 pp.

BOWES, M.D. & J.V. KRUTILLA (1985): Multiple Use Management of Public Forestlands. In: A.V. KNEESE & J.L. SWEENEY (Eds.), Vol. 2, pp. 531-569.

BRAHAM, H.W. (1984): The Status of Endangered Whales: An Overview. Marine Fisheries Review *46*: 2-64.

BRODA, E. (1977): Entwicklungsgeschichte des atmosphärischen Stickstoffs. Naturwissenschaftliche Rundschau *30*: 250-255.

BROGGI, M.F. & H. SCHLEGEL (1989): Mindestbedarf an naturnahen Flächen in der Kulturlandschaft. Dargestellt am Beispiel des Schweizerischen Mittellandes. Zürich (Büro für Siedlungs- und Umweltplanung), 180 pp.

BROWN, D.J. & L.M. LEWIS (1981): Myopic Economic Agents. Econometrica *49*: 359-368.

BROWN, G. & W. HENRY (1989): The Economic Value of Elephants. London (London Environmental Economics Centre LEEC), 18 pp. + Anhänge. LEEC Discussion Paper 89-2.

BUCHANAN, J.M. (1965): An Economic Theory of Clubs. Economica *32*: 1-14.

BUCHANAN, J.M. (1968): The Demand and Supply of Public Goods. Chicago (Rand McNally), 214 pp.

BUCHANAN, J.M. (1975): The Limits of Liberty. Between Anarchy and Leviathan. Chicago London (University of Chicago Press), 210 pp.

BUCHHOLZ, W. (1984): Intergenerationelle Gerechtigkeit und erschöpfbare Ressourcen. Berlin (Duncker & Humblot), 140 pp.

BUTLIN, J.A. (Ed.) (1981): Economics of Environmental and Natural Resources Policy. Boulder (Westview Press), 206 pp.

CALLICOTT, J.B. (1986): On the Intrinsic Value of Nonhuman Species. In: B.G. NORTON (Ed.), pp. 138-172.

CASSEL, G. (1921): Theoretische Sozialökonomie. 2. Aufl. Leipzig (C.F. Winter), 593 pp.

CHAKRAVARTY, S. (1962): Optimal Savings with a Finite Planning Horizon. International Economic Review *3*: 338-355.

CHARLES, A.T. (1988): Fishery Economics: A Survey. Land Economics *64*: 275-295.

CHRISTY, F.T. & A.D. SCOTT (1972): The Common Wealth of Ocean Fisheries. 2nd. Ed. Baltimore (Johns Hopkins University Press), 281 pp.

CICCHETTI, C.J. & A.M. FREEMAN III (1971): Option Demand and Consumer Surplus: Further Comment. Quarterly Journal of Economics *85*: 528-539.

CICERONE, R.J. (1987): Changes in Stratospheric Ozone. Science *237*: 35-42.

CIRIACY-WANTRUP, S.v. (1952): Resource Conservation Economics and Politics. Berkeley Los Angeles (Univ. of California Div. of Agricultural Sciences), 395 pp.

CIRIACY-WANTRUP, S.v. (1971): The Economics of Environmental Policy. Land Economics *47*: 36-45.

CIRIACY-WANTRUP, S.v. & R.C. BISHOP (1975): "Common Property" as a Concept in Natural Resources Policy. Natural Resources Journal *15*: 713-727.

CLARK, C.W. (1973): The Economics of Overexploitation. Science *181*: 630-634.

CLARK, C.W. (1976): Mathematical Bioeconomics. The Optimal Management of Renewable Resources. New York u.a. (John Wiley), 352 pp.

CLARK, C.W. & G.R. MUNRO (1982): The Economics of Fishing and Modern Capital Theory: A Simplified Approach. In: L.J. MIRMAN & D.F. SPULBER (Eds:): Essays in the Economics of Renewable Resources. Amsterdam u.a. (North Holland), pp. 31-54.

CLAWSON, M. & J.L. KNETSCH (1963): Outdoor Recreation Research: Some Concepts and Suggested Areas of Study. Natural Resources Journal *3*: 250-275.

COLLARD, D. (1978): Altruism and Economy. A Study in Non-Selfish Economics. Oxford (Martin Robertson), 221 pp.

COLLARD, D., D. PEARCE & D. ULPH (Eds.) (1988): Economics, Growth and Sustainable Environments. Essays in Memory of RICHARD LECOMBER. Basingstoke London (Macmillan), 205 pp.

COLLINS, N.M., J.A. SAYER & T.C. WHITMORE (Eds.) (1991): The Conservation Atlas of Tropical Forests. Asia and the Pacific. London (Macmillan, IUCN), 256 pp.

CONRAD, J.M. (1986): Bioeconomics and the Management of Renewable Resources. In: T.G. HALLAM & S.A. LEVIN (Eds.): Mathematical Ecology. Berlin (Springer), pp. 381-403.

CORNES, R. & T. SANDLER (1986): The Theory of Externalities, Public Goods, and Club Goods. Cambridge, U.K. u.a. (University Press), 303 pp.

COSTANZA, R. (Ed.) (1991): Ecological Economics. The Science and Management of Sustainability. New York (Columbia University Press), 525 pp.

COSTANZA, R. & H.E. DALY (1987): Toward an Ecological Economics. Ecological Modelling *37*: 1-7.

CRUTZEN, P.J. (1987): Role of the Tropics in Atmospheric Chemistry. In: R.E. DICKINSON (Ed.): The Geophysiology of Amazonia. Vegetation and Climate Interactions. New York u.a. (Wiley), pp. 107-132.

CRUTZEN, P.J. (1989): Menschliche Einflüsse auf das Klima und die Chemie der globalen Atmosphäre. In: P.J. CRUTZEN & M. MÜLLER (Hrsg.), pp. 25-48.

CRUTZEN, P.J. & M.O. ANDREAE (1990): Biomass Burning in the Tropics: Impact on Atmospheric Chemistry and Biogeochemical Cycles. Science *250*: 1669-1678.

CRUTZEN, P.J. & M. MÜLLER (Hrsg.) (1989): Das Ende des blauen Planeten? Der Klimakollaps: Gefahren und Auswege. München (Beck), 271 pp.

CUMMINGS, R.G., D.S. BROOKSHIRE & W.D. SCHULZE (1986): Valuing Public Goods. An Assessment of the Contingent Valuation Method. Totowa, N.J. (Rowman & Allanheld), 270 pp.

CUNNINGHAM, S., M.R. DUNN & D. WHITMARSH (1985): Fisheries Economics. An Introduction. London New York (Mansell and St. Martin's Press), 372 pp.

DAILY, G.C., P.R. EHRLICH, H.A. MOONEY & A.H. EHRLICH (1991): Greenhouse Economics: Learn Before You Leap. Ecological Economics *4*: 1-10.

DALY, H.E. (1977): Steady-State Economics: The Economics of Biophysical Equilibrium and Moral Growth. San Francisco (Freeman), 185 pp.

DALY, H.E. (1987): The Economic Growth Debate: What Some Economists Have Learnt but Many Have Not. Journal of Environmental Economics and Management *14*: 323-336.

DALY, H.E. (1988): On Sustainable Development and National Accounts. In: D. COLLARD, D. PEARCE & D. ULPH (Eds.), pp. 41-56.

DASGUPTA, A.K. & D.W. PEARCE (1978): Cost-Benefit Analysis: Theory and Practice. London Basingstoke (Macmillan), 270 pp.

DASGUPTA, P. (1974): On Some Alternative Criteria for Justice Between Generations. Journal of Public Economics *3*: 405-423.

DASGUPTA, P. (1974a): On Some Problems Arising from Professor RAWLS's Conception of Distributive Justice. Theory and Decision *4*: 325-344.

DASGUPTA, P. (1982): The Control of Resources. Oxford (Blackwell), 223 pp.

DASGUPTA, P. & G.M. HEAL (1974): The Optimal Depletion of Exhaustible Resources. Review of Economic Studies *41*: 3-28 (Symposium Supplement).

DASGUPTA, P. & G.M. HEAL (1979): Economic Theory and Exhaustible Resources. Welwyn (James Nisbet and Cambridge University Press), 501 pp.

DASGUPTA, S. & T. MITRA (1982): On Some Problems in the Formulation of Optimum Population Policies when Resources are Depletable. In: W. EICHHORN, R. HENN, K. NEUMANN & R.W. SHEPHARD (Eds.): Economic Theory of Natural Resources. Würzburg (Physica Verlag), pp. 409-429.

DAVIS, R.K. (1963): Recreation Planning as an Economic Problem. Natural Resources Journal *3*: 239-249.

DELWICHE, C.C. (1977): Energy Relations in the Global Nitrogen Cycle. Ambio *6*: 106-111.

DEMSETZ, H. (1967): Toward a Theory of Property Rights. American Economic Review *57*: 347-359.

DETWILER, R.P. & C.A.S. HALL (1988): Tropical Forests and the Global Carbon Cycle. Science *239*: 42-47.

DEVARAJAN, S. & A.C. FISHER (1981): HOTELLING's "Economics of Exhaustible Resources": Fifty Years Later. Journal of Economic Literature *19*: 65-73.

DIAMOND, P.A. (1965): The Evaluation of Infinite Utility Streams. Econometrica *33*: 170-177.

DOBB, M. (1968): Ökonomisches Wachstum und Planung. Frankfurt a.M. (Europäische Verlangsanstalt, Europa Verlag), 134 pp. Erstveröffentlichung: An Essay on Economic Growth and Planning, London (Routledge & Kegan Paul) 1960.

DOBBS, I.M. (1982): Discounting, Intergenerational Equity and the Almost-Anywhere Dominance Criterion. Futures *14*: 307-312.

DÖBEREINER, J. (1977): Biological Nitrogen Fixation in Tropical Grasses - Possibilities for Partial Replacement of Mineral N Fertilizers. Ambio *6*: 174-177.

DOELEMAN, J.A. (1980): On the Social Rate of Discount: The Case for Macro-environmental Policy. Environmental Ethics 2: 45-58.

DORFMAN, R. (1969): An Economic Interpretation of Optimal Control Theory. American Economic Review *59*: 817-831.

DUBOS, R. (1976): Symbiosis Between the Earth and Humankind. Science *193*: 459-462.

DYCKHOFF, H. (1987): Zeitpräferenz. Hagen (Fernuniversität), 28 pp. Diskussionsbeiträge des Fachbereichs Wirtschaftswissenschaften Nr. *123*.

ECKSTEIN, O. (1958): Water-Resource Development. The Economics of Project Evaluation. Cambridge, Mass. (Harvard University Press), 299 pp.

EHRLICH, P.R. & A.H. EHRLICH (1981): Extinction. The Causes and Consequences of the Disappearance of Species. New York (Random House), 305 pp.

EHRLICH, P.R. & E.O. WILSON (1991): Biodiversity Studies: Science and Policy. Science *253*: 758-762.

EISSLER, K.R. (1987): GOETHE. Eine psychoanalytische Studie 1775-1786. München (DTV), 2 Bde., zus. 1802 pp. Erstveröffentlichung: GOETHE. A Psychoanalytic Study, Detroit (Wayne University Press) 1963.

ELLENBERG, H. Jun. (1989): Eutrophierung - das gravierendste Problem im Naturschutz? NNABer. *2*: 4-13. Norddeutsche Naturschutzakademie Schneverdingen.

ELLENBERG, H. Jun. (1991): Ökologische Veränderungen in Biozönosen durch Stickstoffeintrag. In: KTBL und VDI (Hrsg.), pp. 44.1-44.24.

ELLIOT, R. & A. GARE (Eds.) (1983): Environmental Philosophy. Milton Keynes (The Open University Press), 303 pp.

ELTRINGHAM, S.K. (1984): Wildlife Resources and Economic Development. Chichester u.a. (John Wiley), 325 pp.

ENDRES, A. (1976): Die pareto-optimale Internalisierung externer Effekte. Frankfurt a.M. (Lang), 198 pp.

ENDRES, A. (1977): Die COASE-Kontroverse. Zeitschrift für die gesamte Staatswissenschaft *133*: 637-651.

ENDRES, A. (1985): Umwelt- und Ressourcenökonomie. Darmstadt (Wiss. Buchgesellschaft), 193 pp.

ENDRES, A. (1987): Die Backstop-Technologie. Wirtschaftswissenschaftliches Studium (WiSt) *16*: 79-82.

ENDRES, A., J. JARRE, P. KLEMMER & K. ZIMMERMANN (1991): Der Nutzen des Umweltschutzes. Synthese der Ergebnisse des Forschungsschwerpunktprogramms "Kosten der Umweltverschmutzung/Nutzen des Umweltschutzes". Berlin (Erich Schmidt Verlag), 152 pp. Forschungsbericht 101 03 150 im Auftrag des Umweltbundesamtes. UBA Berichte 12/91.

ENGLISH, J. (1977): Justice Between Generations. Philosophical Studies. *31*: 91-104.

EUCKEN, W. (1947): Die Grundlagen der Nationalökonomie. 5. Aufl. Godesberg (Küpper), 436 pp.

FAUSTMANN, M. (1849): Berechnung des Werthes, welchen Waldboden, sowie noch nicht haubare Holzbestände für die Waldwirthschaft besitzen. Allgemeine Forst- und Jagd-Zeitung *25*: 441-455.

FELDSTEIN, M.S. (1964): The Social Time Preference Discount Rate in Cost-Benefit Analysis. The Economic Journal *74*: 360-379.

FISHBURN, P.C. & A. RUBINSTEIN (1982): Time Preference. International Economic Review *23*: 677-694.

FISHER, A.C. (1981): Resource and Environmental Economics. Cambridge, U.K. u.a. (University Press), 284 pp.

FISHER, A.C., J.V. KRUTILLA & C.J. CICCHETTI (1972): The Economics of Environmental Preservation: A Theoretical and Empirical Analysis. American Economic Review *62*: 605-619.

FISHER, A.C. & J.V. KRUTILLA (1974): Valuing Long Run Ecological Consequences and Irreversibilities. Journal of Environmental Economics and Management *1*: 96-108.

FISHER, A.C. & J.V. KRUTILLA (1985): Economics of Nature Preservation. In: A.V. KNEESE & J.L. SWEENEY (Eds.), Vol. 1, pp. 165-189.

FISHER, A.C. & W.M. HANEMANN (1986): Option Value and the Extinction of Species. In: V.K. SMITH (Ed.): Advances in Applied Micro-Economics, Vol. *4*: 169-190. Greenwich (Connecticut) London (JAI Press).

FISHER, I. (1907): The Rate of Interest. New York (Macmillan), 442 pp.

FISHER, I. (1965): The Theory of Interest. New York (A.M. Kelly), 566 pp. Erstveröffentlichung London New York (Macmillan) 1930.

FRANKENA, W.K. (1979): Ethics and the Environment. In: K.E. GOODPASTER & K.M. SAYRE (Eds.), pp. 3-20.

FREEMAN, A.M. III (1979): The Benefits of Environmental Improvement. Theory and Practice. Baltimore London (Johns Hopkins University Press), 272 pp.

FREEMAN, A.M. III (1984): The Hedonic Price Technique and the Value of Climate as a Resource. In: V.K. SMITH (Ed.): Advances in Applied Micro-Economics, Vol *3*: 169-186. Greenwich (Connecticut) London (JAI Press).

FREEMAN, A.M. III (1985): Methods for Assessing the Benefits of Environmental Programs. In: A.V. KNEESE & J.L. SWEENEY (Eds.), Vol. 1, pp. 223-270.

FRITSCH, M. (1983): Ökonomische Ansätze zur Legitimation kollektiven Handelns. Berlin (Duncker & Humblot), 218 pp.

FURUBOTN, E.G. & S. PEJOVICH (Eds.): The Economics of Property Rights. Cambridge, Mass. (Ballinger), 367 pp.

GALE, D. (1967): On Optimal Development in a Multi-Sector-Economy. Review of Economic Studies *34*: 1-18.

GALLOWAY, J.N., R.J. CHARLSON, M.O. ANDREAE & H. RODHE (Eds.) (1985): The Biogeochemical Cycling of Sulfur and Nitrogen in the Remote Atmosphere. Dordrecht u.a. (Reidel), 249 pp.

GARRELS, R.M. & F.T. MACKENZIE (1971): Evolution of Sedimentary Rocks. New York (Norton), 397 pp.

GEORGESCU-ROEGEN, N. (1936): The Pure Theory of Consumer Behavior. Quarterly Journal of Economics *50*: 545-593.

GEORGESCU-ROEGEN, N. (1976): Energy and Economic Myths. New York u.a. (Pergamon), 380 pp.

GEORGESCU-ROEGEN, N. (1979): Comments on the Papers by DALY and STIGLITZ. In: V.K. SMITH (Ed.), pp. 95-105.

GHEZ, G.R. & G.S. BECKER (1975): The Allocation of Time and Goods Over the Life Cycle. New York London (National Bureau of Economic Research and Columbia University Press), 150 pp.

GIBBARD, A. (1973): Manipulation of Voting Schemes: A General Result. Econometrica *41*: 587-601.

GOLDSTEIN, J.H. (1971): Competition for Wetlands in the Midwest: An Economic Analysis. Baltimore (Johns Hopkins University Press), 105 pp.

GOODLAND, R. & G. LEDEC (1987): Neoclassical Economics and Principles of Sustainable Development. Ecological Modelling *38*: 19-46.

GOODPASTER, K.E. & K.M. SAYRE (Eds.) (1979): Ethics and Problems of the 21st Century. Notre Dame London (University of Notre Dame Press), 210 pp.

GORDON, H.S. (1954): The Economic Theory of a Common-Property Resource: The Fishery. Journal of Political Economy *62*: 124-142.

GOREAU, T.J. & W.Z. DE MELLO (1988): Tropical Deforestation: Some Effects on Atmospheric Chemistry. Ambio *17*: 275-281.

GRAY, L.C. (1914): Rent Under the Assumption of Exhaustability. Quarterly Journal of Economics *28*: 466-489.

GREEN, L. (1982): Self-Control in Animals. In: V.L. SMITH (Ed.): Research in Experimental Economics, Vol. *2*: 129-159. Greenwich (Connecticut) London (JAI Press).

GREEN, R.M. (1977): Intergenerational Distributive Justice and Environmental Responsibility. BioScience *27*: 260-265.

HAHN, F.H. & R.C.O. MATTHEWS (1964): The Theory of Economic Growth: A Survey. The Economic Journal *74*: 779-902.

HAMBURGER, H. (1973): N-Person Prisoners Dilemma. Journal of Mathematical Sociology *3*: 27-48.

HAMMACK, J. & G.M. BROWN (1974): Waterfowl and Wetlands: Toward Bio-economic Analysis. Baltimore (Johns Hopkins University Press), 95 pp.

HAMPICKE, U. (1980): The Effect of the Atmosphere-Biosphere Exchange on the Global Carbon Cycle. Experientia *36*: 776-781.

HAMPICKE, U. (1985): Die volkswirtschaftlichen Kosten des Naturschutzes in Berlin. Berlin (Technische Universität), 545 pp. Landschaftsentwicklung und Umweltforschung *35*.

HAMPICKE, U. (1987): Ethik, Natur und neoklassische Ökonomie. In: B. BIERVERT & M. HELD (Hrsg.): Ökonomische Theorie und Ethik. Frankfurt a.M. New York (Campus), pp. 78-100.

HAMPICKE, U. (1987a): Ökologische Vorgaben für die Agrarökonomie. Umrisse einer Landwirtschaft ohne Ausrottung von Arten. Berlin (Internationales Institut für Umwelt und Gesellschaft IIUG), 149 pp. IIUG-rep. 87-10.

HAMPICKE, U. (1988): Extensivierung der Landwirtschaft für den Naturschutz - Ziele, Rahmenbedingungen und Maßnahmen. Schriftenreihe Bayerisches Landesamt für Umweltschutz, H. *84*: 9-35.

HAMPICKE, U. (1989): Was kann und was darf monetarisiert werden? In: Möglichkeiten und Grenzen der Monetarisierung von Natur und Umwelt. Schriftenreihe des IÖW *20*/88: 19-41. Berlin (Institut für Ökologische Wirtschaftsforschung).

HAMPICKE, U. (1991): Neoklassik und Zeitpräferenz: der Diskontierungsnebel. In: F. BECKENBACH (Hrsg.): Die ökologische Herausforderung für die ökonomische Theorie. Marburg (Metropolis), pp. 127-149.

HAMPICKE, U. (1991a): Naturschutz-Ökonomie. Stuttgart (Ulmer/UTB 1650), 335 pp.

HAMPICKE, U. & W. BACH (1980): Die Rolle terrestrischer Ökosysteme im globalen Kohlenstoff-Kreislauf. Münstersche Geographische Arbeiten *6*: 37-104. Auch Umweltbundesamt F&E-Vorhaben 104 02 513, 153 pp. (1979).

HAMPICKE, U., T. HORLITZ, H. KIEMSTEDT, K. TAMPE, D. TIMP & M. WALTERS (1991): Kosten und Wertschätzung des Arten- und Biotopschutzes. Berlin (Erich Schmidt Verlag), 629 pp. + Anhang. Forschungsbericht 101 03 110/04 im Auftrag des Umweltbundesamtes. UBA Berichte 4/91.

HANNES, K., K.-H. SCHMAHL & H. WEILER (1987): Möglichkeiten zur NO_x-Minderung für große Feuerungsanlagen. Umwelt (VDI), H. *10*: R 15-R 22.

HANUSCH, H. (1987): Nutzen-Kosten-Analyse. München (Vahlen), 195 pp.

HARDIN, G. (1968): The Tragedy of the Commons. Science *162*: 1243-1248.

HARDIN, R. (1982): Collective Action. Baltimore London (Johns Hopkins University Press), 248 pp:

HARDIN, R. (1988): Time and Rational Choice. In: G. KIRSCH, P. NIJKAMP & K. ZIMMERMANN (Eds.), pp. 117-129.

HARROD, R.F. (1936): Utilitarianism Revised. Mind *45*: 137-156.

HARROD, R.F. (1951): Towards a Dynamic Economics. 3rd. Printing London (Macmillan), 169 pp.

HARTJE, V. (1983): Theorie und Politik der Meeresnutzung. Frankfurt a.M. (Campus), 584 pp.

HARTWICK, J.M. (1977): Intergenerational Equity and the Investing of Rents from Exhaustible Resources. American Economic Review *67*: 972-974.

HARTWICK, J.M. & N.D. OLEWILER (1986): The Economics of Natural Resource Use. New York u.a. (Harper & Row), 530 pp.

HAVEMAN, R.H. (1969): The Opportunity Cost of Displaced Private Spending and the Social Discount Rate. Water Resources Research *5*: 947-957.

HEAL, G.M. (1980): Intertemporal Allocation and Intergenerational Equity. In: H. SIEBERT (Hrsg.), pp. 37-73.

HEAL, G.M. (1981): Economics and Resources. In: J.A. BUTLIN (Ed.), pp. 62-73.

HEAL, G.M. (1984): Interactions Between Economy and Climate: A Framework for Policy Design Under Uncertainty. In: V.K. SMITH (Ed.): Advances in Applied Micro-Economics, Vol. *3*: 151-168. Greenwich (Connecticut) London (JAI Press).

HEISTER, J. & P. MICHAELIS (1991): Handelbare Emissionsrechte für Kohlendioxid. Zeitschrift für angewandte Umweltforschung *4*: 68-80.

HELLER, P.W. (1989): Das Problem der Umweltbelastung in der ökonomischen Theorie. Frankfurt New York (Campus), 230 pp.

HENNICKE, P., J.P. JOHNSON, S. KOHLER & D. SEIFRIED (1985): Die Energiewende ist möglich. Frankfurt a.M. (S. Fischer), 373 pp.

HENRY, C. (1974): Option Values in the Economics of Irreplacable Assetts. Review of Economic Studies *41*: 89-104 (Symposium Supplement).

HENRY, C. (1974a): Investment Decisions Under Uncertainty: The Irreversibility Effect. American Economic Review *64*: 1006-1012.

HICKS, J.R. (1978): Value and Capital. 2nd. Ed., Reprint Oxford (Clarendon Press), 340 pp. Erstveröffentlichung 1939.

HINRICHSEN, D. (1986): Multiple Pollutants and Forest Decline. Ambio *15*: 258-265.

HIRSHLEIFER, J. (1974): Kapitaltheorie. Köln (Kiepenheuer & Witsch), 324 pp. Erstveröffentlichung: Investment, Interest and Capital, Englewood Cliffs, N.J. (Prentice Hall) 1970.

HLUBEK, W. & D. KALLMEYER (1989): Maßnahmen der Elektrizitätswirtschaft zur Luftreinhaltung in der Bundesrepublik Deutschland. Brennstoff Wärme Kraft *41*: 408-412.

HOBBES, T. (1968): Leviathan. Edited with an Introduction by C.B. MACPHERSON. Harmondsworth (Penguin), 729 pp. Erstveröffentlichung 1651. Deutsch (nur Teile I und II): Stuttgart (Reclam) 1974, 323 pp.

HÖDL, E. & G. MÜLLER (Hrsg.) (1986): Die Neoklassik und ihre Kritik. Diskussionsband zu "Ökonomie und Gesellschaft", Jahrbuch. Frankfurt a.M. New York (Campus), 341 pp.

HOLM-MÜLLER, K., H. HANSEN, M. KLOCKMANN & P. LUTHER (1991): Die Nachfrage nach Umweltqualität in der Bundesrepublik Deutschland. Berlin (Erich Schmidt Verlag), 228 pp + Anhang. Forschungsvorhaben 101 03 110/11 im Auftrag des Umweltbundesamtes. UBA Berichte 4/91.

HOTELLING, H. (1931): The Economics of Exhaustible Resources. Journal of Political Economy *39*: 137-175. deutsch in: H. SIEBERT (Hrsg.) (1979), pp. 39-81.

HOUGHTON, R.A. (1991): Tropical Deforestation and Atmospheric Carbon Dioxide. Climatic Change *19*: 99-118.

HOWE, C.W. (1979): Natural Resource Economics. New York u.a. (John Wiley), 350 pp.

HUETING, R. (1980): New Scarcity and Economic Growth. Amsterdam (North Holland), 269 pp.

HUME, D. (1978): Ein Traktat über die menschliche Natur. Buch II und III: Über die Affekte, über Moral. Übersetzung von T. LIPPS. Hamburg (Meiner), unveränderter Nachdruck von 1906, 397 pp. Erstveröffentlichung "A Treatise on Human Nature" 1739/40.

HUME, D. (1972): Eine Untersuchung über die Prinzipien der Moral. Übersetzung von C. WINCKLER. Hamburg (Meiner), unveränderter Nachdruck von 1929, 188 pp. Erstveröffentlichung "An Enquiry Concerning the Principles of Morals" 1777.

IMMLER, H. (1985): Natur in der ökonomischen Theorie. Teil 1: Vorklassik - Klassik - MARX, Teil 2: Physiokratie - Herrschaft der Natur. Opladen (Westdeutscher Verlag), 444 pp.

IMMLER, H. (1989): Vom Wert der Natur. Zur ökologischen Reform von Wirtschaft und Gesellschaft. Natur in der ökonomischen Theorie, Teil 3. Opladen (Westdeutscher Verlag), 346 pp.

INTRILIGATOR, M.D. (1971): Mathematical Optimization and Economic Theory. Englewood Cliffs, N.J. (Prentice Hall), 508 pp.

JANSSON, A.-M. (Ed.) (1985): Integration of Economy and Ecology. An Outlook for the Eighties. Stockholm (Proceedings from the Wallenberg Symposia), 240 pp.

JEVONS, W.S. (1965): The Theory of Political Economy. Reprint der 5. Aufl. (1957) New York (A.M. Kelley), 343 pp. Erstveröffentlichung 1871.

JOHANSSON, P.-O. (1987): The Economic Theory and Measurement of Environmental Benefits. Cambridge, U.K. u.a. (University Press), 223 pp.

JOHANSSON, P.-O. & K.-G. LÖFGREN (1985): The Economics of Forestry and Natural Resources. Oxford (Blackwell), 292 pp.

JONAS, H. (1984): Das Prinzip Verantwortung. Frankfurt a.M. (Suhrkamp), 426 pp.

JUNGE, C. (1966): Die chemische Entwicklung der Erdatmosphäre. Umschau *66*: 767-771.

JUNKERNHEINRICH, M. (1988): Finanzierung kommunaler Kanalisationen. Zeitschrift für angewandte Umweltforschung, Sonderheft 1/1988: 73-78.

KAHNEMANN, D. & J.L. KNETSCH (1992): Valuing Public Goods: the Purchase of Moral Satisfaction. Journal of Environmental Economics and Management *22*: 57-70

KAMIEN, M.I. & N.L. SCHWARTZ (1981): Dynamic Optimization. The Calculus of Variations and Optimal Control in Economics and Management. New York Oxford (North Holland), 331 pp.

KANT, I. (1961): Grundlegung der Metaphysik der Sitten. Hrsgg. von T. VALENTINER. Stuttgart (Reclam), 157 pp. Erstveröffentlichung 1785.

KANT, I. (1985): Idee zu einer allgemeinen Geschichte in weltbürgerlicher Absicht. In: Derselbe: Schriften zur Geschichtsphilosophie, hrsgg. von M. RIEDEL. Stuttgart (Reclam), pp. 21-39. Erstveröffentlichung 1784.

KANT, I. (1985a): Über den Gemeinspruch: Das mag in der Theorie richtig sein, taugt aber nicht für die Praxis. In: Derselbe: Schriften zur Geschichtsphilosophie, hrsgg. von M. RIEDEL. Stuttgart (Reclam), pp. 118-165. Erstveröffentlichung 1793.

KAPP, K.W. (1979): Soziale Kosten der Marktwirtschaft. Frankfurt a.M. (Fischer Taschenbuch Verlag), 264 pp. Erstveröffentlichung: Social Costs of Private Enterprise, 1950. Erste deutsche Übersetzung: Die volkswirtschaftlichen Kosten der Privatwirtschaft, Tübingen Zürich 1958.

KAULE, G. (1991): Arten- und Biotopschutz. 2. Aufl. Stuttgart (Ulmer/UTB), 519 pp.

KAVKA, G. (1978): The Futurity Problem. In: R.I. SIKORA & B. BARRY (Eds.), pp. 186-203.

KELLER, M., D.J. JACOB, S.C. WOFSY & R.C. HARRISS (1991): Effects of Tropical Deforestation on Global and Regional Atmospheric Chemistry. Climatic Change *19*: 139-158.

KEYNES, J.M. (1973): The General Theory of Employment, Interest and Money. The Collected Writings of J.M. KEYNES, Vol. VII. London Basingstoke (MacMillan Cambridge University Press), 428 pp. Erstveröffentlichung 1935.

KING, M. (1985): The Economics of Saving. A Survey of Recent Contributions. In: K.J. ARROW & S. HONKAPOHJA (Eds.): Frontiers of Economics. Oxford (Blackwell), pp. 227-294.

KIRSCH, G., P. NIJKAMP & K. ZIMMERMANN (Eds.): The Formulation of Time Preferences in a Multidisciplinary Perspective. Aldershot (Avebury/Gower), 264 pp. WZB Publications (Wissenschaftszentrum Berlin).

KLAASSEN, G.A.J. & J.B. OPSCHOOR (1991): Economics of Sustainability or the Sustainability of Economics: Different Paradigms. Ecological Economics *4*: 93-115.

KLEY, R. (1989): Vertragstheorien der Gerechtigkeit. Eine philosophische Kritik der Theorien von JOHN RAWLS, ROBERT NOZICK und JAMES BUCHANAN. Bern Stuttgart (Haupt) 500 pp.

KNEESE, A.N., R.U. AYRES & R.C. D'ARGE (1970): Economics and the Environment. A Materials Balance Approach. Baltimore London (Johns Hopkins University Press), 120 pp.

KNEESE, A.V. & W.D. SCHULZE (Eds.) (1985): Ethics and Environmental Economics. In: A.V. KNEESE & J.L. SWEENEY (Eds.), Vol. 1, pp. 191-220.

KNEESE, A.V. & J.L. SWEENEY (Eds.) (1985): Handbook of Natural Resource and Energy Economics. Amsterdam u.a. (North Holland), bisher Vol. 1: 462 pp., Vol. 2: pp. 465-755.

KNIGHT, F.H. (1944): Diminishing Returns from Investment. Journal of Political Economy *52*: 26-47.

KOOPMANS, T.C. (1957): Allocation of Resources and the Price System. In: Derselbe: Three Essays on the State of Economic Science. New York u.a. (McGraw Hill), pp. 3-126.

KOOPMANS, T.C. (1960): Stationary Ordinal Utility and Impatience. Econometrica *28*: 287-309.

KOOPMANS, T.C. (1965): On the Concept of Optimal Economic Growth. Pontificiae Academiae Scientarium Scripta Varia *28*: 225-300.

KOOPMANS, T.C. (1973): Some Observations on "Optimal" Economic Growth and Exhaustible Resources. In: H.C. BOS, H. LINNEMANN & P. DE WOLFF (Eds.): Economic Structure and Development. Essays in Honour of JAN TINBERGEN. Amsterdam u.a. (North Holland/American Elsevier), pp. 239-255.

KOOPMANS, T.C. (1974): Proof for a Case Where Discounting Advances the Doomsday. Review of Economic Studies *41*: 117-120 (Symposium Supplement).

KOOPMANS, T.C., P.A. DIAMOND & R.E. WILLIAMSON (1964): Stationary Utility and Time Perspective. Econometrica *32*: 82-100.

KOTLIKOFF, L.J. & L.H. SUMMERS (1981): The Role of Intergenerational Transfers in Aggregate Capital Accumulation. Journal of Political Economy *89*: 706-732.

KRELLE, W. & G. GABISCH (1972): Wachstumstheorie. Berlin u.a. (Springer), 223 pp.

KROMPHARDT, J. & S. SPELTHAHN (1988): Grundzüge der Ökonomie erschöpfbarer Ressourcen. Wirtschaftswissenschaftliches Studium (WiSt) *17*: 172-177.

KRUTILLA, J.V. (1967): Conservation Reconsidered. American Economic Review *57*: 777-786.

KRUTILLA, J.V. (Ed.) (1972): Natural Environments. Studies in Theoretical and Applied Analysis. Baltimore London (Johns Hopkins University Press), 352 pp.

KRUTILLA, J.V. & A.C. FISHER (1975): The Economics of Natural Environments. Studies in the Valuation of Commodity and Amenity Resources. Baltimore London (Johns Hopkins University Press), 292 pp.

KUHN, N., R. AMIET & N. HUFSCHMIDT (1987): Veränderungen in der Waldvegetation der Schweiz infolge Nährstoffanreicherung aus der Atmosphäre. Allgemeine Forst- und Jagd-Zeitung *158*: 77-84.

LAYARD, R. (Ed.) (1972): Cost-Benefit-Analysis. Harmondsworth (Penguin), 496 pp.

LEA, S.E.G., R.M. TARPY & P. WEBLEY (1987): The Individual in the Economy. A Textbook of Economic Psychology. Cambridge, U.K. u.a. (University Press), 627 pp.

LECOMBER, R. (1979): The Economics of Natural Resources. London Basingstoke (Macmillan), 247 pp.

LEIPERT, C. (1989): Die heimlichen Kosten des Fortschritts. Frankfurt a.M. (S. Fischer), 343 pp.

LEVHARI, D. & N. LIVIATAN (1977): Notes on HOTELLING's Economics of Exhaustible Resources. Canadian Journal of Economics *10*: 184-191.

LIND, R.C., K.J. ARROW, G.R. COREY, P. DASGUPTA, A.K. SEN, T. STAUFFER, J.E. STIGLITZ, J.A. STOCKFISCH & R. WILSON (1982): Discounting for Time and Risk in Energy Policy. Baltimore London (Johns Hopkins University Press), 468 pp.

LIPPIT, V.D. & K. HAMADA (1977): Efficiency and Equity in Intergenerational Distribution. In: D. PIRAGES (Ed.): The Sustainable Society. Implications for Limited Growth. New York London (Praeger), pp. 285-299.

LOOMES, G. & R. SUDGEN (1982): Regret Theory: An Alternative Theory of Rational Choice Under Uncertainty. The Economic Journal *92*: 805-824.

LOVELOCK, J.E. (1979): Gaia. A New Look at Life on Earth. Oxford u.a. (University Press), 157 pp.

LUTZ, F.A. (1967): Zinstheorie. Zürich Tübingen (Polygraphischer Verlag/Mohr), 288 pp.

MAACK, K.U. (1988): Kosten des Neubaus und der Instandhaltung von Kanalisationen. Zeitschrift für angewandte Umweltforschung, Sonderheft 1/1988: 65-72.

MACKSCHEIDT, K. (1974): Meritorische Güter: MUSGRAVEs Ideen und deren Konsequenzen. Das Wirtschaftsstudium *3*: 237-241.

MACLEAN, D. & P.G. BROWN (Eds.) (1983): Energy and the Future. Totowa, N.J. (Rowman and Littlefield), 206 pp.

MACPHERSON, C.B. (1973): Die politische Theorie des Besitzindividualismus. Von HOBBES bis LOCKE. Frankfurt a.M. (Suhrkamp), 347 pp. Erstveröffentlichung: The Political Theory of Possessive Individualism. Oxford (University Press) 1962.

MÄLER, K.-G. (1974): Environmental Economics: A Theoretical Inquiry. Baltimore London (Johns Hopkins University Press), 267 pp.

MALACHUK, J.L. & J. NILSSON (1989): The Role of Nitrogen in the Acidification of Soils and Surface Waters. København (Nordic Council of Ministers), var. pag. (Miljørapport 1989: 10).

MANNISON, D.S., A. MCROBBIE & R. ROUTLEY (Eds.) (1980): Environmental Philosophy. Canberra (Australian National University), 385 pp.

MARGLIN, S.A. (1963): The Social Rate of Discount and the Optimal Rate of Investment. Quarterly Journal of Economics *77*: 95-111.

MARSHALL, A. (1961): Principles of Economics. 9th. (Variorum) Ed. London u.a. (Macmillan for the Royal Economic Society), Vol. 1 (Text): 858 pp, Vol. 2 (Notes): 886 pp. Text unverändert nach der 8th. Ed. 1920. Erstveröffentlichung 1890.

MARTINEZ-ALIER, J. (1987): Ecological Economics. With K. SCHLÜPMANN. Oxford (Blackwell), 286 pp.

MARX, K. (1971): Das Kapital. Kritik der politischen Ökonomie. Dritter Band. Nach der ersten Aufl. Berlin (DDR, Dietz Verlag), 1007 pp. Erstveröffentlichung (hrsgg. v. F. ENGELS) Hamburg 1894.

MARX, K. (1972): Das Kapital. Kritik der politischen Ökonomie. Erster Band. Nach der 4. Aufl. (hrsgg. v. F. ENGELS) Hamburg 1890. Berlin (DDR, Dietz Verlag), 955 pp. Erstveröffentlichung 1867.

MATSON, P.A. & P.M. VITOUSEK (1990): Ecosystem Approach to a Global Nitrous Oxide Budget. BioScience *40*: 667-672.

MCDONALD, A.D. (1991): A Technique for Estimating the Discount Rate in PINDYCK's Stochastic Model of Nonrenewable Resource Extraction. Journal of Environmental Economics and Management *21*: 154-168.

MCELROY, M.B. & R.J. SALAWITCH (1989): Changing Composition of the Global Stratosphere. Science *243*: 763-770.

MCFADDEN, D. (1984): Welfare Analysis of Incomplete Adjustment to Climatic Change. In: V.K. SMITH (Ed.): Advances in Applied Micro-Economics, Vol. *3*: 133-149. Greenwich (Connecticut) London (JAI Press).

MCKENZIE, R.B. & G. TULLOCK (1978): The New World of Economics. Explorations into the Human Experience. Homewood, Ill. (Irwin), 331 pp.

MCMILLAN, J. (1979): The Free-Rider Problem: A Survey. The Economic Record *55*: 95-107.

MEADOWS, D., D. MEADOWS, E. ZAHN & P. MILLING (1973): Die Grenzen des Wachstums. Bericht des Club of Rome zur Lage der Menschheit. Reinbek bei Hamburg (Rowohlt), 180 pp. Erstveröffentlichung "The Limits to Growth" 1972.

MILL, J.St. (1869): Grundsätze der politischen Ökonomie nebst einigen Anwendungen derselben auf die Gesellschaftswissenschaft. 3. deutsche Aufl., übersetzt von A. SOETBEER. Leipzig (Fues's Verlag), Bd. 1: 321 pp., Bd. 2: 295 pp., Bd. 3: 384 pp. Erstveröffentlichung "Principles of Political Economy" 1848.

MILL, J.St. (1969): Über Freiheit. übersetzt von A.v. BORRIES. Frankfurt a.M. Wien (Europäische Verlagsanstalt/Europa Verlag), 163 pp. Erstveröffentlichung "On Liberty" 1859.

MILL, J.St. (1976): Der Utilitarismus. Übersetzung, Anmerkungen und Nachwort von D. BIRNBACHER. Stuttgart (Reclam), 126 pp. Erstveröffentlichung "Utilitarianism" 1861.

MISHAN, E.J. (1960): A Survey of Welfare Economics 1939-59. The Economic Journal *70*: 197-265.

MISHAN, E.J. (1971): Pangloss on Pollution. In: P. BOHM & A.V. KNEESE (Eds.): The Economics of Environment, Papers from Four Nations. London Basingstoke (Macmillan/St. Martin's Press), pp. 66-73.

MISHAN, E.J. (1976): Cost-Benefit Analysis. 2nd. Ed. New York (Praeger), 454 pp.

MISHAN, E.J. (1981): Introduction to Normative Economics. New York Oxford (Oxford University Press), 548 pp.

MITCHELL, R.C. & R.T. CARSON (1989): Using Surveys to Value Public Goods: The Contingent Valuation Method. Washington, D.C. (Resources for the Future), 463 pp.

MOONEY, H.A., P.M. VITOUSEK & P.A. MATSON (1987): Exchange of Materials Between Terrestrial Ecosystems and the Atmosphere. Science *238*: 926-932.

MUNDUCH, G. & E. NITSCHKE (1988): Clubtheorie. Wirtschaftswissenschaftliches Studium (WiSt) 6/1988: 318-321.

MUNRO, G.R. (1981): The Economics of Fishing: An Introduction. In: J.A. BUTLIN (Ed.), pp. 129-140.

MUNRO, G.R. & A.D. SCOTT (1985): The Economics of Fisheries Management. In: A.V. KNEESE & J.L. SWEENEY (Eds.), Vol. 2, pp. 623-676.

MYERS, N. (1976): An Expanded Approach to the Problem of Disappearing Species. Science *193*: 198-202.

MYERS, N. (1977): Discounting and Depletion. The Case of Tropical Forests. Futures *9*: 502-509.

MYERS, N. (1979): The Sinking Ark. New York (Pergamon), 308 pp.

MYERS, N. (1980): Conversion of Tropical Moist Forests. Washington, D.C. (National Academy of Sciences), 205 pp.

MYERS, N. (1983): A Wealth of Wild Species. Storehouse for Human Welfare. Boulder (Westview Press), 274 pp.

MYERS, N. (1988): Tropical Deforestation and Climatic Change. Environmental Conservation *15*: 293-298.

MYERS, N. (1989): Loss of Biological Diversity and Its Potential Impact on Agriculture and Food Production. In: D. PIMENTEL & C.W. HALL (Eds.): Food and Natural Resources. San Diego u.a. (Academic Press), pp. 49-68.

MYERS, N. (1991): Tropical Forests: Present Status and Future Outlook. Climatic Change *19*: 3-32.

NAESS, A. (1973): The Shallow and the Deep, Long-Range Ecology Movement: a Summary. Inquiry *16*: 95-100.

NAGEL, B. (1989): Wirtschaftsrecht II. Mit einer Einführung in die ökonomische Analyse des Rechts von T. EGER. München Wien (Oldenbourg), 171 pp.

NEHER, P.A. (1990): Natural Resource Economics. Cambridge, U.K. u.a. (University Press), 360 pp.

NEUMANN, J.V. & O. MORGENSTERN (1973): Spieltheorie und wirtschaftliches Verhalten. 3. Aufl. Würzburg Wien (Physica-Verlag), 668 pp. Original: Theory of Games and Economic Behavior, 3rd. Ed. Princeton (University Press) 1953.

NIHLGÅRD, B. (1985): The Ammonium Hypothesis - An Additional Explanation to the Forest Dieback in Europe. Ambio *14*: 2-8.

NIJKAMP, P. & J. ROUWENDAL (1988): Time, Discount Rate and Public Decision Making. In: G. KIRSCH, P. NIJKAMP & K. ZIMMERMANN (Eds.), pp. 131-148.

NORGAARD, R.B. (1985): Environmental Economics: An Evolutionary Critique and a Plea for Pluralism. Journal of Environmental Economics and Management *12*: 382-394.

NORGAARD, R.B. (1987): Economics as Mechanics and the Demise of Biological Diversity. Ecological Modelling *38*: 107-121.

NORGAARD, R.B. (1988): Sustainable Development: A Co-Evolutionary View. Futures *20*: 606-620.

NORTON, B.G. (1984): Environmental Ethics and Weak Anthropocentrism. Environmental Ethics *6*: 131-148.

NORTON, B.G. (Ed.) (1986): The Preservation of Species. Princeton (University Press), 305 pp.

NORTON, B.G. (1986a): On the Inherent Danger of Undervaluing Species. In: Derselbe (Ed.), pp. 110-137.

NOZICK, R. (1974): Anarchy, State, and Utopia. New York (Basic Books), 367 pp.

ODUM, E.P. (1971): Fundamentals of Ecology. 3rd. Ed. Philadelphia u.a. (Saunders), 574 pp.

OLDFIELD, M.L. (1984): The Value of Conserving Genetic Resources. Washington, D.C. (U.S. Dept. of the Interior, National Park Service), 359 pp.

OLSON, M. Jr. (1968): Die Logik des kollektiven Handelns. Tübingen (Mohr), 181 pp. Erstveröffentlichung: The Logic of Collective Action, Cambridge, Mass. 1965.

OLSON, M. & M.J. BAILEY (1981): Positive Time Preference. Journal of Political Economy *89*: 1-25.

PACYNA, J.M. (1989): Atmospheric Emissions of Nitrogen Compounds. In: J.L. MALANCHUK & J. NILSSON (Eds.), pp. 2.1-2.14.

PAGE, T. (1977): Conservation and Economic Efficiency. Baltimore London (Johns Hopkins University Press), 266 pp.

PAGE, T. (1977a): Discounting and Intergenerational Equity. Futures *9*: 377-382.

PAGE, T. (1983): Intergenerational Justice as Opportunity. In: D. MACLEAN & P.G. BROWN (Eds.), pp. 38-58.

PARFIT, D. (1983): Energy Policy and the Further Future: The Social Discount Rate. In: D. MACLEAN & P.G. BROWN (Eds.), pp. 31-37.

PARRY, M.L., T.R. CARTER & N.T. KONIJN (Eds.) (1988): The Impact of Climatic Variations on Agriculture. Dordrecht (Kluwer), Vol. 1: Assessment in Cool Temperate and Cold Regions, 876 pp, Vol. 2: Assessment in Semi-Arid Regions, 764 pp.

PARTRIDGE, E. (Ed.) (1981): Responsibilities to Future Generations. Environmental Ethics. Buffalo (Prometheus Books), 319 pp.

PASSMORE, J. (1980): Man's Responsibility for Nature. Ecological Problems and Western Traditions. 2nd. Ed. London (Duckworth), 227 pp.

PEARCE, D.W. (1987): Foundations of an Ecological Economics. Ecological Modelling *38*: 9-18.

PEARCE, D.W. (1988): Economics, Equity and Sustainable Development. Futures *20*: 598-605.

PEARCE, D.W. (1988a): Optimal Prices for Sustainable Development. In: D. COLLARD, D. PEARCE & D. ULPH (Eds.), pp. 57-66.

PEARCE, D.W. & C.A. NASH (1981): The Social Appraisal of Projects. London (Macmillan), 235 pp.

PEARCE, D.W., A. MARKANDYA & E.B. BARBIER (1989): Blueprint for a Green Economy. London (Earthscan), 192 pp.

PEARCE, D.W. & R.K. TURNER (1990): Economics of Natural Resources and the Environment. New York u.a. (Harvester Wheatsheaf), 378 pp.

PETERS, C.M., A.H. GENTRY & R.O. MENDELSOHN (1989): Valuation of an Amazonian Rainforest. Nature *339*: 655-656.

PETERSON, F.M. & A.C. FISHER (1977): The Exploitation of Extractive Resources: a Survey. The Economic Journal *87*: 681-721.

PETHIG, R. (1981): Normatives, Methodologisches und Deduktives. Eine kurze Erwiderung auf LOTHAR WEGEHENKELs Diskussionsbeitrag zu meinem Referat. In: L. WEGEHENKEL (Hrsg.), pp. 176-178.

PHELPS, E.S. & J.G. RILEY (1978): Rawlsian Growth: Dynamic Programming of Capital and Wealth for Intergenerational "Maximin" Welfare. Review of Economic Studies. *45*: 103-120.

PIGOU, A.C. (1978): The Economics of Welfare. New York (AMS Press), Reprint nach der 4th. Ed. London (Macmillan) 1932, 837 pp.

PLACHTER, H. (1991). Naturschutz. Stuttgart (Gustav Fischer/UTB 1563), 463 pp.

PLOURDE, C.G. (1970): A Simple Model of Replenishable Resource Exploitation. American Economic Review *60*: 518-522, deutsch in H. SIEBERT (Hrsg.) (1979), pp. 239-248.

PLOURDE, C.G. (1975): Conservation of Extinguishable Species. Natural Resources Journal *15*: 791-797.

POMMEREHNE, W.W. (1987): Präferenzen für Öffentliche Güter. Tübingen (Mohr), 290 pp.

POPPER, K.R. (1980): Die offene Gesellschaft und ihre Feinde. München (Franke/ UTB 472,473), 2 Bde., 435 und 481 pp. Erstveröffentlichung "The Open Society and its Enemies", London (Routledge & Kegan Paul) 1945.

PORTER, R.C. (1982): The New Approach to Wilderness Preservation Through Benefit-Cost Analysis. Journal of Environmental Economics and Management *9*: 59-80.

PREISER, E. (1948): Konsumtivzins und Minderschätzung künftiger Bedürfnise. Kyklos *2*: 160-178.

PRESCOTT-ALLEN, C. & R. PRESCOTT-ALLEN (1986): The First Resource. Wild Species in the North American Economy. New Haven London (Yale University Press), 529 pp.

QUIRK, J. & R. SAPOSNIK (1968): Introduction to General Equilibrium Theory and Welfare Economics. New York u.a. (McGraw-Hill), 221 pp.

QUIRK, J. & K. TERESAWA (1991): Choosing a Government Discount Rate: an Alternative Approach. Journal of Environmental Economics and Management *20*: 16-28.

RADNITZKY, G. & P. BERNHOLZ (Eds.) (1987): Economic Imperialism: The Economic Approach Applied Outside the Field of Economics. New York (Paragon House), 421 pp.

RAMANATHAN, V. (1988): The Greenhouse Theory of Climate Change: A Test by an Inadvertent Global Experiment. Science *240*: 293-299.

RAMANATHAN, V., L. CALLIS, R. CESS, J. HANSEN, I. ISAKSEN, W. KUHN, A. LACIS, F. LUTHER, J. MAHLMAN, R. RECK & M. SCHLESINGER (1987): Climate-Chemical Interactions and Effects of Changing Atmospheric Trace Gases. Review of Geophysics *25*: 1441-1482.

RAMSEY, F.P. (1928): A Mathematical Theory of Saving. The Economic Journal *38*: 543-559.

RANDALL, A. (1986): Human Preferences, Economics, and the Preservation of Species. In: B.G. NORTON (Ed.), pp. 79-109.

RANDALL, A. (1987): Resource Economics. 2nd. Ed. New York u.a. (John Wiley), 434 pp.

RANDALL, A. (1988): What Mainstream Economists Have to Say About the Value of Biodiversity. In: E.O. WILSON (Ed.), pp. 217-223.

RANDALL, A. (1991): The Value of Biodiversity. Ambio *20*: 64-68.

RAWLS, J. (1971): A Theory of Justice. Cambridge, Mass. (Harvard University Press), 607 pp. deutsch: Eine Theorie der Gerechtigkeit. Frankfurt a.M. (Suhrkamp) 1975, 674 pp.

REPETTO, R. & M. GILLIS (1988): Public Policies and the Misuse of Forest Resources. Cambridge, U.K. u.a. (University Press), 432 pp.

RESCHER, N. (1966): Distributive Justice. Indianapolis New York (Bobbs-Merrill), 166 pp.

RILEY, J. (1990): Rights to Liberty in Purely Private Matters, Part II. Economics and Philosophy *6*: 27-64.

RINGLER, A. (1987): Gefährdete Landschaft. Lebensräume auf der Roten Liste, eine Dokumentation in Bildvergleichen. München u.a. (BLV), 195 pp.

ROBERTSON, D.H. (1952): Utility and all That and Other Essays. London (Allen & Unwin), 133 pp.

RÖMER, A.U. (1991): Der kontingente Bewertungsansatz: eine geeignete Methode zur Bewertung umweltverbessernder Maßnahmen? Zeitschrift für Umweltpolitik und Umweltrecht *14*: 411-456.

ROSS, W.D. (1939): Foundations of Ethics. Oxford (Clarendon Press), 329 pp.

ROUTLEY, R. & V. ROUTLEY (1980): Human Chauvinism and Environmental Ethics. In: D.S. MANNISON, A. MCROBBIE & R. ROUTLEY (Eds.), pp. 96-189.

RYAN, A. (Ed.) (1987): Utilitarianism and Other Essays. J.S. MILL and J. BENTHAM. Harmondsworth (Penguin), 344 pp.

RYAN, A (1987a): Introduction. In: Derselbe (Ed.), pp. 7-63.

SAMUELSON, P.A. (1954): The Pure Theory of Public Expenditure. Review of Economics and Statistics *36*: 387-389.

SAMUELSON, P.A. (1975): Foundations of Economic Analysis. 10th. Printing Cambridge, Mass. London (Harvard University Press), 447 pp. Erstveröffentlichung 1947.

SCHELLING, T.C. (1983): Climatic Change: Implications for Welfare and Policy. In: Changing Climate, Report of the Carbon Dioxide Assessment Committee. Washington, D.C. (National Academy Press), pp. 449-482.

SCHEVILL, W.E. (Ed.) (1974): The Whale Problem. A Status Report. Cambridge, Mass. (Harvard University Press), 419 pp.

SCHIDLOWSKI, M. (1971): Probleme der atmosphärischen Evolution im Präkambrium. Geologische Rundschau *60*: 1351-1384.

SCHIDLOWSKI, M., R. EICHMANN & C.E. JUNGE (1974): Evolution des irdischen Sauerstoff-Budgets und Entwicklung der Erdatmosphäre. Umschau *74*: 703-707.

SCHLOSSER, S. (1982): Heimische Farn- und Blütenpflanzen als Genressourcen für Forschung und Nutzung. Naturschutzarbeit in den Bezirken Halle und Magdeburg *19*: 49-89, Beiheft.

SCHNEIDER, H.K. & W. SCHULZ (1976): Die optimale Nutzung erschöpfbarer Energieressourcen. In: O. ISSING (Hrsg.): Ökonomische Probleme der Umweltschutzpolitik. Berlin (Duncker & Humblot), pp. 119-161.

SCHÖNWIESE, C.-D. & B. DIEKMANN (1989): Der Treibhauseffekt. Der Mensch ändert das Klima. Reinbek (Rowohlt), 215 pp.

SCHÜLLER, A. (Hrsg.) (1983): Property Rights und ökonomische Theorie. München (Vahlen), 298 pp.

SCHULZ, W. (1985): Der monetäre Wert besserer Luft. Eine empirische Analyse individueller Zahlungsbereitschaften und ihrer Determinanten auf der Basis von Repräsentativumfragen. Frankfurt a.M. u.a. (Lang), 380 pp.

SCHULZ, W. & E. SCHULZ (1991): Zur umweltpolitischen Relevanz von Kosten-Nutzen-Analysen in der Bundesrepublik Deutschland. Zeitschrift für Umweltpolitik und Umweltrecht *14*: 299-337.

SCHWEPPE-KRAFT, B., K. HABECK & T. SCHMITZ (1989): Ökonomische Bewertung von Eingriffen in Natur und Landschaft. Am Beispiel Industriegebiet Schichauweg, Berlin (West). Berlin (Technische Universität), 84 pp. Landschaftsentwicklung und Umweltforschung *60*.

SCITOVSKY, T. (1954): Two Concepts of External Economies. Journal of Political Economy *62*: 143-151.

SCOTT, A.D. (Ed.) (1970): Economics of Fisheries Management. Vancouver (University of British Columbia), 115 pp.

SEN, A.K. (1957): A Note on TINBERGEN on the Optimal Rate of Saving. The Economic Journal *67*: 745-748.

SEN, A.K. (1961): On Optimizing the Rate of Saving. The Economic Journal *71*: 479-496.

SEN, A.K. (1967): Isolation, Assurance and the Social Rate of Discount. Quarterly Journal of Economics *81*: 112-124.

SEN, A.K. (1970): Collective Choice and Social Welfare. San Francisco u.a. (Holden-Day and Oliver & Boyd), 225 pp.

SEN, A.K. (1987): On Ethics and Economics. Oxford (Blackwell), 131 pp.

SIDGWICK, H. (1890): The Methods of Ethics. 4th. Ed. London (Macmillan), 522 pp.

SIEBERT, H. (1978): Ökonomische Theorie der Umwelt. Tübingen (Mohr), 221 pp.

SIEBERT, H. (Hrsg.) (1979): Umwelt und wirtschaftliche Entwicklung. Darmstadt (Wiss. Buchgesellschaft), 472 pp.

SIEBERT, H. (Hrsg.) (1980): Erschöpfbare Ressourcen. Berlin (Duncker & Humblot), 859 pp.

SIEBERT, H. (1983): Ökonomische Theorie natürlicher Ressourcen. Tübingen (Mohr), 338 pp.

SIKORA, R.I. & B. BARRY (Eds.) (1978): Obligations to Future Generations. Philadelphia (Temple University Press), 250 pp.

SINGER, P. (1979): Not for Humans Only: The Place of Nonhumans in Environmental Issues. In: K.E. GOODPASTER & K.M. SAYRE (Eds.), pp. 191-206.

SINN, H.-W. (1980): Ökonomische Entscheidungen bei Ungewißheit. Tübingen (Mohr), 374 pp.

SMALL, G.L. (1971): The Blue Whale. New York London (Columbia University Press), 247 pp.

SMART, J.J.C. (1973): An Outline of a System of Utilitarian Ethics. In: Derselbe & B. WILLIAMS: Utilitarianism, For and Against. Cambridge, U.K. (University Press), pp. 3-74.

SMITH, A. (1976): The Theory of Moral Sentiments. Edited by D.D. RAPHAEL & A.L. MACFIE. Oxford (Clarendon Press), 412 pp. Erstveröffentlichung 1759.

SMITH, A. (1976a): An Inquiry into the Nature and Causes of the Wealth of Nations. Edited by R.H. CAMPBELL, A.S. SKINNER & W.B. TODD. Oxford (Clarendon Press), 2 Vols. 66 + 1080 pp. Erstveröffentlichung 1776.

SMITH, A.H. & F. BERKES (1991): Solutions to the "Tragedy of the Commons": Sea Urchin Management in St. Lucia, West Indies. Environmental Conservation *18*: 131-136.

SMITH, V.K. (Ed.) (1979): Scarcity and Growth Reconsidered. Baltimore London (Johns Hopkins University Press), 298 pp.

SMITH, V.K. (1983): Option Value: A Conceptual Overview. Southern Economic Journal *49*: 654-668.

SMITH, V.K. (1987): Nonuse Values in Benefit Cost Analysis. Southern Economic Journal *54*: 19-26.

SMITH, V.L. (1977): Control Theory Applied to Natural and Environmental Resources. An Exposition. Journal of Environmental Economics and Management *4*: 1-24.

SÖDERBAUM, P. (1980): Towards a Reconciliation of Economics and Ecology. European Review of Agricultural Economics *7*: 55-77.

SÖDERLUND, R. & B.H. SVENSSON (1976): The Global Nitrogen Cycle. In: Dieselben (Eds.): Nitrogen, Phosphorus and Sulphur - Global Cycles. Stockholm (Ecological Bulletin *22*), pp. 23-73. SCOPE *7*.

SOHMEN, E. (1976): Allokationstheorie und Wirtschaftspolitik. Tübingen (Mohr), 468 pp.

SOLOW, R.M. (1969): Growth Theory. An Exposition. Oxford (Clarendon Press), 109 pp.

SOLOW, R.M. (1974): Intergenerational Equity and Exhaustible Resources. Review of Economic Studies *41*: 29-45 (Symposium Supplement).

SOLOW, R.M. (1974a): The Economics of Resources and the Resources of Economics. American Economic Review *64*: 1-14.

SOLOW, R.M. (1986): On the Intergenerational Allocation of Natural Resources. Scandinavian Journal of Economics *88*: 141-149.

SONKA, S.T. & P.J. LAMB (1987): On Climate Change and Economic Analysis. Climatic Change *11*: 291-311.

SOULÉ, M.E. (Ed.) (1986): Conservation Biology. The Science of Scarcity and Diversity. Sunderland, Mass. (Sinauer), 584 pp.

SOULÉ, M.E. & B.A. WILCOX (Eds.) (1980): Conservation Biology. An Evolutionary-Ecological Perspective. Sunderland, Mass. (Sinauer), 395 pp.

STACKELBERG, H.v. (1938): Beitrag zur Theorie des individuellen Sparens. Zeitschrift für Nationalökonomie *9*: 167-200.

STACKELBERG, H.v. (1951): Grundlagen der theoretischen Volkswirtschaftslehre. 2. Aufl. Tübingen Zürich (Mohr/Polygraphischer Verlag), 368 pp. Erstveröffentlichung 1943.

STEINER, H. (1983): The Rights of Future Generations. In: D. MACLEAN & P.B. BROWN (Eds.), pp. 151-165.

STEPHAN, G. (1988): Minderschätzung künftiger Bedürfnisse. Zur Formalisierung eines psychologischen Phänomens. Jahrbuch für Nationalökonomie und Statistik *205*: 348-362.

STEVENS, T.H., J. ECHEVERRIA, R.J. GLASS, T. HAGER & T.A. MOORE (1991): Measuring the Existence Value of Wildlife: What Do CVM Estimates Really Show? Land Economics *67*: 390-400.

STIGLER, G.J. & G.S. BECKER (1977): De Gustibus Non Est Disputandum. American Economic Review *67*: 76-89.

STIGLITZ, J.E. (1974): Growth with Exhaustible Natural Resources: The Competitive Economy. Review of Economic Studies *41*: 139-152 (Symposium Supplement).

STIGLITZ, J.E. (1979): A Neoclassical Analysis of the Economics of Natural Resources. In: V.K. SMITH (Ed.), pp. 36-66.

STRÖBELE, W. (1987): Rohstoffökonomik. Theorie natürlicher Ressourcen mit Anwendungsbeispielen Öl, Kupfer, Uran und Fischerei. München (Vahlen), 188 pp.

STROTZ, R. (1955/56): Myopia and Inconsistency in Dynamic Utility Maximization. Review of Economic Studies *23*: 165-180.

TAKAYAMA, A. (1974): Mathematical Economics. Hinsdale, Ill. (Dryden Press), 744 pp.

TALHELM, D.R. (1983): Unrevealed Extramarket Values: Values Outside the Normal Range of Consumer Choices. In: R.D. ROWE & L.G. CHESTNUT (Eds.): Managing Air Quality and Scenic Resources at National Parks and Wilderness Areas. Boulder (Westview Press), pp. 275-286.

TAYLOR, P.W. (1986): Respect for Nature. A Theory of Environmental Ethics. Princeton (University Press), 329 pp.

THALER, R. (1980): Toward a Positive Theory of Consumer Choice. Journal of Economic Behavior and Organization *1*: 39-60.

TINBERGEN, J. (1960): Optimum Savings and Utility Maximization Over Time. Econometrica *28*: 481-489.

TISDELL, C.A. (1989): Environmental Conservation: Economics, Ecology and Ethics. Environmental Conservation *16*: 107-112.

TISDELL, C.A. (1990): Economics and the Debate About Preservation of Species, Crop Varieties and Genetic Diversity. Ecological Economics *2*: 77-90.

TOBIAS, D. & R. MENDELSOHN (1991): Valuing Ecotourism in a Tropical Rain Forest Reserve. Ambio *20*: 91-93.

TRAPP, R.W. (1988): "Nicht-klassischer" Utilitarismus. Eine Theorie der Gerechtigkeit. Frankfurt a.M. (Vittorio Klostermann), 715 pp.

TREPL, L. (1987): Geschichte der Ökologie. Vom 17. Jahrhundert bis zur Gegenwart. Frankfurt a.M. (Athenäum), 280 pp.

TURNER, R.K. (1988): Wetland Conservation: Economics and Ethics. In: D. COLLARD, D. PEARCE & D. ULPH (Eds.), pp. 121-159.

TURNER, R.K. (Ed.) (1988a): Sustainable Environmental Management. Principles and Practice. London Boulder (Belhaven Press/Westview Press), 292 pp.

TURNER, R.K. (1991): Economics and Wetland Management. Ambio *20*: 59-63.

TURNER, R.K., D. DENT & R.D. HEY (1983): Valuation of the Environmental Impact of Wetland Flood Protection and Drainage Schemes. Environment and Planning *A15*: 871-888.

VORNHOLZ, G. (1991): Die Bedeutung der Natur in dem Ansatz der dauerhaften Entwicklung ("Sustainable Development"). Paderborn (Universität Gesamthochschule), 26 pp. Arbeitspapiere des Fachbereichs Wirtschaftswissenschaften, N.F., Nr. *28*.

VOTEY, H.L. Jr. (1984): Crime in Sweden: Causality, Control Effects, and Economic Efficiency. In: V.K. SMITH (Ed.): Advances in Applied Micro-Economics, Vol. *3*: 229-265. Greenwich (Connecticut) London (JAI Press).

WACKER, H. (1986): Nutzung regenerativer natürlicher Ressourcen am Beispiel Fischerei. Wirtschaftswissenschaftliches Studium (WiSt) *15*: 449-455.

WADE, R. (1987): The Management of Common Property Resources: Collective Action as an Alternative to Privatisation or State Regulation. Cambridge Journal of Economics *11*: 95-106.

WAGENER, K. (1973): Entwicklung der irdischen Atmosphäre durch die Evolution der Biosphäre. Opladen (Westdeutscher Verlag). Rheinisch-Westfälische Akademie der Wissenschaften, Vorträge N *233*: 7-36.

WEGEHENKEL, L. (Hrsg.) (1981): Marktwirtschaft und Umwelt. Tübingen (Mohr), 303 pp.

WEGEHENKEL, L. (1981a): Marktsystem und exklusive Verfügungsrechte an Umwelt. In: Derselbe (Hrsg.), pp. 236-270.

WEINBERGER, M., G. THOMASSEN & R. WILLEKE (1991): Kosten des Lärms in der Bundesrepublik Deutschland. Berlin (Erich Schmidt Verlag), 246 pp. + Anhang. Forschungsvorhaben 101 03 110/05 im Auftrag des Umweltbundesamtes. UBA Berichte 9/91.

WEISBROD, B.A. (1964): Collective-Consumption Services of Individualized-Consumption Goods. Quarterly Journal of Economics *78*: 471-477.

WEIZSÄCKER, C.C.v. (1965): Existence of Optimal Programs of Accumulation for an Infinte Time Horizon. Review of Economic Studies *32*: 85-104.

WEIZSÄCKER, C.C.v. (1980): Leistet der Markt die optimale intertemporale Allokation der Ressourcen? In: H. SIEBERT (Hrsg.), pp. 795-814.

WICKE, L. (1986): Die ökologischen Milliarden. München (Kösel), 271 pp.

WICKE, L. (1991): Umweltökonomie. Eine praxisorientierte Einführung. 3. Aufl. München (Vahlen), 674 pp.

WICKSELL, K. (1969): Über Wert, Kapital und Rente. Aalen (Scientia Verlag), 143 pp. Erstveröffentlichung 1893.

WILEN, J.E. (1985): Bioeconomics of Renewable Resource Use. In: A.V. KNEESE & J.L. SWEENEY (Eds.), Vol. 1, pp. 61-124.

WILLIAMS, M.B. (1978): Discounting Versus Maximum Sustainable Yield. In: R.I. SIKORA & B. BARRY (Eds.), pp. 169-185.

WILLIS, K.G., J.F. BENSON & C.M. SAUNDERS (1988): The Impact of Agricultural Policy on the Costs of Nature Conservation. Land Economics *64*: 147-157.

WILSON, E.O. (Ed.) (1988): Biodiversity. Washington, D.C. (National Academy Press), 520 pp.

WILSON, E.O. (1988a): The Current State of Biological Diversity. In: Derselbe (Ed.), pp. 3-18.

YOUNG, J.T. (1991): Is the Entropy Law Relevant to the Economics of Natural Resources Scarcity? Journal of Environmental Economics and Management *21*: 169-179.

ZIMMERMANN, K. (1988): Time Preference and Budgetary Decisions. In: G. KIRSCH, P. NIJKAMP & K. ZIMMERMANN (Eds.), pp. 205-229.

Ohne Verfasser:

AMBIO *6*, Heft 2/3 (1977), pp. 95-185 (ganzes Heft über ökologische Probleme des Stickstoffs).

AMBIO *19*, Heft 6/7, Oct. 1990: Special Issue: CFCs and Stratospheric Ozone.

CLIMATIC CHANGE *19*, Heft 1/2, Sept. 1991: Special Issue: Tropical Forests and Climate.

DIE NEOKLASSIK UND IHRE HERAUSFORDERUNGEN. Ökonomie und Gesellschaft, Jahrbuch 1 (1983). Frankfurt a.M. New York (Campus), 298 pp.

DPG und DMG (Hrsg.) (1987): Gemeinsamer Aufruf der Deutschen Physikalischen Gesellschaft und der Deutschen Meteorologischen Gesellschaft. Warnung vor drohenden weltweiten Klimaänderungen durch den Menschen. Physikalische Blätter *43*: 347-349.

ENQUETE-KOMMISSION des 11. Deutschen Bundestages "Vorsorge zum Schutz der Erdatmosphäre" (1988): Schutz der Erdatmosphäre, eine internationale Herausforderung (Zwischenbericht). Bonn (Deutscher Bundestag), 583 pp. Zur Sache/ Themen parlamentarischer Beratung 5/88.

ENQUETE-KOMMISSION "Vorsorge zum Schutz der Erdatmosphäre" des Deutschen Bundestages (Hrsg.) (1990): Schutz der Tropenwälder. Eine internationale Schwerpunktaufgabe. Bonn Karlsruhe (Economica-Verlag/C.F. Müller), 983 pp.

GOVERNMENT OF AUSTRALIA (1978): Whales and Whaling. Report of the Independent Inquiry. Canberra (Australian Government Publishing Service). Vol. 1 (Report): 342 pp, Vol. 2 (Papers Commissioned by Inquiry): 220 pp.

KERNFORSCHUNGSANLAGE JÜLICH (Hrsg.) (1987): Waldschäden. 2. Aufl. Jülich (KFA), 137 pp.

KTBL und VDI (Hrsg.) (1991): Ammoniak in der Umwelt. Kreisläufe, Wirkungen, Minderung. Münster-Hiltrup (Landwirtschaftsverlag), var. pag. (Kuratorium für Technik und Bauwesen in der Landwirtschaft und Verein Deutscher Ingenieure).

OECD (1989): Environmental Policy Benefits: Monetary Evaluation. Prepared by D. PEARCE & A. MARKANDYA. Paris, 83 pp.

RSU (Rat von Sachverständigen für Umweltfragen) (1990): Sondergutachten "Abfallwirtschaft". Bonn, 718 pp. Bundestags-Drucksache 11/8493.

SCIENCE *253*: 736-762 (1991) (mehrere Artikel und Stellungnahmen zur weltweiten Naturschutzpolitik).

SPEKTRUM DER WISSENSCHAFT, Heft 11 (November) (1989) (Artikel über Klimabedrohung, u.a. von CRUTZEN, SCHNEIDER, DE LA RIVIÈRE, CROSSON).

SÜDDEUTSCHE ZEITUNG vom 24.6.1988: Noch Riesen-Defizit am Kanal.

SYMPOSIUM SUPPLEMENT DER ZEITSCHRIFT "REVIEW OF ECONOMIC STUDIES", Vol. *41* (1974) zur Ökonomie natürlicher Ressourcen.

WWF-NEWS No. 60 (Aug. 1989): Blue Whale Recovery Uncertain (Worldwide Fund for Nature, Gland, Schweiz).

WWF-NEWS No. 67 (Sept./Oct. 1990): Rhinos Electrocuted for Wildlife Trade (Worldwide Fund for Nature, Gland, Schweiz).